大学赤本シリーズ

432

早稲田大学

文化構想学部

はしがき

おかげさまで，大学入試の「赤本」は，今年で創刊 70 周年を迎えました。

これまで，入試問題や資料をご提供いただいた大学関係者各位，掲載許可をいただいた著作権者の皆様，各科目の解答や対策の執筆にあたられた先生方，そして，赤本を使用してくださったすべての読者の皆様に，厚く御礼を申し上げます。

以下に，創刊初期の「赤本」のはしがきを引用します。これからも引き続き，受験生の目標の達成や，夢の実現を応援してまいります。

本書を活用して，入試本番では持てる力を存分に発揮されることを心より願っています。

編者しるす

＊　＊　＊

学問の塔にあこがれのまなざしをもって，それぞれの志望する大学の門をたたかんとしている受験生諸君！　人間として生まれてきた私たちは，自己の欲するままに，美しく，強く，そして何よりも人間らしく生きることをねがっている。しかし，一朝一夕にして，この純粋なのぞみが達せられることはない。私たちの行く手には，絶えずさまざまな試練がまちかまえている。この試練を克服していくところに，私たちのねがう真に人間的な世界がはじめて開かれてくるのである。

人生最初の最大の試練として，諸君の眼前に大学入試がある。この大学入試は，精神的にも身体的にも，大きな苦痛を感ぜしめるであろう。あるスポーツに熟達するには，たゆみなき，はげしい練習を積み重ねることが必要であるように，私たちは，計画的・持続的な努力を払うことによって，この試練を克服し，次の一歩を踏みだすことができる。厳しい試練を経たのちに，はじめて満足すべき成果を獲得できるのである。

本書は最近の入学試験の問題に，それぞれ解答を付し，さらに問題をふかく分析することによって，その大学独特の傾向や対策をさぐろうとした。本書を一般の参考書とあわせて使用し，まとはずれのない，効果的な受験勉強をされるよう期待したい。

（昭和 35 年版「赤本」はしがきより）

挑む人の、いちばんの味方

1954年に大学入試の過去問題集を刊行してから70年。赤本は大学に入りたいと思う受験生を応援しつづけてきました。これからも，苦しいとき落ち込むときにそばで支える存在でいたいと思います。

そして，勉強をすること，自分で道を決めること，努力が実ること，これらの喜びを読者の皆さんが感じることができるよう，伴走をつづけます。

そもそも赤本とは…

受験生のための大学入試の過去問題集！

70年の歴史を誇る赤本は，500点を超える刊行点数で全都道府県の370大学以上を網羅しており，過去問の代名詞として受験生の必須アイテムとなっています。

なぜ受験に過去問が必要なのか？

大学入試は大学によって問題形式や頻出分野が大きく異なるからです。

赤本の掲載内容

傾向と対策

これまでの出題内容から，問題の「**傾向**」を分析し，来年度の入試に向けて具体的な「**対策**」の方法を紹介しています。

問題編・解答編

- 年度ごとに問題とその解答を掲載しています。
- 「**問題編**」ではその年度の試験概要を確認したうえで，実際に出題された過去問に取り組むことができます。
- 「**解答編**」には高校・予備校の先生方による解答が載っています。

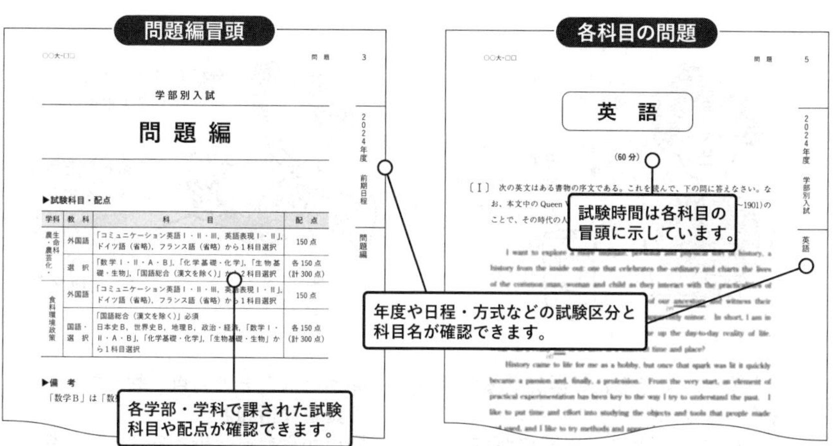

他にも，大学の基本情報や，先輩受験生の合格体験記，在学生からのメッセージなどが載っていることがあります。

掲載内容について

著作権上の理由やその他編集上の都合により問題や解答の一部を割愛している場合があります。
なお，指定校推薦入試，社会人入試，編入学試験，帰国生入試などの特別入試，英語以外の外国語科目，商業・工業科目は，原則として掲載しておりません。また試験科目は変更される場合がありますので，あらかじめご了承ください。

受験勉強は

過去問に始まり，

STEP 1

なにはともあれ

まずは解いてみる

しずかに…
今，自分の心と
向き合ってるんだから
ムーン
それは
問題を解いて
からだホン!

過去問は，**できるだけ早いうちに解く**のがオススメ！
実際に解くことで，**出題の傾向，問題のレベル，今の自分の実力**がつかめます。

STEP 2

じっくり具体的に

弱点を分析する

分析の結果だけど
英・数・国が苦手みたい
スリー
必須科目だホン
頑張るホン

間違いは自分の弱点を教えてくれる**貴重な情報源。**
弱点から自己分析することで，**今の自分に足りない力や苦手な分野**が見えてくるはず！

傾向と対策を熟読

（Fさん／国立大合格）

大学の出題傾向を調べるために，赤本に載っている「傾向と対策」を熟読しました。

繰り返し解く

（Tさん／国立大合格）

1周目は問題のレベル確認，2周目は苦手や頻出分野の確認に，3周目は合格点を目指して，と過去問は繰り返し解くことが大切です。

過去問に終わる。

STEP 3 志望校にあわせて

苦手分野の重点対策

明日からはみんなで頑張るよ！
参考書も！ 問題集も！
よろしくね！
呼んだ？
なにを!?
どこから!?
グッ
グッ

参考書や問題集を活用して，苦手分野の**重点対策**をしていきます。**過去問を指針**に，合格へ向けた具体的な学習計画を立てましょう！

STEP 1▶2▶3 サイクルが大事！

実践を繰り返す

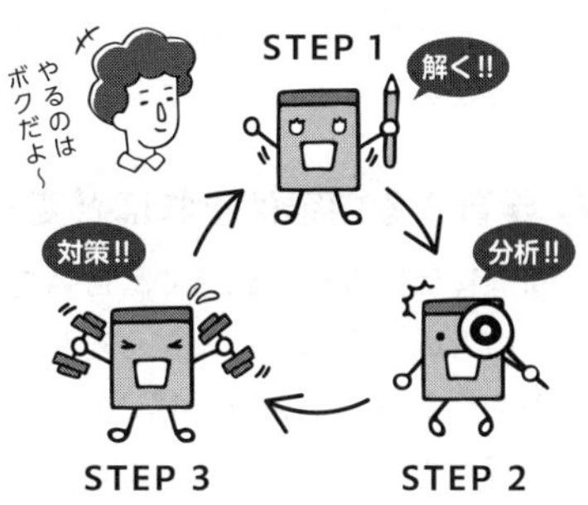

STEP 1～3を繰り返し，実力アップにつなげましょう！
出題形式に慣れることや，**時間配分を考えること**も大切です。

目標点を決める
(Yさん／私立大合格)
赤本によっては合格者最低点が載っているので，それを見て目標点を決めるのもよいです。

時間配分を確認
(Kさん／私立大学合格)
赤本は時間配分や解く順番を決めるために使いました。

添削してもらう
(Sさん／私立大学合格)
記述式の問題は先生に添削してもらうことで自分の弱点に気づけると思います。

新課程入試 Q&A

2022 年度から新しい学習指導要領（新課程）での授業が始まり，2025 年度の入試は，新課程に基づいて行われる最初の入試となります。ここでは，赤本での新課程入試の対策について，よくある疑問にお答えします。

Q1. 赤本は新課程入試の対策に使えますか？

A. もちろん使えます！

OK

旧課程入試の過去問が新課程入試の対策に役に立つのか疑問に思う人もいるかもしれませんが，心配することはありません。旧課程入試の過去問が役立つのには次のような理由があります。

● 学習する内容はそれほど変わらない

新課程は旧課程と比べて科目名を中心とした変更はありますが，学習する内容そのものはそれほど大きく変わっていません。また，多くの大学で，既卒生が不利にならないよう「経過措置」がとられます（Q３参照）。したがって，出題内容が大きく変更されることは少ないとみられます。

● 大学ごとに出題の特徴がある

これまでに課程が変わったときも，各大学の出題の特徴は大きく変わらないことがほとんどでした。入試問題は各大学のアドミッション・ポリシーに沿って出題されており，過去問にはその特徴がよく表れています。過去問を研究してその大学に特有の傾向をつかめば，最適な対策をとることができます。

出題の特徴の例	・英作文問題の出題の有無 ・論述問題の出題（字数制限の有無や長さ） ・計算過程の記述の有無

新課程入試の対策も，赤本で過去問に取り組むところから始めましょう。

Q2. 赤本を使う上での注意点はありますか？

A. 志望大学の入試科目を確認しましょう。

過去問を解く前に，過去の出題科目（問題編冒頭の表）と 2025 年度の募集要項とを比べて，課される内容に変更がないかを確認しましょう。ポイントは以下のとおりです。科目名が変わっていても，実際は旧課程の内容とほとんど同様のものもあります。

英語・国語	科目名は変更されているが，実質的には変更なし。 ▶▶ **ただし，リスニングや古文・漢文の有無は要確認。**
地歴	科目名が変更され，「歴史総合」「地理総合」が新設。 ▶▶ **新設科目の有無に注意。ただし，「経過措置」（Q3参照）により内容は大きく変わらないことも多い。**
公民	「現代社会」が廃止され，「公共」が新設。 ▶▶ **「公共」は実質的には「現代社会」と大きく変わらない。**
数学	科目が再編され，「数学 C」が新設。 ▶▶ **「数学」全体としての内容は大きく変わらないが，出題科目と単元の変更に注意。**
理科	科目名も学習内容も大きな変更なし。

数学については，科目名だけでなく，どの単元が含まれているかも確認が必要です。例えば，出題科目が次のように変わったとします。

旧課程	「数学Ⅰ・数学Ⅱ・数学 A・数学 B（数列・ベクトル）」
新課程	「数学Ⅰ・数学Ⅱ・数学 A・**数学 B（数列）・数学 C（ベクトル）**」

この場合，新課程では「数学C」が増えていますが，単元は「ベクトル」のみのため，実質的には旧課程とほぼ同じであり，過去問をそのまま役立てることができます。

Q3.「経過措置」とは何ですか？

A. 既卒の旧課程履修者への対応です。

多くの大学では，既卒の旧課程履修者が不利にならないように，出題において「経過措置」が実施されます。措置の有無や内容は大学によって異なるので，募集要項や大学のウェブサイトなどで確認しておきましょう。

○旧課程履修者への経過措置の例

- 旧課程履修者にも配慮した出題を行う。
- 新・旧課程の共通の範囲から出題する。
- 新課程と旧課程の共通の内容を出題し，共通範囲のみでの出題が困難な場合は，旧課程の範囲からの問題を用意し，選択解答とする。

例えば，地歴の出題科目が次のように変わったとします。

旧課程	「日本史 B」「世界史 B」から 1 科目選択
新課程	「**歴史総合**，日本史探究」「**歴史総合**，世界史探究」から 1 科目選択※ ※旧課程履修者に不利益が生じることのないように配慮する。

「歴史総合」は新課程で新設された科目で，旧課程履修者には見慣れないものですが，上記のような経過措置がとられた場合，新課程入試でも旧課程と同様の学習内容で受験することができます。

新課程の情報は WEB もチェック！
より詳しい解説が赤本ウェブサイトで見られます。
https://akahon.net/shinkatei/

科目名が変更される教科・科目

	旧課程	新課程
国語	国語総合 国語表現 現代文A 現代文B 古典A 古典B	現代の国語 言語文化 論理国語 文学国語 国語表現 古典探究
地歴	日本史A 日本史B 世界史A 世界史B 地理A 地理B	歴史総合 日本史探究 世界史探究 地理総合 地理探究
公民	現代社会 倫理 政治・経済	公共 倫理 政治・経済
数学	数学Ⅰ 数学Ⅱ 数学Ⅲ 数学A 数学B 数学活用	数学Ⅰ 数学Ⅱ 数学Ⅲ 数学A 数学B 数学C
外国語	コミュニケーション英語基礎 コミュニケーション英語Ⅰ コミュニケーション英語Ⅱ コミュニケーション英語Ⅲ 英語表現Ⅰ 英語表現Ⅱ 英語会話	英語コミュニケーションⅠ 英語コミュニケーションⅡ 英語コミュニケーションⅢ 論理・表現Ⅰ 論理・表現Ⅱ 論理・表現Ⅲ
情報	社会と情報 情報の科学	情報Ⅰ 情報Ⅱ

目　次

2021年度

2020年度

掲載内容についてのお断り

地域探究・貢献入試は省略しています。

下記の問題に使用されている著作物は，2024年4月17日に著作権法第67条の2第1項の規定に基づく申請を行い，同条同項の規定の適用を受けて掲載しているものです。

2024年度：「世界史」大問Ⅳ　史料

基本情報

沿革

1882（明治 15）　大隈重信が東京専門学校を開校
1902（明治 35）　早稲田大学と改称
1904（明治 37）　専門学校令による大学となる
1920（大正　9）　大学令による大学となり，政治経済学部・法学部・文学部・商学部・理工学部を設置

✎1922（大正 11）早慶ラグビー定期戦開始。アインシュタイン来校
✎1927（昭和　2）大隈講堂落成

1949（昭和 24）　新制早稲田大学 11 学部（政治経済学部・法学部・文学部・教育学部・商学部・理工学部〔各第一・第二／教育学部除く〕）発足

✎1962（昭和 37）米国司法長官ロバート・ケネディ来校

1966（昭和 41）　社会科学部を設置

✎1974（昭和 49）エジプト調査隊，マルカタ遺跡の発掘

1987（昭和 62）　人間科学部を設置

✎1993（平成　5）ビル・クリントン米国大統領来校

2003（平成 15）	スポーツ科学部を設置
2004（平成 16）	国際教養学部を設置
2007（平成 19）	創立 125 周年。第一・第二文学部を文化構想学部・文学部に，理工学部を基幹理工学部・創造理工学部・先進理工学部に改組再編
2009（平成 21）	社会科学部が昼間部に移行

シンボル

1906（明治 39）年に「弧形の稲葉の上に大学の二字を置く」という校章の原型が作られ，創立 125 周年を機に伝統のシンボルである校章・角帽・早稲田レッドをモチーフとし，現在の早稲田シンボルがデザインされました。

早稲田大学について

早稲田大学の教育の基本理念を示す文書としての教旨は，高田早苗，坪内逍遥，天野為之，市島謙吉，浮田和民，松平康国などにより草案が作成されました。その後，教旨は初代総長・大隈重信の校閲を経て 1913（大正 2）年の創立 30 周年記念祝典において宣言され，今日の早稲田の校風を醸成するに至っています。

早稲田大学教旨

早稲田大学は学問の独立を全うし学問の活用を効し
模範国民を造就するを以て建学の本旨と為す

早稲田大学は**学問の独立**を本旨と為すを以て
之が自由討究を主とし
常に独創の研鑽に力め以て
世界の学問に裨補せん事を期す

早稲田大学は**学問の活用**を本旨と為すを以て
学理を学理として研究すると共に
之を実際に応用するの道を講し以て
時世の進運に資せん事を期す

早稲田大学は**模範国民の造就**を本旨と為すを以て
個性を尊重し　身家を発達し　国家社会を利済し
併せて広く世界に活動す可き人格を養成せん事を期す

教旨の概要

◎学問の独立

学問の独立は**在野精神**や**反骨の精神**などの校風と結び合います。早稲田大学は，自主独立の精神をもつ近代的国民の養成を理想とし，権力や時勢に左右されない科学的な教育・研究を行うことを掲げています。

◎学問の活用

歴史上，日本が近代国家をめざすため，学問は現実に活かしうるもの，すなわち近代化に貢献するものであることが求められました。これが学問の活用です。ただし，早稲田大学はこの学問の活用を安易な実用主義ではなく，**進取の精神**として教育の大きな柱の一つとしました。

◎模範国民の造就

早稲田大学は庶民の教育を主眼として創設されました。このことが反映された理念が模範国民の造就です。模範国民の造就は，グローバリゼーションが進展する現代にも通ずる理念であり，豊かな人間性をもった**地球市民の育成**と解釈されます。

早稲田大学校歌

作詞 相馬御風
作曲 東儀鉄笛

一、
都の西北 早稲田の森に
聳ゆる甍は われらが母校
われらが日ごろの 抱負を知るや
進取の精神 学の独立
現世を忘れぬ 久遠の理想
かがやくわれらが 行手を見よや
わせだ わせだ わせだ わせだ
わせだ わせだ わせだ

二、
東西古今の 文化のうしほ
一つに渦巻く 大島国の
大なる使命を 担ひて立てる
われらが行手は 窮り知らず
やがても久遠の 理想の影は
あまねく天下に 輝き布かん
わせだ わせだ わせだ わせだ
わせだ わせだ わせだ

三、
あれ見よかしこの 常磐の森は
心のふるさと われらが母校
集り散じて 人は変れど
仰ぐは同じき 理想の光
いざ声そろへて 空もとどろに
われらが母校の 名をばたたへん
わせだ わせだ わせだ わせだ
わせだ わせだ わせだ

学部・学科の構成

（注）下記内容は 2024 年 4 月時点のもので，改組・新設等により変更される場合があります。

大　学

●政治経済学部　早稲田キャンパス

政治学科
経済学科
国際政治経済学科

●法学部　早稲田キャンパス

法律主専攻（司法・法律専門職，企業・渉外法務，国際・公共政策）

●教育学部　早稲田キャンパス

教育学科（教育学専攻〈教育学専修，生涯教育学専修，教育心理学専修〉，初等教育学専攻）
国語国文学科
英語英文学科
社会科（地理歴史専修，公共市民学専修）
理学科（生物学専修，地球科学専修）
数学科
複合文化学科

●商学部　早稲田キャンパス

経営トラック，会計トラック，マーケティングトラック，ファイナンストラック，保険・リスクマネジメントトラック，ビジネスエコノミクストラック

●社会科学部　早稲田キャンパス

社会科学科（『平和・国際協力』コース，『多文化社会・共生』コース，『サスティナビリティ』コース，『コミュニティ・社会デザイン』コース，『組織・社会イノベーション』コース）

●国際教養学部　早稲田キャンパス

国際教養学科

●**文化構想学部** 戸山キャンパス

文化構想学科（多元文化論系，複合文化論系，表象・メディア論系，文芸・ジャーナリズム論系，現代人間論系，社会構築論系）

●**文学部** 戸山キャンパス

文学科（哲学コース，東洋哲学コース，心理学コース，社会学コース，教育学コース，日本語日本文学コース，中国語中国文学コース，英文学コース，フランス語フランス文学コース，ドイツ語ドイツ文学コース，ロシア語ロシア文学コース，演劇映像コース，美術史コース，日本史コース，アジア史コース，西洋史コース，考古学コース，中東・イスラーム研究コース）

●**基幹理工学部** 西早稲田キャンパス

数学科
応用数理学科
機械科学・航空宇宙学科
電子物理システム学科
情報理工学科
情報通信学科
表現工学科

●**創造理工学部** 西早稲田キャンパス

建築学科
総合機械工学科
経営システム工学科
社会環境工学科
環境資源工学科
※学科を横断する組織として「社会文化領域」を設置。

●**先進理工学部** 西早稲田キャンパス

物理学科
応用物理学科
化学・生命化学科
応用化学科
生命医科学科
電気・情報生命工学科

●**人間科学部**　所沢キャンパス

人間環境科学科
健康福祉科学科
人間情報科学科

●**スポーツ科学部**　所沢キャンパス／一部の授業は東伏見キャンパス

スポーツ科学科（スポーツ医科学コース，健康スポーツコース，トレーナーコース，スポーツコーチングコース，スポーツビジネスコース，スポーツ文化コース）

（備考）学科・専攻・コース等に分属する年次はそれぞれ異なる。

大学院

政治学研究科 / 経済学研究科 / 法学研究科（法科大学院）/ 文学研究科 / 商学研究科 / 基幹理工学研究科 / 創造理工学研究科 / 先進理工学研究科 / 教育学研究科 / 人間科学研究科 / 社会科学研究科 / スポーツ科学研究科 / 国際コミュニケーション研究科 / アジア太平洋研究科 / 日本語教育研究科 / 情報生産システム研究科 / 会計研究科 / 環境・エネルギー研究科 / 経営管理研究科（WBS）

教育の特徴

早稲田大学には，各学部の講義やカリキュラムのほか，グローバルエデュケーションセンター（GEC）により設置された科目や教育プログラムもあります。GEC の設置科目はすべて学部・学年を問わず自由に履修でき，国内外の幅広く多様な分野で活躍するための「第二の強み」を作ることができます。GEC の教育プログラムは 4 つに大別されます。

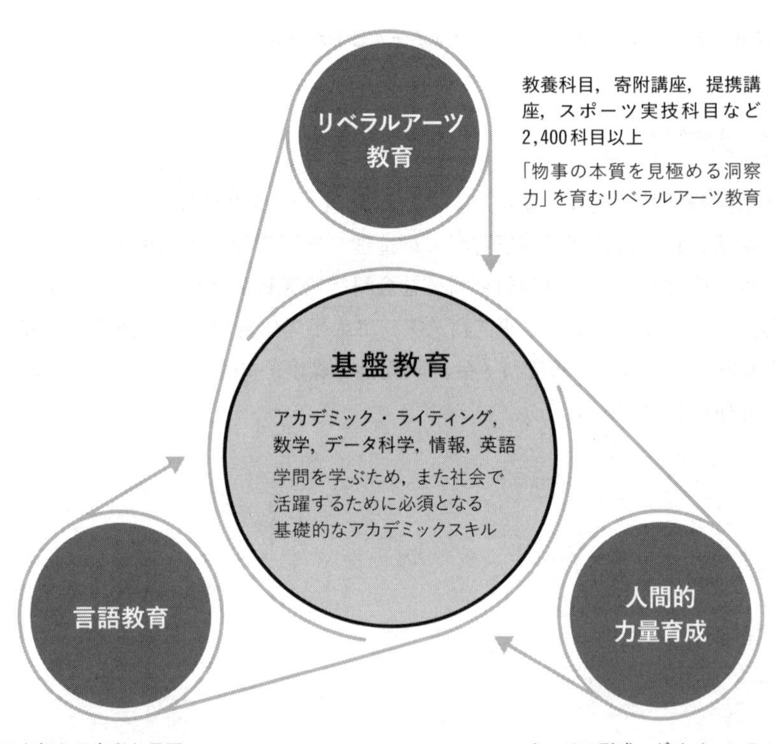
リベラルアーツ教育
教養科目，寄附講座，提携講座，スポーツ実技科目など2,400科目以上
「物事の本質を見極める洞察力」を育むリベラルアーツ教育
基盤教育
アカデミック・ライティング，数学，データ科学，情報，英語
学問を学ぶため，また社会で活躍するために必須となる基礎的なアカデミックスキル
言語教育
人間的力量育成

20を超える多彩な言語
言葉だけでなく，その言語圏の歴史や文化についても知ることで，グローバルな視野を養う

キャリア形成，ダイバーシティ，ボランティア，地域連携，リーダーシップ，ビジネス創出
理論だけでなく実践を通した学びで，人類社会に貢献するグローバル人材を育成する

イベント情報

早稲田大学は，高校生・受験生に向けた情報発信の機会として，全国各地においてイベントを実施しています。

◎キャンパスツアー
キャンパスの雰囲気を体感できるイベントです。在学生ならではの声や説明を聞くことができ，モチベーション UP につながります。
対面型ツアー／オンライン型ツアー

◎オープンキャンパス
例年 7 ～ 8 月頃に東京をはじめ，仙台・大阪・広島・福岡にて実施されています。学生団体によるパフォーマンスも必見です。

◎進学相談会・説明会
全国 100 カ所近くで開催されています。

受験生応援サイト「DISCOVER WASEDA」

講義体験や詳細な学部・学科紹介，キャンパスライフ，施設紹介，合格体験記といった様々な動画コンテンツが掲載されています。

DISCOVER WASEDA
https://discover.w.waseda.jp ▶

 奨学金情報

奨学金には，大学が独自に設置しているものから，公的団体・民間団体が設置しているものまで多くの種類が存在します。そのうち，早稲田大学が独自に設置している学内奨学金は約150種類に上り，すべて卒業後に返還する必要のない給付型の奨学金です。申請の時期や条件はそれぞれ異なりますが，ここでは，入学前に特に知っておきたい早稲田大学の学内奨学金を取り上げます。(本書編集時点の情報です。)

◎めざせ！ 都の西北奨学金 入学前

首都圏の一都三県（東京都・埼玉県・千葉県・神奈川県）以外の国内高校・中等教育学校出身者を対象とした奨学金です。採用候補者数は1200人と学内の奨学金の中でも最大で選考結果は入学前に通知されます。

給付額⇨年額45～70万円　収入･所得条件⇨1,000万円未満※

※給与・年金収入のみの場合。

◎大隈記念奨学金 入学前 入学後

入学試験の成績，または入学後の学業成績を考慮して学部ごとに選考・給付されます。公募を経て選考される一部の学部を除き，基本的には事前申請が不要な奨学金です。

給付額⇨年額40万円（原則）　収入･所得条件⇨なし

◎早稲田の栄光奨学金 入学後

入学後に海外留学を目指す学生を支援する制度で，留学出願前に選考から発表まで行われます。留学センターが募集する，大学間協定によるプログラムで半期以上留学する学生が対象です。

給付額⇨半期：50万円，1年以上：110万円　収入･所得条件⇨800万円未満※

※給与・年金収入のみの場合。

その他の奨学金も含む詳細な情報は，
大学Webサイト及びその中の奨学金情報誌を
ご確認ください。

大学ウェブサイト
（奨学金情報）
▼

入試データ

入学試験の名称・定義

〔凡例〕

●：必須　—：不要　▲：以下の注意事項を参照

※1 英語以外の外国語を選択する場合に必要
※2 数学を選択する場合に必要
※3 提出しなくても出願可能（提出しない場合は，加点なしの扱い）
※4 出願時に「スポーツ競技歴調査書」「スポーツ競技成績証明書」の提出が必要

一般選抜

早稲田大学の試験場において試験を受ける必要が**ある**入試。

学部	入試制度	共通テスト	英語4技能テスト	大学での試験
政治経済学部	一般	●	—	●
法学部	一般	▲※1 ※2	—	●
教育学部*	一般（A方式）	▲※1	—	●
	一般（B方式）	▲※1	—	●
	一般（C方式）	●	—	●
	一般（D方式）	●	—	●
商学部	一般（地歴・公民型）	▲※1	—	●
	一般（数学型）	▲※1	—	●
	一般（英語4技能テスト利用型）	▲※1	●	●
社会科学部	一般	—	—	●
国際教養学部	一般	●	▲※3	●
文化構想学部	一般	▲※1	—	●
	一般（英語4技能テスト利用方式）	—	●	●
	一般（共通テスト利用方式）	●	—	●

（表つづく）

学　部	入試制度	共通テスト	英語4技能テスト	大学での試験
文学部	一般	▲※1	—	●
	一般（英語4技能テスト利用方式）	—	●	●
	一般（共通テスト利用方式）	●	—	●
基幹理工学部	一般	—	—	●
創造理工学部	一般	—	—	●
先進理工学部	一般	—	—	●
人間科学部	一般	—	—	●
	一般（共通テスト＋数学選抜方式）	●	—	●
スポーツ科学部	一般（共通テスト＋小論文方式）	●	—	●

＊教育学部の 2022・2021 年度については，下記の通りの実施であった。

学　部	入試制度	共通テスト	英語4技能スコア	大学での試験
教育学部	一般	—	—	●

大学入学共通テスト利用入試

早稲田大学の試験場において試験を受ける必要が**ない**入試。

学　部	入試制度	共通テスト	英語4技能テスト	大学での試験
政治経済学部	共テ利用（共通テストのみ方式）	●	—	—
法学部	共テ利用（共通テストのみ方式）	●	—	—
社会科学部	共テ利用（共通テストのみ方式）	●	—	—
人間科学部	共テ利用（共通テストのみ方式）	●	—	—
スポーツ科学部	共テ利用（共通テストのみ方式）	●	—	—
	共テ利用（共通テスト＋競技歴方式）	●※4	—	—

 入試状況（競争率・合格最低点など）

◯基幹理工学部は学系単位の募集。各学系から進級できる学科は次の通り。

学系Ⅰ：数学科，応用数理学科

学系Ⅱ：応用数理学科，機械科学・航空宇宙学科，電子物理システム学科，情報理工学科，情報通信学科

学系Ⅲ：情報理工学科，情報通信学科，表現工学科

◯先進理工学部は第一志望学科の志願者数・合格者数を表記。合格最低点は，「第二志望学科」合格者の最低点を除く。

◯合格者数に補欠合格者は含まない。

◯競争率は受験者数÷合格者数で算出。ただし，共通テスト利用入試（共通テストのみ方式）の競争率は志願者数÷合格者数で算出。

◯合格最低点は正規・補欠合格者の最低総合点であり，基幹理工・創造理工・先進理工学部を除き，成績標準化後の点数となっている。成績標準化とは，受験する科目間で難易度による差が生じないように，個々の科目において得点を調整する仕組みのこと。

◯2022 年度以前の教育学部理学科地球科学専修志願者で，理科の地学選択者については，理学科 50 名のうち若干名を「地学選択者募集枠」として理科の他の科目選択者とは別枠で判定を行っている。合格最低点欄の〈　〉内は地学選択者募集枠の合格最低点を示す。

◯基幹理工学部・創造理工学部の「得意科目選考」の合格最低点は除く。

〈基準点について〉

◯教育学部：すべての科目に合格基準点が設けられており，基準点に満たない場合は不合格となる。また，以下の学科は，それぞれ次のような条件を特定科目の合格基準点としている。

国語国文学科⇨「国語」：国語国文学科の全受験者の平均点

英語英文学科⇨「英語」：英語英文学科の全受験者の平均点

数学科⇨「数学」：数学科の全受験者の平均点

◯商学部：英語 4 技能テスト利用型では，国語，地歴・公民または数学それぞれにおいて合格基準点が設けられており，基準点に満たない場合は不合格となる。

◯スポーツ科学部：小論文が基準点に満たない場合は不合格となる。

2024 年度一般選抜・共通テスト利用入試

大学ホームページ（2024 年 3 月 12 日付）より。
2024 年度合格最低点については本書編集段階では未公表のため，大学公表の資料でご確認ください。

学部	方式	学科・専攻等	募集人員	志願者数	受験者数	合格者数	競争率
政治経済	一般	政治	100	1,005	846	294	2.9
		経済	140	1,269	995	318	3.1
		国際政治経済	60	402	327	148	2.2
	共通テスト	政治	15	401	—	133	3.0
		経済	25	1,672	—	606	2.8
		国際政治経済	10	293	—	103	2.8
法	一般		350	4,346	3,809	703	5.4
	共通テスト		100	2,044	—	567	3.6
教育	一般（A方式・B方式）	教育 教育学 教育学	95	1,008	934	100	9.3
		教育 教育学 生涯教育学		1,123	1,046	76	13.8
		教育 教育学 教育心理学		632	578	57	10.1
		教育 初等教育学	20	355	333	30	11.1
		国語国文	80	1,308	1,226	179	6.8
		英語英文	80	1,379	1,269	318	4.0
		社会 地理歴史	140	1,712	1,609	207	7.8
		社会 公共市民学		1,464	1,413	255	5.5
		理 地球科学	20	704	625	86	7.3
		数	45	841	757	132	5.7
		複合文化	40	924	865	110	7.9
	一般（C方式）	教育 教育学 教育学	20	22	19	5	3.8
		教育 教育学 生涯教育学		41	35	15	2.3
		教育 教育学 教育心理学		22	19	9	2.1
		教育 初等教育学	5	9	7	3	2.3
		国語国文	15	61	54	15	3.6
		英語英文	15	106	92	42	2.2
		社会 地理歴史	25	52	47	22	2.1
		社会 公共市民学		38	35	16	2.2

（表つづく）

学部・学科・専攻等				募集人員	志願者数	受験者数	合格者数	競争率
教育	一般（C方式）	理	生物学	15	235	116	51	2.3
			地球科学	5	41	34	13	2.6
		数		10	127	71	38	1.9
		複合文化		10	87	72	12	6.0
	一般（D方式）	理	生物学	10	160	145	31	4.7
商	一般	地歴・公民型		355	7,730	7,039	695	10.1
		数学型		150	2,752	2,329	400	5.8
		英語4技能テスト利用型		30	412	359	76	4.7
社会科学	一般			450	8,864	7,833	869	9.0
	共通テスト			50	1,384	—	361	3.8
国際教養	一般			175	1,352	1,229	380	3.2
文化構想	一般	一般		370	6,898	6,618	783	8.5
		英語4技能テスト利用方式		70	2,410	2,355	339	6.9
		共通テスト利用方式		35	1,123	993	206	4.8
文	一般	一般		340	7,755	7,330	860	8.5
		英語4技能テスト利用方式		50	2,375	2,307	326	7.1
		共通テスト利用方式		25	1,057	873	191	4.6
基幹理工	一般	学系Ⅰ		45	581	524	189	2.8
		学系Ⅱ		210	2,822	2,534	703	3.6
		学系Ⅲ		65	1,128	1,032	205	5.0
創造理工	一般	建築		80	763	675	176	3.8
		総合機械工		80	1,029	931	217	4.3
		経営システム工		70	660	594	148	4.0
		社会環境工		50	452	412	113	3.6
		環境資源工		35	370	338	94	3.6
先進理工	一般	物理		30	798	735	195	3.8
		応用物理		55	457	422	134	3.1
		化学・生命化		35	391	355	103	3.4
		応用化		75	1,196	1,097	303	3.6
		生命医科		30	827	724	148	4.9
		電気・情報生命工		75	517	465	133	3.5

（表つづく）

学部・学科・専攻等				募集人員	志願者数	受験者数	合格者数	競争率
人間科学	一般	一般	人間環境科	115	2,180	1,973	320	6.2
			健康福祉科	125	2,124	1,977	296	6.7
			人間情報科	100	1,528	1,358	200	6.8
		数学選抜方式	人間環境科	15	236	223	59	3.8
			健康福祉科	15	162	153	44	3.5
			人間情報科	15	258	242	70	3.5
	共通テスト		人間環境科	5	452	—	102	4.4
			健康福祉科	5	233	—	77	3.0
			人間情報科	5	352	—	99	3.6
スポーツ科学	一般			150	1,090	914	303	3.0
	共通テスト	共通テストのみ方式		50	460	—	93	4.9
		競技歴方式		50	359	—	141	2.5

2023 年度一般選抜・共通テスト利用入試

学部・学科・専攻等				募集人員	志願者数	受験者数	合格者数	競争率	合格最低点／満点
政治経済	一般	政治		100	824	708	260	2.7	151.5/200
		経済		140	1,481	1,192	322	3.7	159.0/200
		国際政治経済		60	561	462	131	3.5	158.5/200
	共通テスト	政治		15	358	—	103	3.5	—
		経済		25	1,632	—	467	3.5	
		国際政治経済		10	353	—	111	3.2	
法	一般			350	4,780	4,269	811	5.3	90.25/150
	共通テスト			100	1,836	—	510	3.6	—
教育	一般（A方式・B方式）	教育	教育学 教育学	95	942	867	112	7.7	93.682/150
			教育学 生涯教育学		687	655	114	5.7	90.002/150
			教育学 教育心理学		722	677	64	10.6	94.023/150
			初等教育学	20	632	590	40	14.8	92.795/150
		国語国文		80	1,194	1,120	199	5.6	106.451/150
		英語英文		80	1,642	1,520	328	4.6	107.858/150
		社会	地理歴史	140	1,929	1,827	217	8.4	97.546/150
			公共市民学		1,771	1,686	248	6.8	94.899/150
		理	地球科学	20	670	597	94	6.4	89.272/150
		数		45	903	806	149	5.4	122.042/150
		複合文化		40	1,216	1,130	129	8.8	117.045/150
	一般（C方式）	教育	教育学 教育学	20	35	27	9	3.0	173.200/240
			教育学 生涯教育学		21	21	10	2.1	155.700/240
			教育学 教育心理学		15	15	6	2.5	167.000/240
			初等教育学	5	13	13	2	6.5	170.200/240
		国語国文		15	66	60	17	3.5	185.500/240
		英語英文		15	78	66	32	2.1	168.200/240
		社会	地理歴史	25	61	58	26	2.2	175.400/240
			公共市民学		57	51	20	2.6	182.000/240

（表つづく）

学部・学科・専攻等			募集人員	志願者数	受験者数	合格者数	競争率	合格最低点／満点
教育	一般（C方式）	理 生物学	15	199	129	76	1.7	148.000/240
		理 地球科学	5	36	35	10	3.5	176.700/240
		数	10	91	74	27	2.7	121.500/240
		複合文化	10	45	41	22	1.9	163.700/240
	一般（D方式）	理 生物学	10	204	191	51	3.7	150.300/240
商	一般	地歴・公民型	355	7,949	7,286	656	11.1	131.6/200
		数学型	150	2,490	2,129	370	5.8	109.05/180
		英語4技能テスト利用型	30	279	246	63	3.9	127/205
社会科学	一般		450	8,862	7,855	826	9.5	78.92/130
	共通テスト		50	1,329	—	355	3.7	—
国際教養	一般		175	1,357	1,222	304	4.0	142.8/200
文化構想	一般	一般	370	7,353	7,049	736	9.6	131.7/200
		英語4技能テスト利用方式	70	2,694	2,622	355	7.4	85/125
		共通テスト利用方式	35	1,164	992	217	4.6	146/200
文	一般	一般	340	7,592	7,110	840	8.5	129.8/200
		英語4技能テスト利用方式	50	2,429	2,339	332	7.0	85/125
		共通テスト利用方式	25	1,115	875	203	4.3	146/200
基幹理工	一般	学系Ⅰ	45	509	463	177	2.6	190/360
		学系Ⅱ	210	3,048	2,796	640	4.4	206/360
		学系Ⅲ	65	1,079	993	194	5.1	199/360
創造理工	一般	建築	80	768	697	169	4.1	196/400
		総合機械工	80	988	909	267	3.4	179/360
		経営システム工	70	629	584	154	3.8	191/360
		社会環境工	50	507	452	129	3.5	184/360
		環境資源工	35	280	259	90	2.9	180/360
先進理工	一般	物理	30	738	668	145	4.6	205/360
		応用物理	55	565	517	119	4.3	188/360
		化学・生命化	35	379	345	119	2.9	194/360
		応用化	75	1,060	962	325	3.0	195/360
		生命医科	30	736	637	170	3.7	196/360
		電気・情報生命工	75	557	509	147	3.5	188/360

（表つづく）

<table>
<tr><th colspan="4">学部・学科・専攻等</th><th>募集人員</th><th>志願者数</th><th>受験者数</th><th>合格者数</th><th>競争率</th><th>合格最低点／満点</th></tr>
<tr><td rowspan="9">人間科学</td><td rowspan="6">一般</td><td rowspan="3">一　　般</td><td>人間環境科</td><td>115</td><td>1,977</td><td>1,794</td><td>283</td><td>6.3</td><td>87.40/150</td></tr>
<tr><td>健康福祉科</td><td>125</td><td>2,038</td><td>1,865</td><td>273</td><td>6.8</td><td>85.72/150</td></tr>
<tr><td>人間情報科</td><td>100</td><td>1,951</td><td>1,761</td><td>221</td><td>8.0</td><td>86.92/150</td></tr>
<tr><td rowspan="3">数学選抜方　　式</td><td>人間環境科</td><td>15</td><td>166</td><td>161</td><td>66</td><td>2.4</td><td>276.7/500</td></tr>
<tr><td>健康福祉科</td><td>15</td><td>204</td><td>194</td><td>46</td><td>4.2</td><td>282.2/500</td></tr>
<tr><td>人間情報科</td><td>15</td><td>240</td><td>232</td><td>74</td><td>3.1</td><td>296.0/500</td></tr>
<tr><td colspan="2" rowspan="3">共通テスト</td><td>人間環境科</td><td>5</td><td>343</td><td>—</td><td>90</td><td>3.8</td><td rowspan="3">—</td></tr>
<tr><td>健康福祉科</td><td>5</td><td>366</td><td>—</td><td>92</td><td>4.0</td></tr>
<tr><td>人間情報科</td><td>5</td><td>387</td><td>—</td><td>92</td><td>4.2</td></tr>
<tr><td rowspan="3">スポーツ科学</td><td colspan="3">一　　般</td><td>150</td><td>972</td><td>804</td><td>257</td><td>3.1</td><td>159.9/250</td></tr>
<tr><td rowspan="2">共通テスト</td><td colspan="2">共通テストのみ方式</td><td>50</td><td>455</td><td>—</td><td>92</td><td>4.9</td><td>—</td></tr>
<tr><td colspan="2">競　技　歴　方　式</td><td>50</td><td>270</td><td>—</td><td>143</td><td>1.9</td><td>—</td></tr>
</table>

（備考）合格最低点欄の「—」は非公表を示す。

2022 年度一般選抜・共通テスト利用入試

学部・学科・専攻等				募集人員	志願者数	受験者数	合格者数	競争率	合格最低点／満点
政治経済	一般	政治		100	908	781	252	3.1	152/200
		経済		140	1,470	1,170	312	3.8	155/200
		国際政治経済		60	523	424	133	3.2	155.5/200
	共通テスト	政治		15	297	—	85	3.5	—
		経済		25	1,365	—	466	2.9	
		国際政治経済		10	309	—	89	3.5	
法	一般			350	4,709	4,136	754	5.5	89.895/150
	共通テスト			100	1,942	—	550	3.5	—
教育	一般	教育	教育学 教育学	100	950	889	106	8.4	95.160/150
			教育学 生涯教育学		1,286	1,221	94	13.0	96.741/150
			教育学 教育心理学		691	623	65	9.6	95.679/150
			初等教育学	20	444	408	39	10.5	93.047/150
		国語国文		80	1,389	1,312	190	6.9	106.903/150
		英語英文		80	2,020	1,871	340	5.5	110.163/150
		社会	地理歴史	145	2,057	1,929	228	8.5	97.443/150
			公共市民学		2,100	2,002	275	7.3	96.009/150
		理	生物学	50	554	503	122	4.1	85.250/150
			地球科学		687	610	98	6.2	86.571/150〈83.250〉
		数		45	903	818	178	4.6	120/150
		複合文化		40	1,427	1,326	150	8.8	114.255/150
商	一般	地歴・公民型		355	8,230	7,601	694	11.0	130.6/200
		数学型		150	2,648	2,276	366	6.2	109.4/180
		英語4技能テスト利用型		30	899	774	80	9.7	133.7/205
社会科学	一般			450	9,166	8,082	823	9.8	89.451/130
	共通テスト			50	1,132	—	305	3.7	—
国際教養	一般			175	1,521	1,387	342	4.1	151.1/200
文化構想	一般	一般		370	7,755	7,443	832	8.9	134/200
		英語4技能テスト利用方式		70	3,004	2,929	375	7.8	85.5/125
		共通テスト利用方式		35	1,183	957	203	4.7	142.5/200

（表つづく）

学部・学科・専攻等			募集人員	志願者数	受験者数	合格者数	競争率	合格最低点／満点
文	一般	一般	340	8,070	7,532	741	10.2	131.9/200
		英語4技能テスト利用方式	50	2,646	2,545	332	7.7	86.5/125
		共通テスト利用方式	25	1,130	862	170	5.1	148/200
基幹理工	一般	学系Ⅰ	45	615	559	142	3.9	178/360
		学系Ⅱ	210	2,962	2,675	673	4.0	181/360
		学系Ⅲ	65	967	886	165	5.4	176/360
創造理工	一般	建築	80	759	684	151	4.5	185/400
		総合機械工	80	968	875	240	3.6	161/360
		経営システム工	70	682	623	158	3.9	178/360
		社会環境工	50	464	416	133	3.1	163/360
		環境資源工	35	239	222	62	3.6	163/360
先進理工	一般	物理	30	697	643	162	4.0	196/360
		応用物理	55	471	432	143	3.0	176/360
		化学・生命化	35	437	388	120	3.2	175/360
		応用化	75	1,173	1,059	259	4.1	180/360
		生命医科	30	695	589	146	4.0	186/360
		電気・情報生命工	75	594	543	138	3.9	172/360
人間科学	一般	一般　人間環境科	115	1,845	1,671	242	6.9	88.5/150
		一般　健康福祉科	125	1,923	1,757	266	6.6	85.5/150
		一般　人間情報科	100	1,921	1,715	252	6.8	87/150
		数学選抜方式　人間環境科	15	135	126	48	2.6	306.1/500
		数学選抜方式　健康福祉科	15	111	106	41	2.6	293.5/500
		数学選抜方式　人間情報科	15	239	227	75	3.0	321.9/500
	共通テスト	人間環境科	5	266	—	85	3.1	—
		健康福祉科	5	198	—	77	2.6	
		人間情報科	5	273	—	98	2.8	
スポーツ科学	一般		150	988	847	223	3.8	163/250
	共通テスト	共通テストのみ方式	50	475	—	109	4.4	—
		競技歴方式	50	331	—	119	2.8	—

（備考）合格最低点欄の「—」は非公表を示す。

2021年度一般選抜・共通テスト利用入試

学部	方式	学科・専攻等	募集人員	志願者数	受験者数	合格者数	競争率	合格最低点／満点
政治経済	一般	政治	100	870	738	261	2.8	148/200
		経済	140	2,137	1,725	331	5.2	156/200
		国際政治経済	60	488	387	138	2.8	151/200
	共通テスト	政治	15	382	—	104	3.7	—
		経済	25	1,478	—	418	3.5	
		国際政治経済	10	314	—	113	2.8	
法	一般		350	4,797	4,262	738	5.8	90.295/150
	共通テスト		100	2,187	—	487	4.5	—
教育	一般	教育 教育学 教育学	100	1,440	1,345	77	17.5	97.688/150
		教育 教育学 生涯教育学		876	835	76	11.0	93.818/150
		教育 教育学 教育心理学		521	484	59	8.2	95.653/150
		教育 初等教育学	20	378	344	30	11.5	92.096/150
		国語国文	80	1,260	1,195	166	7.2	107.224/150
		英語英文	80	1,959	1,834	290	6.3	110.955/150
		社会 地理歴史	145	2,089	1,974	214	9.2	97.496/150
		社会 公共市民学		1,630	1,558	244	6.4	95.140/150
		理 生物学	50	454	395	89	4.4	86.245/150
		理 地球科学		676	612	112	5.5	87.495/150 〈84.495〉
		数	45	823	739	173	4.3	118.962/150
		複合文化	40	933	880	142	6.2	112.554/150
商	一般	地歴・公民型	355	8,537	7,980	681	11.7	131.35/200
		数学型	150	2,518	2,205	419	5.3	107.60/180
		英語4技能テスト利用型	30	250	214	66	3.2	120.05/205
社会科学	一般		450	8,773	7,883	739	10.7	78.62/130
	共通テスト		50	1,485	—	214	6.9	—
国際教養	一般		175	1,622	1,498	330	4.5	155.94/200
文化構想	一般	一般	430	7,551	7,273	702	10.4	130.6/200
		英語4技能テスト利用方式	70	2,585	2,532	340	7.4	85/125
		共通テスト利用方式	35	1,348	1,146	172	6.7	149.5/200

（表つづく）

学部・学科・専攻等				募集人員	志願者数	受験者数	合格者数	競争率	合格最低点／満点
文	一般	一般		390	7,814	7,374	715	10.3	130.8/200
		英語4技能テスト利用方式		50	2,321	2,239	243	9.2	87.5/125
		共通テスト利用方式		25	1,281	1,037	162	6.4	150/200
基幹理工	一般	学系 I		45	444	403	150	2.7	198/360
		学系 II		210	2,937	2,689	576	4.7	219/360
		学系 III		65	908	823	169	4.9	213/360
創造理工	一般	建築		80	686	634	141	4.5	218/400
		総合機械工		80	874	806	215	3.7	192/360
		経営システム工		70	721	662	146	4.5	206/360
		社会環境工		50	394	374	106	3.5	202/360
		環境資源工		35	273	260	67	3.9	202/360
先進理工	一般	物理		30	713	661	139	4.8	229/360
		応用物理		55	402	370	125	3.0	210/360
		化学・生命化		35	392	359	116	3.1	206/360
		応用化		75	1,123	1,029	308	3.3	209/360
		生命医科		30	829	716	132	5.4	219/360
		電気・情報生命工		75	573	524	154	3.4	198/360
人間科学	一般	一般	人間環境科	115	1,916	1,745	190	9.2	87.620/150
			健康福祉科	125	2,043	1,894	244	7.8	85.601/150
			人間情報科	100	1,407	1,270	161	7.9	85.616/150
		数学選抜方式	人間環境科	15	189	182	43	4.2	—
			健康福祉科	15	137	134	36	3.7	—
			人間情報科	15	196	186	51	3.6	—
	共通テスト		人間環境科	5	421	—	77	5.5	—
			健康福祉科	5	296	—	76	3.9	
			人間情報科	5	370	—	72	5.1	
スポーツ科学	一般			150	842	686	195	3.5	159.7/250
	共通テスト	共通テストのみ方式		50	482	—	96	5.0	—
		競技歴方式		50	314	—	122	2.6	—

（備考）合格最低点欄の「—」は非公表を示す。

募集要項の入手方法

一般選抜・大学入学共通テスト利用入試の出願方法は「WEB 出願」です。詳細情報につきましては，入学センター Web サイトにて 11 月上旬公開予定の入学試験要項をご確認ください。

問い合わせ先

早稲田大学 入学センター
〒169-8050 東京都新宿区西早稲田 1－6－1
TEL (03)3203-4331(直)
MAIL nyusi@list.waseda.jp
Web サイト https://www.waseda.jp/inst/admission/

大学所在地

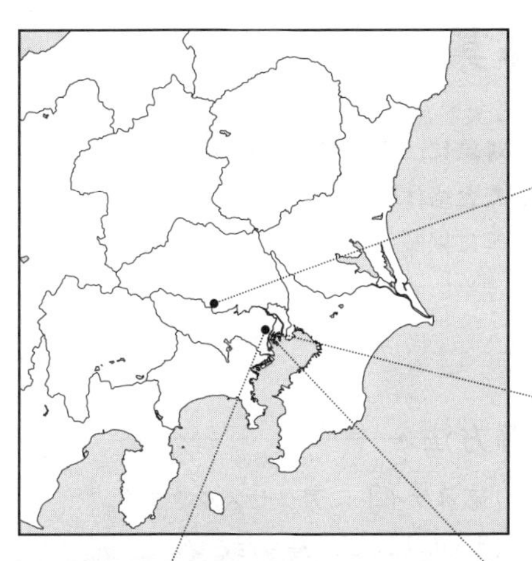

所沢キャンパス

西早稲田キャンパス

早稲田キャンパス

戸山キャンパス

早稲田キャンパス	〒169-8050	東京都新宿区西早稲田 1 - 6 - 1
戸山キャンパス	〒162-8644	東京都新宿区戸山 1 - 24 - 1
西早稲田キャンパス	〒169-8555	東京都新宿区大久保 3 - 4 - 1
所沢キャンパス	〒359-1192	埼玉県所沢市三ヶ島 2 - 579 - 15

**早稲田大学を
空から
見てみよう！**

各キャンパスの
空撮映像はこちら ▶

気になること、聞いてみました！

在学生メッセージ

大学ってどんなところ？　大学生活ってどんな感じ？
ちょっと気になることを，在学生に聞いてみました。

以下の内容は 2020～2023 年度入学生のアンケート回答に基づくものです。ここで触れられている内容は今後変更となる場合もありますのでご注意ください。

メッセージを書いてくれた先輩　［政治経済学部］M.K. さん　［法学部］W.S. さん
［文化構想学部］K.M. さん　［教育学部］S.T. さん
［商学部］W.S. さん　［国際教養学部］M.G. さん
［文学部］H.K. さん　N.M. さん　［人間科学部］R.T. さん

大学生になったと実感！

自分のための勉強ができるようになったこと。高校生のときは定期テストや受験のための勉強しかしていなかったのですが，大学に入ってからは自分の好きな勉強を自分のためにできるようになり，とても充実しています。（W.S. さん／法）

自分で自由に履修を組めることです。高校生までと違い，必修の授業以外は興味のある授業を自分で選べます。履修登録はかなり手こずりましたが，自分の興味や関心と照らし合わせながらオリジナルの時間割を考えるのはとても楽しいです。（N.M. さん／文）

高校生の頃は親が管理するようなことも，大学生になるとすべて自分で管理するようになり，社会に出たなと実感した。また，高校生までの狭いコミュニティとまったく異なるところがある。早稲田大学は１つの小さな世界のようなところで，キャンパス内やキャンパス周辺を歩いているだけで日本語以外の言語が必ず耳に飛び込んでくる。そのような環境にずっと触れるため，考え方や世界の見方がいい意味ですべて変わった。今まで生きてきた自分の中で一番好きな自分に出会えるところが大学だと思う。（K.M. さん／文化構想）

大学生活に必要なもの

軽くて使いやすいパソコンです。毎日授業がありパソコンを持ち歩くので，とにかく軽いものが良い！ Windows か Mac かは学部・学科で指定されていないのであれば好きなほうを選んで良いと思います！ iPhone とつなぐことができるので私は Mac がお気に入りです！（S.T. さん／教育）

大学生になって一番必要だと感じたものは自己管理能力です。特に，私の通う国際教養学部は必修授業が少なく，同じ授業を受けている友達が少ないため，どの授業でどのような課題が出ているかなど，しっかりと自分自身で把握しておかなければ単位を落としかねません。私は今までスケジュール帳を使うことはあまりなかったのですが，大学生になり，授業の情報やバイト，友達との約束などをまとめて管理することが必要不可欠となったので，スケジュールアプリを使い始め，とても重宝しています。（M.G. さん／国際教養）

この授業がおもしろい！

英会話の授業です。学生が英語力別に分けられ，ランダムに 3， 4 人のグループを組まれます。1 グループにつき 1 人の講師がついて，100 分間英語だけで会話をします。文法を間違えたときや何と言っていいかわからないとき，会話に詰まったときなどに講師が手助けしてくれます。最初は私には難しすぎると思っていましたが，意外と英語が話せるようになり楽しかったです。また，少人数のためグループでも仲良くなれて，一緒に昼

ご飯を食べていました。(M.K. さん／政治経済)

ジェンダー論の授業が興味深かったです。高校までは，科目として習うことがありませんでしたが，「ジェンダーとは何か」という基本的な問いから，社会で起きている問題（ジェンダーレストイレは必要か，など）についてのディスカッションを通して，他の学生の考え方を知ることができました。(H.K. さん／文)

心理学概論です。心理学の歴史と研究方法の特徴を学んだ後に，心は発達的にどのように形成されるのか，人が環境についての情報を入手するための心の働き，欲求や願望の充足を求めるときの心の動き方，経験を蓄積し利用する心の仕組み，困難な場面に直面したときの心の動き方と心の使い方などについて学ぶ授業です。もともと心理学に興味はあったのですが，この授業を通してより一層心理学に対する興味・関心が深まりました。(R.T. さん／人間科学)

大学の学びで困ったこと＆対処法

大学の課題はレポート形式になっていることが多く，疑問提起が抽象的で答え方に困ることがあります。同じ授業を履修している学生に話しかけてコミュニティを作っておくことで，課題の意味を話し合ったり考えを深め合ったりできます。(H.K. さん／文)

レポートの締め切りやテストの日程などのスケジュール管理が大変だったことです。スケジュールが自分で把握できていないとテスト期間に悲惨なことになります。私はテストやレポートについての連絡を教授から受け取ったらすぐにスマホのカレンダーアプリに登録するようにしています。(N.M. さん／文)

部活・サークル活動

国際交流のサークルに入っています。人数が多いため，自分の都合が合う日程でイベントに参加することができます。また，海外からの留学生と英語や他の言語で交流したり，同じような興味をもつ日本人学生とも交流したり，と新たな出会いがたくさんあります。(H.K. さん／文)

受験生に向けて早稲田を紹介する雑誌を出版したり，学園祭で受験生の相談に乗ったりするサークルに入っています。活動は週に１回ですが，他の日でもサークルの友達と遊んだりご飯を食べに行ったりすることが多いです。みんなで早慶戦を見に行ったり，合宿でスキーをするなどイベントも充実しています。(N.M. さん／文)

私は現在，特撮評議会というサークルに入っています。主な活動内容は，基本的に週に２回，歴代の特撮作品を視聴することです。仮面ライダーやスーパー戦隊をはじめとした様々な特撮作品を視聴しています。また，夏休みには静岡県の別荘を貸し切って特撮作品を見まくる合宿を行います。特撮好きの人にとってはうってつけのサークルだと思うので，特撮に興味のある人はぜひ来てください!! (R.T. さん／人間科学)

交友関係は？

語学の授業ではクラスがあり，いつも近くの席に座るような友達が自然とできました。クラス会をしたり，ご飯に行ったりして，より仲が深まりました。(W.S. さん／法)

入学前の学科のオリエンテーションの後，一緒にご飯を食べに行って仲良くなりました。他にも授業ごとに仲の良い友達を作っておくと，授業が楽しみになり，また重い課題が出た際に協力できるのでおススメです。「隣いいですか？」「何年生ですか？」「学部どちらですか？」等なんでもいいので勇気をもって話しかけてみましょう！ 仲の良い友達が欲しいと

みんな思っているはず！（S.T. さん／教育）

いま「これ」を頑張っています

アフリカにインターンシップに行く予定なので，英語力を伸ばすために外国人ゲストが多く訪れるホテルや飲食店で働いています。また，日本のことをもっとよく知りたいので国内を夜行バスで旅行しています。車中泊の弾丸旅行なので少し大変ですが，安価で旅行できることが最大の魅力です。体力的にも今しかできないことだと思うので楽しみます！（M.K. さん／政治経済）

英語とスペイン語の勉強です。複合文化学科では第二外国語ではなく専門外国語という位置付けで英語以外の外国語を学びます。体育の授業で留学生と仲良くなったことで，自分も留学したいという思いが強まりました。まだ行き先を決められていないので英語とスペイン語の両方に力を入れて取り組んでいます！（S.T. さん／教育）

塾講師のアルバイトを頑張っています。授業準備は大変ですが，自分の受験の経験を活かしながらどのように教えたらわかりやすいかを考えるのは楽しいです。保護者への電話がけなどもするので社会に出る前の良い勉強になっています。（N.M. さん／文）

普段の生活で気をつけていることや心掛けていること

スキマ時間の活用です。大学生は自由な時間が多いため油を売ってしまいがちになります。空きコマや移動時間は話題の本や興味のある分野の専門書を読んだり英語の勉強をしたりして，少し進化した自分になれるようにしています！ もちろん空き時間が合う友達とご飯に行ったり，新宿にショッピングに出かけたりもします！ せっかくのスキマ時間は何かで充実させることを目標に，１人でスマホを触ってばかりで時間が経ってしま

うことがないように気をつけています。(S.T. さん／教育)

無理に周りに合わせる必要など一切ない。自分らしく自分の考えを貫くように心掛けている。また，勉学と遊びは完全に切り離して考えている。遊ぶときは遊ぶ，学ぶときは学ぶ。そう考えることで自分のモチベーションを日々高めている。(K.M. さん／文化構想)

おススメ・お気に入りスポット

早稲田大学周辺のご飯屋さんがとても気に入っています。学生割引があったり，スタンプラリーを行ったりしているので楽しいです。また，授業終わりに友達と気軽に行けるのでとても便利です。(W.S. さん／法)

文キャンの食堂です。授業の後，空きコマに友達と行ってゆっくり課題を進めたり，おしゃべりしたりできます。テラス席は太陽光が入るように天井がガラスになっているため開放感があります。お昼時にはとっても混むため，早い時間帯や，お昼時を過ぎた時間帯に使うのがおススメです。(H.K. さん／文)

大隈庭園という早稲田キャンパスの隣にある庭園が気に入っています。天気が良い日はポカポカしてとても気持ちが良いです。空きコマに少しお昼寝をしたり，そこでご飯を食べることもできます。(N.M. さん／文)

入学してよかった！

いろいろな授業，いろいろな人に恵まれているところが好きです。早稲田大学の卒業生に声をかけていただいて，アフリカでインターンシップをすることにもなりました。授業の選択肢も多く，乗馬の授業や国際協力の授業，法学部や文学部の授業，教員免許取得のための授業など，様々な授業があります。選択肢が多すぎて最初は戸惑うこともあるかと思いますが，どんな人でも自分らしく楽しむことができる環境が整っているところが私にとっては早稲田大学の一番好きなところです。(M.K. さん／政治経済)

全国各地から学生が集まり，海外からの留学生も多いため，多様性に満ちあふれているところです。様々なバックグラウンドをもつ人たちと話していく中で，多角的な視点から物事を捉えることができるようになります。また，自分よりもレベルの高い友人たちと切磋琢磨することで，これまでに味わったことのないような緊張感，そして充実感を得られます。(W.S. さん／商)

高校生のときに「これ」をやっておけばよかった

学校行事に積極的に参加することです。大学では，クラス全員で何かを行う，ということはなくなります。そのため，学校行事を高校生のうちに全力で楽しむことが重要だと思います。大学に入ったときに後悔がないような高校生時代を送ってほしいです。(H.K. さん／文)

英語を話す力を養うことだと思います。高校では大学受験を突破するための英語力を鍛えていましたが，大学生になると，もちろんそれらの力も重要なのですが，少人数制の英語の授業などで英語を使ってコミュニケーションを取ることが多くなるため，英語を話す力のほうが求められます。私は高校時代，スピーキングのトレーニングをあまりしなかったので，英会話の授業で詰まってしまうことがしばしばありました。高校生のときに英語を話す力をつけるための訓練をしていれば，より円滑に英会話を進められていたのではないかと感じました。(R.T. さん／人間科学)

合格体験記

みごと合格を手にした先輩に，入試突破のためのカギを伺いました。
入試までの限られた時間を有効に活用するために，ぜひ役立ててください。

（注）ここでの内容は，先輩方が受験された当時のものです。2025 年度入試では当てはまらないこともありますのでご注意ください。

・アドバイスをお寄せいただいた先輩・

K.T. さん　文化構想学部
一般選抜 2024 年度合格，千葉県出身

合格のポイントは，最後まで諦めなかったことです。どんなに模試の成績が悪くても，過去問で点数が取れなくても，勉強してきた過去の自分を信じて突っ走ってほしいと思います。

その他の合格大学　東洋大（福祉社会デザイン〈共通テスト利用〉）

Y.T. さん　文化構想学部
一般選抜・一般選抜（英語 4 技能テスト利用方式）2024 年度合格，長野県出身

いろんな情報が飛び交うと思います。勉強法は本当に人それぞれだと思うので，他人にあまり乱されすぎず，自分が信じる道を大切にしてください！

その他の合格大学　上智大（文〈共通テスト利用〉），明治大（文〈共通テスト利用〉），青山学院大（文〈共通テスト利用〉），早稲田大（人間科学，教育）

A.H. さん　文化構想学部
一般選抜 2024 年度合格，神奈川県出身

合格のポイントは，「この大学へ行きたい！」という強い気持ちではないでしょうか。スマホとともに不毛な時間を過ごしたり，ちょっとだけベッドで休むつもりが寝落ちしてしまったり，なんてこともあった私は模範的な受験生ではなかったです。でも，自分の好きなことを学びたいという思いや，運動音痴で体育から逃げたかったという不純な動機，などなど，早稲田への憧れがガソリンになって最後まで諦めず勉強できたのかなと思います。勉強も大事ですが，公式のパンフレットでもネットの下馬評でもいいので，情報を集めて大学についてのイメージを膨らませることも大切にしてほしいです。

その他の合格大学　早稲田大（文），学習院大（文），國學院大（文），駒澤大（文〈共通テスト利用〉），専修大（文〈共通テスト利用〉）

入試なんでもQ&A

受験生のみなさんからよく寄せられる，
入試に関する疑問・質問に答えていただきました。

「赤本」の効果的な使い方を教えてください。

A 私は高3の夏休みに初めて赤本を解きました。「早稲田の問題だから見たことのないような難しい問題が出るんだろうな…」と漠然と思っていたのですが，実際に解いてみると，もちろん難しいけれど問題のパターンは珍しいものではなく，いま自分が参考書や授業でやっていることの積み重ねなのだなと感じました。問題の雰囲気は早いうちに体験しておくといいと思います。秋から冬にかけて，参考書と並行して10年分過去問を解き，徐々に問題傾向をつかむようにしました。　（Y.T. さん）

A 日々の演習のために使いました。早稲田は受験しない学部の過去問もかなり活用しました。問題傾向が似ている場合が少なくなかったからです。高校の英語の先生も「早稲田は語彙レベルが似ているから，他大学の過去問を解くのなら他学部の過去問を解くほうがいいよ」と言っていました。解くときはノートを使いましたが，解き終わった後に一言コメントや抜けていた知識を余白に書き殴るようにしました。例えば国語だったら，抜き出し問題でしょうもない漢字ミスをしたときは「漢字ミスすんな！」とか，脱文補充でわからなかったときは「脱文→消去法で？」とか，「ドグマ→教義」とか。過去の私は色々書いていました。こうやって純粋に自分のためだけに書き残すことで，解き方や知識が定着していった気がします。
（A.H. さん）

1年間の学習スケジュールはどのようなものでしたか？

A 高3の夏まで部活をやっていてかなり遅めのペースなので，これより早めにやることをおすすめします。7月までに英文法，英文解釈，古典文法，漢文の句法などの基礎・基本を完璧に仕上げて，8月から本格的な問題演習に入りました。目安としては，9月前半までに日東駒専，10月前半にMARCH，10月の終わりまでに早慶の基礎固めを終わらせて，11月から徹底的に過去問演習をするイメージでやっていました。単語や熟語は1年を通してやると忘れないので，そのほうがよいと思います。

（K.T. さん）

共通テストと個別試験とでは，それぞれの対策の仕方や勉強の時間配分をどのようにしましたか？

A 私の高校は共通テスト対策に力を入れていたので，学校では共通テスト，自宅では赤本というように切り替えて勉強していました。「私大は共テより個別試験の勉強だ」という話はよく聞きますが，私は共テにもある程度時間を割いてよかったと思っています。真剣にやったぶん共テで緊張感を経験しておけるし，共テ利用で併願校合格を確保することもできます。特に後者の併願校の過去問対策をしなくていいというメリットは大きいです。

（Y.T. さん）

学校外での学習はどのようにしていましたか？

A 受験勉強を始めるのが遅く，予備校・塾の授業や進度についていける自信がなかったので，予備校などには通わず，参考書やスタディサプリを活用して勉強していました。1.5倍速の速さで再生して，講師の先生が尋ねてくることにすんなり答えられるようになるくらいまで視聴すればかなり強固な知識を身につけられるのでおすすめです。参考書の解説も丁寧に読み込んで本質を理解できるようになるととてもよいと思います。

（K.T. さん）

早稲田大学文化構想学部を攻略するうえで，特に重要な科目は何ですか？

A　一番大切な科目は国語です。日本史や英語では点差をつけにくい（特にここ数年の早稲田の英語の難易度はとても高く，平均点より少し高いくらいで全然大丈夫だと思うくらい難しい）ので，国語で高得点を安定して取れるようになると一番周りと差をつけやすく合格がグッと近づくと思います。現代文は点数が安定しにくいと思いますが，そこが受験の醍醐味であり頑張りどころだと思います。古文・漢文はできれば満点というくらいの姿勢で頑張ってほしいです。　（K.T. さん）

苦手な科目はどのように克服しましたか？

A　英語が苦手でした。正直いまも克服できたとは思えないですが…。早稲田の問題は語彙レベルがとても高いので，読んでも読んでも頭に入ってこず，「何言ってんのか全然わかんなーい」とシャーペンを投げ出して泣きそうになったことが何度もありました。ですが，そういうときは「単語力不足」だと冷静に原因を分析できたら，そして逆に「新しい単語を知るチャンス」だと前向きに考えれば，少し気が楽になります。また，早稲田は長文に出てくる難単語の知識は求めていない，むしろ文脈や語法から推測する力を見たいんだ，というように分析してからは，自分がやるべきことが見えてきた気がします。　（A.H. さん）

スランプに陥ったとき，どのように抜け出しましたか？

A　一瞬立ち止まってみるのもよいと思います。特に受験に対するモチベーションが低いときはよい勉強ができるはずもないので，思い切ってリフレッシュしましょう。私は進路が決まっている友達と軽くご飯を食べに行って励ましてもらっていました。いまは推薦受験の人が多いので「一般受験してる自分すごいな」と思って自己肯定感爆上げで過ごしたほうが何をするにもプラスに働きます。実績がない人にはスランプもないので，自信をもってまた勉強に励んでほしいです。（K.T. さん）

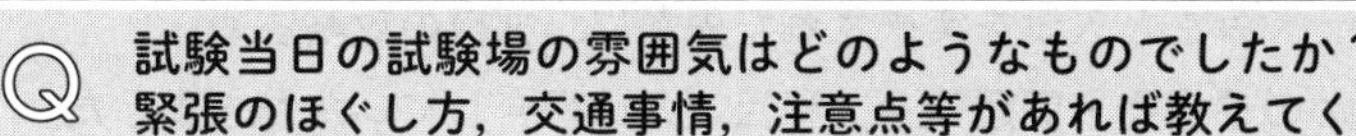

Q　試験当日の試験場の雰囲気はどのようなものでしたか？緊張のほぐし方，交通事情，注意点等があれば教えてください。

A　とにかく人が多いですが，キャンパスも広いのであまり気になりません。校門前では在校生の応援団の方々が声をかけてくれて，私はすごく元気をもらいました。トイレは試験会場によっては数が少なく混み合うので，他のフロアや隣の棟もチェックしておくとよいです。本番は緊張しますが，私は好きなお笑い芸人さんのネタを見て，笑ってリラックスすることができました。自分の好きなものに触れると気分がほぐれるのでおすすめです。（Y.T. さん）

Q　受験生へアドバイスをお願いします。

A　私のクラスメイトは高校の授業中に内職をしていました。授業は非効率的で，それより自分に必要な参考書をやるほうがいいのだそうです。それで成功している人もたくさんいるようなので，私もすごく焦りました。でも結局授業を切り捨てる勇気がでず，また私の集中力では勉強が身になりそうになかったので，おとなしく授業を受けていました。確かにすでに知っている話もあったけれど，自分が無意識に避けていた箇所を知るなどできましたし，合間の豆知識も勉強の吸収をスムーズにする手助けとなってくれました。結果論ですし，どちらがいいのかは人によるとは思いますが，そのようにして自分だけの価値観で，いる・いらないを判断するのはちょっと怖いなと思います。切り捨てたもののなかに大事なものがあったかもしれません。皆さんにはどうか視野を広くもってもらいたいです。（Y.T. さん）

科目別攻略アドバイス

みごと入試を突破された先輩に，独自の攻略法や
おすすめの参考書・問題集を，科目ごとに紹介していただきました。

英 語

すべてにおいてトップレベルなので，トップレベルの対策をしましょう。基礎・基本問題はもちろん応用問題も得点できるように，ただ闇雲に勉強するのではなく，テーマをもって論理的に取り組むと問題の意図がつかめるようになります。 (K.T. さん)

おすすめ参考書 『世界一わかりやすい 早稲田の英語 合格講座』（KADOKAWA）

英文を音読して，頭の中で再生されるスピードを速めるようにしました。 (Y.T. さん)

おすすめ参考書 『大学受験スーパーゼミ 徹底攻略 基礎英文解釈の技術 100』（桐原書店）

大問 3 の空所補充（文挿入）の問題がポイントです。おそらく大問 2 に次いで配点が高いうえに類題が少なく，コツをつかむのが難しいからです。参考までに自分なりに編み出した解き方としては，①選択肢の文をさらっと確認。指示語やディスコースマーカーをチェックしておく。②本文をパラグラフリーディング。空所は迷ったら飛ばしても OK。③わかりそうな空所から入れていく。選択肢を見る前に空所の前後やその段落から空所の文の条件を決めていく。例えば，「後の文が “Former ～ ” だから，空所には前者・後者の要素があるんだろうな」とか「後の文が具体的なことだから，空所には抽象的なことがきそうだな」とか。文の形，文脈，パラグラフの趣旨など，いろいろなアプローチから攻めて練習を重ねれば，コツをつかめると思います！ (A.H. さん)

日本史

何となくやっていると，何となくの点数しか取れません。日本史全体を俯瞰するようにしながら細かい箇所にまで神経を巡らせれば，高得点は必ず取れます！　苦手な人が多い文化史もしっかりやれば得点に結びつきます。（K.T. さん）

おすすめ参考書　『早稲田の日本史』（教学社）

用語集，資料集を読み込むこと！　過去に出た問題の箇所をチェックしておくと，その周辺情報が出ることがしばしばあります。（Y.T. さん）

おすすめ参考書　『日本史用語集』（山川出版社）

定番かもしれませんが，問題演習で得た知識は，教科書・参考書にその都度書き込んで1冊の本に集約していくというやり方がいちばん効率的だと思います。他学部も含めた過去問も積極的に使いましょう。2014年度の文化構想学部で出た記述問題の「式内社」（難問！）が2024年度に問題形式を変えてまた出てきました。日本史が苦手ではなく，活字を読むのも苦ではないという人には，『詳説日本史研究』という参考書がおすすめです。山川出版社の教科書の上位互換的な本です。全体的に記述の密度が底上げされていて，早稲田レベルにはもってこいです。（A.H. さん）

おすすめ参考書　『詳説日本史研究』（山川出版社）

国 語

漢文は基本的なことが多く出題されているので，失点はなるべく避けたいところです。また，一番安定しないと言われる現代文をある程度高水準で安定させることができれば大きな武器になります。評論を 1 日 1 つ読むだけでかなり力がつきます！ (K.T. さん)

おすすめ参考書 『現代文読解力の開発講座』（駿台文庫）

古文・漢文に力をいれました。おすすめしている参考書は，問題を解きながら文学史も学べるし，解説にある豆知識はおもしろく，古文を好きになれます。 (Y.T. さん)

おすすめ参考書 「古文上達 読解と演習 56」（Z 会）

文化構想学部の国語は現代文が得意な人に有利だと思います。大問 1 の文語文は文体が読みにくいとはいえ書いてある論理は単純明快ですし，大問 3 の現古漢融合問題は背景は現代文中からとれますし，古文・漢文は他学部ほど難しいことは問われていません。ところで，私は国語は基本的に間違い探しだと思っています。「作者の伝えたいことは何か」を読み取るのではなく，「本文に書いてあること」と「本文に書いていないこと」を先入観を廃してひたすら選択肢と照らし合わせる単純作業です。数年前，国際教養学部の問題に詩人の最果タヒさんの文章が出て本人が解いたときのツイートを見て思ったことです。これを肝に銘じて，本文の根拠に忠実に選択肢を選べば，現代文も怖くないと思います。とはいえ一歩進んで本文の記述から推測して選ばなければならない問題もあるのが早稲田の難しいところではありますが…。 (A.H. さん)

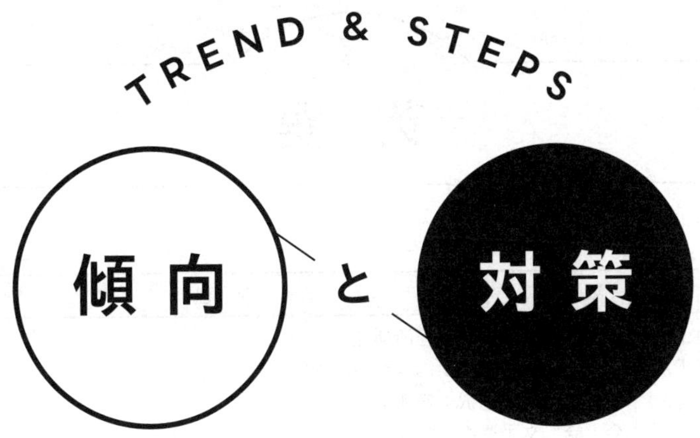

科目ごとに問題の「傾向」を分析し，具体的にどのような「対策」をすればよいか紹介しています。まずは出題内容をまとめた分析表を見て，試験の概要を把握しましょう。

注　意

「傾向と対策」で示している，出題科目・出題範囲・試験時間等については，2024 年度までに実施された入試の内容に基づいています。2025 年度入試の選抜方法については，各大学が発表する学生募集要項を必ずご確認ください。

来年度の変更点

2025 年度入試では，以下の変更が予定されている（本書編集時点）。

- 一般選抜および一般選抜（共通テスト利用方式）における外国語の選択科目について，「ドイツ語」「フランス語」「中国語」「韓国語」（大学入学共通テストの当該科目を受験）を廃止する。
- 大学入学共通テストで課す科目について，「情報Ⅰ」「旧情報」も選択可能となる。

英　語

年度	番号	項　目	内　容
2024 ◑	〔1〕	読　　解	選択：空所補充
	〔2〕	読　　解	選択：内容説明，内容真偽，主題
	〔3〕	読　　解	選択：空所補充
	〔4〕	会 話 文	選択：空所補充
	〔5〕	英 作 文	記述：要約（書き出し指定：4～10 語）
2023 ◑	〔1〕	読　　解	選択：空所補充
	〔2〕	読　　解	選択：内容説明，内容真偽，主題
	〔3〕	読　　解	選択：空所補充
	〔4〕	会 話 文	選択：空所補充
	〔5〕	英 作 文	記述：要約（書き出し指定：4～10 語）
2022 ◑	〔1〕	読　　解	選択：空所補充
	〔2〕	読　　解	選択：内容説明，内容真偽，主題
	〔3〕	読　　解	選択：空所補充
	〔4〕	会 話 文	選択：空所補充
	〔5〕	英 作 文	記述：要約（書き出し指定：4～10 語）
2021 ◑	〔1〕	読　　解	選択：空所補充
	〔2〕	読　　解	選択：内容説明，内容真偽，主題
	〔3〕	読　　解	選択：空所補充
	〔4〕	会 話 文	選択：空所補充
	〔5〕	英 作 文	記述：要約（書き出し指定：4～10 語）
2020 ◑	〔1〕	読　　解	選択：空所補充
	〔2〕	読　　解	選択：内容説明
	〔3〕	読　　解	選択：空所補充
	〔4〕	会 話 文	選択：空所補充
	〔5〕	英 作 文	記述：要約（書き出し指定：4～10 語）

（注）●印は全問，◑印は一部マークシート法採用であることを表す。

読解英文の主題

年度	番号	類別	主題	語数
2024	〔1〕(A)	医学	外科手術における麻酔の使用	約 280 語
	(B)	文化論	「週」という概念の重要性	約 270 語
	〔2〕(A)	科学論	機械学習の発展	約 190 語
	(B)	社会論	竹，防水シートと泥土：迫害されるコミュニティー	約 280 語
	(C)	文化論	怪物と場所の密接な関連性	約 500 語
	〔3〕	文化論	近代における言語標準化の試み	約 730 語
2023	〔1〕(A)	科学論	理論物理学と人類の課題	約 290 語
	(B)	医学	ホメオパシーと現代医療の対立	約 280 語
	〔2〕(A)	哲学論	視覚情報による位置づけ	約 180 語
	(B)	文化論	どのようにして「賢い（smart)」は「正しい(just)」に成り代わったのか	約 250 語
	(C)	文化論	ダニング・クルーガー効果	約 500 語
	〔3〕	文化論	宗教と迷信	約 780 語
2022	〔1〕(A)	科学論	意識を持つ生物との境界	約 210 語
	(B)	科学論	反証可能な科学理論	約 270 語
	〔2〕(A)	文化論	人間固有の物語る行為	約 180 語
	(B)	文化論	才能と社会的背景	約 250 語
	(C)	社会論	筋肉隆々とした男性と専業主婦の女性：性別の固定観念がもたらす悪影響	約 520 語
	〔3〕	文化論	知識遺産に対する現代人の責務	約 770 語
2021	〔1〕(A)	文化論	人新世（アントロポセン）の始まり	約 250 語
	(B)	文化論	ハワイの民族多様性の理解	約 280 語
	〔2〕(A)	文化論	道徳心と想像力	約 180 語
	(B)	文化論	西欧の古典主義建築	約 280 語
	(C)	社会論	新型コロナウイルスによるパンデミックに対するAI を用いた解決策の是非	約 530 語
	〔3〕	社会論	やり遂げようとする力の功罪	約 810 語
2020	〔1〕(A)	文化論	日本の英語教育の矛盾	約 280 語
	(B)	文化論	二者択一的な答えの回避	約 290 語
	〔2〕(A)	社会論	Brexit（ブレグジット）の定義	約 160 語
	(B)	文化論	降霊術	約 270 語
	(C)	文化論	生命に由来する複雑な構造	約 510 語
	〔3〕	文化論	中国における小麦麺の歴史	約 740 語

多量の英文に対応できる速読力と語彙力，達意簡明の英文を書く力が必要

01 基本情報

試験時間：90 分。

大問構成：読解問題 3 題，会話文問題 1 題，要約英作文問題 1 題の，計 5 題。

解答形式：英作文は記述式，他はすべてマークシート法による選択式。例年，設問や選択肢を含め全文英文による出題である。

02 出題内容

例年，問題構成のパターンは一定しており，次のようになっている。

① 〔1〕～〔3〕：読解問題

長文のテーマは文学や歴史・宗教などの文化論，現代社会における最新の話題を含めたさまざまな社会問題や政治問題・環境問題などの社会論，医学や科学論など，非常に多岐にわたる。幅広い素養と理解力が要求される。

〔1〕は 300 語前後の英文 2 種を読み，空所に当てはまる単語や熟語を選ぶもの。語彙レベルは本文・選択肢のいずれもやや高めである。文法・語法的な知識から解ける設問，文脈から推測させる設問，熟語の知識や語彙力を純粋に問う設問が，それぞれバランスよく出題されている。

〔2〕は 200 語程度，300 語程度，500 語程度の 3 種の英文を読み，内容に関する設問に答えるもの。例年比較的読みやすい英文が多く，設問も標準的といえる。各段落や全文の主題，内容真偽などが問われている。選択肢の英文は，必ずしも本文中の表現そのままというわけではなく，文意を正確に把握することが求められる。タイトルを選択する問題では，即座には判定しがたい選択肢が含まれているため注意が必要である。

〔3〕は 700～800 語程度の長文を読み，空所に当てはまる英文を選ぶもの。この大問を苦手とする受験生は多いと思われる。選択肢の文自体と空所の前後の文，また時には遠く離れた箇所まで分析しなければならないか

らである。余分な選択肢が1つあり，1カ所でも間違えると他の空所に影響するため，各選択肢と空所前後の手がかりの関連性を正確に見抜く力が要求されている。そして，年度によっては読解量が非常に多くなることがあり，集中力も必要となる。

② 〔4〕：会話文問題

日常的な場面設定の会話文が多い。設問は空所に当てはまる語句を選ぶもの。文法的に解く設問，熟語で解く設問，会話独特の表現で解く設問などに分類できる。基本単語3語以下で構成された選択肢がほとんどであるのに，判断に迷うことがよくある。熟語や会話独特の表現は非常に難度の高いものもある。

③ 〔5〕：英作文問題

250語程度の英文の内容を要約する問題で，要約文の冒頭が与えられており，それに続けて4～10語の英語を付け加える形式が続いている。また，本文中の3語以上の連続した語句を使ってはいけないという制限が設けられている。出題英文の内容は抽象度の高い学術的なものも見られる。

03 難易度と時間配分

多くの英文を読んで，内容を的確に理解する力，論旨をまとめてそれを端的な英文で表現する力が問われている。全体として，よく練られた良問となっている。

〔1〕は，大学入試問題ではよくある設問形式だが，問われる知識レベルはかなり高いことがある。特に語彙レベルが高いことが多く，大問としてはやや難であろう。

〔2〕は，英文自体はそれほど難しくなく，設問の選択肢も紛らわしくないものが多い。標準レベルであろう。

〔3〕は，受験生が最も苦手とするであろう設問形式で，年度によっては手がかりが見抜きにくいものも散見され，差が開く可能性の高い大問でもある。年度にもよるが，難としておく。

〔4〕は，非常に難しい熟語や会話独特の表現が問われる設問で失点することはあると思われるが，それ以外はしっかり得点しておきたい大問である。満点を取るのは容易ではないが，標準としておく。

〔5〕は，英作文を書く力や要約する力に自信がある受験生にとっては得点源になりうるが，そうでない受験生にとっては手強い大問である。得点差が開く可能性はあるが，問題自体の難度はやや難といったところである。

90分で異なる形式・長さの英文を8つ読まなくてはならないので，効果的な時間配分を考えておきたい。単純に試験時間90分を英文数8で割ると，英文1つにつき，10分強となる。会話文問題，語彙中心の〔1〕をできるかぎりはやく解答し，英文が長く設問数も多い〔2〕(c)，難度の高い〔3〕に多くの時間を充てるようにしたい。

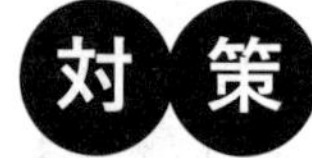

01 読解問題対策

〔1〕の対策は，ひとえに語彙力強化といえよう。ただ，単語の意味を多く覚えればよいというものではない。熟語と同じようにかたまりで覚える意識をもつことが必要である。過去に出題された問題でいえば，well「十分に」と fed「食べ物を与えられた」を単独で覚えるのではなく，well fed「食べ物を十分に与えられた」と覚えていく。反意表現は poorly fed「食べ物を十分に与えられない」と覚えられればさらによいだろう。また，語彙の深い理解も必要である。例えば過去には対比を表す where「～だけれども」が狙われたり，reduce *A* to *B*「*A* を *B* に減らす」が His argument can be reduced to three major points.「彼の主張は3つの要点にまとめることができる」のように「*A* を *B* に還元する，まとめる」という意味で登場したことがあった。主要な意味から一歩踏み込んだところまで語彙の理解を深めたい。〔1〕に限らず，語彙レベルは大学入試用の単語集のレベルをはるかに超えている。本シリーズを利用して早稲田大学の他学部の英文にあたるなど，できるかぎり早稲田大学の過去問に取り組み，そこで見かけた未知の単語を覚えていくのがよいだろう。

〔2〕の対策は，英文の分量が多いので，速読がポイントとなる。速読の習得には時間はかかるが，少しでも効率よく身につけるために意識すべ

き点を挙げる。長文は段落の集まりで構成されているが，段落というのは，ある1つのトピックをまとめた単位であるので，それが何なのかを見定める。そして，各段落のトピックを，できる限り短い表現（日本語でも英語でもよい）で言い換える練習をする。1つの段落が長いものほど，短い要約文にしてみると，余分な要素の働きや特徴が見えてくる。段落読みのための具体的なルールについては，『大学入試 英語長文プラス 速読トレーニング問題集』（旺文社）などを参考にするとよい。速読にばかり意識が向きがちであるが，英文読解の基本は，1文1文を正確に読む力にあるので，精読の練習も並行して実践することが大切である。

〔3〕の対策は，代名詞と接続詞を押さえて，文と文の有機的なつながりを意識する読み方に慣れることが重要である。選択肢で使われている単語と同じ単語が本文中で使われていれば，当然その前後の空所に入る可能性は高いかもしれないが，それほど簡単に解けるとは限らない。やはり論理的に前後を類推していかなくてはいけない。その際に役立つのが，つながりを示す代名詞や接続詞である。指示表現の理解も重要で，例えば，代名詞の this は前の比較的近い箇所の内容を受ける傾向がある。また，at the same time「同時に」は前後を逆接でつなげることが可能で，これには「彼は頭脳明晰だが同時に周りの人に信頼されていない」のような例を考えるといいだろう。文構造や文と文のつながりについての解説が詳しい『大学入試 ぐんぐん読める英語長文』（教学社）などの問題集に取り組むのも効果的である。

02 会話文対策

〔4〕の対策は，簡単な単語を使った2，3語から成る熟語と会話独特の表現を覚えることである。基本的な重要表現は確実に覚えておかなければならない。書き言葉とは違う口語表現であるため，学習の仕方も長文読解のそれとは違い，実際の使用場面を想定しながら，イメージの中でもよいので習得した表現を使ってみるのがよい。例えば，「～が好き」という表現は like だけではなく，「～にはまっている〔夢中である〕」を意味する be into という表現があり，これを I am into jazz music. のように実際の会話として使用する。書き言葉ではないものが多いため，これらの表現

を多くインプットしたければ，会話表現を扱っている教材やネット上のサイトを検索する必要がある。やや関係が薄いと思われるかもしれないが，口語表現・慣用表現のストックを増やす方法として英作文（和文英訳）が有効であることを指摘しておきたい。英作文では，複数の解答例や，解答例とは別の同意表現を多く身につけることができる。文化構想学部の英作文は後述のとおり，独自の形式で，その対策は必要だが，通常の和文英訳の練習を多く積んでおくことも役に立つだろう。

03 要約英作文対策

〔5〕の対策は，文章を要約する力と減点されない英文を書く力をつけることである。前者について，例年，文化構想学部の要約問題は本文が1～3個程度の段落で成り立っていて，しかも解答は1文でまとめなくてはならないので，キーセンテンスを押さえることが重要となる。ただ，1文の冒頭がすでに書かれているので，要約の方針「は」指定されている。その方針を踏まえた上で使用する語を考える力が重要である。例えば，「一般論→ But＋主張→具体例→結論」の論理展開であれば，具体例は省き，「一般論→ But＋主張」の部分を自分なりの言葉で書けば要約になる。文化構想学部の過去問の解答例を読んで，要約として何を入れたらよいのかを学んでほしい。後者については，冒頭が与えられ，4～10語の英語で書くものなので，英文の構成力に加えて，ミスをしない文法力も重要である。意識してほしいことは，なるべく簡単な語彙や文法を使うことである。一般的に使われない，目にすることの少ない表現には，使用に際して何か付加的な条件を要することがある。語彙の理解を深めるとともに，とにかく平易に書く努力をしてほしい。

日本史

年度	番号	内容	形式
2024 ◑	〔1〕	日本における「文と武」の歴史	記述・選択
	〔2〕	岡山県にまつわる歴史	正誤・選択・記述
	〔3〕	日本列島と海に関する歴史	選択・配列・記述・正誤
	〔4〕	日本における人間とウサギとの関係史	記述・選択・正誤
2023 ◑	〔1〕	琉球列島の歴史	選択・記述
	〔2〕	日本における歴史の編纂や叙述	選択・記述・正誤
	〔3〕	日本における寄付の歴史	選択・記述
	〔4〕	日本の地誌・紀行文	選択・記述・配列
2022 ◑	〔1〕	日本における治水と灌漑の歴史　⊘史料	選択・記述・正誤
	〔2〕	日本における印刷文化	選択・配列・記述
	〔3〕	日本におけるジェンダーの歴史	選択・正誤・記述
	〔4〕	日本における鉄の歴史　⊘表	選択・記述・正誤
2021 ◑	〔1〕	日本における城郭の歴史	記述・選択・正誤
	〔2〕	古代～現代の日本の文化や政治	記述・選択・正誤
	〔3〕	日本における都市の歴史	記述・選択
	〔4〕	日本における貿易の歴史　⊘表	選択・記述・正誤・配列
2020 ◑	〔1〕	日本における織物と織物業の歴史	選択・記述
	〔2〕	日本における「合議」の歴史	選択・記述・配列・正誤
	〔3〕	日本における人間と猫との関係史	記述・選択・正誤
	〔4〕	交通・流通に関する歴史	選択・記述

（注）●印は全問，◑印は一部マークシート法採用であることを表す。

テーマ史的な出題が大きな特徴 社会・経済史や外交関係史，文化史に注意

01 基本情報

試験時間：60 分。

大問構成：大問 4 題。解答個数は年度によって異なるが，概ね 50 個程度で定着しており，2024 年度は 47 個であった。

解答形式：マークシート法による選択問題（正誤法・配列法を含む）と記述問題で構成されている。選択問題には解答を 2 つ選ばせるものもある。

なお，2025 年度は出題科目が「日本史探究」となる予定である（本書編集時点）。

02 出題内容

1 つの時代の特定の分野に焦点を絞った問題ではなく，例年，全問テーマ史的な出題で，高校での主題学習の成果が試されている。

① 時代別

原始・古代から現代までが出題されている。現代史は 1990 年代も出題されているので注意しておこう。テーマ史で構成されているが，1 題で原始から現代まですべての時代を網羅するわけではなく，古代〜近世，中世〜近代というように複数の時代を連結させた形でリード文を設定しているのが特徴である。下線部に関する設問のほか，文中の空欄を完成させるなど，オーソドックスな形式で出題されている。テーマに関連して現在の状況が問われることもある。

② 分野別

年度によって比重は変わるが，政治史，社会・経済史や外交関係史がよく出されている。2021 年度は「日本における貿易の歴史」が外交史の内容で出題された。沖縄県本土復帰 50 周年の翌年にあたる 2023 年度は，テーマ史の定番「琉球列島の歴史」が出題されており，時事的な要素もうかがえる。文化史も頻出で，2022 年度は「日本における印刷文化」が出題されている。2023 年度は〔2〕〜〔4〕の内容がほとんど文化史で占められた。今後も注意が必要である。

その他，2020 年度の「交通史」，2022 年度の「ジェンダーの歴史（女性史）」など定番のテーマがある一方で，2020 年度は「人間と猫との関係史」，2024 年度は「人間とウサギとの関係史」という非常にユニークなテーマが出題されている。

設問単位でみると，歴史地理の問題や年代配列の問題も出題されることがある。

③ 史料問題

史料はリード文の中に一部が引用される程度で，出題されない年度もあるが，2022 年度はリード文に養老令の雑令からの史料文が引用された。日頃の史料学習の成果が問われる。

④ 図表問題

2021 年度は近代の輸出入品の表を用いた問題が，2022 年度は現代のエネルギー需給の表を用いた問題が出題された。今後も注意が必要なので，教科書や図説などの統計図やグラフを確認しておこう。

03 難易度と時間配分

選択問題の中には判断に迷う難問が含まれていたり，記述問題では，2020 年度の「結城紬」，2023 年度の「大日本史料」「名所図会」「風俗画報」など，あまり一般的とはいえず想起しづらいと思われる歴史用語を書かせる設問もみられる。しかし，全体的に良問がそろっているので，解答に戸惑うことは比較的少ないだろう。教科書学習を丹念に進めていれば，かなりの高得点が期待できる。

標準レベルの問題を取りこぼしなく解答し，かつ難問にも時間が割けるようにしたい。見直しの時間も確保しておくこと。

01 基礎事項の徹底

教科書のレベルを超えた問題もあるが，8割前後は基本的な事項からの出題である。まずはこれらの問題で失点せずに確実に得点することが第一の課題となる。教科書を有効に活用しながら，基本的な知識を身につけたい。時代，分野ともに幅広く出題されているので，不得意な時代や分野をつくらないことが大事である。現代史においても，平成の時代までをとおして学習がおろそかにならないようにする。また，記述問題では正確な漢字表記が求められるので，日頃からきちんと書くよう心がけよう。

02 発展的学習

合格を確実なものとするためには，難問とされるものもある程度解答できるようにしておきたい。そのためには，正文・誤文選択問題への対処が必要である。正文・誤文選択問題では細部の知識を問われる場合も多いので，単純に語句を暗記するだけの学習に陥らないようにしよう。過去問などをこなすことで傾向をつかみ，教科書を用いた学習においても，欄外の脚注はもちろん，ポイントを意識しながら学習を進めていきたい。教科書や図説などに載っている地図や年表も活用し，歴史用語や事項を立体的に理解することを心がけよう。さらに記述問題においても，意表をつく語句や難度の高い問題が出題されることがあるので，歴史的名辞については，できるだけ幅広く把握しておくことが望まれる。また，2022年度に出題された「山川菊栄」や「本多光太郎」などはわかっていても「菊枝」「幸太郎」などの誤字を招くことがあるので，書いて覚える練習を欠かさないようにしよう。なお，選択肢に並ぶ文章は，『日本史用語集』（山川出版社）に準じたものも多いので，同書を読み込んでおくようにしたい。

03 文化史の克服と図説の有効活用

ほとんどの年度で大問1題は文化史からの出題があり，2023年度は大問3題が文化史の内容で占められた。2020・2021年度のように大問単位での出題がない場合でも，設問中に文化史の内容が多く含まれているので，軽視できない分野である。文化史をより深く理解するためには，仏像，建築物，絵画などの美術作品について，図説などを用いて写真を確認しながらの学習が有効である。また，その際には図版の解説に目を通しておくことも大切である。2021年度には絵と詞書（文章）を用いる絵巻物の形式が正誤法で問われた。

なお，塾や予備校の季節講座などでは文化史の講座が設けられることも多い。このような講座では文化史だけをまとめたテキストを使用しており短期間に整理することができるので，利用してみるのもよいであろう。

04 テーマ史対策

文化構想学部の特徴は，テーマ史の出題が多いことである。通史の学習で一通りの知識を身につけたら，テーマ史の学習に切り替えよう。例えば，日中外交史，交通史，貨幣史，仏教史，教育史，美術史などのように，1つのテーマを立てて，原始・古代から現代までの縦の流れをつかむことが大切である。『早稲田の日本史』（教学社）のテーマ史の章などを活用し，テーマ史対策を万全にしておこう。

05 史料問題対策

本格的な史料問題は少ないものの，リード文の中に部分的に史料が引用されることがある。2022年度にはリード文中に養老令の雑令が引用された。史料集を用意して通史学習と並行して確認する習慣をつけよう。また，市販の史料問題集でトレーニングを積んでおくのも有効な対策となる。

世界史

年度	番号	内容		形式
2024 ◑	〔1〕	仏教の拡大と影響	⊘視覚資料	選択・記述・配列
	〔2〕	世界史上の疫病		記述・選択
	〔3〕	『考史遊記』と中国北辺史	⊘史料・統計表	記述・選択・配列
	〔4〕	『シンガポールの政治哲学』とシンガポールの独立	⊘史料	選択・記述
	〔5〕	ヨーロッパにこおけるシノワズリの流行	⊘視覚資料	選択・記述
2023 ◑	〔1〕	世界各地の遺跡	⊘視覚資料	記述・選択
	〔2〕	ヨーロッパ史上の政治指導者		選択・記述
	〔3〕	中国の貨幣史		選択・配列・記述
	〔4〕	インド洋交易の展開		記述・選択
	〔5〕	19 世紀後半〜20 世紀初頭の西洋美術	⊘視覚資料	選択・記述
2022 ◑	〔1〕	各地の古代文明	⊘視覚資料	選択・記述
	〔2〕	ローマ帝国の防衛体制		選択・記述
	〔3〕	東南アジア史		選択・記述
	〔4〕	東アジアの政治構造		記述・配列・選択
	〔5〕	アフリカへのイスラームの伝播		記述・選択
	〔6〕	二月革命	⊘史料	記述・選択
	〔7〕	インド現代史	⊘史料	選択・記述
	〔8〕	女性アーティストの絵画作品	⊘視覚資料	記述・選択
2021 ◑	〔1〕	アッシリアとアケメネス朝		選択・記述
	〔2〕	古代ギリシア・ローマ		選択・記述
	〔3〕	東アジア文化圏の形成		記述・選択
	〔4〕	インドのイスラーム化		選択・記述
	〔5〕	「四月テーゼ」とロシア革命	⊘史料	記述・選択
	〔6〕	17〜20 世紀の中国と近隣地域の動向		記述・選択
	〔7〕	ヨーロッパの美術作品にみる自然	⊘視覚資料	記述・選択

2020 ◑	〔1〕	先史時代		記述・選択
	〔2〕	南イタリアのギリシア人植民市		記述・選択
	〔3〕	古代インドの諸王朝		選択・記述
	〔4〕	マムルークとトルコ系イスラーム王朝		選択・記述・配列
	〔5〕	アーヘン条約	⊘史料	選択・記述
	〔6〕	明清時代の海賊の活動		記述・選択
	〔7〕	トルーマン＝ドクトリン	⊘史料	選択・記述
	〔8〕	19 世紀フランスの絵画	⊘視覚資料	記述・選択

（注）●印は全問，◑印は一部マークシート法採用であることを表す。

幅広い地域・時代の歴史理解が必要
正文・誤文選択問題がポイント

01 基本情報

試験時間：60 分。

大問構成：大問数は年度によって異なり，2022 年度までは 7，8 題，2023・2024 年度は 5 題であった。解答個数は，2022 年度までは 40 個台前半であったが，2023 年度は 36 個，2024 年度は 39 個と推移している。

解答形式：マークシート法と記述法からなり，マークシート法では正文・誤文選択問題も出題される。年度によって配列法も出題されている。また，例年，美術作品の写真を利用した視覚資料問題が出題されている。2023 年度は出題されなかったが，例年，史料を用いた大問が 1，2 題出題されている。

なお，2025 年度は出題科目が「世界史探究」となる予定である（本書編集時点）。

02 出題内容

① 地域別

アジア史は，2021・2022・2024 年度に 4 題，2020・2023 年度に 2 題出題されている。アジア史のうち中国史中心の問題は例年 1 題程度で，他のアジア地域，つまりインド・西アジア・東南アジア・内陸アジアなどを扱った大問も多く出題され，幅広い学習が求められる。欧米史では，西ヨーロッパやアメリカ合衆国からの出題が比較的多いが，2021 年度はロシアも出題されており，ここでも幅広い学習が求められている。また，2022 年度はアフリカ地域の大問が出題された。

② 時代別

古代から現代まで非常に幅広く出題されている。

③ 分野別

政治史や外交史を中心に，社会経済史・文化史も含めて幅広く出題される傾向となっている。特に最後の大問が例年，視覚資料を用いた本格的な文化史の大問となっているのが特徴である。

03 難易度と時間配分

正文・誤文選択問題の中には一部の選択肢に教科書・用語集レベルを超える内容が含まれる問題もある。そのほとんどは消去法などで対応できるものであるが，2024 年度〔1〕のように地理的知識を問う問題が出題されることもあり，注意が必要である。空所補充問題や記述法などでは，一部の教科書でしか言及されていないような詳細な事項も問われている。2024 年度は本格的な史料を用いた大問が 2 題出題され，受験生の負担が大きかったと思われる。しかし，早稲田大学の商学部，社会科学部などと比べると，より標準的な問題といえるだろう。

平易な問題については取りこぼすことなく解答し，難問については消去法で対応したり，後で取り組んだりするような，効率のよい時間配分が必要である。

対策

01 教科書＋用語集による徹底理解

早稲田大学の問題といえども，その基準となっているのは教科書であり，教科書を脚注も含めしっかり読むことが基本である。しかし，正文・誤文選択問題に関しては教科書学習だけでは苦しい。少なくとも『世界史用語集』（山川出版社）などを併用して，用語を暗記するだけでなく，その内容の理解を深めておきたい。その過程で，空所補充問題や記述法の難問にも対応できる実力が養われていくだろう。史料問題についても，教科書や資料集に掲載されている史料の原文などに目を通し，条約や宣言の内容を理解しておくことはもちろんだが，2024 年度〔4〕のように史料だけでなく設問の内容も含めて正解を導く思考法も養っておきたい。

02　見逃しがちな地域の学習

北欧・東欧・アフリカ・西アジア・東南アジア・内陸アジアなど，受験生の多くが苦手としている地域からも出題されている。教科書の各時代で多く言及されない地域は，流れをとらえた通史的な知識が身につきにくい。自分で意識的にこのような地域，特に北欧・東欧・東南アジアなどの記述を教科書から抜き出して簡単な年表を作るなどして，できるだけ大きな流れをとらえておきたい。また，地図学習もしっかり行って，それぞれの国や地域・都市の位置関係を確実に把握しておくことが内容の理解につながる。問題集としては，『体系世界史』（教学社）をすすめたい。地域ごとの「歴史の流れ」が合理的に理解できる構成になっており，各単元の理解度を確認するのに最適である。

03　文化史の学習

文化史は例年大問で出題されており，対策が不可欠である。欧米史では各時代ごと（古代ギリシア文化・ローマ文化・中世文化など），中国史では各王朝ごとの整理が中心になるが，一通り理解できたらテーマ別（哲学史・美術史・文学史など）の「縦の整理」にも挑戦しておきたい。20 世紀まで出題されているので，幅広い年代の学習が求められる。

また，文化史学習といっても，単に人名と代表的な作品名を覚えるだけではなく，例えば用語集で，ある作品の大まかな内容が書いてあれば，しっかり読んで内容まで把握しておこう。美術作品の写真を利用した視覚資料問題も出題されるので，教科書や資料集などに掲載されている美術作品や建築物を視覚的に学習しておくことも重要である。文化史はいわば人類の大いなる遺産を学ぶことでもあり，受験対策としてだけでなく是非身につけておきたいところである。

04 近現代史の学習を

近年，第二次世界大戦後の文化・政治史が続けて出題されており，近現代史の重点的な学習は必須である。19 世紀以後の近現代史は，授業だけでは学習が不足しがちなので，自分で教科書や参考書を読み込むなどの対策を講じておきたい。2020 年度はトルーマン＝ドクトリンが，2024 年度はシンガポールの独立が史料で出題され，2021 年度は中国と近隣地域史の中で 20 世紀後半までの事項が問われるなど，時事的な問題にも注意が必要である。第二次世界大戦後の現代史は，教科書通りに勉強するとまとめにくい分野であるが，地域史・テーマ史としてまとめ直すとわかりやすくなる。アメリカ・ソ連・中国などの国家別，「東西冷戦」などのテーマ別にまとめて整理しておきたい。

05 他学部の過去問演習

早稲田大学の問題は，学部ごとに特色があり，それぞれ独特の難しさがある。しかし，過去に出題されたテーマと同じ内容の小問が出題される例もあり，過去問演習は必ずやっておきたい。出題形式・難易度が似ている文学部の過去問を演習するのも，文化構想学部の対策として有効であろう。他学部の問題も含めて徹底的に対策したいという人には，過去 10 年分の良問を精選した『早稲田の世界史』（教学社）がおすすめである。小問ごとに難易度を示しているので，難問を見きわめる訓練もできる。合格を意識した実戦的な演習に役立つだろう。

問題演習は，その問題の答えを覚えるのではなく，演習によって自分の弱点を発見し，その対策を立てるために行うものである。過去問演習は，入試直前ではなく，なるべく早期に取り組み，それ以後の学習の指針としたい。

国　語

年度	番　号	種　類	内　容
2024 ◐	〔1〕A B	現代文 近代文語文	選択：内容説明，空所補充，内容真偽 記述：箇所指摘
	〔2〕	現代文	選択：内容説明，空所補充，文整序，内容真偽 記述：書き取り
	〔3〕	現古漢融合	選択：内容説明，口語訳，空所補充，訓点，内容真偽，文法，文学史 記述：空所補充
2023 ◐	〔1〕A B	現代文 近代文語文	選択：空所補充，欠文挿入箇所，内容説明，内容真偽 記述：箇所指摘
	〔2〕	現代文	選択：欠文挿入箇所，空所補充，内容説明 記述：書き取り
	〔3〕甲 乙	現・漢融合 古文	選択：内容説明，書き下し文，口語訳，敬語，文学史，内容真偽 記述：空所補充
2022 ◐	〔1〕A B	現代文 近代文語文	選択：欠文挿入箇所，空所補充，表題，内容説明，内容真偽 記述：空所補充（25字他）
	〔2〕	現代文	選択：内容説明，文整序，空所補充，内容真偽 記述：書き取り
	〔3〕甲 乙 丙	現代文 古文 漢文	選択：空所補充，文学史，文法，内容説明，訓点，人物指摘，内容真偽 記述：空所補充
2021 ◐	〔1〕A B	現代文 近代文語文	選択：空所補充，内容説明，人物指摘，内容真偽 記述：箇所指摘
	〔2〕	現代文	選択：内容説明，欠文挿入箇所，空所補充，内容真偽 記述：書き取り
	〔3〕甲 乙	現古漢融合 漢文	選択：内容説明，文法，文学史，空所補充，内容真偽
2020 ◐	〔1〕A B	現代文 近代文語文	選択：欠文挿入箇所，内容説明，空所補充，内容真偽 記述：空所補充，箇所指摘
	〔2〕	現代文	選択：内容説明，空所補充，書き取り，内容真偽 記述：内容説明（80字）
	〔3〕甲 乙 丙	現代文 漢文 古文	選択：故事成語，空所補充，口語訳，文学史，書き下し文，内容説明，内容真偽 記述：文法

（注）●印は全問，◐印は一部マークシート法採用であることを表す。

出典内容一覧

年度	番号	類別	出典
2024	〔1〕A	評論	「明治革命・性・文明」渡辺浩
	B	評論	「学問のすゝめ」福沢諭吉
	〔2〕	評論	「両義の表現」李禹煥
	〔3〕	評論	「京都古典文学めぐり―都人の四季と暮らし」荒木浩 引用：「方丈記」鴨長明 「作庭記」橘俊綱 「池亭記」慶滋保胤 「草堂記」白居易 「和漢朗詠集」 「今昔物語集」
2023	〔1〕A	評論	「『国語』という思想」イ＝ヨンスク
	B	評論	「漢字御廃止之議」前島密
	〔2〕	評論	「てんてこまい」マイケル＝エメリック
	〔3〕甲	評論	「仏教の聖者」船山徹 引用：「華厳経内章門等雑孔目章」智儼 「宋高僧伝」賛寧 「続高僧伝」道宣 「高僧伝」慧皎
	乙	歴史物語	「栄花物語」
2022	〔1〕A	評論	「坪内逍遙研究」石田忠彦
	B	評論	「梅花詩集を読みて」坪内逍遥
	〔2〕	評論	「『暮し』のファシズム」大塚英志
	〔3〕甲	評論	「龍蛇と菩薩　伝承文学論」森正人 引用：「今昔物語集」
	乙	軍記物語	「太平記」
	丙	説話	「捜神後記」
2021	〔1〕A	評論	「近代知と中国認識」子安宣邦
	B	評論	「老子原始」武内義雄
	〔2〕	随筆	「断崖にゆらめく白い掌の群」日野啓三
	〔3〕甲	評論	「徒然草を読む」永積安明 引用：「徒然草」兼好法師 「七歩詩」曹植
	乙	訓話	「帝範」李世民
2020	〔1〕A	評論	「故郷・離郷・異郷」岩本由輝
	B	評論	「故郷」徳富蘇峰
	〔2〕	随筆	「一柳慧 現代音楽を超えて」一柳慧
	〔3〕甲	評論	「蓑のこと」柳宗悦
	乙	思想	「列子」
	丙	説話	「宝物集」平康頼 引用：「和漢三才図会」寺島良安 「日本書紀」 「東名物鹿子」伍重軒露月　他

文語文や現・古・漢融合問題が出題される 設問は標準的だが空所補充に注意

01 基本情報

試験時間：90 分。

大問構成：大問 3 題。〔1〕が発表年代に隔たりのある複数の関連する評論を並べたもの，〔2〕が現代の評論や随筆，〔3〕が現・古・漢融合問題という構成。年度によっては，融合問題とは別の現代文にも，古文や文語文が含まれることがある。

解答形式：マークシート法と記述式の併用型。記述式の解答用紙は選択式（マークシート法）とは別にあり，適切な大きさの解答欄が設けられている。記述式は漢字の書き取りや文法などの知識問題と箇所指摘，空所補充などが多い。2022 年度は文語文の空所補充が 20〜25 字で出題された。読解問題のうち内容説明が記述式で出題されることはまれであるが，2020 年度は現代文の内容説明が 60〜80 字という長文の字数指定で出題された。

02 出題内容

① 本　文

現代文：評論文を組み合わせた〔1〕は，中心となる文章を取り上げ，それに対して解説したり，補足したり，ときには批判したり，といった形になっている。内容は文化や思想に関するものが多い。現代に書かれたものに加えて，文語文があわせて出題されている。〔2〕は，年度によって評論が出たり随筆が出たりとさまざまである。かつては随筆といえばややクセのあるものが出題されていたが，近年はオーソドックスなものが選ばれるようになっている。古文や漢文との融合問題の〔3〕では，古典について触れた評論文や小説が出題されている。2023 年度以前は（古典に関連する）現代文・古文・漢文の組み合わせになっている場合と，融合文（現古漢，現古または現漢）＋古典の組み合わせになっている場合があったが，2024 年度は古文・漢文の引用がかなり多い現古漢融合文 1 つだけの出題であった。

古文・漢文：融合問題の形で出題されるため，ジャンルは年度によってさまざまである。古文は，説話・随筆・物語などが出されている。漢文は，文章・漢詩・史伝・思想・随筆などが出題されている。その中には日本漢文が含まれることもある。

② 設問内容

現代文：空所補充や2024年度はみられなかったが欠文挿入箇所の設問が多い。その多くは論旨の展開を問うものである。年度によっては，内容説明，内容真偽，主旨を問うもので，あてはまらないものを選ばせるなど形式面で注意を要するものがある。また，箇所指摘の設問には，あわせて出題された複数の文章の関連を問うものがある。全体として，本文および選択肢に含まれた多くの情報を迅速かつ的確に把握する読解力が試される内容となっている。

古文・漢文：形式や長さは年度によって大きく変わる。重要なポイントを問う内容説明，内容真偽などを中心に内容読解を問う設問の出題が続いていたが，近年古文の文法・敬語・語意，漢文の書き下し文といった基本的な知識に関する設問も出題されている。文学史も頻出である。主旨や内容真偽に関しては，現・古・漢の文章の内容を関連させて解かなければならず，深く正確な読解力が求められる。

03 難易度と時間配分

〔1〕〔3〕では複数の文章があわせて出題され，文語文や古文・漢文を含むことが特徴となっている。文章量が多く，特に文語文が出題された場合は読解に時間がかかるかもしれない。設問に関しても，複数の文章の関連をとらえなければならないものは該当箇所を探すのに手間取る可能性もある。しかし，その他は前後関係や全体の主旨をとらえていけばそれほど難解なものではない。古文・漢文に関しても，基本的な読解力と知識とが問われている。〔2〕については，随筆の場合，文体や内容が個性的であることもあるので，文学的文章を苦手にしていると内容理解に時間がかかってしまうかもしれない。

以上のように，文章の読解に手間取るおそれがあるが，設問としては標準レベルの出題である。形式に慣れてさえいれば90分という試験時間も短すぎることはないだろう。時間配分としては，〔1〕35分，〔2〕20分，〔3〕30分程度を目安とし，残りの時間を確認にあてるとよいだろう。

01 現代文

文語文や古文・漢文とあわせて出題される傾向があるので，明治期の文化や思想を話題にした文章や，日本や中国の古典世界を題材にした文化論や小説などを新書や文庫本などで探して読んでおこう。また，文語文でなくても，やや古い時代の文章が出ることが多いので，慣れておく必要がある。夏目漱石など明治・大正期に活躍した文学者や評論家の文章を読んでおくとよい。文章の背景となる明治期の日本の状況，日本や中国の古典の知識，現代社会の問題などに興味をもち，積極的に調べるようにしよう。〔2〕では近年は評論・随筆ともに，一般的な文章の出題が続いているので，普通の評論文や随筆文を正確に読む力を養いたい。大学での授業と直結するような種類の文章がよく選ばれているので，文化構想学部の専攻内容に関係する文章に新書などで親しんでおくと役に立つ。また，過去には現代の小説家や学者のややクセのある文章が出題されることもあったので，苦手意識をもたずさまざまなタイプの文章にふれておきたい。そして常に文章の論旨の展開を追いながら，主旨を論理的に整理し把握する練習をしていこう。こういった作業と並行して，『入試精選問題集 現代文』（河合出版）などの問題集を用いて，実戦的な練習もしておくこと。空所補充や欠文挿入箇所の設問が多く出題されているので，問題を数多く解いて，同意・対比といった前後関係に注意するなどの処理の方法を身につけておきたい。また，古文・漢文，できれば詩歌との融合問題も解いて，経験を積んでおこう。

02 近代文語文

近代文語文がよく出題される。高等学校の教科書にはわずかな作品しか載っておらず，市販の参考書や問題集でも文語文を扱うものは少ない。慣れることはなかなか難しいが，文体そのものは漢文脈で書かれていることが多いため，句法など漢文の基礎的な知識が応用できる。文法体系は古典文法にのっとっているので，その方面の知識も利用できる。また，内容については，社会が大きく変わっていこうとする明治という時代を背景とした，革新的なあるいは復古的な思想が語られているものが多いので，日本史などの授業や読書を通じて，時代背景を知っておくことが助けとなるだろう。

具体的な対策としては，『近代文語文問題演習』（駿台文庫）が役に立つ。その他，一橋大学のように文語文が出題されることが多い大学の過去問をあわせて解いておくなどして，問題に慣れておきたい。『一橋大の国語 20カ年』（教学社）なら，程よい長さの文語文をたくさん読むことができる。文章そのものに慣れていくには，『新日本古典文学大系 明治編』シリーズ（岩波書店）や福沢諭吉・森鷗外・北村透谷・幸田露伴などの個人全集や文庫本を図書館などで探して，「注」を頼りに読んでいくことが効果的である。口語訳のついている中江兆民『三酔人経綸問答（さんすいじんけいりんもんどう）』（岩波文庫）なども役に立つ。

03 古 文

融合問題の対策としては，まず『早稲田の国語』（教学社）の解説をしっかり読みこみ，慣れておくことが大切である。そのうえで，融合問題ではあるが，実際のところは大問が1題課せられていると考えて，対策を立てておこう。語意や文法，口語訳はもちろんのこと，文章の内容の正確な理解を問う設問が出題されている。古文が読解できているかどうかを大局的にみようとしていると考えられるので，基本的な語彙・文法・和歌の知識・古文常識から始めて，初見の文章を的確かつ迅速に読解していくための力を身につけておきたい。物語・説話・日記・随筆・和歌（に関わるもの）・近世の小説や評論など幅広いジャンルの文章にふれ，古文の読解に慣れていこう。

04 漢　文

古文同様に，大問が出題されていると想定して十分な対策を立てておこう。『ステップアップノート 10 漢文 句形ドリルと演習』（河合出版）などの基本ドリルを用いて，漢文読解の基礎となる疑問・反語・使役などの句法や再読文字，助字の用法，基本語彙などを確実に身につけたうえで，標準的なレベルの問題集を 1 冊用意して取り組み，さまざまなジャンルの文章にふれておくとよい。日本漢文も取り上げられているので，問題集に出てきたら忘れずに取り組んでおこう。

05 漢字・文学史・一般常識

漢字の書き取りは確実に正解できるように常日頃から練習しておきたい。特に同音異字・同訓異字には注意が必要である。漢字や語句に関する薄めの問題集を 1 冊用意して，繰り返し練習しておこう。日常生活において，意味のわからない言葉が出てきたら，すぐに辞書をひく習慣を身につけて，わからないことをその場で解決していくようにすることも大切である。また，文学史も要注意である。相当細かな知識まで要求されるということを想定し，日本文学だけではなく，漢文学，さらには思想や歴史などについても知識を整理しておく必要がある。学校で使用している文学史の副読本や国語便覧，世界史や日本史の教科書・用語集を活用していこう。

早稲田「国語」におすすめの参考書

- ✓『入試精選問題集 現代文』（河合出版）
- ✓『近代文語文問題演習』（駿台文庫）
- ✓『一橋大の国語 20 カ年』（教学社）
- ✓『新日本古典文学大系 明治編』シリーズ（岩波書店）
- ✓『三酔人経綸問答』（岩波文庫）
- ✓『早稲田の国語』（教学社）
- ✓『ステップアップノート 10 漢文 句形ドリルと演習』（河合出版）

2024年度

解答編

一般選抜・一般選抜（英語4技能テスト利用方式）・一般選抜（共通テスト利用方式）

解答編

英語

I　解答　(A) **1**—(a)　**2**—(d)　**3**—(c)　**4**—(c)　**5**—(c)　**6**—(b)　**7**—(d)

(B) **8**—(d)　**9**—(b)　**10**—(d)　**11**—(c)　**12**—(d)　**13**—(a)　**14**—(a)

全訳

(A)　**《外科手術における麻酔の使用》**

1846年から1867年の短い期間に，二つの発見が，従来の外科手術にずっとつきまとってきた二つの難題――外科手術中の痛みと外科手術後の感染症の脅威――を一掃し，これによって，腫瘍外科医は，現代外科学の父であるジョン＝ハンターが以前ロンドンで完成しようと試みた大胆な外科処置を再検討できるようになった。

これら二つの発見のうちの一つである麻酔は，1846年に，大勢の人でぎっしり埋まったマサチューセッツ総合病院の外科学大教室で公式に実証されたが，そこは，100年後にシドニー＝ファーバーの地下研究室が置かれることになる場所から10マイルも離れていなかった。10月16日午前10時頃，医師団が病院の中心にある小さな部屋に集まった。ボストンの歯科医ウィリアム＝モートンが小さいガラスの吸入器を取り出した。そこには約1クォートのエーテルが入っていて，吸入マスクが付いていた。彼はノズルを開け，患者であるエドワード＝アボットにそれを数回吸入するように言った。アボットがぐったりとして深い眠りに入ると，一人の外科医が大教室の真ん中に歩み出て，きびきびとした少ない動作で，アボットの首を器用に小さく切開し，腫れあがって変形した血管を素早く縫合して閉じた。アボットは数分後に目を覚ますと，「私はずっと全く痛みを感じませんでした。手術が行われていることはわかっていましたが」と言った。

麻酔――痛みを外科手術から除去すること――のおかげで，外科医は，数時間続くこともよくある長い手術を行うことができるようになった。しかし，外科手術後の感染という難題は依然として存在していた。19 世紀半ばまでずっと，そのような感染症は広く見られ，例外なく致命的なものであったが，その原因は依然として謎のままであった。「それは傷の中に含まれる何らかのとらえがたい原因物質によるものであり，目には見えないものであるにちがいない」と 1819 年にある外科医は結論を下した。

(B) **《「週」という概念の重要性》**

「週」という概念は，私たちの頭の中で重要な位置を占めている。子どものとき，私たちは「6 月」あるいは「14 日」（という表現）を知るようになるよりもずっと前に「週末」という概念について知るという事実は，私たちの環境を週単位で構成することが年単位あるいは月単位で構成することよりもはるかに重要であるかもしれない，ということを示す。ある特定の約束の日取りを計画するとき，私たちは，普通，最初にその日が何曜日になるかを確認する。私たちの社会環境の大部分は週単位で構成される。社会の中でうまく歩みを進めていくために，私たちは，次のようなことを教えてくれるある種の頭の中の「時間地図」を必要とする。たとえば，両親とくつろいだ朝を過ごすのに最適なのは日曜日である，美術館は毎週月曜日が休館であることが多い，週末の長距離電話には割引料金がある，といったことである。そのような「地図」に基づいて，私たちは，土曜日の夜の映画館，金曜日の銀行，土曜日の午後のスーパーマーケットやデパートに行くことを避けることもあるだろう。そのような「地図」はまた，私に次のようなことを思い出させてくれる。すなわち，ある特定の友人と長時間電話で話したいなら，水曜日の夜に電話するのは避けるべきだ，なぜなら，彼はいつもお気に入りのテレビ番組を見るから，というようなことである。

今日が何曜日であるかを思い出すことは，私たちが，普通，目を覚ますと最初にすることの一つである。なぜなら，それは，私たちが主観を超えて――少なくとも頭の中で――ただ個人だけの世界ではなく社会と関わり合う世界に参加するために不可欠なことだからである。しかし，これとともに，私たちの社会環境への完全な参加から排除されることに対する，十分に根拠のある不安が生じる。別の言い方をすれば，週単位の構成を堅持することによって，私たちは社会と関わり合う世界から実際に追放されるかもしれないという恐ろしい可能性から守られることになる。

解説

(A) **1．** 正解は(a)。空所の後が cancer surgeons to revisit となっていることから，allow *A* to *do*「*A* が～することを許す，*A* が～できるようにする」の語法がすぐに思い浮かぶ。「これによって，腫瘍外科医は…を再検討できるようになった」となり，文意も通る。(b)concern「～に関係する，～を心配させる」 (c)disturb「～を悩ませる，～をかき乱す」 (d)prevent「～を妨げる」

2． 正解は(d)。与えられた選択肢はいずれも語尾が ly であり，副詞と考えられ（後述のとおり，portly は副詞ではなく形容詞であるが），直後の demonstrated を修飾することになる。in a packed surgical amphitheater「大勢の人でぎっしり埋まった外科学大教室で」とあるので，publicly「公衆の面前で，公的に」を入れて，「大勢の人の前で〔公式に〕実証された」とするのが適切。(a)passively「受動的に」 (b)portly は形容詞で「かっぷくのよい」の意。(c)prematurely「時期尚早に」

3． 正解は(c)。空所には，主語 a group of doctors に続く述語動詞が入る。直後に in a pitlike room「ピットのような〔小さな〕部屋に」という場所を表す語句があるので，gather「集まる」とすればよい。この文は，麻酔施術が行われた当日の様子を説明する最初の部分である。(a)adjourn「休会〔休廷〕に入る，会議場を移す」，(b)adjudicate「判決を下す」はいずれも，その前に何らかの言及がないとうまくつながらない。(d)grant「～を与える，～を認める」は他動詞であり，文法上（また意味上も）不適。

4． 正解は(c)。空所は with a few（　4　）strokes という前置詞句の一部になっていて，名詞 strokes「（繰り返される）動作」を修飾する形容詞が入ることになる。外科医による外科手術の様子の説明として，with a few（　4　）strokes「数回の（　　　）な動作で」，deftly made a small incision「器用に小さく切開し」，closed … with a quick stitch「素早く縫合して閉じた」とある。したがって，「器用に」「素早く」と意味上のつながりがよい brisk「きびきび（と）した，活発な」が適切。(a) blatant「露骨な」(b)blunt「ぶっきらぼうな」(d)brooding「憂鬱にさせる」

5． 正解は(c)。麻酔施術を受けた患者の発言として，did not (　5　) pain「痛みを（　　　）しなかった」というのであるから，「感じる」という趣旨になることは容易に推測できる。したがって，experience「～を経験する」とすればよい。(a)excite「～を刺激する，（感情・反応など）を起こさせる」(b)exercise「（権力・権利など）を行使する，（身体の一部）を運動させる」(d)extract「～を引き出す」

6． 正解は(b)。the (　6　) of pain from surgery は直前の Anesthesia「麻酔」を言い換えたものである。「麻酔」は外科手術における痛みを取り除くものであるから，空所には「除去」というような意味合いの語が入るはずである。したがって，disassociation（＝dissociation）「分離，断絶」が適切。(d)の distraction も前置詞 from とつながりうる語であるが，distraction は「注意や気持ちなどを（ある対象から）そらす〔（ある対象に）向けない〕こと」を意味する。あえて言えば，「痛みを外科手術からそらす〔外科手術に向けない〕こと」となるが，痛みは外科手術に伴い発生するものであり，外科手術がなければそもそも存在しないものなので，「痛みを外科手術のほうへ向ける（あるいは向けない）」ということ自体，不自然である。(a)disagreement「不一致，相違」(c)dissatisfaction「不満，不平」

7． 正解は(d)。空所は and により common と並列されて were の補語になっている。「そのような感染症は広く見られ，（かつ，）例外なく（　　）であった」となっている。主語 infections を説明する語として意味上適切なのは，選択肢中には，lethal「致死の」しかない。(a)legal「合法の，正当な」(b)legitimate「適法の，正当な」(c)lenient「寛大な」

(B) 8． 正解は(d)。第1段第2文（The fact that, …）によると，6月という「年」を構成する（＝annual）概念や14日という「月」を構成する（＝monthly）概念よりも，weekend「週末」という「週」についての（＝weekly）概念のほうをはるかに早く知るということであるから，週単位の構成のほうが，年単位あるいは月単位の構成よりも「なじみがある，大切な」というような趣旨になると考えられる。したがって，salient「顕著な，重要な」が適切。(a)ancient「古代の，大昔の」(b)patient「忍耐強い」(c)resilient「回復の早い，弾力のある」

9． 正解は(b)。on what day it（　9　）は間接疑問の形で動詞 check の目的語になっている。前置詞 on があることから，fall on ～「(曜日に) あたる」とすれば，文意も通る。(a)coincide (with ～)「(～と) 一致する」(c)locate「(ある場所に) ～を設ける」(d)relate (to ～)「(～と) 関係がある」

10. 正解は(d)。mental “(　10　) map” は，私たちに「…には何曜日が最適か」「月曜日は…」「週末には…」というような，「時」に関わることを教えてくれるのであるから，temporal「時の，時間の」が適切。(a)material「物質の」(b)potential「潜在的な」(c)spiral「らせん状の」

11. 正解は(c)。such a “map” というのは，前文である第1段第5文（In order to …）にある a sort of mental “(temporal) map” のことであり，これは，「…曜日は～である」といったことを教えてくれるものであると説明されている。空所の後で，「土曜日の夜」「金曜日」「土曜日の午後」に「～を避けることもあるだろう」と述べられている。すなわち，そのような「曜日についての情報を与えてくれる」地図が行動の指針となっている，と考えられる。したがって，on the basis of「～に基づいて」が適切。(a)as a matter of「～の問題として」(b)in addition to「～に加えて」(d)regardless of「～に関わりなく」

12. 正解は(d)。直後に to remind という不定詞句が続くので，serve to *do*「～するのに役立つ」の語法が思い浮かぶ。そうすると「そのような地図はまた私に～ということを思い出させるのに役立つ」となり，文意も通る。(a)allow は allow *A* to *do* の形で「*A* が～することを許す，*A* が～できるようにする」の意味。(b)give は直後の to *do* の形が文法的に説明できない。(c)host は host to ～「(人) を接待する」の意味。

13. 正解は(a)。since it is indispensable for（　13　）… は，私たちが目覚めて最初にするのが，その日が何曜日であるかを思い出すことである理由を説明していて，「それは主観を（　　）し，ただ個人だけの世界ではなく社会と関わり合う世界に参加するのに不可欠だから」という意味になっている。（　13　）our subjectivity は and で participating … in a social, rather than a merely personal, world と並列されて indispensable for の前置詞 for の目的語になっている。merely personal「ただ個人だけの」世界とは，すなわち，subjectivity「主観」の世界であると考えられるので，「主観」から「抜け出して（社会と関わり合う世界に参加する）」というような意味合いになると考えられる。したがって，transcend「～を超える」が適切。(b)transcribe「～を転写する」(c)transmit「～を送る」(d)transport「～を輸送する」

14. 正解は(a)。直後に前置詞 from が続くことから，bar *A* from *B*「*A* を *B* から締め出す」の語法が思い浮かぶ。「社会環境への完全な参加から締め出されることに対する，十分に根拠のある不安」となり文意も通る。また，直後の，In other words「別の言い方をすると」で始まる文に，the dreadful prospect of practical exile from the social world「社会と関わり合う世界から実際に追放されるかもしれないという恐ろしい可能性」とあるのが，well-justified anxiety about being (14) from full participation と対応している。the dreadful prospect＝anxiety であり，exile from the social world＝being (14) from full participation であると考えられ，空所には exile「追放」と同様の意味が入ると推測できる。この点からも bar「～を締め出す」が適切であると判断できる。(b) deliver「～を伝える，～を引き渡す」は，古い表現に deliver *A* from *B*「*A* を *B* から救う，解放する」というものがあるが，「不安」「恐ろしい可能性」について述べているネガティブな文脈には合わない。(c)harbor「(好ましくない感情) を抱く，(人) をかくまう」(d)strand は be stranded で「取り残される」という意味であるが，意味としては「～から」というよりも「～に（取り残される)」という部分に重点がある。

語句・構文

(A) **(第 1 段)** span「期間」 sweep *A* away「*A* を一掃する」 quandary「困惑，苦境」 haunt「～をずっと悩ます」 surgery「外科手術，外科(医学)」 threat「脅威」 infection「感染症，感染」 cancer「癌」 surgeon「外科医」 revisit「～を再考する」 bold「大胆な」 procedure「処置，手順，外科手術」 previously「以前に」 perfect「～を完成する」
(第 2 段) surgical「外科の，外科手術の」 amphitheater「階段式座席のある大講堂，階段教室」 basement「地階，地下室」 laboratory「実験室，試験所」 dentist「歯科医」 unveil「～を明らかにする，～の覆いを取る」 vaporizer「噴霧器，吸入器」 quart「クォート（アメリカでは約

0.95 リットル)」 fitted with ～「～付きの」 inhaler「吸入器，吸入マスク」 whiff「ひとかぎ」 vapor「気体，蒸気」 loll「だらりと横たわる」 incision「切開，切り込み」 swollen「腫れあがった」 malformed「奇形の」 blood vessel「血管」 stitch「ひと針，縫い目」 operation「手術」 proceed「進む，行われる」

(第 3 段) prolonged「長期の，長引く」 hurdle「障害物，困難」 postsurgical「外科手術後の」 universally「普遍的に，至るところに」 subtle「かすかな，微妙な，とらえがたい」 principle「本質，根源，素，成分」 elude「～を逃れる，～を避ける」

(B) **(第 1 段)** occupy「～を占める」 become acquainted with ～「～を知る」 indicate「～を指し示す」 organization「組織〔構成〕(すること)」 annual「年 1 回の，年次の」 structure「(名詞として) 構成，構造，(動詞として) ～を組み立てる」 navigate「航海する」 a sort of ～「ある種の～」 inform *A* that ～「*A* に～ということを教える」 reduced rates「割引料金」 long-distance「長距離の」 remind *A* that ～「*A* に～ということを思い出させる」 regularly「いつも，定期的に，規則正しく」

(第 2 段) upon waking＝as soon as we wake (upon〔on〕*doing*「～するとすぐに」) merely＝only「単に，ただ」 with this comes well-justified anxiety about～ この文の述語動詞 comes の主語は (well-justified) anxiety であり，倒置になっていることに注意。well-justified「十分に正当化される」 adhere to ～「～を固守する」 protect *A* from *B*「*A* を *B* から守る」 dreadful「(非常に) 恐ろしい」 prospect「見込み，可能性」

Ⅱ　解答

(A) 15―(c)　**16**―(c)

(B) 17―(c)　**18**―(c)　**19**―(b)

(C) 20―(d)　**21**―(b)　**22**―(a)　**23**―(d)　**24**―(a)

全訳

(A) **《機械学習の発展》**

機械学習の分野は 3 つの主要な領域からなる。教師なし学習においては，機械はただ大量のデータを与えられ，そのデータを理解し，パターン，規則性，そしてそのデータを要約・表現・視覚化する有用な方法を見つけるように指示される。教師あり学習においては，システムは一連の分類・ラベル付けされた例を与えられ，そのシステムにとって未知の，グランドトゥルースの知られていない新たな例について予測をするように指示される。そして，強化学習においては，システムは報酬と罰を伴う環境に置かれ，罰を最小化し報酬を最大化する最善の方法を見つけ出すように指示される。

これら3つの領域のすべてにおいて，世界のますます多くの部分がさまざまな形で数理的コンピューターモデルに委ねられるようになっている，という感覚が高まっている。そうしたモデルは，一方ではひとつのスプレッドシートに収まるであろうものから，もう一方では確実に人工知能と呼べるであろうものまで，複雑性の度合いが実にさまざまだが，人間による判断，そして従来の型の明示的にプログラムされたソフトウェアに，着実に取って代わりつつある。

(B)　**《竹，防水シートと泥土：迫害されるコミュニティー》**

ミャンマーのロヒンギャの人々に対するジェノサイド〔集団殺戮〕は徐々に進行していたが，突如，急激化した。何十年にもおよぶ人権制限の拡大は，2017年，ロヒンギャの居住地域内で行われた軍主導の残忍な「掃討作戦」とともに，世界の注目を集めるようになった。ラカイン州の北部地域における戦闘員の捜索という名目で，ミャンマー軍は一般の非戦闘員を標的とした焦土作戦を遂行し，何百ものロヒンギャの村を焼き尽くし，少なくとも9000人のロヒンギャの男性を殺害し，ロヒンギャの女性や女児に対し性暴力を加えるおぞましい軍事作戦を実施した。こうした残虐行為は，第二次世界大戦以来その地域で最大の強制的移住を引き起こし，70万人を超えるロヒンギャが恐怖に駆られてミャンマーを逃れ，より安全な居場所を求めてバングラデシュへと向かった。バングラデシュは彼らをあたたかく迎え入れた。すでに極度の貧困状態にあったロヒンギャ難民は，持てるかぎりの所有物を持ち――料理用のなべ，ときには米，あるいは持ち運び可能な予備のソーラーパネルを持ち，そしてしばしば，幼児や衰弱した老齢の親戚を連れて――歩いてバングラデシュに到着した。ミャンマー国外，バングラデシュの難民キャンプで生活しているロヒンギャは，通常，入国に必要な書類を持っていない。それゆえ，難民人口の全体数を算定する際には，推定によらざるをえない。彼らはまた，ミャンマー軍によって引き起こされた性暴力の血も凍るような事件のこと，大半が竹のロヒンギャの村じゅうに火を放つために軍のヘリコプターがどのように使われたかということも語った。

ミャンマーとバングラデシュの国境に沿って，それまで占有されていなかった土地が，8月後半から10月の間に，竹と防水シートと泥土でできた狭苦しい掘っ立て小屋が地平線に広がる都市へと変貌した。これらの新しいキャンプは，設立されて数週間のうちに，ダブリンあるいはワシントンDCと同規模の都市よりも多くの人々の暮らす場所となった。人道支援団体は，急増する深く傷ついた人々に必要な食料，水，衛生環境を提供すべく奮闘した。

(C) **《怪物と場所の密接な関連性》**

1 怪物は私たちの注意を場所へと引きつける。怪物を生み出した地勢から怪物によって侵犯される公的私的空間に至るまで，場所というものが，主として怪物を恐ろしく感じさせているものである。私たちがある怪物を怖がるかもしれない理由は多くあるが――たとえば，怪物の異形の体，怪物が象徴するこの上ない恐怖，怪物が私たちに及ぼす危害――私たちの恐れが大きく増幅するのは，その怪物がクローゼットの中にいるときである。あるいはベッドの下にいるときである。あるいはまた，怪物が町はずれに近づいてくるときである。さらにはまた，通りをのしのし歩くときである。場所と怪物――場所と私たちの怪物的なものに対する感覚――は，分かちがたく結びついている。それゆえ怪物のことを教えるには，場所について教える必要がある。

2 『アメリカ文化の地図』という著書の中で，ウェイン＝フランクリンとマイケル＝スタイナーは，「場所というものは，強力でありながらしばしば見過ごされる経験の条件である。生活というのは，真空状態で営まれるものではない。広範囲に影響を及ぼす歴史上の諸事件から最も個人的な種々の出来事に至るまで，あらゆることが，まさしくどこかの『場所』で起こる」と記している。同様に，怪物もどこかの「場所」に出現する。マクロとミクロ両方のレベルにおいて，怪物がある町を破壊しているのであろうとあなたの家の階段の下に隠れているのであろうと，怪物は場所を形作り，また，場所によって形作られる。怪物を研究することは，場所を「認識する」機会，そして，いかにしてこれといった違いのない空間が怪物的な性質を付与されて恐ろしい場所になるのかを探究する機会を，学生に提供する。

3　怪物を研究することは，どのようにして怪物のアイデンティティーが特定の空間に編み込まれているか（たとえば，ドラキュラとトランシルヴァニア，あるいは『大アマゾンの半魚人』）を研究することである。そしてまた，怪物が存在する空間の編成，構築，破壊，表現を分析すること――たとえば，ゴジラが暴れ回るとき東京にどのようなことが起こるか，ゾンビによって襲われるときショッピングモールにどのようなことが起こるかを分析すること――も必要になる。言い換えれば，怪物を研究することは，社会関係の地図を作成することを必要とする。それはすなわち，どのようにして，アイデンティティー，イデオロギー，力関係の変化といったものが，架空の野獣の存在によって風景の中に刻まれ，変容していくのかを理解することである。私は教室で怪物のことを教えるとき，怪物の存在する地勢を概念化して地図を作成する４つの方法を提唱している。(1)怪物と想像上の社会，(2)怪物と自然，(3)怪物と作られた環境，(4)怪物と政治地理学，の４つである。

4　私はもともと，自分の「アメリカの怪物」講座をそれほど多く空間と場所に焦点を合わせたものにするつもりではなかった。当初，私の主な目的は，次のようなセミナーを開講することであった。すなわち，学部上級生と大学院生に，植民地時代から現在に至るまで，特定の歴史上の瞬間を見る窓として怪物を分析し，どのようにして架空の生き物が過去における社会の関心事と共鳴したかを理解する機会を提供するセミナーである。しかし，最初の学期が進むにつれて，私はすぐに，私が指定した文献も，これらの文献で扱われる話に関して私たちが行ったその後の議論も，繰り返し，空間性というテーマに集中することを認識した。これらの怪物はどこからやってきて，どこへ行ったのか，怪物が脅かし変容させた風景――何度も繰り返し，こうした詳細な事柄が，正確には何がこれらの怪物を恐ろしいものにし，何が特定の歴史時代と共鳴させたのかを解明する上で重要性を持った。学期の途中で，私は，それまでより意図的に空間と場所に焦点を合わせることにし，「アメリカの怪物」講座が，怪物と怪物的なものについての入門であると同時に，文化地理学の入門にもなるようにすることを目指した。

解説

(A) **15.** 「本文によると，教師ありの機械学習の主要な特徴は，…という点である」

(a)「人間の監督者が常にシステムの理解の検証に携わっている」

(b)「それがシステムに本当の意味での道徳的正義を教え込むことのできる唯一のものである」

(c)「使用されるデータが，個々ばらばらのアイテムだけでなくそれらを分類するための内在的なシステムを含む」

(d)「それによってシステムは与えられるデータを視覚化したものを作り出すことができる」

正解は(c)。教師あり学習については，第1段第2文（In supervised learning, …）に説明されている。それによると，システムに「一連の分類・ラベル付けされた例が与えられる」とある。あらかじめ「分類された」（categorized）ものを与えられるというのであるから，「分類する（classify）ための内在的（built-in）なシステム」を含んでいる，と考えることができる。(a)について，「人間の監督者」が何らかの役割を果たすという記述はない。(b)について，「道徳的正義を教え込む」という記述はない。(d)について，「視覚化（visualization）」というのは，第1段第1文コロン以下（In unsupervised learning, … visualizing it.）において言及されているが，これは「教師なし学習」についての説明である。

16. 「本文によると，これらの機械学習モデルについての現在の傾向はどのようなものか」

(a)「時の経過とともに，スプレッドシートのように単純化し，精巧ではなくなってきている」

(b)「独自のアジェンダを有する，自覚的な非人間的知能へと発展しつつある」

(c)「かつて人間が扱っていた領域をさらに多く引き継ぎつつある」

(d)「知識という概念そのものについての私たちの理解を全く新しいものにしつつある」

正解は(c)。第2段第1文（On all three …）に，「世界のますます多くの部分がさまざまな形で数理的コンピューターモデルに委ねられつつある，という感覚が高まっている」とあり，第2段第2文（Though they range

…）に，「（そうしたモデルは）人間の判断，そして従来の型の明示的にプログラムされたソフトウェアに，着実に取って代わりつつある」とある。「ますます多くの部分が」「さまざまな形で」「委ねられて」「人間の判断に」「取って代わりつつある」というのであるから，「かつて人間が扱っていた」「領域をさらに多く」「引き継ぎつつある」ということになる。(a)について，spreadsheet という語は第２段第２文（Though they range…）にある。同文は，「これらのモデルの複雑性の度合いはさまざまである」という趣旨であり，その複雑性の低い例として「スプレッドシート（に収まるであろうもの）」が挙げられている。一方，複雑性の高い例として「確実に人工知能と呼べるであろうもの」が挙げられている。この二つの例を両極として，複雑性の度合いは「さまざまである」のであり，すべてがスプレッドシート〔複雑性の低いもの〕のようになってきているわけではない。(b)について，第２段第２文（Though they range…）の後半（同文の主節部分）において，これらのモデルが「人間の判断に取って代わりつつある」とあるが，このモデルの知能が「自覚的」といえるか否かは読み取れない。(d)について，これらのモデルが，「知識という概念そのものについての私たちの理解」を「全く新しいものにする」（turn *A* on its head「*A* を逆にする〔覆す〕」）という趣旨の記述はない。

(B) 17.「本文によると，次のうち正しくないものはどれか」

(a)「バングラデシュは，避難所を求める大半のロヒンギャの人にとって好まれる目的地だった」

(b)「バングラデシュは，ロヒンギャ難民の保護において，すばらしい寛大さを示した」

(c)「バングラデシュのキャンプで生活しているロヒンギャの人々の報告数は正確である」

(d)「ミャンマーのロヒンギャは極度の迫害を受けてきた」

正解は(c)。第１段最後から２番目の文（The Rohingya living…）に，「ミャンマー国外，バングラデシュの難民キャンプで生活しているロヒンギャは，通常，入国に必要な書類を持っていない」ので「難民人口（diaspora population）の全体数を算定する際には，推定によらざるをえない」とある。「推定によらざるをえない」のであるから，「正確ではない」ということになる。(a)について，第１段第４文（These atrocities precipitated …）に，「70 万人を超えるロヒンギャが，…より安全な居場所を求めてバングラデシュへと向かった」とあることから，正しいと判断できる。(b)について，第 1 段第 4 文（These atrocities precipitated …）の末尾に，「バングラデシュは彼らをあたたかく迎え入れた」とあることから，正しいと判断できる。(d)について，第 1 段第 1 文（Myanmar's Rohingya people …）に，「ミャンマーのロヒンギャの人々に対するジェノサイド〔集団殺戮〕は徐々に進行していたが，突如，急激化した」とあり，第 1 段第 2 文（Decades of increasing …）に，「何十年にもおよぶ人権制限の拡大は，2017 年，ロヒンギャの居住地域内で行われた軍主導の残忍な『掃討作戦』とともに，世界の注目を集めるようになった」とある。すなわち，ジェノサイドが継続的に行われ，人権制限も拡大していたのであるから，「極度の迫害を受けてきた」というのは正しい。

18.「本文によると，次のうち正しいものはどれか」

(a)「バングラデシュは失業やその他の経済・社会問題と格闘している」

(b)「政府の残虐行為によってロヒンギャはバングラデシュから戻らざるをえなくなった」

(c)「ミャンマーとバングラデシュのロヒンギャのコミュニティーは極めて困難な状況下で生活している」

(d)「ミャンマーにいるロヒンギャの人々の状況は，バングラデシュにいるロヒンギャの人々の状況よりもよい」

正解は(c)。第 2 段第 1 文（Along Bangladesh's border …）によると，「ミャンマーとバングラデシュの国境」沿いの難民キャンプは「竹と防水シートと泥土でできた狭苦しい掘っ立て小屋」からなり，また，第 2 段最終文（Humanitarian agencies struggled …）によると，「人道支援団体」が，難民キャンプで生活する人々に「必要な食料，水，衛生環境」を提供しなければならない状態であることがわかる。バングラデシュのロヒンギャは「極めて困難な状況下で生活している」といえる。また，第 1 段第 5 文（Already extremely poor …）に，「すでに極度の貧困状態にあったロヒンギャ難民は」とあることから，ロヒンギャはバングラデシュに向かう前，ミャンマーにおいても「極めて困難な状況下で生活」していたことがわかる。(a)について，バングラデシュが「失業やその他の経済・社会問題と格闘している」という記述はない。本文の主題は，ミャンマーからバングラデシュへ逃れたロヒンギャ難民の生活であって，バングラデシュ自体の国内問題には言及されていない。(b)について，第1段第4文（These atrocities precipitated…）にあるとおり，ロヒンギャはミャンマーから逃れてバングラデシュへと向かったのであり，バングラデシュから戻ったのではない。(d)について，正解(c)について述べたように，ロヒンギャはミャンマーにおいてもバングラデシュにおいても，極めて困難な状況下で生活していることが本文から読み取れる。しかし，どちらのほうがよりよいかという比較は全くされていない。

19.「次のうち，この文章の表題として最適なものはどれか」

(a)「竹とソーラーパネル：持続可能な建築」

(b)「竹，防水シートと泥土：迫害されるコミュニティー」

(c)「ロヒンギャの古代バングラデシュにおけるルーツ」

(d)「ロヒンギャの集団殺戮と国際政治」

正解は(b)。まず，(a)について，「持続可能な建築」という点は本文で全く述べられていないので不可。次に，(c)について，「古代バングラデシュにおけるルーツ」という点は，「古代」「ルーツ」ともに全く言及されていないので不可。(d)について，「ロヒンギャの集団殺戮」という前半はよいが，「国際政治」という点に問題がある。第1段第2文（Decades of increasing…）に「世界の注目を集めた」とあるだけであり，国際政治とどのように関わるかは，その後は全く述べられていないので，本文の表題としては不適切。したがって，(b)が正解になる。本文の主題は，一読してわかるように，ロヒンギャに対する迫害とロヒンギャ難民の苦境である。その苦境を象徴するものとして，「竹，防水シートと泥土」というフレーズが機能する。

(C) 20.「本文によると，怪物は，…」

(a)「ある特定の場所と密接に関係していれば，怖くなくなる」

(b)「暗く静かな場所に出現する可能性が比較的高い」

(c)「不可思議な空間と密接に関係しているとき，さらに大きな力を持つようになる」

(d)「日常の慣れ親しんだ場所に出現するとき，はるかに恐ろしいものになる可能性がある」

正解は(d)。第1段第3文（There are many…）の後半（but 以下）に，

「私たちの恐怖が増幅するのは，その怪物がクローゼットの中にいるときである」とある。これに加えて，恐怖が増幅する場合として，第4～6文（Or under the … down the street.）に怪物が「ベッドの下にいる」「町はずれに近づいてくる」「通りをのしのし歩く」という例が挙げられている。「クローゼットの中」「ベッドの下」「町はずれ」「通り」は「日常の慣れ親しんだ場所」と考えられる。したがって，そのような場所に怪物が出現するとき「怪物がはるかに恐ろしいものになる」というのは正しい。(a)について，第1段第7文（Place and monsters …）に，場所と私たちの怪物的なものに対する感覚が密接に結びついているということは述べられているが，それによって「怪物が怖くなくなる」とは述べられていない。(b)について，「クローゼットの中」「ベッドの下」は「暗く静かな場所」と考えることはできるが，そのような場所に怪物が「出現する可能性が比較的高い」と述べられているわけではない。これらの場所は，恐怖が増幅する場所の例である。(c)について，「クローゼットの中」「ベッドの下」「町はずれ」「通り」がそもそも「不可思議な」空間といえるか疑問であり，またそれは置くとしても，そのような空間と結びついたときに怪物が「大きな力を持つようになる」という記述はない。大きくなるのは，私たちが感じる恐怖である。

21.「怪物の研究は場所について私たちにどのようなことを教えるか」

(a)「それによって私たちは安全な空間と恐ろしい空間を区別しなければならなくなる」

(b)「それによって私たちはある場所の社会的関係を探究することができるようになる」

(c)「それは私たちが怪物の存在する空間を反映するよりよい世界の地勢図を作るのに役立つ」

(d)「それは私たちに地域災害に対処できる組織を作ることを教えてくれる」

正解は(b)。第2段第5文（Studying monsters provides …）によると，怪物の研究は，場所を認識する機会を与え，そして，どのようにして特別ではなかった空間が怪物的な性質を帯びて恐ろしい場所になるのかを探究する機会を与えるものである。すなわち，怪物の研究は，怪物と場所がいかにして密接に結びついていくかの探究である，ということになる。また，第3段第3文（In other words, …）に，怪物の研究では，「社会関係」の地図を作成する必要，すなわち，怪物が存在することによって，アイデンティティー，イデオロギー，力関係の変化などがどのように風景の中に刻まれ，変容していくかを理解する必要がある，と述べられている。「アイデンティティー，イデオロギー，力関係の変化」が「風景の中に刻まれ，変容していく」ということは，さまざまな「社会関係」が場所と緊密につながっていくということである。したがって，怪物の研究は「ある場所の社会的関係を探究する」ものである，といえる。(a)について，「安全な空間と恐ろしい空間を区別する」ということは本文では言及されていない。(c)について，本文で言及される「地図の作成」というのは，「怪物がある空間にどのように編み込まれ，密接な関連性をもつようになるか」を探究していくということであり，「怪物が存在する空間を反映する世界の地勢図を作る」ということではない。(d)について，「地域災害に対処できる組織を作る」という記述はない。

22.「ドラキュラと『大アマゾンの半魚人』はここでは，どのようにして…かを示す例として述べられている」

(a)「怪物はある特定の空間がどのように認知されるかを変えうる」

(b)「怪物は力関係の変化を示す地図を作ることに影響しうる」

(c)「有名な場所はその空間を超える怪物を生み出しうる」

(d)「怪物とある空間とのつながりはしばしば偶然でありうる」

正解は(a)。ドラキュラと『大アマゾンの半魚人』に言及しているのは，第3段第1文（To study monsters …）である。同文では「怪物のアイデンティティーが特定の空間に編み込まれている」例として，この2つが挙げられている。codify は「法典に書き込んで成文化」するという意味であり，あるものが codify されるというのは，法典に書き込まれ，法典の条文のように法典を形成する重要な構成要素になる，ということである。すなわち，法典の各条文が法典を特徴づけるように，怪物が場所を特徴づけるようになる，ということである。「…法といえば～が規定されている〔～という条文がある〕法律」と認識されるように，「どこどこの場所といえば～という怪物がいるところ」と認識されるようになるということである。したがって，怪物が空間の認知のされ方を変えうる，と考えることができる。(b)について，power dynamics「力関係の変化」という表現は，第3段第3文（In other words, …）にある。ここでは，怪物の研究には社会関係の地図作りが必要であるが，その社会関係の地図作りとは，どのように power dynamics が風景に刻まれているかを知ることである，とされている。そもそも mapping の対象は social relations「社会関係」であり，power dynamics ではない。(c)について，「有名な場所が怪物を作り出す」のではなく，むしろ，「怪物によってある場所が特徴づけられ」「怪物によってその場所が有名になる」という関係にある。(d)について，「怪物と空間のつながりが random」か否かについての記述は本文にはない。

23.「筆者が教える『アメリカの怪物』講座は，…」

(a)「アメリカの怪物の地図を作成するためにさまざまな文献を分析することを学生に求めた」

(b)「学生が地理に強い関心を持っていたため，その講座の焦点を空間と場所に合わせることに変えた」

(c)「空間に存在する怪物が社会の関心事と特別な関係を持っていることを筆者に理解させた」

(d)「もともと文化地理学よりも歴史的社会問題に多くの焦点を当てていた」

正解は(d)。最終段第1文（I did not …）に，「アメリカの怪物」講座はもともと，空間と場所にそれほど多くの焦点を当てていなかった，とある。「空間と場所」という事柄は，「地理」において扱われることであり，もともと，この講座は「地理」がメインの講座ではなかったことがわかる。また，同段第2文（Initially, my main …）に，当初，筆者が主に目指すところは，特定の歴史上の瞬間を見る窓として怪物を分析し，架空の生き物である怪物がどのように過去における社会の関心事と共鳴したかを理解する機会を学生に与えることであった，とある。「歴史上の瞬間を見る窓として」「過去における社会の関心事と共鳴」といったところから，筆者は歴史的社会問題を講座の中心に据えていたことがわかる。(a)について，最終段第3文（However, as my …）に「私が指定した文献」とあることから，同講座において，「文献の分析」が学生に求められていたことは読み取れるが，その目的が「アメリカの怪物の地図を作成するため」であったとは述べられていない。(b)について，最終段第3文（However, as my …）に，講座で使用された文献もその後の議論も「空間性」という話題に集中した，とあり，また，同段第４文（Where these monsters…）に，「怪物がどこからやってきて，どこへ行ったのか，怪物が脅かし変容させた風景」といった「空間と場所」に関わる詳細な事柄が繰り返し重要になった，とある。これが，同講座の焦点を「空間と場所」に向けるようになった理由である。学生が「地理」に強い関心を持っていたからではない。(c)について，最終段第２文（Initially, my main…）によると，「架空の生き物である怪物が過去における社会的関心事とどのように共鳴したか」を理解することは，最初から目的とされていたことがわかる。すなわち，怪物と社会の関心事が関係を持っていることを筆者は同講座の開始前から認識していたはずであり，講座によって認識するようになったのではない。

24.「本文の中心的主張はどのようなものか」

(a)「場所はそれを通して私たちが怪物を研究することができる不可欠のレンズになることがある」

(b)「場所は特定の怪物の追い払い方の手がかりを与えることができる」

(c)「怪物はさまざまな歴史上の時点においてあらゆる種類の空間と場所に出現しうる」

(d)「怪物は社会を元気づけるような態様で社会のアイデンティティーを形成・再形成しうる」

正解は(a)。本文全体を通して，怪物の研究における場所の重要性，怪物と場所との密接な関係が一貫して論じられている。したがって，場所というものが怪物の研究において不可欠のレンズである，というのは的を射ている。(b)について，「怪物をどのようにして追い払うか」ということは本文では全く話題になっていない。(c)について，怪物は「さまざまな歴史上の時点において」ある特定の空間と場所に出現するものである，とはいえるが，「あらゆる種類の」空間と場所に出現する可能性がある，とまでは本文から判断できない。また，「怪物が出現する可能性がある」というのが論題ではなく，怪物が出現した（とされる）具体的個別的な空間・場所と怪物のつながりがどのようなものであるか，が本文の主題である。(d)について，「怪物が社会のアイデンティティーを形成・再形成することがありうる」ということはいえるかもしれないが，それが「社会を元気づけるような態様で」あるかどうかは，本文から明確には判断できず，また，そのことが議論の中心になっているわけでもない。

語句・構文

(A) **(第1段)** comprise「～を含む，～からなる」 unsupervised learning「教師なし学習」(unsupervised「監督〔管理〕されていない」) a heap of～「多数〔多量〕の～」 make sense of～「～を理解する」 regularity「規則正しさ」 condense「～を要約する，～を濃縮する」 represent「～を表現する」 supervised learning「教師あり学習」(supervised「監督〔管理〕された」) a series of～「一連の～」 labeled「ラベルをはられた」 or for which the ground truth is not yet known の関係代名詞 which の先行詞は new examples である (the ground truth for new examples is not yet known「新たな例のグランドトゥルースが知られていない」という関係になっている)。ground truth「グランドトゥルース」(機械学習において使用される「正しいデータ」のこと) reinforcement learning「強化学習」 reward「報酬」 punishment「罰」 figure *A* out「*A* を考え出す，*A* を理解する」 minimize「～を最小化する」 maximize「～を最大化する」

(第2段) front「前面，活動領域」 there is a growing sense that～直訳は「～という増大する感覚がある」であるが，「～という感覚が高まっている」と訳すと自然な日本語になる。この there is (a) growing＋名詞という形はよく見られるものである (there is a growing awareness that～「～という認識が高まっている」など)。in one way or another「あれこれと，いろいろな点で」 mathematical「数学の，数理的な」 computational「コンピューター計算の，コンピューターによる」 range from *A* to *B*「*A* から *B* に及ぶ」 complexity「複雑さ」 credibly「確実に」 artificial intelligence「人工知能」 steadily「着実に，ずっと」 replace「～に取って代わる」 explicitly「明示的に」 traditional「従来の」

(B) **(第1段)** genocide「(組織的) 大量虐殺，集団殺戮，ジェノサイド」 decade「10 年間」 restriction「制限」 brutal「残酷な」 army-led「軍主導の」(-led「～主導の」) clearance operation「掃討作戦」 claim to *do*「～すると主張する」 militant「戦闘員」 reaches「区域」 military「軍隊」 scorched-earth「焦土 (戦術)」 tactics「戦術，作戦」 target「～を攻撃目標にする」 civilian「一般市民の，文民の」 raze「～を壊滅

させる」 unleash「(感情・暴力など) を解き放つ」 monstrous「巨大な，ぞっとするような」 atrocity「残虐行為」 precipitate「～を突然引き起こす」 migration「移住」 flee「～から逃げる，避難する」 terror「恐怖」 refugee「避難民」 possessions「所有物，財産」 enfeebled「弱った，衰弱した」 undocumented「ビザなしの，入国に必要な書類を持たない，証明書のない」 diaspora「離散」 blood-curdling「血も凍るほど恐ろしい，身の毛のよだつような」

(第 2 段) unoccupied「占有されていない」 cramped「狭苦しい，窮屈な」 shanty「掘っ立て小屋」 tarpaulin「防水シート」 stretch into ～「～に広がる，～に及ぶ」 humanitarian「人道主義の」 agency「機関」 sanitation「衛生設備」 traumatized「傷を負った」

(C) **(第 1 段)** draw *one's* attention to ～「…の注意を～へ引きつける」 geography「地勢，土地の様子」 breach「～を破る」 in large part「大部分は」 scary「恐ろしい，怖い」 monstrous「異常な形をした，ひどく醜い」 wish *A* on (upon) *B*「*A* を *B* に押しつける」 dread「恐怖」 amplify「～を拡大する，～を増幅する」 outskirts「郊外」 lumber「のしのし歩く」 inextricably「密接に，切り離せないほどに」 intertwine「～をからみ合わせる」

(第 2 段) unacknowledged「認められていない，気づかれない」 exist「存在する，ある」 vacuum「真空 (状態)」 sweeping「広範囲にわたる」 occurrence「出来事，事件」 in a similar vein「似たような傾向で」 macro「大規模な，巨視的な」 micro「非常に小さい，微細な」 lurk「潜む，隠れる」 shape「～を形作る，～を決定する」 provide *A* with *B*「*A* に *B* を与える」 acknowledge「～を認める」 explore「～を探究する」 the ways in which ～「～のさまざまな方法」が直訳であるが，the way(s) in which＝how として「どのように～」と考えればよい。undifferentiated「相違点のない，区別されていない」 endow *A* with *B*「*A* に *B* を授ける」 when endowed with … は when they (＝undifferentiated spaces) are endowed with … の they are が省略されたもの。このように英語では，主語＋be 動詞はしばしば省略される。

(第 3 段) the Creature from the Black Lagoon『大アマゾンの半魚人』(1954 年制作の SF ホラー映画のタイトル) compel「～を強要する」

analysis「分析」 rampage「暴れ回る」 overrun「～を侵略する」 map「地図を作る」 inscribe「～を刻む」 transform「～を変形する」 presence「存在（すること）」 imaginary「想像上の，架空の」 beast「野獣」 conceptualize「～を概念化する」 political geography「政治地理学」

(第 4 段) intend *A* to *do*「*A* に～させるつもりである」 initially「初めは」 undergraduate「学部生」 graduate student「大学院生」 colonial era「植民地時代」 resonate with～「～と共鳴する」 inaugural「最初の」 assign「～を指定する」 subsequent「後に続く，次の」 narrative「物語，話」 converge「集まる」 spatiality「空間性」 threaten「～を脅かす」 time and (time) again「しばしば，いく度も，繰り返し」 matter「重要である」 uncover「～を明らかにする」 halfway through～「～の途中で」 intentionally「意図的に」 primer「入門書，手引き」

Ⅲ 解答 **25**―(h) **26**―(c) **27**―(b) **28**―(g) **29**―(e) **30**―(a) **31**―(d)

全訳

《近代における言語標準化の試み》

1 社会言語学は，言語の形成および使用の基礎にある社会経験および社会的に構築されたさまざまな資源や諸能力を授けられた行為主体間における，さまざまな状況下の接触と交流の社会的政治的諸条件を考察する学問上の枠組みである。それゆえ，言語上の交流はすべて，それ自体が社会構造の複製である。一連の構造には，公的な恥辱，侮辱，忌避，禁止といったものが含まれる。社会言語学の役割は，諸々の表現が「承認できない」あるいは「無礼である」あるいは「美しい」といった一般的な判断に反映されているような，言語の階層化や言語上の先入観の構造を考察することである。社会言語学は，一方では，言語上の差異および言語上の変化の本質的に中立的な，あるいは恣意的な性質と，他方では，社会における言語の階層化および，いかなる複雑な社会においても誤解の余地のないさまざまなレベルの言葉とを調和させなければならない。世界の国民国家において，言語の画一化――正しい言語，標準語――の強制は，教育および行政における政策を支配し続けている。言語標準化の歴史における画期的な事件はいろいろよく知られている。

2　現代世界において，言語の適正化（という思想）が，公的な制度上の言語統制方法に取って代わっている。航空機のスチュワーデスは客室乗務員と言い換えられるようになり，「ガイジン」は「ガイコクジン」と言い換えられるようになり，漢字が連続する場合には，（意味合いを）中和する同じ発音のひらがなを挿入することによって言い換えられている。以前の言語慣用は，現在では受け入れられないが，社会言語学の記憶の中には依然として残っている。

3　言語は衰退の危機的状態にあるという考えは，（言語）標準化を追求する上での重要な要因であった。一都市の主導的な単一の方言から作り出された，いわゆる「高い教養の言語」の使用は，文法および語源についての高い意識と，規則および権威への従属によって特徴づけられる。それゆえ，「高い教養の言語」は，近代化の過程において利益を得る目的で洗練・教化されるようになる「文明化していない（未開の）」言語という概念と比較対照することができる。「共通語」の追求は，ドイツあるいはフランスにおける中央集権化の進む国家官僚制度に加えて，日本の明治政府において具現化した19世紀の国家主義イデオロギーにおいてその頂点に達した。一つの共通語を持つことが国家主義イデオロギーを確立する上で決定的に重要な象徴になった。国家精神に対するロマン主義的信念を哲学的かつ詩的意味において追求することは，ドイツ，イタリア，日本におけるファシストの支配下において最高潮に達した。ドイツの国家主義と，明治時代の日本において始まったばかりであった官僚主義的言語政策決定との間には，明らかなつながりがあるように思われる。国語は，国家のアイデンティティーを確認する標識として，その国民の母として，尊重され保護されなければならない。

4　東京の話し言葉を（言語）標準化の出発点として確立することは，決して明治時代から始まったことではなかった。明治政府のエリート支配者階級は，「標準語」を国家のために作った。彼らは，日本の言語および文化の統一性を象徴するために，日本語および日本文学を「国語」および「国文学」と改称した。中央集権型の官僚制度を実施することは，明治政府の近代化推進過程における至上の目標であった。それゆえ，政治権力および官僚の権力を日本の新首都江戸へ移転することによって，東京方言のヘゲモニーは完成した。教育制度が改正され，東京方言を教室および教科書の標準語として使用することが義務づけられた。悪名高い「方言札」が，学校で自分の地域方言を使用した生徒に掛けられた。一つの統一共通語を目指す明治政府の計画は，国家統合という外観の下，国家を同質性に向かって邁進させた。文化および言語における同質性へと向かう熱心な国家運動は，戦争終結まで続いた。これによって方言差別が生じ，ほとんど100年にわたって，日本人は，方言は悪く醜いものであり根絶しなければならない，よき日本人はいかなる状況においても方言を使うべきではない，そして日本中にさまざまな方言が存在することこそが，国家主権にとっては恥である，と言われた。それ以降，新たな，やや曖昧な概念，「共通語」が導入されてきたが，それは，さまざまな方言が存在し，それらはそれほど悪いものとは限らないという事実を考慮しようとするものである。そして，次のような考えが徐々に現れた。すなわち，さまざまな方言の話者は，今度は東京方言に基づいた「理想形」にしたがって修正した自分たちの方言を使い続けることによって，お互いに意思疎通をすることができる，という考えである。

解説

各選択肢の意味は以下のとおりである。

(a)「教育制度が改正され，東京方言を教室および教科書の標準語として使用することが義務づけられた」

revise「～を改正する」 enforce「～を実施する，～を強制する」 dialect「方言」

(b)「航空機のスチュワーデスは客室乗務員と言い換えられるようになり，『ガイジン』は『ガイコクジン』と言い換えられるようになり，漢字が連続する場合には，（意味合いを）中和する同じ発音のひらがなを挿入することによって言い換えられている」

replace「～に取って代わる」 collocation「並置，連語」 insertion「挿入」 neutralize「～を中立にする，～を中和させる」

(c)「世界の国民国家において，言語の画一化――正しい言語，標準語――の強制は，教育および行政における政策を支配し続けている」

nation-state「国民国家」 enforcement「施行，強制」 linguistic「言語の」 conformity「一致，服従，画一化」 proper「正しい，適切な」 dominate「～を支配する」 administrative「行政の」

(d)「それ以降，新たな，やや曖昧な概念，『共通語』が導入されてきたが，それは，さまざまな方言が存在し，それらはそれほど悪いものとは限らないという事実を考慮しようとするものである」

somewhat「いくぶん，やや」 vague「曖昧な，漠然とした」 introduce「～を導入する」 take account of ～「～を考慮する」 dialectal「方言の」 variety「種類，変種」

(e)「中央集権型の官僚制度を実施することは，明治政府の近代化推進過程における至上の目標であった」

implementation「実施，実行」 centralized「中央集権化された」 bureaucracy「官僚，官僚主義〔制度〕」 paramount「最高の，主要な」 drive「道のり，原動力，運動」 modernization「近代化，現代化」

(f)「『方言コンプレックス』という用語が，地域方言に関する話者の劣等感を表現するために社会言語学に導入された」

term「言葉，専門用語」 complex「コンプレックス」 sense of inferiority「劣等感」 regarding「～に関して，～について」

(g)「ドイツの国家主義と，明治時代の日本において始まったばかりであった官僚主義的言語政策決定との間には，明らかなつながりがあるように思われる」

nationalism「国家主義」 bureaucratic「官僚（主義）の」 policy making「政策決定，政策立案」

(h)「それゆえ，言語上の交流はすべて，それ自体が社会構造の複製である」

interaction「交流，相互作用」 reproduction「複製，再現」 structure「構造，構成」

25. 正解は(h)。本空所は第1段の第2文となるものであり，まだ詳細な議論は展開されていないので，選択肢のうち，つながりがなさそうなものをある程度除外することができる。たとえば，(a)の revised educational system「教育制度の改正」，the *hyōjungo* or standard language「標準語」というのは唐突な感じがある。(b)の stewardess, *gaijin*, kanji collocation というのは何の具体例か不明である。(c)の the enforcement of linguistic conformity「言語の画一化の強制」は前後との関係が考えられない。(d)Since that time の that time は指示するものが見当たらない。(e)の bureaucracy「官僚制度」，the Meiji Government「明治政府」というのも唐突である。(f)の dialect complex「方言コンプレックス」というのも，なぜ「方言」が突如出てくるのか不明である。(g)の the nationalism of Germany「ドイツの国家主義」も，第1文とのつながりは考えられない。そこで，(h)が有力な候補になる。空所の直後の文は，「一連の構造には～が含まれる」となっていて，この One set of structures の structure が the reproduction of social structure の structure のことであると考えればうまくつながる。すなわち，言語上の交流はすべて社会構造の再生産であるが，そうした再生産される社会構造には～が含まれる，となっている。

26. 正解は(c)。本空所も，25 の空所と同様，第1段にあり，本論への導入部として，社会言語学の概要についての記述が続いている。したがって，やはり前の空所について述べたことと同様の理由で，選択肢のうち，(a)(b)(d)(e)(f)(g)を除外することができる。そこで，(c)が候補として残る。国民国家における言語画一化の強制というのは，空所の前とのつながりが自明というわけではない。しかし，空所の直後の文に「言語標準化の歴史における画期的な事件は～」とあり，「言語標準化（の歴史）」という話題へと進んでいることとはつながりがあり，また，「標準語」の強制が「国民国家において…教育および行政における政策を支配し続けている」ということともうまくつながる。

27. 正解は(b)。空所直前の文で，現代世界においては，公的な制度上の言語統制方法，すなわち，言語の画一化，標準語の強制から，「言語の適正化」という思想に代わってきていると述べられている。したがって，空所では，この「言語の適正化」とはどのようなものであるかが説明されると予測できる。また，空所直後には，「以前の言語慣用は，現在では受け入れられないが」とあり，空所には，受け入れられない以前の言語慣用（そしてそれが現在ではどうなっているか）の具体例があるという推測もできる。したがって，「スチュワーデス」から「客室乗務員」へ，「ガイジン」から「ガイコクジン」へ，「漢字の連続」から「ひらがなの挿入」へ，というのがうまくあてはまる。

28. 正解は(g)。空所直前の文で，ファシスト支配下のドイツ，イタリア，日本において，国家精神に対するロマン主義的信念の追求が最高潮に達したこと，さらに前の文で，共通語を持つことが国家主義イデオロギーの確立において重要な象徴となったこと，さらにまた前の文で，ドイツ，フランスに加えて，明治の日本政府で共通語の追求が国家主義イデオロギーにおいて頂点に達したことが述べられている。要するに，ここで述べられているのは，「国家主義イデオロギー」と「(共通語の追求という) 言語政策」の関連性であり，その例として，ドイツ，日本が挙げられている。したがって，ドイツと日本に言及し，また国家主義と言語政策に言及しているものが適切である。

29. 正解は(e)。空所までの流れをみると，第4段第2文（The Meiji ruling …）で，明治のエリート支配者階級が標準語を国家のために創出したこと，同段第3文（They renamed Japanese …）で，日本語が国語に，日本文学が国文学に改称されたこと，そしてその目的は日本語と日本文化の統一性を象徴するためであったことが説明されている。また，空所直後の文は「それゆえ，政治権力および官僚の権力を日本の新首都江戸へ移転することによって，東京方言のヘゲモニーが完成した」となっている。空所の前に説明されていた「標準語の創出」「日本語・日本文学の国語・国文学への改称」というのは「東京方言のヘゲモニー (の完成)」であると捉えることができる。また，「政治権力および官僚の権力」「新首都に移転する」というのは，まさしく「中央集権型の官僚制度を実施」することにほかならない。したがって，それが「明治政府の…至上の目標であった」という記述が適切である。

30. 正解は(a)。空所の直前に，「東京方言のヘゲモニーが完成した」とある。すなわち，東京方言の標準語化が完了した，ということである。したがって，空所には，標準語化完了後の様子を説明する記述が続くものと予想できる。空所直後の文で「悪名高い『方言札』が，学校で自分の地域方言を使用した生徒に掛けられた」とあるので，空所では，学校という場での言語標準化，という話題が扱われているものと推測できる。「教育制度が改正され」「東京方言」が「教室および教科書」の「標準語として」強制されたというのが，その話題に相当する。

31. 正解は(d)。空所の直前の文に「これによって方言差別が生じ，ほとんど100年にわたって，日本人は，方言は悪く醜いものであり根絶しなければならない，よき日本人はいかなる状況においても方言を使うべきではない，そして日本中にさまざまな方言が存在することこそが，国家主権にとっては恥である，と言われた」とあり，方言に対する否定的評価が続いていたことが説明されている。しかし，空所直後の文は「そして，次のような考えが徐々に現れた。すなわち，さまざまな方言の話者は，東京方言に基づいた『理想形』にしたがって修正した自分たちの方言を使い続けることによって，お互いに意思疎通をすることができる，という考えである」とあり，方言に対する評価が肯定的なものへと変化してきていることが説明されている。したがって，空所には，方言および標準語に対する評価が転換した，という趣旨の説明が入るはずである。「新しい概念が」「導入されてきた」，そして「さまざまな方言が存在しそれは悪いものとは限らない」ということを考慮しようとする，という記述が適切である。

語句・構文

(第1段) sociolinguistics「社会言語学」 disciplinary「学問の」 framework「枠組み」 situated「位置している，状況にある」 encounter「遭遇，出会い」 exchange「交換，やり取り」 agent「行為の主体」 endow *A* with *B*「*A* に *B* を授ける」 competency「能力」 underpin「～を強化する，～を支持する」 shame「恥」 offense「違反，罪，侮辱，無礼，攻撃」 avoidance「回避，忌避」 prohibition「禁止」 stratification「層化，層形成」 prejudice「偏見」 reflect「～を反映する」 reconcile *A* with *B*「*A* を *B* と和解させる，調和〔一致〕させる」 neutral「中立の，不偏不党の」 arbitrary「任意の，恣意的な」 unmistakable「間違えようのない，明白な」 landmark「目印，画期的な事件」 standardization「標準化」

(第2段) hygiene「衛生」 institutional「制度上の」 former「前の，先の，昔の」 practice「慣習，慣行」 linger「長びく，なかなか消えない」

(第3段) critical「決定的な，重大な，危機の」 decadence「堕落，衰退」 factor「要因」 pursuit「追求，追跡」 hegemonic「覇権の」 characterize「～を特徴づける」 heighten「～を高める，～を強調する」 etymological「語源の」 submission「服従」 authority「権威」 contrast「～を対比する」 uncivilized「文明化していない」 cultivated「教養のある」 domesticated「飼い慣らされた」 yield「～を生み出す」 return「返礼，報酬」 peak「頂点，絶頂，最盛期」 nationalist「国家主義者」 take shape「具体化する」 crucial「決定的な」 establishment「設立，確立，制定」 poetical

「詩的な，詩の」 Romantic「ロマン派の，ロマン主義の」 climax「最高潮に達する」 Fascist「ファシズム支持者」 ascendancy「優位，支配」 identify「～を確認する」 state「国家」

（第 4 段） by no means「全く～でない」 rename「～を改名する」 symbolize「～を象徴する」 uniformity「画一性，均一性」 relocation「移転」 complete「完成〔完了〕した」 notorious「悪名高い」 hang「～を掛ける〔つるす〕」 regional「地域の」 homogeneity「同質性」 guise「外観，見せかけ」 intensity「強度」 up to～「～（に至る）まで」 give rise to～「～を生じさせる」 discrimination「差別」 ugly「醜い」 eradicate「～を根絶する」 varying「さまざまな」 sovereignty「主権」 notion「概念」 emerge「出現する」 modify「～を修正〔変更〕する」 ideal「理想の」 in turn「今度は，また」

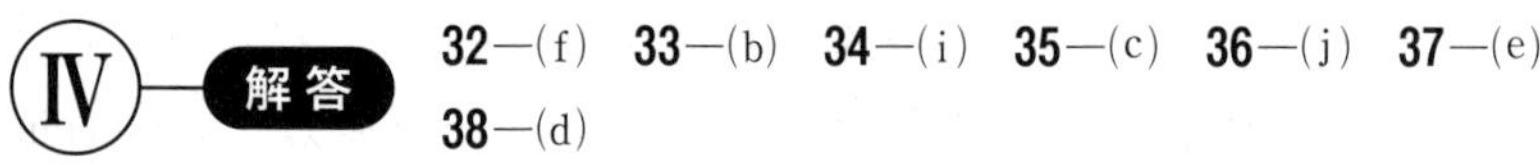

32―(f)　**33**―(b)　**34**―(i)　**35**―(c)　**36**―(j)　**37**―(e)　**38**―(d)

全訳

《AI のもたらす未来》

マイルズ：ねえ，AI のことをどう思う？

エマ　　：そうだね，最近，誰もがそれを話題にしているように思えるよ。

マイルズ：そうなんだ。どこにでもある！

エマ　　：私は取り残されているような気がする。私はそれに関して何も知らないから。

マイルズ：知っておくべきだよ，エマ。AI は驚くべきことをすることができるんだ。

エマ　　：たとえばどんなこと？

マイルズ：まあその，チェスで人間を打ち負かしたり，すばらしい芸術作品を創ることさえできるんだ！

エマ　　：確かにそうだね。でも，それについて心配にはならない？　私は恐ろしいことだと思う。

マイルズ：はは，落ち着いてよ！　暗い見通しばかりというわけではないから。AI は医師が病気の診断をするのを助けたり，完璧なコーヒーを淹れることさえできるんだ！

エマ　　：コーヒーだって？　いいことを言うね！　でも，まじめな話，仕事がなくなるということについてはどうなの？

マイルズ：大切なところだね。確かになくなってしまう仕事もあるかもしれないけど，新しい仕事を創り出すことになるよ！　それももっとよいものをね。

エマ　　：うん，そうかもしれないね。でも，AI が私たちにああしろこうしろと命令し始めたらどうするの？

マイルズ：そんなことにはならないよ。AI は僕たちの生活をもっと便利にするためのものであって，不気味なものにするためのものではないよ。

エマ　　：まあそれはそれでいいけど，冷蔵庫が私に何を食べるべきか指図するなんてことは御免だ！

解説

空所の数が 7 つに対して，13 の選択肢が与えられている。

32. 正解は(f)の left behind「取り残される，置き去りにされる」(leave *A* behind「*A* を後に残す，置いて立ち去る，置き去りにする」)。マイルズが持ち出した AI という話題について，エマは「誰もが話題にしている」と言い，マイルズがそれに同意して「どこにでもある」と応じている。それを受けてエマが「私は（　　　）のような気がする」と言い，さらに「それについて何も知らない」と続けている。すなわち，「誰もが話題にしていて」「どこにでもあるもの」について「何も知らない」のであるから，「取り残されている」ように感じる，とするのが適切である。

33. 正解は(b)の amazing。空所を含む文は，some（　33　）stuff が動詞 do の目的語になっていて，空所には形容詞（相当）が入る。主語 It は AI を指しているので「AI は（　　　）なことをすることができる」という意味になる。これに対してエマが「たとえば？」と例を尋ねている。それに対して，「人をチェスで打ち負かす」「すばらしい芸術作品を創る」という例が挙げられているのであるから，「驚くべき」が適切である。

34. 正解は(i)の scary「恐ろしい，怖い，気味の悪い」。空所の直前で，エマはマイルズに「心配にはならない？」と，否定疑問の形で問いかけ，「私は（　　　）と思う」と続けている。そこで，空所には，この疑問文の肯定形「心配である」という趣旨が続くという流れが予想できる。それゆえ，「心配である」と近い意味である scary「恐ろしい」が適切である。

35. 正解は(c)の calm down「落ち着く」。空所は「恐ろしいと思う」というエマの発言に対してのものである。空所直後でマイルズは「暗い見通しばかりではない」と言い，「医師の診断の補助」や「コーヒーの提供」といった明るい見通しの例を示して，エマを安心させようとしていると考えられる。したがって，calm down「落ち着いて」とするのがよい。

36. 正解は(j)の seriously。空所の前は，Coffee? Now you're talking! とあり，疑問符・感嘆符があることからもうかがえるように，軽妙なやりとりになっている。それに対して，「しかし，（　　）」と続いている。話題も「コーヒーを淹れる」ということから「失業」という深刻なものへ移行している。したがって，seriously「冗談はさておき」が適切である。

37. 正解は(e)の happening。エマが「AI が私たちに何をすべきか指図をし始めたらどうするか？」と問いかけたことに答えて，「それは（　　）ない」となっている。さらに続けて「AI は生活をもっと便利にするためのものである」とあるので，エマの心配するような事態は「起こるはずのないこと」ということになる。したがって，「起こらない」とするのがよい。

38. 正解は(d)の enough。Fair（ 38 ）がひとまとまりと考えられるので，enough を入れて，Fair enough「まあいいでしょう，それは結構，確かにそうだ」とすればよい。

正解以外の選択肢は次のとおり。(a)allotted「割り当てられた，分配された」 (g)partially「部分的に，不十分に，不公平に」 (h)right ahead は right が ahead を強めている（go right ahead「さあどうぞ」のように用いる）。(k)tense up「緊張する」 (l)true「本当の」 (m)weather「天気」

語句・構文

I know「（相手に同意して）そうだね，わかるよ」 be everywhere「どこにでもある〔いる〕，ありきたり」 stuff「（漠然と）もの，こと」 like「（つなぎ言葉として特別な意味なく）まあ，その」 doom and gloom〔gloom and doom〕「暗い見通し」 diagnose「～を〔～と〕診断する」 Now you're talking!「（同意・励ましを表して）それはいい，なかなかいいことを言う，それで決まり」 job losses「失業」 vanish「消える，なくなる」 what if～？「～ならどうするか」 what would you do if～？の

would you doが省略されたものと考えればよい。weird「不可思議な，気味の悪い，奇妙な」 fridge「冷蔵庫」(refrigeratorの短縮語)

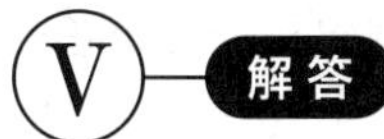

〈解答例1〉 that unlike art appreciation, knowledge has no immediate value（4-10 words）

〈解答例2〉 that knowledge can elevate us only after being assimilated（4-10 words）

全訳

《いかにして知識は価値を持つようになるか？》

価値観を持っている人は，芸術，思想，知識を，それらの潜在的有用性を理由としてではなく，それら自体を目的として高く評価する。私がそれら自体を目的としてというのは，もちろん，それだけで目的としての善である良き精神状態へ至る直接的手段のことを言っている。現在，無人島に存在している芸術作品に絶対的な価値があると考える人などいないし，いつかこの上なくすばらしい精神状態へ至る手段になりうるという事実に芸術作品の潜在的価値が存在するということを疑う人もいはしない。美的恍惚状態へ至る直接的手段である芸術作品は，善へ至る直接的手段である。そして，科学および哲学における真実を公平無私に追求・認識することも，同様に感情の高まった状態を惹起するので，同じ部類に入るであろう。しかし，知識は，正しく言えば，善へ至る直接的手段ではない。その影響は間接的である。知識は，無限の価値を潜在的に有する（いわば）心の糧であるが，それが実際に価値あるものとなるには，知性と想像力によって消化吸収されなければならない。そのように消化吸収されて初めて，知識は良き精神状態へ至る直接的手段となる。価値観を持っている人が最も高く評価するのは，知識の有する滋養分としての性質である。教養ある人に特有なのは，まず第一に，この上なくすばらしい精神状態へ至る手段としての知識の価値を認識することができるということであり，第二に，この価値をいかなる間接的実用主義的徳目よりも高く評価するということである。

解説

英文を読み，与えられた書き出しに続く形で，4～10語の要約英文を「自分の言葉で」完成させる問題である。ただし「本文中の連続する3語以上の語句を使用してはならない」という条件がある。与えられた書き出しは，The difference between art appreciation and knowledge is …「芸術の理解と知識との相違は，…である」となっている。本文において重要な役割を果たしている，3語以上連続する語句としては，a direct means to, means to good, state(s) of mind, the value of knowledge などが考えられ，これらを使用しないように留意しなければならない（direct「直接的な」を immediate，value「価値」を worth というように，同意の語で置き換えることは可能）。

まず，英文の内容を確認しておく。第1文（Those who possess …）の「価値観を持っている人は芸術，思想，知識を，それら自体を目的として高く評価する」という導入に続いて，第2文（When I say …）で，「それら自体を目的として」というのは「目的としての善である良き精神状態へ至る直接的手段」という意味である，と説明される。第3文（No one now …）は，芸術作品に対する一般的な考えを述べただけのものである。第4文（Works of art …）は，「美的恍惚状態へ至る直接的手段である芸術作品は，善へ至る直接的手段である」と端的に述べる。第5文（And the disinterested …）に補足の情報があり，ここまでが，art appreciation「芸術の理解」についての説明である。

第6文（Knowledge, however, is …）は，「しかし，知識は，（正しく言えば）直接的手段ではなく，その影響は間接的である」と端的に述べる。ここで，芸術は「直接的」であるが，知識は「直接的でない（＝間接的）」という対比関係（＝相違）が明らかになる。第7・8文（Knowledge is a … states of mind.）では，知識についてさらに「知識が実際に価値あるものとなるには消化吸収されなければならず，そうするとき初めて，知識は良き精神状態へ至る直接的手段となる」と説明される。第9文（It is the …）では，価値観を持っている人はこのような知識の性質を高く評価する，と述べられ，さらに最終文（What is peculiar …）では，教養ある人は良き精神状態へ至る手段としての知識の価値を認識することができ，そのような価値を高く評価する，と述べられる。

以上のことから，art appreciation「芸術の理解」と knowledge「知識」の相違は，（そもそもそれ自体として）良き精神状態へ至る直接的手段であるか，それとも（それ自体は間接的なものであり）良き精神状態へ至る直接的手段となるには消化吸収する必要があるか，ということになる。

次に，これを英文で表現する方法を検討する。

二つのもの（以下 A, B とする）の相違を説明するには，いくつかの形式が考えられるが，語数制限が厳しいので，使えるものは限られてくる。

一つは，「A は B よりも～である」「A は B ほど～ではない」「B と異なり，A は～である〔～でない〕」という比較（あるいは比較に準ずる）形式である。この形式では，二つのうちのどちらかに重点を置く必要がある（上記の例では主語 A に重点がある）。それでは，本問の場合，どちらに重点を置くべきか。本文では，芸術の理解は直接的，知識は直接的ではない，とした上で，知識が直接的なものとして価値を持ちうる場合についても説明されている。したがって，知識に焦点を当てることが適切であろう。そこで，まず，「知識は芸術の理解と異なり，良き精神状態へ至る直接的手段ではない」とすることが思い浮かぶが，means to good states of mind は語数制限にも，連続する 3 語の使用禁止にも抵触する。means to good（この good は「善」の意味の名詞）も連続する 3 語の使用禁止に抵触する。そこで，「直接的な価値を持つ」と考えて，〈解答例 1〉のように that unlike art appreciation, knowledge has no immediate value「知識は芸術の理解と異なり直接的価値を持たない」とする。

この形式では，以上のように，二つのどちらかに重点を置く必要があるが，さらにこれを推し進め，比較の形式にこだわらず二つのうちの重要なもの一つについてだけ説明する，という方法が考えられる。特に，本問の厳しい語数制限を考えれば，この方法を使うことも許容されるであろう。そこで，この方針にしたがって，knowledge について説明することを考える。

「知識は消化吸収されて初めて価値を持つ〔直接的手段になる〕」として that knowledge can have value only after being assimilated とする。

「直接的手段である」「価値がある」というのを，さらに具体的に「私たちを良き精神状態＝善へと導く〔引き上げる〕」として，「知識が私たちを高める」「知識が私たちを善に導く」と表現することもできる。

〈解答例 2〉that knowledge can elevate us only after being assimilated（elevate の代わりに enlighten でもよい）

あるいは，that knowledge must be absorbed before having practical value「知識が実際に価値を持つためにはまず消化吸収されなければならない」としてもよい（本文では assimilate となっていたものを同意の absorb に置き換えている）。

他の形式としては，「A と B の相違は，C か否かである」という，相違を判断する基準，相違点を示すものが考えられる。この形式では，C には whether (or not) S V「S V か否か」を用いることができる。whether or not the value can be immediately recognized「その価値を直接的に認識できるか否か」という程度に表現できるだろう。

語句・構文

possess「～を持つ，～を所有する」 (a sense of) values「価値観」 esteem「～を尊重する，～を高く評価する」 for *one's* own sake「～自身の利益のために，～自体を目的として」 utility「有用（性），実用性」 means「手段，方法」 state of mind「精神状態」 end「目的」 lie on ～「～に存在する」 uninhabited「人の住んでいない，無人の」 absolute「絶対的な，無制限の，完全な」 lie in the fact that ～「～という事実の中に存在する」 at any moment「今にも，いつか，いつなんどきでも」 of superlative excellence = superlatively excellent (of + 抽象名詞 = 形容詞の形) superlative「最高〔最上〕の，無比の」 excellence「優秀さ，卓越」 aesthetic「美的な，美学の」 ecstasy「恍惚（状態），有頂天，歓喜」 disinterested「公平無私の，客観的な」 pursuit「追求，追跡」 perception「認識，理解，知覚」 provoke「～を引き起こす」 analogous「類似した，相似の」 emotional「感情の」 intensity「強度，激しさ」 assign *A* to *B*「*A* を *B* に割り当てる」 class「部類，種類，階級」 properly speaking「正しく言えば」 action「作用，影響」 remote「遠く離れた，関係が薄い，間接的な」 infinite「無限の」 assimilate「～を消化〔吸収〕する」 intellect「知能，知性」 positively「明確に，確かに」 only when ～「～とき初めて」 only によって修飾される語・句・節が文頭にくるとき，必ず倒置が起こる（強制倒置）。so assimilated「そのように消化〔吸収〕される」 nourishing「栄養のある」 It is the nourishing quality in knowledge that ～ は It is ～ that … の強調構文。 peculiar to ～「～に特有の」 civilized「文明化した，教養のある」 in the first place「まず第一に」 exquisite「この上なくすぐれた，美しい」 utilitarian「実用的な，功利主義の」

講評

2024 年度も長文読解問題が 3 題，会話文問題が 1 題，要約英作文問題が 1 題の計 5 題の出題である。要約英作文問題は，あらかじめ与えられた書き出しに続けて 4 ～10 語の英語を書き加えさせる形式が続いている。長文読解問題，会話文問題の設問形式にも変更はない。

Ⅰの英文は，(A)「外科手術における麻酔の使用」，(B)「『週』という概念の重要性」がテーマであったが，医学に関する(A)に難しい語彙が含まれていた。特に 4 は選択肢に難解なものがあり，また，正解を brisk と判断するためのヒントになる本文中の deftly も難しい。それに比べると(B)は読みやすかったと思われる。8 の正解となる salient は難しいが，消去法で選ぶことは可能であろう。その他にも選択肢中に高難度の語があるものの，全体としては例年通りのレベルといえよう。

Ⅱの英文は(A)「機械学習の発展」，(B)はロヒンギャに対する迫害を内容とする「竹，防水シートと泥土：迫害されるコミュニティー」，(C)は「怪物と場所の密接な関連性」がテーマであった。機械学習に関する(A)はこの分野の知識が全くないと少々読みづらいかもしれないが，設問は平易であり，解答に支障はないと思われる。(B)は時事ニュースに関心を持っていれば耳にしたことがある話題であろうが，本文中の raze, unleash, atrocities, precipitate などの語は難度が高い。ただ，文の流れが追えなくなるというわけではなく，おおよその文意は理解できるであろうし，表題選びも含め，設問も標準的である。このテーマに関する予備知識が読解に多少の影響を与えたかもしれない。(C)は，難解な語句を多く含むわけではないが，Ⅱの中では最も学術的なものであり，大学教養レベルの英文を読み慣れていないと難しく感じられるであろう。しかし，設問には，特に難しいものはなく，英文を丁寧に辿りさえすれば十分に正解を導き出せるものであった。

Ⅲの英文は「近代における言語標準化の試み」がテーマである。本文の第 1 段では，社会言語学について概論的な説明がされているが，抽象的な記述が続き，すんなり頭に入ってこないかもしれない。特に，社会言語学を定義する冒頭の文が難しく，出鼻をくじかれた受験生も多かったと思われる。しかし，本論である「言語標準化」の話題に移ると，断然読みやすくなる。粘り強く読み進むことができたかどうかで，正答率に差が出たかもしれない。設問となる空所は，難解な第1段にも含まれているが，空所の前後に注目すればヒントは見つかり，また，正解の候補となる選択肢も絞り込みやすいものであった。後半部分のわかりやすい空所から補充していくなどすれば，十分に解答可能であろう。英文の難度はともかく，設問としては，むしろ，2024年度はやや易しかったといえよう。

Ⅳの会話文は，AIを話題としたものであり，取り組みやすかったと思われる。会話文中にも選択肢にも，特に難度の高い表現は見られないが，38のfair enoughを知っているかどうかで差が出たかもしれない。2023年度に引き続き，2024年度も，やや易しめと評せよう。

Ⅴの英文は「いかにして知識は価値を持つようになるか」を論じたもので，やや抽象度の高いものであった。しかし，与えられた要約文の冒頭を指針として，対比に注意して本文を読み進めれば，内容の理解に大きな支障はなかったであろう。ただ，2024年度は制限語数にまとめるのに少し工夫が必要であった。一つの事柄を表現する方法は複数あることを意識して，平素から，さまざまな知識を貪欲に吸収する姿勢で学習に取り組んでいけば，こうした問題に対応する力も養える。付け焼き刃ではない学力が問われる設問であった。

日本史

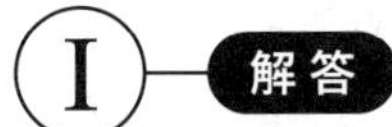

1. 衛士　**2**－ア　**3.** 健児　**4**－イ　**5**－ウ
6－オ　**7**－ウ　**8**－オ　**9**－イ　**10**－イ
11. 山本権兵衛　**12**－ウ

解説

《日本における「文と武」の歴史》

1. 諸国の軍団から都へ上り，宮門の警備にあたった兵士は衛士であり，任期は１年であった。一方で九州防衛のための兵士は防人であり，任期は３年であったが，食料・衣服などは自弁であったため，農民にとってはかなりの負担であった。

2. ア．正文。長屋王は729年に光明子立后問題により藤原四子の策謀で，妻の吉備内親王ら一族とともに自殺に追い込まれた。

イ．誤文。光明子は藤原不比等の４人の子の叔母ではなく，妹である。

ウ．誤文。吉備真備や玄昉が活躍したのは藤原広嗣政権ではなく，橘諸兄政権であり，そもそも藤原広嗣政権は存在しない。

エ．誤文。743年に大仏造立の詔が出され，盧舎那仏の造営が始まったのは，恭仁京ではなく紫香楽宮であるが，後に平城京への遷都に伴って東大寺で再開された。

オ．誤文。道鏡を寵愛したのは聖武天皇ではなく，娘の孝謙天皇である。

3. 792年に桓武天皇は軍団を廃止し，郡司の子弟や有力農民を中心として健児を採用したが，全国ではなく，東北・九州などでは軍団が残存していた点に注意したい。

4. イ．貞盛が正解。天慶の乱とは平将門の乱と藤原純友の乱を指すが，平将門の乱を鎮圧したのは押領使の藤原秀郷と平国香の子の平貞盛であり，藤原純友の乱を鎮圧したのは，清和源氏の祖である源経基と追捕使の小野好古であった。

5. ウ．誤文。刀伊の入寇は，都から派遣された国の兵といわれる武士ではなく，大宰権帥藤原隆家の指揮のもと，地元の武士団の奮戦によって撃退された。

ア．正文。滝口の武者は10世紀以降，宮中を警護するために設置されたもので，蔵人所に属した。出勤している所が清涼殿北東の滝口にあったのでこの名となった。武士の存在が認められる端緒ともなった。

イ．正文。源満仲は969年の安和の変で活躍し，摂関家との結びつきを強化しながら軍事貴族としての地位を確立した多田源氏の祖である。源頼光は満仲の長男で，莫大な財力で藤原道長に奉仕し摂津源氏の祖となった。満仲の3男である源頼信も道長に奉仕し，1028年に起こった平忠常の乱を平定し，源氏の東国進出拡大のきっかけをつくり，河内源氏の祖となった。

エ．正文。侍にもさまざまな種類が存在したが，受領の家子・郎党からなる直属の武士を館侍（たちざむらい）といったのに対し，摂関家などに仕えた侍を家侍，院に仕えた侍を院侍と呼んだ。

オ．正文。追捕使・押領使ともに諸国の盗賊や叛徒を平定するために置かれた令外官であったが，天慶の乱以降は常置となった。

6． オ．問注所執事－三善康信が正解。侍所初代別当は京下りの官人ではなく武士の和田義盛であり，公文所（後の政所）初代別当は公家の大江広元である。中原親能は鎌倉幕府草創期の官僚で大江広元の義兄にあたる。

7． ウ．太政大臣が正解。足利義満は1394年に将軍を辞した後，太政大臣に任じられ翌年出家したが，1408年に亡くなるまで権力を掌握し続けた。

8． オ．誤文。既存の条文の文言が修正されることはあった。例えば，5代将軍徳川綱吉の武家諸法度天和令では「文武弓馬」の箇所が「文武忠孝」と修正された。

ア．正文。武家諸法度（元和令）は大名の守るべき規範として徳川家康が金地院崇伝に起草させたもの。漢文体で13条からなる。

イ．正文。1615年の豊臣家滅亡直後，諸大名が伏見城に集められ，2代将軍徳川秀忠の名で武家諸法度が発布された。

ウ．正文。武家諸法度は建武式目や分国法などをもとに作成された。有名なものとして，元和令の「私ニ婚姻ヲ締ブベカラザル事」の箇所は『今川仮名目録』の影響を受けたといわれている。

エ．正文。武家諸法度は徳川家光以降も将軍の代がわりに繰り返し発布されたが，少しずつ修正された。8代将軍徳川吉宗は天和令に戻し，以後代々これが踏襲された。

9． イが正文。枢密院は大日本帝国憲法草案を審議するために宮中側に設置されたもので，初代議長は伊藤博文が就任した。

ア．誤文。枢密院は1888年に設置されており，大日本帝国憲法の制定は翌年の1889年のことである。憲法制定後も憲法56条で天皇の最高諮問機関と規定し，重要な国事を審議した。

ウ．誤文。枢密院は天皇の最高諮問機関であって，内閣総理大臣の諮問機関ではない。

エ．誤文。ロンドン海軍軍縮条約の締結は統帥権干犯問題を引き起こしたが，浜口雄幸内閣は元老・重臣・世論の支持を背景に議会を乗り切り，枢密院の承認を得て，条約の批准に至った。

オ．誤文。枢密院議長から直後に内閣総理大臣になった例はあり，伊藤博文・清浦奎吾・平沼騏一郎・鈴木貫太郎らがいる。

10． イが正解。初の政党内閣は1898年に組織された第1次大隈重信内閣であり，1899年に政党員の官界進出を防ぐために文官任用令を改正したのは第2次山県有朋内閣である。

11． 1913年の第1次山本権兵衛内閣のときに軍部大臣現役武官制は改正され，予備役・後備役の大将・中将まで広げられた。しかし1936年，広田弘毅内閣のときにまた復活した。

12． ウ．カンボジアが正解。その後も自衛隊は，1993年にモザンビーク，1994年にザイール（コンゴ民主共和国），1996年にゴラン高原，2002年に東ティモール，2007年にネパール，2012年に南スーダンなどへ派遣されている。

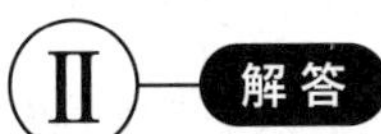

1－オ　**2**－オ　**3**－エ　**4．** 俊寛　**5**－ウ・オ
6． 栄西　**7**－エ　**8．** 黒住教　**9．** 池田光政
10． 犬養毅

解説

《岡山県にまつわる歴史》

1． オが正解。

X．誤文。山間部に群集墳がつくられることが多くなったのは，古墳時代前期ではなく古墳時代後期である。

Y．正文。古墳時代中期の代表的な前方後円墳である大仙陵古墳（仁徳天皇陵古墳）は墳丘の長さが486mあり，２～３重の周濠をめぐらしている。

Z．誤文。九州地方の大規模な前方後円墳は，古墳時代終末期ではなく古墳時代中期にすでに出現しており，代表的なものに西都原（さいとばる）古墳群の中に存在する女狭穂塚（めさほづか）古墳がある。

2． 難問。オ．正文。式内社は『延喜式』神名帳に記載されている格式の高い神社のことである。

ア．誤文。名神とは，国内の神社のなかでも霊験・崇敬が顕著で，国家から特別の待遇を受けた神社をいう。中臣鎌足の時代にはまだみられず，文献上の初見は『続日本紀』（730年）に渤海からの貢物を諸国の「名神社」に奉ったとある。その後平安初期より順次「名神」に列せられ，10世紀にまとめられた『延喜式』神名帳では，名神祭にあずかる神社として224社があげられている。

イ．誤文。一宮・二宮とは神社の社格のことであるが，設置されたのは奈良時代の聖武天皇の時代ではなく，平安時代の11世紀末から12世紀頃とされる。国内の神社のうち有力なものが選ばれて国衙によって一宮・二宮の順位づけがなされた。

ウ．誤文。延久の荘園整理令には神社に関する内容は書かれていない。

エ．誤文。二十二社とは平安時代中期以降，朝廷から格別の崇敬を受けた神社のことで，桓武天皇の時代ではなく，1039（長暦３）年の後朱雀天皇のときに二十二社が定められ，白河天皇の1081（永保元）年に制度としての二十二社制が確立したとされる。

3． やや難。エ．誤文。石見銀山が最盛期を迎えたのは17世紀の終わり頃ではなく17世紀前半の寛永期である。

ア．正文。2021年７月に縄文時代前期から中期の遺跡で日本最大級の集落跡である三内丸山遺跡を含む「北海道・北東北の縄文遺跡群」が世界文化遺産に登録された。直径１mほどの柱が発見されている。

イ．正文。藤原京跡からは「評」名を記した木簡が多数出土しており，「評」・「郡」の用字の交替が大宝令制によるものであることが確認された。

ウ．正文。北海道の志苔館の付近からは室町時代に埋められたとみられる約37万枚余の渡来銭の入った珠洲焼（すずやき）の大甕３基が出土しており，この地域の経済的繁栄がうかがえる。

オ．正文。高輪築堤は1872年に新橋・横浜間で開業した鉄道を敷設するためにつくられたものであるが，線路付け替えで使われなくなった後，東京湾岸の埋め立てで姿を消したが，2019年4月に品川駅改良工事で石垣の一部が発見された。

4． 鹿ヶ谷事件で鬼界ヶ島に流された僧侶は俊寛である。関与した藤原成親は備前国に流され，西光（藤原師光）は平清盛によって殺害された。

5． やや難。消去法で対処しよう。ウ．正文。関ヶ原は美濃国（現在の岐阜県）南西端に位置し，古代は東山道の要地とされ，古代三関のひとつである不破関が置かれており，中央での反乱が東国に波及するのを防ぐ重要な役割を担っていた。

オ．正文。関東大震災で東京両国の陸軍被服廠跡の空地に避難した罹災者およそ4万人が猛火で焼死した。

ア．誤文。堺で自治的な運営を行ったのは月行事ではなく会合衆である。月行事は山城の国一揆後に南山城で自治を行った。

イ．誤文。妙喜庵の茶室とは豊臣秀吉がつくったものではなく，千利休による妙喜庵待庵である。豊臣秀吉がつくったとされる黄金の茶室は，秀吉が関白に就任した翌年の1586年，年頭の参内で御所に運び込まれ，正親町天皇に披露された。

エ．誤文。中山道と甲州道中は碓氷峠ではなく，下諏訪で合流する。

6． 栄西は旧仏教からの禅宗への非難に対して，『興禅護国論』を著して禅宗の本質を説き，禅の修行が鎮護国家に役立つことを述べた。他の代表的な著作としては，諸病発生の要因と茶の薬効を説いた『喫茶養生記』があり，源実朝に献上された。

7． エが正解。

X．誤文。『平家物語』は歴史書ではなく，平家の興亡を記した軍記物であり，鎌倉幕府の御家人ではなく，貴族の信濃前司藤原行長がつくり，盲目の僧生仏（しょうぶつ）に語らせたとの説が有力で，盲目の琵琶法師が平曲として語り世に広まった。

Y．誤文。『平家物語』は戦乱を描いた軍記物であり，朱子学の大義名分論に基づいて書かれてはいない。朱子学の大義名分論に基づいて書かれた有名な歴史書に北畠親房が書いた『神皇正統記』があるので，こちらも知っておこう。

Z．正文。『平家物語』は能・狂言・浄瑠璃などに大きな影響を与え，江戸時代には歌舞伎や浄瑠璃の題材となった。

8．やや難。教派神道で有名なものとして，中山みきが 1838（天保 9）年に大和に創始した天理教，黒住宗忠が 1814（文化 11）年に岡山（備前）に創始した黒住教，川手文治郎が 1859（安政 6）年に岡山（備中）に創始した金光教がある。地名や年代まで知らないと解答するのは難しい。

9．岡山藩主である池田光政は郷校（郷学）閑谷学校を設けるほか，陽明学者熊沢蕃山を登用し，儒教主義による改革を実施し，殖産興業を推進した。

10．満州国の建国は 1932 年 3 月 1 日であるが，時の首相は犬養毅であった。しかし，犬養は満州国を認めなかったために同年 5 月 15 日に海軍青年将校に暗殺され（五・一五事件），8 年間にわたる政党政治は終焉を迎えた。

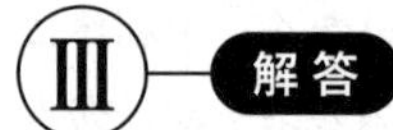

1－イ　**2**－ウ　**3**－イ　**4**－エ　**5．**寇　**6**－ア
7－エ　**8**－ウ　**9．**鯨　**10**－エ　**11**－エ

解説

《日本列島と海に関する歴史》

1．難問。イ．正文。更新世後期の最後の氷期には，対馬と朝鮮半島のあいだ，本州と北海道のあいだは隔てられていたとされている。

ア．誤文。人類が誕生したのはアフリカであったと考えられており，アウストラロピテクスなどの猿人とされている。日本で見つかっているのは，全て新人のものであり，猿人は発見されていない。

ウ．誤文。約 2 万年前以前の遺跡，遺物は見つかっており，岩手県の金取遺跡は国内最古級の旧石器時代の遺跡とされ，数多くの旧石器が出土し，約 9 万～ 3 万 5000 年前の旧石器時代のキャンプ跡とされている。また沖縄県の山下町洞人では約 3 万 2000 年前の地層から新人の女児の化石骨が見つかっている。

エ．誤文。港川人は神奈川県ではなく，沖縄県で出土している。

オ．誤文。ナウマンゾウは更新世後期に，朝鮮半島経由で日本に移り住んできて沖縄から北海道に生息していた。沖縄県でもナウマンゾウの化石は発見されている。

2. ウ．誤文。新羅使は6世紀以降来日している。8世紀には日本が新羅を従属国として扱おうとしたために緊張が見られたが，752年の金泰廉の来日や交易なども見られた。しかし次第に疎遠となり，9世紀初めには公式使節の来日は途絶えた。

ア．正文。奈良時代以降の遣唐使は4隻に500人前後が乗船するようになり，20年に1度の決まりがあったとの説もある。

イ．正文。阿倍仲麻呂は717年に遣唐留学生として入唐し，唐名を朝衡（ちょうこう）と名乗り玄宗皇帝に仕え，李白や王維らとも交わり，文名をあげた。753年，帰国途上で風波に遭い帰れず，彼の乗った船は安南（ベトナム）に漂着し，再び唐朝に仕え，唐で客死した。「天の原ふりさけ見れば春日なる三笠の山に出でし月かも」の歌は有名。

エ．正文。奈良時代の聖武天皇の時代の727年に初の渤海使が来日している。

オ．正文。種子島・屋久島は702年に多禰国の一部となり，平安初期には大隅国に編入された。

3. イ．調が正解。律令制の税品目でアワビは特産品なので調である。

4. やや難。エが正解。

い．アイヌの文化の成立は鎌倉時代の13世紀頃とされている。

ろ．オホーツク文化の成立は7世紀頃である。

は．延久蝦夷合戦とは，平安時代の11世紀後半に，陸奥守源頼俊が清原貞衡とともに兵を率い蝦夷を攻略した戦いである。

に．続縄文文化の成立は弥生時代である。

5. 鎌倉時代のモンゴル襲来とは元「寇」のことであり，13～16世紀に活動した海賊集団を倭「寇」と呼ぶが，最盛期は14～16世紀で，14～15世紀に活動した前期倭「寇」と16世紀に活動した後期倭「寇」にわけられる。

6. ア．誤文。倭寇を撃退した高麗の将軍は李舜臣ではなく李成桂である。

7. エ．誤文。ポルトガルのアジアでの拠点はマニラではなく，インドのゴアと中国のマカオである。マニラを拠点としたのはイスパニアである。

8. やや難。ウが正解。

X．誤文。田中勝介は太平洋を横断してノビスパン（現在のメキシコ）までしか行っておらず，マドリードには渡っていない。

Y．誤文。伊東マンショらの天正遣欧使節は太平洋を横断せずに，長崎を出発し，中国のマカオに渡り，後にインドに向かい，そこからアフリカの喜望峰を回りポルトガルのリスボンに上陸し，陸路でスペインに入りローマに渡りグレゴリウス 13 世に謁見した。

Z．正文。支倉常長は伊達政宗の命で 1613 年に慶長遣欧使節としてヨーロッパに派遣され，太平洋を横断しメキシコを経てローマに渡り，ローマ教皇に謁見し，通商を求めたが失敗に終わった。

9．江戸時代に紀伊・土佐・肥前・長門などで網や銛を使って捕獲されたのは鯨である。鯨は食用としてのみならず，鯨油は農業の際に害虫の駆除にも用いられた。

10．エ．誤文。日本が世界 3 位の海運国となり，船成金が生まれたのは明治時代ではなく大正時代の大戦景気の頃である。

11．やや難。エ．パリ協定が正解。2005 年に発効した京都議定書を受け，その後の地球的規模の温暖化対策を決めた協定で，2015 年パリでの COP21 で採択され，2016 年に発効した。

ア．プラザ合意は 1985 年に行われたドル高是正の国際協調を決めた合意。

イ．ペレストロイカはソ連のゴルバチョフ共産党書記長が 1980 年後半以降に行った立て直し（再建・改革）の政策の総称。

ウ．新ガイドライン関連法は 1999 年小渕恵三内閣のときに成立したもので，周辺事態安全確保法などの 3 つの法律のこと。

オ．デタントとは 1970 年代初期の冷戦緩和の状態をいう。

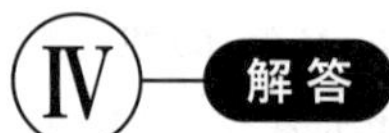

1．鳥取（県）　**2．**中宮寺　**3**－オ　**4**－イ
5－ア　**6．**曲亭〔滝沢〕馬琴　**7**－ウ
8．金禄公債証書　**9**－オ　**10**－ア　**11**－イ　**12**－ウ　**13**－イ

解説

《日本における人間とウサギとの関係史》

1．因幡国・伯耆国は現在の鳥取県にあたる。

2．天寿国繡帳が存在するのは厩戸王が建立した中宮寺である。天寿国繡帳は厩戸王の妃である橘大郎女が，厩戸王が往生した天寿国の有様を写した日本最古の刺繡製品である。

3．オ．正文。守護は設置当初には惣追捕使・国地頭などと呼ばれ，後に守護に統一された。
ア．誤文。日蓮宗の成立は1253年であり鎌倉時代後期である。また地方に多くの信徒を持つようになるのは室町時代である。
イ．誤文。奥州藤原氏は大輪田泊から得た利益ではなく，陸奥で産出される金・馬・毛皮による経済力を背景に，豪華な平泉文化を展開した。
ウ．誤文。平清盛は高倉天皇の外祖父ではなく，安徳天皇の外祖父となって権勢を誇った。
エ．誤文。源頼朝は寿永二年十月宣旨で全国の支配権を得たのではなく，東海・東山両道の支配権を得たのである。
4．イ．初代市川団十郎が正解。彼は元禄期に活躍した歌舞伎役者である。円山応挙は宝暦・天明期に活躍した画家であり，他の選択肢の人物の活躍期もいずれも宝暦・天明期である。
ア．杉田玄白は『解体新書』『蘭学事始』で有名な蘭学者である。
ウ．本多利明は『経世秘策』『西域物語』で有名な経世家である。
エ．田沼意次は田沼政治を主導した政治家である。
オ．松平定信は寛政の改革を主導した政治家である。
5．ア．慶応義塾大学が正解。幕末期に洋学塾として設立されたのは1858年の蘭学塾のことであり，現在の慶應義塾大学にあたる。
イ．同志社大学は1875年に新島襄によって設立された同志社が前身である。
ウ．早稲田大学は1882年に大隈重信が設立した東京専門学校が前身である。
エ．津田塾大学は1900年に津田梅子が設立した女子英学塾が前身である。
オ．東京大学は1877年に東京開成学校，東京医学校を統合して文部省管轄の下に設立された国立大学である。
6．読本作者である曲亭（滝沢）馬琴は1156年の保元の乱で流罪となった後の源為朝の武勇伝を描いた『椿説弓張月』の他に，安房の里見家再興をテーマとした伝奇小説である『南総里見八犬伝』を代表作に持つ。
7．ウ．誤文。文明開化の風潮は東京などの都市に見られたものであり，農村では，まだ西洋化の風潮はすすんでおらず，日常生活に大きな変化はなく旧正月や五節句などは相変わらず存在し，暦法も農漁業の関係から太陽暦と並んで旧暦が使用されていた。なお，五節句とは人日（1月7日），上巳（3月3日），端午（5月5日），七夕（7月7日），重陽（9月9日）のことである。明治期になってこの制は廃止されたが，民間では現在でも盛んに行われている。

8． 1876年に政府は華族・士族に対して金禄公債証書を与えて，秩禄処分を断行したが，公債の額は華族1人平均6万円余りであったのに対し，士族は1人平均500円ほどであり，士族の生活は困窮していった。

9． オ．正文。日清戦争の賠償金は軍備拡張費約62%，臨時軍事費約22%とあわせて約85%が軍事費に充てられた。

ア．誤文。朝鮮の旧式軍隊の反乱とは1882年に起こった壬午軍乱のことである。

イ．誤文。日清戦争は沖縄県ではなく，朝鮮半島の支配権をめぐって争われた戦争である。

ウ．下関条約の清国全権は袁世凱ではなく李鴻章である。

エ．三国干渉の三国とはロシア・ドイツ・オーストリアではなく，ロシア・ドイツ・フランスの三国であって，オーストリアは入らない。

10． ア．正文。日露戦争の陸戦における主戦場は旅順・奉天などの中国東北地方であった。

イ．誤文。日露戦争中でも戦勝などを記念して，大規模な祝勝会や提灯行列が行われていた。

ウ．誤文。日露戦争開戦当時の内閣は伊藤博文内閣ではなく第1次桂太郎内閣である。

エ．誤文。日本軍が青島を占領したのは日露戦争ではなく第一次世界大戦である。

オ．誤文。ポーツマス条約の日本全権は陸奥宗光ではなく小村寿太郎である。

11． 難問。イ．誤文。毒ガスの使用は第一次世界大戦で1915年にドイツが使用したのにはじまるが，日本軍も日中戦争以降使用していた。

12． やや難。ウが正解。

X．正文。第二次世界大戦終戦で，植民地であった台湾・朝鮮からの移入米は途絶えた。

Y．正文。終戦により満州・台湾・朝鮮などにいた日本人が帰国（民間人は引き揚げ，軍人は復員）した結果，日本列島の人口が急増し，失業者も増加した。
Z．誤文。物資の配給制度は終戦と同時に全廃されたのではなく，戦後の混乱期も続き 1949 年以降，徐々に撤廃されていったが，米穀配給については形骸化しながら 1982 年まで残存していた。
13. イ．誤文。日本は国際通貨基金 8 条国に移行したことで，国際収支の悪化を理由に対外支払い制限（為替管理）を行えるようになったのではなく，対外支払い制限が行えなくなったのである。

講 評

Ⅰは日本における「文と武」の歴史をテーマとして扱った問題。古代から現代までを扱いながら政治史を中心に構成されている。5．選択肢エの館侍（たちざむらい）などは聞いたことがないだろうが，基礎的な知識を持っていれば正解は出せる。全体的には基本・標準問題がほとんどなので，ここでは取りこぼしがないようにしたい。記述問題は基本問題ばかりなので確実に書けるようにしたい。

Ⅱは岡山県にまつわる歴史を扱った問題。古代から近代までの岡山にまつわる問題で文化史を中心に構成されている。2．古代の神社制度に関する問題は難問で，教科書や用語集などにはほとんど説明はみられない。3．石見銀山遺跡そのものは有名だが，最盛期の時期まで問われており，やや難問。5．旧国境に関する選択問題だが，正文 2 つを選ぶのは難しいが，消去法で対処したい。やや難問。記述式の 8．黒住教を書かせる問題であるが，地名や年号まで知らないと正解できない。やや難問。

Ⅲは日本列島と海に関する歴史をテーマとした問題。原始から現代までを扱っており外交史を中心に構成されている。1．更新世後期に関する問題だが，イ・ウ・オなどは判断が難しい難問。配列問題の 4 は，続縄文文化やオホーツク文化の成立はわかるだろうし，延久蝦夷合戦は年号を知らなくても，延久から平安時代と判断できるが，アイヌ文化の成立の判断ができるかどうかで成否が決まる。やや難問。8．太平洋を横断した日本人の経路に関する正誤問題もやや難の問題で，教科書には経路の地図が掲載されているが，よほどしっかり見ていないと正解できない。記述式の9．鯨は漢字でしっかり書けたかどうかがポイント。11．パリ協定を選択させる問題もやや難で，現代まで詳細な学習をしていないと正解できない。

Ⅳは日本における人間とウサギとの関係史をテーマとした問題。ウサギとの関係というユニークなテーマで，古代から現代までを扱った総合問題。3・7・9・10などは消去法で対処したい。11．毒ガスの使用を問う問題は難問。12．戦後の食糧難に関する正誤問題であるが，XやYの判断はできるだろうが，Zの判断が難しい。やや難問。

例年どおり，Ⅰ～Ⅳの大問すべてがテーマ史で構成されている。2024年度は例年に比べ選択・正誤問題でやや難しいものが多かったが，記述式は例年に比べると易しいものが多かった。全体として，2022年度以前に続いていたやや平易な出題と比べ，2024年度は2023年度と同じくやや難度が上がったといえよう。

世界史

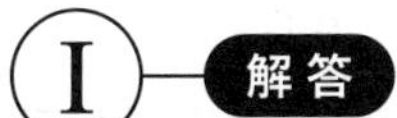

設問1． ア　**設問2．** ア・イ　**設問3．** エ
設問4． イ　**設問5．** パクパ〔パスパ〕
設問6． モンゴル　**設問7．** 周恩来，ネルー

解説

《仏教の拡大と影響》

資料 i はミャンマー（ビルマ）のパガン朝が建立した仏教寺院群，資料 ii は敦煌莫高窟，資料 iii は雲崗石窟の石仏，資料 iv はチベットのポタラ宮殿。

設問1． ア．下線部Aはリード文中の「東南アジア」「これらを建立した王朝は，元の攻撃を受けて衰退し，13 世紀末には滅亡」という記述からミャンマーのパガン朝で信仰された上座部仏教と判断する。下線部Bはリード文中の「漢訳仏典」「東アジア」と資料 ii・iii をヒントに大乗仏教と判断する。下線部Cはリード文中の「チベット語訳の仏典」と資料 iv がポタラ宮殿の写真であることから，チベット仏教と判断できよう。

設問2． ア．誤文。吐蕃の成立は 7 世紀のこと。
イ．誤文。吐蕃と唐の争いに乗じて雲南に勢力を広げたのは南詔である。

設問3． エ．資料 iii は雲崗石窟の石仏であり，これは北魏の文成帝の時代である 5 世紀後半より開削が始まった。

設問4． 空欄Eにはガンダーラが該当する。設問文の「最初期の仏像が製作されはじめた」がヒントとなる。ガンダーラ美術が流行したのはクシャーナ朝期であるから正解はイ。ローマとの金の交易という点も合致する。

設問5・設問6． 空欄Fに入る人物はパクパ（パスパ）。彼は元のフビライに国師とされ尊崇を受け，モンゴル語を表記するためのパクパ（パスパ）文字を作製した。よって空欄Gはモンゴルが該当する。

設問7． 資料 i ～ iv の所在地を南から順に並べると i．ミャンマー→iv．チベット→ii．敦煌→iii．雲崗となる。よって 2 番目の地域は iv のチベット。チベットで起きた 20 世紀の反乱は中印国境紛争に発展し，1962 年に大規模な戦いとなった。両国とは中国とインドのことであり，このときの両国首相とは周恩来とネルーとなる。

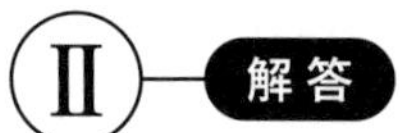

設問1． ペロポネソス **設問2．** エ **設問3．** ウ
設問4． ウ **設問5．** ユスティニアヌス **設問6．** ウ
設問7． コロンブス交換 **設問8．** エ **設問9．** 黒死病 **設問10．** ア

解説

《世界史上の疫病》

設問1． 前430年にアテナイが行っていた戦争はペロポネソス戦争（前431～前404年）。

設問2． やや難。エ．正文。

ア．誤文。ヘロドトスはアケメネス朝ペルシアのギリシア侵攻について記述した。

イ．誤文。トゥキディデスは前460年頃～前400年頃の人物で，ヘロドトス（前484年頃～前425年頃）の存命中に生まれている。

ウ．誤文。リウィウスは前1世紀から1世紀前半の歴史家で，アウグストゥスの厚遇を受け，『ローマ建国史』を著した。タキトゥスは1世紀後半から2世紀にかけて活躍し，『年代記』や『ゲルマニア』を著した。タキトゥスはリウィウスよりも後の時代の人物である。

設問3． 下線部Cのアントニヌスは，「160年代半ば」から哲人皇帝と呼ばれ，『自省録』でも知られるマルクス＝アウレリウス＝アントニヌス帝のことである。彼はストア派哲学者であるから，ウの説明が正解。ストア派の創始者ゼノンの出身地のキプロス島の判断が難しいが，消去法で解答できる。アのソクラテス，プラトン，アリストテレス，イのヘラクレイトスはストア派成立以前の哲学者。エのエピクテトス（1～2世紀）はストア派の哲学者であるが，前1世紀に活躍したキケロよりも後の時代の人物。

設問4． ウ．誤文。前146年にカルタゴを滅ぼしたのは大スキピオの孫の小スキピオである。

設問5． 空欄Eの直後に「541年から帝国内で流行し始め」とあるので，527年に即位しビザンツ帝国の全盛期を現出した皇帝ユスティニアヌスが正解である。

設問6． ウ．世界貿易機関（WTO）は，関税と貿易に関する一般協定（GATT）を発展させる形で1995年に成立した。

設問7． 難問。アメリカ大陸とヨーロッパ大陸の間で動植物や病原体などが双方向で伝達しあった現象は，アメリカ大陸に到達したコロンブスにちなんで「コロンブス交換」と表現される。家畜ではヨーロッパ大陸からアメリカ大陸へ馬が，植物ではアメリカ大陸からヨーロッパ大陸へジャガイモやサツマイモなどがもたらされている。

設問8． エ．コレラ菌や結核菌を発見したドイツの細菌学者はコッホ。ツベルクリンを創成したことでも知られる。

設問9． ペストは黒死病と呼ばれる。罹患した病人の皮膚が黒ずんでいき，やがて死に至るといった様子からこう呼ばれたと考えられる。

設問10． ア．近代資本主義とプロテスタントの宗教倫理の関係性を検証したドイツの社会学者はマックス＝ヴェーバー。その著書は『プロテスタンティズムの倫理と資本主義の精神』である。

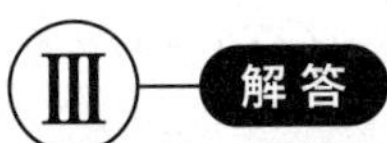

設問1． 上都　**設問2．** ウ　**設問3．** ウ　**設問4．** イ
設問5． イ　**設問6．** 山西　**設問7．** エ
設問8． 天津　**設問9．** イ・エ

解説

《『考史遊記』と中国北辺史》

設問1． 難問。空欄Aは史料中7カ所あり，ヒントとなるのは「もと開平」と呼ばれ，「世祖フビライ」が即位した場所であるという点と，元代には「大都燕京」と並び称され「両都」と呼ばれたという点であるが，ここから上都を導き出すのは難しい。

設問2． 憲宗とは第4代ハンのモンケのことであり，ウ．フラグの西アジア遠征派遣が正解。ア・イ・エはいずれも第2代ハンのオゴタイの事績なので消去法で解答できる。

設問3． ウ．正文。

ア．誤文。モンゴル軍の侵入を避け，高麗王が江華島に都を移したのはオゴタイ時代（1232年）の侵攻で，フビライ時代ではない。また高麗の都は漢城ではなく開城である。

イ．誤文。高麗軍が倭寇の根拠地である対馬を襲撃するのは14世紀末のことであり，13世紀末に死去したフビライとは無関係である。

エ．誤文。朱子学を官学としたのは朝鮮王朝。「小中華意識」とは朝鮮王朝が1637年に女真人の清に服属した後に芽生えた思想であり，高麗のモンゴルへの服属とは関係がない。

設問4． 下線部Dの大都燕京とは現在の北京のことである。

イ．正文。

ア．誤文。大都燕京は戦国時代には薊と呼ばれ，燕の都であった。邯鄲は趙の都。

ウ．誤文。明代に北京を都としたのは朱元璋ではなく第3代永楽帝。

エ．誤文。蔣介石の国民政府は南京を首都とした。北伐完了後も首都は南京である。

設問5． 難問。アの「皇輿全覧図」完成は康熙帝末期の1717年。イのネルチンスク条約締結は康熙帝中期の1689年。ウのカスティリオーネは康熙・雍正・乾隆の3代に仕えたが，円明園の西洋式宮殿建設は乾隆帝が命じている。エのアダム＝シャールは明末清初に中国に仕え，順治帝によって欽天監監正（天文台長）に任じられた。したがってエ→イ→ア→ウの順となる。アとイの前後関係が難しい。

設問6． やや難。史料が清代末の中国北方のことを述べていることと，明清代には全国的に活躍する特権商人として新安商人と山西商人が有名で，そのうち北部では山西商人が活躍したことを併せ考えると，山西商人を導き出せる。

設問7． 史料文に「千八百六十年以来」とあることから北京条約（1860年）を想起する。北京条約の内容として正しいものはエ．ロシアによるウスリー川以東の地域（沿海州）獲得である。ア．旅順・大連租借は1898年，イ．東清鉄道敷設権獲得は1896年のこと。ウ．イリ地方の清への返還は1881年のイリ条約の内容。

設問8． アロー戦争の講和条約として1860年に結ばれた北京条約で，天津の開港が定められた。

設問9． 難問。イ・エ．正文。

ア．誤文。茶法の制定は1773年。表ｉで1770年と1775年のイングランドの茶輸入量を比べると減っている。

ウ．誤文。イギリス東インド会社の中国貿易独占権廃止は1833年のこと。表ｉで1830年と1835年のイングランドの茶輸入量を比べると増えている。

オ．誤文。スエズ運河の開通は1869年。表ⅱを見ると，1860年以降のロシアの茶輸入量は大幅に増えている。
カ．誤文。史料1行目の「光緒三十四年」は1908年。光緒帝の即位は1875年。年代の目安として戊戌の政変（1898年）や義和団戦争（義和団事件：1900～01年）以降の光緒新政などを考えたい。表iiiではインド茶でロシアに輸出される茶は，1905年と1910年で100万重量ポンドを大きく超えている。

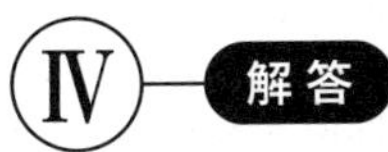

設問1． エ　**設問2．** マレーシア
設問3． シンガポール　**設問4．** 日本
設問5． 東南アジア諸国連合〔ASEAN〕　**設問6．** イ

解説

《『シンガポールの政治哲学』とシンガポールの独立》

史料中の空欄A～Cを特定することから始めたくなるが，史料内容だけではヒントが少なすぎる。設問3.「空欄Cの人口が約200万人」と国家としては少なめなことや設問5.「宣言が出された年の2年後…地域協力のために結成した国際機構」などもヒントに，総合的に考えていくと，1965年のマレーシアからのシンガポールの分離独立に思い至るだろう。Aはインドネシア，Bはマレーシア，Cはシンガポールである。

設問1． 1965年の約半世紀前の1911年，エのイスラーム同盟が空欄Aのインドネシアに成立した。史料が出された当時，マレーシアとインドネシアは北ボルネオをめぐって対立していた。

設問2・設問3． 史料後半に「[C]を[B]から切り離した」とあり，設問3の文中に「空欄Cの人口が約200万人」とあることから，Bがマレーシア，Cがシンガポールとなる。

設問4． シンガポールの分離独立は1965年。その20年前の1945年にAのインドネシアも独立宣言を行った。そのさらに2年前といえば1943年である。当時は大東亜共栄圏構想のもと，日本が東南アジア諸地域を占領支配している。

設問5． 1965年の2年後，つまり1967年にA．インドネシア，B．マレーシア，C．シンガポールを含めて成立した地域協力のための国際機構とは東南アジア諸国連合（ASEAN）のことである。

設問6． アのスエズ運河の国有化は1956年，イの第3次中東戦争の勃発は1967年，ウのイラン＝イスラーム共和国の成立は1979年，エのサウジアラビア王国の成立は1932年。よって，イが最も1965年に近い。

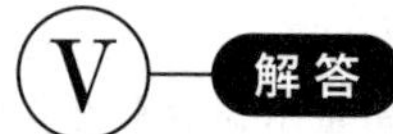

設問1． ウ　**設問2．** 景徳鎮　**設問3．** イ
設問4． シノワズリ〔中国趣味〕

解説

《ヨーロッパにおけるシノワズリの流行》

設問1． 難問。ウ．正文。

ア．誤文。白磁生産で名高い定窯は雲南ではなく河北に位置する。

イ．誤文。赤絵の技法は南宋時代ではなく明代から盛んとなった。

エ．誤文。染付の青の原料であるコバルト顔料は，東南アジアではなく西アジアからもたらされた。

設問2． 中国随一の窯業都市は江西省の景徳鎮である。

設問3． イ．作品Bの作者のブーシェはフランスのロココ美術の代表的画家である。

設問4． 交易活動によって中国からヨーロッパに流入した陶磁などの影響で，中国の陶磁や絵画，建築などの中国的意匠を取り入れたシノワズリ（中国趣味）と呼ばれる芸術様式が17～18世紀に流行した。

講評

Ⅰは視覚資料を用いて仏教の歴史について問われた。古代から現代まで幅広く出題されている。用いられた視覚資料は図説等で見かけることが多いが，資料ⅰのミャンマーの仏教寺院群の確定の難度がやや高い。設問7は地理的知識が問われるため，得点差が生じやすい。標準的な問題を確実に得点したい大問である。

Ⅱは古代と現代における世界史上の疫病をテーマに，欧米史の幅広い時代が問われている。設問2と設問7の難度が高いが，他は標準レベル。文化史の割合が高いので，文化史を後回しにしていると苦戦する。

Ⅲは東洋史の大家である桑原隲蔵の『考史遊記』という史料をもとに，中国史や近代の茶貿易について問う大問。非常に難度が高く，最も点差が開いた大問であろう。設問1と設問5は難問。設問9も正確な年代知識と統計表の読み取りが要求されることから解答に時間が取られるという点で難問であった。設問6もやや難である。

Ⅳは史料中の空欄A～Cを特定することから始めてしまいがちであるが，史料内容だけではヒントが少なすぎる。設問文中にある言葉も全体的に検討しつつ，特定していかなければならないため，問題全体を俯瞰する力が試されたといえる。A～Cを特定できれば，全問正解も可能であるが，時間をとられやすい大問となった。「［ C ］を［ B ］から切り離した」から，インドとパキスタンを連想しがちなので注意したい。

Ⅴは西欧と中国の文化史を問う。設問1は，定窯，竜泉窯，汝窯など専門的な名称が選択肢に含まれるため難度が高い。他は確実に得点したい。

2023年度は2022年度以前に比べ大問数と解答個数が減少したが，2024年度もそれが踏襲された。また，2022年度以前は必ず見られたものの2023年度には出題されなかった史料を用いた問題が2024年度は2題出題された。いずれも難度が高く苦戦した受験生も多かったであろう。標準レベルの問題が多いものの，教科書内容を超えた問題も散見されるので，教科書精読を早く済ませ，用語集や図説の解説部分もしっかりまとめて学習することを心掛けたい。

二つの文章による出題であったが、二〇二四年度は一つの現古漢融合文による出題で、文化構想学部ではめずらしい。文章は、中世文学の研究者として知られる著者が、鴨長明の庵について述べたもので、古文・漢文が多数引用されているが、問十五・問十六・問二十二は古文だけの、問十九は漢文だけの設問である。文学史の問二十三も含めて、これらの設問を短時間で解答できれば、問十八・問二十一・問二十四のような手間がかかる設問に時間をかけることができる。見かけ上、古文・漢文の比重が軽そうだからといって、けっしておろそかにしてはいけない。むしろそれらの基本知識を徹底的に身につけておくべきだろう。

ろう」とはあるが、『方丈記』の「南に懸樋……たとへつべし」は「方丈の庵」についての記述である。
ロ、「多神教的な意味を持ち……仏神を仰ぐ」が、『池亭記』引用の二つ前の段落「特徴的なのは……仏教的世界観の中にあることだ」と合致しない。
ハ、傍線部4の二段落後にあるように長明の庵は「極小の方丈の庵」であり、「六条院のような広壮な屋敷」を模範としたわけではない。
ニ、『作庭記』（「家より東に」で始まる古文）の内容に合致。
ホ、『草堂記』の引用文前後の内容に合致。
ヘ、「南の懸樋」は維摩居士の石室ではなく長明の庵にあるものである。

講評

一は例年と同様、現代文Aと近代文語文Bの融合問題。Aは政治学者渡辺浩が福沢諭吉の提唱した自由競争社会について論じた文章。Bは福沢諭吉の「学問のすゝめ」から。一の特徴であるAとBを照合して解答する設問が問一・問六と出題されている。問二・問三・問四がAだけの、問五がBだけの設問であり、例年に比してBだけの設問が少ない。二〇二三年度よりさらに文語文の比重が下がった出題といえるだろう。だからといって文語文をおろそかにしてよいわけではなく、速読力・読解力はやはり必要であるので、しっかり対策しておきたい。
二は韓国出身で日本を拠点に活動している美術家李禹煥の文章からの出題。二〇二三年度に比べると抽象度の高い文章で、受験生には読みにくかったかもしれないが、例年と同様、設問自体は素直であり、文章量もそこまで多くはないので、短時間で解き終え、一と三に時間を使いたいところである。
三は、二〇二二年度は現代文の**甲**・古文の**乙**・漢文の**丙**の三つの文章、二〇二三年度は現漢融合文の**甲**と古文の**乙**のロ、慶滋保胤『池亭記』(「就隆」で始まる漢文)の後半の内容に合致。
ハ、冒頭に引用されている『方丈記』の第二段落に「もし念仏ものうく読経まめならぬ時は」とあるが、これは「もし」であり、空欄Ⅰ直前に「立派な修行の場」とあるので、「仏道の修行とは、距離を置いた生活をしていた」は誤りである。
ニ、『草堂記』の引用の後の段落「白居易は……失意の中で……草堂を建てて」および傍線部4の前段落「白居易はこの『草堂』に、信仰と心の休息地を見出す」に合致。
ホ、慶滋保胤『池亭記』の前半の内容に合致。
ヘ、下鴨神社が広大であったことは傍線部4の次の段落、鬱屈する外的事情から極小の庵に移住したことはその次の段落、心を休めることができる空間であったことはさらに次の段落の内容にそれぞれ合致する。

問二十二　X、「め」は動詞「うづむ」の已然形(または命令形)の活用語尾、「り」は完了・存続の助動詞「り」の終止形。助動詞「めり」であれば、直上は終止形(ラ変型活用語の場合は連体形)でなければならないが、「うづ」という動詞はおそらく存在しないだろう。
Y、形容詞「しげし」の已然形の活用語尾。助動詞「けり」であれば直上は連用形でなければならないが、「しげ」という連用形はおそらく存在しないだろう。

問二十三　文学史の設問は、ここ数年は複雑な問い方であったが、二〇二四年度はシンプルな問い方に変わった。『方丈記』は鎌倉前期の成立。選択肢にはややマイナーなものも含まれているが、ニ『千載和歌集』が平安末期に成立した七番目の勅撰和歌集であることは必修重要知識である。『古今和歌集』から『新古今和歌集』までの勅撰和歌集(「八代集」)については確実に知っておきたい。他の選択肢は、イとホは鎌倉後期、ロとハは鎌倉中期、へは南北朝期の成立。

問二十四　イ、傍線部4の次の段落に「若き日の長明」の旧宅について、「四神相応……は、社域内で完結しえたことだ

問十八　直後に「と詠じた」とあり、その後に「源信は深く感銘を受け、和歌は……」とあるので、空欄には和歌が入ると考えられる。さらに次文に「『……満沙弥が風情をぬすみ』と書く長明の念頭には、この逸話がある」とあるので、第二段落にある満沙弥＝沙弥満誓の和歌「世の中を何に譬へむあさぼらけこぎゆく舟のあとの白波」が空欄に入るはずだが、「十二字以内」という指示なので和歌全体ではなく一部分を答えることになる。通常、和歌は下の句に主旨があらわれるものであり、この歌も下の句が無常観をあらわす核心部分といえるので、「こぎゆく舟のあとの白波」が正解となる。

問十九　「不能〜」は「〜（こと）あたハず」（〝〜できない〟の意）とよむので、「不能去」は「去る能はず」と「去」→「能」→「不」の順によまなければならないが、ハとホはこれができていないので不可。「若」には①名詞「なんぢ」、②副詞「もシ」、③助動詞「ごとシ」、などの用法があるが、ここで二人称が出てくるはずがないので①ではない。また、傍線部を含む文は「元和十一年秋」に実際に起こったことを書いているので、②の仮定条件でもない。ここでは③ということになるが、その場合はかならず下から返って「ごとシ」とよむので、そうなっていないイとニは不可。ロは「若」に「遠行」から返っているので、「客」が「過」以下の主語ということになってしまい、白楽天の様子を述べている文脈に合わなくなる。へが正解。なお、書き下しは「遠行の客の故郷を過りて、恋恋として去る能はざるがごとし」となる。

問二十　傍線部直前に「借り物であるがゆえに、無限の四方に広がりを有する」とある。「借り物である」とは所有物ではないということであるから、傍線部はこの箇所を一般化したものと考えられる。ホは「ほぼ何もない」で「無所有」を、「無限を感じ取ることができる」で「無限の四方に広がりを有する」を、それぞれ説明できているのでこれが正解。他の選択肢はみな「無所有」「無限」の説明ができていない。

問二十一　「適切でないもの」という指示に注意。

イ、白居易『草堂記』（「匡廬」で始まる漢文）の内容に合致。

匡廬奇……匡廬は奇秀にして、天下の山に甲たり。山北の峰を香炉と曰ひ、峰北の寺を遺愛寺と曰ふ。峰・寺を介するの間、其の境勝絶にして、又廬山に甲たり。元和十一年秋、太原の人白楽天、見て之を愛すること、遠行の客の故郷を過りて、恋恋として去る能はざるがごとし。因りて峰に面し寺を腋にして草堂を作為す。明年の春、草堂成る。三間両柱、二室四牖なり。（中略）春には錦繡谷の花有り、夏には石門澗の雲有り、秋には虎溪の月有り、冬には炉峰の雪有り。陰晴に顕晦し、昏旦に含吐し、千変万状、殫く紀し、覼縷して言ふべからず。故に云ふ、廬山に甲たる者なりと。

遺愛寺……遺愛寺の鐘は枕を欹てて聴き　香炉峰の雪は簾を撥げて看る

蘭省花……蘭省の花時錦帳の下　廬山の雨夜草庵の中

解説

問十五 「ちぎる」は〝約束する〟〝（男女が）将来を誓う・関係を結ぶ〟などの意。ハ・ニ・ホ・ヘはみな「ちぎる」の解釈ができていない。そして、イは「死後に越えなければならない山」と「死出の山路」を説明しているが、ロは「三途の川」について述べており、「山路」の説明になっていない。イが正解。

問十六 「まめなり」は〝まじめだ・誠実だ・勤勉だ・本格的だ〟などの意。ロ以外はみな「まめなり」の解釈ができていない。

問十七 空欄は段落の末尾にあり、この段落で述べられている、長明の庵の内部の様子をまとめた内容が入るはずである。長明の庵は、「立派な修行の場ではあるのだが」「和歌の本、管絃の本……が、……置かれていた」「琴と琵琶を一面ずつ立てている」などとあるとおり、仏道修行の場にとどまらず、さまざまな芸術のための場にもなっている。これを「豪奢な芸術空間」と説明しているニが正解。イ「自然」、ロ「四季折々の情景」、ハ「白居易」、ヘ「二見浦ではなく巨椋池」はみな庵の内部の様子と関係がない。ホは管絃だけに限定されていて、「和歌の本」がふまえられていない。

の水は九分の三、菜園は八分の二、芹田は七分の一である。そのほか緑松の島、白砂の水際、紅鯉や白鷺、小橋や小船、ふだんから好むものは、すべてこの中にある。まして春は東岸の柳があり、細い煙がしなやかで美しい。夏は北戸の竹があり、清風がさっと吹く。秋は西の窓の月があり、書物を開いて読むことができる。冬は南のひさしの日光があり、背中をあたためることができる。

匡廬奇……廬山はきわだって美しく、天下の山の第一である。山の北の峰を香炉といい、峰の北の寺を遺愛寺という。峰と寺の間の景色は非常にすぐれていて、また廬山の第一である。元和十一年秋、太原の人である白楽天が、これを見て愛することは、遠く行く旅人が故郷に立ち寄って、恋々として離れることができないのと同じくらいである。そこで峰に面して寺の横に草堂を建てた。翌年の春、草堂が出来上がった。三間の間口に二本の柱、二つの部屋に四つの窓である。（中略）春には錦繡谷の花があり、夏には石門澗の雲があり、秋には虎溪の月があり、冬には香炉峰の雪がある。曇ったり晴れたり現われたり隠れたり、夜にも朝にも生じたり止んだりして、千変万化する様子は、すべてを記し、事細かに言うことはできない。だから言うのだ、廬山の第一であると。

遺愛寺……遺愛寺の鐘の音は枕をかたむけて聴き、香炉峰に積った雪は簾を持ち上げて見る。

蘭省花……あなたは尚書省で花盛りに錦の帳のもとにいるが、私は廬山のふもとで雨の夜草庵の中にいる。

読み

引用漢文：

就隆為……隆きに就きては小山を為り、窪に遇ひては小池を穿る。池の西に小堂を置きて弥陀を安ず。池の東に小閣を開きて書籍を納む。池の北に低屋を起てて妻子を着けり。凡そ屋舎は十の四、池水は九の三、菜園は八の二、芹田は七の一なり。其の外緑松の島、白沙の汀、紅鯉白鷺、小橋小船、平生好む所、尽く中に在り。況乎春は東岸の柳有り、細煙嫋娜たり。夏は北戸の竹有り、清風颯然たり。秋は西窓の月有り、以て書を披くべし。冬は南簷の日有り、以て背を炙るべし。

聞こえる。冬は、雪をしみじみと愛でる。積もっては消えるさまは（人の）罪障にたとえることができそうだ。
もし念仏がなんとなくいやで読経をまじめにできないときは、自ら休み、自らなまける。（それを）邪魔する人もなく、また、恥じるべき相手もいない。わざと無言でいるのではないが、独りでいるので、言葉による罪をおさえることができる。必ずしも禁戒を守ろうとしなくても、（戒を破らせるような）環境がないので、何によって（戒を）破るだろうか、いや破ることなどない。
もし「跡の白波」（と沙弥満誓の歌に詠まれたような無常の思い）にこの身を寄せる朝には、（宇治川東岸の）岡屋に行き交う舟を眺めて沙弥満誓の趣向をまねて歌を詠み、もし桂に吹く風が葉を鳴らす夕方には、（白居易の）「潯陽の江」を思い浮かべて源都督（＝源経信）の行いをまねる。もし余興があれば、何度も、松風の響きに「秋風楽」を合わせて演奏し、水の音に合わせて流泉の曲を演奏する。
家より……家から東に流水があるのを青竜と考える。もしその流水がない場合は、柳九本を植えて青竜の代わりとする。西に大道があるのを白虎と考える。もしその大道がない場合は、楸七本を植えて白虎の代わりとする。南側に池があるのを朱雀と考える。もしその池がない場合は、桂九本を植えて朱雀の代わりとする。北側に丘があるのを玄武と考える。もしその丘がない場合は、檜三本を植えて玄武の代わりとする。このようにして、四神相応の地にして居住してしまうと、官位福禄がそなわって、無病長寿であると言っている。
其の室……その庵室の中に十方の諸仏が来て集まりなさって、仏法を説きなさっていて、それぞれ無数の菩薩や聖衆を引き連れなさって、その方丈の庵室の中にそれぞれ美しく厳かに飾りつけた台座をたてて、三万二千の仏が、それぞれその台座におすわりになって仏法をお説きになる。無数の聖衆が、それぞれみなつきそっている。
引用漢文：
就隆為……高いところには小山を作り、窪んだところには小池を掘る。池の西に小さい堂を置いて阿弥陀を安置する。池の東に小さい建物を開いて書籍を納める。池の北に低い建物を建てて妻子を住まわせた。およそ屋舎は十分の四、池

問十八　こぎゆく舟のあとの白波
問十九　ヘ
問二十　ホ
問二十一　ハ
問二十二　ニ
問二十三　ニ
問二十四　ニ・ホ

要旨

鴨長明が隠棲した庵は、『作庭記』に記されたような四神相応の地に作られており、また、『方丈記』に記された庵の描写は、慶滋保胤の『池亭記』およびその典拠である白居易の『草堂記』に強い影響を受けたものである。そして、庵のモデルとなったのは仏典に登場する維摩詰の、極小でありながら宇宙のような無限を感じとれる方丈の石室である。長明にとっては、庵と一体となった自身の心が、求心的に内向しつつ、同時に外へ向かい果てしない宇宙と交感する、そのような精神性こそが最も重要であった。

全訳

引用古文：
その所……その場所のありさまを言うと、南に懸樋がある。岩を立てて水をためている。林の木が近いので、薪にする小枝を拾うのに不自由はしない。名を音羽山という。まさきの葛が（生い茂って）、（人が通った）跡をうめている。谷はたくさんあるが、西は見晴らしがよい。西方浄土に思いをいたすよりどころが、ないわけでもない。春は、藤の花が風で揺れるのを見る。紫の雲のように西の方に美しく輝く。夏は、ホトトギスの声を聞く。鳴き声を聞くたびに死出の山路（の案内）を約束してくれる。秋は、ヒグラシの声が耳に満ちている。はかない現世を悲しむ音楽のように

問十二　①「私は……音や声にも耳を傾けてみたい」と④「それも……鳴らぬ音、聴こえぬ言葉に出会いたい」が、①に④を付け加える形で明らかに連続した内容なので、①→④のはず。これだけでもハが選べるが、念のため②と③の関係も考えると、②の「それは作品が……ためであろう」が③「私の作品……は、おそらく非‐人間的だ」の理由を後から説明する形になっていて、③→②のつながりも問題ない。ハが正解。

問十三　「合致しないもの」という指示に注意。
イ、空欄Ⅱの前の二段落の内容に合致。
ロ、「絵画や彫刻、音楽などの芸術においては、擬似的な文学表現を指向する」が、空欄Ⅰの段落「やはり表現の媒体は、可能な限りそれ自体の性格を生かした展開である時、より強い力を発揮する」と合致しない。これが正解。
ハ、傍線部Ｂ・Ｃの段落の内容に合致。
ニ、問十二の①・④および最終段落の内容に合致。

問十四　**1**、「得体」は〝実態〟〝正体〟などの意。「得体が知れない」という形でよく用いられる。同音異義語はないので、確実に書けるようにしたい。
2、「鈍重」は〝（性質や動作などが）にぶく、のろい〟の意。こちらも同音異義語はない。「鈍」を「純」と書きまちがえないように。

三

出典　荒木浩『京都古典文学めぐり―都人の四季と暮らし』（岩波書店）

解答

問十五　イ
問十六　ロ
問十七　ニ

画や彫刻においては、言語以外の音や声、広大な宇宙に満ちている鳴らぬ音や聴こえぬ言葉に出会い、絵の領域に近いところにあるが、いずれ人間以外の音や声、広大な宇宙に満ちている鳴らぬ音や聴こえぬ言葉に出会い、絵画や彫刻において語り出ぬものや見ることのできないものの次元を開いてみたいと考えている。

解説

問八　沈黙の両義性は、傍線部を含む段落の第一文で「沈黙は一切の言語を否定するそれであることもあれば、沈黙という仕方で語ることもある」と説明されている。これに最も近い内容のロが正解。他はイ「言語を用いた意思表示を可能にしている」、ハ「人の意思疎通を否定」、ニ「言葉の途絶えを否定」など、すべて誤りを含んでいる。

問九　傍線部を含む段落で「沈黙」「目つきや顔色」「スポーツや踊り、音楽、美術、ジェスチュア」といった「言葉」以外の表現法がいくつも挙げられ、「言葉には限界がある」と述べられている。イの「言葉で表し得ぬ」が言葉の限界を、「言語以外の……多様な方法」が沈黙その他の表現法を説明しており、これが正解。ロとハは言葉の限界にふれておらず、多様な方法にも言及がない。ニは「文学は何の表現力も持ちえず」でいちおう言葉の限界は述べられているが、「音楽や絵画」に限定しているのがおかしい。

問十　傍線部直前の一文に「耳や眼差しのそれはむしろ言い得ぬものとの出会いであることが多い」とあり、これを「音楽や絵画においては言葉で表現し得ぬものとの未知の出会い……を提供しうる」と説明しているハが正解。選択肢前半の「言語にとっての沈黙は表現の限界」は、前の段落「言葉を突き詰めていくと、ついに詰まってくる。言葉には限界があるということだ」に合致している。イ「コミュニケーションの拒否」とロ「人と人との意思疎通を遮断するもの」は言語にとっての沈黙のとらえ方がまちがっている。ニ「音楽や絵画は……そのまま享受すればよく、迷いがない」は本文にない内容である。

問十一　空欄直前の「擬似的言語表現」に最も近いものを選ぶ。音律や絵づらで言語のように表現する、ということであるから、それは結局音律や絵づらを言語の代わりに用いている、ということになる。ニが正解。イ「抽象化」、ロ「芸術化」、ハ「理想化」では、「擬似的言語表現」の言いかえにならない。

ニ、Bの最後から二つ目の段落「今、世の識者に民選議院の説あり、又出版自由の論あり。……此の論説の起こる由縁を尋ぬるに……相競ふの勇気を励まし……満天下の人をして自業自得ならしめんとするの趣意なる可し」と合致しない。

ホ、Bの第二段落「他人の幸と我の不幸とを比較して、我に不足する所あれば……他人を不幸に陥れ……以て彼我の平均を為さんと欲する」に合致。

へ、Bの第五段落「聖人の名を得たる孔夫子が、此の理を知らず……徒らに愚痴をこぼす」と合致しない。

出典　李禹煥『両義の表現』（みすず書房）

解答

問八　ロ
問九　イ
問十　ハ
問十一　ニ
問十二　ハ
問十三　ロ
問十四　**1**、得体　**2**、鈍重

要旨

沈黙は、単なる言語表現の否定ではなく、言葉では表現できないことを表現する手段にもなりうる。また、言語に関わる沈黙は言語表現の限界をあらわすものだが、非言語的な耳や眼差しの沈黙は言い得ぬものとの出会いや無言の応答を提供するものであり、音楽や絵画はそれらによって言葉を越えたものを表現することができる。私の作品はまだ人間の言葉

は……侮蔑」、ニはその前段落「『競争』を肯定する……町人身分だけ」に合致する。ホだけは「競争」に関係のない内容であるし、空欄Xの直後「旧来の知的道徳的通念……とも距離があった」に反する。したがって、ホが正解。

問四　空欄Xの段落冒頭に「かくして」があり、空欄を含む一文は前の四つの段落をまとめる内容である。前の四つの段落は問三で見たとおり「競争」に対する抵抗を述べているのだから、空欄には「競争」を含むニが入る。イ・ロ・ハ・ホはすべて「競争」という要素が欠けている。

問五　問三と同様、「適切でないもの」という指示に注意。「怨望」が生じる原因は問一で見たとおり「人の言路を塞ぎ人の業作を妨ぐる」こと＝「人の自由な言論や活動の妨げられていること」であるから、ロの「怨望は人心の乱れが生むものである」は誤りである。ロが正解。イとホはBの第三段落、ハとニはBの第一・二段落の内容にそれぞれ一致する。

問六　「漢字四字の熟語」「※以降から」という指示に注意。四字の語はそもそも少ないので、それだけでもかなりしぼることができる。傍線部は、Aの第五段落第一文に福沢が求めたものとして引用されており、同段落でそれを説明して「自業自得」と言いかえている。この語は※以降にもあるので、これが解答の一つとなる。同様に福沢が求めたものとして、問二〜問四で見たように「競争」があり、※以降に「自由競争」という語があるので、これがもう一つの解答である。

問七　イ、Aの第一・二段落の引用部分に「人自ら利達を求むれば、共に他人の利達を致し」「互ひに利達を求めて其の弊なきは、世界一般の利益を為さしめんが為なり」とあり、「他人の利達」や「世界一般の利益」につながる「個人の利達」をとがめてはならないという内容である。説明の方向が逆。

ロ、空欄Xの次の段落「社会主義が紹介され始めた。例えば……城多虎雄は……『競争ノ法』を批判した」と合致しない。

ハ、Aの最後の三段落の内容に合致。

以上の内容から考えると、意見を述べる手段を閉ざし活動を妨げることは、ただ政府だけの病ではなく、全国人民の間に流行するものであって、学者であってもある場合はこれを免れるのがむずかしい。人生活発の気力は、物事に接しないと生じがたい。自由に意見を言わせ、自由に活動させ、富貴も貧賤もただ本人が自ら得るのにまかせて、他者からこれを妨げるべきではないのである。

解説

問一　Bの第四段落に「怨望」の「源因」は「窮」であり、「窮」とは「人の言路を塞ぎ人の業作を妨ぐる等の如く、人類天然の働きを窮せしむること」であると説明されている。この内容を「人の自由な言論や活動の妨げられていること」と説明しているイが正解。他のロ「果てしない欲望」、ハ「経済的格差の拡がり」、ニ「社会的問題によい政策を打ち出せないこと」、ホ「人々が自由競争に駆り立てられていること」はみなこの箇所の内容に合致しておらず、「怨望」の原因とはいえない。また、ホの「自由競争」はむしろ福沢諭吉が肯定するものである。

問二　福沢の「文明」についての考えはAの第四・五段落（傍線部aの段落とその前段落）の引用箇所で「文明開化は即ち競争の間に進歩する」「現時の社会は即ち競争の一大劇場」「嫉妬の念を絶ちて相競ふの勇気を励まし」などと述べられており、筆者の言葉では傍線部bの段落第四文「人々がそのように競うのが（現段階での）『文明』社会なのである」とまとめて説明されている。要するに「競争」「競う」ことが重要なのだから、「競争して」と述べているハが正解。他の選択肢はみな「競争」という要素が欠けている。

問三　「適切でないもの」という指示に注意。イは傍線部cの次の段落に「『自由競争』はすばらしいとは思い難かった」背景として「各人が思いのままに利益を追求する結果、激しい混乱が起きていた」とあるのに合致するので正しい。また、傍線部の「抵抗」は問二で見たような福沢の考えに対する抵抗、つまり「競争」に対する抵抗である。ロ・ハ・ニはみな「競争」についてふれており、それに対する抵抗の理由となるので正しい。ロは傍線部cの三段落後「当時の市場は……法的整備は大幅に遅れた」、ハは空欄Xの段落「当時の多くの人の実感とも距離」「特権を有する人々ということであろうか。下人の腹から生まれた者は必ず下人と決まっているわけではない。下人も貴人も、生まれ落ちたときの本性にちがいがないのはもちろん論ずる必要もない。それなのに、この女子と下人とにかぎって取り扱いに困るというのはなぜなのか。ふだんから卑屈ということを広く人民に教え、小さく弱い婦人や下人の人々を束縛して、その活動にすこしも自由を与えないために、結果として怨望の気風を醸成し、その極度にいたって、さすがに孔子様も歎息なさったことである。元来人の性情において、活動に自由を得られないと、その成り行きは必ず人を怨望しないわけにはいかなくなる。因果応報の明らかなことは、麦をまいて麦が生えるのと同じことだ。聖人の名を得た孔子先生が、この道理を知らず、特に工夫もなくて、むだに愚痴をこぼすとは、あまり頼もしくない話である。

また身近なところに一例を挙げて示すなら、怨望が流行して交際を阻害したものとしては、わが国の封建時代にたくさんいた大名の御殿女中が最たるものである。その一例を見ても、たいてい世の中のありさまは推測できよう。

人の世の最大の災禍は怨望にあって、怨望の源は「窮」から生ずるものであるから、人が意見を述べる手段は開かれていなければならないし、人の仕事は妨げてはならない。ためしに欧米諸国のありさまとわが日本のありさまとを比較して、その人の世の交際においてどちらがあの大名御殿の状況を脱することができているかと問う者がいたら、われわれは今の日本を見てまったく大名御殿とちがわないというわけではないが、その状況から離れる遠近を論ずると、日本はまだこの状況に近く、欧米諸国はこの状況から遠く離れていると言わざるをえない。欧米の人民は、貪吝驕奢でないわけではなく、粗野乱暴でないわけでもなく、あるときは偽る者もいるし、あるときは欺く者もいて、その風俗はけっして善で美しいわけではないけれども、ただ怨望隠伏の一事については、かならずわが国と異なるところがあるにちがいない。今、世の識者に民選議院の論説があり、また出版自由の論説がある。その得失はしばらくさしおいて、もともとこれらの論説が起こったわけを探究すると、識者の所見は、思うに今の日本国中を昔の大名御殿のようにならせず、今の人民を昔の御殿女中のようにならせず、怨望と活動をとりかえ、嫉妬の念を絶ってたがいに競う勇気をはげまし、禍福も毀誉もことごとくみな自力でこれを得、天下のすべての人を自業自得にならせようとする趣旨であるにちがいない。

ある人が言うことは、詐欺や虚言の悪事もその実質において悪なものだから、これらを怨望とくらべてどちらが軽いか重いかのちがいはあるはずがない、と。私が答えて言うことは、たしかにそうであるけれども、物事の原因と物事の結果とを区別すると、もともと軽重のちがいがないとは言えない。詐欺や虚言はもちろん大悪事であるけれども、必ずしも怨望を生ずる原因ではなくて、多くは怨望によって生じた結果である。怨望はあたかもさまざまな悪の母のようなもので、人の世の悪事は、これによって生じないはずのものはない。猜疑、嫉妬、恐怖、卑怯のたぐいは、みな怨望から生ずるものであって、それが内側にあらわれたものは、私語、内緒話、密談、秘計であり、それが外側に破裂したものは、徒党、暗殺、一揆、内乱であり、すこしも国に利益をもたらすことがなくて、災禍が全国に波及するにいたっては、誰もみな逃れることができない。いわゆる「公利の費を以て私を逞しうする者」と言えるだろう。

怨望が人の世の交際に害があることは以上のようである。今その原因を探究すると、ただ「窮」の一事にある。ただしこの「窮」というのは、困窮、貧窮などの「窮」ではない。人が意見を述べる手段を閉ざし人の仕事を妨げるなどのように、人類の天性の活動をできなくさせることである。貧窮、困窮を怨望の原因と考えるなら、天下の貧民はことごとくみな不平を訴え、富貴はあたかも怨みの中心であって、人の世の交際は一日もたもつことができないはずであるが、事実においてはけっしてそうではなく、どんなに貧しく賤しい者であっても、自分が貧しくて賤しい原因を知り、その原因がわが身から生じていることを理解すれば、けっしてむやみに他人を怨望するものではない。その証拠はわざわざ提示するまでもなく、今日世界中に貧富貴賤の差があって、人の世の交際をたもつことができているのを見て、はっきりとこれを理解できるだろう。だから言うことは、富貴は怨みの中心ではなく、貧賤は不平の原因ではないのだ。

このことから考えると、怨望は貧賤によって生ずるものではない。ただ人類の天性の活動を阻害して、災禍と幸福の去来が、みな偶然にかかわるはずの地位において、はげしく流行するにすぎない。昔孔子が、女子と小人は近づけがたい、さてさてどうにも困ったことだなといって歎息したことがある。今考えてみるとこれは孔子が自ら行動を起こして、自らその弊害を述べたものと言うべきである。人の心の本性は、男子も女子も異なるという道理はない。また、小人とは下人

全訳

A の引用文語文：未開で文明のない時代においては、他者に害を与えなければ自己を利することができなかった。だから心身活発で、大事をなしとげる者はみな盗賊であった。文明の世においてはそうではない。富貴利達をなす者はみな他者に利益を与えた者である。

文明の教えがしだいに実行され、人々が徳行を身につけ知識を研鑽するようになって（中略）人が自ら利達を求めると、ともに他人の利達も実現させ、人が自ら富福を求めると、自己の力を用いて他人の物をむさぼることはない。

B：だいたい、人の世で不徳とされることは多いけれども、その交際に害があるものとしては怨望より大きいものはない。貪吝、奢侈、誹謗のたぐいは、どれも不徳のはなはだしいものであるが、よくこれらを吟味すると、その働きのもともとの性質において不善であるわけではない。これらをなすべき場所柄と、その強弱の度合いと、その向かうところの方角とによって、不徳の名を免れることがある。

右のほか、驕傲と勇敢と、粗野と率直と、固陋と実着と、浮薄と穎敏とは、相対するようでいて、どれもみな働きの場所と、強弱の度合いと、向かうところの方角とによって、ある場合は不徳にもなりえるし、ある場合には徳にもなりえるだけである。ただ働きのもともとの性質において完全に不徳の一方向に偏り、場所にも方向にも関係なく、不善が不善であるものは怨望ひとつだけである。怨望は働きの陰となるものであって、自ら進んで得ることはなく、他者のありさまによって自己に不平を抱き、自己を顧みないで他人に多くを求め、その不平を満足させるやり方は、自己に利益をもたらすのではなくて他者を損なうところにある。たとえば他人の幸福と自己の不幸とを比較して、自己に不足するところがあると、自分のありさまを向上させて満足するやり方を求めないで、逆に他人を不幸に陥れ、他人のありさまを堕落させて、それによって他人と自己を平均化しようとするようなものだ。いわゆる「これを憎んでその死を欲する」というのはこのことである。だからこのような人物の不幸を満足させると、世間一般の幸福を損なうばかりであって、すこしも利益になることはあるはずがない。

国　語

一

出典　A：渡辺浩『明治革命・性・文明―政治思想史の冒険』（東京大学出版会）
B：福沢諭吉「学問のすゝめ」〈十三編　怨望の人間に害あるを論ず〉

解答

問一　イ
問二　ハ
問三　ホ
問四　ニ
問五　ロ
問六　自由競争・自業自得
問七　ハ・ホ

要旨

A：福沢諭吉は、明治維新によって身分制度が崩壊した後の新しい世においては、自己決定し、自分で努力し、その結果をみずから引き受ける、「自由競争」「自業自得」の社会を実現すべきだと主張したが、その主張は旧来の知的道徳的通念や当時の人々の実感とは隔たりがあり、古い思想や新しい輸入思想に攻撃されたこともあって、容易には浸透しなかった。競争というものをどのように理解し評価すべきかという問題は現在もなくならずむしろ深刻化しているが、近現代を生きる人々は競争から逃れられないので、近代文明が続く限りこの問題も消滅することはないだろう。

/////////////////// · memo · ///////////////////

//////////////////// · memo · ////////////////////

2023年度

解答編

解答編

英語

I 解答 (A) 1 —(c)　2 —(d)　3 —(d)　4 —(d)　5 —(b)　6 —(a)　7 —(c)

(B) 8 —(b)　9 —(d)　10—(b)　11—(d)　12—(b)　13—(c)　14—(d)

◆全　訳◆

(A) ≪理論物理学と人類の課題≫

理論物理学を通じて，私は偉大な問いの一部に答えようとしてきた。以前は，私たちが知っている物理学の終末を見ることになるだろうと考えたこともあったが，今は，発見の驚きは私がいなくなった後も長く続くだろうと思っている。私たちはこれらの答えのいくつかに近づいているが，まだ到達していない。問題は，ほとんどの人が本物の科学は非常に難解で複雑であるために理解できないと考えていることだ。しかし，私はそうではないと思っている。宇宙を支配する基本的な法則について研究するには，ほとんどの人が持てないほどの時間を要する。しかし，方程式を使わずにわかりやすく提示されれば，ほとんどの人は基本的な概念を理解し，評価することができる。私はこれが可能なことだと信じているし，これは生涯を通じて私が楽しんで挑戦してきたことでもある。

生きて理論物理学を研究できる時間は輝かしいものだ。この 50 年の間に，私たちが宇宙について持っていたイメージは大きく変わった。宇宙時代の素晴らしい発見の１つは，それによって人類が獲得した自分自身の捉え方だ。宇宙から地球を見ると，私たちには自分たちが一体のものに見える。そこに見えるのは分裂ではなく，統一性だ。それは非常に単純なイメージだが,「1 つの惑星，1 つの人類」という説得力のあるメッセージを伝えてくれる。私は，地球規模の共同体が抱える重要な課題への迅速な対応を求める人々と声を揃えたい。私は，今後，権力を持つ人々が創造性，勇気，指導力を示せることを望んでいる。彼らには，持続可能な開発目標という課題に立ち向かい，私利私欲のためではなく，共通の利益のために行動してもらいたい。

(B)　≪ホメオパシーと現代医療の対立≫

ホメオパシーは，ドイツ人医師サミュエル＝ハーネマン（1755～1843年）によって考案された医学体系であり，彼は 18 世紀末にそれを初めて提唱し，1810 年に著書『オルガノン』の初版において体系化した。それは，古代の教えから科学時代の始まりへの移行期に生まれ，現代まで生き残ってきた。それが存続している理由の 1 つは，ホメオパシーが当時の他の荒療治と比べると，侵襲的で荒っぽい部分がはるかに少なく，患者に害を与えなかったことである。

それが存続した結果，ホメオパシーは科学や現代医療と対立を繰り返してきた。現代の，エビデンスに根ざした医学基準では，ホメオパシーはまったく効果がなく，実践されるべきものではない。しかし，その信奉者や実践者は，ホメオパシーの正当性を示そうとして，異なった，しばしば矛盾した論拠を用いて，それが有効であると主張している。一方では，ホメオパシーにプラセボ効果を超える効果が本当にあるかのように研究結果を解釈し，科学や医学界にそれを認めるよう要求している。他方では，ハーネマンの方法を信奉する人々は，科学やエビデンスに基づく医療はその効果を説明するには不十分だとして，簡単にこれらを退けてしまう。これはいくつかの認知バイアスの一例であるのと同時に，現実的で深刻な結果をもたらす。もし患者やその親が，ホメオパシーではなく通常医療を受けることを拒否するようなことがあれば，病気や苦しみを長引かせ，死を招くことさえある。それは他の場所で不足している貴重な医療資源を浪費し，科学や科学的方法を覆すことで，科学機関や科学そのものに対する信頼を徐々に低下させる脱科学，脱真実的な態度の危険な台頭を促進するのである。

◀解　説▶

◆(A)　▶ 1．正解は(c)wonder「驚き」。空所直前にある but now I think から，過去と現在の状況に変化があることがわかる。その but より前の部分で，I thought I would see the end of physics「私は物理学の終末を見ることになるだろうと考えていた」とあり，ここから，筆者が生きているうちに物理学的な疑問は解明され，既知のものになると以前は思っていたことがわかる。現在はそうではない，つまり，物理学の終末はまだまだ先で，これからも“新たな発見”が続く，という文脈である。the（ 1 ）of discovery が「新たな発見」と矛盾しない意味を表すためには，選択肢の中では(c)wonder「驚き」が最適。(a)の elimination は「排除」の意味。

▶ 2．正解は(d)fundamental「基本的な」。選択肢はすべて f- で始まり，見た目が似た単語同士で，形容詞として機能するもので構成されている。単語を正確に暗記できているかという問題で，前後の文脈はあまり関係ない。正解を除く選択肢の意味は，(a)fabricated「でっち上げられた」，(b)forbidden「禁じられた」，(c)fragmented「分裂した」。research on the（ 2 ）laws that govern the universe「宇宙を支配する（ 2 ）法則に関する研究」は，物理学を言い換えたものであり，(d)の fundamental「基本的な」以外は，物理学の定義として不適切。

▶ 3．正解は(d)appreciate「よく理解する」。選択肢はすべて a- で始まり，見た目が似た単語同士で，動詞として機能するもので構成されている。2と同様に，文脈を読み解くというよりは，純粋に語彙力が試されている。正解を除く選択肢の意味は，(a)accentuate「強調する」，(b)aggregate「集める」，(c)animate「活気づける」。most people can understand and（ 3 ）the basic ideas「ほとんどの人は基本的な概念を理解し，（ 3 ）ことができる」の中で，空所直前にある and は，似たもの同士をつなぐ等位接続詞である。ここでは，understand と似たような意味を持つ動詞を and が並列していることになるため，(d)の appreciate「よく理解する，真価を認める，評価する」が最適。

▶ 4．正解は(d)unity「統一性」。第2段第4文（When we see …）に，宇宙から地球を見ると，「私たちは自分たちを全体として捉える」（we see ourselves as a whole）とある。「全体として」ということは，人間を“1つのまとまり”として見ることであり，このことは空所直後の and not the divisions「（そして）分断ではない」という，分断を否定することによって強調されている。したがって，空所には“まとまり”を表す語を補充することが妥当であり，(d)unity「統一性」が適切。(a)「存在，実在」(b)「無限性」(c)「現実性」

▶ 5．正解は(b)compelling「説得力のある」。第2段第4・5文（When

we see… . We see the（ 4 ）…）で，宇宙から地球を見ると，人間の分裂ではなく，まとまりが見える，と“肯定的”な側面が説明されている。そして，a（ 5 ）message; one planet, one human race「『1つの惑星，1つの人類』という（ 5 ）メッセージ」と続いているので，人類のまとまりを伝えるこのメッセージは肯定的なものであると判断できる。選択肢の意味は，それぞれ(a)baffling「当惑させる」，(b)compelling「(主張などが) 説得力のある」，(c)falsifying「改ざん的な」，(d)painstaking「(仕事などが) 骨の折れる」。この中で，「メッセージ」を修飾する肯定的な単語は(b)のみである。

▶ 6．正解は(a)immediate「迅速な」。I want to add my voice to those who demand（ 6 ）action on the key challenges for our global community.「私は，地球規模の共同体が抱える重要な課題への（ 6 ）対応を求める人々と声を揃えたい」の中にある，add *one's* voice to～は「～に賛同する，～に賛同して自分の意見を添える」という意味の熟語。その「声，意見」を具体的に表しているのが，この直後に続く2文（I hope that … . Let them rise…）である。このうち，2文目である第2段最終文（Let them rise…）にある「持続可能な開発目標（SDGs）という課題」は，先の「地球規模の共同体が抱える重要な課題」と同義であると捉えられる。これらは“喫緊の課題”と言えるため，空所には(a)immediate を補って，「迅速な」対応を要求する人々に筆者が賛同している，とする。(b)「無慈悲な，容赦ない」(c)「微妙な差異のある」(d)「修辞上の」

▶ 7．正解は(c)to。rise to the challenge で「困難に立ち向かう」という意味の熟語。ここでの rise は「(抵抗して) 立ち上がる」の意味。Let them rise to the challenge of the sustainable development goals「彼らには，持続可能な開発目標という課題に立ち向かってもらおう」の them は，この直前文（I hope that…）の中の people with power「権力者」を指している。

◆(B) ▶ 8．正解は(b)formalized。空所直前にある and を挟んで，その前後にある動作が，時系列で説明されている。まず，proposed it，次に，空所に入る動作が起こるが，空所直後に it があることから，動作の対象はどちらも同じ it，つまり，「ホメオパシー」と呼ばれる医学体系と言える。また，この動作は，空所の後ろの情報から，「1810年に著書『オルガノン』の初版」の中で行った行為とわかる。したがって，「ホメオパシー」という医学体系を「提案した」（proposed）後に，書籍にてそれを“正式なものにした”，“形式化した〔体系化した〕”といった流れになると予測される。選択肢中から，この意味に最も近いものを求めればよい。formalize は何かに「正式な構造を与える」ことなので，これが正解。(d)の testify「証言する」は，法廷で証拠に基づいて明言するといった，法的な意味合いでの証言を表すため，不適切。(a)「捧げた」 (c)「操作した」

▶ 9．正解は(d)persistence「持続」。空所直前の its は，homeopathy「ホメオパシー」という治療法を指す。第1段第2文（It arose during …）に「古代の教えから科学時代の始まりへの移行期（the transition period）に生まれ，現代まで生き残ってきた（survived）」とあるため，この治療法が今日まで“長く存続してきた”ことがわかる。したがって，空所には，「持続，粘り強さ」を意味する persistence が入ることが予想される。空所の後ろが，ホメオパシーが粘り強く「存続」してきた理由として成立していることが確認できればよい。そこには，「ホメオパシーが当時の他の荒療治と比べると，侵襲的（intrusive）で荒っぽい（harsh）部分がはるかに少なく，患者に害を与えなかったこと」とあり，この治療法の存続理由として妥当である。なお，医療場面で「侵襲的（intrusive）」が用いられる場合は，傷や苦痛などの負担を伴う医療行為を意味する。(a)「順守」 (b)「本質」 (c)「主張」

▶10．正解は(b)into。come into conflict with ～で「～と対立する」という意味の熟語。come into ～には「～な状態になる」という意味がある（例：The garden has come into full bloom.「庭の花が満開になった」）。それを知っていれば，空所直後の conflict「衝突，対立」から，「対立状態になる」と判断して，正解を導くことも可能。

▶11．正解は(d)validity「正当性」。空所があるのは，ホメオパシーの「信奉者や実践者」（its adherents and practitioners）による行為の一部である。第2段第2文（By the criteria of modern, …）で，「現代の，エビデンスに根ざした医学基準では，ホメオパシーはまったく効果がなく，実践されるべきものではない」とある。これに続く，空所11のある文は However「しかし」という逆接表現で始まり，その前半には，「ホメオパシーは有効である」と信奉者たちは主張している，とある。したがって，この内容を修飾する分詞構文（using different, often …）も，「効果がない」という指摘に対してホメオパシーの信奉者たちがその「正当性，有効性」を証明しようとしている，とすればよいので，(d) validity「正当性，有効性」が正解。(a)「類似性」 (b)「免疫」 (c)「流動性」

▶12．正解は(b) dismiss「退ける」。第2段第3文（However, its adherents …）で，ホメオパシーの信奉者らが「異なった，しばしば矛盾した論拠を用いて」（using different, often contradictory arguments），その有効性を主張した，とある。続く2文（On the one hand, … . On the other hand, … .）の書き出しである，「一方では…。（だが）他方では…」という表現から，この2文が「矛盾した論拠」の具体的な説明であると考えられる。1文目では，ホメオパシーの効果を「科学や医学界に認めるよう要求している」（clamor for its recognition by the scientific and medical community）とある。2文目をこれに矛盾した内容にするためには，「その効果を説明するには不十分だとして科学やエビデンスに基づく医療を（　12　）」の空所に，“否定する，拒否する”という意味に近い動詞を入れるべきと判断できる。したがって，(b) dismiss「退ける，棄却する」が正解。(a)「困惑させる」 (c)「位置づける」 (d)「誤用する」

▶13．正解は(c) prolong「長引かせる」。第2段第6文（This is not just …）に，ホメオパシーの信奉者や実践者らによる矛盾した主張について，「それは現実的で深刻な結果〔影響〕をもたらす」（it has real and serious consequences），という警告が述べられている。「深刻な結果〔影響〕」の具体的な内容が，it can（　13　）sickness and suffering and even cause death であるはず。ホメオパシーの治療を選んで通常医療を拒否することにより，患者の病気や苦しみが治るのではなく，“悪化する”という内容に近づくように空所を埋めることになるため，選択肢中からは(c) prolong「長引かせる」が最適。(b)の progress「前進させる」は名詞か自動詞で使うことが多く，他動詞で使う場合，通常，仕事や計画に対して用いる。「病気や苦しみを前進させる」は不可。(a)「明白に示す」 (d)「提案する」

▶14．正解は(d) subverting「覆す（こと）」。選択肢はすべて，-vert で終わる語が動名詞の形（-ing）になったもの。正解の subvert は「転覆させる，覆す」の意味で，それ以外の選択肢は，(a)が advert to～の形で「～に注意を向ける」という意味の自動詞，(b)introvert が「(考えなどを) 内に向ける」，(c)が revert to～の形で「(元の状態・話題など) に戻る」という意味の自動詞が元になっている。-vert は「向きを変える」という意味を持つ。第2段第7文（If patients or…）に，If patients or their parents refuse medical treatment in lieu of homeopathy とあるが，in lieu of～は instead of～と同じで，「～の代わりに，～ではなく」という意味の熟語。したがって，この箇所の意味は，「もし患者やその親がホメオパシーの代わりに（通常の現代的な）医療を受けることを拒否するようになったら」である。これは，まさに「科学や科学的方法」を“機能させなくする”ことにつながる。したがって，by（　14　）science and the scientific method の空所には，(d)subverting「転覆させる，破壊する」が最適。

●語句・構文●

(A)（第1段）theoretical「理論の」 sought（seek「探し求める」の過去分詞形）→seek to *do*「～しようと努力する」 be the case「事実である」 govern「～を支配する」 commitment「(時間・お金・人などの) 充当」 equation「方程式」

（第2段）picture「イメージ」 revelation「明らかにされた事実」 perspective on～「～の見方」 going forward「将来は」 sustainable development goals「持続可能な開発目標，SDGs」 self-interest「私利私欲」

(B)（第1段）homeopathy「ホメオパシー」→類似の症状を引き起こす物質を希釈して使用する治療法。 devise「～を考案する」 physician「医者，内科医」 arose（arise「生じる」の過去形） transition「移行」 drastic「荒々しい，極端な」

（第2段）criteria（criterion「判断基準」の複数形） practice「～を実践する」 adherent「支持者，信奉者」 contradictory「矛盾した」 demonstrate「～を（実例によって）はっきり示す」 placebo effect「プラセボ効果」 clamor for～「～を強く要求する」 insufficient「不十分な」 cognitive bias「認知バイアス」→先入観による非合理的な判断。 consequence「(必然的な) 結果」 lacking「不足している」 feed「～に

食べ物を与える，～をあおる〔増大させる〕」 post-truth「脱真実の」→客観的な事実よりも感情的な訴えが影響力を持つ状況を表す。 degrade「(評判などを) 落とす，低下させる」 institution「機関，施設，団体」

II　解答

(A)15—(a)　16—(b)

(B)17—(a)　18—(a)　19—(b)

(C)20—(c)　21—(d)　22—(c)　23—(b)　24—(d)

◆全　訳◆

(A)　≪視覚情報による位置づけ≫

言葉よりも見る行為が先にくる。赤ん坊は話すようになる前から，ものを見て認識している。

しかし，これとはまた違う意味で，言葉よりも見る行為が先にくることがある。私たちを取り巻く世界の内にある自分の立場を確定するのは見る行為の方なのだ。私たちが言葉で世界を説明することはあっても，言葉は私たちが世界に取り囲まれているという事実を決して覆せない。目に映っているものと知っていることとの間の関係が不変であることは決してない。毎晩，太陽が沈むのを私たちは「見ている」。地球の方が回転して太陽から顔を背けていることを私たちは「知っている」。しかし，その知識や説明は，実際に目にする景色とはどこか一致しないものがある。

けれども，このように言葉に優先した，そして言葉では完全に表現しつくされない見る行為は，単なる刺激に対する機械的な反応というものではない。私たちは見ようとしているものしか見えていない。見ることは選択するという行為である。この行為の結果，私たちが見るものは私たちの手の届く範囲内にもたらされる。何かに触れることは，自分自身をそれに関連付ける行為である。私たちは，ただ1つのものだけを見ているのではなく，常に物事と自分自身との関係性を見ているのだ。

(B)　≪どのようにして「賢い (smart)」は「正しい (just)」に成り代わったのか≫

1980年代以前，アメリカの大統領たちは「スマート (smart)」という言葉をめったに使わず，使う場合は通常，「知的」という伝統的な意味で用いていた (「アメリカ人はスマートだ (賢い)」のように)。ブッシュ大統領 (父) は1990年代初頭に「スマート・カー」「スマート・フリーウェイ」「スマート・ウェポン」「スマート・スクール」のように，新しいデジタル時代という意味で「スマート」を使い始めた。その後，クリントン大統領とブッシュ大統領（息子）によって大統領演説内の「スマート」の使用頻度が急増し，彼らはそれぞれ450回以上これを使用した。オバマ大統領は900回以上もこの語を使用している。

一般的な分野における表現でも同様の傾向が見られる。書籍では，1975年から2008年にかけて「スマート」の使用が着実に増加し，3倍近くに達しており，そして「愚かな（stupid）」の使用は2倍に増加している。ニューヨークタイムズ紙では，1980年から2000年にかけて「スマート」の出現回数が4倍に増加し，2018年までにはさらに2倍近くに増加した。

能力主義社会が公衆の心理をどれほど支配しているかの指標としては，「スマート」の使用頻度の増加よりも，その意味の変化の方がわかりやすい。「スマート」がデジタルシステムやデバイスを指すだけでなく，一般的な賞賛の言葉として，またある政策を別の政策よりも支持するための方法として機能するようになってきた。評価上の対比表現として，「賢い（smart）と愚か（dumb）」が，「公正な（just）と不正な（unjust）」や「適切な（right）と不適切な（wrong）」のような倫理上またはイデオロギー上の対比表現に取って代わるようになった。クリントンとオバマの両名とも，自分たちが支持する政策は「正しい（right）だけでなく，賢い（smart）やり方だ」とよく主張した。この表現技法は，能力主義の時代においては，正しくあることよりもスマートであることの方が説得力を持つ，ということを示唆している。

編集部注：最後から2行目の文（This rhetorical tick …）について，tick は trick と解釈して訳している。

(C)　≪ダニング・クルーガー効果≫

あるテーマについて知識が浅い人ほど，全体として知るべきことも少ないと考えてしまう。人はある程度の経験を積んだところでようやく，まだ獲得していないことの広さと深さを認識し始める。これが「ダニング・クルーガー効果」であり，人間の基本的な性質である。

この言葉を生み出した実際の研究は，1999年頃，コーネル大学の実験として，ジャスティン＝クルーガーとデビッド＝ダニングによって行われた。学生にユーモアや論理のテストを受けさせ，その後，自分がどれだけ得点できたと思うかを報告させたのである。中には正確に自分の実力を予測した人もいたが，全体としては，人は自分の能力を推定するのはあまり得意ではないという研究結果となった。

より新しい研究では，「未熟な者は最も自覚がない」というダニング・クルーガーの極端に断定的な予測に反論する試みがなされている。現在の私たちの理解は，次のものに近い。すなわち，熟練すればするほど，練習を重ねれば重ねるほど，経験を積めば積むほど，人は他人と自分を正確に比較することができるようになる。上達しようと努力すればするほど，自分がどこに注力するべきなのかがよくわかり始める。複雑さや微妙な差異が見えてくるようになり，その道の達人を見つけて，彼らと自分を比較することで，自分に足りないものが見えてくる。一方，未熟で，練習量が少なく，経験が少ない人ほど，ある課題について他人と自分を比較することが不得意である。そうした人の仲間は，同程度の知識しかない，あるいはその人を傷つけたくないという理由から，非難してこない。初心者に対してはわずかながらも優位性があるせいで，自分が一番だと思い込んでしまうのだ。ギターを弾くにしても，短編小説を書くにしても，ジョークを言うにしても，写真を撮るにしても，何であれ，実際の専門家よりもアマチュアの方が圧倒的に，自分は専門家であると思い込んでしまいがちだ。教育とは，自分が知っていることをさらに増やすことであり，同様に自分が何を知らないのかを学ぶことでもある。

初心者から，アマチュア，専門家，達人へと向かう際，各段階の境目はわかりづらい。先へ進んでいくほど，進歩するのに時間がかかるようになる。しかし，初心者からアマチュアになるまでの時間は早く感じられるもので，これこそがダニング・クルーガー効果が影響してくる段階である。同じ練習量を積めば，アマチュアから専門家へ進めると思ってしまうが，そうではないのだ。

誰しも時にはダニング・クルーガー効果を経験する。自分に正直になって，自分の欠点や弱点をすべて認めることは，楽しい生き方ではない。不器用さや無能さを感じることは，身のすくむようなことにつながり，塞ぎ込まないためにはこれらの感情を乗り越える努力が必要である。スペクトルに沿って捉えたとき，ダニング・クルーガー効果は，深刻な自信喪失を伴う鬱状態とは対極に位置するものだ。

ダニング・クルーガー効果の持つ暗い側面に惑わされないようにする必要がある。何かを極めたいのなら，練習して，その分野で生涯続けている人々の仕事を参考にするべきだ。比較対照し，謙虚になって間違いを認めることが必要なのである。

◀解　説▶

◆(A)　▶15.「本文によると，…」

(a)「世界についての知識は，それを知覚することと必ずしも等しいとは限らない」

(b)「見ることは言語に先立って起こるので，見ることができなければうまく話すことはできない」

(c)「地球と太陽の関係についての理解は，私たちの日没の体験と一致する」

(d)「私たちは，自分が見ているものについて完全な知識を得るまでは，目に映っているものを説明することができない」

正解は(a)。第2段第3文で，The relation between what we see and what we know is never settled.「目に映っているものと知っていることとの間の関係が不変であることは決してない」とあり，この中の what we see「目に映っているもの」が，(a)の our perception (of the world)「(世界を) 知覚すること」の言い換えとなっている。また，その具体例についても，第2段第4文 (Each evening we *see* …) から同段最終文 (Yet the knowledge, …) にかけて，沈んでいく太陽に関する知識と，それを実際に目にしたときの感覚 (＝知覚) とが，「完全には一致しない」(the knowledge … never quite fits the sight)，と書かれており，これらの内容が(a)に一致している。(b)は，and therefore の後ろにある，「見ることができなければうまく話すことはできない」という箇所が誤りで，本文には，見る行為と言語発達との因果関係は触れられていない。

▶16.「本文によると，…」

(a)「私たちの目が光にどのように反応するかは，視覚と言語との関係を説明するのに役立つ」

(b)「知覚は，私たちと周囲のものとのつながりを調整する過程を伴う」

(c)「目に映ることと見ることの違いは，私たちが選ぶ言葉に関係している」

(d)「対象物に触れることで，それを説明したり，それをより深く理解したりするための適切な言葉を見つけやすくなる」

正解は(b)。第3段第4文（As a result…）から最終文（We never look at…）までの3文の主旨は，それぞれ，「目にするものを手の届く範囲にもたらす」，そうして「それに触れることで自分とそれを関連付ける(situate oneself in relation to it)」，つまり，「見る行為は自分と周囲のものとを関連付ける行為だ」，ということを説明している。(b)の perception「知覚」は，「(周囲のものを) 見たり触れたりする行為」であり，coordinating our connection to what is around us の意味は，「私たちと周囲のものとの関連を調整すること」であるため，この説明に一致している。

◆(B) ▶17.「本文によると，次のうち正しいものはどれか」

(a)「1970年代半ばから2000年代にかけての書籍では，"stupid"という言葉の使用は2倍に，"smart"という言葉の使用は3倍近くになっている」

(b)「歴代の大統領は，自分や対立候補が提案した政府の政策を説明するのに，一貫して"smart"や"stupid"という言葉を用いてきた」

(c)「"smart"という言葉の使用頻度が増えていることは，我々コンピューターサイエンス時代の精神を最もよく表している」

(d)「大統領による"smart"という言葉の使用頻度の転換期は，クリントン大統領やブッシュ大統領（息子）よりかなり以前から始まっている」

正解は(a)。第2段第2文（In books, the use of…）に，「書籍では，1975年から2008年にかけて"smart"の使用が3倍（threefold）近くまで増加し，"stupid"の使用も2倍（twofold）に増加した」とあるので，(a)は正しい。(b)は，第1段第1文（Prior to the 1980s, …）で，1980年代以前の大統領が"smart"という言葉をめったに使っていなかったことが書かれているため，誤り。(d)の well before ～ は「～のかなり以前（に)」という意味であるが，第1段第5文（Later, the use of…）に，"smart"の使用頻度が急増した（exploded）のはクリントン大統領やブッシュ大統領（息子）の時代であることが書かれているため，誤り。

▶18.「本文によると，"smart"という言葉の意味はどのように変化したか」

(a)「道義的優位に相当する望ましい資質を表すようになった」

(b)「処世術を表現するために使われるようになった」
(c)「魅力的でほっそりとした体型をますます表現するようになった」
(d)「コンパクトで速いものを表現するように意味が急速に変化した」
正解は(a)。第１段や第２段は，主に“smart”の使用頻度について述べられており，その意味の変化については第３段で説明されている。特に，同段第３文（As an evaluative contrast, …）で，「『賢い（smart）と愚か（dumb)』が，『公正な（just）と不正な（unjust)』や『適切な（right）と不適切な（wrong)』のような倫理上またはイデオロギー上の対比表現に取って代わるようになった」とある。ここから，“smart”が「倫理上〔道義上〕良い」ことと同じくらい重視されるようになった，ということがわかる。(a)の comparable to ～ は「～に相当する〔匹敵する〕」，moral superiority は「道徳上優れていること」の意味であるため，先述の内容に一致している。

▶19.「次のうち，この文章の表題として最適なものはどれか」
(a)「スマートな能力主義に対する賛否」
(b)「どのようにして『賢い（smart)』は『正しい（just)』に成り代わったのか」
(c)「スマートな車，高速道路，武器，学校」
(d)「アメリカ大統領たちのスマートな言葉」
正解は(b)。第１段では，“smart”が「知的な」という従来的な意味から，ブッシュ大統領（父）によって「デジタル時代の意味で使われ始めた」とあり，その意味の変化に触れている。しかし，第１段は全体として，大統領たちによる“smart”の使用頻度の増加が主な内容で，第２段においては，書籍や新聞といった一般的な分野における“smart”の使用頻度の増加が説明されている。使用頻度の増加の背景には，その単語の意味の変化が関係していると推測されるが，その意味の変化について明確に説明しているのは，第３段。まず，同段第２文（Not only did …）では，“smart”がデジタル的な意味だけでなく，一般的な賞賛の言葉として機能するようになった，とある。そして，同段第３文（As an evaluative contrast, …）からは，「賢い（smart)」が，「公正な（just)」のような倫理上の表現に取って代わるようになったことが読み取れる。ここまでの解説で共通しているのは，「スマート（smart)」の“意味の変化”であり，表題にも必要な要素と言える。(b)のみが，この語の意味の変化・変遷を示唆するものとなっており，最適な表題と判断できる。

◆(C)　▶20.「本文によると，ダニング・クルーガー効果に関する記述として最も正確なものはどれか」

(a)「ある分野について深く広い知識を持つ人が，そうでない人にそれを教える最適な人物であるとは限らない」

(b)「ある分野についての知識がほとんどない場合，自分が理解できないあらゆることに容易に圧倒されてしまう」

(c)「何かについてあまり知識がない人は，それについて学ぶべきこともあまりないと思っている」

(d)「ある分野について自分が他人よりも知識が少ないと思うとき，他人の助言や指導を求めるのは人間の基本的な性質である」

正解は(c)。第1段第1文（The less you …）は，The＋比較級＋S'V', the＋比較級＋SV「〜すればするほど…」の構文である。less が否定語に類する little「ほとんど〜ない」の比較級であり，その位置も文頭に移動しているため，和訳に注意が必要。原級である little を本来的な位置に戻して考えると，前半が You know little about a subject となり，「ある分野についてほとんど知識がない」の意味。後半が you believe（that）there is little to know in total となり，「全体として知るべきことはほとんどないと思い込む」という意味。これは，(c)の内容と一致している。

▶21.「『ダニング・クルーガー効果』という用語の由来となった実験では，被験者は何をしなければならなかったか」

(a)「『ユーモア』の概念について，自分の考えで正確かつ論理的に定義することを求められた」

(b)「レポートにおいて，ユーモアのある文章と論理的な文章を正確に区別するよう求められた」

(c)「テレビ番組のパフォーマンスを見せられ，それがいかにユーモラスであるかを論理的に説明させられた」

(d)「ユーモアと論理のテストを受け，その結果の良し悪しを推測させられた」

正解は(d)。第2段第1文の The actual research that coined the term が「この言葉を生み出した実際の研究」という意味で，coin は「(新しい言葉などを）作り出す」という意味の動詞。これに続く，同段第2文，They had students take humor and logic tests and then report how well they thought they had scored.「学生にユーモアや論理のテストを受けさせ，その後，自分がどれだけ得点できたと思うかを報告させた」という説明に，(d)が一致する。had students take の箇所は，have *A do*「*A* に～してもらう」（使役動詞の構文）が用いられている。

▶22.「本文によると，技能習得の初期段階で起こら『ない』現象は次のうちどれか」

(a)「自分と同じような初心者とばかり比較することで，誤った習得感を抱いてしまうことがある」

(b)「仲間もたいてい自分と同程度のことしか知らないので，適切なフィードバックを得ることが難しい」

(c)「自分の無能さやおかしな間違いのために，他人から笑われる可能性が高くなる」

(d)「経験不足のため，他者との比較で自分の技量を正確に評価することが困難になる」

正解は(c)。本文の内容に一致し「ない」ものを選ぶ。第3段第5文（On the other hand, …）には，未熟で経験が少ない人は「他人と自分を比較することが不得意」で，同段第7文（Your narrow advantage …）には，「初心者に対してはわずかながらも優位性があるせいで，自分が一番だと思い込んでしまう」とある。この内容から(a)と(d)は本文に一致。また，第3段第6文では，Your peers don't call you out because they know as little as you do, …「（未熟な）人の仲間は，同程度のことしか知らないから，その人を非難してこない」（call *A* out「*A*（人）を非難する」）とあり，この内容から(b)も一致すると推測できる。(c)の「他人から笑われる」という言及は本文のどこにもないため，これが正解。

▶23.「本文によると，ある作業について専門性を高めるとどうなるか」

(a)「ダニング・クルーガー効果に従って，初心者からアマチュアまで急速に上達することができる」

(b)「次の認識できる発展段階に到達するためには，ますます多くの時間が必要になる」

(c)「練習量は少なくても，自分ほど熟練していない他の人よりも多くを学ぶことができる」

(d)「他人と自分を比較しなくなり，自分の能力に自信を持つようになる」

正解は(b)。(b)の the next recognizable stage of development「次の認識できる発展段階」とは，第4段第1文（As someone moves from …）の from novice to amateur to expert to master「初心者から，アマチュア，専門家，達人」への各段階を指す。第4段第2文で，The farther ahead you get, the longer it takes to progress.「(初心者，アマチュア，専門家，達人への発展段階について）先へ進んでいくほど，進歩するのに時間がかかるようになる」と述べられている。この内容が(b)に一致。なお，第4段第1文中には difficult to recognize とあるが，これは「各段階の境目が認識しづらい」ということであり，「各段階を認識できない」とは同義ではないため，(b)の中にある recognizable stage は本文と矛盾しない。

▶24.「この文章の最後で，筆者が私たちに『謙虚なパイを食べる』ことを勧めているのはなぜか」

(a)「バランスの取れた食事は，技能を高め，新しい概念を学ぶ能力の鍵になるから」

(b)「たとえ自分が一番であっても，それを自慢すると他の人から不快に思われるから」

(c)「十分な野心を持たないと，偉大になる可能性を制限してしまうかもしれないから」

(d)「向上するためには，たとえそれが苦痛であっても，常に自分の限界を意識していなければならないから」

正解は(d)。eat (some) humble pie「謙虚なパイを食べる」は，「悔しいが受け入れる，甘んじて屈辱を受ける」という意味の慣用表現。これは，最後から2番目の文が If you want to be great at something で始まっているように，「何かを極めたい場合」に必要なことである。第3段第4文（You start to see …）では，上達しようと努力するほど，「その道の達人と自分を比較することで，自分に足りないものが見えてくる」とある。また，第5段第2文（Being honest with yourself …）では，「自分に正直になって，自分の欠点や弱点をすべて認めること」に言及しているが，これも何かを極めるために必要なことである。上達に必要な要素である，“自分の欠点を知ること”の意味を含む選択肢は(d)のみである。

●語句・構文●

(A)（第2段）It is seeing which establishes…「見る行為こそが…を確立する」→It is ～ which〔that〕…は強調構文。 undo「～を元に戻す，～を取り消す」 turn away from ～「～に背を向ける」ここでは地球が回転することで観察者の位置が太陽から離れていくことを指している。 fit「～に適合する〔一致する〕」

（第3段）stimuli（stimulus「刺激」の複数形） situate「～を位置付ける」 in relation to ～「～との関連で」

(B)（第1段）prior to ～「（時間的に）～より前に」 typically「一般的に，典型的に」 presidential rhetoric「大統領演説，大統領の言葉づかい」 explode「爆発する，急増する」

（第2段）parlance「（ある集団内特有の）表現，用語」 threefold「3倍」

（第3段）measure「基準，尺度，指標」 meritocracy「能力主義（社会）」 *one's* hold on ～「～を捕らえて離さないこと，～への支配〔影響力〕」 revealing「（隠されていたことを）明らかにする」 Not only did “smart” refer to ～「『スマート』が～を指すだけでなく」→否定語句が文頭に来ると倒置の語順になる。 term「用語，言葉」 argue for ～「～を支持する，～に賛成する」 displace「～に取って代わる」 ethical「倫理上の，道徳的な」 favored「好意をもたれた，気に入られた」 persuasive「説得力のある」 heft「重さ，重大さ，影響力」

(C)（第1段）Only once you have some experience do you start to…「人は経験をある程度積むことで初めて…し始める」→否定語句（only once S′V′「（一度）～して初めて〔ようやく〕」）が文頭に来ることによる倒置の語順（do you start to…）。 breadth「幅，広がり」 have yet to *do*「まだ～していない，これから～することになる」 plunder「～を略奪する，（戦利品として）～を獲得する」 human nature「人間の本質，人間性」

（第2段）overall「全体的に」 competence「能力」

（第3段）refute「～に反論〔反証〕する」 absolute「絶対的な，明白な」 black-and-white「白か黒かはっきりとした，両極端な」 current「現在の」 strive to *do*「～しようと奮闘する」 complexity「複雑さ」 nuance「微妙な差異」 craft「（専門的な）技能」 peer「仲間，同僚，能力が同等の人」 narrow advantage over～「～に対するわずかな優位性」 novice「初心者」 amateur「アマチュア，愛好家」 add to～「～を増大させる」
（第4段） rapid「急速な」 strike「（時期や影響などが）襲来〔到来〕する」
（第5段） from time to time「時々」 be honest with～「～に正直になる」 inadequate「（人が）事態に対処できない，（物が）不十分な」 incompetent「無能な」 paralyzing「麻痺させる，身のすくむような」 plow through～「～を切り開いて進む，（苦労などを）突き進む」 emotion「感情」 spectrum「スペクトル，範囲，領域」 depression「うつ状態，意気消沈」 crippling「壊滅的な」 insecurity「不安感，不安定」
（第6段） cast *one's* shadow over～「～の上に暗い影を落とす」 sample「～を見本にする」

25―(b)　26―(h)　27―(d)　28―(c)　29―(g)　30―(e)
31―(a)

◆全　訳◆

≪宗教と迷信≫

人類が宗教的な活動を始めた頃からずっと，信仰を実践するための方法が正しいかどうかの論争は存在していたのであろう。キリスト教の歴史の初期には，神への礼拝を行う「間違った」方法を分類するために様々な軽蔑的用語が作られた。偶像崇拝とは，間違った神，あるいは何であれ神でないものを崇拝することであった。異端とは，真の神を崇拝しながらも，一般に容認された権威に反する信念に基づき，共同体の同意ではなく個人の選択によって形成されたものである。迷信は，真の神を不適切で受け入れがたい手段で崇拝することを意味するようになった。これらすべてがレッテル表現であり，それらを使用する人々の価値観，偏見，好み以外の確かな参照枠を持つものはなかった。しかし，それらの使われ方を見れば，宗教の歴史における権力と権威の動態について多くのことがわかる。それらが巻き起こす論争の変わりゆく姿は，ヨーロッパ文化史の有力な資料となっている。

「迷信（superstition）」という言葉は古代ギリシア・ローマに由来し，ほぼ常に侮蔑的な意味を含んでいた。つまり，宗教の領域における「良い」あるいは「正しい」信仰や実践とは対照的に「悪い」ことを意味した。その語源は明確になっていないが，これは常に反対のもの，あるいは反対のものの集まりを前提としていた。ローマ帝国末期，異教徒はキリスト教をある意味で迷信と表現したが，キリスト教徒は異教を別の意味で迷信と表現した。一般に「迷信」は，偶像崇拝，異端，狂信など，「間違った」宗教とされる他の形態と対立することがある。それはまた，いわゆる「正しい」，あるいは有効な宗教，「信心深さ」「真の宗教」「正統性」「理性的な信仰」といった言葉と対立することがある。最後に，この言葉は現代の世俗社会で典型的に使われているように，話し手が選んだ「合理性」の基準に満たない信念体系であれば何でも，それを表す蔑称として使われることもある。科学的合理主義に対する信頼が厚い現代において，「迷信」は世俗的無神論者があらゆる種類の宗教を表現するために使う基本的な侮辱用語となった。世界政治を左右する要因のひとつとして宗教の重要性が再燃したことや，他の人類を見下す西洋の合理性の態度に対するポストモダニズム的反感から，この用語のこうした攻撃的な使われ方は少なくなったが，その意味合いは根強く残っている。この用語がどのように使われるにせよ，明確な線引きよりも微妙な陰影が必要とされる場面であっても，明確な区別を促してしまう効果がそれにはある。

迷信は柔軟な呼称であり，異なる時代，異なる人々によって，様々な対象に向けられることがある。最も一般的な意味では，伝統に根ざした信仰と実践を大雑把にまとめて指すのによく使われた。たとえば，「占い」を通じて未知のものを「見定め」たり，単に「お守り」を使うことでそれを「制御」したり，せめて防御したりしようとする試みである。このような伝統は，目に見えない実体への接近とその利用を主張し，そうした実体の存在は構造化された方法で理論化されたものではなく，むしろ推測により仮定されたものであった。これらの信仰は，分析よりも経験を優先させた。それらは精神的な力，因果関係，意味を，特定のもの・場所・人々・時代・状況に恣意的かつ慣習的に位置づけたのである。

13世紀から18世紀にかけて，「迷信」をめぐる議論は，それ以前とそれ以後のほとんどどの時期よりも激しさを増した。この時代の思想におけるほぼすべての主要な運動が，何らかの形でこの問題に影響を与えた。中世に学術神学が細分化されたことで，宗教と迷信をどのように区別するかをめぐって多様な見解が生まれた。ヨーロッパ・ルネサンスにおけるキリスト教人文主義は，無学な人々によって実践される日常のキリスト教信仰が得体の知れない「迷信的」な性質であるという明確な批判の上に成り立っていた。16世紀の宗教改革は，中世後期の「迷信」をめぐる巧言を改変し，歪曲し，変質させ，カトリック教それ自体が（単に付随的にそうなったとか，誤った解釈をされたとかではなく）「本質的に」かなり悪質な迷信の一形態であると非難した。カトリック教会は，16世紀後半にその「改革後の」独自性を明確にする際に，自身の指導的立場から見て不適切と思われる伝統の一部を放棄することに決めた。同時に，それは，その「中核的な」儀式や習慣が迷信的であるという非難に激しく抵抗し，前世紀には疑問視されていたいくつかの習慣を復活させることさえあった。16世紀後半から17世紀末にかけての信仰告白的正統主義の時代には，従来は信心深い人々の目から見た迷信や魔術を責めるものであった言辞が，魔術師や魔法使い，魔女を告発するために用いられる知的武装の一部として不可欠なものとなった。そして，啓蒙主義の初期には，「迷信」が宗教論争の中心的な位置を占めるようになった。「迷信（superstition）」と「理性（reason）」は，啓蒙主義初期の宗教理論家や倫理理論家たちが，宗教が人間の心を捉えることの正当性を議論する際に扱われる対極のテーマとなった。

◀解　説▶

空所の数が7つなのに対し，選択肢は8つある。各選択肢の意味は以下のとおりである。

(a)「同時に，それは，その『核』となる儀式や習慣が迷信的であるという非難に激しく抵抗し，前世紀には疑問視されていたいくつかの習慣を復活させることさえあった」

vigorously「激しく，活発に」 ritual「儀式」 rehabilitate「～を回復させる」 be cast into doubt「疑問視される」

(b)「異端とは，真の神を崇拝しながらも，一般に容認された権威に反する信念に基づき，共同体の同意ではなく個人の選択によって形成されたものである」

contradict「～と矛盾する」 received「一般に容認された」 consensus「同意」

(c)「この用語がどのように使われるにせよ，明確な線引きよりも微妙な陰影が必要とされる場面であっても，明確な区別を促してしまう効果がそれにはある」

(d)「それはまた，いわゆる『正しい』，あるいは有効な宗教，『信心深さ』『真の宗教』『正統性』『理性的な信仰』といった言葉と対立することがある」

putatively「推定的に，～と思われる，いわゆる」 valid「有効な」 piety「信心深さ」 orthodoxy「正当性」 reasoned「理性的な」 faith「信仰，信念」

(e)「この時代の思想におけるほぼすべての主要な運動が，何らかの形でこの問題に影響を与えた」

somehow or other「(ぜひ) どうにかして」

(f)「そうでなければ，存在の意味に対して全体的な超越的解釈を与えるのではなく，特定の物理的，実存的な必要性や懸念に対処するためにそれは役立ったのである」

(g)「このような伝統は，目に見えない実体への接近とその利用を主張し，そうした実体の存在は構造化された方法で理論化されたものではなく，むしろ推測により仮定されたものであった」

claim「主張」 invisible「目に見えない」 assume「～を想定〔仮定〕する，思い込む」 theorize「～を理論化する」

(h)「それらが巻き起こす論争の変わりゆく姿は，ヨーロッパ文化史の有力な資料となっている」

controversy「論争」 evoke「～を引き起こす」

▶25. 正解は(b)。第1段第2文（Early in Christian history, …）にある coin という動詞は「(新語を) 作り出す」の意味で，そこでは間違った（とされる）神の礼拝方法を表すために「様々な軽蔑的用語が作り出された」（various contemptuous terms were coined）とある。作り出された用語の具体例が空所の前後で挙げられていることから（Idolatry「偶像崇拝」, Superstition「迷信」)，空所にもそのような用語に関連した内容が入ると推測できる。また，第1段第6文の All of these were labelling expressions「これらすべてがレッテル表現であった」にある指示語 these は，3つの用語を指していると考えられる。空所には，間違った（とされる）神の礼拝方法を指す“軽蔑的用語の解説文”となっているものを選べばよいため，heresy「異端」という用語の解説である(b)が適切。

▶26.　正解は(h)。第1段では，間違っているとされる宗教的習慣を表す「様々な軽蔑的用語（various contemptuous terms）」について説明している。その具体例として，第3～5文（Idolatry was the worship …）でIdolatry「偶像崇拝」，Heresy「異端」，Superstition「迷信」の3つの用語が挙げられている。同段第6文（All of these …）は，これらの用語が人々の偏見や好みを基準に使われていたという内容で，その否定的側面に触れている。続く第7文は，However「しかし」という逆接表現で始まり，これらの用語に関しての肯定的側面を述べる論理展開に切り換わっている（同文中のtheyがこれらの用語を指す）。同文では，用語の使われ方を見ることで「宗教史における権力と権威の動態についてわかる」という“学術的価値”に言及しており，これに続く空所にも同様の内容がくると考えられる。(h)は，代名詞のtheyが第7文中のtheyと同じで，それらの用語の巻き起こす論争の変化が「ヨーロッパ文化史の有力な資料（a powerful document in the history of European culture）を形成している」とあり，その“学術的価値を説明するもの”として適切。

▶27.　正解は(d)。第2段第2文（Though its etymology …）で，「迷信（superstition）」という語が常に「反対のもの」を表現してきたことが説明されている。これに続けて，その具体例をいくつか列挙する流れの一部に空所が含まれている。空所の直前文（In general, ‘superstition’ could be …）と直後の文（Finally, it could be …）では，いずれも述語の箇所にcould be～「～でありえる，～することがある」の表現が用いられている。(d)のIt could also be opposed to … にもこのcould beが使用されており，さらに，空所直前文と同じく，be opposed to～「～に対立する，～の反対となる」の表現がある。そのため(d)は，第2文で言及されたように，superstitionという言葉が「反対のもの」を表している具体例として適切であると捉えられる。

▶28.　正解は(c)。空所直前にある，the connotations persist「（‘superstition’という言葉が持つ）この意味合いは根強く残っている」がポイント（connotation(s)：「言外の意味，ニュアンス」）。空所の2つ前の文（At the high …）で，「迷信」は世俗的無神論者があらゆる種類の宗教を表現するために使う「基本的な侮辱用語（the preferred term of abuse)」となった，とある。したがって，根強く残っている「この意味合い」とは，「侮辱的な意味合い」のこと。空所直前の such aggressive uses of the term rarer; but the connotations persist は，「この用語のこうした攻撃的な使われ方は少なくなったが，その意味合い（＝侮辱的な意味合い）は根強く残っている」の意味であり，but 前後が譲歩の構造となっている。(c)の However it is used「それ（＝superstition という用語）がどう使われようとも」と，その主節部分 the term has the effect of driving sharp distinctions「その用語には明確な区別を促す効果がある」が，同様に譲歩の構造となっている。また，sharp distinctions「明確な区別」とは，superstition が持つ「侮辱的な意味合い」がもたらす「明確な対立関係」のことと捉えられる。空所直前の内容を補強する役割として機能する(c)が適切。

▶29. 正解は(g)。空所直前の文（In the most …）中には，tradition: attempts to *discern* the unknown through *divination*, and to *control* it, or at least protect against it, through simple use of *charms*「伝統：『占い』を通じて未知のものを『識別』したり，単に『お守り』を使うことでそれを『制御』したり，せめて防御したりしようとする試み」とある。ここで述べられた tradition「伝統」と the unknown「未知のもの」が，(g)の中では，それぞれ，Such traditions「そのような伝統」と an invisible reality「目に見えない実体」と言い換えられている。また，(g)の後半部分 whose existence was assumed rather than theorized「そうした実体の存在は理論化されたものではなく，むしろ推測により生み出されたものであった」の箇所を，空所直後の文 These beliefs privileged experience over analysis「これらの信仰は，分析（≒理論）よりも経験（≒経験による推測）を優先させた」と比べると，どちらも共通して，合理的分析と経験的推測を対比させている。このように，空所前後の内容をつなぐ働きをするという点から，(g)が適切。

▶30. 正解は(e)。空所直前の文（Between the thirteenth …）は第４段の冒頭文でもあり，その内容から，同段のテーマは「13 世紀から 18 世紀」の宗教における「迷信」をめぐる論争の「激化（grew more intense)」だとわかる。また，同段第４文（The Christian humanism …）以降では，この期間に起きた宗教的運動が列挙されており，順に「ルネサンス期のキリスト教人文主義（Christian humanism）」「16 世紀の宗教改革（Reformation）」「16 世紀後半のカトリック教会自己改革（'reformed' identity）」「16 世紀後半から 17 世紀末にかけての信仰告白的正統主義（confessional orthodoxy）」「啓蒙主義（Enlightenment）」となっている。これらはすべて，先のテーマである「『迷信』をめぐる論争の激化」に影響を及ぼした運動である。(e)の「この時代の思想におけるほぼすべての主要な運動（Nearly all the major movements in ideas in this period）」が，これらの運動を指して，その導入をしていると判断できる。

▶31. 正解は(a)。空所の直前にある2文，第4段第5文（The sixteenth-century Reformation …）と第6文（Roman Catholicism, as …）では，"(宗教改革による）カトリック教会への非難" と "(非難を受けた）カトリック教会側の独自改革" についてそれぞれ述べられており，そこには両者の対立関係が見て取れる。特に，第5文の中で「カトリック教それ自体が『本質的に』(*inherently*) かなり悪質な迷信の一形態だと非難した」とあり，カトリック教会の核心部分までが非難されていることがわかる。第6文に(a)を続ければ，カトリック教会側は自己改革を進めたものの，「その核心部分である儀式や習慣が迷信的であるという非難（the charge that its 'core' rituals and customs were superstitious）には激しく抵抗した」という，論理展開として無理のない文脈になる。

●語句・構文●

(第1段) engage in ～「～に従事する〔携わる〕」 religious「宗教上の」 dispute「議論，討論」 practise（=practice）「(宗教の教えなどを）実践する〔信仰する，守る〕」 contemptuous「軽蔑した」 classify「～を分類する」 divine「神の」 worship「崇拝」 whatever was not God「神ではないものすべて」→関係代名詞の what「～なもの」に -ever（"限定しない" の意味）がついて，whatever「～なものなら何でも」(複合関係代名詞）の意味になる。 by ～ means「～な手段〔方法〕で」 inappropriate「不適切な」 label「レッテルを貼る，独断的な評価をつける」 secure「しっかりとした，確実な」 frame of reference「参照枠組み」 apart from ～「～は別として，～以外には」 presupposition「前提，仮定」 preference「好み，嗜好」 those who ～「～な人々」 dynamics「動態」

(第2段) classical antiquity「古代（特に古代ギリシア・ローマ時代を指す)」 contain「～を含む」 pejorative「軽蔑的な」 realm「領域, 分野」 etymology「語源」 presuppose「～を想定する〔前提とする〕」 a cluster of～「～の集まり」 pagan「異教徒」 Christianity「キリスト教」 paganism「異教信仰」 fanaticism「狂信」 secular「世俗の, 非宗教的な」 fall short of～「(基準などに) 達しない, 不十分である」 rationality「合理性」 water-mark（=watermark)「水位標, 水位線」→high water-mark「最盛期」 term of abuse「侮辱〔罵り〕の言葉」 atheist「無神論者, 不信心者」 resurgence「再開, 復興」 aversion「嫌悪, 反感」 condescending「見下すような, 横柄な」 aggressive「攻撃的な」
(第3段) flexible「柔軟な」 designation「(役職などの) 呼称, 名称」 bundle「束, まとまり」 discern「(はっきりしないものを) 見定める」 divination「占い, 予言」 charm「お守り, 魔除け」 privilege *A* over *B*「*B* よりも *A* を優先させる」 locate「～を（場所に）位置づける」 causality「因果関係」 arbitrarily「恣意的に, 気ままに」 conventionally「慣習的に, 従来の方法で」 circumstance「状況」
(第4段) intense「激しい, 強烈な」 before or since「後にも先にも」 fragmentation「分裂, 断片化」 medieval「中世の」 entail「(必然的に) ～を伴う」 distinguish「～を区別する」 Renaissance「ルネサンス」 explicit「明確な, 明示的な」 critique「批判, 批評」 allegedly「(証拠はないが申し立てによると) ～だとされる」 adapt「～を改変する〔順応させる〕」 distort「～を歪曲する」 transform「～を変質させる, 変形させる」 rhetoric「巧言, 誇張した表現」 charge「非難」 accidentally「付随的に〔非本質的に〕」 pernicious「悪質な」 define「～を定義する, ～の意味を明確にする」 resolve to *do*「～することを決意する」 disown「～を自分のものと認めない〔放棄する〕」 heritage「遺産, 伝統」 era「時代」 confessional「告白の, 懺悔の」 condemn「～を非難する」 devout「敬けんな, 信心深い」→〔the+形容詞〕の形で「～な人々」の意味になり, the devout は「信心深い人々」。 crucial「極めて重大な」 armour（=armor)「よろい, (防衛用) 武装」 prosecute「～を告発する」 sorcerer「魔法使い」 witch「魔女」 centre（=center)「中央」 pole(s)「極」→複数形で「両極（端), 対極」の意味になる。

Ⅳ 解答

32―(h)　33―(i)　34―(e)　35―(k)　36―(j)　37―(c)
38―(f)

◆全　訳◆

≪猛暑と気候変動に関する会話≫

ニュースキャスター（以下N）：みなさん，おはようございます。本日は危険な暑さになりますので，屋外ではお気をつけください。ここで，気象部門の主任であるウィンディ＝ブリーズからお話を聞きましょう。

気象予報士（以下W）：ゲイル，おはようございます。残念なお知らせですが，今日は昨日よりも暑くなる予想です。それどころか，この地域で過去最高の気温を記録するでしょう。

N：ウィンディ，最近はなぜこんなに暑いのでしょうか？　毎年どんどん暑くなり続けているように感じます。南極に移住しないといけないかもしれませんね！

W：(笑いながら…）えぇ，ゲイル，この地域に入ってきて停滞している高気圧がありまして，そのせいで現在の熱波が引き起こされているのです。

N：気候変動と関係があるのでしょうか？　人間がこの傾向を引き起こしているのでしょうか？　信頼できる科学者のほとんどが主張していそうなことにもかかわらず，人間は長期的な気象パターンには影響を与えないと言う人もいます。

W：データからは確かに，化石燃料の過剰使用，森林伐採，家畜の飼育，その他の人間の行動が，問題の一部を担っているということが言えるようです。しかし，気候変動の否定論者は，「去年の冬はとても寒かった！　地球温暖化なんてあり得ないだろう？」と言います。

N：そしてもちろん，例の政治家は，温暖化は敵対する政府がでっち上げた大きなデマであるとか，1920年代には地球氷結が起こると騒がれていたとか言ったりしていますね。

W：不思議ですよね。当選するためなら何でも言うタイプなのでしょう。

N：わかりました，ありがとう，ウィンディ。早くその地球氷結がいくらかでも起こることを期待しましょう！

◀解　説▶

▶32.　正解は(h)の meteorological「気象の」。空所直後に expert「(～の)

専門家であるウィンディ＝ブリーズ」とあり，この人物が weatherperson「気象予報士」であることは，対話人物の設定から明白であるため，「気象の専門家」となるように，空所には(h)を補う。

▶33. 正解は(i)の on record。最上級を使った表現の後ろに，on record を置くことで「記録上最も〜」という意味になる（例：the strongest hurricane on record「記録上最も強力なハリケーン」)。ここでは，空所の直前に the hottest day とあることから，「記録上最も暑い一日」の意味となる。

▶34. 正解は(e)の keeps。keep *doing* で「〜し続ける」の意味。空所のある文の直前でニュースキャスターが what's causing all this hot weather these days? と，“最近の暑さ”について言及している。また，空所直後が getting という現在分詞の形になっていることから，空所に keep を補って，「どんどん暑くなり『続けている』」とするのが適切。

▶35. 正解は(k)の reputable「著名な，信頼できる」。空所直後に scientists「科学者（たち）」とあるので，空所には“どんな科学者”なのか，という“人の性質や特徴を表す形容詞”が入ることが予想される。また，空所が含まれている文は，前半の「気候変動への人間の影響に否定的な人々（folks)」と，後半 despite「〜にもかかわらず」以降の「(気候変動への人間の影響を指摘する）科学者たちの主張（claim)」との対立関係に言及している。ニュースキャスターと気象予報士のこの後のやり取りが，気象予報士がこうした否定論者に対して皮肉を言う流れになっていることから，彼らは科学者の主張に対しては逆に賛同していると考えられる。したがって，人を修飾する肯定的な形容詞である reputable を補って，「信頼できる科学者」とするのが適切。

▶36. 正解は(j)の raising「育てること，飼育」。他動詞の raise には，「(子を）育てる，(家畜を）飼育する」という意味がある。空所直後の livestock「家畜」から，raising livestock「家畜の飼育」とするのが妥当。空所前後で，「化石燃料（fossil fuels）の過剰使用」「森林伐採（deforestation)」「その他の人間の活動」といった，気候変動の人的要因が列挙されており，牛のげっぷや餌の輸送に伴う温室効果ガス排出などの問題を抱える「家畜の飼育」も，同様の要因として挙げられる。

▶37. 正解は(c)の deniers「否定論者（たち)」。空所直後の say という動詞から，その主語となり得る“人を表す名詞”が空所に入る。空所が含まれる文は，逆接の働きをする But で始まっている。But 直前の発言（The data do…）では，データによれば人間の行動が気候変動に影響を及ぼしている，とあるので，But の後ろは逆に，人間の行動が気候変動に影響を及ぼさない，という“否定的な主張”が続いていることになる。したがって，空所には，deny「否定する」の派生語である，denier(s)「否定論者」が適切。

▶38. 正解は(f)の makes。空所直後にある you wonder が，人（you）＋動詞の原形（wonder）の形になっているため，動詞の原形（＝原形不定詞）を導く表現が空所に入る。選択肢の中では，使役動詞の make のみがこれに相当し，make *A do*「*A*（人・物）に～させる，*A* が～するのを強いる」の語法となっている。It makes you wonder. を直訳すれば，「それはあなたに不思議に思わせる」となる。問題文の会話では，「(どうしてそんな発言をするのか）不思議に思いますよね」という意味。

●語句・構文●

y'all「みんな」→ you all を縮めた表現。 out there「屋外は，世の中には」 I'm afraid ～「残念ながら～だと思う」 a high-pressure system「高気圧」 heatwave「熱波」 folk「人々」→アメリカ英語では通例 folks。 long-term「長期間の」 despite＋名詞句「～にもかかわらず」→ despite は前置詞。 claim「主張する」 The data do seem to *do*「データは実際に～しているようだ」→助動詞の do は「本当に，実際に（～する)」という強意の働きをする。 point to ～「～を指摘する，～に注意を向ける」 How can SV?「どうやったら～できるのだろうか（いや，できないだろう)」→反語的意味合いがある。 hoax「作り話，でっち上げ」 some of ～「～のいくらか，～の一部」

V　解答

〈解答例 1〉（The common belief that Eskimos have many words for snow shows that）the public tends to accept interesting but false facts.（9 語）

〈解答例 2〉（The common belief that Eskimos have many words for snow shows that）once accepted by the public, false information persists as fact.（10 語）

◆全　訳◆

≪蔓延する通説の嘘≫

いったん世間が何かを興味深い事実として受け入れることにしたら，その受け入れを撤回させることはほとんど不可能になる。持続する興味深さと象徴的な有用性が，あらゆる現実性の欠如を上回るのだ。神話や寓話や誤報を無批判に受け入れることに対して，ある種の免疫力，あるいは少なくとも抵抗力を見出すべきなのは，学問の世界である。しかし悲しいことに，学術界は，安定的かつ自己持続性のある，しかし完全に誤った伝説を自ら作り上げる傾向が強い。学術界の内外を問わず，そのような例は数千にのぼる。

言語学の分野では，流布しているという点で突出した事例となっているのが，「エスキモーには雪を表すたくさんの言葉がある」という考えだ。ほとんどの言語学部に，学生が言語とコミュニケーションの神秘の少なくとも一端には触れられる言語学入門コースがある。その神秘には，手話をする猿，踊るミツバチ，ジャバウォッキーの詩，無色の緑色のアイディア，そして無論，必ずと言っていいほど，エスキモー（より正確には，シベリアからグリーンランドにかけて話される同族言語の話者であるイヌイットやユピック系民族）が使う，雪を表す多数の言葉が含まれている。しかし，実際にはエスキモーが雪を表す言葉をたくさん持っているわけではないし，これらの言語について少しでも知識のある人たちは誰も，エスキモーが雪を表す言葉をたくさん持っているなどと言ってはいないのである。その情報源となる一次資料をとにかく確認しようとする人は，雪の語彙について主張されているような事実を立証することがまったくできないことに気がつくだろう。しかし，誰も確認などしない。真実は読者層が聞きたいこととは限らないからだ。

◀解　説▶

与えられた書き出しに続く形で，4～10語で要約を完成させる英作文問題。ただし，連続する3つ以上の語句が本文と同じものにならないように自分の言葉で書く，という条件がある。与えられた書き出しは，The common belief that Eskimos have many words for snow shows that … であり，「エスキモーが雪を表す言葉をたくさん持っているという通説は，…ということを示している」という意味。

エスキモーの話題それ自体は第２段で登場するが，それは第１段で述べられた内容の具体例として挙げられているもの。与えられた書き出し部分を言い換えるならば，「エスキモーの具体例によって筆者が伝えようとしているのは…ということである」となる。ここに補うべき内容は文章全体の主旨であり，それは冒頭の２文（Once the public … . The persistent interestingness …）にまとめられている。同箇所の和訳は，「いったん世間が何かを興味深い事実として受け入れたら，それを撤回させることはほぼ不可能だ。持続する興味深さと象徴的な有用性が，現実性の欠如を上回る（ためである）」であるが，２文目が硬い表現でわかりにくいので，その理解のために第２段の具体例を参照すればよい。第２段の最後の２文（Anyone who insists … . But nobody ever …）には，エスキモーには雪を意味する語彙が多いとする裏付けがなく，「真実は読者層が聞きたいこととは限らないから」誰もその確認さえしない，とある。このことから，先ほどの第１段第２文は，“人々は情報の正しさより面白さを優先する”，という主旨だと判断される。したがって，冒頭の２文を中心に要約すると，「大衆は面白いが誤った事実を受け入れがちである」や，「一度大衆に受け入れられると，誤った情報が事実として存続する」のようになる（それぞれ，〔解答例１・２〕の和訳)。

最大でも 10 語しか使えないため，日本語で要約を考える段階で言葉を極力そぎ落としておく。「面白いが誤った事実（interesting but false facts)」のように，肯定的形容詞と否定的形容詞の両方を１つの名詞に用いる場合，and ではなく but で接続する。「一度大衆に受け入れられると」は，Once ～「いったん～すると」の構文が使える。接続詞（once）の後ろは節（SV）が続くため文が長くなるが，接続詞直後の（代名詞の）主語と be 動詞は省略できる，という原則を用いれば，once (it is) accepted by the public の it is の部分を省略可能。最後に，連続する３つ以上の語句が本文と同じものになっていないか確認する。

●語句・構文●

（第１段）rescind「～を撤回する，取り消す」 persistent「永続的な，しつこい」 override「～より優位に立つ」 scholarly「学術的な」 immunity「免疫」 myth「神話，虚構，誤った通説」 fable「寓話」 academic profession「学術界，学者たち」 self-sustaining「自立的な」

academia「学問界」
（第2段）surpass「～を上回る」 ubiquity「偏在，どこにでも存在すること」 notion「考え，イメージ」 bucketloads of～「たくさんの～」 be exposed to～「～にさらされる，～に触れる」 something of～「～のいくら〔幾分〕か，ちょっとした～」 Jabberwocky「ジャバウォッキーの詩」→小説『鏡の国のアリス』に登場する，意味のない言葉が混ざり合った詩。 colorless green ideas「無色の緑色のアイディア」→文法的に正しいが意味が不条理である文例として，言語学者 Noam Chomsky が挙げたもの。 without fail「必ず」 multiple「多数の」 related language「同族語」 the truth is that SV「実は～」 Anyone who … will find that they are quite unable to … → they は Anyone を指す（単数扱いされる anyone も，he や she 以外に，このように they で受けることがあり，“単数の they”と呼ばれる）。 primary source「一次資料」→起きた出来事と同時代に記録された直接的な資料。 document「（書類などで）立証する，裏付ける」 alleged＋名詞「（証拠はないが申し立てによると）～と疑われるもの，いわゆる～」→（例）The alleged thief was caught on camera stealing from the store.「泥棒と思われる人物が店から盗む姿がカメラに映っていた」

❖講　評

2023年度も長文読解問題が3題，会話文問題が1題，要約英作文問題が1題の計5題の出題で変更はない。要約英作文問題は例年通り，あらかじめ与えられた書き出しに続けて4～10語の英語で書き加えさせる問題である。

Ⅰの(A)は「理論物理学と人類の課題」，(B)は「ホメオパシーと現代医療の対立」をテーマにした長文読解問題。(A)も(B)も語句の空所補充のみという設問構成で，空所の数は例年それぞれ7つずつ。いずれも語彙力を中心とした選択問題である。(A)では aggregate，(B)では advert など，ダミーの選択肢中には特に難度の高い単語が若干含まれている。しかし，正解となるべき単語を含めて，全体的には標準レベル。語彙力に加えて，空所前後の文脈から適切なものを選ぶには，論理立てて思考する力が必要になる。

Ⅱの(A)は「視覚情報による位置づけ」,(B)は「どのようにして『賢い (smart)』は『正しい (just)』に成り代わったのか」,(C)は「ダニング・クルーガー効果」をテーマにした長文読解問題。いずれも英文で書かれた選択肢から本文の内容と一致するものを選ぶ設問が中心で,その他は主題として適切なもの,あるいは本文の内容に一致しないものを選ぶ設問である。(A)・(B)は短めの文章で,設問数もそれぞれ 2 問・3 問と少ない一方で,例年(C)だけが長めの文章となっており,時間配分に注意が必要。また,主題を選ぶ問題(2023 年度は(B)で出題)も引き続き設けられており,要約する力も問われている。(C)のように長めの文章においては,局所的な理解で満足せず,筆者の主張が首尾一貫したものとなるよう正しく内容を把握できているか,という全体像の理解に努めたい。また,(B)では parlance,(C)では refute など,学術的な内容の長文で見られる単語も,そうした英文に日頃触れない人にとっては難解なものに感じられるので,過去問から吸収するのが効率がよい。

Ⅲは「宗教と迷信」というテーマの長文読解問題。設問は例年通り,与えられた選択肢の英文を,文章中の適切な空所に補ってストーリーを完成させる問題。レベル的には例年通りで,etymology, pagan, pernicious など,かなり難しい語彙も使われている。一方で,contemptuous, pejorative, abuse, condescending などはすべて「軽蔑」という意味を含む表現で,文章中でこのように様々に言い換えられているものは,それを手がかりに推測できる。選択肢や本文中にある指示語,空所前後の対比関係など,着目すべきポイントを分析しながら解き進められるかが,安定的な得点へのカギとなる。

Ⅳは会話文問題で,例年,会話の一部が空所となっている形式。2023 年度は,ニュースキャスターと気象予報士のやり取りとなっていたせいか,暗記しておくべき会話特有のカジュアルな口語フレーズの出題はなかった(2022 年度は check out や be into といった頻出表現が出題されている)。

Ⅴの英作文問題は,4 ~10 語という少ない語数で問題文の要約をする形式。2023 年度は「蔓延する通説の嘘」をテーマにした問題文。書き出しが与えられているので,それをもとに残りの部分を完成させるだけであるが,要点として本当に重要な部分のみを抽出できる力,および,それを短い英文で表現するアウトプット力が必要。2023 年度は，書き出しが第 2 段の内容に基づいているのに対して，それに続けるべき本文の主旨は第 1 段の冒頭で述べられていた。例年，本文と同じ表現を 3 語以上続けて用いることは禁じられているため，同じ内容の英文を別の表現で書き直す練習も効果的だろう。

日本史

I 解答

1－エ　2－エ　3－ウ　4－オ　5－ウ　6．尚巴志
7－エ　8－イ　9－ア　10．謝花昇

◀解　説▶

≪琉球列島の歴史≫

▶1．エ．誤文。ケネディ大統領（第35代）ではなく，ニクソン大統領（第37代）が正しい。ニクソン大統領と佐藤栄作首相による日米共同声明で，1972年の沖縄返還が約束された。

ア．正文。奄美諸島の返還は1953年。

イ．正文。小笠原諸島の返還は1968年。

ウ．正文。1960年に沖縄県祖国復帰協議会が結成された。初代会長は屋良朝苗で復帰後，初代知事となった。

オ．第3条に日米相互協力及び安全保障条約を適用することが明記されている。

▶2．エ．正文。琉球列島では貝類などの食料採集を中心とする貝塚文化（南島文化）が展開した。

ア．誤文。続縄文文化（紀元前後～7世紀頃）は北海道で展開した文化である。

イ．誤文。前方後円墳の南端は鹿児島県までで沖縄県には存在しない。

ウ．誤文。水稲耕作は琉球列島に及ばなかった。

オ．誤文。擦文土器は北海道の擦文文化（7～13世紀頃）で使われていた土器である。

▶3．やや難。ウ．正文。隋は7世紀前半に3度の高句麗遠征をおこなっている。隋の皇帝煬帝が，遣隋使の国書に不快感を示すいっぽうで，答礼使の裴世清を倭に派遣したのは，倭が高句麗と結びつくことを警戒したためとされる。

ア．誤文。高句麗の好太王碑（広開土王碑）の内容で，4世紀末～5世紀初頭の出来事である。

イ．誤文。楽浪郡・帯方郡は4世紀前半に高句麗によって滅ぼされた。

エ．誤文。高句麗は唐と対立し，7 世紀後半に唐・新羅連合軍によって滅ぼされた。

オ．誤文。渤海が成立したのは 698 年で 7 世紀末である。

▶4．オ．誤文。大宰府政庁は，筑後国ではなく，筑前国に置かれた。

▶5．難問。ウ．正文。中山王察土が 1372 年に明へ入貢し，山北・山南の王がそれに続いた。

ア・オ．誤文。中山王察土の朝貢・冊封が最初である。宋・元時代の中国では，国家間の朝貢貿易よりも，民間商船による自由な交易が盛んだった。

イ．誤文。明の成立は 1368 年なので 14 世紀である。

エ．誤文。今帰仁(なきじん)城は山北王の居城である。

▶6．尚巴志は沖縄本島南部の佐敷按司（領主）から中山王となり，1429 年に三山を統一して琉球王国が成立した。

▶7．エ．誤文。明は海禁政策をとり，民間商船による自由な交易を制限した。

ア．正文。琉球王国は首里の外港那覇を拠点とする中継貿易で栄えた。

イ．正文。琉球王国の交易範囲は，ジャワ島・スマトラ島・インドシナ半島の国々に及んだ。

ウ．正文。琉球王国は朝鮮とも通交関係を結んだ。

オ．正文。明の福建から移住した人々が琉球王国の朝貢貿易を支えた。

▶8．やや難。イ．正文。薩摩藩は琉球で検地をおこなって，石高制による農村支配を確立した。

ア．誤文。琉球に軍勢を派遣したのは，島津斉彬ではなく島津家久である。

ウ．誤文。薩摩藩は琉球王国の通商交易権を掌握した。

エ．誤文。琉球王国と中国との朝貢貿易は薩摩藩によって管理された。

オ．誤文。薩摩藩の琉球侵攻は，幕府の同意を得て実行された。

▶9．ア．正文。明治政府は 1879 年 3 月，軍隊と警察官を大量に派遣し，沖縄県の設置を断行した（琉球処分）。

イ．誤文。清国は琉球王国に対する宗主権を主張して抗議した。

ウ．誤文。明治政府は国王の尚泰を藩王とした。

エ．誤文。沖縄県の設置後，華族の鍋島直彬が初代沖縄県令に任命された。

オ．誤文。全国の廃藩置県は 1871 年で，琉球王国が琉球藩になったのは 1872 年である。

▶10. やや難。沖縄出身の謝花昇は東大卒業後，沖縄県庁の職員となるが，知事と対立して退職し，沖縄県民の参政権獲得運動に取り組んだ。

Ⅱ 解答

1－オ　2－ア　3．平曲　4－ア　5－イ・オ
6－ウ　7－エ　8－イ　9．大日本史料　10－ウ

◀解　説▶

≪日本における歴史の編纂や叙述≫

▶１．オ．正文。『日本書紀』は720年の成立で，神代から持統天皇までの歴史書なので，729年（奈良時代）に起こった長屋王の変については記していない。奈良時代の歴史を記しているのは『続日本紀』である。

ア．誤文。『日本書紀』編者の中心人物は舎人親王である。太安万侶（安麻呂）は『古事記』（712年成立）の編者である。

イ．誤文。『日本書紀』には神代からの歴史が記されている。

ウ．誤文。「帝紀」「旧辞」は，『日本書紀』および『古事記』の原史料である。

エ．誤文。朝廷が『風土記』の編纂を命じたのは，『日本書紀』の完成（720年）よりも前の713年である。

▶２．ア．正文。『将門記』は軍記物語の先駆とされ，成立は将門の乱の直後の940年とする説と，平安後期とする説がある。

イ．誤文。『栄華物語』は宇多天皇から堀河天皇までの歴史物語で，完成したのは藤原道長の死後のことである。

ウ．誤文。『大鏡』は藤原道長の権勢を中心に，和文体・紀伝体で書かれた歴史物語。

エ．誤文。『陸奥話記』には前九年合戦の経緯が書かれている。

オ．誤文。『今鏡』は12世紀後半に成立したとされる歴史物語で，その作者は藤原為経（寂超）と推定されている。

▶３．琵琶法師が『平家物語』を琵琶の伴奏で語る芸能を「平曲」という。

▶４．アが正解。①・②正文。慈円は関白藤原（九条）兼実の弟で，延暦寺の最高位である天台座主をつとめた。

③誤文。『建武年中行事』は後醍醐天皇の有職故実書で，北畠親房が著した有職故実書は『職原抄』である。

④誤文。『神皇正統記』（1339年成立）は神国思想や大義名分論を基調に

南朝の正統性を述べた歴史書。唯一神道（吉田神道）は，室町時代の吉田兼倶が大成した神道教説で，神祇信仰のなかに仏教・儒教を取り込んだ総合的な神道説である。

▶5．イ．正文。虎関師錬の『元亨釈書』は鎌倉末期に著された日本最初の仏教史である。

オ．正文。『太平記』は南北朝の内乱を活写した軍記物語で，「太平記読み」といわれる講釈師の活動により，室町時代から江戸時代にかけて広く親しまれた。

ア．誤文。『吾妻鏡』は，1180 年の源頼政の挙兵から，1266 年の宗尊親王の帰京までの出来事を記した鎌倉幕府の記録である。

ウ．誤文。『増鏡』は，後鳥羽天皇の誕生から後醍醐天皇の還幸までを，公家の立場から記した歴史書である。

エ．誤文。『梅松論』は，足利尊氏の活躍を中心に記した南北朝期の軍記物で，1349 年頃の成立とみられている。南北朝合一は 1392 年なので時期が異なる。

▶6．ウ．『本朝通鑑』が正解。江戸幕府の命令で林羅山・鵞峰父子が編纂した国史で，神代から後陽成天皇までを編年体で記す。

ア．『中朝事実』は山鹿素行が著した歴史書である。

イ．『武家事紀』は山鹿素行が著した武家の歴史を中心とする百科全書である。

エ．『古史通』は新井白石の史論である。

オ．『藩翰譜（はんかんふ）』は新井白石が諸大名の家譜や系図を集成した歴史書である。

▶7．エが正解。

X．誤文。1657 年に水戸藩の第 2 代藩主徳川光圀が開始した『大日本史』の編纂事業は，1906（明治 39）年に終了した。

Y．正文。『大日本史』の編纂事業は，水戸藩が置いた彰考館で行われた。

Z．正文。『大日本史』の編纂事業を通じて尊王攘夷を特徴とする水戸学がおこった。

▶8．やや難。イ．日本外史が正解。頼山陽の著作『日本外史』は，源平両家から徳川家に至る武家の興亡を叙述した歴史書で，幕末の尊王攘夷運動に影響を与えた。

ア．『自然真営道』は，平等社会を唱えた安藤昌益の著書である。

ウ．『慎機論』は，モリソン号に対する砲撃事件と，幕府の鎖国政策を批判した渡辺崋山の著書である。

エ．『新論』は，江戸時代後半の列強の接近を背景に，国家体制や国防方策を述べた会沢安（正志斎）の著書で，幕末の尊王攘夷論に影響を与えた。

オ．『戊戌夢物語』は，モリソン号打払いと幕府の鎖国政策を批判した高野長英の著書である。

▶9．難問。東京帝国大学の史料編纂掛で『大日本古文書』とともに編纂が進められたのは『大日本史料』である。現在も東京大学史料編纂所で編纂事業が継続している。

▶10．ウ．田口卯吉が正解。1879年に『東京経済雑誌』を刊行し，自由主義経済の立場から政策を批判した。また，1877年に『日本開化小史』を著し，経済学の理論を用いて文明の発展を叙述した。

Ⅲ　解答

1ーエ　2ーア　3ーエ　4ーウ　5ーウ　6ーオ
7ーエ　8．久遠　9ーア・エ　10ーエ

◀解　説▶

≪日本における寄付の歴史≫

▶1．エ．『日本往生極楽記』が正解。985年頃に成立した最初の往生伝で，空也・行基・聖徳太子ら45人の往生を記す。

ア．『往生要集』は985年に成立した源信の著作で，念仏による極楽往生の方法が示された。

イ．『性霊集』は835年頃に成立した空海の詩文集である。

ウ．『過去現在絵因果経』は釈迦の前世を描いた奈良時代の絵巻物である。

オ．『日本霊異記』は，薬師寺の景戒が822年頃に著した日本最古の仏教説話である。

▶2．ア．空也が正解。空欄Bに入るのは浄土教である。死後の世界である極楽・地獄という観念が普及すると，阿弥陀を信仰して極楽往生を願う浄土教が平安中期に流行した。10世紀半ばには，空也が京の市で念仏の功徳を説き，市聖と呼ばれた。

イ．鑑真は8世紀なかばに渡来し，日本に戒律を伝えた唐の僧侶である。

ウ．景戒は9世紀前半に『日本霊異記』を著した薬師寺の僧侶である。

エ．玄昉は8世紀前半，吉備真備とともに橘諸兄政権に参画し，聖武天皇の仏教政策を支えた法相宗の僧侶である。

オ．円仁は最澄の弟子で天台宗を密教化させた 9 世紀の僧侶である。

▶3．エ．誤文。重源が再建した大仏殿は戦国時代の兵火で焼失し，現存する大仏殿は 1709 年に再建された。

▶4．ウ．正文。忍性は奈良に病人の救済施設である北山十八間戸を建てた。

ア．誤文。明恵（高弁）は華厳宗の僧侶で京都栂尾の高山寺を再興した。清浄光寺は一遍の孫弟子にあたる僧侶が創建した時宗の総本山である。

イ．誤文。『喫茶養生記』は，道元ではなく栄西の著作である。

エ．誤文。只管打坐を説き，永平寺を創建したのは道元である。栄西は寿福寺・建仁寺を開いた。

オ．誤文。良観は忍性の房号である。江戸後期の越後の禅僧で歌人の良寛と混同しないよう注意したい。

▶5．ウ．誤文。1510 年に起こった三浦の乱の説明である。

ア．正文。1419 年，朝鮮が対馬を倭寇の根拠地とみなして襲撃する応永の外寇が起こった。

イ．正文。対馬の宗氏は，文引と呼ばれる渡航許可証の発給や，1443 年の癸亥約条（嘉吉条約）の締結に関与し，日朝関係において重要な役割を果たした。

エ．正文。朝鮮は図書と呼ばれる銅印を日本人通交者に与え，図書を押捺した外交文書と，宗氏が発行した文引と呼ばれる渡航許可証を携行すれば，守護・国人・商人なども貿易に参加できた。

オ．正文。李成桂が 1392 年に朝鮮（李朝）を建国し，韓国併合まで存続した。

▶6．オ．正文。消去法で対処しよう。『洛中洛外図屛風』のなかには，賀茂河原における観世能の興行風景を描いたものもある。

ア．誤文。連歌の説明である。

イ．誤文。『申楽談儀』は世阿弥の能の真髄を次男元能がまとめた能楽書。

ウ．誤文。金春座ではなく観世座である。

エ．誤文。足利尊氏ではなく足利義満である。

▶7．エ．誤文。蛮書和解御用が設置されたのは 1811 年である。

ア．正文。井原西鶴の『世間胸算用』は 1692 年に刊行された。

イ．正文。1695年に慶長小判よりも品位の低い元禄小判が鋳造された。
ウ．正文。生類憐みの令は1685年から数度にわたって発令された。
オ．正文。宮崎友禅は元禄時代（17世紀末～18世紀初め）に活躍した。
▶8．『立正安国論』は日蓮が著した仏教書で，彼が開いた日蓮宗（法華宗）の中心寺院（総本山）は甲斐国の久遠寺である。
▶9．ア・エ．正文。神仏分離令は，神道国教化政策として，日本古来の神仏習合を否定し，神社からの仏像除去などを命じた1868年の法令である。
イ．誤文。キリスト教は1868年の五榜の掲示で禁止されたが，浦上教徒弾圧事件で欧米の非難を受け，1873年以降は黙認された。
ウ．誤文。1869年に神祇官が置かれ，1871年に神祇省に格下げとなった。
オ．誤文。1872年に神武天皇の即位日を祝日と定め，翌年に紀元節と命名し，2月11日を祝日とした。
▶10．やや難。エ．正文。日本鉄道会社の上野・青森間開通は1891年。
ア．誤文。ラジオ放送の開始は1925年である。
イ．誤文。日産・日窒など新興財閥が台頭したのは，1931年の満州事変がきっかけである。
ウ．誤文。ターミナルデパートの登場は1920年代である。
オ．誤文。工業人口が農業人口を上回るようになったのは，第二次世界大戦後の高度経済成長期である。

Ⅳ　解答

1－ウ　2．阿仏尼　3－オ　4－エ　5．たまかつま
6．菅江真澄　7－ア　8．名所図会　9－イ　10－エ
11．風俗画報

◀解　説▶

≪日本の地誌・紀行文≫

▶1．ウ．『出雲国風土記』が正解。完全な形で残っているのは出雲のみ。
▶2．『十六夜日記』の作者は阿仏尼である。鎌倉時代中期の女流歌人で，藤原定家の嫡男為家の後妻となった。為家の死後，先妻の子と相続をめぐって争い，訴訟のために鎌倉へ下ったときの紀行文が『十六夜日記』である。
▶3．オ．誤文。升は米などの分量を量る単位。太閤検地で統一された面

積の単位は，町・段・畝・歩である。

▶ 4．エ．誤文。生田万ではなく大塩平八郎の説明になっている。生田万は国学者平田篤胤の高弟で，大塩の乱に呼応して 1837 年に越後柏崎の代官所を襲撃したが失敗し自殺した。

▶ 5．『玉勝間』は竹籠の美称で「たまかつま」と読む。多様な話題に触れた本居宣長の随筆集で，宣長の学問の集大成といわれている。

▶ 6．東北地方を中心に民間習俗を挿絵とともに採集した紀行文は『菅江真澄遊覧記』である。菅江真澄は東北各地を巡歴して辺境の農民の生活や伝承・慣行・習俗を書き留め，のちに民俗学者柳田国男から高く評価された。

▶ 7．ア．鈴木牧之が正解。越後の縮商人・文人で，イの山東京伝や，滝沢（曲亭）馬琴らと交流をもった。代表作の『北越雪譜』は雪国の自然や風俗について，挿絵を用いつつ著した随筆集である。

▶ 8．難問。神社仏閣や名所，街道・宿場などの案内記として数多く刊行されたのは名所図会である。江戸時代後期に刊行された案内地誌の総称で，挿絵の多用を特徴とする。『都名所図会』をはじめ『尾張名所図会』『摂津名所図会』『江戸名所図会』など各地の名所図会が出版された。

▶ 9．イが正解。やや難。『会津農書』は 1684 年に刊行された会津藩の村役人佐瀬与次右衛門の農書。寒冷降雪地帯である東北地方の農業経営について体系的に記す。『農業全書』は 1697 年に刊行された宮崎安貞の農書。『農具便利論』は 1822 年に刊行された大蔵永常による農具の解説書。『広益国産考』は 1844 年に脱稿した大蔵永常の農書。

▶10．エ．『日本人』が正解。思想結社である政教社の機関誌として，結社の設立と同じ 1888 年に創刊され，設立者の三宅雪嶺らが国粋主義の論陣を張った。

ア．『国民之友』は徳富蘇峰の民友社の機関誌で 1887 年の創刊。

イ．『反省会雑誌』は西本願寺の反省会の機関紙で 1887 年の創刊。1899 年に『中央公論』と改題し，のちに総合雑誌となった。

ウ．『解放』は 1919 年に吉野作造・福田徳三らを顧問として創刊された総合雑誌。

オ．『東洋経済新報』は 1895 年に創刊された経済雑誌。大正・昭和初期に石橋湛山らが小日本主義の論陣を張り，植民地の放棄などを主張した。

▶11．難問。1889年に東陽堂から創刊された日本最初のグラフ雑誌は『風俗画報』である。グラフ雑誌とは写真やイラストを主体とした雑誌のことで，『風俗画報』では東京・地方の風俗などが視覚的に紹介されている。

❖講　評

Ⅰは2022年に本土復帰50周年を迎えた沖縄をテーマとする問題。原始から現代まで広く扱いながら外交史を中心に構成されている。記述式の6．尚巴志は誤字に注意したい。10．謝花昇は「沖縄県最初の学士」だけでは想起しにくい。前後の文章をヒントに，沖縄県の自由民権運動家を連想して導き出せるかがポイント。選択式の3は時代背景を想起して正確に判断したい。4．大宰府の所在国は同じ福岡県なので筑前国か筑後国で迷うだろう。5．ア・エ・オの判断が難しい。8．ウ・エの判断がやや難しいが，薩摩藩の支配下にあったことをふまえて正確に判断したい。9．琉球処分の基本的知識で判断できるので正解したいところ。

Ⅱは歴史書をテーマにした文化史の問題。ほとんどが基礎的知識なので高得点をねらいたい。記述式の3．平曲は簡単だが，9．『大日本史料』は難問であろう。選択式は，正誤法も誤文が見つけやすいので，すべて正解したいところ。8．『日本外史』はやや難である。

Ⅲは「寄付の歴史」というユニークなテーマを軸として，文化史を中心に構成されている。8を除きすべてが選択式である。記述式の8．久遠（寺）は基礎的知識なので正解したい。選択式はほとんどが基礎的知識と消去法で解答できるので，すべて正解したい。時期を基準に正文・誤文を選択する7・10で正解を導けるかがポイント。

Ⅳは地誌や紀行文をテーマにした問題で，ほとんどが文化史の内容で占められている。記述式の8．名所図会は難問。誤って「名所図絵」と書かないように注意したい。また11．『風俗画報』も難問である。5．『玉勝間』の読み仮名はそのまま読めば解答できる。選択式の1・7・10は平易。3・4は誤文を見つけやすいので正解したい。配列法の9は，『会津農書』の成立時期がわかるかどうかで成否が決まるだろう。

例年どおり，Ⅰ～Ⅳの大問すべてがテーマ史で構成されているが，2023年度はⅡ・Ⅲ・Ⅳが文化史の内容で占められており，受験生にとってはやや厳しかったであろう。記述式は例年に比べ難問が目を引いた。選択式で正答率を高めることがポイントである。近年はやや平易な出題が続いていたが，2023年度はやや難度が上がったといえよう。

世界史

I 解答

設問1．ピサロ　設問2．ア・ウ　設問3．ア・ウ
設問4．イ・エ　設問5．シハヌーク

◀解　説▶

≪世界各地の遺跡≫

▶設問1．資料Aはインカ帝国のマチュ＝ピチュの遺跡である。インカ帝国を滅ぼした征服者はピサロ。

▶設問2．資料Bは旧石器時代末期に新人によって描かれたラスコーの洞窟壁画。

ア．誤文。ポリネシアに人が住みついたのは約3000年前の新石器時代である。

ウ．誤文。石臼は新石器時代に作られるようになった。

▶設問3．資料Cはアケメネス朝時代に造営されたペルセポリスの遺跡。

ア．誤文。マニ教がおこったのはササン朝時代の3世紀前半。

ウ．誤文。「ガンジス川」が誤り。アケメネス朝の最大領域の東はインダス川である。

▶設問4．資料Dはアンコール＝ワットの遺跡。

イ．誤文。アンコール＝ワットはアンコール朝期の12世紀に造営された。この時代，唐はすでに滅亡（907年）している。

エ．誤文。アンコール＝ワットはヒンドゥー教寺院として造営され，のちに上座部仏教寺院となった。

▶設問5．資料A～Dを北から順番に並べると，資料B：フランスのラスコー洞窟→資料C：イランのペルセポリス→資料D：カンボジアのアンコール＝ワット→資料A：ペルーのマチュ＝ピチュとなる。北から3番目の資料D：カンボジアでは1970年にロン＝ノルらのクーデタが起き，シハヌークが元首を解任された。

Ⅱ 解答

設問1．エ　設問2．イ　設問3．エグバート
設問4．エ　設問5．ウ　設問6．ア
設問7．国民保険法　設問8．エ　設問9．ウ

◀解　説▶

≪ヨーロッパ史上の政治指導者≫

▶設問1．エ．誤文。ペテロはネロ帝の迫害で殉教した。

▶設問2．イ．誤文。第3回十字軍に参加したイギリス王はプランタジネット朝のリチャード1世（獅子心王）である。

▶設問3．七王国を9世紀前半に統一したのは，ウェセックスの王エグバートである。

▶設問4．Dの皇帝はディオクレティアヌス帝である。

エ．正文。

ア．誤文。ディオクレティアヌス帝は元老院を存続させている。

イ．誤文。ローマ帝国の領土が最大になったのはトラヤヌス帝の治世。

ウ．誤文。ディオクレティアヌス帝は軍人皇帝時代の混乱を収拾し，専制君主政（ドミナトゥス）を開始した皇帝である。

▶設問5．コンスタンティノープルを都としたのは東ローマ（ビザンツ）帝国。

ウ．正文。

ア．誤文。「西ゴート王国」が誤り。ユスティニアヌス大帝はヴァンダル王国と東ゴート王国を滅ぼした。

イ．誤文。ヘラクレイオス1世は，ササン朝からシリアとエジプトを奪回した。

エ．誤文。マケドニア朝のバシレイオス2世は，第1次ブルガリア帝国を征服した。

▶設問6．ア．正文。団結禁止法は労働者の結社を禁止し，労働組合を違法とした法律で1799年，1800年に制定された。ピットの首相在任期間（1783～1801年，1804～1806年）がリード文に示されているのでヒントにしたい。

イ．不適。蒸気機関車が，初めてストックトン・ダーリントン間を結んだのは1825年。

ウ．不適。アメリカ＝イギリス（米英）戦争が勃発したのは1812年。

エ．不適。カトリック教徒解放法が制定されたのは1829年。

▶設問7．やや難。ロイド＝ジョージは自由党アスキス政権の蔵相として国民保険法など社会改革を実現した。

▶設問8．エ．正文。

ア．誤文。ミュンヘン会談に参加したイギリスの首相はネヴィル＝チェンバレン。

イ．誤文。独ソ戦が開始され，1941年にイギリスとソ連は相互援助と単独講和の禁止を定めた英ソ軍事同盟を締結，1942年にはその内容が強化された。

ウ．誤文。1941年8月「大西洋憲章」が発表された。日本の対米宣戦布告は同年12月である。

▶設問9．ウ．正文。

ア．誤文。「鉄のカーテン」演説はアメリカのフルトンで行われた。

イ．誤文。チャーチルは1951年の総選挙に勝利し，労働党のアトリーに代わって首相となった。イーデンはチャーチルの後任として1955年に首相となった。

エ．誤文。チャーチルは『第二次世界大戦回顧録』でノーベル文学賞を受賞している。

Ⅲ 解答

設問1．ウ　設問2．イ　設問3．不換　設問4．ア
設問5．イ　設問6．ウ　設問7．一条鞭法

◀解　説▶

≪中国の貨幣史≫

▶設問1．やや難。ウ．唐の高祖の時代，621年に鋳造された開元通宝は，イ．秦の始皇帝が発行した半両銭，エ．前漢の武帝時代に発行された五銖銭の形態を受け継いだ方孔円銭。

▶設問2．エ．アルダシール1世は224年に成立したササン朝初代の王。→ア．3世紀後半に軍人皇帝ウァレリアヌスと戦い，捕虜にしたのはササン朝第2代皇帝シャープール1世。→イ．ホスロー1世は6世紀に在位したササン朝最盛期の王。→ウ．ササン朝はニハーヴァンドの戦い（642年）の敗北後，まもなく滅亡した。

▶設問3．難問。金属貨幣による裏付けのない紙幣は不換紙幣。逆に金属

貨幣と引き換えることが可能な紙幣を兌換(だかん)紙幣という。

▶設問 4．エ．ニクソン大統領が米ドルと金との兌換停止を発表（ドル＝ショック）したのは 1971 年。→ウ．ドル＝ショックによりブレトン＝ウッズ国際経済体制が崩壊し，1973 年までに変動相場制に切り替わった。→ア．1985 年のプラザ合意により，日本は急激な円高となった。→イ．1997 年，タイのバーツ急落をきっかけにアジア通貨危機が発生した。

▶設問 5．イ．誤文。アルタン＝ハンが北京を包囲したのは 16 世紀(1550 年)。

▶設問 6．ウ．誤文。鄭成功はオランダ勢力を駆逐して台湾を復明運動の拠点とした。

▶設問 7．一条鞭法は租税と徭役を銀に換算し，一括して納める税制で，明代の 16 世紀に江南で導入され，同世紀末には全国に拡大した。

Ⅳ 解答

設問 1．エリュトゥラー海案内記　設問 2．エ
設問 3．ペルシア湾　設問 4．ウ
設問 5．マムルーク朝　設問 6．ア　設問 7．エ

◀解　説▶

≪インド洋交易の展開≫

▶設問 1．『エリュトゥラー海案内記』は，1 世紀にエジプト在住のギリシア人によって書かれたもので，紅海からインド洋にかけての地理・物産などが詳しく述べられている。

▶設問 2．エ．誤文。ヴィジャヤナガル王国（1336～1649 年）はヒンドゥー教国である。

▶設問 3．ティグリス川・ユーフラテス川は下流で合流してシャットゥルアラブ川となってペルシア湾に注いでいる。

▶設問 4．ウ．誤文。カブラルは大西洋をへてブラジルに漂着した。

▶設問 5．マムルーク朝では，カーリミー商人が紅海ルートを掌握して海上交易の利益を得ていた。

▶設問 6．ア．正文。スエズ運河が開通したのは 1869 年，エジプトの財政が破綻したのは 1876 年である。「運河が開通する頃」という部分が判断しづらいが，他の選択肢が明らかに誤文であるため，これを正文とした。イ．誤文。1875 年，エジプトはスエズ運河会社の株式をイギリス首相の

ディズレーリに売却した。

ウ．誤文。ヴィクトリア女王は1901年に死去している。

エ．誤文。スエズ戦争にイギリス，イスラエルとともに軍事介入したのはフランス。

▶設問7．エ．正文。

ア．誤文。メフメト2世が1475年に服属させたのはクリム＝ハン国。

イ．誤文。プレヴェザの海戦で勝利したのはスレイマン1世である。

ウ．誤文。オスマン朝はレパントの海戦で敗北した。

V　解答

設問1．ア　設問2．ゴヤ　設問3．ウ　設問4．ア
設問5．ダダイズム

◀解　説▶

≪19世紀後半～20世紀初頭の西洋美術≫

▶設問1・設問2．《1808年5月3日》はゴヤの作品でア。フランス軍に抵抗するスペイン市民を主題とした。なお，イは七月革命をテーマとした「民衆を導く自由の女神」，ウはギリシア独立戦争をテーマとした「キオス島の虐殺」でいずれもドラクロワの作品。エはダヴィドの「ホラティウス兄弟の誓い」。

▶設問3．ウ．図B《希望》の制作年代が1871年から1872年であるので，プロイセン＝フランス戦争（1870～1871年）が最も近い年代に行われた戦争となる。

▶設問4．難問。ア．正文。設問3に「女性が平和を意味する小枝を持ち」とあり，図Bが平和を象徴する絵画であることから読み解きたい。

イ．誤文。図Bの絵画は印象派の表現技法とは異なっている。

ウ．誤文。ロココ美術は18世紀フランスを中心に発展した絵画や建築の様式である。

エ．誤文。ロマン主義は19世紀初めに始まった美術の様式で，19世紀後半にはすでに衰えている。

▶設問5．難問。マン＝レイはアメリカ人の写真家でアメリカとフランスで活躍し，ダダイズムを経てシュルレアリスム運動にも参加している。

❖講　評

Ⅰは各地の遺跡について視覚資料を利用しながら問われた。設問2では先史時代が問われているので慎重に正誤を判定したい。設問5は地理的知識を前提とした問題なので得点差が生じやすい。

Ⅱはヨーロッパ史上の政治指導者に関する大問で，設問1～設問5は教科書レベルの知識で対応できる。設問7では国民保険法が記述式で問われ，やや難。設問8・設問9はチャーチルに関する問題。現代史ということもあって得点差が出やすい問題であっただろう。

Ⅲは中国の貨幣史についての大問だが，設問2ではササン朝，設問4では第二次世界大戦後の世界経済も問われている。設問1はやや難。設問2・設問4は配列法の問題で，設問4は経済史が押さえられているかが問われた。また，設問3の不換紙幣は記述式だったこともあり難問であった。

Ⅳはインド洋交易の展開に関する大問。設問3のペルシア湾は地理的知識を要する問題。設問6はやや詳細な知識が問われたが，消去法で対処したい。

Ⅴは視覚資料を用いた大問で，19世紀後半～20世紀初頭の西洋美術について問われた。設問4は設問3の問題文をヒントに正解を導きたい。美術史の時代ごとの潮流を押さえておくことが望まれる。

2022年度以前に比べ，大問数・解答個数ともに減少している。設問は，用語集の説明文レベルの詳細な内容を含む選択肢が散見されるため，正文・誤文選択問題では消去法を使いつつ正解を絞り込みたい。視覚資料を用いた出題は頻出であり，教科書，資料集の図版を必ず押さえておくこと。2019～2022年度に毎年出題されていた史料問題の出題はなかったが，今後も注意が必要である。

くはなかっただろう。二〇二二年度に比べて文語文の比重がやや下がった出題といえる。とはいえ文語文の速読力・読解力が必要であることは変わらないので、しっかり文語文の対策もしておきたい。

二はアメリカ人の翻訳家マイケル＝エメリックの文章からの出題。著者は川端康成や高橋源一郎など、日本の近現代文学の英語翻訳を多数手がけている。翻訳者としての経験から考えたことを述べた文章だと思われるが、エッセイ風の読みやすいものであり、文章量もさほど多くはなく、設問も素直に解けるものが多い。短い時間で解き終え、一と三に時間を使いたいところである。

三は、二〇二二年度は甲・乙・丙の三つの文章の融合問題であったが、二〇二三年度は現漢融合の甲と古文の乙の二つの文章からの出題となった。甲は仏教学研究者の船山徹による、僧が亡くなる際のさまざまな現象についての文章で、漢文が多数引用されている。「アビダルマ」などの仏教用語は知らない受験生も多いだろうし、読みにくさを感じたかもしれない。乙の『栄花物語』は入試頻出作品であり、早大志望者にとってこの箇所の読解難易度はそこまで高くないだろう。二〇二三年度は甲と乙を照合させる設問は問十九くらいだったが、そのような手間がかかる設問が多い年度もあるので、問十六や問二十のような、古文や漢文の知識だけで解答できる設問を短時間で処理できるよう、しっかり対策しておきたい。

なお、二〇二〇・二〇二二年度に出題されたような記述問題は、二〇二三年度は姿を消した。今後出題されるかどうかはわからないが、それなりの対策はしておくべきだろう。

判断できない。YとZで決めるしかない。Yの「仕うまつる」は謙譲語。謙譲語は動作の対象への敬意を表す。僧たちの念仏は誰のためかといえば当然道長のためであるから、道長への敬意である。Zの「たまふ」はXと同じく尊敬語。傍線部Zの上に「釈迦入滅の時」とあるとおり、主体は釈迦であるから、釈迦への敬意である。Yが道長、Zが釈迦になっているロが正解となる。

▼問二十四　イ、甲の第三段落後半の内容に合致。
ロ、甲の第七段落（「凡諸…」の漢文を含む段落）にあるように「曲げた指の数」は「到達した修行の階位」を表すものであって、死後の生まれ変わりとは関係ない。
ハ、甲の傍線部1の次段落以降で「異香」について述べられているが、それがマナスによるものとは書かれていない。
ニ、「既終之」で始まる引用漢文において、人々が「悲しんだ」ことは述べられていない。
ホ、乙によれば、道長は「いったん蘇生して」はいないし、人々は道長の死を悲しむばかりで「喜んだ」とも述べられていない。
ヘ、乙の傍線部ニ以降の内容に合致。道長の死が四日、葬送が七日であるから、「死の三日後」という計算も合っている。

❖講　評

一は例年と同様、現代文Aと近代文語文Bの融合問題。Aの著者イ＝ヨンスクは韓国出身だが社会言語学者として長く日本で活動しており、その文章は入試現代文でもよく用いられる。Bの著者前島密は「日本近代郵便の父」として知られる人物で、早稲田大学の前身となる東京専門学校を大隈重信とともに創立し、二代目校長を務めた。二〇二三年度も、文化構想学部一の特徴であるAとBを照合して解答する設問が問三・問四と出題されている。問一・問二がAだけの、問五・問六がBだけの設問だが、Aの中にBの内容が多数引用されており、Aを理解できればBはさほど読みにくくは「轅」「轂」の字にいずれも「車」が含まれていることから、車に関係することだろうと判断してホを選べばよい。なお、「轅（ながえ）」は車の前方に長く突き出て牛や馬をつなぐ二本の棒のことであり、古文にもよく登場する語であるから、古典常識として知っておきたい。「轂（こしき）」はそれほど出てこないが、車輪の中心部のことである。

▼問十九　甲の第二～四段落において、「頂暖」、つまり死後も頭頂部が温かいままであることが聖者性を表している、ということが述べられている。ロはこれにそのまま合致する。ニは〈夜中すぎになって完全に冷たくなった〉という内容だが、道長の死は乙の第二段落冒頭にあるように「巳の時」、現在でいえば午前十時ごろであるから、それから半日以上は温かいままだった、ということになるので、これも「頂暖」を表しているといえるだろう。ハは〈死後も念仏をとなえているように見える〉という内容なので、もちろんこれも聖者性の表現である。以上三つが正解。イ・ホ・へはその内容からして聖者性を示すものとは考えられない。

▼問二十　「おこたる」は現代語と同様の〝なまける〟の意もあるが、病気の原因である物の怪がなまける、ということで〝病気がよくなる・治る〟の意でも用いられる。入試で主に問われるのは後者のほうであり、傍線部4も病気の文脈であるから、〈病状が快方に向かう〉と解釈しているへが適切。

▼問二十一　乙の第二段落第十文「日ごろいみじう」以降は人々が道長の死を悲しんでいる様子が描かれており、傍線部5を含む会話文の後に「など、言ひつづけ泣く」とあることから、傍線部5も道長の死についての内容であるはずである。イ・ロ・ニ・ホは道長にふれていないので不可。また、「隠れたまふ」は高貴な人物が亡くなることの表現としてよく用いられるので、「お亡くなりになってしまわれた」というハが正解。への「浄土のような世界を実現された」では「隠れたまひぬ」の説明にならない。会話文の解釈問題は、誰がどんな状況で発した言葉か、という文脈に根拠があることも多い。会話文そのものだけでなく、かならず前後の文脈を確認するようにしたい。

▼問二十二　Xの「たまふ」は尊敬語。尊敬語は動作の主体への敬意を表す。〈女院たちに言われて関白が道長の病床を見舞うと、悲しみの声が出そうになる〉という文脈だが、主体が女院たちなのか関白なのか、あるいは全員なのかは

ハ、甲の第六段落にあるようにアートマンの存在は釈迦が否定したので、「大乗仏教ではその存在を肯定する」が不適。

ニ、「議論が飛躍的に発展した」ことは「紛らわしい書きぶり」の理由になり得ない。

ホ、甲の第五・六段落にあるように「体中を自由に動き回る」のはアートマンではなくマナスである。

ヘ、甲の第五段落にあるように婆羅門教ではアートマンは「心臓のなかにいて、心臓から飛び出すことはないと考えられた」のだから、「五臓六腑にアートマンが存在する」は不適。

▼問十六　「令・名詞・～」は「名詞をして～しむ」と読む使役形。「無～」は「～なし」と読む否定形、または「～なかれ」と読む禁止形。両方を正しく読んでいるハが正解。イ・ロ・ニ・ホは「一生をして」が正しく読めていない。へは前半で使役の読み方をしている点も、後半の「無令～」を「～なからしむ」と読んでいる点も不適。「無」も「令」も下から返って読むので、「～・令・無」の順、つまり「～しむる（こと）なし」「～しむる（こと）なかれ」と読まなければならない。

▼問十七　空欄1は「咸（みな）」という副詞のすぐ下にあるので動詞が入ると考えられる。下の「異香」が名詞であることから、これを目的語とする他動詞を答えることになる。他の箇所で「香」を目的語にしている他動詞をさがすと、「既終之」で始まる引用漢文中に「聞香気芬烈」（香気の芬烈なるを聞き）とあるので、「聞」が正解。古文・漢文では「聞く」を〝味や香などを味わう〟の意で用いることがあり、現代語でも「きき酒」などの言葉にその名残がある。

▼問十八　傍線部3の四文字のうち「扶」以外の三文字は現代日本ではあまり見ることのない字であり、傍線部3そのものから考えようとしてもわかりにくいだろう。そこで、前後の文脈から考える。これは、慧因が亡くなった後、南山の至相寺に向かう葬列における人々の様子である。この引用文の後の現代文にあるように慧因は「尊敬を一身にあつめた僧」であるから、そのような人物の葬列において起こりそうなのは、選択肢の中ではイかホくらいだろう。あと

臨終之……臨終の時、頭頂暖かなる者は、往生を験得す。

凡諸入……凡そ諸れ入滅のときに其の指を挙ぐる者は、蓋し其の四沙門果を得るの数を示すなり。

未仍入……未だ仍ほ道に入らざるに、奄ちに無常に至る。頂の暖かなること信宿、手に三指を屈す。

頂煖淹……頂の煖かなること時に淹り、手は二指を屈す。斯れ又上生得道の符なり。

既終之……既に終はるの後、即ち縄床に扶坐するに、顔貌異らずして、入定するがごときに似たり。道俗赴く者千有余人、並に香気の芬烈なるを聞き、咸一物の状龍蛇のごとく、可長さ一匹ばかりなるもの、屍の側より起ち、直上して天を衝くを見るも、能く詔ぐる者莫し。

因定慧……因、定・慧両ながら明らかに、空・有兼ね照らす。法を四代に弘め、常に一乗を顕し、而も物情を競ふこと莫く、喜怒に色無し。故に其の道に遊ぶ者、其の位を測る莫し。貞観元年二月十二日を以て、大荘厳寺に卒す。春秋八十有九なり。未だ終はらざる初夜に、弟子の法仁に告げて曰はく、「各法のごとくに住し、善く三業を修し、一生をして空しく過ぐさしむること無かれ。当に仏語に順ひて、服を変じ哀を揚ぐること勿かるべし。吾が喪後の事に随ふは不可なり」と。乃ち整容常のごとく、思を潜めて定に入り、後夜分に於て、正坐して終はる。咸異香の室に満つるを聞く。遂に南山の至相寺に遷坐す。時に于て攀轅扶轂し、道俗千余人送りて城南に至るに、又天楽の空に鳴るを聞く。弟子等為に支提塼塔を建て、銘を勒して封樹し、蘭陵の蕭鈞文を製す。

▲解　説▼

▼問十五　イ、「頂暖」がアビダルマ教理学で説明されていることは甲の第三段落にある。「屈指」とアビダルマ教理学とのかかわりははっきりとは書かれていないが、大乗仏教徒の修行の階梯は小乗と異なることはわかるので、特に甲の内容と矛盾するところはなく、これが正解。

ロ、傍線部1は、次文にあるように「厳しい修行とその成果に価値を認めようとする意図」の結果であって、「自らの存在意義を示すため」のものではない。

て、御念仏の声を惜しまずお仕えなさる。「臨終のときは、（悪業の人は）風火がまず去る。そのために、動熱して苦しみがたくさんある。善根の人は地水がまず立ち去るために、緩慢して苦しみがない」と（『往生要集』に）あるようだ。だから（道長は）善根者だとお見えになる。しみじみと、帝、東宮のご使者が絶え間ない。（泣くのは不吉なので）何日も非常にがまんしなさっていた殿方や御前たちが、声も惜しみなさらず（泣くのは）、ほんとうに大変なことであるよ。御堂の中の身分の低い法師たちでもの思いもなさそうだった者たちが、そのまま庭の上に倒れて転げて悲しむのも、ほんとうに大変なことである。世の中の尊い尼までも集まって、「仏のようにこの世に出現なさって、世の人々を済度なさったお方が、涅槃の山にお隠れになった。私たちのような者はどんなに途方に暮れることだろう」などと、言いつづけて泣くのも、非常に悲しい。夜中を過ぎて（道長は）完全に冷たくおなりになった。御棺はわずらいはじめなさった日から造らせなさっていたので、すぐに棺にお入れ申し上げた。ひどい（泣き悲しむ）御声々は予想もできないほどでいらっしゃる。翌日、陰陽師をお呼びになって（葬送について）お尋ねになると、（陰陽師は）「七日の夜（葬送を）なさるのがよい。場所は鳥辺野」と決め申し上げて退出してしまう。

七日になったので、早朝から（葬送の）準備をなさる。通例のことなどは想像できるだろう。日が暮れたので、御車に（棺を）かついで乗せ申し上げていらっしゃるが、その日は早朝から夜まで雪がひどく降る。しかるべき人々が、ふだんの装束の上に粗末なものなどを着て、雪がとけきらずに降りかかっているのも、あれこれとしみじみと悲しい。（道長は生前）「（私の葬儀は）万事簡略にして、ただ形式のとおりに」とおっしゃったが、物事には決まりがあって（簡略にもしきれないので）、（参列する）人が連なる距離は、十町から二十町もあったにちがいない。もうご出棺なさる。無量寿院の南の門の脇の御門から出なさる。あの釈迦入滅のとき、あの拘尸那城の東門から出なさったとかいう様子と変わることがなく、九万二千人が集まっていたとかいうのにも劣らず、しみじみとした様子である。

読み

甲の引用漢文：

因定慧……慧因は、精神集中と道理を見抜く力のどちらにも明るく、空と有の両方に光をあてた。仏法を四代に広め、常に一乗の教えを明らかにし、しかも世間と競うことがなく、喜怒を顔に表さなかった。だから彼の門下となった者は、彼の悟りの境地がどれほどなのかわかることがなかった。貞観元年二月十二日に、大荘厳寺で亡くなった。年齢は八十九である。まだ亡くなる前の夜のはじめごろに、弟子の法仁に告げて言うことは、「それぞれ仏法のとおりに暮らし、よく三業を修めて、一生を空しく過ごさせないようにせよ。仏の言葉にしたがって、服を変えて悲しみを表すことはしないほうがよい。私の喪の後のことにしたがってはいけない」と。そこでふだんどおりに容姿を整え、思いを沈めて瞑想し、明け方のころに、正坐したまま亡くなった。みなすばらしい香気が部屋を満たしているのを感じた。その後南山の至相寺に遺体を移した。そのときに遺体を運ぶ車の轅にとりすがったり車輪に寄りかかったり、道人俗人千人以上が送って城南に至ると、また不思議な音楽が上空で鳴るのを聞いた。弟子たちは慧因のために遺骨を納める瓦の塔を建て、銘文をきざみつけて樹を植え、蘭陵の蕭鈞が文に書きとどめた。

乙：十二月二日、（道長は）ふだんよりも非常に苦しみなさるので、（道長の娘である）女院、中宮、（道長の）奥方も、とても恐ろしく思い申し上げなさって、関白殿（＝道長の息子）に（見舞ってほしいと）熱心に申し上げなさるので、（関白殿は）人払いをして（父である道長に）お会い申し上げなさると、（臨終が近づいたのが実感されて）しみじみとひどく悲しくて、危うくお声をあげて（泣いて）しまいそうである。そして（関白殿が）お帰りになってしまうと、僧たちが（道長に）近侍して、御念仏をして聞かせ申し上げる。しかし、その日はご病状が軽くおなりになった。この間、（道長の孫で女院の息子である）帝、東宮からご使者が非常に多かった。（道長は）今もやはり弱々しい感じでいらっしゃるが、ただこの御念仏を（道長が）休まずつづけなさることでのみ、生きていらっしゃる様子であると聞いてわかる。翌日も、今（お亡くなりになった）か今（お亡くなりになった）かとお見えになったが、無事に過ごしなさった。

上旬の四日、巳の時くらいに、（道長は）お亡くなりになったようである。しかしお胸から上は、まだ（生前と）同じように温かでいらっしゃる。まだお口が動きなさるのは、御念仏をなさっているように見えた。たくさんの僧が涙を流し

※問二十三については、設問の記述に不十分な部分があり、適切な解答に至らないおそれがあることから、受験生全員に得点を与える措置が取られたことが大学から公表されている。

◆要　旨◆

甲：仏教において、僧の死後に「頂暖」つまり頭頂部が温かいままであることは、アビダルマ教理学における「識」の考え方から、良い往生を示すものと考えられ、中国の僧伝に多く例がある。また、死の際に「屈指」つまり指を曲げている場合、その指の数が亡くなった僧の最終的に到達した修行の階位を示すものと信じられたり、尊敬された僧の死にあたって「異香」すなわち素晴らしい香りが立ち込めることは、亡くなった僧の聖者性を象徴的に表すものと考えられたりしたことも、中国の僧伝などから読み取ることができる。

◆全　訳◆

甲の引用漢文：

臨終之……臨終のとき、頭頂部が温かい者は、往生の霊験を得る。

凡諸入……一般に入滅のときに指を上へやる者は、思うにその者が四沙門果を得た数を示しているのである。

未仍入……まだやはり悟りを得ないうちに、急に無常の死に至った。頭頂部が温かいことは二晩つづき、手は三本の指を曲げていた。

頂煖淹……頭頂部が温かいことはしばらくつづき、手は二本の指を曲げていた。これはまた上位で極楽往生することができたしるしである。

既終之……亡くなった後、すぐに縄床に扶坐すると、顔かたちは生前と異なることがなくて、瞑想しているかのようである。道人俗人が千人以上やって来て、同じように強い香気を感じ、みな龍か蛇のようなもので、ほぼ長さが一匹くらいであるものが、遺体の側から起き上がり、まっすぐ上を向いて天を衝くのを見たが、それを告げ知らせることができる者はいない。

ロ・ハ・ニ・ホはすべて比喩にふれていない。

▼問十四　1、「回避」は〝ものごとを避けるようにすること〟。「会費」「開扉」といった同音異義語もあるが、文脈から区別することはさほどむずかしくないだろう。確実に書けるようにしたい。

2、「輪郭」は〝物の外側を形づくる線〟のことであるが、そこから転じて〝ものごとの外形・概略〟などの意でも用いられる。本来は「輪廓」と表記するが、「廓」は常用漢字ではないので現在では「郭」の字で代用するほうが一般的である。

三

出典　甲：船山徹『仏教の聖者―史実と願望の記録』（臨川書店）
乙：『栄花物語』＜巻三十　つるのはやし＞

解答

問十五　イ
問十六　ハ
問十七　聞
問十八　ホ
問十九　ロ・ハ・ニ
問二十　ヘ
問二十一　ハ
問二十二　ロ
問二十三　※
問二十四　イ・ヘ

＝「原文を見て、そこに出ている言葉を、［Ｉ］、と思っている」ということになるので、ハの「別の言語に置き換えるだけだ」がよい。イ・ロ・ニはみな「単純な作業」の説明になっていない。ホは「好みに翻訳する」が第一段落最終文の「文脈から判断して、もっともふさわしい言葉を選択する」と矛盾する。

▼問十　何と「同じことが起きてい」るのかというと、もちろん前の段落の「幽霊」と同じことである。では、「幽霊」はどのようなことの具体例として挙げられているのかというと、前の段落第一・二文の「ミステリーを、人間はごまかしてやりすごします。わからないから、比喩に頼ってわかったつもりになるのです」の具体例であるから、「比喩を使って、不可解なところをごまかし、理解したつもりになる」と、この箇所とほぼ同じことを述べているロが正解。イ・ハ・ニ・ホはみなこの箇所とちがう内容である。

▼問十一　傍線部Ａの後にあるように、本来「通じる」は空間的な意味で用いる語であるが、「意味が通じる」という言い方は「通じる」を空間以外のことに用いている。つまり意味をひろげて用いている、ということであるから、〝意味をおしひろげる〟という意味のニ「敷衍」がふさわしい。イ・ロ・ハ・ホはみなこの文脈に合わない。「敷衍」は日常生活では見慣れない語かもしれないが、大学入試の現代文ではよく用いられ、先に述べた意味の他に、〝言葉やたとえをくわえてくわしく説明する〟という意味で用いられることもある。本問のように設問で直接問われることも多いので、しっかり押さえておきたい。

▼問十二　傍線部Ｂ直後に「その一方で、翻訳では、不可解なものがもうひとつ加わってしまう」とあるので、「比較的簡単」というのは、不可解さが翻訳に比べて少ない、ということだと考えられる。イ・ロ・ハはみな不可解さが少ない、という内容になっていない。また、第四・五段落で言語の不可解さが述べられているが、「文脈」については言及されていないのでホも不可。残ったニが正解となる。

▼問十三　傍線部Ｃ直前に「もう既に比喩が現れ」とあるので、傍線部Ｃの主語は「比喩」である。比喩が私たちを支配する、ということは、比喩によって私たちが何かをさせられる、ということであるから、それを述べているイが正解。

問十　ロ

問十一　ニ

問十二　ニ

問十三　イ

問十四　1、回避　2、輪郭

◆要　旨◆

翻訳は単純な作業だと誤解されがちだが、翻訳者が言葉の意味を理解しその意味を別の言語に持ち越す際に、翻訳者の頭の中で何が起こっているかはまったくわからず、そもそも言葉の理解のプロセス自体も理解不能なことである。人間は不可解なことに対しては比喩を用いて理解したつもりになってごまかすものであり、言語や翻訳についても「通じる」や「コミュニケーション」といった本来空間的な意味をもつ語を比喩的に用いることでわかったつもりになっているが、ほんとうは言語そのものも翻訳も不可解なものである。

◆解　説◆

▼問八　脱落文の設問は、指示語や接続詞といった文と文のつながりを示す語句がある場合は、まずそれをヒントにして考える。この脱落文の場合は「それ」が何を指しているのか、から考えるということである。「それは違います」であるから、直前が筆者の考えに反する内容になっているところを選ぶことになる。イの直前は〈翻訳は単純作業でたいして難しいことではない〉という内容であり、第二段落以降で翻訳に関する問題点や不可解さについて述べている筆者の考えに反するので、ここが正解となる。ロ・ハ・ニ・ホの直前はみな筆者の考えに反する内容ではなく、むしろ筆者の考えそのものである。

▼問九　空欄［I］を含む文は前の文と接続詞や指示語を介さずにつながっており、また、「〜と考えています」「〜と思っているようです」と末尾もほぼ同じなので、同内容であると考えられる。すると、「単純な作業と考えてい」る

その教育に漢字を用いるとその学習のために時間がかかってしまう〉とあるのに合致。
ハ、Bの文中にこのような内容は述べられていないのでこれが正解。
ニ、漢字を廃止すべき理由として、Bの第一段落第五文に〈日本を他の列強と並び立たせる以上に重大なことはない〉とあるのに合致。
ホ、Bの第一段落第八・九文（傍線部ハを含む文とその次文）に〈少年の時期は物事の道理を学ぶのに最適なのに、漢字の学習をするとそのために時間を費やしてしまう〉とあるのに合致。
▼問七　イ、「どのような文字を採用するか」が重視される理由はAの傍線部aの次段落にあるように「言語の規範的表象の成立の問題に深くかかわっている」からであって、「文字がなければ言語表現が不可能だから」ではない。
ロ、Aの傍線部aの段落の内容に合致。
ハ、言語の「体系」についてはBで特に述べられていない。
ニ、Bの前島の考えに対して「短絡的であった」という評価はAの文中に見当たらない。
ホ、Bの第一段落第四・五文の内容に合致。
へ、Bの第一段落最後の二文にあるように、前島は「御国人の知識此の如くに下劣にして、御国力の此の如くに不振に至りたる」ことを漢字を「常用する」せいだと考えている。さらにその一つ前の文に「毫も西洋諸国に譲らざる固有の言辞ありて」とあるように、言語が劣っているとは考えていない。

二

出典　マイケル＝エメリック『てんてこまい―文学は日暮れて道遠し』（五柳書院）

問八　イ
問九　ハ

これと同様に「『コトバ』ではなく」と述べているハが正解。イ・ロ・ニ・ホはみなこの箇所の内容と合致しない。

▼問三　Bの第二段落冒頭に「漢字を御廃止あひ成り候ふとて、漢語即ち彼国より輸入し来れる言辞をも併せて御廃止あひ成る儀には御座無く」と脱落文とほぼ同内容のことが書かれており、そのつづきの部分がホの後に引用されていることに気づけばホを選ぶことができるだろう。ホの前を確認すると、前島の「漢字反対論」についての考えが示されているので、「ただし、前島は…」と自然につながる。早大文化構想学部の大問一と三においては、このように〈複数資料問題〉として考える必要がある設問の可能性を常に忘れないようにしよう。

▼問四　傍線部ａの次の段落冒頭に「したがって、どのような文字で書くか、また、その文字でどのように書くかという文字の問題は、……言語がどのような姿で表象されるべきかという言語の規範的表象の成立の問題に深くかかわっている」とあることから、傍線部ａで述べられているような規範をつくりだすためには「どのような文字で書くか」が重要であることがわかる。Bの筆者である前島密の「どのような文字で書くか」についての考えは〈漢字を廃止して仮名文字で書くべきだ〉であるから、それを一文で述べている箇所をBからさがすと、第三文に「果して然らば……音符字（仮名字）を用ゐて……漢字の用を御廃止あひ成り候ふ様にと存じ奉り候ふ」とあり、ここが正解となる。

▼問五　イは「簡易なる文字」であり、それを「用ゐざるべからず」＝〝用いなければならない〟とある。Bの筆者は漢字を廃止して仮名文字を用いるべきだと考えているのだから、イは仮名文字のことであり、これが正解。ロは「文字を知り得て後に其の事を知る如き艱渋迂遠なる教授法」とあるので、学問にとって遠回りだから用いるべきではないもの、つまり漢字。ハは「長時間を費して、只僅かに文字の形象呼音を習知するのみにて」とあるので、習得に時間がかかる漢字のこと。ニも「彼の文字を用ゐず仮名字を以て」と「仮名字」と対比されているので漢字のことである。

▼問六　イ、Bの第一段落第一文に〈教育を士民を問わず国民に普及させるにはなるべく簡易な文字文章を用いるべきだ〉とあるのに合致。

ロ、Bの第一段落第六・七文に〈国民に普通教育を施してさまざまなことを習得させるのは国家富強の基礎となるが、ます。ほんとうに少年の時期こそ物事の道理を解き明かすのにもっともよい時期なのに、この形象文字の無益な古い学問のためにそれを費やし、その精神知識を頓挫させることは、かえすがえすも悲痛の極みだと存じ申し上げます。そもそも日本においてはすこしも西洋諸国に劣らない固有の言語があって、これを書くのに五十音の表音文字（仮名文字）がある。一つも漢字を用いることがなくても世界の無限の物事を解釈したり書写したりするのに何の支障もなく、ほんとうに簡易を極められるのに、昔の人が無見識に中国の文物を輸入するのと同様に、この不便で無益な形象文字をも輸入して、結局国字として常用するに至ったのは、ほんとうに痛恨の極みでございます。恐れ多くも日本人の知識がこのように下劣で、日本の国力がこのように不振に至ったのは、遠い昔にその原因を推し量るとそのもともとの毒はここから発したのだと、痛憤に堪えなく存じ申し上げます。

　漢字が廃止になりましても、漢語すなわち中国から輸入してきた言葉をもあわせて廃止になることではなく、ただ中国の文字を用いず仮名文字を使ってその言葉をそのとおりに表記するのは、やはり英国などがラテン語などをそのまま受け入れてその国の言葉にして、その国の文字の綴りによって表記するのと同様にするということでございます。

◀解　説▶

▼問一　まず、[Ⅰ]が「体系」、[Ⅱ]と[Ⅲ]が「規範」の性質を説明する箇所にあり、両者の間の第六段落冒頭に「それにたいして」があることから、[Ⅰ]↔[Ⅱ]＝[Ⅲ]であることがわかる。そのような組み合わせになっているのはイかニだが、第五段落で「体系」の説明として「『なにを実現すべきか』ではなく、『なにが実現されるべきではないか』を定めるのみ」とあるので、「体系」のほうが「消極的」な性質のものであると考えられる。ニが正解。

▼問二　「真の知識は[X]のなかにある」というのは前島密の考えである。前島の「真の知識」に対する考え方を述べている箇所を他にさがすと、同じ段落の第一文に「言語さらにはその音声の記号である文字は、けっして真の知識の対象ではなく、その知識を伝達するためのたんなる道具にすぎないという功利主義的な言語道具観」とあるので、

◆全　訳◆

B：国家の根本となるものは国民の教育であって、その教育は武士か庶民かに関係なく、国民に普及させ、これを普及させるにはなるべく簡易な文字や文章を用いなければならない。その奥深く高尚なさまざまな学問においても、文字を知り習得してから後にそのことを知るような困難で遠回りな教授法をとらず、すべて学問とはその道理を理解することであると考えなければならないと存じ申し上げます。はたしてそのようであるなら、日本においても西洋諸国のように表音文字（仮名文字）を用いて教育を行いなさり、漢字は用いなさらず、最終的には日常公私の文に漢字を用いることを廃止になりますようにと存じ申し上げます。漢字の廃止と申しますことは古来の習わしを一変するだけでなく、学問とは漢字を記し漢文を取り扱うことを主と心得ておりますのが一般的な状況であるのに、これをまったく用いないものに帰着させると申すのは容易なことではないのですが、国家の根本となるものがどのようであるかを明らかにし、朝廷でのご評議をじゅうぶんになさり、そして広く諸藩にも意見をお求めになることができましたら、それが大きな利益であることが明らかにされ、意外とむずかしいことではなくてご施行が実現できるだろうかと存じ申し上げます。目下日本は問題がいろいろございまして、人々が競って救急策を講ずる時節に、このような意見を言上いたしましたら、非常に遠回りに思えて、ご傾聴くださいます間もどのようでいらっしゃるかと気がひけるように存じ申し上げますが、日本を他の列強と並び立たせなさいますことは、これ以上重大なことはないかと存じ申し上げますので、畏れを顧みずあえて言上申し上げます。学問の初歩となるものであって、国家を富ませ強くするための基礎でございますから、なるべく簡易になるべく広く、かつなるべくすみやかに行き届きますよう、ご尽力くださりたく存じ申し上げます。しかし、この教育に漢字を用いる場合は、その字形と音訓を学習しますために長い月日を費やし、学業達成の時期を遅くさせ、また学問を学び難く習いやすくないことによって、就学する者が非常に希少な割合になります。まれに就学勉励いたします者も、大切にすべき少年の活発な時期に長時間を費やして、ただやっと文字の形や発音を習得するだけで、物事の道理は多くが暗いままになる次第でござい

国語

一

出典　A：イ＝ヨンスク『「国語」という思想―近代日本の言語認識』（岩波書店）
B：前島密「漢字御廃止之議」

解答

問一　ニ
問二　ハ
問三　ホ
問四　果して然ら
問五　イ
問六　ハ
問七　ロ・ホ

◆要　旨◆

A：近代言語学によれば言語の本体はオトであり、文字はたんなる表記の手段にすぎないが、どのような文字でどのように書くかという問題は、言語がどのような姿で表象されるべきかという言語の規範的表象の成立の問題に深くかかわっているため、人々が時に感情的になりすぎるほどに重要な問題として扱われる。日本における国字問題もその例のひとつであり、幕末の前島密は漢字を廃止し仮名文字のみで日本語を表記することで、日本を中国文明から離脱させ西洋列強と並ぶ近代国民国家にするための基礎となる〈国民〉を創り出そうとした。

/////////////////// · memo · ///////////////////

2022年度

解答編

解答編

英語

I **解答** (A) 1 —(d)　2 —(b)　3 —(b)　4 —(b)　5 —(c)　6 —(d)　7 —(c)

(B) 8 —(a)　9 —(b)　10—(b)　11—(c)　12—(c)　13—(c)　14—(c)

◆全　訳◆

(A)　≪意識を持つ生物との境界≫

チャールズ＝ダーウィンは，1881 年に執筆したミミズに関する著書の中で，「どの程度までミミズは意識的に行動するのか，そしてどれくらいの知力を発揮するのかを知りたい」と考えていた。ミミズの摂餌行動を研究した結果，ダーウィンは複雑な動物と単純な動物との間には，どちらか片方のみに高度な知能を付与するための明確な分岐点は存在していない，と結論づけた。意識を持つ生物と持たない生物とを分かつ境界線を発見したものは誰もいない。

もちろん，動物の神経系が単純で原始的なものになる（そして最終的にはまとまりの弱い神経網へと至る）ほど，動物が持つ意識の深さや多様性は減少していく。基盤となる組織の足取りが鈍いほど，その生物が経験を重ねていく過程も緩やかなものとなる。

経験に神経系がそもそも必要なのだろうか。その答えを私たちは知らない。植物の領域に属する木は，意外な方法でお互いに意思疎通をとることが可能であり，また木は順応したり学習したりすると言われている。もちろん，これらはすべて経験がなくても起こりうることだ。したがって，この論拠は興味深いが，非常に暫定的なものであると言えるだろう。生物の複雑さを構成するはしごを一段ずつ下っていくときに，意識の存在をうかがわせる要素が完全になくなるまでにどれくらい下っていけばよいのだろうか。これについても，私たちは答えを知らない。私たちが直接知っている唯一の判断材料，つまり自分自身と比べて類似点がどれほどあるかという判断基準で結論を導こうとすることの限界に私たちは直面しているのだ。

(B)　≪反証可能な科学理論≫

科学（science）という言葉はもともとラテン語で「知識」を意味するscientiaに由来する非常に汎用的な語であったが，少なくとも19世紀以降は，より厳密な定義を持ち，より限定された意味で使用されるようになった。科学の特徴は，誰にでもできる経験的な観察について検証可能な予測を立てることで，自らが反論の的となることを促すような一般理論を提示する，という点にある。ある科学理論が真実であると証明できなくても，その予測の一部が間違っているとわかれば，その理論が誤っているということは証明できる。言い換えれば，本当の科学は，想像可能な予測される観察結果のいくつかの組を境界線で取り囲み，「この境界線の内側に含まれる事象を観察するだろうが，その外側にある事象は何ひとつ観察できないだろう。もし観察するなら，その理論は誤りであり，放棄されるべきだ」と主張するものである。想像される可能性の総量に対して，この境界が狭いものであるほど，理論はよりゆるぎないものとなる。良い科学理論とは「反証可能な」度合いが高いものだ。反証可能と聞くと悪いことのようにも思われるが，科学においてこれは良いことである。つまり，（現時点ではまだ論駁（ろんばく）されていないが）反証の余地がある理論は私たちに何かしら教えてくれるが，反証可能性のない理論には何もない。したがって，「地球近くで放たれた物体は地球の中心に向かって落下する」と予想した重力理論は，かなり弱々しいものではあるが，容認できる科学理論と言えよう。これはその物体が空中でじっと留まったり，別の方向に移動したりする可能性を排除している。「地球近くで放たれた物体は地球の中心に向かって，一定の加速をしながら落下する」と予想した理論の方がより良いものと言える。それは前の理論で排除されたものはすべて排除しつつ，同時に一定の速度での落下運動，あるいは不規則に変化する速度での落下運動を排除しているからだ。

◀解　説▶

◆(A)　▶1．正解は(d)の threshold で，この語には「敷居，（判断の）境界値，分岐点」の意味がある。空所が含まれる文の直後にある，第1段最終文（No one has discovered …）を参考にする。その訳は，「意識を持つ生物と持たない生物とを分かつ境界線（a Rubicon）を発見したものは誰もいない」。Rubiconは，「(the Rubiconで) ルビコン川 (古代ローマの頃，本国と属州との境界線となっていた川)，(比喩として) 境界線」という意味で難しいが，直後のthat separates A from B「AとBとを区別する〔分ける〕」の意味から，Rubiconが「2つのものを隔てるもの，境界線」のような意味で用いられていることを推測したい。したがって，空所にはthreshold「分岐点」を補って，there was no absolute threshold between complex and simple animals「複雑な動物と単純な動物との間に明確な分岐点は存在していない」とするのが正解。(a)「大きさ，範囲，特徴」 (b)「足掛かり」 (c)「交流」

▶2．正解は(b)のdiminish。空所に入れるべき動詞の主語は，the richness and diversity of animal consciousness「動物の意識の深みや多様性」で，端的には「意識の質」と言える。空所直後の「動物の神経系が単純で原始的なものになるにつれて」(as their nervous system becomes simpler and more primitive) に続く内容としては，「意識の質」は「減少する」という流れが自然。同文はOf courseで始まっており，特に意外な展開は続かないはずなので，そのまま「減少する」という意味のdiminishが正解となる。(a)「～をだます」 (c)「～を支配する」 (d)「～を複製する」

▶3．正解は(b)のloosely。空所が含まれる文のas以下について，まずこのasは「～するにつれて」という意味であるため，asから後ろは物事がある状態へと一方向に進行する内容となるはず。asの後ろがtheir nervous system becomes simpler and more primitive「動物の神経系が単純で原始的なものになっていく」とあるので，その続きであるultimately turning into…「最後には…になる」から後ろも，動物の神経系がより原始的なものとなる延長で起きる事柄となる。このように原始的な方向へ向かう延長としては，空所直後のorganized「組織だった，まとまりのある」という語はこのままでは不適切である。空所に否定的な意味のloosely「緩く，大まかに」を補えばloosely organized neural netで「まとまりの弱い神経網」の意味となり矛盾しない。(a)「密集して」 (c)「相互に」 (d)「無鉄砲に」

▶4．正解は(b)のdynamicsで，この語自体には「力学，動態，変遷」の意味があるが，ここでは「動き，変遷」の意味。空所に入る語を主語とする動詞が will slow down「ゆっくりになる」となっている。「ゆっくりになる」の主語として適切なのは，速度や動きを表す名詞なので，その点で(a)の amount「量」と(c)の quality「質」は不適切。空所直後には of the organisms' experiences「その生物が経験すること（の）」とあるので，ここでは「生物が何かを経験していく速度〔動き〕がゆっくりになる」という意味だと判断できる。(d)の transition は「形や状態の移行」に用いられる語であるため，experience「経験」に対しては使えないのと，「移行」というなら「何から何への移行」なのかも触れられるべきだが，それに相当する語句は見当たらない。ここは「生物が何かを経験する際の動き〔過程〕がゆっくりになる」という意味で，(b)の dynamics が最適。

▶5．正解は(c)の preliminary「予備段階の，暫定の」。空所がある段落の第3文（It has been asserted that …）で「木々は意思疎通したり，適応・学習したりする」という主張があり，その直後の文では「もちろん，これら（意思疎通，適応・学習など）はすべて経験がなくても起こりうる」とある。よって，同段第1文（Does experience even require …）の「経験に神経系は必要か？」の問いに対して，木の例は役に立たないことになる。空所が含まれる文中にある the evidence「その証拠」は，「木々が意思疎通し，適応・学習すること」である。証拠は興味深いが，問いの解答には役立たないということで空所には否定的な意味の語が入る。選択肢で否定の意味に類するのは(c)「予備的な」のみである。ちなみに，ここでの experience は「対象を知覚その他することを通して認識する過程，またはその成果としての知識」の意味だと考えられる。(a)「実験から得た」（b)「基本的な」（d)「体系立てられた」

▶6．正解は(d)の awareness「意識」。第1段の最終文（No one has discovered …）から，文章全体のテーマが「意識を持つ生物と持たない生物とを分かつ境界線は曖昧である」と判断される。第2段では，第1文（Of course, the richness …）に，「神経系が単純なものになるほど，その生物の意識の質は落ちていく」と述べられている。この文脈で判断すると，空所が含まれる文の前半の「複雑さを構成するはしごを一段ずつ下っていく」（we step down the ladder of complexity rung by rung）というのは，複雑な神経系を持つ生物から徐々により単純な神経系を持つ生物へと目線を移していくことのたとえであるとわかる。このとき，全体のテーマである「意識を持つ生物と持たない生物との境界線は曖昧」という主張を踏まえれば，空所には awareness を補って，how far down do we go before there is not even an inkling of awareness?「意識の存在をうかがわせる要素が完全になくなるまでにどれくらい下っていけばよいのだろうか」とするのが妥当（inkling は「ほのめかすもの，ヒント」の意)。空所直後の文 Again, we don't know.「(その答えは）わからない」と併せて，全体のテーマとの整合性が取れる。(a)「適応，順応」(b)「野心」(c)「出現，外見」

▶ 7．正解は(c)の ourselves。空所の直前にあるダッシュ（—）記号は，この記号の前の内容を，その後ろの語句が説明するという関係をつくる。ここでは記号の直前 the only subject we have direct acquaintance with「私たちが直接知っている唯一の（判断）材料」という名詞句と，空所に入る名詞とが同格の関係になる。判断材料とは，全体のテーマである「意識を持たない生物との境界線」を判断するためのもののことで，空所が含まれる文の前半には，「判断材料との類似性を基にするのには限界がある」(have reached the limits）と述べられている。この「限界」というのは，「自分の意識は自分にしかわからない」(＝他の生物の意識は判断するのが難しい）という限界だと考えられる。したがって，「私たちが直接知っている唯一の（判断）材料」とは，ourselves「自分自身」のこと。(a)「哺乳類」(b)「自然」(d)「理由，理性」

◆(B)　▶ 8．正解は(a)の deriving。derive from ～ で「～に由来する」の意味。文頭にある "Science" という語が，直後で was originally ～「もともとは～だった」と続けられていることから，空所直後にある Latin *scientia*, "knowledge"「『知識』を意味するラテン語の *scientia*」は，その語源とわかる。したがって，「由来する」の意味になる(a)が適切。(b)「～をさらす」(c)「～に思い出させる」(d)「～を生き残る」

▶ 9．正解は(b)の hallmark「顕著な特徴，特性」。(a)の birthmark は「母斑」，(c)の landmark は「目印，画期的なできごと」，(d)の watermark は「水位標，透かし模様」という意味。空所が含まれる文中の that 以下では，「科学は自らが反論の的となることを促すような一般理論を提示する」という趣旨が述べられている。これは，科学の「特徴，特性」と言えるので，the hallmark of the sciences「科学の特徴」となるように，空所には(b)

を補うのが正解。

▶10. 正解は(b)の round。選択肢はすべて場所を表す前置詞となっているので，空所前後の名詞である a boundary「境界（線)」と some set of imaginable future observations「想像可能な将来の観測のいくつかの組」との位置関係がわかればよい。空所が含まれる文の後半に You may observe things falling within this boundary, but you will never observe anything outside it とあり，「境界線の内側」(within this boundary) と「境界線の外側」(outside it) という表現がある。つまり，「境界線」に取り囲まれる形で，その内側に「観測される事象の組」がある，という位置関係。したがって，「～の周囲を取り囲む」という意味の round が適切。

▶11. 正解は(c)の robust「頑丈な，(意見などが) しっかりとした」。空所が含まれる文は，The＋比較級＋S V ～, the＋比較級＋S V …「～すればするほど…」の構文で，この V に当たる be 動詞が省略されている形。前半部分 (The narrower the boundary (is), …) の the boundary とは，空所 10 前後の a boundary round some set of imaginable future observations のことなので，「(想像可能な予測される観察結果の組を取り囲む) 境界が狭いほど」という訳になる。これは「予測内容がより細かく限定されたものであるほど」という意味。最後の 2 文である，第 9 文 (Thus, a theory of …) と第 10 文 (A theory which predicted, …) では，第 9 文で挙げられた「物体は落下する」という理論に，第 10 文では「一定の加速をしながら」という条件が加えられたものが挙げられており，こちらの理論の方が「より良い」と述べている。つまり，予測される観察結果が「狭いものであるほど」，科学理論としては「しっかりとしたものになる」と言えるので，空所には robust を補う。(a)「一般的な」 (b)「ありそうもない」 (d)「信頼できない」

▶12. 正解は(c)の gravity「重力」。「…を予想した（　12　）の理論」とあるので，空所直後の which predicted に続く内容である，「地球近くで放たれた物体は地球の中心に向かって落下する」というのが何に関する理論であるかを答えればよい。したがって，空所には gravity「重力」が適切となる。(a)「意思疎通」 (b)「進化」 (d)「相対性」

▶13. 正解は(c)の out。rule out ～ で「(可能性など) を除外する」という意味の熟語。第9文（Thus, a theory of …）の前半で挙げられた「物体は地球の中心に向かって落下する」という理論を，空所のある後半部分で別の見方から補足説明していると考えられる。この理論では，空所直後の the possibility of the object hanging motionless in mid-air, or moving in some other direction「物体が空中でじっと留まったり，別の方向に移動したりする可能性」は説明の対象にならず，つまりはそういった事象を「排除している」と言える。したがって，空所直前の rules と(c)の out とを結びつけて，「除外する」という意味にするのが適切。

▶14. 正解は(c)の irregularly。空所のある第10文の前半（A theory which predicted, … would be better:）では，「物体は地球の中心に向かって，一定の加速をしながら落下する」という理論が挙げられている。この「一定の加速をしながら落下する」の部分が排除するものに，空所のある後半部分（excludes downward motion …）は言及しており，訳は「一定の速度での落下運動，あるいは（　14　）変化する速度での落下運動を排除している」となっている。空所には irregularly「不規則に」を入れるのが適切。また，速度に関連する語が入るはずであるため，(a)の「直接に」，(b)の「水平に」，(d)の「垂直に」は不適切。

●語句・構文●

(A)（第1段）earthworm「ミミズ」 consciously「意識的に」 mental「知能に関する」 display「～を示す，（力など）を発揮する」 feeding behavior「採餌行動」 conclude「結論づける」 absolute「絶対的な」 complex「複雑な」 assign *A* to *B*「*A* を *B* に付与する」 sentient「知覚できる，意識を持つ」

（第2段）diversity「多様性」 consciousness「意識」 nervous system「神経系」 primitive「原始的な」 neural「神経の，神経系の」 underlying「根本的な」 assembly「集合，集会」 sluggish「のろのろした，遅い」 organism「生物」 as well「同様に」

（第3段）assert「主張する」 kingdom「王国，～界」 adapt「順応する，適応する」 step down ～「～を降りる」 ladder「はしご」 rung「（はしごなどの）横木，段」 draw a conclusion「結論に達する」 similarity「類似性」 subject「題材」 acquaintance「知っていること，知識」

(B) general「一般的な」 better-defined「（より）明確に定義された」

(well-defined の比較級) specific「特定の」 application「応用，適用，使われ方」 propose「～を提案する」 vulnerable to～「(攻撃や批判など) を受けやすい〔に対して弱い〕」 refutation「反論」 yield「～を生み出す」 testable「検証可能な」 prediction「予言，予想」 empirical「経験による，実験によって立証できる」 observation「観察（結果)，見解」 prove「～であるとわかる〔判明する〕」 disprove「(～が) 誤りであることを証明する」 falsify「(～の) 誤りを立証する，改ざんする，偽る」 imaginable「想像可能な」 relative to～「～に対して，～と比べて」 a universe of possibilities「たくさんの可能性」 potentially「潜在的に」 empty「空っぽの」 object「物体」 release「～を放つ」 centre「中央」(=center) acceptable「容認できる」 fairly「かなり」 hang「垂れ下がる」 motionless「静止した」 mid-air「空中」 constant「一定の」 positive「正の，プラスの」 acceleration「加速」 exclude「～を除外する」 fixed「固定された，一定の」

II 解答

(A) 15—(b) 16—(b)
(B) 17—(a) 18—(b) 19—(a)
(C) 20—(d) 21—(c) 22—(c) 23—(c) 24—(a)

◆全 訳◆

(A) ≪人間固有の物語る行為≫

研究者らは「普遍的特質」と彼らが呼んでいる行動の集合を観察してきたが，これは個人単位では全員に認められるものではないにせよ，人間社会においてはそのすべてに見られるもので，たとえば，人々が「物事の背景を説明したり，物語を伝えたりするために語りを用いる」という普遍的特質である。事実，物語る行為は人類特有の現象であり，他のどの種にも見られないものだ。

他の種にも固有の行動様式はあるが，語りがそれを伝えるのではない。他の動物は一体どのようにして特定の捕食者を警戒するといった，生存に必要な基本的技能を学習しているのだろうか。実験から，猿や鳥は自分自身の種が他のものから攻撃されるのを見ると恐怖心を獲得することがわかっている。彼らはまた，攻撃が発生していない場面であっても，同じ集団の仲間の間で恐怖心が引き出される状況を目にしたときにも，恐怖心を獲得する。しかし，このような行動様式の伝播作用は不完全なものであり，言葉で物語を伝える能力は人間固有のものである。恐怖心を触発する際に人間が用いる語りが優れているのは，恐怖心を誘発する要因を観察せずとも，その情報を伝えることができる点にある。語りによって顕著な感情反応を喚起することができるのであれば，それは闘争・逃避反応といった本能的な，強い反応をもたらすことが可能だ。

(B)　≪才能と社会的背景≫

ものを書くのは，ダンスと同様に，財のない人たちも習得できる技能のひとつだ。「10 シリングと 6 ペンスあれば，シェイクスピアの全戯曲を書けるだけの原稿用紙を買うことができる」と，ヴァージニア＝ウルフは勧めている。ダンスをするのに絶対不可欠な唯一の道具は自分自身の体である。最も卓越したダンサーの中には社会の最底辺出身の人たちもいる。多くの黒人ダンサーにとって，このことは「人種の象徴」という問題を伴った。ステージ上で，自分の同胞とそうでない人々の前にあなたが立つとする。どんな顔をあなたは彼らに見せることになるだろうか。本来の自分の姿か？　「理想の自分の姿」か？　それとも象徴としてか？　記号としての姿だろうか？

ニコラス兄弟は路上生活をする子供たちではなかった。彼らは大学教育を受けたミュージシャンの子供であった。とは言うものの，ダンスについては正規の訓練を受けたことは一度もなかった。彼らは，両親やその仕事仲間たちが黒人のボードビルショーで披露するパフォーマンスを見ることで学習していった。後に，彼らが映画界に入ったとき，彼らのパフォーマンスは，大抵の場合，物語にとって必須なものとはならないように配慮して撮影されたが，これは映画が人種差別の根強い南部で上演される際に，彼らの素晴らしいパフォーマンス・シーンがカットされても，作品全体の筋に影響しないようにするためであった。才能は抑制され，制限を受けていた。しかし，同時に才能は否定できないものでもある。

他にほとんど資産のないような家庭において，それは信条のようなものとなっている。ある母親は子供たちに「人の倍優秀に」，「否定しようがないように」なるように，と教える。ジャマイカ人である私の母親は，これに似たことを私によく言ったものだ。ニコラス兄弟を作品の中で見るとき，人の倍優秀になれ，という，精神的につらい思いをさせられた指示を思い出す。

(C) ≪筋肉隆々とした男性と専業主婦の女性：性別の固定観念がもたらす悪影響≫

性別に関する固定観念は，昔から広告業界の至るところに存在してきたし，今も変わっていない。なかには，テレビ CM や雑誌の広告を目にしてきた私たちから見ても露骨なものもある。ビールといった全く関係ないものを宣伝するために，砂浜に横たわっている細身の日焼けした白人女性。ミニカーで遊んでいる男の子。スポーツカーを運転している男性。掃除をしている女性。女性に色目を使う男性。筋肉隆々とした男性。家事に専念する女性。白人。

広告が公然と私たちにジェンダーを突き付けてくる場合は認識できるが，潜在意識に訴えかける手法があまりにも多く存在しているため，広告は女性らしさと男性らしさという役柄を押し付けることができる。もし正しいものを買えば，痩せられるし，強くなれる，より美しく，ハンサムになり，裕福にも，魅力的にも，賢くもなれる，と広告は私たちに訴える。私たちは自分自身の性別にうまく馴染む，さらに（あるいは），異性から魅力的に思われる存在になれる，と。広告は，不健全なジェンダー基準を永続させ，社会における男女の性別ごとの役割に対する私たちの考え方に大きく，長期的な影響を及ぼしうる。

1911 年，世界は「色気を売りにする」ことを覚えた。石鹸製造会社のウッドベリー・ソープ・カンパニーのチラシには，男性に抱き寄せられている女性の絵に「触りたくなる素肌」という宣伝文句が添えて印刷されており，女性を性的に対象化した最初の大々的な広告であった。（これは極めて重要な意味を持つ出来事である。）この広告では，女性の肌の美しさは男性のためにある，というのが前提にあり，女性自身のためというのは二の次であり，女性の方が男性の要望に合わせるものだ，ということが暗に示されている。

人は自分がマスメディアの中で物として描かれているのを見ることで，自分が物であると思い込むようになる。自らを物のように見なす危険性はあらゆるジェンダーや体形を持つ人々に起こりうるが，影響を受けやすいのは主に女性であり，これは自分たちがメディアの中で，男性のために向けられた非現実的で，人間離れした身体で描かれているのを目にしているからだ。

微妙だが具体的なメッセージを視聴者に送るために，昔から様々な体形が広告で採用されている。女性に対して製品を販売する場合には，女性を物として扱うことにあまり効果はないが，性差に基づいた美の基準を恒久的なものとするには効果的である。同様に，広告で扱われるハンサムで筋肉隆々とした男性は，勇ましく，あるいは男らしくなるためには，ジムで1日8時間鍛えなければ手に入らないような肉体を持つ必要がある，というアイデアを押し付けている。大柄な体を採用する広告には多くの場合，恥ずかしさや非難されるものというニュアンスが含まれており，太りすぎの人に対する社会的差別の内在化を引き起こしている。

ノンバイナリーのモデルたちはまだ極めて少なく，この中性的な隙間市場を埋めるチャンスも，その多くは，男性か女性かの2択の枠組みの中で自己を認識している人たちによって埋められている。シスジェンダー（生物学上の性別と自分の性自認が一致していること）の俳優がテレビや映画でトランスジェンダーの役を演じるのと同様に，シスジェンダーのモデルたちがアンドロジニー（男女両方の特性を示すこと）の役で雇用されるが，これはノンバイナリーのモデルに与えられるべき仕事である。このような状況下にあっても，ゆっくりではあるが確実に，ノンバイナリーの俳優やモデルは従来のジェンダー分類に当てはまらない人々の境界を世間から注目される場所へと押し上げている。

2017 年にイギリスは性別に関する有害な固定観念を促進する広告を禁止した。これには，女性や女児を物あるいは性的対象とみなすこと，不健全なまでの細い身体を奨励すること，性別不適合の人々を侮辱する文化を支持することなどが含まれている。広告による身体や人種や性別の固定観念を打ち破るにはまだ多くの労力がいるが，広告主の訴える理想の姿というものに左右されないように努力することは私たちの誰もができることだろう。

◀解　説▶

◆(A)　▶15.「筆者によると，物語と文化との関係は何か」

(a)「物語を作る唯一の種であるため，人間だけが文化を有する」

(b)「猿や鳥には独自の文化があるが，それを物語に変換することはできない」

(c)「物語は文化を伝播するのには不完全な媒体である」
(d)「文化を伝播するために物語を使うことは動物界を通じて普遍的なものだ」

正解は(b)。第2段の冒頭文で，Other species have culture「(人間以外の) 他の種にも文化〔固有の行動様式〕はある」とあり，続けて but narratives do not transmit that culture「しかし語り〔物語〕によってそれを伝播するのではない」と説明されている。同段の第3文 (Experiments have shown that …) では，その例として「猿や鳥」が挙げられている。したがって，(b)は本文の内容に一致している。同時に，(a)の「人間だけが文化を有する」というのは，この冒頭文の内容「他の種にも文化はある」に矛盾する。また，第2段第5文 (But that mechanism of …) の中に imperfect「不完全な」という語はあるが，これは猿や鳥の行動様式 (culture) の伝播についての説明であり，人間の物語 (narrative) のことではないため，(c)の「物語は…不完全な」というのは誤り。(d)は，第1段の最終文 (In fact, the narrative is …) にある「物語る行為は人類特有の現象である」という内容に矛盾。(b)のみが，本文の内容に一致しているため，これが正解。

▶16.「本文によると，次のうち正しいものはどれか」
(a)「様々な動物から発せられる物語は私たち人間にとっては常に理解ができない」
(b)「ある出来事についての物語を聞くことと，それを実際に経験することは，人間に対して似たような反応を引き起こすことがある」
(c)「他人が攻撃されているのを実際に目にする場合と比べると，物語を通じてそれと同程度の恐怖心が喚起されることは決してない」
(d)「私たちは物語に頼らない，より優れた文化伝播の方法を開発しなければならない」

正解は(b)。第2段の最後から2文目 (Human narratives' power in inspiring …) の和訳は，「恐怖心を触発する際に，人間が用いる語りが優れているのは，恐怖心を誘発する要因を観察せずとも，その情報を伝えることができる点にある」。次の文の内容を併せて考えると，これは，怖いと感じる状況を実際に目撃することがなくても，言葉によってそう感じさせることができる，ということ。したがって，(b)は「話を聞くことと実体験とは共に同程度の恐怖心を喚起できる」ということなので，この箇所の内容に一致する。逆に，(c)はこの内容に矛盾している。(a)と(d)は本文に記述なし。

◆(B)　▶17.「本文によると，次のうち正しいのはどれか」

(a)「黒人ダンサーは自分の人種を象徴することになるというプレッシャーに直面する場合が多かった」

(b)「大学教育は黒人のボードビルショーにとって非公式の必要条件であった」

(c)「ダンスはアメリカ南部における人種統合のための道具になった」

(d)「舞台の上では常に『最高の自分』を見せるべきだ」

正解は(a)。第 1 段第 5 文（With many black dancers …）の中にある complication は「厄介な問題」という意味の語なので，同文を和訳すると，「多くの黒人ダンサーにとって，このことは『人種の象徴』という問題を伴った」となる。この内容から(a)は正しいと言える。(b)は，第 2 段の冒頭文（The Nicholas brothers were …）で，ニコラス兄弟は「大学教育を受けたミュージシャンの子供であった」とあるが，ボードビルショーに出るのに大学教育が必要であったという記述は本文にない。(c)は記述なし。(d)は第 1 段第 9 文（Your “best …）に疑問符付きで述べられているため，矛盾する。

▶18.「筆者は…ということを示すために，ニコラス兄弟の例を引き合いにしている」

(a)「ダンスの世界で大成功を達成するためには，最貧困層という社会背景の出身でなくてはならない」

(b)「人種は彼らのパフォーマーとしての成功において厄介な要因であった」

(c)「彼らの見事なパフォーマンスは彼らを出演させた映画の見せ所であった」

(d)「ショービジネスの世界で成功するためには 2 倍一生懸命に働く必要がある」

正解は(b)。第 2 段第 3 文（Later, when they entered …）には，（黒人の）ニコラス兄弟の「パフォーマンスは，…物語にとって必須なものとはならないように配慮して撮影されたが，これは映画が人種差別の根強い南部で上演される際に，彼らの素晴らしいパフォーマンス・シーンがカットされても，作品全体の筋に影響しないようにするためであった」とあり，続いて「才能は抑制されていた」と述べられている。したがって，(b)の「人種は彼らの成功にとって厄介な要因であった」というのは，本文に一致している。逆に，(c)のニコラス兄弟のパフォーマンスが「映画の見せ所であった」は，この「カットされても作品の筋に影響しない」という説明と矛盾する。(a)，(d)は記述なし。

▶19.「次のうち，本文の題名として最も適切なものはどれか」

(a)「ダンスの物語の中で人種について考察する」

(b)「映画におけるダンスへの差別」

(c)「現代版シェイクスピア劇ダンサー，ニコラス兄弟」

(d)「ダンサーとして成功するために，否定しようのない自分自身になれ」

正解は(a)。まず，ニコラス兄弟の例は，人種差別の例であってダンスへの差別ではないので，(b)はおかしい。(c)も，シェイクスピア劇のダンサーではないのでおかしい。(a)と(d)で迷うところだが，本文では，第1段第4・5文（Some of the greatest dancers …）で，卓越したダンサーには最貧困層出身の人たちがおり，そのために黒人ダンサーには『人種の象徴』という問題が生じたと述べられており，次の第2段では，才能のある黒人ダンサーが人種差別を受けて，才能が抑制・制限されていたことを取り上げている。続く第3段では，黒人であると思しき筆者も（才能しか頼れるものがないから）人一倍優秀であれと親から言われていたことが述べられている。これらより，本文では黒人と，それを広く言い換えた「人種」がキーワードになっており，ダンスの文脈でそれを論じているのだと考えられる。(d)については，第2段最終文の But also genius (is) undeniable.「しかし，同時に才能は否定できないものでもある」と，第3段第2文（A mother tells her children …）の最後の「『否定しようがない』ようになれ」に undeniable が使われていて，一見正しそうだが，「ダンサーとして成功する」はニコラス兄弟に関してだけで，本文全体の趣旨を反映していない。また，「否定しようがないようになれ」というのは，黒人差別がある状況では飛び抜けた才能以外は埋もれてしまうという文脈で述べられていることであり，人種という要素があってこその undeniable self だと考えられる。(d)はこの「人種」に関しての言及がない。よって，題名は(a)が適切と言える。ちなみに，選択肢の history は「物語」の意味だと考えられる。

◆(C)　▶20.「筆者によると，広告が…」

(a)「女性や男性の昔ながらの役割を取り上げた場合に，最もその効果は高くなる」

(b)「販売する商品に直接関連した画像を見せる場合にのみ，それは成功する」

(c)「社会における最善の振る舞い方を私たちに示すためには，性別の固定観念を取り上げるようなものが必要である」

(d)「しばしば私たちの心理に無意識のうちに影響を与え，ジェンダーに関する基準を植えつける」

正解は(d)。第2段第1文（We recognize the overt ways …）中に，there are so many subliminal ways that ads can enforce roles of femininity and masculinity「潜在意識に訴えかける手法があまりにも多く存在しているため，広告は女性らしさや男性らしさという役柄を押し付けることができる」と述べられているため，ここが(d)の内容に一致している。(d)の psyche は「精神，心理（状態）」のこと。(a)については，広告効果に関する言及はない。(c)は本文の趣旨に反する。

▶21.「次のうち，本文の中で示されて『ない』ものはどれか」

(a)「女性を対象とした広告もまた性別に関する有害な固定観念を採用している」

(b)「美に関する基準が男性のみならず，女性にも否定的な影響を与えている」

(c)「トランスジェンダーの人々のことを広く知ってもらうためには，ノンバイナリーの役柄を有名な役者が演じるべきである」

(d)「自己を物として見るような価値観は，広告が持つ主な影響のひとつである」

正解は(c)。本文の内容に一致し「ない」ものを選ぶ問題である点に注意。第6段第2文（Similar to how cisgender actors are …）には，アンドロジニー（男女両方の特性を示すことで，ここではノンバイナリーと同意）の役について，本来は「ノンバイナリーのモデルに与えられるべき仕事である」と主張されている。(c)のように，ノンバイナリーの役を「有名な役者が演じるべき」とすると，有名なら誰でもよいことになってしまう。(a)は，第 5 段第 2 文（Even though objectifying …）に合致する。objectifying women が，damaging gender stereotypes「性別に関する有害な固定観念」を利用した広告手法だと考えられる。(b)は，第 5 段第 3 文（Similarly, handsome, muscular men …）と，第 4 段第 2 文（All genders …），第 5 段第 2 文（Even though objectifying …）に一致する。(d)の self-objectification は，「自分を物とみなすこと」を意味しており，第 4 段第 1 文（Seeing oneself portrayed as …）に，「人は自分がマスメディアの中で物として描かれているのを見ることで，自分が物であると思い込むようになる」とあるため，(d)も本文の内容として当てはまる。

▶22.「筆者が広告における性別の固定観念を心配している理由は，…からである」

(a)「細くて，日焼けした白人女性はビールを宣伝するために利用されるべきではない」

(b)「製品が確実にあらゆるタイプの人々に届くようにするのに，それが効果的ではない」

(c)「それが非現実的な体形の基準を設けることで，私たちは自分のことが恥ずかしく感じるようになる」

(d)「製品を買うだけでは，私たちはさらに美しくなったり魅力的になったりすることはできない」

正解は(c)。広告における性別のステレオタイプから具体的に生じるのは，第 4 段第 2 文（All genders and …）の，非現実的な体型で描かれるという女性のモノ化や，第 5 段第 3 文（Similarly, handsome, muscular men …）の，男らしくあるには鍛えられた筋肉質な体が必要だという男性のモノ化である。ステレオタイプを体現した体型でモノ化されると，(c)の前半の「非現実的な体型の基準」が設けられる。そして，現実の人々はそんな体型ではないから，「自分のことが恥ずかしく感じるようになる」と考えられる。

▶23.「本文によると，イギリスが 2017 年に広告に対して設けた制限は…を目的としている」

(a)「女性や女児だけでなく，男性や男児を物として扱うことによって，性別の平等を達成すること」

(b)「製品を買うことではなく，運動をすることで人々が健康になるようにすること」
(c)「現在主流となっている基準に当てはまらない人々に社会がもっと配慮すること」
(d)「イギリスの伝統と倫理観に合致した，正しい性別の固定観念を促進すること」

正解は(c)。「イギリスが2017年に広告に対して設けた制限」については，最後の段落で触れられている。同段第2文（This includes objectifying …）では，その具体的内容が挙げられており，「女性や女児を物あるいは性的対象とみなすこと，不健全なまでの細い身体を奨励すること，性別不適合の人々を侮辱する文化を支持すること」などが広告において制限されている。従来の社会では男女がそれぞれに定められた規範に従うことが求められていたが，これらの制限はそのような枠組みに当てはまらない人々への配慮であると言い換えられるため，(c)が正解となる。(d)の中にある表現 align with ～ は「～に一致する」という意味なので，「イギリスの伝統と倫理観に合致した正しい性別の固定観念を促進する」となる。これでは従来の価値観から変化がないことになるため誤り。

▶24.「本文の主題として最も適切なものは，次のうちどれか」
(a)「筋肉隆々とした男性と専業主婦の女性：性別の固定観念がもたらす悪影響」
(b)「極少数派：広告内の既存の枠組みに従う体形を消し去る」
(c)「裕福に，魅力的に，格好良くなろう：メディアにおける自己対象化の利点」
(d)「色気は売りになる：ウッドベリー・ソープ・カンパニーの広告の歴史」

正解は(a)。buff はアメリカの口語的表現で「筋肉のがっしりとした」という語。The Toxic Effects of Gender Stereotypes「性別の固定観念がもたらす有害な（toxic）影響」は，第2段の最終文（They perpetuate unhealthy …）の中にある，「不健全な（unhealthy）ジェンダー基準」や，第7段の第1文（In 2017, Britain banned …）にある，「性別に関する有害な（harmful）固定観念」という表現を言い換えたものであり，本文の趣旨を捉えている。(a)の中には「広告」を表す語がないが，大事なのは広告が植えつける「性別に関する有害な固定観念」の方であるため，必ずしもそれは必要ではない。逆に，(b)の Erasing Conforming Bodies in Advertisements には，「広告」という語は入っているが，Bodies「肉体，体形」にだけ言及して，本文全体を通じて登場する gender「(社会的・文化的につくられる) 性別」の問題に触れていない点が誤り。conforming は「社会から期待される規範に従った」という意味の語であるため，「既存の体形の枠組みにしたがった体形を広告からなくす」という意味にはなるが，「体形，肉体」を意味する body が扱われているのは，第5段 (Bodies are used …) のみ。

●語句・構文●

(A) (第1段) observe「～を観察する」 class「部類，集合，分野」 universal「(ある集団の) 普遍的特質」 individual「個人，ひとりの人間」 narrative「物語，話術，語り口」 how things came to be「物事の背景」(直訳は「物事がどのようにして成り立ってきたのか」) uniquely「独自に，他に類を見ないほどに」 phenomenon「現象」(複数形は phenomena) species「(生物分類上の) 種」(単複同形)

(第2段) culture「(集団固有の) 行動様式，文化」 transmit「(情報など) を伝える」 How is it that ～?「一体どのようにして～」(強調構文の It is ～ that … が疑問詞と共に用いられると必ず〔疑問詞＋is it that ～?〕の形となる) fundamental「根本的な」 predator「捕食者」 experiment「実験」 acquire「～を獲得する」 circumstance「状況」 arouse「(感情など) を喚起する」(自動詞の arise「起こる，生じる」と紛らわしいので注意) occur「起こる，生じる」 mechanism「方法，仕組み」 transmission「(情報などの) 伝達」 transfer「～を移す，(情報など) を伝える」 inspire「～を刺激〔触発〕する」 fear-inducing「恐怖を引き起こす (ような)」 stimulus「刺激」 generate「～を生む〔発生させる〕」 salient「顕著な，突き出た」 instinctual「本能的な」(＝instinctive) fight-or-flight response「戦うか逃げるかの反応〔闘争・逃避反応〕」

(B) (第1段) art「技術」 available「手に入れられる」 have nothing「文無しである」 ten and sixpence「10シリングと6ペンス」(シリング (shilling) は英国の昔の貨幣単位のひとつ。ペンス (pence) は貨幣単位ペニー（penny）の複数形） play「劇」 absolutely「絶対的に，完全に」 equipment「装備」 lowly「（身分の）低い」 complication「さらに複雑にする要因，厄介な問題，合併症」 represent「～を代表する」 best self「最高〔理想〕の自分」 symbol「象徴」
（第2段） street kids「都市部の路頭で生活している子供」（＝street children） college-educated「大学教育を受けた」 formally「正式に」 train「～を訓練する」 colleague「仕事仲間，同僚」 black「黒人の」 vaudeville「ボードビル（ショー）」（米国の大衆的な娯楽演芸） enter「～の世界に足を踏み入れる」 in such a way as to *do*「～するようなやり方で」 racially-segregated「人種差別の根強い」（segregate「～を人種差別する，～を隔離する」） spectacular「目を見張るような，素晴らしい」 sequence「（映画の）一続きの場面」 cut out～「～をカットする〔省く〕」 do harm「害を与える」 integrity「完全性，誠実」 plot「（話の）筋」 genius「才能」 contain「～を抑制する」 ring-fenced「（使途が）限定されている」 undeniable「否定しようがない（ほど優れた）」
（第3段） something of～「ちょっとした～，～のようなもの」 an article of faith「ひとつの信条」 asset「資産」 instruction「指示」
(C)（第1段） gender「ジェンダー（生物学上の性別に対して，社会的・文化的につくられる性別）」 advertise「～を宣伝する」 obvious「明白な」 those of us who～「～する人々」 ad「広告，宣伝」（＝advertisement） thin「細い」 bronzed「ブロンズの，褐色の，日焼けした」 Hot Wheels「ホットウィール（マテル社のミニカーの商標）」 ogle「色目を使う，性的関心の目で見る」 buff「（米俗語）筋肉隆々とした」 homemaker「専業主婦〔主夫〕」
（第2段） overt「あからさまな」 throw *A* in *one's* face 「*A* を～の顔に浴びせる」 subliminal「意識下の，潜在意識に訴えるような」 femininity「女性らしさ」 masculinity「男性らしさ」 fit in with～「～に適合する，～とうまく馴染む」 perpetuate「～を永続させる」 norm「基準，標準」
（第3段） sell「（～が）売れる」 objectify「（人）を物と見なす」 be meant to *do*「～することになっている」 *A* mold to *B*「*A* が *B* に（形に合わせて）ぴったり合う」

（第4段） see oneself portrayed as ～「自分が～として描かれるのを見る」（see O *done*「Oが～されるのを見る」） object「物体」 affect「～に影響を及ぼす」 dehumanized「非人間的な」
（第5段） specific「特定の」 if subtle「たとえ微妙だとしても，微妙だけれど」（このifはeven if「たとえ～だとしても」あるいは「～だけれども」の意味） muscular「筋肉の，筋骨たくましい」 be laced with ～「～が織り交ぜられている」 shame「恥」 blame「非難」 internalize「～を内在〔内面〕化する」 discrimination「差別」 overweight「太りすぎの」
（第6段） non-binary「ノンバイナリーの，男女の二者択一ではない」 few and far between「非常にまれな」 androgynous「男女両性の，中性的な」 niche「隙間市場，得意分野」 the male-female binary「男女二者択一の」 paradigm「（理論などの）枠組み」 transgender「生物学上の性別と自分の性自認が一致していないこと」 play「演じる」ここでのwithは対象を表す「～を」の意味，あるいは付帯状況で「～の状態で，～を伴って」の意味だと考えられる。 androgyny「男女両方の特性を示すこと」 state of affairs「情勢，状況」 gender-variant「性別不適合の，従来のジェンダー分類に当てはまらない」
（第7段） ban「～を禁じる」 mock「～をからかう〔侮辱する〕」 non-conforming「社会が求める既存の枠組みに適合しない」 work to *do*「～するために尽力する」 advertiser「広告主」

Ⅲ　解答

25―(d)　26―(h)　27―(g)　28―(f)　29―(b)　30―(e)
31―(c)

◆全　訳◆

≪知識遺産に対する現代人の責務≫

12世紀，シャルトルのベルナールは，「私たちは巨人の肩に乗った小人である」と，彼の生徒に語った。この偉大な教師が意味したのは，現代人（12世紀当時の人々は，私たちがそうであるように自分たちこそが完全に現代的な人間であると考えていた）は，知識が自分の世代と共に生まれたと考える傾向がある，ということである。多くの点で，今を生きる世代は，祖父や曾祖父の世代よりも多くの知識を持つ。ベルナールの時代を生きた人々は，たとえば建築の原理について，11世紀の人々よりも多くの知識があった。20世紀を生きる私たちの世代になると，たとえば物理や化学について，シャルトルの大聖堂学校で教鞭を執った最も立派な学者よりも多くを私たちは知っている。

しかし，それにもかかわらず，私たちは巨人の肩の上の小人に過ぎないのだとベルナールは主張した。私たちが遠くを見られるのは，巨人，すなわち私たちの祖先のとてつもなく大きい身長のおかげであり，その肩の上に私たちは立っているからだ。12世紀のゴシック建築は，10世紀，11世紀に，さらに言えば古代シリアの建築に遡って築かれた基盤がなければ存在し得なかっただろう。現代の意味における原子物理学は，17世紀の投機心なしには，さらにはソクラテス以前のギリシャ人たちの洞察力なしには生まれなかっただろう。私たちの文明は膨大な連続であり後世にとっての礎（いしずえ）である。現代人のうぬぼれによって，自分たちを支えてくれている先代の巨人たちを無視したり軽視したりすれば，不合理の溝へと転がり落ちることになる。

したがって，現代の科学知識ですら，その大部分は私たちの祖先から受け継いだ遺産であると言うなら，現代の倫理，社会，芸術における知識が遥か昔の先祖から受け継いだ遺産となるのは，なおさら確かなことである。G. K. チェスタートンは「死者の民主主義」という言葉を造った。重要な倫理的，政治的な問題を判断する際には，私たちよりも前に生きた賢人によって練り上げられた見解を参考にする義務が私たちにはある，とチェスタートンは述べている。私たちはこれらの死者に対して多大な借りがあるために，彼らの意見は考慮に値する。したがって，個人的に自分にどのようなその場限りの利点があるだろうか，といった基準で問題を単純に判断する権利など私たちにはない。私たちには祖先の知恵を尊重する責務がある。そして同時に，私たちには子孫，すなわち後の世代の権利を尊重する責務もある。現代のフランス人哲学者であるガブリエル＝マルセルは，唯一の健全な社会とは伝統を重んじる社会である，と述べている。マルセルによると，私たちは「広く波及する感謝の気持ち」，すなわち，現代人の生活や文化の生みの親である祖先が抱いた希望や彼らの偉業に対する共感の雰囲気の中を生きていくべきであり，この祖先の希望と偉業は，さらに高められずともせめて色あせない形で，子孫へと引き継いでいかなければならないという道義上の責務が私たちにはある。現代人があるのは私たちを肩に乗せてくれている巨人のおかげである。このような広く波及する畏敬の念という感情や空気感は，現代において薄まっているが，それは多くの人々が自分のためだけに生き，自分が過去から受けている恩恵や，未来に対して負っている責任を無視しているからだ。彼らは恩知らずであり，恩知らずは無知を伴うものだ。

したがって，規範となる知識は負担などではなく，むしろ豊かな遺産なのである。それを拒む者たちは個人的な経験（それは手厳しい指導者だが，愚か者にはそれ以外に選択の余地はない）から学ぶしかない。18世紀の政治思想家であったエドマンド＝バークは，先人たち，現代人，そして後世の人々に対する自発的責務というこの概念を深く印象づける言葉で表現した。私たちは皆，「永遠社会の契約」に従うものである，と彼は述べている。この永久の契約は神と人類との間に交わされ，そして地上から消えてなくなった人々と，今を生きる人々と，これから生まれてくる人々との間で交わされるものだ。それは私たち皆を拘束する契約である。その契約を自分勝手に反故にする権利は誰にもない。もし私たちが本当にそれを破るのなら，個人的に苦しみ，そして社会全体も苦しむことになる。そして私たちはこの文明化した社会秩序（それは偉大な先人によって作られた）から追放され，完全に無秩序な「敵対世界」へと迷い込むことになる。

私たち現代人は，亡くなった偉大な先人たちよりも自分を賢いと考え，さほどでもない自分個人の合理性に得意になりがちで，そして個人レベルの知性というわずかな元手と資本を利用する傾向がある，とバークは続けて述べている。しかし，私たちが従っている道徳的教訓や社会的慣習は，何世代にも及ぶ，良識的で義務に忠実な人々によって考え抜かれた判断と選りすぐられた経験を表している。それゆえ，ものごとの良し悪しや損得や善悪についての現代人の傲慢で取るに足らない見解を優先して，この受け継がれてきた英知を無視することは愚行と言える。エドマンド＝バークは彼と同じ時代を生きた人々の中で最も先を見据えた人物であったが，自分の強さをもたらしてくれた巨人たち以上に自分の方が偉大だ，などとは決して考えなかった。

◀解　説▶

空所の数が7つなのに対し，選択肢は8つある。各選択肢の意味は以下のとおりである。

(a)「シャルトルのベルナールはその偉大な祖先の一人である」

(b)「18 世紀の政治思想家であったエドマンド＝バークは，先人たち，現代人，そして後世の人々に対する自発的責務というこの概念を深く印象づける言葉で表現した」

(c)「エドマンド＝バークは，彼と同じ時代を生きた人々の中で最も先を見据えた人物であったが，自分の強さをもたらしてくれた巨人たち以上に自分の方が偉大だ，などとは決して考えなかった」

(d)「多くの点で，今を生きる世代は祖父や曾祖父の世代よりも多くの知識を持つ」

(e)「その契約を自分勝手に反故にする権利は誰にもない」

(f)「彼らは恩知らずであり，恩知らずは無知を伴うものだ」

(g)「私たちはこれらの死者に対して多大な借りがあるために，彼らの意見は考慮に値する」

(h)「私たちが遠くを見られるのは，巨人，すなわち私たちの祖先のとてつもなく大きい身長のおかげであり，その肩の上に私たちは立っているからだ」

▶25. 正解は(d)。空所の直前文（The great Schoolman meant …）では，we modern folk … incline toward the opinion that wisdom was born with our generation「現代人は知識が自分の世代と共に生まれたと考える傾向がある」とあり，空所直後に続く 2 文（The folk of Bernard's …. We people of the twentieth century, …）も，建築や物理などを例にしながら「前の世代よりも自分たち現代人の方が知識は上回っている」という趣旨になっている。空所前後が同じ内容であることから，それらを繋ぐ空所にも「現代人の方が前の世代よりも知識が多い」という趣旨の英文が入ると判断される。よって，(d)の「今を生きる世代は祖父や曾祖父の世代よりも多くの知識がある」が妥当。(d)の than の後ろ，did its grandparents' or great-grandparents' generation は主語と動詞の語順が入れ替わった倒置の形で，did は knew の代わりをしている。

▶26. 正解は(h)。空所の直前では，we are no better than dwarfs mounted upon the shoulders of giants「現代人は巨人の肩の上の小人に過ぎない」とあり，これだけでは何を喩えた表現なのかわかりにくいため，それを説明するものが続くと考えられる。「巨人」と「肩の上の小人」が何を喩えたものかを説明しているのは，(h)の those giants, our ancestors「巨人，すなわち，私たちの祖先」と upon whose shoulders we stand「その肩の上に私たちは立っている」である。空所後には，ゴシック建築と原子物理学について，先人の知恵があったから現代に存在していると述べられている。これらは(h)の内容を具体的に説明していると言える。

▶27. 正解は(g)。空所直前の文（In deciding any important …）中の the wise men who have preceded us in time は「亡くなった私たちの祖先」を表しており，(g)の中にある these dead「これらの死者」がこれを指すと考えられる。また，空所直後の文の後半には「私たちには祖先の知恵を尊重する責務がある（we have the duty of respecting the wisdom of our ancestors)」とあり，順接の thus「したがって」でつながっているので，空所には同じ趣旨のものが入ると考えられる。(g)の their votes deserve to be counted「祖先の意見は考慮に値する」がそれとほぼ同じ内容である。これらより(g)が正解。

▶28. 正解は(f)。空所は段落の最後にあり，次の段落でも話の趣旨は変わっていない。よって，直前までと同じような内容が空所に入ると判断される。空所の直前文（This feeling or atmosphere of …）中の「多くの人々が…過去から受けている恩恵…を無視している」という内容と，(f)の選択肢中にある They are ungrateful「彼らは恩知らずである」の箇所が類似している。空所直前で述べたことを(f)で言い換えてまとめることになるため，空所には(f)を補うのが妥当。

▶29. 正解は(b)。空所直後の文の he に注目する。空所のある段の冒頭から空所に至るまでの間に，he の指す人物が登場していない。したがって，空所に入る英文中に he が指す人物が登場するはず。人名を含む選択肢は，(a)の Bernard of Chartres（シャルトルのベルナール)，(b)・(c)の Edmund Burke（エドマンド＝バーク）の3つ。ここで，同段に続く最終段の冒頭文（We moderns, Burke continued, …）を見ると，Burke（バーク）の名前があるものの，これが誰なのか，どういう人物であったのか，という説明がない。これは，空所でその説明がなされたためと考えられる。したがって，Burke が「18世紀の政治思想家」,「同時代を生きた人の中で最も先を見据えた人物」であることをそれぞれ説明した，(b)・

(c)のいずれかが正解。ここでは，空所直後の文（We all are subject, …）にある『永遠社会の契約』に注目する。(b)では Burke が「この概念にそれをとても印象づける表現を与えた（＝この概念を深く印象づける言葉で表現した）」とあるので，それが具体的にどのような表現なのかを説明する内容が後ろに続くはず。この『永遠社会の契約』が，「自発的責務」を表す Burke の言葉だと考えられる。また，(b)の this concept of willing obligation to the dead, the living, and those yet unborn「先人たち，現代人，そして後世の人々に対する自発的責務というこの概念」は，前段の空所（　27　）直後の文の後半中の the duty of respecting the wisdom of our ancestors; and also we have the duty of respecting the rights of posterity「祖先の知恵を尊重する責務，そして後世の権利を尊重する責務」を指すと判断される。したがって，(b)が正解。

▶30. 正解は(e)。空所直後には，If we do break it「もし私たちが実際にそれを破るならば」とあるため，空所には it に相当する名詞と「私たちが（何かを）破る」という内容が含まれると考えられる。内容の点で，まず(e)の中にある abandon that contract「その契約を破棄する」が一致する。このとき，it は that contract を指す。さらに，この that contract は，空所の直前文（It is a covenant binding upon us all）の中の a covenant「契約」を指すという点でも整合性がある。したがって，(e)が正解。

▶31. 正解は(c)。空所直前の最終段第3文（Therefore it is folly to ignore …）は，「この受け継がれてきた英知を無視することは愚行と言える」より，祖先からの英知を尊重すべきだという内容である。空所はそれに続く内容だから，祖先を肯定的に述べる内容だと推測される。さらに，結論であることを考えると，現代は祖先の叡智の上に成り立つので，祖先を尊重するべきだという内容になるはずである。(c)の「バークは自分の方が巨人よりも偉大だとは決して考えなかった」は，giants（巨人）にたとえられている「祖先」を尊重する内容と言える。また，最終段冒頭文（We moderns, Burke continued, …）でバークの名前が出ていることを考えると，バークを主語とした(c)で締めくくるのが妥当である。バークについては前述の冒頭文や選択肢(b)から，祖先を尊重する考えを持っているとわかるので，(c)の主語はバークでよい。

●語句・構文●

（第１段） dwarf「小人」 mounted upon「～に乗っている」 folk「人々」 incline toward ～「(気持ち・考えなどが) ～の方に傾く」 in ～ respect(s)「～の点で」 a number of ～「たくさんの～」 principle「原理，原則」 architecture「建築（学)」 in *one's* turn「(人) の順番で」 fine「立派な」

（第２段） for all that「それにもかかわらず」 no better than ～「～に過ぎない」 tremendous「莫大な，膨大な」 stature「身長」 ancestor「祖先」 foundation「基礎，基盤」 for that matter「それについて言えば，さらに言えば」 Syria「シリア」 atomic physics「原子物理学」 come into being「(～が) 生まれる」 speculative spirit「投機心」 intuition「直観力，洞察力」 pre-Socratic「ソクラテス以前の」 immense「膨大な」 continuity「連続 (性)」 essence「本質，神髄，根本的要素」 ignore「～を無視する」 disdain「～を軽蔑する」 ancestral「祖先の，原型の」 uphold「～を支持する」 vainglory「うぬぼれ，見栄」 tumble down「転がり落ちる，崩壊する」 ditch「溝」 unreason「不合理，無秩序」

（第３段） considerable「相当な」 legacy「遺産」 forbear（＝forebear)「先祖」 still more ～「より一層～」(still が後続の比較級を強調) patrimony「世襲財産」 men long dead「ずっと昔に亡くなった人々」 coin「(言葉などを) 新しく造る」 obligation「義務，責任」 consult「～を考慮に入れる，～を調べる，～に相談する」 considered「考え抜かれた」 precede「～に先行する」 owe *A* *B*「*A*（人）に *B*（物）の借りがある」 deserve to *do*「～するに値する」 count「～を考慮に入れる」 posterity「後世（の人々)，子孫」 the generations that are to come after us「私たちの後に続く世代」(are to come の箇所は，be to *do* の形が用いられており，ここでは「～することになっている」の意味) philosopher「哲学者」 *A* of *one's* time「(人) の時代の *A*」 atmosphere「雰囲気，ムード」 diffuse「～を拡散する，～を広める」 gratitude「感謝（の念)」 sympathy「共感」 achievement「偉業，成果」 derive *A* from *B*「*A* を *B* から受け継ぐ」 be obliged to *do*「～する義務がある」 pass on *A* to *B*「*A* を *B* に受け継ぐ〔伝える〕」 undiminished「低下していない，衰えていない」(ここでは副詞として機能しており「色あせな

い形で」の意味） enhance「～を高める〔強める〕」（enhanced は，undiminished と同じくここでは副詞として機能） descendant「子孫」 grateful「感謝している」 veneration「畏敬の念，尊敬の気持ち」 ignore「～を無視する」 *A* bring on *B*「*A* が *B* をもたらす〔引き起こす〕」

（第 4 段） normative「基準の，規範的な」 burden「重荷」 instead「そうではなく，むしろ」 a hard master「厳しい主人〔師匠〕，人使いの荒い人」 willing「自発的な，快く行う」 those yet unborn「これから生まれてくる人々」 be subject to ～「（規則など）の支配下にある」 contract「契約」 eternal「永遠の」 immortal「不死の」 mankind「人類」 perish「消滅する」 be yet to *do*「まだ～していない，これから～する」 covenant「契約」 bind upon ～「（法的に）～を拘束する」 abandon「～を捨てる」 at will「気の向くままに，意のままに」 cast *A* out of *B*「*A* を *B* から追放する」 antagonist「敵対者」 disorder「混乱，無秩序」

（第 5 段） be puffed up「得意になっている」 petty「ささいな，つまらない」 rationality「合理性，理性があること」 be disposed to *do*「～する傾向がある，～したいと思う」 trifling「取るに足らない，ささいな」 bank and capital「元手と資金」 precept「教訓」 convention「慣習，集会」 judgment「判断」 filtered「選りすぐられた」 prudent「良識的な，用心深い」 dutiful「義務を果たす」 folly「愚行，愚かさ」 inherit「～を受け継ぐ〔継承する〕」 in favor of ～「～に賛同して」 arrogant「傲慢な」 notion「考え」 injustice「不正，不当」 prophetic「予言的な」 *A* of *one's* age「（人）と同じ時代の *A*」 strength「強さ」

Ⅳ **解答**

32—(d)　33—(c)　34—(j)　35—(f)　36—(a)　37—(g)　38—(k)

◆全　訳◆

≪恋人同士の会話≫

男の子：今日の天気はひどいね。家にいて，ストリーミングで映画を観ようよ。何か観たい映画はないかい？

女の子：それがいい考えかどうかわからないな。この前は，私がミュージカルものを観たがって，あなたはミュージカルを観るのが嫌で，映画の間中すねた表情でずっと座っていたから，ものすごく言い争いになったでしょ。

男の子：あれは映画がミュージカルだったからではなくて，フランスの歴史についてだったからで，3時間近くも『レ・ミゼラブル』をじっと観させられたからね。本当は，ミュージカルはかなり好きだよ。

女の子：あぁ，本当？　それなら，今晩は『ハミルトン』を観るのはどう？

男の子：え，『ハミルトン』？　あの10ドル紙幣に載っている人？　どういう映画なの？

女の子：アメリカ建国の父の一人，アレクサンダー＝ハミルトンについての物語だけど，ミュージカルになっているから，登場人物は皆ヒップホップ調の韻を踏みながら話すんだ。ラップやR＆Bの歌もあるよ。役者も色んな人種がいて多様だよ。

男の子：うん，いい感じだね。アメリカの歴史は少し知っているから，少なくとも『レ・ミゼラブル』よりは面白いだろうな。

女の子：それは皮肉とかではないよね？

男の子：いや，本当に違うよ。『ハミルトン』を観よう，そして次はアクション映画を観ようね。君も好きなやつだよ。

◀解　説▶

▶32.　正解は(d)の checking out。feel like のあとは *doing* が続く。check out～は「(図書館などから）～を借りる，(情報など）を見る，確認する」という意味の表現。ここでは，直前で Let's stay in and stream a movie.「家でストリーミングで映画を観ようよ」と発言しているので，Anything you feel like checking out?「何か観たいものはないかい」とするのが適当。(i)は「～を指摘する」なので文脈に合わない。

▶33.　正解は(c)の argument。have an argument で「口論する」の意味。空所がある発言の直前で，相手から映画を観ることを提案された女の子は「それが良い考えかどうかわからない」と否定的な発言をしている。そのため，「前回一緒に映画を観たときは（Last time we did that)」，何か問題があったと推測される。選択肢からは(c)の argument「口論」がこれに沿うものである。口論の具体的な内容は空所の後ろに続く箇所から，観たい映画の趣味が食い違ったこととわかる。

▶34. 正解は(j)の put off。空所に続く箇所にある a pouty face の pouty「ふくれっ面の，すねた」という表現から，空所には「機嫌が悪い，怒った」といった感情表現が入ると推測される。put off ～ には「～を延期する」などの意味があるが，「～の気を悪くさせる，～を不快にさせる」という意味もある。受け身で「不快になる，嫌がる」の意味になるため，ここは you were so put off by the idea that …「…というアイデアによって気を悪くした」とするのが適切。

▶35. 正解は(f)の into。be into ～ で「（趣味などで）～が好きである，～にはまっている」という口語表現。女の子から，以前にミュージカル映画を観て口論になったことを指摘されて，男の子は It's not so much because it was a musical, but …「それがミュージカル映画だったから嫌がったわけではない」と説明しているので，「むしろミュージカルは好きだ」と続くと考える。空所直前にある actually「（意外かもしれないが）実際には」をヒントにするとよい。

▶36. 正解は(a)の about。男の子から，空所で終わる疑問文で問いかけられた女の子が映画『ハミルトン』の内容を説明しているので，空所のある疑問文は「その映画の内容について教えて欲しい」という内容のはず。したがって，What is that about?「それは何についてのもの〔映画〕だい？」という表現にするのが適切。that の箇所は it でもよく，What is it about? は，映画などのストーリーがどんなものかを尋ねるときに，よく使われる表現。

▶37. 正解は(g)の multiracial「多民族の」。空所のある文の主語 the cast は，「映画の役者たち〔配役〕」という意味の語で，単数形だが，意味的には集合扱いになる。この役者たちについて，空所直後では and diverse「そして多様だ」と説明されている。and は同じようなもの同士を結びつける性質があるため，この diverse と空所に入るべきものは互いに形容詞であり，意味的にも「多様な」に近いものが想定される。その観点から選択肢を見ていけば，(g)の「多民族の」が妥当となる。

▶38. 正解は(k)の sarcastic「皮肉な」。女の子の希望でミュージカル映画『レ・ミゼラブル』を観たときに，男の子と口論になったことがあるため，今回，別のミュージカル映画『ハミルトン』を観ることを受け入れた男の子に対して，本当に快く受け入れているのかやや疑っている場面。空所のある文，Are you sure you're not being（　38　）about this? は，「これについてあなたが～ではないのは確実ですか？（＝本当に～じゃないよね？）」と，確認をするときの表現になっている。not being（　38　）全体で肯定の意味になるから，空所には否定的な語が入ると判断できる。また，そう聞かれた男の子は No, not in the least.「いや，本当にちっともそんなことないよ」と答えているため，男の子は心からこの映画を観ることに賛同している。したがって，空所には(k)の sarcastic を入れ，「それは皮肉ではないよね？」と問いかけるのが最適。男の子は「本当は観たくもないのに，それを観たいと言っているのではないよ」と主張していることになる。

●語句・構文●

awful「ひどい」 stream「(インターネット上で映像など）をストリーミングで観る」 throughout「～の間中ずっと」 It's not so much because … but because ～「それは…だからではなく～だからだ」 guy「男，人物」 bill「紙幣」 the American Founding Fathers「アメリカ建国の父」 rhyme「韻，詩」 not in the least「(否定文で）全然〔ちっとも〕～ない」

V　解答

〈解答例 1〉(Under current conditions, the digital world has begun to) function more than ever as a platform for human interactions. (4-10 words)

〈解答例 2〉(Under current conditions, the digital world has begun to) serve as a new normal for our daily lives. (4-10 words)

◆全　訳◆

≪パンデミックと超現実の世界≫

私たちは今，超現実の時代に生きているが，この概念はフランス人社会学者であるジャン＝ボードリヤールによる著書『シミュラークルとシミュレーション』の中で最初に造られたものである。ボードリヤールは超現実を「オリジナルの存在しない現実の模造による時代」と定義した。ボードリヤールが 1981 年に最初に超現実の理論を提唱したとき，それは非常に刺激的で物議を醸す概念として受け止められた。今日では，超現実は現代生活にすっかり定着している。

多くの点で，現在行われているロックダウンは，これまで行われてきた中で最も大規模な社会的，心理的実験となっている。パンデミックのピーク時には，世界人口の半数（42億人）を超える人々が部分的，あるいは完全なロックダウンの状況下にあった。私たちの生活様式は一変した。人々の交流は毎日インターネット上を飛び交うデジタル画像に置き換わった。予想通り，人々はいまだかつてないほどの時間をオンライン上で過ごしている。ズーム（Zoom）は，2019年12月における参加者数は1千万人ほどであったのが，今や1日あたり3億人がそれに参加している。ツイッチ（Twitch）の視聴者数は3カ月あたり56%増加した。そしてアマゾン社は，パンデミックによってインターネット上の商取引への移行が加速された結果，その利益は3倍に膨れ上がった。

もっと重要なのは，ズーム，ツイッチ，アマゾンといったデジタルプラットフォームは何年も前から存在していたということだろう。テクノロジーが変わったのではなく，むしろ変化したのは，テクノロジーとの私たちの関わり方である。明らかに言えるのは，地球規模のロックダウンが，大衆がネット通販やオンライン支払いやビデオ会議を受け入れるきっかけになっている，ということだ。史上初めて，私たちは思いがけず社会を，少なくとも社会のかなりの部分をオンライン上へと移すことになったのである。多くの人々がデジタル世界を中心とした新たな習慣を確立したのだ。

◀解　説▶

与えられた書き出しに続く形で，4～10語で要約を完成させる英作文問題。ただし，連続する3つ以上の語句が本文と同じものにならないように，自分の言葉で書く，という条件がある。与えられた書き出しは，Under current conditions, the digital world has begun to … であり，「現在の状況下で，デジタル世界は…し始めた」という意味。

与えられた書き出しの Under current conditions「現在の状況下で」というのは，主に第2段第1文（In many ways, the current lockdown is …）にある，パンデミックによる「ロックダウン（都市封鎖）」の状況を指している。したがって，ロックダウンが加速させた社会の変化を中心に要約することになる。その社会変化とは，第2段第4文（Human interaction has been replaced by …）に「人々の交流は毎日インターネット上を飛び交うデジタル画像に置き換わった」とある。また，同様の内容として，最終段の最後から2文目（For the first time in history, …）の中で，「私たちは社会のかなりの部分をオンライン上へと移すことになった」とも述べられている。これらを要約する際には，まずその主語を，与えられている書き出しの主語である the digital world「デジタルの世界」に置き換えて考える必要がある。すると，全体的には「ロックダウンの影響で，デジタル世界が人々の交流の場としてかつてないほど機能し始めた」などの要約が想定される。その場合，〈解答例1〉のように，（Under current conditions, the digital world has begun to）function more than ever as a platform for human interactions.「（現在の状況下で，デジタル世界は）人間の交流の舞台としてかつてないほどに機能し（始めた）」のように表現できる。他にも，最終段の最後の1文である，Many people have established new-found habits built around the digital world.「多くの人々がデジタル世界を中心とした新たな習慣を確立した」を要約の中心として，たとえば，「ロックダウンの影響で，デジタル世界が人々の日常の新しい標準になり始めた」とすることもできる。この場合が，〈解答例2〉の（Under current conditions, the digital world has begun to）serve as a new normal for our daily lives.「（現在の状況下で，デジタル世界は）我々の日々の生活の新しい標準となり（始めた）」となる。あとは，連続する3つ以上の語句が本文と同じものとなっていないことを確認しておけばよい。

●語句・構文●

（第1段）hyperreality「超現実」 coin「（言葉などを）新しく造る」 sociologist「社会学者」 define *A* as *B*「*A* を *B* と定義する」 generation「一世代分の期間〔時代〕」 provocative「挑発的な」 controversial「物議を醸す」 permanent「恒久的な」 fixture「固定されたもの，定着物」

（第2段）current「現在の」 lockdown「（暴動や感染病による）封鎖，ロックダウン」 psychological「心理学的な」 conduct「～を行う」 at the height of ～「～の絶頂で〔に〕」 pandemic「パンデミック，（伝染病などの）世界的流行」 billion「10億」 be subject to ～「～の支配下にある」 partial「部分的な」 complete「完全な」 upend「～を逆さま

にする」 interaction「交流」 be replaced by～「～によって取って代わられる」 pixel「ピクセル，画素」 beam「(光や電波) を放つ，発する」 predictably「予想通りに」 a record amount of～「記録的な量の～」 online「オンライン上で〔へ〕」 participant「参加者」 compared to～「～と比べると」 million「100万」 viewership「視聴者数」 per quarter「四半期（3カ月）あたり」 profit「利益」 triple「3倍になる」 accelerate「～を加速させる」 shift「移行」 e-commerce「電子商取引，インターネット通販」

（第3段） platform「基盤」 be around「存在している」 catalyst「触媒，きっかけ」 mass「大衆（の）」 adoption「採用」 conferencing「(電子機器を使った) 会議の開催」 manage to *do*「なんとか～する，つい～してしまう」 chunk「大きな塊，かなりの量」 establish「～を確立する」 new-found「新発見の」 habit「習慣」

❖講　評

2022年度も長文読解問題が3題，会話文問題が1題，要約英作文問題が1題の計5題の出題である。要約英作文問題は2017年度以降，あらかじめ与えられた書き出しに続けて4～10語の英語で書き加えさせる問題となっている。

Ⅰの(A)は「意識を持つ生物との境界」，(B)は「反証可能な科学理論」をテーマにした長文読解問題。(A)も(B)も語句の空所補充のみという設問構成で，空所の数は例年それぞれ7つずつ。難度の高い語彙が数問含まれており，(A)では1(d)threshold と5(c)preliminary，(B)では9(b)hallmark と11(c)robust などが該当する。しかし，その他は全体として標準的な語彙レベルであり，空所の前後から文脈をしっかりと把握できる力が要求されている。

Ⅱの(A)は「人間固有の物語る行為」，(B)は「才能と社会的背景」，(C)は「性別の固定観念がもたらす悪影響」をテーマにした長文読解問題で，いずれも内容説明や主題を問うものとなっている。(A)・(B)は短めの長文で，設問数もそれぞれ2問・3問と少ない一方で，例年(C)だけが長めの文章となっており，時間配分に注意が必要。2022年度は，(B)と(C)のそれぞれ最後の問題が主題を選ばせるものとなっており，要約する力が問われている。よって，設問に関わる箇所だけを拾い読みするのではなく，本文全体を網羅的に読む必要がある。また，(B)・(C)には，complication, objectify などの難度の高い語彙も含まれており，文脈からある程度意味を類推する力も必要となっている。

Ⅲは「知識遺産に対する現代人の責務」というテーマの長文読解問題。設問は例年通り，与えられた選択肢の英文を，文章中の適切な空所に補ってストーリーを完成させる問題となっている。forbear, covenant, antagonist, folly など難しい語彙も散見されたが，文脈や言い換えを読み取る力があれば切り抜けられるものも多い。選択肢の英文中にある指示語や空所前後の文脈など，根拠を挙げながら筋道を立てて解き進める練習をしておきたい。また，1つ間違えると他の箇所にも影響するため，十分な注意が必要。

Ⅳは会話文問題で，例年，会話の一部が空所となっている形式。2022年度は，家で映画を観ようとするカップルの会話で，check out や be into といった頻出表現は解きやすかっただろう。一方で，「～を延期する」という意味で学習することの多い put off が，別の意味の熟語として出題されており難しいところであった。

Ⅴの英作文問題は，4～10語という少ない語数で問題文の要約をする形式。2022年度は「パンデミックと超現実の世界」をテーマにした問題文。要約といっても，書き出しが与えられているので，それをもとに残りの部分を完成させるだけである。2022年度は，与えられている書き出しの主語が the digital world となっており，その述部だけを考えればよいため解きやすかった。また，本文の導入部分が，要約に含む必要のない内容だったことも，解答をまとめやすくした要因と言える。したがって，非常に短い語数制限の中で，頭の中にある要約のイメージを正しい文法で表現できるかどうかが決め手となる。なお，本文と同じ表現を3語以上続けて用いることは禁じられている点も2020・2021年度と同じである。

日本史

I　解答

1―ウ　2．行基　3―イ　4．信玄堤　5．利根川
6―ウ・オ　7―ア・エ　8―イ　9―ア　10―ウ

◀解　説▶

≪日本における治水と灌漑の歴史≫

▶1．ウ．誤文。「山川藪沢の利は公私ともにせよ」とあるので「例外的に私有を認めている」が誤り。「山川藪沢」は山や川，また雑草などが生い茂っている場所で，共有地として公私別なく利用できた。

▶2．行基は僧尼令で禁じられていた民間布教を行ったため国家から弾圧を受けたが，後に大仏造立に協力し，仏教界トップの大僧正の称号を与えられた。

▶3．イ．正文。「貴族や有力寺社の権威」で太政官符や民部省符などを得て不輸（免税特権）を承認された。

ア．誤文。「9世紀前半」が誤り。10世紀以降である。

ウ．誤文。「不入の特権」を持つ荘園ならば「検田使」の立ち入りを拒否できる。

エ．誤文。「延喜の荘園整理令」ではなく「延久の荘園整理令」とすれば正しくなる。

オ．誤文。「急速に衰退」が誤り。延久の荘園整理令は券契不明な荘園などを停止したもので，荘園の寄進を禁止したわけではない。国家からの認可があれば不輸権を得られるので，その後の院政期には上皇や貴族・寺社による荘園支配は増加した。

▶4．「富士川上流の釜無川」が手がかりとなり，甲斐の武田信玄が築いた堤防と気づけば解答できる。信玄堤（山梨県甲斐市）は釜無川と御勅使（みだい）川の合流点に築かれた霞堤（かすみてい）。上流から下流に沿って不連続に造られた堤防で，洪水が起こると一部を人為的に氾濫させて水位を低下させるしくみになっている。

▶5．関東を流れる最大の河川を想起して解答しよう。利根川は上野国利根郡を源流に江戸湾（東京湾）に向けて流れていたが，水害対策や水運創

出のために江戸初期から工事が行われ，17世紀半ばに銚子河口で太平洋に注ぐ川となった。

▶6．ウ・オが正解。やや難問であるが消去法で対処しよう。下線部は町人請負新田の説明なのでそれ以外の新田を選べばよい。

ウ．飯沼新田（茨城県）は享保期に治水家井沢弥惣兵衛により開発された村請新田。

オ．五郎兵衛新田（長野県）は，17世紀前半武田氏の遺臣市川五郎兵衛が開発した土豪開発新田である。

▶7．やや難。ア．誤文。聚楽第・大坂城は諸大名の大規模な普請（土木工事）によって建設された。

エ．誤文。「譜代大名のみ」が誤り。江戸城の建設は将軍権力を誇示する国家プロジェクトとして，譜代・外様大名を問わず全国の諸大名が普請に動員された。

▶8．イが正解。

X．正文。ナウマンはドイツ人の地質学者。御雇外国人教師として東京大学で地質学を講義し，日本を東西に分断する糸魚川―静岡構造線などの断層を指摘してフォッサマグナ（大きな割目）と命名した。またナウマン象の研究者でもありその名は彼の名に由来する。

Y．誤文。「フェノロサ」ではなくフォンタネージ（イタリアの画家）である。

Z．正文。やや難。ベルツは1876年に来日したドイツ人医師で日本の近代医学育成の功労者。脚気やハンセン病（伝染病），風土病のツツガムシ病や肝臓ジストマの研究に成果を残し，また温泉療法を普及させた。なお，在日記録の『ベルツの日記』は明治時代の様子を知る好史料なので覚えておこう。

▶9．アが正解。日韓基本条約の調印は1965年なので該当しない。なお，イ．日米行政協定の締結は1952年，ウ．MSA協定の締結は1954年，エ．日ソ共同宣言の調印は1956年，オ．サンフランシスコ平和条約の調印は1951年。

▶10．ウが正解。猪苗代湖は福島県中央部に位置する湖。水力発電所が1915年に完成し，東京までの送電は当時世界第3位の長距離送電となった。

Ⅱ 解答

1－ウ　2－オ　3－ア　4－エ　5．山口
6．後陽成　7－イ・エ　8－ウ　9－ア・エ　10－エ

◀解　説▶

≪日本における印刷文化≫

▶1．ウ．誤文。国分寺建立の詔（741 年）を出したのは孝謙天皇の父・聖武天皇である。

▶2．オが正解。X．1179 年。Y．1180 年。Z．1167 年。よってZ→X→Yの順になる。

▶3．アが正解。三経義疏は法華経・勝鬘経・維摩経の三つ。なお，白鳳から天平期にはウ．金光明最勝王経とエ．仁王経は法華経とともに護国三部経として重視された。

▶4．エが正解。寿福寺は鎌倉五山の第三位。1200 年栄西が北条政子を開基として創建した臨済宗の寺院。

▶5．「大内氏」の「城下町」が手がかりとなる。山口は応仁の乱で疎開した公家・僧侶が来住し，水墨画の雪舟ら文化人も多く集まり小京都とも呼ばれた。

▶6．「慶長勅版」が手がかりとなる。後陽成天皇は正親町（おおぎまち）天皇の孫で1586 年に即位。秀吉に豊臣姓を与え，太政大臣に任命するなど，天下統一をすすめる正当性を演出して朝廷権威回復をはかった。

▶7．イ．正文。目安箱は広く意見を聴取するため江戸城竜ノ口にある評定所門前に置かれた。

エ．正文。享保の改革では町火消を設置するとともに延焼を防ぐための火除地や広小路を設けた。

ア．誤文。定火消は明暦の大火後の 1658 年に設置され，旗本が任命された。大名に担当させたのは大名火消である。

ウ．誤文。「検見法」ではなく定免法である。

オ．誤文。「大名に与え」が誤り。上げ米は大名 1 万石につき 100 石上納させる制度。上納した大名は参勤交代の江戸在府期間が半年となった。

▶8．ウ．誤文。「山片蟠桃」が誤り。寛政の三博士は柴野栗山，尾藤二洲，岡田寒泉（後に古賀精里）である。山片蟠桃は懐徳堂が輩出した町人学者で，著書『夢の代』で無神論を展開した。

▶9．ア．正文。版籍奉還により旧藩主は知藩事となり，家禄（給与）を

年貢収入の10分の1とされて藩財政とも分離された。

エ．正文。廃藩置県により，初めは1使（開拓使）・3府（東京・大阪・京都）・302県となった。1888年に1道3府43県となる。

イ．誤文。旧藩主（知藩事）が「東京居住」を義務づけられたのは廃藩置県。

ウ．誤文。「正院・左院・右院の三院」が設けられたのは廃藩置県のときである。

オ．誤文。難問。「廃藩置県を目前にひかえ」が誤り。廃藩置県の断行は1871年7月，岩倉使節団の出発は1871年11月である。

▶10．エが正解。X．1890年。Y．1877年。Z．1888年。よってY→Z→Xとなる。

Ⅲ　解答

1―オ　2―ウ　3―エ　4―オ　5―イ・ウ　6―ウ　7―内務省　8―エ　9―ア・エ　10―山川菊栄

◀解　説▶

≪日本におけるジェンダーの歴史≫

▶1．オが正解。語群から女性天皇を選べばよい。元正天皇は母の元明天皇の後を継ぎ，聖武天皇即位までの中継ぎとして即位した。藤原不比等（718年，養老律令の制定）や長屋王（723年，三世一身の法）が権勢をふるった時代である。

▶2．ウが正解。やや難。「律令制度の本格的な導入が始まった」時期は，持統天皇の飛鳥浄御原令の施行（689年）や文武天皇の大宝律令の施行（702年）のころである。よって，7世紀後半から8世紀前半となる。

▶3．エが正解。Bは「天皇の側近で秘書官みたいな働きをする令外官」なので蔵人とわかる。Aは「女性が仕えていた」から女房とわかる。女房は女官の部屋のことであったが高級女官を指す言葉となった。なお，「舎人」は律令制度下では貴族などの子弟から選ばれ，天皇・皇族に近侍して雑事や護衛にあたった下級官人である。

▶4．オが正解。

X．誤文。「桂女」が誤り。炭・薪を売るのは大原女である。桂女は京都郊外にある桂川の鵜飼集団の女性で鮎や朝鮮飴を売り歩いた。

Y．誤文。「足利義視」が誤り。日野富子は8代将軍足利義政の妻である。

なお，足利義視は義政の弟で一時将軍継承を約束された人物。

Z．正文。一期分は分割相続から単独相続への移行期に現れた相続形態。女性に多く当人一代に限り知行させ，死後は惣領に返還させた。

▶5．イ．誤文。「掟をつくることは禁じられた」が誤り。仲間掟などがつくられた。

ウ．誤文。「作られなかった」が誤り。仲買は小売や問屋の中間にあって商取引をするもの。業種や地域別に仲間（株仲間）も結成されている。

▶6．ウが正解。

X．誤文。「身分制度に組み込まれていなかった」が誤り。武士・百姓・職人・商人の士農工商という身分制度だけではないので注意しよう。「僧侶・神職」は宗教者という身分で認められており，特に上級者は武士と並ぶ支配身分であった。

Y・Z．正文。

▶7．「1873年に設置された中央官庁」が手がかりとなる。1873年に設置された内務省は殖産興業を推進するとともに，地方行政や「警察」行政を管轄して明治新政府の中枢を担った。初代内務卿の大久保利通を覚えておこう。

▶8．エ．正文。津田梅子が女子英学塾（現・津田塾大学）を設立したのは1900年である。

ア．誤文。やや難。「工場法」の制定は1911年で明治期であるが，「施行」は1916年なので大正期になる。

イ．誤文。難問。『主婦之友』の創刊は1917年なので大正期である。一般家庭の主婦を対象に家計のやりくりなど実用的な生活記事に重点を置いて人気を博した。

ウ．誤文。難問。母性保護論争は与謝野晶子や平塚らいてうらによって1918年頃に展開した（大正期）。

オ．誤文。やや難。「自由民権運動家」が誤り。奥むめおは新婦人協会の結成（1920年）に参加し，大正期に活躍した婦人運動家。戦後も参議院議員や主婦連会長などとして活躍した。なお，1895年生まれなので自由民権運動期にはまだ生まれていない。

▶9．ア．誤文。「女性の政治演説会への参加が初めて認められた」のは治安警察法第5条が一部改正された大正期の1922年である。

エ．誤文。戦後に廃止された民法は「ボアソナードの起草した民法」ではない。1890 年公布されたボアソナードの民法は民法典論争により施行されず，1898 年ドイツ流に改正されて施行された。この明治民法が戦後まで続き 1947 年に廃止された。

オ．正文。「姦通罪（かんつう）」とは妻の不倫行為。戦前の刑法では夫の告訴で妻と相手の男性を処罰できたが，戦後は男女平等の理念から廃止された。

▶10．やや難。「大正期に社会主義の立場から女性団体を結成」「戦後に労働省婦人少年局の初代局長」が手がかりとなる。山川菊栄は日本共産党を結成した山川均の夫人。1921 年伊藤野枝らとともに婦人社会主義団体の赤瀾会を結成，婦人参政権獲得期成同盟会の結成にもかかわった。

Ⅳ 解答

1－ウ　2．濃絵　3－イ・エ　4－オ　5．反射炉　6－エ　7．鉄工組合　8．本多光太郎　9．傾斜生産方式　10－ア・ウ　11－エ

◀解　説▶

≪日本における鉄の歴史≫

▶1．ウが正解。難問だが消去法で解答できる。古曽部・芝谷遺跡（大阪府高槻市）は標高 80～100ｍの丘陵部に営まれた高地性環濠集落。ア．板付遺跡（福岡県）は環濠集落で縄文晩期～弥生前期の遺跡。イ．三内丸山遺跡（青森県）は縄文最大級の集落遺跡。エ．菜畑遺跡（佐賀県）は縄文晩期～弥生前期の稲作遺跡。オ．登呂遺跡（静岡県）は弥生後期の水田遺跡。

▶2．「金箔地に青・緑を彩色する豪華な障壁画」が手がかりとなる。濃絵は安土・桃山時代に流行した。狩野永徳の『唐獅子図屛風』などが有名。

▶3．イ．正文。長篠の合戦は鉄砲隊の威力が発揮された画期的な戦い。最強の騎馬隊を率いる武田勝頼軍を撃破した。

エ．正文。長篠の戦いは 1575 年，安土城は 1576 年に築城が始まり 1579 年に完成した。

ア．誤文。織田信長が「浅井・朝倉の連合軍を敗北させた」のは姉川の戦い（1570 年）。

ウ．誤文。桶狭間の戦い（1560 年）の説明である。

オ．誤文。稲葉山の戦い（1567 年）の説明である。

▶4．オが正解。

X．誤り。備中鍬は「浅耕用」ではなく深耕用の農具。

Y．誤り。「灌漑用」ではなく選別用。唐箕は手回しの翼で風をおこしゴミと籾を選り分けた。

Z．正しい。千石簁は金網を利用し米の大小を分別する農具。

▶5．反射炉は製鉄大砲を鋳造するための溶鉱炉の一種。「佐賀藩」が最初に築造に成功した（1850～51 年）。佐賀藩の成功は諸藩にも強い影響を与え，薩摩藩や水戸藩などもこれに続いた。

▶6．エ．誤文。「イギリス」ではなくドイツである。八幡製鉄所は鉄鋼の国産化を目的に日清戦争で得た賠償金の一部で建設された。筑豊炭田（後に満州の撫順炭田）の石炭を燃料に，中国の大冶の鉄鉱石を原料に操業を始めた。最初は直輸入されたドイツ方式が合わず改善を重ね，日露戦争後に生産を軌道に乗せた。

ウ．正文。「伊藤博文」は八幡製鉄所が操業を開始する前年（1900 年）に視察に訪れている。

▶7．鉄工組合は 1897 年労働組合期成会の指導のもとで結成された日本最初の本格的な労働組合。高野房太郎を幹事に会員は約 1000 名，後には約 5400 名に達した。1900 年治安警察法が公布され弾圧を受けると，衰退していった。

▶8．本多光太郎（金属物理学者）は長岡半太郎（原子構造の研究）に師事，ドイツに留学し物理冶金学を研究，帰国後，KS 鋼（強力磁石鋼）を発明した。なお，「KS」は研究資金を提供した住友吉左衛門の頭文字に由来する。

▶9．傾斜生産方式は有沢広巳の立案のもと第 1 次吉田茂内閣で決定され，続く片山哲・芦田均内閣で実施された。復興金融金庫から石炭・鉄鋼などに資金を供給して増産をはかったが，巨額の資金投入によってインフレを招いた。

▶10．ア．正文。1960 年「所得倍増」計画が打ち出され，高度経済成長を促進した。

ウ．正文。新産業都市建設促進法（1962 年）は，大都市への産業と人口の集中を緩和し，地域間格差を是正しようとするものであった。

イ．誤文。1960 年岸信介内閣のときである。

エ．誤文。1956年鳩山一郎内閣のときである。

オ．誤文。1967年佐藤栄作内閣のときである。

▶11．エが正解。石油は高度成長期から現在に至るまでエネルギー需給の中心であったのでZとなる。一方，戦後，エネルギー需給を担った石炭は石油が安く輸入されると激減したのでXとなる。また水力は戦後の1950年代までは発電などの中心であったが，石炭や石油の増加により激減したことからYであるとわかる。さらに水力は1970年代の石油危機を契機として天然ガスや原子力が登場すると，より一層需給を減少させ，2005年には全体の2.9％となった。

❖講　評

Ⅰは治水と灌漑をテーマに古代から近現代までを扱いながら，文化史や外交史などの設問も含まれている。記述式は平易で，4．信玄堤，5．利根川などミスなく正答したい。選択式や誤文選択問題も標準的なので全問正答したい。7．エ．江戸城の普請の説明を誤文と見抜けるかが勝負どころ。正誤法の8．Zのベルツの業績を判定するのはやや難問であった。

Ⅱは印刷文化という文化史がテーマであるが，設問は文化史だけではなく半分近くは政治史の内容になっている。記述式は平易。正文・誤文選択問題も誤文が見つけやすいのでミスなく正答したい。配列法の2・10も基礎的知識で正答できる。

Ⅲは会話式のリード文で構成された問題。女性史をテーマに古代～近現代までを扱っている。記述式では，10．山川菊栄の「栄」の誤字（「枝」）に注意して正答できるかがポイント。選択法の2．律令制度の導入時期はやや難問。正文・誤文選択問題の5．仲間についての判断や，8の明治期の出来事を選ぶのはやや難問である。9．アは治安警察法の改正を想起できるかがポイントである。

Ⅳは原始～近現代の鉄をテーマにした問題である。特殊なテーマだが基礎的内容で構成されているので高得点を狙いたい。記述式は全問完答したい。8．本多光太郎は「幸太郎」などの誤字に注意。選択式の1．ウ．古曽部・芝谷遺跡は難問だが消去法で選びだせる。正文・誤文選択問題3・6・10は完答したいところ。11は石油と石炭との関係を理解できているかがポイントである。

例年どおり，Ⅰ～Ⅳの大問すべてがテーマ史で構成されている。全体的に記述式は基本的なものが多いのでミスなく正答したい。正文・誤文選択問題で正答率を高めることがポイントである。2019年度以降，やや平易となり2022年度もその傾向が続いたようである。

世界史

I 解答

設問1．ア　設問2．ネフェルティティ
設問3．三星堆文化　設問4．イ

◀解　説▶

≪各地の古代文明≫

▶設問1．ア．正文。資料Aはハンムラビ法典。

イ．誤文。ハンムラビ法典は同害復讐の原則にたつが，刑罰は当事者の身分の違いにより差があった。

ウ．誤文。碑上部の浮き彫りで玉座に座っているのは太陽神である。

エ．誤文。ウルナンム法典はウル第3王朝で制定された現存する最古の法典で，ハンムラビ法典より350年程前のものである。

▶設問2．資料Bはアメンホテプ4世の妃ネフェルティティの胸像。

▶設問3．資料Cの青銅製縦目仮面を特徴とするのは，前1600年以降に四川盆地で成立した三星堆文化。

▶設問4．やや難。イ．正文。資料Dはマヤ文明（前1000年頃～16世紀）の祭壇。

ア．誤文。マヤ文明と時期があわない。メソアメリカでは前2000年頃からトウモロコシを栽培する農耕文化が発展した。なお，ジャガイモは主にアンデス高地で栽培化された。

ウ．誤文。南北アメリカの文明では馬などの大型の家畜は用いられなかった。リャマによる荷役運搬が輸送手段であった。

エ．誤文。エルナン・コルテスはアステカ王国を滅ぼしたコンキスタドール。

II 解答

設問1．エ　設問2．ギリシア　設問3．王莽
設問4．イ　設問5．エ

◀解　説▶

≪ローマ帝国の防衛体制≫

▶設問1．エ．正文。

ア．誤文。ローマの軍隊の主力は重装歩兵部隊であった。

イ．誤文。護民官は軍の指揮官ではない。指揮官にはコンスルなどが就いた。

ウ．誤文。平民派のマリウスの兵制改革により軍隊が私兵化した。

▶設問2．アクティウムの海戦はギリシア西岸沖での戦い。

▶設問3．紀元後14年は中国では新（8～23年）の時代であり，皇帝は王莽である。

▶設問4．イ．誤文。タキトゥス（55年頃～120年頃）はパクス＝ロマーナ時代の歴史家で『ゲルマニア』でゲルマン人の質実剛健さ，素朴な慣習などを著した。

▶設問5．エ．正文。

ア．誤文。ササン朝（224～651年）は3世紀前半にアルダシール1世によって建国された。

イ．誤文。3世紀後半，エデッサの戦いで軍人皇帝ウァレリアヌスを捕虜としたのはシャープール1世。

ウ．誤文。ホスロー1世は突厥と結んでエフタルを滅ぼした。

Ⅲ 解答

設問1．ウ・エ　設問2．イ・ウ

設問3．トルデシリャス条約　設問4．ウ　設問5．エ

◀解　説▶

≪東南アジア史≫

▶設問1．ウ．誤文。シュリーヴィジャヤ王国における大乗仏教の隆盛やシャイレンドラ朝によるボロブドゥール遺跡の建立など，仏教もさかんに信仰された。

エ．誤文。チャンパー（2～17世紀）は17世紀に黎朝に併合された。

イ．武帝は南越を滅ぼし，ベトナム中部に日南郡を設置している。そのため，武帝治世下の漢の支配圏をベトナム北部に位置する「紅河デルタ周辺まで」に限定するのは誤文の可能性があるだろう。

▶設問2．イ・ウ．正文。

ア．誤文。フィリピン南部はムスリム商人の交易圏であり，イスラーム教が伝わった。

エ．誤文。マラッカは鄭和の遠征の拠点となって以降発展し，マラッカ王

家がイスラームに改宗したため島嶼部にイスラームが広がった。

▶設問3．スペインとポルトガルは1493年に設定された植民地分界線（教皇子午線）を修正し，1494年にトルデシリャス条約を結んだ。

▶設問4．ウ．誤文。国王の貿易独占を廃止し，イギリスとのバウリング条約（1855年）などで自由貿易政策をとったのはラーマ4世である。

▶設問5．エ．インドネシアは1945年に独立を宣言したが，オランダは認めず，武装闘争をへて1949年のハーグ協定で主権を委譲された。

Ⅳ　解答

設問1．趙佗　設問2．衛満

設問3．2番目：ホ　4番目：ロ　設問4．イ

設問5．ハ　設問6．辛亥革命

◀解　説▶

≪東アジアの政治構造≫

▶設問1．南越は秦の滅亡をきっかけにベトナム北部に趙佗が建てた国で，前漢の冊封を受けたが武帝によって滅ぼされた。

▶設問2．燕から亡命し，朝鮮半島北部に衛氏朝鮮を建国したのは衛満。現在の平壌を都としたが武帝に滅ぼされた。

▶設問3．ハ．フランスがカトリック教徒への迫害を理由にベトナムに軍事介入→ホ．劉永福が黒旗軍を率いてフランスに抵抗→ニ．ユエ条約（1883・1884年）でフランスがベトナムを保護国化→ロ．清が宗主権を主張し，1884年，清仏戦争が起きた。→イ．敗れた清は天津条約（1885年）でベトナムに対するフランスの保護権を承認した。

▶設問4．イ．誤文。日本は台湾出兵を列強に通達しなかった。

ハ・ニ．正文。台湾出兵を巡る交渉の過程で，日本は琉球民が日本国民であると清に認めさせ，台湾出兵の翌1875年，琉球に清との冊封関係の廃止を命じた。清は抗議したが，1879年に日本は沖縄県として日本領とした（琉球処分）。

▶設問5．ハ．誤文。ハーグの万国平和会議に密使を派遣したのは韓国皇帝の高宗である。

▶設問6．1911年に起きた辛亥革命の結果，清朝の支配が打倒され皇帝専制体制が終焉した。

V 解答

設問1．ミスル　設問2．エ　設問3．エ　設問4．イ
設問5．マンサ＝ムーサ

◀解　説▶

≪アフリカへのイスラームの伝播≫

▶設問1．アラブ＝ムスリムの大征服で各地に軍事・政治拠点として築かれた軍営都市をミスルという。

▶設問2．エ．誤文。アルジェリアはアルジェリア戦争（1954～62年）をへて1962年にフランスから独立した。

▶設問3．サハラ砂漠を縦断する貿易では，北側からはサハラの岩塩が運ばれ南側の金と交換された。

▶設問4．イ．正文。

ア．誤文。ムラービト朝（1056～1147年）はマグリブ地方の先住民ベルベル人が建てた王朝である。

ウ．誤文。後ウマイヤ朝（756～1031年）はムラービト朝が成立する以前，11世紀前半に起きた内戦で崩壊した。

エ．誤文。イブン＝ハルドゥーン（1332～1406年）は14世紀の歴史家で，チュニスに生まれ，ナスル朝などに仕えた。

▶設問5．マリ王国最盛期の王マンサ＝ムーサは豪勢なメッカ巡礼で知られるがイスラーム文化の導入にも貢献した。

VI 解答

設問1．ルイ＝フィリップ　設問2．エ　設問3．ア
設問4．ウ　設問5．ア　設問6．ルイ＝ブラン
設問7．イ

◀解　説▶

≪二月革命≫

▶設問1．史料の内容と「2月24日」「臨時政府」「ラマルティーヌ」などの語から史料1・2はフランス二月革命のものと判断する。したがって，下線部Aの君主はルイ＝フィリップである。

▶設問2．やや難。消去法で対応したい。エ．正文。

ア．誤文。七月王令を発したのはシャルル10世である。

イ．誤文。有産階級の支持で即位し，共和派の選挙権改革要求などに反対して二月革命を招いたのはルイ＝フィリップ。

ウ．誤文。積極的な外征を展開したが普仏戦争で捕虜となったのはナポレオン3世。

▶設問3．ア．正解。史料の内容から臨時政府のフランス人民への布告と判断できるだろう。

▶設問4．ウ．二月革命によって打倒されたのは，七月王政である。

▶設問5．ア．正解。アカデミー＝フランセーズはリシュリューによって1635年に創設された。

▶設問6．臨時政府に入閣，労働委員会を組織し国立作業場設置などの改革を行ったのは社会主義者のルイ＝ブランである。

▶設問7．イ．オーストリアは近世には神聖ローマ帝国皇帝位を継承し，共和国を名乗ったことはない。なお，ウ．ポーランド＝リトアニアは16世紀初めからポーランド分割まで世襲の君主をもたない政体としてシュラフタ（貴族）共和国の別称で呼ばれた。

Ⅶ　解答

設問1．イ　設問2．インド　設問3．エ
設問4．イギリス　設問5．バングラデシュ

◀解　説▶

≪インド現代史≫

▶設問1．イ．正文。

ア．誤文。ソ連が1979年にアフガニスタンに侵攻し，親ソ政権を樹立したため，アメリカのレーガン政権（在任1981～89年）と対立した。

ウ．誤文。アフリカ統一機構は1963年にパン＝アフリカニズムを掲げて設けられたアフリカの地域機構であり，フランスの主導で結成されたのではない。

エ．誤文。ナセルが大統領になったのはエジプト革命（1952年）の後である。ナセル（在任1956～70年）が1956年にスエズ運河国有化を宣言したことをきっかけにスエズ戦争が起きた。

▶設問2．史料①と②にある「会議派」「ムスリム」などの語に注目したい。ここから史料がインドについて言及したものであるとわかる。したがって空欄Aはインドがあてはまる。

▶設問3．エ．正解。設問1から史料①の決議がセーブル条約と同じ1920年であることがわかれば，空欄Bには自治が適切と判断できる。

▶設問4．史料がインドについて言及していることがわかれば空欄Cはイギリスであるとわかる。

▶設問5．英領インドはヒンドゥー教徒が多数を占めるインドとムスリムが多数を占めるパキスタンとに分離独立したので，空欄Dにあてはまる国はパキスタン。その後，第3次インド＝パキスタン戦争の結果，1971年に東パキスタンがバングラデシュとして独立した。

Ⅷ 解答

設問1．フェミニズム　設問2．イ・フェルメール
設問3．イ　設問4．ア　設問5．イ

◀解　説▶

≪女性アーティストの絵画作品≫

▶設問1．男女平等，女性解放を掲げる考え方はフェミニズム。

▶設問2．イが17世紀にオランダで活躍した画家フェルメールの作品「真珠の耳飾りの女」。彼も市民の生活を描いた作品で知られる。

▶設問3．イ．ルイ16世の王妃はマリ＝アントワネットである。

▶設問4．ア．ダヴィドはフランス古典主義絵画の巨匠で「ナポレオンの戴冠式」などの作品を描きナポレオンの首席画家として活躍した。

▶設問5．イ．正文。

ア．誤文。フォーヴィズム（野獣派）は20世紀初頭のフランスの画派で原色を用いた激しいタッチの画風であり，マティスらが活躍した。

ウ．「輪郭線を用い」という点は図Cの説明として不適切。なお，ロートレックは後期印象派の画家。

エ．対象を幾何学的に抽象化した画風はキュビズム（立体派）で，ピカソが創始した。なお，設問2のエはピカソの作品である。

❖講　評

Ⅰは各地の古代文明についての大問。設問1のハンムラビ法典，設問4のマヤ文明についての正文選択問題はやや難。

Ⅱはローマ帝国の防衛体制に関する大問で，設問2では地理的知識が問われた。設問3～設問5は年代についての正確な知識を必要とする問題。

Ⅲは東南アジアについての大問。設問1は武帝の支配地域の判断が難しい。設問4ではタイについてやや細かい知識が問われた。

Ⅳは東アジアの政治構造についての大問。設問1の「趙佗」の記述はやや難。設問4の台湾出兵に関する誤文選択問題も難度が高い。

Ⅴはアフリカのイスラーム化に関する大問。設問2はアルジェリアの独立時期を理解していれば正解が得られる。

Ⅵは二月革命に関する史料問題。史料文の「2月24日」「臨時政府」「ラマルティーヌ」の語から二月革命の史料であることがわかる。設問2は消去法で正解を得たい。

Ⅶはインド現代史に関する史料問題。史料文の「会議派」「ムスリム」などの語からインドに関する史料であることを導く。

Ⅷは例年同様，視覚資料を用いた大問。画家の活動時期と作品に注意。設問5は図Cと設問文の内容から正解を判断したい。

近年は詳細な知識を問う設問がやや増加している。教科書の徹底した理解，用語集を併用した学習が不可欠である。2019年度以降は史料も出題されており，史料を読み解く力をつけておきたい。

文にはっきり書かれておらず積極的に解答しにくい設問もあるが，そういうものは不正解肢のキズがわりと明確であり，そこまでむずかしいというわけではない。また，文章量もそこまで多くはないので，一，三にかかる時間を考慮すると，ここを短い時間で切り抜けたいところである。

三は，二〇二一年度は甲乙の二つの文章の融合問題であったが，二〇二二年度は甲乙丙の三つの文章からの出題で，二〇二〇年度以前の形式に戻った。甲が古典文学作品における竜宮について論じた現代文，乙の古文と丙の漢文は甲で竜宮訪問譚の具体例として挙げられている話の原典である。二〇二二年度は問十八が甲と丙を，問二十一が甲と乙を照合させる設問になっている。そういう設問はどうしても時間がかかるので，古典文法・文学史・漢文句法といった知識問題を短い時間で解答できるようしっかり対策しておきたい。

の子」＝黄蛇の子ということになるので、へが正解である。

▼問二十四　イ、甲の引用古文および第五段落「無限の富を」以下に合致。

ロ、甲の文中に、異郷を訪れる話の具体例がいくつか挙げられているが、悲劇的な結末に終わるのは『捜神後記』の例（＝丙の文章）くらいで、それ以外はみな富み栄えて終わる話である。

ハ、乙の第五～七文「この怪しげなる男……酒宴数尅に及んで、夜すでに深ければ」に合致。「須臾」が〝わずかの間〟の意であることは古典の知識として知っておきたい。

ニ、乙の第九～十一文からわかるように、襲来したのは左右の無数の手にたいまつを持ったムカデの化け物であって軍勢ではない。

ホ、丙の第一段落後半で白帯の人は「敵従北来～黄帯者彼」と言って敵味方の特徴を説明しているが、「区別が付きにくいので、気をつける」ように、とは言っていない。

へ、丙の第三段落からわかるように「三烏衣人」は「讐子」、つまり射人が数年前に倒した黄蛇の子であって、射人を殺したのは親の仇討ちである。

❖講　評

一は例年と同様、現代文Aと近代文語文Bの融合問題。Bの著者である坪内逍遥は日本近代文学の父といえる人物で、早稲田大学文学部と文化構想学部の前身にあたる東京専門学校文学科の創設者である。文化構想学部の一といえば、AとBを照合して解答する設問が特徴だが、二〇二二年度は問二くらいで、問一・三・七はAだけを、問四・五・六はBだけを読めば解答可能である。二〇二一年度に比してBの重要度が上がっており、文語文の速読力・読解力が求められる出題であった。過去問や参考書などを用いて、できるだけ多くの文語文にふれておくとよいだろう。

二はサブカルチャー評論や漫画原作など多岐にわたる活動で知られる大塚英志の文章からの出題。正解肢の内容が本後半）の成立。への『将門記』の成立時期には諸説あるが、遅くとも十一世紀末までには成立したと考えられており、選択肢の中で最も古い作品であるのはまちがいないので、これが正解となる。

▼問二十　マ行で活用する動詞の活用語尾が「う」になることは本来ないはずだが、動詞には「ウ音便」というものがあり、ハ・バ・マ行四段の連用形に助詞や助動詞が下接すると、発音しやすいように活用語尾の「ひ・び・み」が「う」に変化することがある（たとえば「言ひて」→「言うて」）。ウ音便が起こるのは四段活用の連用形であるからハ・ニ・ホ・へは不可。そして、直前に格助詞「を」があるのだから他動詞のはずなのでロが正解となる。「たばさみて」が「たばさうで」に変化したわけだが、音便の直下の「て」「たり」は濁音化しやすい、ということも知っておくとよいだろう。なお、「たばさむ（手挟む）」は〝手にはさんで持つ・脇にはさむ〟の意。

▼問二十一　傍線部を直訳すると、〝あなたの一族にきっと将軍になる人が多いに違いない〟となる。乙の文章だけではなぜそうなるのかよくわからないが、甲の第七段落に「秀郷も等しく［ア］（竜神）の霊力を分かち与えられ、その保護を受け続けることになった」とあるので、今後秀郷の一族から将軍が多数出ることは、彼がムカデの化け物を撃退して竜神を救ったことに対する竜神からの褒賞だと考えられる。よってハが正解。これも問十八と同様、複数の文章を照合して解答させる設問であり、乙だけで考えていても正解にはなかなかたどり着けないだろう。

▼問二十二　「見」が動詞の上に置かれているときは、下の動詞から返って「る・らル」とよむ。また、「不能～」も下から返って「～（コト）あたハず」と「～・能・不」の順によむ。以上から、「不能見用」の四字は「用・見・能・不」の順に読むはずなので、この部分の返り点は「不レ能レ見レ用」としなければならない。ハが正解。なお、傍線部全体を書き下し文にすると「我君に復た更に来る（こと）勿れと語るに、用ひらるる（こと）能はず」となる。

▼問二十三　傍線部は白帯の人の発言中にある。「讐」はあまりなじみのない字かもしれないが、「復讐」という語は知っているだろうし、また、丙の第一段落で同じ字に「あだ」とルビが振られていることからもわかるように、ここでは〝仇敵〟のことである。丙の第一・二段落からわかるように白帯の人は白蛇であり、その仇敵は黄蛇であるから、「讐

◀解　説▶

▼問十五　空欄前の「偶然そこに足を踏み入れるのではなくて」から考えて、〈偶然行く〉ことと空欄とが対比になるのだから、ニ「異境から選ばれた」がよい。次文の「俵藤太こと藤原秀郷が竜宮に招かれた」もヒントになる。他はすべて〈偶然行く〉こととの対比になっていない。

▼問十六　傍線部に「農耕神」とあり、選択肢中で農耕に関係のある語句はホの「豊年満作」しかないのでこれが正解。ひとつ目の空欄の前の文に「滝があり、大蛇は『田可作所多かり』と言って」と「滝」と「田」が登場することも「水神」「豊年満作」を選ぶ根拠にできるだろう。

▼問十七　一般に、文中にある語句を答えさせる場合は「抜き出せ」という指示になるはずだが、この設問にはそういう指示がないので、〈空欄に入る語を自分で考えて記せ〉ということである。空欄の前の「その中」とはもちろん俵の中であり、俵の中に入れるものというとまず思い浮かぶのは米か炭だが、次文に「よねを取りいだす」とあるので、ここでは「よね」＝米のほうである。あとは米を表す漢字二字の語を思い浮かべられるかどうかだが、〔解答〕の「穀物」は米だけでなく麦なども含むより大きな概念なので、なかなか思いつきにくいかもしれない。時間をかけ過ぎないようにしたい。

▼問十八　空欄を含む段落や、次段落の類話からでは解答根拠を見出せないので、『捜神後記』巻十に載る猟師の話、つまり丙の内容から考えることになる。丙の第二段落後半から第三段落の内容に合致するイが正解。他はすべて丙の内容をとらえられていない。丙の内容が根拠になる、ということに気づけばそこまでむずかしくはないのだが、それに気づかないと時間を浪費することになるだろう。一・三においては、複数の文章を照合して解答させる設問である可能性は常に意識しておきたい。

▼問十九　『今昔物語集』は平安時代後期（十二世紀前半）に成立した説話集。イの『宇治拾遺物語』、ロの『方丈記』、ニの『水鏡』、ホの『小倉百人一首』はいずれも鎌倉時代に成立した作品。ハの『今鏡』は平安時代末期（十二世紀

（以前の山中に）行って狩猟をした。以前の白帯の人に会うと、（白帯の人が猟師に）告げて言うことは、「私はあなたに二度とかさねて来てはいけないと言ったのに、（その忠告は）採用されることができなかった。仇の子はすでに大きくなっていて、すぐにきっとあなたに報復するだろう。（もう）私の知ったことではない」と。猟師はその言葉を聞いて、非常に怖くなり、すぐに逃げようとした。そこで三人の黒衣の人に会うと、（三人は）みな背丈が八尺あり、いっせいに口を大きくあけて猟師に向かってきた。猟師はすぐに死んでしまった。

読み

丙：呉の末、臨海の人山に入りて射猟し、舎を為りて住まる。夜中に、一人有り、長は一丈、黄衣・白帯を著す。径ちに来りて射人に謂ひて曰はく、「我に讐有り、明日を剋して当に戦ふべし。君助けらるべくんば、当に厚く相ひ報ゆべし」と。射人曰はく、「自ら君を助くべきのみ。何ぞ謝を用ゐて為さん」と。答へて曰はく、「明日食の時、君渓辺に出づべし。敵北より来りて、我南より往きて応ず。白帯の者は我、黄帯の者は彼なり」と。射人之を許す。

　明けて出づれば、果たして岸の北に声有るを聞く。状は風雨のごとく、草木は四に靡く。南を視るも亦た爾り。惟だ二大蛇を見るのみ。長は十余丈、渓中に於て相ひ遇へば、便ち相ひ盤繞す。白蛇勢ひ弱ければ、射人因りて弩を引きて之を射たり。黄蛇即ち死す。日将に暮れんとし、復た昨の人の来るを見る。辞謝して云はく、「此に住まりて一年猟し、明年以て去り、慎みて復た来ること勿れ。来らば必ず禍と為らん」と。射人曰はく、「善し」と。遂に停まりて一年猟し、獲る所甚だ多く、家巨富に至る。

　数年の後、忽ち先に獲る所の多きを憶ひ、乃ち前言を忘れ、復た更に往きて猟す。先の白帯の人を見るに、告げて曰はく、「我君に復た更に来ること勿れと語るに、用ひらるること能はず。讐の子已に大なれば、今必ず君に報いん。我の知る所に非ず」と。射人之を聞きて、甚だ怖れ、便ち走げんと欲す。乃ち三烏衣の人を見るに、皆な長は八尺、倶に口を張りて之に向かふ。射人即ち死す。

二〜三千見えていたたいまつも火が急に消えて、島のように見えていたものの、倒れる音が大地をとどろかせた。（秀郷が）近寄ってこれを見ると、やはりムカデであった。竜神はこれをよろこんで、秀郷をさまざまにもてなしたが、巻いた絹織物一疋、鎧一領、口を結わえた俵一つ、赤銅の撞鐘一つを与えて、「あなたの血筋につながる者にきっと将軍になる人が多く出るにちがいない」と告げた。秀郷が都に帰った後、この絹を切って使うと、尽きることはなく、俵は中に入っているものを、取り出しても取り出しても尽きることはなかったので、財宝も蔵にいっぱいになって、衣装も身にあまるほど多くなった。そういうわりでその（秀郷の）名を「俵藤太」と呼んだのである。

丙：呉の末年に、臨海の人が山中に入って弓で狩猟をし、小屋を作って滞在していた。夜中に、一人の人が現れて、背丈は一丈ほどで、黄色い衣服と白い帯を身につけていた。すぐに猟師のところにやって来て言うことは、「私には仇がいて、明日決闘すると決めている。あなたが手伝ってくれるなら、きっと厚くお礼をしよう」と。猟師が言うことは、「もちろんあなたを助けよう。どうして謝礼など求めようか、いや求めない」と。（白帯の人が）答えて言うことは、「明日の朝食の頃、あなたは谷川のほとりに出てきてください。仇は北から来て、私は南から行って相まみえる。白い帯の者が私で、黄色の帯の者が仇だ」と。猟師は聞き入れた。

夜が明けて（猟師が谷川のほとりに）出ると、やはり岸の北から音がするのを聞いた。その様子は風雨のようであり、草木は四方になびいていた。南を視てもまた同じ様子であった。ただ二匹の大蛇がいるだけだった。（大蛇の）長さは十丈余りで、谷川の中で相まみえると、そのままたがいにからみ合った。白蛇の方が劣勢だったので、漁師はそこで弩を引いて黄蛇を射た。黄蛇はすぐに死んだ。日が暮れようとするころ、ふたたび昨日の（白帯の）人が来るのに会った。（白帯の人が）感謝を述べて言うことは、「（あなたは）ここに滞在して一年狩猟し、来年にここを去って、けっして二度と来てはいけない。もし来たら必ず禍になるだろう」と。猟師が言うことは「わかった」と。こうして（猟師はそこに）滞在して一年狩猟し、得た獲物が非常に多く、家は非常に裕福になった。

数年後、（猟師は）急に以前多くの獲物を得たことを思い出し、それで（白帯の人の）以前の言葉を忘れ、ふたたび乙：（男と秀郷が）湖水の波をわけて水中にもぐること五十町あまり、そこに一つの楼門がある。開いて中に入ると、瑠璃の砂が厚く敷かれ、宝玉の積み石が暖かい感じで、花が自然とみだれ散っている。朱色の楼や紫の御殿は、宝玉の欄干があり、金を垂木の飾りとし、銀を柱としている。その壮観で奇麗な姿は、今まで一度も目で見たことがなく、耳で聞いたこともなかったものである。このみすぼらしい感じの男が、先に中に入ってわずかの間に衣冠で正装して、秀郷を客の座る上座に招く。左右には警固の役人、前後には華麗に着飾った美女が、善を尽くし美を尽くしている。酒宴が数時間におよんで、夜がすでに更けたところ、敵が襲来しそうなころになったとあわてさわぐ。秀郷は、一生の間、身から離さずに持っていた弓は、五人がかりで張って漆を塗って強化した弦をかけて（こしらえた強弓で、その弓を）口にふくんで湿らせ、矢は十五束三伏の長さ（の大矢）にして、鏃の根もとを矢筈の根もとまで貫き通した矢を、ただ三本を脇にはさんで、（敵襲は）今か今かと待っていた。夜中が過ぎる頃に、雨風が強くなって、雷が激しく光ることが絶え間ない。しばらくして、比良の高峰のほうから、たいまつ二～三千くらいを二列に灯して、中央に島のようなものが、竜宮城に向かって近づいた。（秀郷が）その姿をよくよく見ると、二列に灯しているたいまつは、みな（島のようなものが）自身の左右の手でともしているように思えた。ああこれはムカデが化けたものだなと（秀郷は）理解して、矢を当てやすい距離に近くなったので、前述の五人張の弓に十五束三伏の矢をつがえて引きしぼり、（引きしぼっていることを）忘れるくらいにしっかり静止して（ねらいをつけて）、（化け物の）眉間の真ん中を射た。その手ごたえは鉄を射るような音が聞こえて、矢は逆向きにはね返って突き刺さらなかった。秀郷は一本目の矢を射損じておだやかでなく思ったので、二本目の矢をつがえて少しも違えず、わざと前の矢と同じところを射た。この矢も一本目と同じくはね返って、少しも（化け物の）体には突き刺さらなかった。秀郷は二本の矢をどちらも射損じて、頼りとするものは（残った）矢一本である。どうしようもないと思ったが、ふと思いついたことがあって、今度射ようとしていた矢の先に、唾を吐きかけて、また（前の二本と）同じところを射た。この矢に毒を塗ったためであったのだろうか、あるいは同じところを三度も射たためであったのだろうか、この矢は（化け物の）眉間の真ん中を突き抜けて、喉の中に矢羽のつけぎわが入るほどに（深く）突き刺さった。

解答

問十五　ニ
問十六　ホ
問十七　穀物
問十八　イ
問十九　ヘ
問二十　ロ
問二十一　ハ
問二十二　ハ
問二十三　ヘ
問二十四　イ・ハ

◆要　旨◆

甲：日本の説話などに登場する竜宮は異境の一つであり、どの話においても豪華絢爛たる宮殿をそなえ、貴重な宝物と無限の富に満たされた世界であるとされていたが、そのような描写は仏典の表現の影響を受けていると考えられる。また、特別の資質をそなえた英雄が竜宮から招かれて異類を助け、その謝礼として宝物や特別の能力を得るといった話も日本の説話などに多く見られるが、こちらも仏典や中国の説話にその淵源が認められる。しかし、日本におけるそのような類話は多種多様であり、直接中国の文献から引用したわけではないと考えられる。

◆全　訳◆

甲の引用古文：すばらしく飾り立てて造ってある門に到着した。（中略）たくさん美しい宮殿があって、みな七宝を用いて造ってある。光り輝くことは限りない。奥までたどり着いて、中心の御殿と思われるところを見ると、さまざまな宝玉を用いて飾り立てて、美しい帳台や床を設置して輝きあっている。

ので不可。ロとハは〈上→下→上〉なのでどちらかが正解だが、第十四段落に「『国民組織』とは『国民が……国家に奉公する』もの」とあり、ハの「批判や要望を提出する」では「奉公」にならないので、「協力的に実践で応じる」というロのほうがよい。

▼問十三　イ、問八で見た通り、筆者は戦時下の近衛新体制を想起させるものを「不快」に感じているのだから、肯定的評価はおかしい。

ロ、「新しい日常」「新しい生活」を「先進性」をもつものとして肯定的に評価しているのがおかしい。

ハ、本文中にはっきりと書かれているわけではないが、特に誤りはなく、正解。

ニ、筆者が不快感を覚えているのは、第一段落第三〜四文にある通り「政治が人々の……私権に介入する」「かつての『戦時下』を想起させる」からであって、「洗脳されやすい危険性があるため」ではない。

ホ、「新しい生活様式」「新しい日常」は、第二段落にあるように「勇ましい戦時下の語彙とは違う戦時下のことば」である。

▼問十四　1、「振興」は、〝物事が盛んになるようにすること、また、盛んになること〟。「信仰」「侵攻」「親交」など、「シンコウ」には同音異義語が多いが、きちんと区別して押さえておきたい。

2、「包摂」は、〝ひとつの事柄をより大きな範囲の中に包み入れること〟。こちらは同音異義語はほぼない（化学用語の「包接」があるがめったに用いられない）ので、確実に書けるようにしておきたい。

三

出典

甲：森正人『龍蛇と菩薩　伝承文学論』（和泉選書）

乙：『太平記』〈巻十五　龍宮城の鐘の事〉

丙：『捜神後記』〈巻十　烏衣人〉

◀解　説▶

▼問八　三文後に、「その不快さは、かつての『戦時下』を想起させるから」とあり、また、その「不快」は傍線部直前にあるように「語の響き」によるものであるから、「戦時下」と「標語」を両方含むロが正解。イとハは「戦時下」にはふれているが「語の響き」と関係がない。ニは「標語」にはふれているが「戦時下」と関係がない。

▼問九　文整序問題は、接続詞や指示語などの、前文とのつながりを示す語句を手がかりにして考えるのが基本。この設問に即していえば①の「つまり」、②の「その様」、③の「それだけではない」ということになるが、④にはそれらのような前文とのつながりを示す語句がないので、これが先頭になる可能性が高い。また、内容的に考えても、④だけが「ことば」についてであり、前の段落から直接つながるものとしてふさわしい。④が先頭になっている選択肢はニだけなので、これが正解となる。

▼問十　「内面の動員」なのだから、国民の内面を操ろうとしているものを選ぶ。それぞれの選択肢の末尾を確認すると、イ「労働力を獲得する」、ロ「抵抗の芽を摘み取る」、ハ「自覚を持たせる」、ニ「政策に従わせる」となっており、内面を操っているのはハだけである。また、ハの「生活を刷新」は第十三段落（傍線部2を含む段落）末文の「生活の更新」と同じものと考えられるので、その点からもやはりハがよい。

▼問十一　「上意下達」は〝上位の人の意思や命令を下位の人に伝え徹底させること〟で、古くから存在する四字熟語なので「造語」ではないが、「下意上達」は近衛新体制によって「上意下達」の反対語として新たに造られた語、ということであるから、イの「反転した造語」がよい。ロの「迎合」、ハの「混乱」、ニの「矛盾」はすべて根拠がない。

▼問十二　「フィードバック」（feedback）はもともとは工学用語で〝出力したものの一部を入力の側に戻すこと〟であるから、いったんXからYにいったものがまたXに戻るということ、つまり〈X→Y→X〉のような動きをあらわす。この傍線部は、直前に「『下』つまり『国民』は『末梢』として『上』にただ従うのでなく」とある通り、〈上→下〉の一方通行ではなく〈上→下→上〉である、ということを述べていることになる。イとニは〈下→上〉の一方通行な

ハ、Aの第五段落第一文「理想詩は存在するのかというと……具体的な作品は存在しない」以下と合わない。
ニ、Aの最終段落第二～三文の内容に合致しており、これが正解。
ホ、梅花に対する批判についてはAの第五段落末尾に言及があるが、その批判に至る逍遙の論理自体が破綻していると述べているわけではないので、「自己矛盾」はおかしい。

二

出典　大塚英志『「暮し」のファシズム――戦争は「新しい生活様式」の顔をしてやってきた』（筑摩選書）

解答

問八　ロ
問九　ニ
問十　ハ
問十一　イ
問十二　ロ
問十三　ハ
問十四　1、振興　2、包摂

◆要　旨◆

コロナ禍において提唱される「新しい日常」「新しい生活」というスローガンは、戦時下の日本における「新体制運動」を想起させる。第二次近衛文麿内閣が開始したその運動は、全面戦争に対応しうる国家体制を構築するために国民生活の領域すべてにおいて全面的な更新を求めるものであった。新体制においては、国民は国家および一党独裁組織である大政翼賛会の下に位置付けられるが、国民はただ上に従うのではなく下からの参与をも求められており、その究極の目的は国民の内面を動員して、「参加型ファシズム」を実現することであった。

そこまでむずかしくはないだろう。

Ⅰ、冒頭から第四文までで「叙情詩人」と「世相詩人」の定義を述べ、その後両者を比較し、末尾に「是を二者相異の要点とす」とあるので、ニがよい。

Ⅱ、第一文に「上は短歌長歌より下は連歌俳諧謡曲浄瑠璃に至るまで」とある通り、日本の伝統詩歌について述べているので、イがよい。

Ⅲ、中西梅花について「よろこぶべき……特色」を述べているので、ハがよい。

Ⅳ、傍線部2以降で叙情派と造化派＝世相詩人に求められる技量を説明しているので、ホがよい。

Ⅴ、中西梅花について、空欄3の後にあるように「批難」しているので、ロがよい。

▼問五　純粋に文語文の解釈の設問。文語文を読み慣れていれば、傍線部を〝私が叙情派の詩人に対して望むところの技量は、他の造化派の詩人に対して望むところのものほどには多大であることを必要としない〟くらいに直訳することはさほどむずかしくはないだろう。その内容に最も近いロを選べばよい。

▼問六　梅花と、指定語句「叙情派」「造化派」「詩人」との関係についての逍遙の判断は、BのⅤの冒頭「今や梅花道人は前派に属せずして後派に属す」に述べられている。ここでの「前派」と「後派」はBのⅣの第三文の「造化派」と「此れ」（＝叙情派）をそれぞれさしているので、逍遙は〈梅花は「造化派」ではなく「叙情派」に属する「詩人」だ〉と考えていることになる。指定字数が短いのでそれ以上のことは書く必要はない、というか書けないだろう。なお、原典は「其叙情派の詩人に属して造化派の詩人に属せざること」となっているが、「自分の言葉で」という指示なので、答案は文語体で書かなくてもよいものと思われる。

▼問七　イ、Aの第二段落末文に「この『世相詩人』の概念は、近松論の世話物、小説論の人間派とほぼ同じ」とあるので、逍遙の「独自の認識法」というわけではない。

ロ、空欄eの直後「詩人の我の解脱の困難性を強調したい」と合わない。

ないのである。これは私が道人を評価する際にその思想を重視しその思想を批判しようとする第一の理由である。

◀解　説▶

▼問一　積極的には正解を選びにくいので、消去法的に考える。イの前は世相詩人の概念を説明している段階であり、まだ評価は述べられていない。ロは評価を述べた後だが、ここに脱落文を入れると前後のつながり（逍遙の分類に時代物・固有派がないことの説明）を邪魔してしまう。ニの直前は和歌や梅花といった叙情詩人についてであり、ホの直前は逍遙の和歌批評に対する批判であるから、どちらも世相詩人について述べている脱落文とはうまくつながらない。残ったハが正解となる。

▼問二　「世相詩人は『 1 』ものである」は、Aの第二段落第三文の「叙情詩人は『我を尺度として世間を度』るものである」と対になっている。Bの文中でこれと同内容の箇所をさがすと、Iの第三文に「理想を宗とする者は我を尺度として世間を度り、自然を宗とする者は我を解脱して世間相を写す。前者は総称して叙情詩人といふべく、後者は総称して世相詩人といふべし」とあるのが見つかる。この箇所で「我を尺度として世間を度」ると対になっている部分は「我を解脱して世間相を写す」であるから、この部分が空欄に入る正解となる。

▼問三　このような、対になる語句を補う空欄補充問題は、一つ一つの空欄を考えるよりも、空欄同士の関係から考えたほうがわかりやすいことが多い。まずaとbは対になっているので反対のものが入る。そして、a＝前者、b＝後者であり、「前者は『単純にして強ち偉大なるを要せざる』とし、後者は『多般の大技量を要すべき』である」のだから、「力点」がおかれるcは後者、つまりbと同じである。そして「叙情詩人は……すれば足りるが、 d 詩人は……しないといけない」とあるので、dは重視されているほう、つまりcと同じ。eも「強調したい」ほうであるからcと同じ。まとめると〈a↔b＝c＝d＝e〉となり、そのような組み合わせになっている選択肢はハしかないので、これが正解である。

▼問四　Bは文語体ではあるものの論旨は明快であり、文語文を読み慣れている者にとって各段落の大意をつかむことは

ものであって、だいたいのものは一身の哀歓（神祇・釈教・恋・無常の感情）を詠ずることにとどまりいまだかつて現実を解脱したものは存在しない。試しに考えてみよ、古来億万の歌集の中に風情を現実の外に走らせて形而上の人間を詠み、あるいは形而上の天地万物を歌ったものは、そもそもどれくらいあるだろうか。私はもちろんある論者のようにそれが短すぎることを和歌の欠点とは考えず、またそれが叙情に偏っていることを残念と思うのでもなく、ただそれが現実像にこだわって大きな虚像を知らないもののようであることを惜しむだけなのだ。

Ⅲ　ここに私の友で梅花道人というその道の道士がいる。このたび新体詩設立の大誓願を発起して「梅花詩集」一巻を著しなさった。私がいただいてこれを読むと、道人が観念するところはたいそうあの仏家あるいは蕉門の俳人に似て、しっかり形而下の事物を解脱し天地万物を解き明かそうと試みているような形跡があるのは、まずよろこぶべき道人の特色である。

Ⅳ　私はけっして観念だけを尊んでそれこそが詩であると考えるわけではなく、技術と観念とを兼ね備えてはじめて詩人であるということを知っているのである。しかしながら私が叙情派の詩人に対して望む技量は他の造化派の詩人に対して望む技量ほどに多大なものを求めない。それというのはあの造化派の詩人には常に完全に自我を脱して各種の性情を写し出さなければならないという至難の大きい任務があるために多くの大技量を求めるべきだが、こちらの叙情派は心中に抱く主観相（観念）を取り出してそれを形あるものにし総合しいきいきと描写することができて他者にまごころが通じればじゅうぶんなので、技能は比較的に単純で無理に偉大な技量は必要ないのである。

Ⅴ　今や梅花道人は造化派に属しておらず叙情派に属している。よくよく道人の作品を読んで確認すると、彼の「九十九の嫗」やら「静御前」やらは性情を写す韻文として多少の面白味がないわけではないが、作品の主たる内容を検討すると登場人物の本来の性情ではなくてむしろ作者がその姿を借りて理想を歌っていることであるようだ。私は道人が叙情に巧みであり理想を描写するのにすぐれているのを認めるとともに、他のこと（つまり人間の性情）を表現することにはすぐれていないことを認め、彼が叙情派の詩人に属していて造化派の詩人に属していないことをここで批難することを遠慮し

◆全　訳◆

B：Ⅰ　詩人の筆に上る世界は二つあり、心の世界と物の世界である。前者は虚構の世界であって理想であり、後者は現実の世界であって自然である。理想を主として扱う者は自分を基準として世間を推定し、自然を主として扱う者は自分の思いから解脱して世間の様子を写しとる。前者は総称して叙情詩人と呼ぶことができ、後者は総称して世相詩人と呼ぶことができる。前者がすぐれたものになれれば、ある場合には天命を理解することができ、一世の預言者となるだろう。後者がすぐれたものになれれば、ある場合には天地万物を壺の中に詰めて永遠に不言の救世主となるだろう。理想家の作品のすぐれたものでは作者の存在が非常に大きくて天地を呑みこみ、造化派の作品のすぐれたものでは造化活動をして作者の存在は消滅する。だから叙情詩人に対しては理想が高く大きく円満であることを望むべきで、世相詩人には理想の姿を完全に隠してひたすら世の姿が顕著に示されることを望むべきだ。また、非常に劣っている場合は両者とも現在を離れることができなくて、叙情家は一身の哀歓を歌い世相派は狭い見方による小さい世の姿を描くにすぎないだろう。今、すぐれたもの劣ったものをまじえて例を挙げれば、前者はダンテ・マーロー・ミルトン・カーライル・バイロン・ワーズワース・ブラウニングのような詩人で、後者はホメロス・シェークスピア・ゲーテ・スコット・エリオットのような詩人である。要するに理想派の諸作には作者の考えの極致がおどるように常に躍動し、造化派の傑作では作者の姿がまったく感じられない。叙情詩人のすぐれた者の存在はちょうど雲より高い山のようにますます高くますます顕著であって、世相詩人のすぐれた者の存在はちょうど限りない青々とした海のようにますます大きくてますます果てしない。前者はちょうど万里の長城のようなもので、遠くてさらに遠くまで続くとはいっても結局のところ踏破できないわけではない。後者はちょうど底知れない湖のようなもので、深くてさらに深く最後までその底にたどり着くことはできない。これを両者の違いの要点と考える。

Ⅱ　よくよくわが国の韻文について考えてみると、上は短歌・長歌から下は連歌・俳諧・謡曲・浄瑠璃に至るまで（浄瑠璃のある部分以外は）おおむね理想詩の範疇に属し、とりわけ和歌と呼ばれているもののすべては叙情詩のとても劣った

国語

一

出典　A：石田忠彦『坪内逍遙研究』（九州大学出版会）
B：坪内逍遙「梅花詩集を読みて」（『讀賣新聞』明治二四年三月）

解答

問一　ハ
問二　我を解脱し
問三　ハ
問四　Ⅰ－ニ　Ⅱ－イ　Ⅲ－ハ　Ⅳ－ホ　Ⅴ－ロ
問五　ロ
問六　梅花が造化派ではなく叙情派に属する詩人であること（二十字以上二十五字以内）
問七　ニ

◆要　旨◆

A：坪内逍遙は、中西梅花の『新体梅花詩集』の批評文である「梅花詩集を読みて」において、詩歌を虚構・理想の世界を歌う「叙情詩・理想詩」と現実・自然の世界を歌う「世相詩・造化詩」に分類し、後者を前者より上位のものとみなして、和歌などの日本の伝統的詩歌や梅花の詩が前者に属することを批判したが、これは主観を客観に没することによって普遍性を得ようとするドラマを文学の理想形態とする基準による批評であり、もともと主観的主情的なものである詩歌のようなジャンルに対する批評法としては適切なものとはいえない。

2021年度

解答編

解答編

英語

I **解答** (A) 1 —(a)　2 —(c)　3 —(c)　4 —(b)　5 —(a)　6 —(a)　7 —(a)

(B) 8 —(b)　9 —(a)　10—(b)　11—(a)　12—(d)　13—(c)　14—(b)

◆全　訳◆

(A) ≪人新世（アントロポセン）の始まり≫

メソポタミアにおける最初期の農耕社会や国家の始まりは，地上に誕生した人類の歴史のうち，直近の 5 %にあたる部分で起こった。そして，この尺度で測れば，18 世紀末に始まった化石燃料の時代は，私たち人類の歴史のうち，直近の 0.25%分にしか相当しない。驚くべきほどにあからさまな理由によって，私たちはこの最後の時代に自分たちが地球環境に及ぼしてきた影響にいよいよとらわれている。その影響が一体どれほど大きなものになったかは，人間の活動が世界の生態系や大気に決定的な影響を及ぼした新しい地質年代に名前を付けるため作られた，「人新世（アントロポセン）」という用語をめぐる活発な議論の中に見てとることができる。

生態圏に対して人間の活動が与えた，現代における決定的影響については疑いようのない事実であるが，それがいつ決定的なものとなったのかという問題は今も論争中である。その時期を最初に行われた核実験とした提案をする人々もあり，この核実験は永続的で検出可能なレベルの放射能からなる地層を世界中に堆積させた。また，人新世の時計は産業革命と化石燃料の大量消費から動き始めた，という提案をする人々もいる。産業社会が，たとえばダイナマイト，ブルドーザー，鉄筋コンクリート（特にダム建設用のもの）といった，地形を完全に変えてしまうような道具を獲得したときにその時計は動き始めた，という主張も可能かもしれない。これら 3 つの候補のうち，産業革命はほんの 200 年前に起きたものであり，残り 2 つが起きているのは，まだ，実質的に今生きている人々が記憶する範囲にある。およそ 20 万年におよぶ人類の歴史から見れば，人新世はほんの数分前に始まったにすぎない。

(B)　≪ハワイの民族多様性の理解≫

私が子どもの頃に暮らしていたハワイのオアフ島にあるパロロ渓谷では，私の近所に住んでいた人たちはハマモト，カウハネ，ウォン，カマラといった名前であった。近くの，私たちがザリガニを捕まえてたき火で焼いた小川を渡ったところには，フィリピン人とプエルトリコ人の家族がいた。私の家の裏には，アリス＝リュー夫人と彼女の友人らが夜遅くまで麻雀をしていて，牌を打つ音を聞きながら私は眠りについていた。隣の家には，ミウラ一家が日本の端午の節句に風になびく色とりどりの鯉のぼりをあげていた。私は様々ななまりや違った言語で話される声を耳にして，様々な肌の色をした子どもたちを目にしていた。彼らと一緒に学校まで裸足で行き，野球やじゃんけんのような遊びをした。私たちはピジン英語を話した。英語と日本語とハワイ語とを混ぜ合わせて，“Hey, da kind tako ono, you know”「このタコおいしいね」のように話していた。私はそこで育ちながらも，なぜあれほど出身地の異なる多様な国籍の家族が共に暮らし，互いの文化を共有しつつも同じ言語を話していたのかを知らなかった。学校の先生や教科書は私たちの地域社会の多様性や，私たちがひとつにまとまっている理由について説明してくれなかった。高校卒業後，私は中西部の町にある大学に通ったのだが，そこでいつの間にか私は，地元の教会やロータリー・クラブのような奉仕団体が主催する「外国人学生のための夕食会」に招待されていた。私は自分が「外国人学生」ではないことを親切な主催者に失礼のないように説明しようとした。学生仲間や教授でさえもが，いつからアメリカに滞在しているのか，どこで英会話を学習したのか，といった質問を私にしてきた。「この国で学習しました」と，私は答えたものだった。そして時には，「私はアメリカで生まれ，私の家族は三世代にわたってここで暮らしてきました」と付け加えて言ったものだ。

◀解　説▶

◆(A)　▶1．正解は(a)。第1段第1文（The founding of …）ではメソポタミア文明が起こった時期を，in the latest five percent of our history「人類史のうちの直近の５％にあたる部分で」と表現しており，この「直近の５％」という表現はその出来事が“つい最近”であることを強調するためのもの。続く第2文（And by that metric, …）では，人間が化石燃料を消費する時代を，空所直後で the last quarter of a percent of the history「人類史のうちの直近の4分の1％（0.25%）にあたる部分」と表現している。“つい最近”という点をさらに印象づける流れで，第1文の「5％」から，さらに少ない割合である「0.25%」へと展開しているため，空所には only と同意の強調語である(a)の merely「たったの～しか，ほんの～だけ」を補う。なお，第2段の最終文（Measured by …）の only a few minutes ago の箇所が，ここを言い換えた表現で，同様に only で強調されている。(b)「個人的に」 (c)「強く」 (d)「視覚的に」

▶2．正解は(c)。空所は，reasons を先行詞とする主格の関係代名詞節内に位置し，reasons の補語となっているため，「理由」を形容する語が入る。空所直後（we are increasingly preoccupied by …）では，「私たちは自らが地球環境に残した足跡（＝環境に及ぼしてきた影響）にとらわれている」とあるが，その「理由」が何であるかの具体的な説明は他の箇所にも見当たらない。説明をする必要がない，ということは「理由は言うまでもなく明らかである」ということ。たとえば，砂漠化，海洋汚染といった“目に見えてはっきりと現れてきた”，あるいは“誰の目から見ても明白な”問題が理由で，今私たちは自身が環境に及ぼしてきた影響で頭がいっぱいである，という主旨と推測できる。したがって，(c)の obvious「明白な」が正解。(a)の enriched は「(心や生活などが）豊かな」，あるいは「(濃度や栄養素などが）濃い」，(b)の honest は「(人や意見などが）率直な」の意。(d)の understood が reason を修飾する場合は，否定語を伴って，たとえば for reasons not clearly understood「理由ははっきりとはわからないが」のように使われるのが普通。

▶3．正解は(c)。coin には動詞で「(貨幣）を鋳造する」の他に，「(新しい言葉）を作る」という意味があり，ここではその意味。空所直前にある，the term “Anthropocene”「Anthropocene という用語」が，空所直後にあるように to name a new geological epoch（during which …）「新しい地質年代に名前をつけるために」“作られた”ということ。(b)の called は「呼び出される，呼びかけられる」の意味。call が「名づける」の意味になるのは，call *A* *B*「*A* を *B* と呼ぶ〔名づける〕」の形（受動態なら *A* is called *B*）である。ここでは to 不定詞が続いていて，*B* にあたる名詞がない上に，Anthropoceneが名付けられることになってしまう。(a)「許可される」(d)「制限される」

▶4．正解は(b)。date *A* from *B*で「*A*（出来事など）の時期を*B*からだと推定する」の意味。空所のある文の前文（While there is no doubt …）では，the question of when it became decisive is in dispute「それ（＝人間が環境に与えた影響）がいつ決定的なものとなったのかという問題は今も論争中である」とある。これに続く2文（Some propose …. Others propose …）が，「…と提案する人々もいれば，…と提案する人々もいる」の構造となっており，この箇所が先の「論争」の具体例となっている。それが「いつのことであるのか」という時期を具体的に提案する場面なので，dating it from the first nuclear tests「それが始まった時期を最初に行われた核実験だと推定する（こと）」とするのが正しい。

▶5．正解は(a)。空所がある文は，4で説明したとおり，人間が環境に与えた影響がいつ“決定的”（decisive）なものとなったのか，という問題への提案が述べられている。そこで挙げられているのが，the Industrial Revolution「産業革命」とthe（　5　）use of fossil fuels「(〜な）化石燃料の消費」であるが，これらは環境への“決定的”（decisive）な影響と言えるほどの大規模な出来事であるはず。したがって，化石燃料の消費量の程度を表す形容詞として最適なのは，(a)のmassive「大規模な」。(b)「相互の」(c)「厳選された」(d)「意識下の」

▶6．正解は(a)。make a case（for〜）で「論拠を挙げて（〜への賛成を）主張する」という意味の熟語（「賛成」を意味するforを，「反対」を表すagainstに変えると「〜に対して反対を主張する」の意味になる）。この熟語のa caseは「(賛否の）主張」の意味で，本文ではこれが文頭に出て受動態の形（A case could also be made for …）になっている。人間が環境に与えた影響が決定的なものとなった時期について，2つの提案（主張）が第2段第2・3文（Some propose …. Others propose …）で挙げられているが，空所のある文はalsoで示されているように，これらに加えて3つ目の提案（主張）を述べている箇所。(d)のrequestは，誰か他の人に対する「要求，要請」の意味であり，「主張」の意味はない。

▶7．正解は(a)。6で説明したとおり，第2段では「人間が環境に与えた影響が決定的なものとなった時期（Anthropocene「人新世」が始まった時期)」について，合計３つの提案（主張）がそれぞれ第２段第２・３・４文（Some propose …. Others propose …. A（　6　）could also be made for …）で挙げられている。それら３つは，「最初の核実験の実施」，「産業革命と化石燃料の大量消費」，「産業社会の道具の獲得」をそれぞれ Anthropocene の始まりとする主張である。これらは，新しい地質年代である Anthropocene の始まりを１つ決めるための「候補，選択肢」であるため，空所には(a)の candidates「候補」が入る。

◆(B)　▶８．正解は(b)。空所のある文は，there is〔are〕～「(場所に)～がある／いる」という存在を表す構文であり，“場所”を表す語句を伴う。空所には選択肢の中で唯一“場所”を表す語である(b)の Nearby「近くに」を補うのが正しい。空所と，空所直後の across the stream where … over an open fire の箇所が同格の関係になっており，「近くに」という抽象的な表現をより具体的に説明した形となっている。(a)「確かに」(c)「適切に」(d)「本当に」

▶９．正解は(a)。lull は「～をなだめて寝かしつける」という意味の動詞で，その派生語の lullaby「子守歌（ララバイ）」が有名。lull *A* to〔into〕sleep で「*A* を寝かしつける，（物音や揺れなどが）*A* の眠りを誘う」。空所直前の the clicking of the tiles「麻雀牌のカチャカチャという音」が筆者の眠りを誘った，という意味。lulling は現在分詞であり，本文では分詞構文として使われている。(d)の tucking については，tuck *A* into bed の形で「*A*（子ども）をベッドに入れて布団をかけてあげる」の意味もあるが，tuck *A* to sleep という表現はないのと，人が主語になるべきであるため不可。(b)「～をまねてばかにする」(c)「～に印をつけてチェックする，（時計が）カチカチ音を立てる」(d)「（寝具などで）～をくるむ，～を（場所に）押し込む」

▶10．正解は(b)。空所の前後が we went と to school であり，空所の語がなくても we went to school「私たちは学校へ行った」という意味で自然につながるため，空所に入るのは修飾語として機能する副詞とわかる。選択肢はすべて副詞で，特に(b)の barefoot「裸足で」と(d)の underhand「(スポーツ）下手投げで，こっそりと」は名詞ではないので注意が必要。ここでは，筆者が異なる肌の色の子どもたちと一緒に「学校まで裸足で行った（ものだ)」という，過去の習慣を述べているところ。(a)の already

は動作の完了を意味するため，通常完了形と共に用いる。(c)の separately「別々に」は文頭の Together「一緒に」と矛盾する。

▶11. 正解は(a)。an array of ～ で「ずらりとならんだ～，数々の～」という意味の表現。冒頭文から空所のある文の直前まではすべて，ハワイの筆者が育った地域では“様々な”国籍の人が暮らしていたことが示されている。したがって，such an（ 11 ）of nationalities「そのように～な国籍」とは，「そのように多様な国籍」のことと推測される。「多様な」あるいは「多数の」という意味にするためには(a)の array が適切となる。なお，families representing such an array of nationalities from different shores の部分は，representing 以下が直前の families を修飾する形となっており，「出身地の異なる，あれほど多様な国籍を象徴する〔表す〕家族」の意。(b)「実例」 (c)「興味，利子」 (d)「秩序，命令」

▶12. 正解は(d)。直前の第 9 文（As I grew up, …）では，多様な国籍の家族が「共に暮らし，互いの文化を共有しつつも同じ言語を話していた (were living together and sharing their cultures and a common language)」と説明されている。このことから，空所のある文では，異なる文化や国籍をもつ人々がなぜこのように“ひとつにまとまって”暮らしていたのかを先生や教科書は教えてくれなかった，と述べていると判断できる。したがって，空所には，「連帯，結束」を意味する(d)の unity を補って，the sources of our unity「私たちがひとつにまとまっている理由」とするのが適切。(a)「現実，実在」 (b)「失望，欲求不満」 (c)「模擬実験，シミュレーション」

▶13. 正解は(c)。選択肢はすべて過去分詞の形をしており，空所直後には by があるため，受動の意味になる形である。したがって，“dinners for foreign students”（ 13 ）by local churches and clubs like the Rotary の和訳は，「地元の教会やロータリー・クラブのような奉仕団体によって～される『外国人学生のための夕食会』」となる。空所のある文に後続する文 I politely tried to explain to my kind hosts that …「私は…を親切な主催者に失礼のないように説明しようとした」に hosts「主催者」という表現があることから，空所には(c)の sponsored「主催される」が適切と判断される。(a)「呼ばれる」 (b)「回収される」 (d)「拍車をかけられる」

▶14. 正解は(b)。第13文（My fellow students and …）で，筆者は大学の同級生や教授から「いつからアメリカに滞在しているのか，どこで英会話を学習したのか」と質問されている。空所のある文は，外国人と思い違いされた筆者が，この質問に答えている場面。筆者についての情報は，まず冒頭文（In Palolo Valley …）より，アメリカのハワイ州で育ったことがわかる。次に，第7文（We spoke pidgin English.）の「ピジン英語」（言語接触により生じた混成言語で英語を中心とするもの）を話していた点と，第9文（As I grew up, …）の「多様な国籍の家族が共に暮らし，互いの文化を共有しつつも同じ言語を話していた」という点から，筆者の世代だけでなく，もっと昔からこのような生活が形成されていたと推測できる。したがって，“数世代にわたって”アメリカに在住していることを伝える文とするために，空所には(b)の generations「世代」を補うべきである。(c)の relatives「親戚」は，generations が時間的に縦のつながりを示唆するのに対して，横の広がりを示唆する語。

●語句・構文●

(A)（第1段）founding「創始」 agrarian「農業の」 metric「測定基準」 fossil fuel「化石燃料」 era「時代」 alarmingly「驚くほど，憂慮すべきほど」（be）preoccupied「気を取られている」 footprint「足跡」 capture「（映像・言葉などで）～をとらえる」 lively「（議論などが）活発な」 debate「討論，（長い）議論」 swirling around～「～を取り巻く〔めぐる〕」（<swirl「渦巻く」） geological「地質学の」 epoch「時代，（地学の）世」 decisive「決定的な」 affect「～に影響を及ぼす」 ecosystem「生態系」

（第2段）contemporary「現代の」 ecosphere「生態圏」（be）in dispute「論争中（である）」 deposit「～を堆積させる」 permanent「永久的な」 detectable「検出可能な」 layer「層」 radioactivity「放射能」 reinforced concrete「鉄筋コンクリート」（<reinforce「～を補強する」） radically「徹底的に」 alter「～を変える」 landscape「風景，地形」 mere「ほんの～」 virtually「実質的に」（be）within living memory「今生きている人々の記憶にまだ残っている」

(B) neighbor「隣人」 crayfish「ザリガニ」 roast「～を（直火で）焼く〔あぶり焼きにする〕」 an open fire「たき火」 play mah-jongg「麻雀を

する」 click「カチッという音を立てる」 tile「(麻雀の) 牌」 billowing「(風に) なびく，大きく波打つ」 carp kite(s)「鯉のぼり」 accent「なまり，特徴」 pidgin「ピジン語 (異なる言語の話者同士の間で生まれた混成言語)」 octopus「タコ」 shore「国，岸」 diversity「多様性」 community「共同社会，(ある特徴を共有する) 集団」 source「源，原因」 graduation「卒業」 attend「(学校など) に通う」 midwestern「(アメリカ) 中西部の」 the Rotary「ロータリー・クラブ (世界規模で展開する奉仕団体)」 fellow「同期生の，仲間の」

II 解答

(A) 15―(b) 16―(d)
(B) 17―(d) 18―(d) 19―(a)
(C) 20―(b) 21―(a) 22―(d) 23―(c) 24―(c)

◆全 訳◆

(A) ≪道徳心と想像力≫

道徳心と想像力は互いに何らかの関連があり，この両者は人間がもつ共感能力とも何らかの関連がある。おそらく大半の人々も，それは認めるところであろう。問題が生じるのは，道徳心と想像力をどのように，そしてどこで結びつけるべきかを判断しようとするときである。17 世紀以降の道徳心が意味する範囲は，義理と義務，そして義務感からと同時に自らの選択によってもたらされた賛同および後悔である。つまり，人間の行動に対して適正に付与される報酬および制裁である。想像力が適用されるのは，物事や人物の現状とは違う姿，あるいはこれから先，または過去の姿，そして決してあり得ないことだが考えてみると興味深いような世界の状況に対してである。道徳心は実世界に関わるものであり，それが対象とするのは実在するものである。想像力は架空の創作物を思い浮かべさせるものであり，それが対象とするものは，せいぜい，実際にありそうだ，という程度のものである。言い換えれば，それらのものさえなければこの現実世界とあまり変わらぬ世界には，それらが実際にあるのだと信じることも可能だろう。道徳心と想像力が密接に結びついているという感覚，つまり，それらは別々の範疇に属するものではないのかもしれないという感覚は，本題である「道徳的想像力」と同様，初めは難解なものなのである。

(B)　≪西欧の古典主義建築≫

西欧の伝統において一貫して美徳や高潔さを連想させる建造物は，古代ギリシャの建造物，とりわけアテネのパルテノン神殿であり，それは昔から芸術のなしたものの頂点とみなされてきた。文化的な側面においてアテネを際立たせている要因のひとつは，民主主義や哲学といった，今なお通用している非常に多くの思想がその場所で生まれた，という点である。アテネの最盛期である紀元前 5 世紀に建てられた遺跡は，西欧社会の根幹に結びついており，それにより絶対的な影響力を有している。このことは，その建造物の実際の形状が広く知られていない時代においてでさえも当てはまった。たとえば，その時代は 18 世紀である。当時は，古代の聖域であったパルテノン神殿がトルコ人によって軍事利用されていたため，不意にやって来る訪問客が軍事基地に歓迎されることはなかった。また，その時までには，古代の建造物の形状は完全には明らかになっていなかったが，それは塔の増設や要塞化など様々な増築が重ねられてきたためであった。古代では，ローマ人が古典主義建築を採用し，古代ローマ人の建築様式が彼らの広大な帝国全土へと，つまりヨーロッパを横断しアフリカや中東へと広がっていった。何世紀もかけて，この「古典主義」建築は様々に派生していき，それに対する解釈も多様化していった。トーマス＝ジェファーソンがバージニア大学のキャンパスを設計した際，古典主義建築のもつ民主主義的な，そして哲学的な意味合いから，彼はその建築様式を採用している。それは独立したばかりの合衆国の憲法を立ち上げた理念に触発されてのことである。一方で，建築家であるアルベルト＝シュペーアはヒトラー支配下のベルリンを設計する際に，古典建築がもつ，帝国的な華やかさを示す側面を重視した。

(C)　≪新型コロナウイルスによるパンデミックに対する AI を用いた解決策の是非≫

ほんの数カ月の間のうちに新型コロナウイルス感染症が拡散していった速さと規模は，危機に際しての大きな課題に立ち向かうために私たちが科学技術を理解する方法と，利用する方法を再構成しつつある。生活を屋内やオンライン上へとシフトさせられたので，家にいながらにして人同士の交流を行うために，私たちはハイテク機器に頼るようになった。科学技術の媒介的役割が高まったことに加え，新型コロナウイルスにより，ロボットや人工知能（AI）といった新たな技術的行動主体への道が開けたことで，かつては想像する程度でしかなかった，オートメーション化された未来という，議論の対象であったシナリオが目に見える形で具現化した。

新型コロナウイルス感染症が流行してから，様々な形状のロボットが，薬や商品の運搬，医師が患者を治療する手助け，清掃，警備，娯楽提供を担っている。AIも大量のデータを吸収し素早く解析するその能力から，新型コロナウイルス感染症との闘いにおいて脚光を浴びている。AIは感染拡大の早期警戒をもたらしてくれることや，このウイルスの性質や治療法や進化への見識を生み出してくれることから高い評価を得ている。新型コロナウイルスの世界拡散の速さや，確かな情報に基づくタイムリーな公的医療介入の重要性を考慮すれば，パンデミックの規模や持続期間を予測するモデルを構築するためにAI技術が幅広く取り入れられているのも当然である。

ロボットやAIの新型コロナウイルス感染症対策への最も技術的に簡単な用途は，論議を呼ぶものではあるが，監視や社会統制かもしれない。隔離がこのウイルスの拡散を最小化するのに一番有効な方法であるとされているため，人々が自宅に留まっていることを確実にするために，「コロナウイルス監視ドローン」のような道具が公的機関によって採用されている。顔認証（医療用マスクを着用していても機能するもの）やその他の生体認証や追跡技術と併用されるため，侵害されずに残っているプライバシー領域はほとんどない。このような対策や現在の技術的な実験は「非常事態」においては必要なこととみなされるかもしれないが，それらが及ぼすより広範で長期的な社会的影響についてはまだ十分にわかっていない。

フランスの哲学者であり社会理論学者であるミッシェル＝フーコーは，その著作で，歴史上の様々な時代の伝染病に対する政府の対応からは，人々を統制することに対する，それぞれに異なった取り組みが見えてくることを示した。隔離，排除策はハンセン病を封じ込めるのに有効な手段とみなされていたが，この疫病に対する極端な隔離策の実行は，パノプティコン（円形刑務所）における人々の監視体制に基づく規律権力を発生させるきっかけになった。パノプティコンは「実験を行い，行動を改めさせ，人々を訓練，あるいは矯正するための仕組み」である実験室となり，「律する権力を人々に内在化（自動化）させ，没個性化する」という点から，人々の管理を執行するための完璧な形を象徴している，とフーコーは強調する。

紛れもなく，現在のパンデミックによる非常事態のために取られている対策は，かつてないほどのオートメーション化と没個性化を達成し，そして同時に個人に極めて特化することが可能な，新たな「統治の術策」の兆しとなっている。そして，これらの対策による影響は，確実に国や国民ごとに異なる意味合いをもつであろう。新型コロナウイルス感染症に対する技術―科学的な解決策を模索する最中でも，テクノサイエンスと社会の深い関わりを忘れずに，ジェンダーや不平等や民主主義に関する諸問題に立ち向かうことが重要である。説明と透明性が，人々が政策上の措置に従うのを促すと示されてきた。最良の決断とは，多種多様な知識が有意義に結びつけられたときになされるものである。

◀解　説▶

◆(A)　▶15.「本文によると，多くの人が同意するのは次のうちどれか」

(a)「想像力と道徳心は共感に由来する」

(b)「想像力は道徳心とまったく関連がないわけではない」

(c)「道徳心と想像力は完全に別々の範疇に属している」

(d)「共感は想像力と道徳心の次に重要なものである」

正解は(b)。冒頭文の Morality and imagination have something to do with each other では，*A* have something to do with *B*「*A* は *B* と何らかの関係がある」という表現が用いられており，その和訳は「道徳心と想像力は互いに何らかの関連がある」である。また，最終文（The sense that …）にも morality and imagination are closely allied「道徳心と想像力が密接に結びついている」と説明されている。したがって，(b)の「想像力は道徳心とまったく関連がないわけではない」，つまり「何らかの関係はある」というのは本文の内容に一致する。(a)と(d)は本文に記述なし。(c)の entirely separate categories「完全に別々の範疇に属している」という断定は，最終文の they might not belong to separate categories「それらは別々の範疇に属するものではないのかもしれない」という内容に矛盾する。

▶16.「筆者によると，次のうち正しいものはどれか」

(a)「人間の行動のお陰で，世界はより道徳的で想像力に富む場所となった」

(b)「人々が現代の道徳規範に反する物語をつくるのは普通だ」
(c)「現代の道徳的義務の多くは 17 世紀であれば理解されなかっただろう」
(d)「想像力による創作物は実在する道徳的問題と結びついている可能性がある」
正解は(d)。まず冒頭文で「道徳心と想像力は互いに何らかの関連がある」と述べられている点をおさえる。第 6 文（Morality, we say, is …）では「道徳心は実世界に関わるものであり，それが対象とするのは実在するものである」とあり，第 7 文（Imagination conjures up …）の前半では「想像力は架空の創作物を思い浮かべさせるものである」とあるため，互いに正反対のことを述べているようだが，この両者が冒頭文で「何らかの関連」があると説明されているため，それらを結びつける接点があると考えられる。第 7 文の後半，コロン記号（：）の後ろに we could believe them to be real「私たちはそれら（＝fictions and its objects「架空の創作物や想像力の対象」）を現実のものだと信じることも可能だろう」とあり，ここをその接点と捉える。具体例がないため抽象的で難しいが，たとえば自分の取る行動に対する結果がどのようなものになるかをリアルに想像する力が，道徳的なものの考え方にもつながる可能性がある，といった関連性が考えられよう。(a)と(b)は本文に記述なし。第 4 文（From the seventeenth century onward …）の from ～ onward は「(時代) 以降」という意味で，「17 世紀以降の道徳心」についての説明が本文でなされているため，(c)の「現代の道徳的義務の多くは 17 世紀であれば理解されなかった」に対応する内容はない。よって，誤り。
◆(B)　▶17.「筆者によれば，古代ギリシャの建築物は…」
(a)「歴史を通じて軍用目的のためにのみ利用されてきた」
(b)「他の古典的伝統による建築物よりも優れている」
(c)「世界中への芸術および文化的な影響という点において普遍的かつ永久的なものである」
(d)「西欧文明において受け継がれてきた考え方を表している」
正解は(d)。第 2 文（One of the things that …）では，a great many ideas were developed there that are with us still「(民主主義や哲学といった) 今なお通用している非常に多くの思想がその場所（＝アテネ）で生まれた」とある（この that 以下が修飾する先行詞は a great many

ideasであり，usは「西欧の現代人である私たち」の意)。また，最終文（We find it …）からは，民主主義と哲学的意味合いが古典主義建築にあるとわかる。古典主義建築は古代ギリシャの建築物を基にしたものであるから，古代ギリシャの建築物は今なお通用している，つまり受け継がれてきた思想の意味合いを含んでいるといえる。したがって，(d)はこれを言い換えたものとして正しい。第4文（This was the case …）に「パルテノン神殿が18世紀に軍事利用されていた」とあるので，(a)の軍事利用されていた時期をthroughout history「歴史を通じて（ずっと)」とするのは誤り。(b)については，第1文（The buildings that are most consistently …）に，the Parthenon in Athens, which has always been seen as a high point of artistic accomplishment「アテネのパルテノン神殿，それは昔から芸術のなしたものの頂点とみなされてきた」とあるが，設問で言及されているような古代ギリシャの建築物全般の話ではないため，誤り。(c)は，古代ギリシャ建築物の芸術および文化的影響の及ぶ範囲を「世界中(around the world)」としているが，第3文（The monuments that were built …）では，the foundations of Western society「西欧社会の根幹」と西欧に限定しているので，これに矛盾する。universal and eternalも本文に記述なし。

▶18.「18世紀には，…ので，パルテノン神殿のもともとの設計は大部分が不明であった」

(a)「トルコ人によってその塔の多くが破壊されていた」

(b)「紀元前5世紀以降，その建造物の基礎部分が地面に埋まっていた」

(c)「ローマ人がその建造物のパーツをローマ帝国の至る所へ散在させた」

(d)「トルコ軍がその建造物を軍事用に改築した」

正解は(d)。18世紀のパルテノン神殿に関する記述は，第4文（This was the case …）のsuch as in the 18th century以降と，第5文（Also, by then, the form …）にある。そこでは，18世紀にはパルテノン神殿がトルコ人によって軍事利用されていたこと，また，「塔の増設や要塞化など様々な増築の積み重ね（an accumulation of various additions — towers and fortifications)」が行われていたことに言及している。これらの情報をまとめたものが(d)だと判断できる。(a)・(b)・(c)は歴史的事実に当たるものもあるかもしれないが，本文に言及がないため不適切。

▶19.「トーマス＝ジェファーソンは，…ので，バージニアの大学キャンパスに古典様式を取り入れた」

(a)「民主主義のような古代ギリシャの考え方が彼の新たな祖国建国に強く影響を与えた」

(b)「アルベルト＝シュペーアと同じように，合衆国はローマのような帝国になる可能性があると信じていた」

(c)「その大学がヨーロッパ大陸にある大学と一線を画することを求めていた」

(d)「合衆国が，古代ギリシャがそうしたように，西欧において支配権を握りたかった」

正解は(a)。トーマス＝ジェファーソンについての記述は，最終文（We find it adopted for …）にある。We find it adopted … by Thomas Jefferson の it が指すのは，直前の第 7 文（There have been many versions of …）中の this 'classical' architecture であるから，この和訳は「トーマス＝ジェファーソンによってこの『古典主義』建築が採用されているのがわかる」。また，adopted の直後にある for its democratic and philosophical overtones は，for が“理由”を表す用法，そして overtone(s) が「(表に出ない) 意味合い，ニュアンス」の意味であるため，ジェファーソンが「古典主義」建築を大学設計に取り入れたのは「その（=「古典主義」建築の）民主主義的な，そして哲学的な意味合いのため」となる。そして，最終文の後半には，inspired by the ideals that launched the constitution of the newly independent USA「独立したばかりの合衆国の憲法を立ち上げた理念に触発された」とも述べられている。アメリカ合衆国憲法の基になる理念は民主主義だと考えられる。民主主義がアメリカ合衆国設立に影響したため，その含みをもつ古典主義建築を大学の設計に取り入れたといえる。これらの情報を端的に言い換えたものが(a)であるため，これが正解。(b)・(c)・(d)はいずれも本文に記述なし。

◆(C) ▶20.「筆者によると，新型コロナウイルス感染症は…」

(a)「想像していたよりもずっと遅くに私たちの生活にオートメーション化をもたらした」

(b)「緊急時における科学技術の利用方法に関する私たちの概念を変えた」

(c)「人間の活動と社会を大規模に破壊した」

(d)「現代社会におけるロボットと AI の発達を妨げた」

正解は(b)。(a)では生活のオートメーション化が「想像していたよりもずっと遅くに」来たとあるが，第 1 段第 3 文（In addition to elevating technology's …）の後半では，visibly bringing to life contested scenarios of automated futures that we had only been able to imagine before「かつては想像する程度でしかなかった，オートメーション化された未来という，議論の対象であったシナリオが目に見える形で具現化した」とあることから，むしろ「想像以上に早まった」という表現が適切である。よって，(a)はこれに矛盾する。ちなみに，bring *A* to life は「*A* を実現させる」の意味で，ここでは bring の目的語である *A* にあたる箇所が長いため to life の後ろへ移動している。(b)は第 1 段の冒頭文（The speed and scale …）の are reconfiguring the way we understand and utilize technology to tackle grand challenges in times of crisis「危機に際しての大きな課題に立ち向かうために私たちが科学技術を理解する方法と，利用する方法を再構成しつつある」を言い換えたものであるため，本文に一致。(c)は本文に記述なし。(d)の「ロボットと AI の発達を妨げた」というのは，第 1 段第 3 文（In addition to elevating technology's …）の中で，the coronavirus has opened the door to … robots and artificial intelligence（AI）「ロボットや人工知能（AI）…への道が開けた」とあり，この内容に矛盾する。

▶21.「本文によると，AI がもつ現在の役割に含まれないのはどれか」

(a)「ロボットを上手く操作することによるウイルスの封じ込め」

(b)「災害について事前に通知する」

(c)「莫大な量のデータの素早い処理」

(d)「今後の生存のための，考えうる最善の解決策の提示」

正解は(a)。AI の役割の説明は，まず第 2 段第 2 文（AI has also been in …）の，its ability to absorb and quickly analyze large amounts of data「大量のデータを吸収し素早く解析するその能力」が(c)に相当する。次に，同段第 3 文で AI is being lauded for providing early warnings about the outbreak「AI は感染拡大の早期警戒をもたらしてくれることで高い評価を得ている」（laud は「褒めたたえる」の意）とあるので，ここが(b)に一致。また，同文中にある generating insights into the virus' nature, treatment and evolution「このウイルスの性質や治療法や進化への見識を生み出してくれる」という内容と，同段最終文（Considering the coronavirus'…）の「パンデミックの規模や持続期間を予測するモデルを構築する」という内容は，(d)の「生存のための，考えうる最善の解決策の提示」につながると言える。(a)のみが本文に記述のない内容であるため，これが正解。

▶22.「筆者は，…ので，ロボットや AI の助けを借りた生活について心配している」

(a)「この新しい科学技術への過度な依存によって人々のやる気が損なわれる可能性がある」

(b)「このような科学技術的道具は決して完全なものではなく，そのため社会を崩壊させる可能性がある」

(c)「一番重要なのは機械本位ではなく人間本位の社会である」

(d)「人々のプライバシーの権利を侵害するために政府によってロボットや AI が利用される可能性がある」

正解は(d)。第 3 段では，政府による，ロボットや AI を使った国民の監視について言及している。第 3 段第 1 文（The case may be that …）では，「ロボットや AI の…用途は…監視や社会統制かもしれない」とある。また，同段第 3 文（Coupled with …）では，公的機関が採用しているコロナウイルス監視ドローンについて，「顔認証や…追跡技術と併用されるため，侵害されずに残っているプライバシー領域はほとんどない」とあり，これらのことは，(d)の内容に合致する。(a)・(b)・(c)はいずれも本文に記述なし。

▶23.「いわゆる『パノプティコン』というのは…ための仕組みのようである」

(a)「疫病から人間を効果的に守る」

(b)「人々が屋内でより自由に行動するのを促す」

(c)「国家が国民をうまく統制するのを助ける」

(d)「人々が規則に従わない場合に彼らを収容する」

正解は(c)。Panopticon「パノプティコン」については，第 4 段の最終文（Foucault emphasizes that …）で，Panopticon represents the perfect form for the exercise of control「パノプティコンは人々の管理を執行す

るための完璧な形を表している」と述べている。このなかにある control は，「国民を管理，統制すること」の意味であるため，(c)がこの内容に合致する。ちなみに，Panopticon とは円形刑務所のことで，中央に監視塔があり，それを囲むようにして独房が配置されたもので，効率的に囚人を管理できるようになっている。

▶24.「本文の主題として最も適切なものは，次のうちどれか」

(a)「コロナ禍において，いかに国家は国民に対して分別ある配慮ができるか」

(b)「現在のコロナ禍への対策と共存のための手法」

(c)「新型コロナウイルス感染症によるパンデミックに対する AI を用いた解決策の是非」

(d)「コロナ禍における科学技術の貢献に対する理解」

正解は(c)。第 2 段では，パンデミックに対する AI の活用について良い側面が挙げられている。たとえば，第 2 段第 3 文（AI is being lauded for providing …）では，「AI は感染拡大の早期警戒をもたらしてくれることや，このウイルスの性質や治療法や進化への見識を生み出してくれることから高い評価を得ている」とある。しかし，第 3 段以降では AI を使って個人を監視したり，社会統制をしたりする負の側面に焦点が当てられている。特に，最終段第 1 文（Without a doubt, …）では，「現在のパンデミックによる非常事態のために取られている対策は，かつてないほどの自動化と没個性化を達成し，そして同時に個人に極めて特化することが可能な，新たな『統治の手法』の兆しとなっている」と述べており，政府による，AI を利用した国民の監視や統制を懸念したものとなっている。したがって，主題として正しいものは，パンデミック対策として AI を活用することの良い点と悪い点（pros and cons）を表現した，(c)の Pros and Cons of AI Solutions to the Covid-19 Pandemic が最適。

●語句・構文●

(A) morality「道徳心，道義心」 sympathy「共感」 grant「～を認める〔聞き入れる〕」 that much「それだけ，その分だけ」(ex. That much is true.「それだけは本当です」) denote「～を意味する〔示す〕」 realm「領域，範囲」 duty「義務，義理」 obligation「義務，恩義」 compulsory「強制的な，義務的な」 optional「任意の，選択が自由の」 approval「承

認，賛同」 reward「報酬」 sanction「制裁，認可」 properly「適切に，きちんと」 affix *A* to *B*「*A* を *B* に添付する〔取り付ける〕」 apply to ～「～にあてはまる」 reflect on ～「～について熟考する」 be concerned with ～「～に関係している」 object「対象（となるもの）」 actual「現実の」 conjure up ～「～を心に呼び起こす」 probable「ありそうな」 otherwise「そうでなければ，その点を除けば」→同文中（コロンの前）にある fictions and its objects を指して「それらがなければ，それらを除けば」の意。ally「～を連携させる〔結びつける〕」 通常は受動態で「～と結びつく」。initially「初めは」 puzzling「難解な」

(B)consistently「一貫して」 associate *A* with *B*「*A* と *B* を結びつける，*B* で *A* を連想する」 virtue「美徳」 high-mindedness「高潔さ」 ancient「古代の」 accomplishment「功績，成果」 mark out ～「～を目立たせる」 democracy「民主主義」 philosophy「哲学」 association「関連，連想」 unmatched「比類ない」 authority「権威，威光」 be the case「事実である」 sanctuary「聖域」 the Turks「トルコ人」 casual visitor「不意の来訪者」 military base「軍事基地」 accumulation「蓄積，積み重ね」 addition「増築部分」 fortification「要塞化」 architecture「建築物」 adopt「～を採用する」 empire「帝国」 overtone(s)「(表に出ない）含み，ニュアンス」→通例この意味では複数形。lay out ～「(建物）を設計する」 inspire「～に着想を与える」 ideal「理想」 launch「～を立ち上げる〔始める〕」 constitution「憲法，設立，構造」 independent「独立した」 architect「建築家」 play up ～「～を重視する，強調する」 capacity「能力」 imperial「帝国の」 pomp「(人目を引くための）虚飾，華やかさ」

(C)（第1段）scale「規模」 Covid-19「新型コロナウイルス」→ coronavirus disease of 2019 の略。over the course of ～「(日数など）の間に〔にわたって〕」 reconfigure「～を再構成する」 utilize「～を活用する」 tackle「(問題など）に取り組む」 crisis「危機」 (be) dependent on ～「～に依存した」 device「機器」 conduct「～を行う」 interaction「交流」 confine(s)「(活動などの）制約」→通例，複数形で用いられる。elevate「～を高める〔引き上げる〕」 mediate「仲介する」 artificial「人工の」 visibly「目に見えるほどに，明らかに」 contested「論争の的と

なった」 automate「～を自動化〔オートメーション化〕する」

（第2段） outbreak「（疫病などの）大流行，急激な増加」 summon *A* to *do*「*A* に～するよう命令する」 treat「～を治療する」（be）in the spotlight「脚光を浴びた」 absorb「（知識など）を取り込む〔身につける〕」 analyze「～を分析する」 laud「～を褒めたたえる」 generate「～を生み出す」（an）insight into～「～への洞察〔見識〕」 nature「性質」 evolution「進化」 progression「進行」 informed「確かな情報に基づく」 intervention「介入」 employ「～を採用する，使う」 predict「～を予言する」 pandemic「パンデミック（疫病などの世界的流行）」 magnitude「規模」 duration「（持続）期間」

（第3段） The case may be that～「もしかしたら〔おそらく〕～」→case は「事実，真相」の意味では，be the case「事実である」のように be 動詞と the を伴う。ここでは「（that 以下）は事実であるかもしれない」が直訳。（主語（The case）と補語（that～）の位置を入れ替えるとわかりやすい）。controversial「物議を醸す」 surveillance「監視」 control「統制」 quarantine「隔離」 be determined to *do*「～すると判断されている」 measure「手段，方策」 minimize「～を最小限にする」 drone「小型無人航空機」 ensure that～「必ず～となるようにする」（be）coupled with～「～と相まって」 facial recognition「顔認識」 surgical「外科用の」 biometric「生体認証の」 tracking「追跡（の）」 intact「手付かずの」 current「現在の」 be deemed～「～だとみなされる」 enduring「長続きする，消えない」 societal「社会に関する」 consequence「結果」

（第4段） theorist「理論家」 epidemic「伝染病」 distinct「はっきりと異なる，特異な」 approach「方法」 isolation「隔離」 exclusion「排除」 be regarded as～「～とみなされている」 contain「～を封じ込める」 leprosy「ハンセン病」 implement「～を実行する」 extreme「極端な」 plague「伝染病，疫病」 signal「～の前兆〔兆し〕となる，～を示唆する」 emergence「出現」 disciplinary「規律上の」 panopticism「パノプティコン（円形刑務所）の一望監視体制」（<panopticon） exercise「行使」 automatize「～を自動化〔オートメーション化〕する」 deindividualize「～を没個性化する」 laboratory「研究所」 carry out～

「～を実行する」 correct「(人) を矯正する」
(最終段) present「現在の」 exceptional circumstance「非常事態」 arts「術策」 incredibly「信じられないほど，非常に」 personalize「～を個人向けにする」 implication「意味合い」 amidst (＝amid)「～の真っただ中で」 quest for～「～の探求」 grapple with～「(問題など) に取り組む」 gender「(社会的・文化的) 性，ジェンダー」 inequality「不平等」 transparency「透明性」 abide by～「(規則など) に従う」 meaningfully「有意義に」

Ⅲ　解答

25―(a)　26―(g)　27―(d)　28―(e)　29―(h)　30―(b)
31―(c)

◆全　訳◆

≪やり遂げようとする力の功罪≫

新たな考え方が生まれ，それが広がり始め，流行し，多くの書籍や記事，そして会議やセミナーに着想を与えていく。それからそれは次第に消えていく。ここ数十年の間に，この周期は何度も繰り返された。しかし，この繰り返しを幾度となく目にしても，今，世間を賑わしているものがどんな発想であれ，それにこのパターンが当てはまるということを認識すること，つまり，その発想の限界を理解することは難しいのかもしれない。

生徒に自律や自制をさせる，つまり楽しみは後回しにして「grit (やり遂げようとする力)」を獲得させる指導が話題を集めている現状を例に考えてみよう。子どもたちを規律に従わせるのは，私たちが求めることを彼らに強制することである。しかし，私たちが常にその場にいて，子どもの行動に値する賞罰を与えられるわけではないので，私たちが近くにいないときでも子どもが規則に従って学習を続けられるように，子どもたちの一人一人に「内在する監督者」をもたせる方法を見つけようと思い描いている人たちもいる。指導する側の私たちにとって一番効率的な枠組みは，子どもたちが自らを統制できるようにする，すなわち，自制心をもたせることである。

子どもが学校でどれほどうまくやっていけるかを決める要因は認知能力だけではない。そして，こうした考えを扱った初期の議論では，自己認識，利他精神，個人の意欲，共感力，愛し愛される力の重要性に焦点が当てられていた。しかし，その後，この神託にはおもしろいことが起こってきた。最近，知能指数の限界について話されるのを耳にするが，それはたいていの場合，利他精神や共感力ではなく，再利用版のプロテスタント的労働倫理を重視する保守的な語りの文脈においてである。それが目標とするのは，子どもがどんな課題でも指示されたものに対してこつこつと打ち込み，それに必要な期間は根気よく続けられるように，誘惑に耐え，建設的でない衝動に打ち勝ち，楽しみを後回しにできるようにすることである。

長期間に及んで，人々をある事柄に固執させるのに必要な自制心のようなものである「grit（やり遂げようとする力）」は，教育界において，概ね批判されることもなく，人々から歓迎されている。私たちはこれと基本的に同じ神託を，イソップ童話，ベンジャミン＝フランクリンの金言，キリスト教における怠惰への非難から叩き込まれているにもかかわらず，実際に，それは新しい見識として扱われている。

しかし，この考え方には疑いの目を向けてみるべき理由がいくつかあると私は考えている。まず，貫徹する力を望ましいものとみなすことが奨励されているが，一方で，すべてのものがする価値のあるものとは限らないし，まして延々とするものではない。もしも悪事をたくらむ人々が最後までやり遂げようとする力をもっていなければ，より良い世界になるだろう。その程度に限って，粘り強さは（良い，もしくは悪い）結果に到達するのに役立つ多くの特性の一つにすぎない。したがって，目標を何にするかという選択こそが最優先されるべきであり，より重視されるべきである。

次に，より広くは自己統制にあたるものと同じように，たとえ道徳上好ましくない行いではない場合でも，やり遂げようとする力は時として不適切で不健全なものとなり得る。確かに，長期間にわたって何かを続けることが有益な場合もあるし，それを否定はしない。自分の生徒が困難の兆候を感じ始めたとたんに諦めるのを見たいと思う人はほとんどいない。しかし，解決できない問題に固執すること，つまり，もはや満足をもたらさない課題を続けることに意味がない場合も多々ある。人々がこのような状況下でさえ継続している場合は，引くに引けない状態に陥っている可能性があり，それは（結果の面では）逆効果であり，（動機の面では）病的なものでもある。

最後までやり遂げようとする力を絶対的に正しいものとして語る人は誰

であれ，自分が穴の中にいると気づいたときには，それ以上掘るのをやめよ，という「穴掘りの法則」を思い出す必要がある。貫徹する精神に溢れる人々は，「非生産的な頑固さ」を見せることがある。彼らは，たとえ結果が延々と続く失敗だとしても，何度も何度も挑戦し，そして遂に成功したとしても，他の方法のほうがより適切であったかもしれない，ということもある。こだわりを捨てるべきときを知ることは，それ自体が有益なものとなり得る。

不適当な粘り強さを発揮することの結果が常に最適なわけではないのと同じように，そのような粘り強さを生む動機も重要な精神的問題を提起する。目に見える行動のみに意識を向ける人は，粘り強く努力している生徒について，それが自分の好きなことだからそうしているのか，それとも自分の能力を証明しようと必死になっているからそうしているのかをわざわざ尋ねようとはしないであろう。その生徒が諦めないかぎりは，私たちはうなずいて同意を示すことになっているのである。(興味深いことに，自分のしていることに対して情熱をもっている人々は，それに固執するために必要な自己規律がはるかに少ない傾向がある。)

引き際を知るためには，一定の決意だけではなく，長期的な視点で物事を捉える能力が必要である。そして，このことは粘り強さの有用性と同じくらいに，生徒に伝えるべき重要な教訓なのである。継続してきたことをさらに続けるのは最も無難な道である場合が多いため，損失を諦めるのには勇気がいる。言い換えれば，根気強く続ける，すなわち自制するべきかどうか，そしていつそうするべきなのかを判断できる能力こそが大切なのである。これは，最後までやり遂げようとする力そのものに価値がある，という神託とは大きく異なっている。

◀解　説▶

空所の数が7つであるのに対し，選択肢は8つある。各選択肢の意味は以下のとおりである。

(a)「それからそれは次第に消えていく」

(b)「その生徒が諦めないかぎりは，私たちはうなずいて同意を示すことになっているのである」

(c)「継続してきたことをさらに続けるのは最も無難な道である場合が多いため，損失を諦めるのには勇気がいる」

(d)「しかし，それ以来この神託にはおもしろいことが起こってきた」
(e)「しかし，この考え方には疑いの目を向けてみるべき理由がいくつかあると私は考えている」
(f)「その考えの非道徳性のせいで，それを例証する人々の不道徳行為が生じる」
(g)「子どもたちを規律に従わせるのは，私たちが求めることを彼らに強制することである」
(h)「自分がそれの中に入っている場合は，それ以上掘るのをやめよ」

▶25. 正解は(a)。空所の直前文（A new idea is hatched; …）では，「新たな考え方が生まれ，それが広がり始め，流行し，多くの書籍や記事，そして会議やセミナーに着想を与えていく」とあり，あるものが徐々に盛り上がりを見せていく過程が描かれている。そして，空所の直後にある文（In the last couple of …）では，空所を含めたこの過程を this cycle「この周期」と表現し，それが繰り返し起きていると述べられている。繰り返されるための周期というのは，何かが盛り上がりを見せては“次第に消えていく”，という流れであるため，(a)の it fades away「それ（＝a new idea）は次第に消えていく」が空所に入る。

▶26. 正解は(g)。空所の直前文（Consider the current buzz …）では，the current buzz about teaching students to exercise self-discipline「生徒に自己規律をもたせる指導が今，脚光を浴びている」とあり，第２段が「自己規律」に関する話題であることがわかる。空所の直後にある文（But because we can't …）は，But で始まり，主節の部分（some people dream of …）で，「子どもに『内在する監督者』をもたせる方法を見つけようと思い描いている人たちもいる」，つまり「自己規律」の指導を検討している人々が登場している。これらのことから，空所は，なぜ self-discipline「自己規律」の指導という発想に至ったのか，その過程の一部が入ると考えられる。また，空所直後の文が But で始まり，その前後が逆接の構造になるはずであることから，But 以降の主旨「子どもが自分で自分を律して学習するようになる」の対比的内容，つまり「大人が子どもを規律に従わせて学習させる」といったものが適切。この条件に合致するものは(g)だけである。

▶27. 正解は(d)。空所の直前文（Cognitive ability isn't …）の要旨は，

「以前は，子どもの成功は知力（Cognitive ability）だけで決まるのではなく，利他精神（altruism）や共感力（empathy）も重要とされていた」。空所の直後の文（When you hear about …）の要旨は，「現在は，子どもの知力（IQ）だけでは限界があり，伝統的なプロテスタントの労働倫理が重要視されている」。空所前後のこれらの文を比較すると，昔と今で「知力だけが子どもの成功を決める要因なのではない」という点では同じだが，知力以外に重視されているものが昔（利他精神や共感力）と今（伝統的な労働倫理）とで異なっている。時が流れる中で，「知力だけが子どもの成功を決める要因なのではない」というメッセージが伝える内容に“ねじれ”が生じていることがわかる。したがって，(d)の「それ以来この神託にはおもしろいことが起こってきた」は，この変遷を示唆する表現として適切である。

▶28.　正解は(e)。空所直後の文が First, …で始まっており，その後，第6段第1文が Second, …で始まっている。この2つの箇所は，いずれも grit（やり遂げようとする力）の抱える負の側面を述べているため，(e)の several reasons why the idea merits our skepticism「この考え方に疑いの目を向けてみるべきいくつかの理由」として列挙されたものと判断できる。(e)の中にある the idea が指すのは第4段第1文（“Grit” — the sort …）で言及された，教育界で歓迎されている “grit” のこと。また，*A* merit *B* で「*A* は *B*（評価など）に値する」の意味。

▶29.　正解は(h)。空所があるのは第7段の冒頭文（Anyone who talks about grit …）中であり，そこでは「最後までやり遂げようとする力を絶対的に正しいものとして語る人は誰であれ the Law of Holes を思い出す必要がある」と述べられている。空所直前にある the Law of Holes「穴（掘り）の法則」は抽象的であり，説明を要するものと考えられるため，空所にはそれを説明するものが入るはずである。選択肢の中では，Holes「穴」に関係する言葉があるのは，(h)の digging「掘ること」だけである。空所に(h)を補えば，When you're in one, stop digging. の代名詞 one が指すのは a hole のことであるため，その和訳は「自分が穴の中に入っている場合は，それ以上掘るのをやめよ」となる。これは，自分がその中にすっぽり入るほど穴を深く掘り進めたと気づいたら，掘るのをやめないと抜け出すのが難しくなる，という意味の格言。

▶30. 正解は(b)。空所直前の文（Someone who is focused only on …）では，「目に見える行動のみに意識を向ける人は，粘り強く努力している生徒について，それが自分の好きなことだからそうしているのか，それとも自分の能力を証明しようと必死になっているからそうしているのかをわざわざ尋ねようとはしない」と述べられている。そのため，「目に見える行動のみに意識を向ける人」というのは，生徒を見守るべき立場の人だが，その生徒が粘り強く努力しているという表面上の行動だけを見て，それを良いことだと捉える人のことだと判断できる。つまり，“grit” を無条件に良いものと捉える先生である。そして，第 4 段より，“grit” が良いものとして無条件に受け入れられているのが教育界の状況だから，先生の立場にある人は，生徒の動機は関係なく，そして “grit” について自身がどう思っていようと，このような粘り強い行動自体を認めることになっていると考えられる。よって，(b)の「その生徒が諦めないかぎり，私たち（筆者を含めた先生）はうなずいて同意を示す（nod our approval）ことになっている」が最適である。

▶31. 正解は(c)。空所のある最終段の第 1 文（To know when to …）には，To know when to pull the plug「引き際を知るためには…」とあり，この段では grit（最後までやり遂げようとする力）に対して，「途中で諦めることも必要だ」という主旨の説明が展開されており，空所にもそれに類する内容が入ると考えられる。また，空所直後の文が，Or, to put it differently「言い換えれば」で始まっていることから，その続きの「根気強く続けるべきかどうかを判断できる能力が大切」という内容に矛盾しないものが空所に入る。(c)の it can take guts to cut one's losses「損失を諦めるのには勇気がいる」が，これらの条件に合致している。なお，(c)の中の the path of least resistance は「最も（周囲などからの）抵抗が少ない道，一番楽な道」，cut *one's* losses は「損失を潔く諦める」の意。

●語句・構文●

（第 1 段） hatch「～を生み出す」 catch on「流行する」 inspire「～に着想を与える」 a flurry of ～「相次ぐ～，立て続けの～」 conference「会議」 play out「（物事が）起こる，続く」 iteration「繰り返し」 witness「～を目撃する」 stir up ～「～をかき立てる」

（第 2 段） buzz「一時的な熱狂」 self-discipline「自己規律，自律」 self-control「自制，自己統制」 defer「～を先送りにする〔延ばす〕」 gratification「満足，喜び」 grit「根性，最後までやり抜く力」 compel *A* to *do*「(強制的に) *A* に～させる」 hand out ～「～を手渡す」 merit「(～の評価) に値する」 figure out ～「(答えなど) を見つけ出す」 equip *A* with *B*「*A* に *B* を身に付けさせる」 built-in「内蔵された」 supervisor「監督者」 arrangement「取り決め」 discipline *oneself*「自制心をもたせる」

(第３段) cognitive「認知能力の」 fare「やっていく」 altruism「利他主義，利他的行為」 empathy「共感」 message「神託，お告げ，教訓」 ethic「倫理，道徳」 resist「～に抗う」 temptation「誘惑」 override「～を無効にする，～を乗り越える」 unconstructive「建設的でない」 impulse「衝動」 put off *doing*「(～すること) を延期する」 grind through ～「(仕事など) に打ち込む」 keep at ～「～を続ける」

(第４段) require「～を必要とする」 persist「固執する，続ける」 uncritical「批判することもなく，無批判に」 acclaim「(批評家・世間からの) 絶賛」 educational circle「教育界」 insight「見識」 be drummed into ～「～に叩き込まれている」 Aesop's fable「イソップ童話」 aphorism「金言，格言」 denunciation「非難」 sloth「怠惰」

(第５段) skepticism「懐疑的な見方」 let alone ～「(否定表現の後で) ～は言うまでもなく」 be up to ～「(よからぬこと) を企んでいる」 to ～ extent「～な程度まで」 persistence「粘り強さ，こだわり」 attribute「特性」 outcome「結果」 come first「一番大切である」 count「重要である」

(第６段) as with ～「～と同様に」 inappropriate「不適切な」 objectionable「反対すべき」 pay「報われる，割に合う」 stick with ～「～にこだわる，～を堅持する」 long haul「長期間」 throw in the towel「途中で諦める」 sign「兆候」 occasion「場合」 make sense「意味を成す」 satisfaction「満足」 under ～ condition「～な条件〔状況〕下で」 refusal「拒否」 disengage「撤退する，手を引く」 counterproductive「逆効果の」 in terms of ～「～の観点で (は)」 pathological「病的な，病理学の」

(第７段) absolute「絶対的な」 be reminded of ～「～を思い出す」 dig

「土を掘る」 gritty「粘り強い，気骨のある」 exhibit「～を示す〔見せる〕」 unremitting「延々と続く，絶え間のない」 eventually「結局は」 there are times when ～「～な場合がある」

（第 8 段） just as S V「ちょうど～と同じように」 unqualified「不適格な」 optimal「最善の，最適な」 psychological「心理学的な」 measurable「測定できる，明らかな，目に見える」 bother to *do*「わざわざ～する」 desperate「必死の」 competence「能力，適性」 passionate「情熱的な」

（最終段） pull the plug「（活動などから）手を引く」 long-term「長期の」 perspective「見方，考え方，展望」 a measure of ～「一定の～」 determination「決意，意志の強さ」 usefulness「有用性」 perseverance「忍耐力，粘り強さ」（＜persevere「最後までやり抜く，耐える」） in itself「それ自体で」

Ⅳ 解答

32―(f)　33―(l)　34―(j)　35―(b)　36―(i)　37―(k)　38―(g)

◆全　訳◆

≪外食しようとする夫婦の会話≫

夫：そうだ，今晩は外食にしよう。どうかな？

妻：へとへとだけれど，いいわ，そうするのがよさそうね。

夫：どうしてそんなに疲れているんだい？　仕事はすべて順調だったの？

妻：ええ。でもつまらない会議がたくさんあって。ほとんどの会議でずっとは起きていられなかったの。ある会議では，上司が大学教授みたいにずっとダラダラと話していたわ。別の会議では，マーケティングチームが新しいデオドラント商品のくだらない宣伝のプレゼンテーションをしたの。それから，私の部署は経理部の人たちと会議しなくちゃならなくて，それから，それから，それから。

夫：それは大変だな。それを聞いただけで疲れてしまうよ。何かおいしいものを食べれば元気になるかもね。

妻：メキシコ料理はどうかしら？

夫：うーん，僕はどちらかというと，中華料理の気分だったけど。

妻：私たちいつも同じものを食べているじゃない。中華，イタリアン，タイ料理にインド料理…。新しいものを試してみない？

夫：エチオピア料理はどうかな？　あまり遠くないところに新しい店が1軒できたと聞いたよ。エチオピア料理は食べたことがないけど，いろんな食材が盛られた大きなフラットブレッドが食べられるんだって。それから，フラットブレッドの一部をちぎって，それで食べ物をつかむのさ。手で食べるのも楽しそうだね。

妻：いいわね，私はいつだって新しいものには賛成よ。予約が必要かしら，それとも予約なしで行けばいいの？

夫：まだ早い時間帯だから，飛び込みで行ってみようよ。

妻：そうね，行ってみましょう！

◀解　説▶

▶32. 正解は(f)。What do you say?　は「君はどう思う？」という意味の会話表現で，何かに誘うときや意見を求めるときに用いられる。ここでは外食を提案した夫が「どうかな？」と妻の意見を尋ねているところ。なお，後ろに“to＋名詞”を付けてWhat do you say to～?「～はどう？（勧誘）」とすることも多い。

▶33. 正解は(l)。be wiped outで「疲れ切っている」という会話表現。妻が空所のある台詞を言った直後で，夫がWhy are you so tired?「どうしてそんなに疲れているの？」と尋ねていることから，妻の発話内容も「疲れている」と推測できる。wipe「～を拭き取る」という動詞に，強意のoutを付け加えたwipe outは「～を一掃する，消し去る」の意味で使われ，そこから「ひどく疲れさせる」という口語的表現が派生したもの。

▶34. 正解は(j)。空所直前にはI could hardly stay awake「起きてはいられなかった」とあり，空所直後にはmost of them（＝most of the meetings）「ほとんどの会議」とあるので，この両者をつなぐものとしては「会議の間は」のような期間を表す前置詞の可能性が高いと判断する。「～の間中ずっと」という意味の前置詞である(j)のthroughのみがこれに該当する。

▶35. 正解は(b)。空所直前のthe boss keptと，空所直後のon and on「延々と」から，keep *doing*「～し続ける」の形になっていると考えられるため，空所には現在分詞（*doing*）が入る。選択肢で(b)のdroningと，(h)のsoundingが現在分詞の形に該当するが，自動詞としてのsoundは「（鐘などが）鳴る」という意味なので(h)は不適切。(b)のdroneには「ダラダラと話す」という意味がある。ここは妻が眠くなった理由を説明している場面であるから，「上司が延々とダラダラ話し続けた」という内容は理由として適切。なお，drone は名詞だと「(ミツバチの) 雄バチ，(ハチの) ブンブンいう音，無人航空機」といった意味がある。

▶36. 正解は(i)。空所の含まれている箇所は，夫がエチオピア料理の食べ方を説明している場面。空所直後の some of the bread「フラットブレッドの一部」が，空所に入る動詞の目的語となっていて，その続きに and use it to pick up the food「そして，それ（=some of the bread）を使って食べ物をつかむ」とある。このことから，空所には「〜を引きちぎる」という意味の(i) tear off を補うことで意味が通る。

▶37. 正解は(k)。be up for 〜 で「〜に対して乗り気である」という意味の熟語。空所は，夫からのエチオピア料理の提案に対する妻の返答の場面。空所が含まれる文に続く妻の発言，Should we make a reservation or just go?「予約が必要かしら，それとも予約なしで行けばいいの？」から，妻はエチオピア料理に"乗り気である"ことがわかる。したがって，空所には(k)の up を補って，先述した熟語にするのが適切。

▶38. 正解は(g)。It's on the early side. で「(イベントや営業時間などの) まだ早い時間帯である」という意味。外食の行き先に決まったレストランについて，直前の妻からの質問，Should we make a reservation or just go?「予約が必要かしら，それとも予約なしで行けばいいの？」に対して，夫が答える場面。空所直後には so let's risk it「だから，いちかばちか行ってみよう」とあり，これは妻が店の予約の必要性を尋ねていることから，「予約をせずに店に飛び込みで行ってみよう」という意味になる。so「そのため」で結ばれているので，空所の含まれる前半部分（It's on the early（　38　））は，予約をしないことにした理由，つまり，店が混み合っていないと考える理由を述べている。early「(時間的に) 早い」という語の意味から推測して，「まだお店の営業時間的に早いタイミングである（から)」という内容の発言となる。空所に補うべきは，on the early に続く名詞であるから(e)の point か，(g)の side に絞られるが，前置詞の on と結びつきやすいのは side のほう（ex. I'm on your side.「あなたの味方です」)。point は「時点」の意味では at 〜 point の形が多い。It's の it は"時"を表現するときに用いられる漠然とした用法。

●語句・構文●

boring「つまらない」 pitch「(強引な) 宣伝」 deodorant「消臭芳香剤」 accounting department「経理部」 Yikes!「(恐怖・驚きなどを表して) うわぁ」 more like ～「～のほうに近い」 Why don't we *do* ～?「～しませんか」 flatbread「フラットブレッド (平らな円形のパン)」 pick up ～「～をつまみ上げる」

V

解答 〈解答例 1〉(Human communication is not limited to conveying a message to a specific audience, but) has a ritualistic aspect of performing social roles as well. (4-10 words)

〈解答例 2〉(Human communication is not limited to conveying a message to a specific audience, but) extends to sharing it with one's presumed audience as well. (4-10 words)

◆全　訳◆

≪社会的役割を演じることによるコミュニケーション≫

他者とのコミュニケーションにおいて重要な要素のひとつは，自分の様々な社会的役割を演じることにある。私たちの役割の演じ方は，自分がそのときに担っている役割と話している相手の両方によって変わる。生徒の近くにいるときの私の振る舞い方は，自分の子どもと一緒にいる時の振る舞い方とは違うかもしれないし，子どもといるときの振る舞い方は私が友人と過ごすときのものとも違っているだろう。これらの振る舞い方はすべて自分の正直なものであるが，自分という人間や，自分が演じる様々な社会的役割や社会的アイデンティティーがもつ様々な側面に過ぎないのである。

私たちが自分の暮らしに関わる人々の写真を投稿するのは，それが社会的関係に基づくアイデンティティーを示す行動の一部であるからである。たとえば，私が誕生日を祝福して息子の写真を投稿するとき，Facebook を通じて彼とコミュニケーションを取っているように見えるかもしれないが，実際には彼はアカウントをもっていない。そのようなメッセージにはそれを受け取る対象者が存在していないため，このメッセージの意味はコミュニケーションの伝達モデル（例：送信者→メッセージ→受信者）を通しては理解されない。それでも，私が投稿する際には，それを見ると思われる友人や同僚や他の家族のことが頭に浮かんでいる。それゆえ，このような投稿はコミュニケーションの儀式モデルを通して理解されるべきものだ。こうしたメッセージの投稿は，母親としての役割を演じることの要素であり，それによって，家族という，より広範囲におよぶ社会的構造を強固なものにする。母親の役割は私が作り出すものではなく，実社会の中で私自身が経験した，他者の役割の演じ方に基づいて，演じたり，形作ったりするものである。

◀解　説▶

与えられた書き出しに続く形で，4～10 語で要約を完成させる英作文問題。ただし，連続する 3 つ以上の語句が本文と同じものにならないように自分の言葉で書くこと，という条件がある。与えられた書き出しは，Human communication is not limited to conveying a message to a specific audience, but … であり，「人間のコミュニケーションは，ある特定の受け手に対してメッセージを送ることだけに限られているのではなく，…」という意味。〈解答例 1〉は，要約らしく本文に繰り返し使われている “social roles”「社会的役割」を中心にまとめたもの。〈解答例 2〉は，英作文的により自然な文体として，but 前後の対比構造をわかりやすい形で示したもの。こちらは「社会的役割」に直接言及していないが，それを示す具体的な行為に触れているため，要約としても成り立つ。

〔解答例 1 の考え方〕まず冒頭文（An important part of …）で「コミュニケーションにおける重要な要素」が in performing our various social roles「自分の様々な社会的役割を演じることにある」と述べているように，第 1 段では「社会的役割を演じることによるコミュニケーション」というものが導入されている。第 2 段では，それがどういうものかをわかりやすく説明している。第 2 段第 2・3・4 文（For example, when I post …. The meaning of such messages …. Nevertheless, my presumed audience …）で挙げられたような Facebook への写真の投稿がその具体例である。これを「社会的役割」という観点で説明した箇所が，第 2 段第 5 文（Therefore, such posts must be …）の後半，posting such messages is part of the performance of my role as a mother that reinforces the broader social structure of the family で，その和訳は「こうしたメッセージの投稿は，母親としての役割を演じることの要素であり，それによって，家族という，より広範囲におよぶ社会的構造を強固なものにする」。また，同文の前半で，このような「社会的役割を演じることによるコミュニケーション」について，a ritual model of communication「コミュニケーションの儀式モデル」によって理解されるとしており，これは最終文（The role of mother is not mine …）で「母親の役割は私が作り出すものではなく，実社会の中で私自身が経験した他者の役割の演じ方に基づいて，演じたり，形作ったりするものである」とあることから，社会的役割は慣習的にできあがった「儀式」や「儀礼」的なものであり，そういった役割を演じることを通してコミュニケーションが成り立つということを言っていると判断できる。したがって，「社会的役割を演じるという儀礼的側面」（a ritualistic aspect of performing social roles）のようにまとめることができる。書ける語数が少ないので，長くなるなら as well はなくてもよい。

〔解答例２の考え方〕与えられた書き出しの最後に but があるため，その前後を対比の構造としてわかりやすい形にするのが基本。but より前の conveying a message to a specific audience「ある特定の受け手に対してメッセージを伝える」というのは，第２段第３文（The meaning of such messages …）中の a transmission model of communication（e.g., sender → message → receiver）「コミュニケーションの伝達モデル（例：送信者→メッセージ→受信者）」を言い換えたもので，一般的なコミュニケーションのスタイルのこと。これと対照的なコミュニケーションのスタイルは，同段第２文（For example, when I post …）で挙げられたような，Facebook への写真の投稿であり，これには被写体であるその子どもがアカウントをもっていないため，誕生日の祝福というメッセージを受け取る特定の対象者が不在である。同段第３文（The meaning of such messages …）では，「受け取る特定の対象者が不在」という点で，このような写真の投稿は，一般的な「コミュニケーションの伝達モデルでは理解されない」と述べられている。この場合，メッセージの受け手は a specific audience「特定の人々」ではなく，同段第４文（Nevertheless, my presumed audience …）にあるような my presumed audience「メッセージを見ると思われる人々」である。これらの情報を，conveying a message to a specific audience「ある特定の受け手に対してメッセージを伝える（こと）」と対比の構造となるようにまとめるならば，「それを見ると思われる人々とメッセージを共有すること」，「それを見る可能性のある人々にメッセージが届くようにする（こと）」などが考えられる。3 語以上が連続して本文の表現と重ならないように注意して，sharing it with one's presumed audience や ensuring that it reaches your potential audience などと表現できる。

●語句・構文●

（第 1 段）perform *one's* role「自分の役割を演じる〔果たす〕」 performance「振る舞い，演じ方」 address「～に話しかける」

（第 2 段）transmission「伝達」 nevertheless「それでも」 presumed「推定された」 colleague「同僚」 such posts「そのような投稿」 ritual「儀式（の）」 reinforce「～を補強する」 structure「構造」 *A* is not mine to *do*「*A* は自分が～できるものではない」 make up ～「～を作り上げる」 enact「(役割) を演じる」 model「～を形作る」 social world「実社会」

❖講　評

2021 年度も長文読解問題が 3 題，会話文問題が 1 題，要約英作文問題が 1 題の計 5 題の出題である。要約英作文問題は 2017 年度以降，あらかじめ与えられた書き出しに続けて 4 ～10 語の英語を書き加えさせる問題となっている。2021 年度も 2020 年度と同様に本文中の 3 語以上の連続した語句を使ってはいけないという条件があった。

I の(A)は「人新世（アントロポセン）の始まり」，(B)は「ハワイの民族多様性の理解」をテーマにした長文読解問題。(A)も(B)も語句の空所補充のみという設問構成で，空所の数は例年それぞれ 7 つずつ。選択肢に与えられている語彙の難度は高いものが多いので，少しでも多くの語彙を身につけて，消去したり絞り込んでいったりする必要がある。(A) 1 のように，選択肢の語彙が易しいものであったとしても，文脈を把握していないとその判別は難しい。

II の(A)は「道徳心と想像力」，(B)は「西欧の古典主義建築」，(C)は「新型コロナウイルスによるパンデミックに対する AI を用いた解決策の是非」をテーマにした長文読解問題で，いずれも内容説明や内容真偽，主題を問うものとなっている。例年(C)だけが長めの文章となっており，時間配分に注意が必要。(A)・(B)は短めの長文だが，文構造の把握が難しい箇所（(A)の第4文（From the seventeenth century onward, …））や，ハイレベルな語彙力（(A)本文中の conjure up，(B)本文中の pomp など）が要求されているので，どこまで正確に素早く読み進められるかがポイントとなっている。(C)では新型コロナウイルスが関係する話題であるが，最近のことだけでなく，政府による国民の統制という，歴史の中で繰り返されてきた状況に焦点が当てられているのを見抜くことが求められている。

Ⅲは「やり遂げようとする力の功罪」がテーマの長文読解問題。設問は例年通り，与えられた選択肢の英文を，文章中の適切な空所に補う問題となっている。“grit”という「最後まで物事をやり遂げようとする意志」がもつ良い側面と悪い側面について述べられている。「粘り強さ，根性」は良いものである，といった先入観にとらわれず，しっかりと客観的に本文を読み進めていくようにしたい。1つ間違えると，他の箇所に影響するため，空所に当てはめてみた選択肢の英文が，その前後と正しくつながっているのか確認する作業も重要となってくる。

Ⅳは会話文問題で，例年，会話の一部が空所となっている形式。会話の流れは推測しやすい内容となっていたが，ひっかけ問題のようなものもあった。たとえば，空所(33)に「疲れている」という意味の語が入ることは前後関係から容易に推測できるが，空所の直後に out があるため，選択肢の exhausted は使えない，といった具合である。また，一般的な参考書には掲載されていないような口語表現も見受けられた。

Ⅴの英作文問題は，4～10語という少ない語数で問題文の要約をする形式。2021年度は「社会的役割を演じることによるコミュニケーション」をテーマにした問題文。文章中に対比構造が見られることが多く，2021年度も，一般的なタイプのコミュニケーションと，自分の社会的役割を示すことによるコミュニケーションとの2つが対比的に描かれている。短い語数制限の中で，いかに端的に要旨をアウトプットできるかが出題の狙いのようであるため，練習を重ねてこの手の問題に慣れておきたい。

日本史

I 解答

1．姫路　2―ウ　3―イ　4―ア　5―オ
6．一乗谷　7―エ　8―ウ　9．五稜郭　10―イ

◀解　説▶

≪日本における城郭の歴史≫

▶1．「1993年に日本で初めてユネスコの世界文化遺産に登録された」がヒント。姫路城は1600年に城主となった池田輝政の大規模な改修工事によって完成された連立式の天守閣をもつ平山城である。「白い漆喰の城壁」をもつことから「白鷺城」ともいわれる。

▶2．ウ．誤文。「新羅が朝鮮半島を統一した」のは676年。大宰府北方の大野城の築造は665年である。朝鮮式山城は，663年の白村江の敗戦後，唐・新羅軍の侵攻に備えて対馬から大和にかけて築造された。亡命した百済人の指導で，標高300～400 mの山岳に石垣や土塁を築き，城内には貯蔵用の倉庫群もみられる。

▶3．イが正解。

X．正文。吉備真備は717年に遣唐留学生として玄昉らとともに中国に渡り，17年間律令・儒学・軍事などを学んで帰国し，聖武天皇の時代に橘諸兄政権の政治顧問として活躍した。

Y．誤文。「政権から排除されて失脚した」は誤り。藤原広嗣は740年に吉備真備と玄昉の排除を求めて九州で反乱を起こしたが，鎮圧されている。

Z．正文。吉備真備は，藤原仲麻呂の台頭によって疎外され，九州諸国の国司に左遷，さらに752年，遣唐副使となって再び唐に渡るなど都から遠ざけられたが，道鏡が台頭してくると，764年，恵美押勝（藤原仲麻呂）の追討に活躍し，称徳天皇のもとで異例の昇進を続けて右大臣となった。

▶4．ア．正文。胆沢城（岩手県奥州市）の築造は坂上田村麻呂が阿弖流為を降伏させた802年である。

イ．誤文。文室綿麻呂による蝦夷征討で築かれたのは徳丹城である。

ウ．誤文。阿倍比羅夫は7世紀半ばの斉明天皇の時代に秋田～津軽地方方面の蝦夷を鎮定した。

エ．誤文。724年に築かれた多賀城には陸奥国府と鎮守府が置かれ，東北地方の政治・軍事拠点として機能した。胆沢城築城後に多賀城の鎮守府は移されたが，陸奥国府は移されていない。

オ．誤文。伊治呰麻呂の乱（780年）で放火されたのは多賀城である。

▶5．オが正解。『信貴山縁起絵巻』は僧命蓮の霊験譚を主題とした平安時代末期の絵巻物。時宗の開祖である一遍の生涯を描いた『一遍上人絵伝』は，『男衾三郎絵巻』・『法然上人絵伝』・『春日権現験記』・『蒙古襲来絵詞』とともに鎌倉時代の作品。

▶6．朝倉氏の城下町は越前の一乗谷。分国法の『朝倉孝景条々』に基づき，有力家臣の城下町集住策を進めた。

▶7．エ．誤文。「秀吉」が誤り。二条城は徳川家康が京都の警備や上洛の際の居館として造営した。二の丸御殿の大広間は，15代将軍徳川慶喜による大政奉還の上表が行われた場所である。

▶8．ウが正解。福島正則は，広島城の無断修築を理由として1619年に改易された。加藤忠弘は1632年，本多正純は1622年，松平忠直は1623年に改易された。豊臣秀頼は大坂の役で敗れ，1615年に自害している。

▶9．「フランス式築城法」「箱館」がヒント。五稜郭は蘭学者武田斐三郎（あやさぶろう）が設計し，1864年に完成した星形の城塞。戊辰戦争最後の舞台となり，幕臣榎本武揚が官軍と交戦したが陥落した。

▶10．イが正解。難問。「金沢」が誤り。鎮台は明治政府が設置した陸軍の部隊。1871年に東京・大阪・鎮西（熊本）・東北（仙台）に置かれ，1873年には名古屋と広島を加えて6鎮台となり，同年の徴兵令で徴集された者を常備兵とした。1888年，海外派兵を想定した師団に改組した。

Ⅱ　解答

1．盟神探湯　2―エ　3―オ　4―イ　5―ウ・オ　6―オ　7．蛮書和解御用　8―ア・エ　9．美濃部達吉　10―エ

◀解　説▶

≪古代～現代の日本の文化や政治≫

▶1．盟神探湯は，熱湯に手を入れ，火傷の有無で正邪を判定する古代の神明裁判の一種。

▶2．エ．正文。左弁官局は中務・式部・治部・民部省の4省，右弁官局

は兵部・刑部・大蔵・宮内省の 4 省の事務を統轄し，行政命令書の作成・審査を行った。

ア．誤文。「宮中の警護」を担ったのは五衛府である。式部省は文官人事や学校関係を担当した。

イ．誤文。「地方」が誤り。衛門府は五衛府の一つで，宮城の諸門の警備を担当した。

ウ．誤文。「僧侶」を管理したのは治部省である。

オ．誤文。大納言は左右大臣に次ぐ地位である。

▶3．オが正解。A．『御堂関白記』は藤原道長の日記。「御堂関白」は道長の異称で，彼が建立した法成寺を「御堂」と呼んだことに由来する。B．『玉葉』は九条兼実の日記。鎌倉時代初期の政治情勢を知る重要史料である。なお，『小右記』は右大臣藤原実資の日記，『台記』は保元の乱で敗死した藤原頼長の日記である。

▶4．イが正解。

X．誤文。「漢詩文」が誤り。後白河法皇の『梁塵秘抄』は今様などが収録された歌謡集である。今様は平安末期に流行した七五調の四句を基本とする歌謡。

Y．正文。重源は東大寺の大勧進職として，宋の技術者陳和卿をともない，宋で学んだ大仏様の建築様式により東大寺（南大門など）を再建した。

Z．誤文。「文章を用いず絵だけで物語を表現」が誤り。絵巻物は詞書（文章）と絵を交互に用いて物語を展開するのが一般的で，『伴大納言絵巻』もこの形式を用いている。

▶5．ウ．誤文。「御伽草子」は庶民的な短編小説。五山版は，室町幕府の保護下にある京都五山・鎌倉五山の禅僧によって出版された漢詩集などの書籍である。

オ．誤文。隠元を開祖とする黄檗宗は，江戸幕府から布教を禁じられてはいない。

ア．正文。『平家納経』の説明である。

イ．正文。難問。栄西は密教の僧侶でもあった。はじめ天台宗と密教（台密）を学び，後に 2 回の入宋によって臨済宗を伝えた。京都に開いた建仁寺は当初，天台宗・密教・禅の三宗兼学の道場であった。

エ．正文。徳川家康は死後，朝廷から「東照大権現」の神号が与えられ，日光東照宮にまつられた。

▶ 6．オ．正文。

エ．誤文。天和の武家諸法度（5 代将軍徳川綱吉，1683 年）第一条は「文武忠孝を励し，礼儀を正すべき事」である。これまでの「文武弓馬の道，専ら相嗜むべき事」を改正し，文治政治を反映したものになった。

ア．誤文。「武家伝奏」は江戸幕府開設時の 1603 年に設置されている。

イ．誤文。「参勤交代の制度」は 1635 年の寛永の武家諸法度（3 代将軍家光）で新たに加えられた。

ウ．誤文。「殉死の禁止が新たに定められた」のは，4 代将軍家綱の時代の 1663 年である。後に天和の武家諸法度で明文化された。

▶ 7．蛮書和解御用は，1811 年に天文方の高橋景保の建議で設置された洋書翻訳機関。開国後，洋学所（1855 年）→蕃書調所（1856 年）→洋書調所（1862 年）→開成所（1863 年）となり，維新後いくつかの変遷をへて東京大学（1877 年）へとつながった。

▶ 8．ア・エ．正文。

イ．誤文。五榜の掲示ではキリスト教を禁止した。

ウ．誤文。「鉄筋コンクリート」は関東大震災以後に普及。「煉瓦造」が正しい。銀座の煉瓦造の町並みは文明開化の象徴となった。

オ．誤文。「教部省」が誤り。教部省は，神祇省に代わって 1872 年に設置され，宗教関係を担当した。教育に関しては 1871 年に文部省が設置され，翌 1872 年にフランスにならった学制を，1879 年にはアメリカにならった教育令を公布した。

▶ 9．美濃部達吉は，『憲法講話』などを著し，天皇機関説を唱えた東大の憲法学者。天皇機関説は 1935 年，岡田啓介内閣による国体明徴声明で否定され，美濃部は貴族院議員を辞職し，著書の多くが発禁となった。

▶10．エ．誤文。「消費税が導入された」のは 1989 年（竹下登内閣，3%）。

ア．正文。1991 年，湾岸戦争に際して海部俊樹内閣がペルシア湾に海上自衛隊の掃海部隊を派遣した。これが初の自衛隊の海外派遣である。

イ．正文。阪神・淡路大震災は 1995 年 1 月。

ウ．正文。オウム真理教による地下鉄サリン事件は 1995 年 3 月。

オ．正文。バブル経済は 1991 年から崩壊が始まり，日本は平成不況に突入した。

Ⅲ 解答

1．見世棚　2ーウ・オ　3ーオ　4．小石川養生所　5ーウ　6ーオ　7．人返し　8．日本之下層社会　9ーア・ウ　10ーイ

◀解　説▶

≪日本における都市の歴史≫

▶1．見世棚は京都などの都市部で常設された小売店のこと。商品を並べる棚を設けて販売した。

▶2．ウ．誤文。「会合衆」は堺の自治を主導した豪商である。博多の市政を運営した豪商は年行司と呼ばれる。

オ．誤文。「武野紹鷗」も千利休と同じく堺の商人である。

エ．正文。『耶蘇会士日本通信』のガスパル＝ヴィレラの書簡に，堺が紹介されている。

▶3．オ．正文。やや難。町火消は町方の消防組織。「いろは」47 組（のち 48 組）を結成し，各組が担当の町々の消火活動にあたった。

ア．誤文。「宝暦の大火」ではなく，明暦の大火（1657 年）が正しい。

イ．誤文。「遠山景元」は天保期の町奉行。町火消制度を設けた享保期の町奉行は大岡忠相である。

ウ．誤文。定火消の創設は明暦の大火の翌年の 1658 年。旗本による消火組織で若年寄の支配に属し，火消人足を指揮して消火活動にあたった。

エ．誤文。町火消は町奉行が監督した。

▶4．「享保期」「貧民救済のための医療施設」から小石川養生所が導ける。

▶5．ウ．正文。天明の飢饉（1782～87 年）は，冷害などに浅間山の大噴火が重なり，東北地方を中心に甚大な被害をもたらした。これによる一揆や打ちこわしが頻発するなか，1786 年に田沼意次は老中を罷免された。

ア．誤文。享保の飢饉（1732 年）は享保の改革中に起こった。

イ．誤文。「富士山」ではなく浅間山の噴火である。富士山の大噴火（宝永の大噴火）は 5 代将軍徳川綱吉時代の 1707 年のことである。

エ．誤文。「（天保の）飢饉」は 1832～36 年，「大塩の乱」は 1837 年。これらは天保の改革前である。

オ．誤文。「飢饉が加わって」「都市」が誤り。幕末には開国にともなう物

価高騰などが政治不信を引き起こし，農村では一揆（世直し一揆），都市では打ちこわしが頻発した。

▶6．オ．誤文。七分金積立は，江戸の町入用（町費）の節約分の7割を江戸町会所に積み立て貧民救済にあてた制度。幕末まで運用され，残金は明治時代の東京市に引き継がれて利用された。

ア．正文。古代にも義倉の制度があり，これにより，凶作に備えて粟などを貯蓄した。

▶7．「天保期」「貧民に帰郷などを命じる」がヒント。人返しの法（1843年）は天保の改革の農村復興策。寛政の改革の旧里帰農令は，資金を与えて帰農を奨励したものであったが，人返しの法では帰郷を強制した。

▶8．『日本之下層社会』（1899 年刊行）は，工場労働者の実態などを調査して産業革命期の社会のひずみを訴えた横山源之助の代表的著書。

▶9．難問。ア．誤文。「家屋倒壊を中心」が誤り。関東大震災では火災が大きな被害をもたらし，死者の多くが焼死者で占められた。

ウ．誤文。「戒厳令下」が誤り。1923 年 12 月に起こった虎の門事件のときには戒厳令は解除されている。

イ．正文。関東大震災の際に，労働運動家は亀戸事件で，無政府主義者（大杉栄ら）は甘粕事件で殺害された。

オ．正文。内相後藤新平が帝都復興院総裁も兼ねて震災復興計画を立案したが，東京復興のみに莫大な国家予算をあてることが帝国議会で批判され，復興計画は大幅に縮小された。

▶10．イ．正文。難問。

ア．誤文。航空機が戦争に登場するのは第一次世界大戦からである。

ウ．誤文。「開戦当初から」が誤り。B29 による空襲は 1944 年 6 月北九州爆撃から始まり，アメリカは翌 7 月にサイパン島を陥落させると，ここを拠点に本土空襲を本格化させた。

エ．誤文。「空襲の目的を軍事施設や工業施設の破壊に限定していた」が誤り。1945 年 3 月 10 日の東京大空襲では人口密集地帯である下町に焼夷弾が投下され，10 万人が焼死した。またその他の都市でも，国民の戦意喪失をねらって無差別爆撃が行われた。

オ．誤文。難問。「小学生」が誤り。1941 年の国民学校令によって小学校は国民学校と改称している。

Ⅳ　解答

1－イ　2．大輪田泊　3．夢窓疎石　4－ア・エ　5．糸割符（制度）　6－イ・オ　7－ウ　8．富岡製糸場　9．船成金　10－ウ　11－エ

◀解　説▶

≪日本における貿易の歴史≫

▶1．イが正解。最澄は天台宗の開祖。天台宗独自の大乗戒壇設立を求め，東大寺など南都諸宗がそれに反対すると，『顕戒論』を著し反論した。

▶2．「平忠盛」の「息子」は平清盛。「日宋貿易」「摂津」「修築」とあわせて大輪田泊が導ける。日宋貿易の振興をはかる平清盛は，大型の宋船が入港できるように修築工事を行った。

▶3．夢窓疎石は足利尊氏・直義が帰依した臨済宗の僧。作庭にも優れ，天龍寺や西芳寺の庭園をつくった。

▶4．ア・エが正解。管領に任じられたのは，斯波氏・畠山氏・細川氏の3氏で三管領と呼ばれた。赤松氏・山名氏・一色氏・京極氏は侍所長官（所司）に任じられ，この4氏は四職と呼ばれる。

▶5．1604年，江戸幕府は糸割符制度によって，京都・堺・長崎の特定の商人らに糸割符仲間をつくらせ，ポルトガル商人がもたらす中国産生糸の価格を決定して一括購入させた。糸割符仲間には1631年から江戸・大坂の商人が加わり，五カ所商人と呼ばれた。

▶6．イ・オが正解。下線eの制限令は海舶互市新例（1715年）で，発令を建議したのは新井白石である。『政談』は荻生徂徠，『西域物語』は本多利明の著書。

▶7．ウが正解。

X．1865年の幕末には，イギリスから輸入される毛織物と「綿織物」が主流であった。綿織物の輸入によって日本の綿作や綿織物業が大きな打撃を受けたことを思い出そう。

Y・Z．1897年は綿糸の輸出量が輸入量を上回った年。産業革命の中心は紡績業であった。よって，Z「綿糸」は生糸に次いで輸出品第2位となり，また，原料のY「綿花」の輸入が増大したことにより綿花が輸入品第1位となる。

▶8．「生糸の生産」「フランスから技術を導入」「群馬県に官営の工場」より，富岡製糸場とわかる。士族の子女を集めて熟練工を養成し，器械製

糸技術を各地に広める拠点となった。

▶9.「将棋の駒の動き」とは，将棋で駒が敵陣に入ると裏返って金将と同じ力をもつこと。それにたとえて急に金持になることを成金と呼び，大戦景気の影響で急成長した海運・造船業者を「船成金」と呼んだ。

▶10. ウが正解。

X．正文。日本のIMF（国際通貨基金）加盟は1952年。1964年には8条国に移行して国際収支を理由に為替管理を行うことができない国となった。

Y．誤文。説明文は日本が1955年に加盟したGATT（関税及び貿易に関する一般協定）に関するもの。OECD（経済協力開発機構）は発展途上国の開発促進などを援助する機関で，日本が加盟したのは1964年である。

Z．誤文。説明文は世界銀行（国際復興開発銀行）に関するもの。日本の加盟は1952年である。

▶11. エが正解。「は→ろ→い→に」の順になる。

い．1979年の第二次石油危機の説明。

ろ．1973年の第一次石油危機の説明。

は．1971年のニクソン＝ショックの説明。

に．1985年のプラザ合意の説明。

❖講　評

Ⅰは城郭をテーマに，古代～近代（明治時代）の政治・文化を中心とした問題。記述式に難問はないが，9．五稜郭の「稜」の漢字は間違えやすいため注意が必要。語句や正文・誤文選択問題もほとんどが標準的な問題であるが，10．6鎮台の所在地の判断は難しい。また，7は二条城の説明を誤文と見抜けるかがポイントである。正誤法では，3．吉備真備に関する問題はZの判断が難しいが，基本事項であるXとYの正誤を判断できれば正解にたどりつけただろう。

Ⅱはリード文が会話形式になっているユニークな問題だが，各設問は古代から現代の文化や政治の標準的な内容で構成されている。記述式では，1．盟神探湯，7．蛮書和解御用の「蛮」などの漢字表記に注意。正文・誤文選択問題では，5．選択肢イの栄西が密教の僧侶として活躍していたことを正文と判断するのは難しいが，誤文2つを確実に見極めよう。また，10は1990年代の出来事を把握できているかが問われた。

全体的に誤文は判断しやすいものが多いので，落ち着いて解答したい。

Ⅲは「都市」をテーマした中世～近代までを扱った問題。記述式はいずれも漢字表記も含めて特に難しいものはない。ただ，4．小石川養生所は「養成所」としないように注意しよう。正文・誤文選択問題では，選択肢の判断に迷うものがあり，ここでどれだけ正答できるかが勝負どころである。3は町火消に関する知識を問うものでやや難。9の関東大震災に関する問題は選択肢に詳細な内容がみられ，10の空襲に関する問題は選択肢オの「小学生」を「国民学校生」の誤りと判断すべきと思われるが，双方とも難問である。

Ⅳは古代～近現代の貿易に関連する問題である。全体的に標準的な問題で構成されている。記述式は3．夢窓疎石の漢字表記に注意したい。選択式の7の貿易の表を使用した問題は，紡績業の発展と関連づけて輸出入品を判断しよう。正誤法の10の1950年代～60年代の日本の国際機関への加盟に関する問題や配列法の11の1970年代～80年代のドル危機と石油危機の問題は，戦後経済史の流れや正確な年代がおさえられているかが問われた。

例年どおり，Ⅰ～Ⅳの大問すべてがテーマ史で構成されている。難易度については，2019年度以降，それまで難度が上がっていたものがやや平易に転じ，2021年度もその傾向が続いている。特に記述式は基本的なものが多いので確実に得点しておこう。正文・誤文選択問題では詳細な内容もみられるが，消去法を用いて冷静に判断し，正答率を高めたい。

世界史

I 解答

設問1．イ　設問2．アッシュルバニパル　設問3．ア
設問4．ア　設問5．ウ

◀解　説▶

≪アッシリアとアケメネス朝≫

▶設問1．イが正解。ヒッタイトは前17世紀にアナトリアに王国を形成したインド＝ヨーロッパ語系の民族。製鉄技術を独占し，鉄製の武器と馬が引く戦車を用いて勢力を広げた。

▶設問2．アッシュルバニパル王の時代，アッシリアはエジプトとエラムを支配して最大版図に達し，最初の世界帝国として全盛期を迎えた。

▶設問3．アが正解。アッシリアの首都ニネヴェの宮殿跡からは大量の粘土板文書が発見された。この施設はアッシュルバニパル王が作った図書館とされている。

▶設問4．ア．誤文。アケメネス朝は支配諸地域の実情に応じた税制策をとり，諸民族の法や慣習，宗教，言語を尊重した支配を行った。

▶設問5．やや難。ウ．正文。

ア．誤文。「ペルセポリスの中心部」が誤り。ベヒストゥーン碑文は，ペルセポリスの北方に位置する，「王の道」に面した岩壁に刻まれた。

イ．誤文。ベヒストゥーン碑文から楔形文字解読の端緒を発見したのはドイツ人グローテフェント。その研究を発展させたローリンソンが解読に成功した。ヴェントリスはミケーネ文明の線文字Bを解読した人物。

エ．誤文。ベヒストゥーン碑文にはダレイオス1世が反乱に勝利，鎮圧した事績が刻まれている。

II 解答

設問1．エ　設問2．ウ　設問3．アウグストゥス
設問4．ラヴェンナ　設問5．イ

◀解　説▶

≪古代ギリシア・ローマ≫

▶設問1．エ．正文。

ア．誤文。ホメロスは前 8 世紀頃の人物とされる。サッフォーは前 7 世紀末にギリシアのレスボス島で生まれた女性叙情詩人。

イ．誤文。『オデュッセイア』はオデュッセウスのトロイア攻略を描いた叙事詩である。

ウ．誤文。ホメロスの『イリアス』，『オデュッセイア』には神々も多く登場する。

▶設問 2．トロイアが面しているのはダーダネルス海峡。

ウ．誤文。コンスタンティノープル（現イスタンブル）はボスフォラス海峡の西側に位置している。

▶設問 3．『アエネイス』の作者ウェルギリウスはアウグストゥス帝時代のラテン文学黄金期に生きた詩人で，皇帝の保護を受けた。

▶設問 4．東ゴート王国の都は北イタリアのラヴェンナ。

▶設問 5．難問。イ．正文。ギリシア神話のアフロディテは美と愛の女神で，ローマではウェヌス（ヴィーナス）と同一視されていた。

ア．誤文。ギリシア神話のアポロンは太陽，芸術の神（ローマではアポロ）。ローマの軍神マルスにあたるのはギリシア神話のアレスである。

ウ．誤文。オリンポス 12 神のうち，アテナ（ローマではミネルヴァ）は知恵の神。狩りを司る女神はアルテミス（ローマではダイアナ），農業を司る女神はデメテル（ローマではケレス）である。

エ．誤文。ウラノスは世界最初の支配者とされる天空の神。ゼウスの祖父にあたりオリンポスの 12 神には含まれない。

III 解答

設問 1．大祚栄　設問 2．エ　設問 3．仏教
設問 4．イ　設問 5．イ

◀解　説▶

≪東アジア文化圏の形成≫

▶設問 1．渤海は大祚栄が高句麗の遺民と靺鞨（まつかつ）人を統合して建国した。

▶設問 2．エ．誤文。日本は朝貢使節として遣唐使を送ったが，唐の皇帝から冊封は受けていなかった。

▶設問 3．隋・唐時代，周辺諸国は漢字・儒教・律令に加え，宗教として仏教を受容し，中国を中心とする東アジア文化圏が形成された。日本には百済を経て 6 世紀に仏教がもたらされている。

▶設問 4．イが正解。D．高麗の都は開城（現在は北朝鮮の都市），E．高麗の建国者は王建である。王建は，918 年に高麗を建国し，936 年に朝鮮半島を統一している。

▶設問 5．イ．正文。

ア．誤文。契丹文字には漢字を基にした大字と，ウイグル文字を基にした小字がある。

ウ．誤文。金の女真文字は漢字と契丹文字を基に作られた。

エ．誤文。仮名文字は平安時代初期に考案された。遣唐使の停止（894 年）や仮名文字の使用にともない，国風文化として仮名文学が発達したのは 10 世紀である。

Ⅳ　解答

設問 1．イ　設問 2．エ　設問 3．ウ

設問 4．クトゥブ＝ミナール　設問 5．エ

設問 6．バーブル＝ナーマ　設問 7．ア

◀解　説▶

≪インドのイスラーム化≫

▶設問 1．イ．正文。

ア．誤文。アナトリアに進出しビザンツ帝国を滅ぼしたのはオスマン帝国。

ウ．誤文。ウマイヤ朝はトゥール・ポワティエ間の戦いでフランク王国に撃退された。

エ．誤文。タラス河畔の戦いで唐を破ったのはアッバース朝である。

▶設問 2．エ．正文。

ア．誤文。ムスリム商人は三角帆のダウ船を用いた。ガレオン船は大航海時代にスペインやポルトガルが外洋航海に用いた帆船。

イ．誤文。カーリミー商人はアイユーブ朝，マムルーク朝の保護を受け，紅海を中心に香料貿易で活躍したムスリム商人団。

ウ．誤文。ムスリム商人のインド洋交易で発展したキルワ，モンバサ，マリンディはいずれもアフリカ東岸部の港市。

▶設問 3．ウが正解。C．ガズナ朝は 10 世紀後半，サーマーン朝の武将が独立して建てた王朝。G．デリー＝スルタン朝最後の王朝はロディー朝。デリー＝スルタン朝 5 王朝のうち唯一のアフガン系王朝である。

▶設問 4．クトゥブ＝ミナールは，モスクに付随するミナレット（光塔）

である。

▶設問5．エ．誤文。マラーター王国はムガル帝国に対抗し，17 世紀中頃ジヴァージーが建てたヒンドゥー教国家。デリー＝スルタン朝（13～16 世紀）よりも後の時代のことである。

▶設問6．ロディー朝をパーニーパットの戦いで破り，ムガル帝国を建てたのはバーブル。彼が著した回想記『バーブル＝ナーマ』は当時の中央アジアの貴重な記録であるとともに，トルコ文学史上の傑作とされる。

▶設問7．ア．正文。

イ．誤文。シャー＝ジャハーンはアグラにタージ＝マハルを造営した。

ウ．誤文。非ムスリムへの人頭税（ジズヤ）はアクバルが廃止したが，アウラングゼーブはこれを復活し，ヒンドゥー教徒やシク教徒の反発を招いた。

エ．誤文。インド大反乱で蜂起したシパーヒーらはムガル皇帝を擁立したが，イギリス軍は皇帝を捕らえてビルマに流刑とし，ムガル帝国は滅亡した。

V 解答

設問1．四月テーゼ　設問2．ア　設問3．イ

設問4．全ロシア＝ソヴィエト会議　設問5．ウ

設問6．ソヴィエト　設問7．イ

◀解　説▶

≪「四月テーゼ」とロシア革命≫

▶設問1．難問。1で政府に対する対決的姿勢が読み取れ，「侵略的な帝国主義戦争」「この戦争に対するわれわれの態度」から，戦争が継続中であることが判断できる。また，2で革命が第一段階から第二段階に移行しつつあるとされていることから，二段階の革命があったと考えられる。ロシアにおいて二段階の革命があったのは，ロシア二月革命とロシア十月革命である。さらに，設問2の選択肢の人物はいずれもロシア革命に関連している。

以上から，史料はレーニンが第一次世界大戦の最中，1917 年 4 月に発表した「四月テーゼ」である。

▶設問2．難問。アが正解。二月革命で成立した政府は立憲民主党が中心でリヴォフが首班となった。1917 年，レーニンの「四月テーゼ」発表後

の7月，臨時政府は社会革命党のイのケレンスキーを首相として戦争を続行した。

▶設問3．イ．誤文。「土地すべての所有権を喪失した」が誤り。農奴解放令で土地のどの部分をミールに引き渡すかは領主に決定権があり，領主は好条件の土地は手元に残すことが可能であった。

▶設問4．難問。ロシア十月革命（1917年11月）によるソヴィエト政権の樹立は全ロシア＝ソヴィエト会議で宣言され，「平和に関する布告」と「土地に関する布告」もこの会議で採択された。

▶設問5．レーニン率いる「わが党」はウ．ボリシェヴィキである。ロシア社会民主労働党が1903年にボリシェヴィキとメンシェヴィキに分裂した。

▶設問6．「四月テーゼ」は，「すべての権力をソヴィエトへ」がスローガンである。

▶設問7．難問。イが正しい。ピョートル1世は北方戦争でスウェーデンに勝利しバルト海の覇権を獲得した。七年戦争（1756～1763年）でエリザヴェータ帝治下のロシアはオーストリア側で参戦した。しかし，1762年に即位したピョートル3世はプロイセンのフリードリヒ2世に心酔し，プロイセンと講和し同盟を締結している。

Ⅵ 解答

設問1．A．イギリス　B．インド　C．フランス　D．ロシア

設問2．エ　設問3．イ　設問4．ウ

◀解　説▶

≪17～20世紀の中国と近隣地域の動向≫

▶設問1．A・B．1962年に中国と国境をめぐり武力衝突した空欄Bはインドである。したがって，①の地域は，辛亥革命までは清領で，現在は中国と空欄Bのインドが「それぞれ係争地の一部を実効支配している」から，中印国境地帯（チベット自治区）と判断できる。

インドを支配するイギリスは，20世紀初頭にチベット進出を企図し，辛亥革命後，インドのシムラで中華民国・イギリス・チベットの代表で協議したが境界画定には至らなかった（「条約案が提示された」とあるのはシムラ会議：1913～14年）を指す。中印間の国境紛争であることは読み

取れるだろうが，イギリスは難問。

C．②の地域の植民地化に対し清が戦争を起こすも敗北し，宗主権を放棄したこと（清仏戦争），1940 年代に独立運動が弾圧され戦争となったこと（インドシナ戦争）から，②の地域はベトナムで空欄Cはフランスである。

D．難問。辛亥革命に際して独立を宣言したことや，その後自治を行い，1946 年に中国が独立を認めたとあるので，③の地域は外モンゴル。1915 年，中華民国・空欄Dのロシア・モンゴルとの協定で中国の宗主権下に自治を認められた。その後，モンゴル人民党がソヴィエト赤軍の支援を受けて人民政府を樹立，1924 年にモンゴル人民共和国となった。

▶設問 2．①は中印国境地域（チベット）。

エ．正文。1959 年，チベットで起きた反中武装抵抗運動を中国が制圧，最高指導者ダライ＝ラマ 14 世はインドに亡命した。

ア．誤文。1860 年代，ムスリムの反乱が起きたのは清領の東トルキスタン。コーカンド＝ハン国の将軍ヤークーブ＝ベクが新疆に進出して独立政権を建てたが，最終的に清の左宗棠の軍に制圧された。

イ．誤文。1911 年にイスラーム教徒の相互扶助組織が設立されたのはインドネシア。翌年，イスラーム同盟（サレカット＝イスラーム）に改称された。

ウ．誤文。1932 年に無血革命により立憲君主制に移行したのはタイ。

▶設問 3．②はベトナム。

イ．正文。ベトナムでは日露戦争における日本の勝利に刺激され，ファン＝ボイ＝チャウがドンズー（東遊）運動を提唱した。

ア．誤文。1637 年に清に屈服し，朝貢国となったのは朝鮮（朝鮮王朝）。

ウ．誤文。1930 年に塩の専売政策への抗議行動が起きたのはイギリス支配下のインドである（ガンディーによる「塩の行進」）。

エ．誤文。1948 年に南部と北部に 2 つの政権が成立，1950 年に戦争（朝鮮戦争）が起きたのは朝鮮半島。

▶設問 4．やや難。③は外モンゴル（モンゴル）。

ウ．正文。1939 年，満州国と隣接するモンゴルとの国境紛争が日本とソ連との軍事衝突となり，日本が敗れた（ノモンハン事件）。

ア．誤文。ジュンガルは現在の新疆ウイグル自治区の北部に位置するジュンガル盆地を中心とする地域。外モンゴルは，1697 年のハルハ征服によって清の藩部となり，統治下に組み込まれた。
イ．誤文。1900 年，義和団戦争の際にＤのロシアが軍事占領したのは中国東北地方で，戦争後も占領を続けたことが日露戦争の原因につながった。
エ．誤文。1962 年，クーデタが起こって軍事政権が成立し，社会主義政策をとったのはビルマである。

Ⅶ　解答

設問１．ロマン　設問２．ア　設問３．イ　設問４．エ
設問５．ア　設問６．アール＝ヌーヴォー

◀解　説▶

≪ヨーロッパの美術作品にみる自然≫

▶設問１．ドイツの画家フリードリヒはロマン主義風景画の代表的な人物で，自然の雄大さの中に自己の感情を投影した風景画を描いた。「革命詩人」ハイネがロマン派の詩人であると押さえられていれば正解は得られる。

▶設問２．アが正解。ルイ 13 世の宰相リシュリューはフランス学士院を創設，フランス語の統一など文化政策にも努めた。

▶設問３．やや難。イが正解。設問２で図Ｂがルイ 13 世の宰相（リシュリュー）の注文で制作されたとあることからプッサンの活動期は 17 世紀であることがわかる。17 世紀の美術の主流派はバロック様式。したがって，彼と同時代に活躍したのはスペインの宮廷画家で「ラス＝メニーナス（女官たち）」などの作品で知られるイのベラスケス。

▶設問４．エが正解。16 世紀にイタリアから取り入れた新しい美術とはルネサンス美術。同世紀前半のフランソワ１世はレオナルド＝ダ＝ヴィンチを招くなどルネサンス文化導入に尽くしたが，フォンテーヌブロー宮殿もこの王の時代に建てられた。

▶設問５．アが正解。ルソー（テオドール＝ルソー）は 19 世紀前半から半ばにかけて活躍した風景画家。ｂ．彼と同時代の画家ミレーは自然のなかでの農民の生活を描いた。ｃ．設問文に「印象派を確立した」とあるのでモネが正しい。なお，ミレーは自然主義，ピサロは印象派，クールベは写実主義，セザンヌ，ゴーギャン（ゴーガン），ゴッホは後期印象派の画家。

▶設問６．やや難。「19 世紀末にかけて」「自然界に見出せる曲線や有機的な形態を取り入れた」様式はアール＝ヌーヴォー（フランス語で「新し

い芸術」の意）と呼ばれる。

❖講　評

Ⅰはアッシリアとアケメネス朝についての大問。設問5のベヒストゥーン碑文についての正文選択問題はやや難。

Ⅱはローマの建国神話に関する大問で，設問2では地理的知識が問われた。設問5はギリシアとローマの神々について詳細な知識が求められ，難問であった。

Ⅲは東アジア文化圏についての大問。設問1の大祚栄は漢字表記に注意。設問5の正文選択問題に日本に関する選択肢があるが，他の選択肢の正誤は教科書学習で十分に対応できる。

Ⅳはインドのイスラーム化についての大問。設問は教科書の学習で対処できる内容で，確実に得点することが望まれる。

Ⅴは「四月テーゼ」による史料問題。史料だけでなく，他の設問や選択肢からも史料名を推測するためのキーワードを探すことができる。全体的に難度が高く，得点が伸び悩むと思われる。設問7もパーヴェル1世，ピョートル3世，エリザヴェータなど教科書外のロシア皇帝名があるので迷いやすい。

Ⅵは中国とその近隣地域について，①～③の地域を判断させ，それぞれの地域についての理解を問う問題。選択肢には新疆やチベットの他，東南アジア，朝鮮などの現代史の内容が含まれ，全体的に難度が高い。

Ⅶは例年同様，視覚資料を用いた大問。設問3は画家の活動時期に注意したい。設問5の19世紀の美術潮流と画家については2019・2020年度も出題されている。設問6のアール＝ヌーヴォーも2018年度に出題された。

近年は詳細な知識を問う設問がやや増加している。教科書の徹底した理解，用語集を併用した学習で備えたい。2019年度以降は史料も出題されており，この傾向には十分な注意が必要であろう。

王としてのあるべき姿を述べた文章である。帝王が民に対してどうすべきか、という内容であって、帝王と民が協力すべき、ということは書かれていない。

❖講　評

一は例年と同様、現代文Aと、近代文語文Bの融合問題。傍線部あるいは空欄近辺と同内容の箇所を根拠にして答える設問が多いのは入試現代文の基本どおりだが、その同内容箇所がAとBにまたがっているのが文化構想学部の特徴といえる。たとえば問三などが典型だが、難しいというよりは手間がかかる設問といえるだろう。時間がかかりすぎてはまずいので、文語文もできるだけ速く読めるようにしっかり訓練しておきたい。

二は小説家・文芸批評家として知られる日野啓三の随筆からの出題。著者は二〇〇二年に亡くなっているが、作品はその後もときどき入試で出題されている。随筆とはいえ論旨の明快な文章であり、同内容・対立内容の箇所を根拠にして答えるオーソドックスな作りになっていて、問十一以外はそこまで難しくない。一、三にかかる時間を考慮すると、ここを短い時間で切り抜けたいところである。なお、二〇二〇年度に出題された記述説明問題は二〇二一年度は姿を消したが、大学入試全体の流れからして、今後再び出題されることも大いにありうるだろう。それなりの対策はしておきたい。

三は近年、甲乙丙の三つの文章からの出題が続いていたが、二〇二一年度は甲乙の二つの文章となった。甲が『徒然草』論で、多数の古文と漢詩の一節が引用された現古漢融合文、乙が漢文という組み合わせである。一と違って甲乙にまたがる設問はないが、甲の中で現古漢にまたがる設問はいくつかある。早稲田大学社会科学部の問題なども用いて、こうした融合問題に慣れておくとよいだろう。古文の文法や文学史についてもきちんと習得しておきたい。

におろかなものと似てきている〟で、これは明らかに否定的評価。ホかへだが、ホは「べし」が用いられているので強い推量であり、へは完了の「たり」が用いられているので事実の指摘である。二つ目の空欄Bの下に「断言する」とあるので、推量ではなく事実の指摘であるへが正解となる。

▼問二十二　C、「倉廩実、則知［C］」と、直後の「衣食乏、則忘廉恥」が対になっていることに気づけば、〝［C］を知る〟と〝恥を忘れる〟がほぼ正反対の内容になることがわかるので、空欄にはf「礼節」が適切である。また、〈衣食足りて礼節を知る〉という言葉も常識として知っておきたい。D、空欄前後を〝家に一年分の服がないときは、［D］を防ぐのに不足である〟という程度に直訳することはさほど難しくないだろう。一年間四季それぞれの気候に適した衣服がなければ、夏は暑さ、冬は寒さに耐えることができないのだから、空欄にはd「寒温」が適切である。Eはかなりわかりにくいが、CとDのどちらか一方でもわかれば、へを選ぶことが可能である。

▼問二十三　傍線部直前に「競懐仁義之心、永絶貪残之路」とあり、への「競って愛情や正義の心を伸ばして、むさぼりの心を絶つことができる」に合致する。また、「華美な生活を抑えることによって」は、さらに前の「禁絶浮華」に該当する。よって、へが正解。他は、イ「国家には常時一年分の蓄えがそなわっていなければならない」、ロ「暦を作成することができる」、ハ「農民が自ら外敵に向かうために武装しなければならない」、ニ「一人が耕せば、それだけで百人分の食料を確保することができる」、ホ「畜産に励んでいればなんとか生き延びることができる」など、いずれも誤りを含んでいる。

▼問二十四　イ、甲の「筑紫に」以下の引用古文の内容に合致。ロ、甲の「因幡国に」以下の引用古文によれば、娘は「かたちよし」、つまり容貌がよかったから多くの人から求婚されたのであって、気だてが良かったかどうかはわからない。ハ、甲の「唐橋中将といふ」以下の引用古文に「人にも見えずこもりゐて」とあるが、この部分の主語は行雅僧都であるし、そもそも上人という人物は登場しない。ニ、傍線部1にもあるように、兼好は「合理」だけで現実世界を捉えようとはしていない。ホ、乙の結論部分に合致。へ、『帝範』というタイトルからもわかるように、乙は帝

ている」、ニ「いがみ合う親子を象徴している」、ホ「弱火でじっくりと煮られている」、へ「豆と豆殻は同じ釜で煎られている」など、いずれも誤りを含んでいる。

▼問十九　「因幡国に……」と「唐橋中将と……」の引用古文は、いずれも助動詞「けり」を用いて書かれている。「けり」は実体験ではなく、人から聞いて知った過去のことを述べる〈伝聞過去〉の助動詞である（これに対して「き」が実体験の過去を述べる〈経験過去〉の助動詞）から、ニが正解。なお、イの「寓話」は〝他の物事に仮託して、何かを伝えようとする話〟のことであり、ここでは兼好は聞いた話をそのまま記しているのだから、これにはあてはまらない。

▼問二十　傍線部は、甲の最終段落冒頭で「この段に見られるような現実的な思想の展開」と言い換えられており、それについてさらに甲の末尾で「兼好がすでに貴族世界の崩壊する諸相をまのあたり見ていたことを語っており、そこには南北朝の内乱という未曾有の変革に遭遇しつつあった貴族社会の、切迫した危機に当面しての飛躍的な思想の展開」と説明されている。これに合致するハが正解。他はイ「新しい時代が来ることを兼好が予見することができた」、ロ「貴族的な考え方に対して、仏教界に身を置く兼好が批判的になった」、ニ「多様な生活を送る人々に出会い兼好が考え方を改めた」、ホ「時代が変わるであろうことを兼好が予見した」、へ「南北朝の乱が起こることを兼好が予測した」など、いずれも誤りを含んでいる。

▼問二十一　空欄には、「幽玄の道」に対する兼好の評価が入る。次段落に「『幽玄の道』が時代の要求に適応できなくなり……現実的な政治に及ばなくなってきたことを……確認するにいたった」とあるので、空欄には否定的な評価が入るはずである。それぞれの選択肢を直訳してみると、イ〝すべて立派なことになってしまった〟、ロ〝しばらくは恨みの種にはならないと思える〟、ハ〝興味や関心を覚えることになっている〟、ニ〝そのようには無駄になるだろうか、いやならないだろう〟と、ここまではすべて肯定的な評価であり、不適切。ホは〝このように「ゆゆしく」なってしまうにちがいない〟だが、「ゆゆし」は〝すばらしい〟〝ひどい〟のどちらの意味でも用いるので保留。へは〝しだい

解　説

▼問十五　甲の第三段落「限りある人間の智恵には、当然及びがたい世界のあることを知っていた兼好は……不可思議についても……その存在を認める……意識も芽生える」とあり、これに合致するニが正解。他はイ「仏教に関する話は否定できなかった」、ロ「仏道修行を通して」、ハ「合理的に考えるためには」、ホ「不可思議な現象や物語も好きだったので」、ヘ「悟りをひらけないと考えていた」など、いずれも誤りを含んでいる。

▼問十六　Y「不思議に」は、現代語でも〝不思議なこと〟というように、形容動詞（ここでは連用形）である。これだけで選択肢はロとヘにしぼれる。XもZも、どちらも名詞句の下にある「に」なので格助詞か断定の助動詞のはずだから、ロが正解となる。なお、Zの下の「さうらふ」は「さぶらふ」と同じで、「あり」の丁寧語。「に（＋助詞）＋あり」の形で〝である〟の意味となる場合、その「に」は断定の助動詞「なり」の連用形である。ここは〝（私たちは）大根であります〟の意味なので、これにあてはまる。

▼問十七　『十訓抄』は鎌倉時代成立の説話集。イは『日本霊異記』で平安時代初期、ロは『好色一代男』で江戸時代、ハは「鏡物」に先立つ歴史物語であるから『栄花物語』で平安時代後期、ニは『太平記』で室町時代、ヘは『今昔物語集』で平安時代後期に成立。ホが『新古今和歌集』で鎌倉時代成立なのでこれが正解だが、源通具が撰者六人のうちの一人であるということはやや細かい知識だろう。なお、他の五人は藤原有家・藤原定家・藤原家隆・飛鳥井雅経・寂蓮だが、定家以外が問われることはあまり多くない。

▼問十八　引用漢文では「本是同根生。相煎何太急」の部分で、豆が泣きながら〝もともと同じ根から生まれた同士なのに、どうしておまえは私をはげしく煮るのか〟と豆殻に恨み言を述べている（豆が豆殻を煮ることはないわけだから、「相」はここでは〝たがいに〟の意味ではなく、現代語の〝相変わらず〟のように語調を整える働きをしている）。それに対して「書写の」以下の引用古文では、「我が心より…な恨み給ひそ」の部分で豆殻の弁明が述べられている。これに合致するイが正解。他はロ「法華経の教えを取り込みながら怒っている」、ハ「仲の良い友人関係に変えられ

乙：そもそも食物は人にとって天のように最も重要なものである。農業は政治の根本となるものである。（人々は）穀物の貯蔵庫がいっぱいになっていれば、礼節をわきまえるし、衣食が欠乏していれば、恥を忘れる。だから（君主が）自ら東の郊外で農作業をし、つつしんで人々に農業の種まき・取り入れを示す暦を授けるのだ。国に九年分のたくわえがないときは、大水やひでりに備えるのに不足である。家に一年分の服がないときは、暑さ寒さをふせぐのに不足である。しかし民は、子牛や牛のための銭を刀剣に使って武装し、見た目は美しくないが堅い器物を捨てて見た目だけ美しくてもろい器物に近づき、細工の美しさを求めて、農業と養蚕業という基盤を捨てない者はいない。一人の耕作によって百人が食べることになったら、それが害をなすことは、秋の害虫よりもひどい。実質の乏しいうわべだけの美しさを禁絶し、耕作と機織りに従事するよう指示するにこしたことはない。民をその基本に立ち戻らせ、風俗をその正しい姿に戻らせれば、民は競って仁義の心を身につけ、永く利をむさぼり人を傷つけることをやめるだろう。これが農業を勧める政治の本来の姿である。

読み
甲の引用漢文：其は釜の下に在りて燃え、豆は釜の中に在りて泣く。本は是れ同根より生ず。相煎ること何ぞ太だ急なる。

乙：夫れ食は人の天たり。農は政の本たり。倉廩実つれば、則ち礼節を知り、衣食乏しければ、則ち廉恥を忘る。故に躬ら東郊に耕し、敬みて民に時を授く。国に九歳の儲へ無きときは、水旱に備ふるに足らず。家に一年の服無きときは、寒温を禦ぐに足らず。然れども犢を帯び牛を佩び、堅を棄て偽に就き、伎巧の利を求め、農桑の基を廃てざるは莫し。一人の耕を以て、百人食むときは、其の害を為すや、秋螟よりも甚だし。浮華を禁絶し、耕織を勧課するに若くは莫し、民をして其本に還り、俗をして其真に反らしむれば、則ち競ひて仁義の心を懐き、永く貪残の路を絶たん。此農を務むるの本なり。

唐橋中将という人の子で、行雅僧都といって、真言宗の教理の師範をする僧がいた。頭に血がのぼる病気をもっていて、年齢がしだいに高くなるうちに、鼻の中がふさがって、息も出にくかったので、いろいろ治療したが、病気がひどくなって、目・眉・額などもひどく腫れて、（顔を）覆ったので、物も見えず、舞楽の安摩の二の舞の面のように見えたのが、（その後）ただ恐ろしく、鬼の顔になって、目は頭頂部の方につき、額のあたりが鼻になりなどして、その後は僧房の中の人にも会わず引きこもっていて、年が長くたって、さらに病気が重くなって死んでしまった。このような病気もあることであるのだなあ。

「ありたき事は……」

望ましいことは、本格的な学問の道、漢詩、和歌、音楽の道、また朝廷の儀礼や政務の方面で、人の手本となるようなのがすばらしいにちがいない。文字なども拙くはなくすらすらと書き……。

「次に……」

次に、食物は人にとって天のように最も大切なものである。

「よく味を……」

うまく調味することを心得ている人は、大きな長所があると考えるべきである。次に手細工は、いろいろと役立つことが多い。

「この外の……」

これら以外のさまざまなことについては、多能は君子が恥じることである。詩歌に巧みで、管絃にすぐれていることは、幽玄の道で、君も臣もこれを重んじるけれども、今の世ではこれでもって世を治めることは、しだいに愚かなことになってきたようにみえる。金は上等だが、鉄の実益が多いのに及ばないのと同じである。

甲の引用漢文：豆殻は釜の下にあって燃え、豆は釜の中にあって泣いている。（豆殻と豆とは）もともとは同じ根から生じたものだ。（それなのに）どうして（豆殻は豆を）ひどくはげしく煮るのか。

「筑紫に……」

筑紫国に、なんとかの押領使などというような者がいたのが、大根をすべてによく効く薬と思って、毎朝二つずつ焼いて食べたことが、長年になっていた。あるとき、館の中に誰もいなかった隙を狙って、敵が襲来して囲んで攻めてきたところ、館の中に武士が二人出現して、命を惜しまず戦って、（敵を）みな追い返してしまった。とても不思議に思えて、（押領使が）「ふだんここにいらっしゃるようにも見えない人々が、このように戦ってくださるのは、どういうお方か」と尋ねたところ、（武士は）「（あなたが）長年頼みにして、毎朝召し上がっていた大根でございます」と言って消え失せてしまった。

「深く……」

深く信じきっていたから、このような功徳もあったのであろう。

「書写の……」

書写の上人は、法華経を読誦した功徳が積もって、心身ともに仏に近い能力を身につけた人であった。旅の途中仮小屋に立ち入りなさったとき、豆殻を燃やして豆を煮た音が、ぐつぐつと鳴るのをお聞きになったところ、「疎遠ではないおまえたちが、恨めしくも私を煮て、つらい目にあわせることだなあ」と（豆が豆殻に）言っていた。（そして）燃やされる豆殻の、ぱちぱちと鳴る音は、「自分の心からすることであるものか、いやそうではない。焼かれるのはどんなにか堪えがたいが、どうしようもないことだ。このように恨みなさらないでくれ」と（豆殻が豆に言っているように）聞こえた。

「因幡国に……」

因幡国に（いた）、なんとか入道とかいう者の娘が、容貌がよいと聞いて、人がおおぜい言い寄りつづけたが、この娘は、ただ栗だけを食べて、まったく米類を食べなかったので、「このような異様な者は、人に嫁ぐべきではない」と言って、親が（結婚を）許さなかった。

「唐橋中将と……」

三

出典　甲：永積安明『徒然草を読む』（岩波新書）
乙：李世民『帝範』

解答

問十五　ニ
問十六　ロ
問十七　ホ
問十八　イ
問十九　ニ
問二十　ハ
問二十一　ヘ
問二十二　ヘ
問二十三　ヘ
問二十四　イ・ホ

◆要　旨◆

甲：兼好は、『徒然草』を書き始めた鎌倉時代末期には王朝貴族的な価値を重視していたが、元弘の乱を経て貴族世界の崩壊に直面した結果、それらの価値を時代の要求に適応できないものとして否定し、現世的な生活における有用性や実益を重視するようになった。それゆえ、具体的な現実世界の実像を理性的にとらえようとする姿勢となり、以降に書かれた章段には、不思議な話の聞き書きや、宗教的奇跡などの非合理的説話などが、抽象化されることなく具体的にそのまま収録されることとなった。

◆全　訳◆

甲の引用古文：

容的に考えるしかないが、消去法が有効だろう。脱落文は動物について述べられているが、イ・ロ・ハの前後はすべて人間についての記述なので不適。ニの直後は動物（ヒヒ）についてだが、死期を予感する内容ではない。ホの直前は「ほとんどの生物」についてであり、直後の「だが」以降が人間のことなので、ここに脱落文が入れば対比が明確になる。ここが正解。

▼問十一　傍線部は単なる「考えたい」ではなく「考えたい誘惑をおさえ難い」なのだから、〈そのように考えるべきではないのに、そう考えたくなってしまう〉ということを述べている。なので、「死の意識化とともに生まれた」と考えるべきではない理由を考えればよい。問九で見たとおり、筆者は「掌の痕」を「記号ではない」と述べている。しかし、これも問九で見たとおり、「記号」＝「意識化」なのだから、「掌の痕」が「死の意識化」とかかわるものであるとすると、「記号ではない」という考えと矛盾することになる。これをふまえているハが正解。イ・ニ、筆者が旧人ネアンデルタール人についてどう考えているかは不明である。ロ、「死の意識化」について述べられていない。

▼問十二　すでに見てきたように、指を切り落とした掌の痕は、すでに意識化され記号化や抽象的思考を経たものではなく、生身の直接的な反応の表現である。抽象的・普遍的なものではなく、今、ここに存在する事物の具体的・個別的存在をあらわす「実存」がふさわしい。

▼問十三　「合致しない」という指示に注意。ロは最終段落冒頭の「これはコミュニケーションの手段としての言葉と次元を異にする」と明らかにぶつかるので、これが正解。イは傍線部Cの段落、ハは傍線部Bを含む段落、ニは後ろから二つ目の段落の内容とそれぞれ合致する。

▼問十四　1、「顔料」は、着色剤として用いる粉末のうち、水や油に溶けないもののこと。ちなみに水や油に溶けるものは「染料」という。2、「知見〈智見〉」は実際に見て知ること、あるいはそうして得た知識のことだが、「見解」などと同様の意味で用いられる場合もあり、ここではその用法である。

たころのものであり、後の時代の墓地などに見られるような記号化され抽象化された死の表現とは違って、死という不可解な事実に対する生身の人間の直接的な反応、意識の奥からつきあげてくる言葉にならない強い衝動をそのままあらわしたものである。

◀解　説▶

▼問八　傍線部の「これ」は直前の「岩絵」を指している。「これには」と「は」があるので何かと対比しているわけだが、それはもちろん「白抜きの無数の掌の痕」との対比である。「掌の痕」には「私の意識」が「感応」したが、「岩絵」にはしなかった、ということであるから、「掌の痕」と「岩絵」の違いがポイントとなる。傍線部直後の「それ」は「岩絵」を指しており、「それは……記号として描いたもの」とあるのに対し、傍線部Bの「これ」は「掌の痕」を指しており、「これは記号ではない……生身の人間の直接の反応」とある。これをふまえているニが正解。イ、「岩絵」と「掌の痕」との対比になっていないし、「精巧」かどうかは問題ではない。ロ、時代の古さや考古学的貴重さは問題ではない。ハ、「稚拙」かどうかは問題ではないし、「美意識」の問題でもない。

▼問九　前問で見たとおり、傍線部の「これ」は「掌の痕」を指しているが、すべての選択肢でそれはふまえられているので、この設問では「記号」の定義がポイントとなる。それを本文中に求めると、後ろから二つ目の段落に「記号やシンボルは描かれる前にすでに意識化されたものである」とあり、これをふまえているロが正解。イ、「哀悼を表現するため」が傍線部直後の「死という不可解で絶対的な事実に対する……深層の震え」とぶつかる。ハ、傍線部Cを含む段落に「死んだら魂はどうなるか……といった……思考がつくり出されるより前、死という観念……が、この世界に滲み出てきた」とあるので、「死という観念」と「死後の霊魂」を並列にするのはおかしい。ニ、「言語をまだ持たない人間の死者に対するコミュニケーション」が、傍線部Cを含む段落の「死という言葉が、この世界に滲み出てきた現場」とぶつかる。

▼問十　脱落文挿入問題は、接続語や指示語が解答のヒントになることが多いのだが、この脱落文にはそれらがない。内

内の方法論への批判が述べられている。ハ、Aの第六段落にこのような内容の記述があるが、段落冒頭にあるようにこれは「武内のするテクスト分析の一例」であって、Aの著者の主張ではない。ニ、Bの第一段落「老子五千言が書を成せるは……秦漢の際に当るべし。……老子の語中最も古しと思はるる部分が、皆有韻の文なるは、もと口誦に便にせしによるものにして……其の書の由来を暗示するものといふべし」に合致。ホ、Bの第一段落末尾に「此の必要にせまられて集成せられたるもの、即ち黄帝四経なるべし」とあるので、黄帝四経は権威付けのために作られたのであって取り除かれたのではない。ヘ、Bの第三段落「老子本来の学説を知るには、将に今本老子中より、道家以外の学派の思想を除去すべきは自明の理なり」に合致。

二

出典　日野啓三「断崖にゆらめく白い掌の群」（『断崖の年』中公文庫）

解答

問八　ニ

問九　ロ

問十　ホ

問十一　ハ

問十二　イ

問十三　ロ

問十四　1、顔料　2、知見〔智見〕

◆要　旨◆

ニューギニア島西部にある断崖に約三万年前のものと推定される遺骨が散乱しているくぼみがあり、その岩壁には白抜きの掌の痕が多く残っていて、その中には指が欠けているものがある。それは人類が死というものを自覚的に意識し始め

▼問三　傍線部後の「それら」はもちろん傍線部を指している。そして、「それらの標準に照らして武内は〈純粋老子テクスト〉を推定しようとする」は、Bの文章末尾の「先秦古典中、老子を評論せる語に照して一致するや否やを検し、その一致するもののみを取りて老聃の言に擬定する」とほぼ同内容であるから、傍線部＝「それら」に対応する語句は「先秦古典中、老子を評論せる語」ということになる。「先秦古典」が「『荀子』『荘子』など」にあたる。

▼問四　傍線部そのものは〈武内のいう「純粋老子」なるものは、荀子や荘子といった他者の発言という客観性を欠いたものを基準とするものであるから、結局のところ武内の主観による言説にすぎない〉というようなことを述べているが、それを綺麗に説明している選択肢はないので、消去法が有効だろう。イ、「近代科学的検証を経ていない」から駄目なわけではない。ロ、「歴史の過程で重みを加えてきた」から腑分けができない、のではない。ハ、「〈確かなテクスト〉と判定する目的が曖昧」とあるが、目的については本文中に言及がない。ニ、武内は、「各派所伝の老聃の言」を「取り入れる」べきものとはみなしていない。ホ、「古代に行われた文献批判学」とあるが、本文中の「古代文献学」は近代に行われたものである。へ、特に誤りはないので、これが正解となる。

▼問五　「古聖往哲の言に託して……を要せしなるべし。而して此の必要にせまられて集成せられたるもの、即ち黄帝四経なるべし」とあるので、「古聖往哲」の言葉を集めたもの、という体裁で作られたのが「黄帝四経」である、とBの著者は考えているということがわかる。ここから、「古聖往哲」は黄帝のこと、ということになる。

▼問六　「[a]の部分を除き、[b]の部分を存し」は、一つ前の文「新しき部分を去りて古き部分のみを存する」と同内容であるから、有韻と無韻のうち、aには新しいほう、bには古いほうが入るはずである。Bの文章冒頭から三文目に「今老子の語中最も古しと思はるる部分が、皆有韻の文なるは」とあるので、有韻が古く、無韻が新しいものとわかる。aが無韻・bが有韻の組み合わせになっている選択肢はホしかない。

▼問七　「合致しないもの」「二つ」という設問の指示に注意。イ、Aの第一段落「武内義雄は、仲基からテクスト・クリティーク上の強い方法的示唆を受取りながら」に合致。ロ、傍線部2の二文後「しかし」以降で、Aの著者による武

の）方針を定めなければならない。私は、次の三項に留意してこれを削ることにすれば、ほぼ大きな失敗はないにちがいないと考えるものである。

(一)『老子五千言』の中で説いている内容を精査して、これを秦以前の学術の変遷の形勢と照らし合わせ、もしも老子以外の諸子の中心思想と合致するものがあったらそれを削除すること。

(二)その（『老子五千言』の中の）文体の異同を明らかにして、新しい部分を除いて古い部分だけを残すこと。これを機械的に行うには、『老子五千言』の中の押韻を考究して、無韻の部分を除き、有韻の部分を残し、また有韻の部分の中でも、韻を転ずるところに留意して後世の人が付け加えたと思われるものを除けば大きな失敗はないにちがいない。思うに有韻の部分は口頭で伝えられた古い道家の言葉が多く、無韻の文中には後世の人の敷衍にかかわるものが多いからである。

(三)右の二方針によって除去し、残された部分を、秦以前の古典の中で、老子を評論した言葉と照らし合わせて一致するかどうかを調べ、その一致するものだけを取り上げて老聃の言葉として認定すること。

◀解　説▶

▼問一　イコールの箇所を探すときは、まず傍線部を前後に拡張してから考える。すると、傍線部を含む一文「それを虚構とみなす合理的視点がその実証的推理の過程を学として披瀝するのが、新たな古代文献学である」は、Aの第七段落後半「……を神話的虚構の集成物とみなす合理的視点が、テクストの解体的探査の過程を新たな学として披瀝した……その過程の詳述こそが……古代文献学なのである」とほぼ同内容であることがわかる。ここから傍線部に対応する語句を五字で答えるなら、「解体的探査」ということになる。

▼問二　これも結局は引用文中からイコールの箇所を探す設問であるから、問一と同様に空欄を含む一文全体から考える。すると、「……テクストには多くの X の繰り返しが見られ、また文体、語法に明白な不統一がある」は、引用文中「其の中異辞同意の言重複するもの甚だ多く、其の文亦た一律ならず」とほぼ同内容であることがわかる。空欄に対応する語句はイ「異辞同意」である。

◆全　訳◆

Aの引用文語文：今『老子五千言』を熟読すると、その中には異辞同意の言葉が重複することが非常に多く、その文体もまた一律ではない。あるときは辞賦に似ているところもあり、箴銘に似ているところもあり、有韻の章もあり、無韻の文もあって、その説く内容はときに矛盾するものも少なくない。これがどうして一人がいっぺんに作ったものであろうか、いやそうではないだろう。思うにこれは後世の道家の流派が分かれて数派となった後、各派に伝わる老聃の話を集成してひとつの書物にしたのであるにちがいない。

B：『老子五千言』が書物として成立したのは、『荘子』の「胠篋篇」の後、『韓非子』の「解老」および「喩老」の前であって、秦漢のころであるにちがいない。思うに老聃の言説は、最初はその教えを受け継いだ楊朱や関尹らの間に口伝されてまだ書物に載らなかったものであるようだ。今、老子の話の中で最も古いと思われる部分が、みな韻文であるのは、もともと口伝に都合がよかったからであって、たまたまその書物の由来を暗示するものといえるだろう。そして老子が世に知られるのは（儒家の祖である）孔子や（墨家の祖である）墨子より遅かった。だからその後の学者が道家を標榜して儒家・墨家に対抗するには、道家の経典の編纂を必要としたのであるにちがいないし、単に経典の編纂を必要としただけでなく、これを古い時代の聖人・哲人の言葉に仮託して儒家・墨家の堯帝・舜帝・周の文王・夏の禹王と張り合う必要があったのであるにちがいない。そしてこの必要にせまられて作られたものが、すなわち『黄帝四経』であるにちがいない。

『老子五千文』の中に、法家の言葉・縦横家の言葉・兵家の言葉があって、『黄帝四経』と類似している内容が多いのは、『老子』の編纂がこれらの書物より後であることを暗示するものであって、その中に、韻文と散文とが混在しているのは、口頭で伝わった資料と文献で伝えられた材料とが混在しているからであるにちがいない。

『老子五千言』の成立が、秦漢のころであって、その中に、法家の言葉・兵家の言葉・縦横家の言葉などを混ぜることが以上のように行われたとすれば、老子本来の学説を知るには、まさしく今の『老子』の中から、道家以外の学派の思想を除去すべきであるのは自明の理である。しかしそれらを削除して純粋（な『老子』の姿）に戻すには、まずその（削除

国語

一

出典　A：子安宣邦「近代知と中国認識」（『日本近代思想批判――一国知の成立』岩波現代文庫）
B：武内義雄「老子原始」（『武内義雄全集5』角川書店）

解答

問一　解体的探査
問二　イ
問三　先秦古典中、老子を評論せる語
問四　ヘ
問五　ヘ
問六　ホ
問七　ハ・ホ

◆要　旨◆

A：江戸時代の富永仲基から文献批判の方法的示唆を受けた武内義雄は、合理的視点によるテクストの解体的探査を披瀝する古代文献学に基づいて『老子』を分析し、後世に付加された内容をそこから削除して、老子本来の学説を明らかにし、〈純粋老子テクスト〉を得ようとした。しかし、その判定の規準は『荀子』や『荘子』などの言説によるものであって、結果として得られるテクストはとうてい客観的に〈純粋〉なものではありえず、結局のところ武内の主観的学説にすぎないものというべきである。

2020年度

解答編

解答編

英語

I **解答** (A) 1 —(b) 2 —(b) 3 —(c) 4 —(b) 5 —(c) 6 —(d) 7 —(b)

(B) 8 —(d) 9 —(a) 10—(a) 11—(c) 12—(b) 13—(d) 14—(d)

◆全　訳◆

(A) ≪日本の英語教育の矛盾≫

日本は単一言語で単一文化の社会であると思われがちである。しかし，均一性というこの神話は，先住民族（アイヌ民族や沖縄の人々）を含む多様な言語的，民族的背景を持つ住人の存在から判断すると疑問視される。彼らの例をいくつか挙げてみると，日本の植民地政策時代にやって来た韓国や中国系の数世代にまたがる少数民族，日本人の戦争孤児（残留孤児）や取り残された女性たち（残留婦人）とその家族を含めた中国からの帰還者，南アメリカからの「日系」（日本人の家系）帰還移民とその家族（ブラジル人やペルー人やボリビア人），アジアやその他の地域から来た外国人労働者，主にアジアの国々から来ている留学生たちだ。

このような多様性にもかかわらず，学校や大学の外国語教育は，国際化が進んだ社会における仕事や研究に不可欠とされる，卓越した国際言語である英語によって独占されている。この英語偏重の背景には，異なる第一言語の環境で育ってきた世界中の人々を英語が結びつけてくれるという思い込みがある。しかし，先述した言語的な，そして民族的な多様性は，日本に居住する非日本人が必ずしも英語を話すわけではなく，国内で意思疎通をする場面ではたいてい，英語ではなく，日本語が共通語として機能していることを示唆している。日本で暮らしている地元の非日本人と意思疎通するためでないのなら，英語を学習する目的は日本国外の人々と交流するためであると言えるのだろうか？　そのような状況において英語が国際的な共通語として普遍的に機能するのだろうか？　もしそうでないなら，外国語としての英語教育では何が扱われるべきなのだろうか？　これらの問いに答えるために，学者や教育関係者や政策立案者は，学校や大学のカリキュラムの一部として，そして職場における生涯学習としての外国語学習の基本的な目的と最終的な目標を再考する必要がある。

(B)　≪二者択一的な答えの回避≫

どう見ても閉じた質問としか感じられない疑問，たとえばイエスかノーかという2つのあり得べき答えを想定した質問をぶつけられると，当然のことながら，一番多い反応はその2つのうちのいずれか一方の答えを選ぶことだ。たとえば，真理，正義，神など，話題が何であれ，それを信じているかと問われると，人はほとんど否応なしに肯定か否定かで回答せざるを得ないと感じる。このような考え方は多くの不愉快な会話を招くし，当然ながら多くの混乱した判断を導くことになる。答えが悪いというよりも，まず間違いなく，問題なのは質問の方だろう。たとえば，正義や神といった高尚な話題の場合，たいていは，もしかしたら「常に」かもしれないが，人はイエスかノーかという単純な答えを期待することはできない，というかむしろそうするべきではない。信念や判断に関しては，信じているか信じていないか，という2つの精神状態しか存在しないと考えるのは，少なくとも自分自身の考えにおいては正すよう懸命に努めるべき間違いである。3つ目の精神状態というものがあり，それは信念や判断の一時的保留である。今度あなたが幽霊や神，奇跡や怪物の存在を信じるかと尋ねられたら，その気にさえなれば，このような話題について断定するのは，いつまでも，あるいは信じるか否かについて自分で確信が持てるまでずっと避けておいてもいいということを思い出してほしい。はっきり言えば，あなたが真剣に考えるほど，またより慎重に自分の考えや信念を明確にしようとするほど，イエスかノーかという単純な答えよりも，今抱いている考えを一時的に保留することの方がより真実に近いのだと気づくことになるだろう。

◀解　説▶

◆(A)　▶1．正解は(b)。空所直前に monolingual「単一言語の」とあり，選択肢もすべて mono で始まるため，日本が「単一言語」以外に「単一の」何からなる社会だと誤解されているかを考える。空所がある文に続く文（However, this myth …）は，However により，前文と逆接の関係となる。同文中に diverse linguistic and ethnic backgrounds とあり，日本には「多様な言語的，民族的背景」を持つ人々の存在があると述べられているので，空所には「多様な民族的背景」と逆の関係になるものが妥当。民族の数だけ異なる文化が存在すると考えれば，(b)の monocultural「単一文化の」が正解。(a)「単色の」 (c)「単音節の」 (d)「単調な」

▶ 2．正解は(b)。第 1 段第 1 文（It is often believed …）から，日本が単一言語や単一文化からなる社会だと思い込まれていることがわかる。空所直前には this myth of「この～という神話」とあるので，直前（冒頭文）の内容を一語に縮約した言葉，たとえば「単一性」といった意味の語を補えばよい。(c)が mono で始まるため，これに飛びつきそうになるが，(b)の homo も「同一の」の意味であるので注意。(b)homogeneity は「均一性」，(c)monogamy は「一夫一婦制」の意味であるため，(b)が正解。(a)「複雑さ」 (d)「多様性」

▶ 3．正解は(c)。(just) to name a few で「いくつか例を挙げると」という意味の熟語。第 1 段第 2 文 (However, this …) にある residents from diverse linguistic and ethnic backgrounds「多様な言語的，民族的背景を持つ住人」の具体例が，これ以降，同段の最後まで複数列挙されている。なお，(just) to name a few は列挙した具体例の末尾に置かれる。

▶ 4．正解は(b)。第 2 段第 1 文（Despite such diversity, …）の中では，外国語教育が「英語によって独占されている」(is dominated by English) とある。その「英語」について，「(　4　) な社会における仕事や研究に不可欠と考えられている卓越した国際言語」(an international language par excellence deemed to be critical for work and study in the (　4　) society) とある。したがって，国際言語が必要とされる社会がどんな社会であるかを考えれば，(b)の globalized「国際的な」が最も妥当。(a)「中央集権化した」 (c)「社会の隅に追いやられた」 (d)「合理化された」

▶ 5．正解は(c)。空所がある文の前半に the linguistic and ethnic diversity described earlier「先述した言語的な，そして民族的な多様性」とあるが，これは具体的には第 1 段で列挙された，先住民族や日本在住で英語以外の言語を話す人々（アイヌ民族や中国残留孤児や日系帰還移民など）の多様性のこと。したがって，non-Japanese residents in Japan are not (　5　) English speakers は，「日本に居住する非日本人が必ずしも英語を話すわけではない」という意味になると判断できる。当然，日本在住で英語を話す外国人（non-Japanese）もいるわけで，「非日本人のすべてが英語を話さない」といった完全否定は誤り。部分否定（必ずしも～なわけではない）となる not necessarily ～ を用いればよい。(a)「気ままに，独裁的に」 (b)「基本的に」 (d)「最終的に，究極的に」

▶6．正解は(d)。空所がある文の直前文（If not to communicate with …）で，「日本で暮らしている地元の非日本人と意思疎通するためでないのなら，英語を学習する目的は日本国外の人々と交流するためであると言えるのだろうか？」と述べている。これは，英語以外にも多様な言語を話す人々が日本に存在しているのだから，英語だけに依存した学習でよいのだろうか，という問題提起である。空所がある文も同様に疑問文となっており，これと同じ主旨のことを繰り返している。つまり，英語が universally（普遍的に〔万人に〕）通用する国際的な共通語と言えるのか，と言い換えられるため，空所には(d)が適切。(a)「率直に」 (b)「これ見よがしに」 (c)「思慮深く」

▶7．正解は(b)。第2段第1文（Despite such diversity, …）で「このような多様性にもかかわらず，学校や大学の外国語教育は…英語によって独占されている」とあり，筆者が英語一辺倒の教育に懐疑的であることがわかる。空所がある文においても，学校や大学，そして職場における外国語学習のあり方を再考するべきだという主旨のことが述べられている。英語偏重の教育とはつまり，小・中・高校，そして大学卒業後も働きながら英語をずっと学習し続けることを推奨する政府や社会のあり方であるので，空所には(b)を補って lifelong learning「生涯学習」という言葉にするのが妥当。(a)「強制的な，衝動的な」 (c)「活発な」 (d)「部分的な」

◆(B)　▶8．正解は(d)。for（all）the world は「世界中の人々皆にとって」から派生して，「誰から見ても」という意味の強調的表現となっている。as if ～「まるで～であるかのように」や like「～のように」の直前に用いれば，「どこからどう見ても～のようだ」の意味となる。また，for（all）the world を否定文の中で使えば，「世界すべてと交換したとしても」という意味から，「(世界と引き換えにしても）決して（～ない)」という強意表現にもなる。問題文では look like ～「～のように見える」の間に，for all the world が挿入されているので，look like を強調して，

「どこから見ても（～のように見える）」の意。

▶ 9．正解は(a)。第 1 文（When presented with …）の中で挙げられた「イエスかノーかという 2 つのあり得べき答えを想定した閉じた質問」に対して人は，空所直後にあるように feels compelled to answer either in the affirmative or in the negative「肯定か否定かで回答せざるを得ないと感じる」とある。空所は，feels compelled to *do*「～することを強制される感じがする」という動詞句を修飾する副詞が入るはず。「強制」の意味を連想させる副詞が妥当であるので，(a)の inevitably「不可避的に，否応なく」が正解。(b)「(問題などが大き過ぎて）克服できないほど」(c)「罵るように」(d)「生存できないほどに」

▶10．正解は(a)。空所直前の This attitude「このような考え方」は，その直前文（When asked, for example, …）の内容，つまり，何かを信じているかと問われたときに，肯定か否定かで回答するしかないと考えることを指している。筆者はこの考え方に対して，第 6 文（To assume, in relation to …）のなかで，「信じているか信じていないか，という 2 つの精神状態しか存在しないと考えるのは…間違いだ」としている。また，空所直後の a lot of unpleasant conversations「多くの不愉快な会話」も否定的な事柄であるため，空所前後の関係は，「このような（間違った）考え」が「不愉快な会話」をもたらすという因果関係でつなぐのが妥当。したがって，*A* lead to *B*「*A* が *B* を導く，*A* が結果的に *B* へとつながる」という表現の(a)が正解。(b)「最後まで実行する」(c)「(手段など）に訴える」(d)「～を試してみる」

▶11．正解は(c)。such（　11　）subjects as, say, justice and God は「たとえば，正義や神といった（　11　）なテーマ」の意味。say は「たとえば」という意味。選択肢の意味はそれぞれ，(a)「(仕事などが）骨の折れる」，(b)「活気がない」，(c)「高尚な」，(d)「贅沢な」であり，空所には「正義や神」というテーマが表す性質が入るため，(c)の lofty「高尚な」が妥当。

▶12．正解は(b)。a mistake one must（　12　）most zealously to rectify の直訳は「(人が）懸命に正すことを（　12　）しなければならない間違い」。one は「人」，rectify は「(誤りなど）を正す」の意味。a mistake と one の間には関係代名詞 which〔that〕が省略されており，他動詞 rectify の目的語である a mistake が先行詞として前に出ている形。先ほどの直訳内にある空所に補っても意味が通るのは，(b)の endeavor「努力する」だけである。(a)「(液体などが) 流出する」 (c)「企てる，(事業に) 着手する」 (d)「(塹壕を掘って) 身を守る」

▶13. 正解は(d)。until such a time as S V で「～するときまで (ずっと)」という意味の表現。空所がある文中の you may forestall pronouncing judgment on such topics の，forestall は「～を未然に防ぐ」の意味で，ここでは「そのような話題について判断を言明しないでおく」という内容になっている。いつまで「言明しないでおく」のかを説明する箇所が，indefinitely「無期限的に」と，or で並列された空所以下 ((13) such a time as you feel certain one way or the other) の部分。したがって，空所には継続を表す表現と結びつく(d)の until「～までずっと」が適切と判断できる。be〔feel〕certain ～ は，直後に疑問詞 (wh- と how) や *A* or *B* という表現を伴うと，「～かということについて答えを確信する」の意味。one way or the other は，ここでは「2つの (答えの) うちどちらか」の意味。

▶14. 正解は(d)。選択肢の意味はそれぞれ，(a)「砂糖菓子」，(b)「ねじれ，ゆがみ」，(c)「(熱の) 対流，伝導」，(d)「信念，確信」。your own thoughts and (14) は，thoughts「(自分の) 考え」と空所に入る名詞とが，似た意味の語句を結びつける接続詞 and によって並列されている。イエスかノーかという質問に対する自分自身の「考え」や「信念〔確信〕」という意味であり，(d)の convictions が空所に入る。

●語句・構文●

(A) (第1段) call *A* into question「*A* に疑念を生じさせる」 resident「住人」 indigenous「土着の，先住の」 multigenerational「複数の世代にまたがる」 descent「家系」 era「時代」 colonialism「植民地主義」 repatriate「(本国への) 送還者」 orphan「孤児」 migrant「移住者」 guest worker「外国人労働者」 predominantly「主に」

(第2段) diversity「多様性」 instruction「指示，教育」 dominate「～を支配する」 名詞＋par excellence「卓越した～」 deem *A* to be ～「*A* を～だと考える」 critical「絶対不可欠な」 dominance「支配，優勢」 assumption「思い込み，前提」 名詞＋described earlier「先述した～」

imply「暗に伝える，示唆する」 lingua franca「共通言語」 communicative「(外国語での) コミュニケーションに関する」 context「文脈，前後関係，事情，背景」 interact with～「～と交流する」 English-as-a-foreign-language「外国語としての英語」 policy maker「政策立案者」 rethink「再考する，見直す」 fundamental「基本的な」 ultimate「究極の，最終的な」 curricula「(curriculumの複数形) カリキュラム，教育課程」

(B) naturally enough「当然」 compel *A* to *do*「*A*に～することを強制する」 the affirmative「肯定派の人」 the negative「否定派の人」 attitude「考え方」 not to mention～「～については言うまでもなく」 messy「乱雑な」 not so much *A* as *B*「*A*というよりもむしろ*B*」 say「たとえば」 nay「それどころか，否」 assume「(～だと) 思い込む」 in relation to～「～に関して」 but「ほんの～」 namely「すなわち」 zealously「熱心に，懸命に」 suspension「保留，中断」 when next S V「次に～するときは」 if so inclined「その気になれば，そうしたいなら，気が向くなら」→省略されている語句を補うとif (you are) so inclinedとなる。inclineは「(物や気持ちを) 傾ける」の意。pronounce judgment on～「～に判決を下す」 I dare say～「はっきり言えば～，おそらく～だろう」 take *oneself* seriously「真面目に考える」 strive to *do*「～するように奮闘する」 clarify「～を明確にする」

II 解答

(A) 15—(b) 16—(d)
(B) 17—(b) 18—(b) 19—(d)
(C) 20—(a) 21—(b) 22—(d) 23—(d) 24—(b)

◆全　訳◆

(A) ≪Brexit (ブレグジット) の定義≫

2016年，「Brexit (ブレグジット)」という単語が初めて『オックスフォード英語辞典』(OED) に収録され，その定義は「欧州連合 (EU) から英国が離脱すること」であった。この単語はかばん語 (2つの単語を融合させて造った複合名詞の一種) の一例である。この語を実際に造ったのが誰かについては意見が分かれているが，それが最初に使われるようになったのは2012年であり，当時流行っていた単語で，ユーロ圏からギリシャが離脱することを意味する「Grexit」という語に関係しているとほとんどの人は考えている。

しかし，OED の定義にはブレグジットの政策面の明確な時間枠や詳細についての掲載はなく，ブレグジットが起きた経緯の説明もない。加盟国の離脱手順を規定した EU 条約の条項である第 50 条には，離脱のための２年間の交渉期間が定められてはいるが，交渉の全体像やブレグジットの実際的な影響がはっきりするのには，恐らくもっと長い時間が必要であり，それゆえ完全な理解と説明を得るためには長期におよぶ総合的な分析を要するだろう。

(B) ≪降霊術≫

降霊術は，肉体を離れた霊魂が生きている人々と交流することができるという信仰に基づいた活動である。降霊術を行う人々は，通常，魂と直接やり取りできる能力があるとされる人間である霊媒師の力を借りて，死者と接触することを目指した。霊魂と対話をするための集会である降霊会は最初，透視能力やテレパシーや霊魂からのメッセージを受け取るといった精神的な現象を証明し，調査することに関心があった。霊媒師が受け取ったとするメッセージは，どのようにして霊魂との接触が起こるのかを説明するための論理構造を打ち立てるために分析された。しかし，この活動が始まってすぐ，より派手な物理的現象を中心に扱う降霊会が行われ，そのようなパフォーマンスに特化した霊媒師たちが出現するようになった。霊魂には，物体を浮遊させる力，霊媒師の意思とは無関係に自律して話をする力，カメラの感光板に像を写す力，霊魂自体を含めたさまざまなものを実体化させる力があるとされていた。

降霊術を行う人々の活動は単なる好奇心や超自然に対する憧れといった気持ちから行われてもいるが，同時に，人間の魂の宿命にまつわる，より切実な想いがその動機にもなっている。伝統的なキリスト教への信仰心を失ってしまった人々には，降霊術師は古い伝統ではなく，一見したところは誰にでも観察できるような事実に基づいた新しい信仰をもたらした。物質主義的な思想により死後の世界の存在を信じられなくなってしまった人々には不死という新たな希望をもたらした。愛する人たちを亡くして悲しみに打ちひしがれている人々には，彼らと交流できる可能性をもたらした。しかし，降霊術を受け入れるにしろ，拒絶するにしろ，それにまつわる強い感情のせいで，降霊術の真偽に対する証拠を公平に見極めることが難しくなっている。

(C)　≪生命に由来する複雑な構造≫

私たち動物は既知の宇宙において最も複雑なものである。もちろん，私たちが知っている宇宙は，実際の宇宙のほんの一部に過ぎない。他の星には私たち以上に複雑なものが存在していて，それらの中には私たちのことをすでに知っているものがいるかもしれない。しかし，そうだとしても私が主張したいことに変わりはない。複雑なものというのは，その場所に関係なく，非常に特殊な説明を要するものだ。それらがどのようにして存在するようになったのか，そして何故それほどまで複雑なものになったのかを私たちは知りたい。私が論じたいと考えている説明は，宇宙のあらゆる場所に存在する複雑なものに対して，つまり私たちにも，チンパンジーにも，虫にも，樫の木にも，そして宇宙からやってくる怪物に対しても，一般的に当てはまるものであろう。他方でその説明は，私が「単純な」ものと呼んでいる存在，たとえば岩，雲，川，銀河，クォークといったものには当てはまらないだろう。これらは物理学的なものである。チンパンジー，犬，コウモリ，ゴキブリ，人間，虫，タンポポ，バクテリア，宇宙人といったものは生物学で扱われるものである。

両者の違いは，構造の複雑さが違う点だ。生物学は，目的を持って設計されたかのように見える複雑なものを対象に研究する。物理学は，意図的な設計を引き合いに出す気にならないような単純なものを研究する。一見すると，コンピューターや車のような人工物は，この例外に当たるようにも思われる。それらは複雑で，明らかに目的を持って設計されてはいるが，それらは生き物ではないし，血や肉ではなく，金属やプラスチックから造られている。私の考えでは，これらのものは生物学的な対象物としてきちんと扱われるべきものなのだ。

このように説明するとそれを読んだ方からは，「なるほど，しかしそれらが『実際に』生物学上のものだと言えるのか」と質問されることだろう。言葉は私たちに仕えるものであり，私たちを支配するものではない。目的が違えば，私たちは都合に合わせて言葉を違った意味で使うものだ。多くの料理本ではロブスターを魚に分類している。動物学者ならこの分類に憤慨して，魚はロブスターと比べるとはるかに人間の方と近縁関係にあるわけで，ロブスターからすれば人間を魚と呼ぶことの方が正当だ，と指摘することもできよう。さらに，正当さとロブスターと言えば，最近，裁判所がロブスターは昆虫であるのか，それとも「動物」であるのかを判断する必要に迫られた（それは人間がロブスターを生きたまま茹でることが許されるべきかどうかに影響していた）ことを私は知っている。動物学的な見地からは，ロブスターはもちろん昆虫ではない。ロブスターは動物であり，一方で同じく昆虫も，人間もすべて動物である。さまざまな人々の言葉の使い方に対して感情的になってもあまり意味はない（とは言え，仕事を抜きにした生活上は，ロブスターを生きたまま茹でる人々に対して私はすぐさま感情的になるだろう）。料理人や弁護士は言葉をそれぞれ専門的な意味で使用する必要がある。コンピューターや車が「実際に」生物学的なものであるかどうかは問題ではないのだ。大切なのは，ある惑星でその程度の複雑さを持つ何かが見つかれば，その惑星には生命が存在しているか，かつて存在していたと何ら躊躇せずに結論づけるべきだということだ。機械は生物による直接的な生産物である。つまり，機械の複雑さや構造は生物に由来しているのであり，それらは惑星における生命の存在の判断材料となる。それと同じことが化石や骨や死体についても言えるのだ。

◀解　説▶

◆(A)　▶15.「本文によると，次のうちどれが正しいか」

(a)「Brexit（British exit）は，これと似通った先行例のない新造語である」

(b)「Brexit という言葉がいつ，どのように使われ始めたかについては比較的はっきりしている」

(c)「オックスフォード英語辞典は Brexit という語を掲載した最初の辞書である」

(d)「ブレグジットの結果，どのようなことが起きたのかはオックスフォード英語辞典で定義されている」

正解は(b)。第1段最終文（Who actually coined …）では，「誰が」Brexit という言葉を造ったかは不明と述べられているが，「いつ」「どのように」使われ始めたかは but 以下に述べられている。date は動詞で，date *A* to *B* で「*A*（できごと）が起きたのは *B*（時代）だと特定する」の意。ここに(b)の（Brexit という言葉が）「いつ」「どのように」使われ始めたかの答えがあり，それぞれ「2012年」「ユーロ圏からギリシャが離脱することを意味するGrexitという語に関係して（≒から生まれた）」である。したがって，(b)は本文に即した内容。また，ここからGrexitという語を参考にBrexitが生まれたと解釈できるため，(a)の「先行例のない」という説明は誤り。第1段第1文（In 2016, …）からは，『オックスフォード英語辞典』（OED）の中では2016年に初めてBrexitという単語が掲載されたことはわかるが，他の辞書の中にはもっと前から掲載していたものがあるかもしれないので，(c)のように「OEDがBrexitを掲載した最初の辞書」とは本文の情報からは断定できない。第2段最終文（While Article 50 …）の中で，the practical implications of Brexit are likely to take much longer to unfold …「ブレグジットの実際的な影響がはっきりするのには，恐らくもっと長い時間が必要…」とあるので，当然，OEDにもブレグジットの結果的影響はまだ「定義されていない」はずなので，(d)は誤り。

▶16.「筆者は…と提案している」

(a)「第50条はブレグジットをもたらした主な要因である」

(b)「他のEU加盟国はイギリスの離脱に追従するかもしれない」

(c)「離脱交渉に関わるすべての事項が第50条に規定されている」

(d)「ブレグジットの意義を把握するのには十分な時間をかけるべきだ」

正解は(d)。第2段最終文（While Article 50 …）の中で，the full range of negotiations and the practical implications of Brexit are likely to … require a longer-term comprehensive analysis to fully understand and explain「交渉の全体像やブレグジットの実際的な影響は…その完全な理解と説明を得るためには長期におよぶ総合的な分析を要するだろう」と述べられている。(d)はこの内容に一致している。ただし，(d)のwe spend …の時制が現在形なので「～を理解するのにすでに十分な時間を割いている」と訳しがちだが，設問文の書き出しがThe author suggests thatとあるので，suggest that S（should）V「～するべきだと提案する」の構文である点に注意。we（should）spend … のようにshouldを補って訳せばよい。(a)や(b)は本文に記述なし。(c)は，「第50条に規定されている」のはthe full range of exit negotiations「離脱交渉に関わるすべて」ではなく，第2段最終文中にa two-year time frame for exit negotiations「離脱のための2年間の交渉期間」とあるように，交渉期間についてである。

range「範囲」は単体では,「時間的な範囲」つまり「期間（time frame)」の意味はない。

◆(B)　▶17.「本文によると，次のうちどれが正しいか」

(a)「霊魂からのメッセージを受け取ることは結局のところ論理的説明が不可能なことだと考えられていた」

(b)「霊魂は降霊会において姿形を持って現れることができると言われていた」

(c)「降霊術師は死者と語ることができるとされる人々である」

(d)「降霊術師はディスプレイや写真や感光板といった媒体を用いた」

正解は(b)。第1段最終文に，Spirits were said to have the power … to materialize objects, including themselves「霊魂には…霊魂自体を含めたさまざまなものを実体化させる力があるとされていた」とある。(b)の bodily は「肉体の」という意味の形容詞で，able to appear in bodily form は「(霊魂が）姿形を持って現れる」ということであり，本文のこの箇所の内容に一致する。(a)に関しては，第1段第4文（The messages that mediums …）に，霊魂から受け取ったとされるメッセージがその現象を「説明するための論理構造を打ち立てるために分析された」とは書かれているが，theoretically inexplicable「論理的な説明ができない」とは結論づけられていない。(c)では，降霊術師自身が死者と話せる力があった，となっているが，実際には第1段第2文（Spiritualists sought to make contact …）にあるように a medium「霊媒師」が有するこの力を借りただけであるため誤り。(c)の allegedly は「(真偽のほどは定かではないが）伝えられるところによると」の意味。また,「霊媒師」である a medium を，人ではなく「(ディスプレイなどの）媒体」と取り違えている(d)も誤り。

▶18.「本文によると，次のうちどれが正しいか」

(a)「降霊術でさえも一番大切な人の死によりもたらされた悲しみを癒すことはできない」

(b)「物質主義により死後の世界を信じられなくなった人々もいる」

(c)「降霊術は好奇心や不死についての悲観から成り立っている」

(d)「伝統的なキリスト教は降霊術師に新しい形の宗教を提供した」

正解は(b)。第2段第3文の Those for whom materialistic ways of

thinking have precluded belief in a life after death は「物質主義的な思想により死後の世界の存在を信じられなくなってしまった人々」という意味（those が「人々」，preclude は「〜を不可能にする，〜を除外する」の意）。したがって，(b)はこの内容に一致している。(a)に関して，第 2 段第 4 文（Those suffering from grief …）で愛する人を亡くして悲しむ人々が死者と「交流できる可能性を（降霊術が）もたらした」とあるが，cannot heal the sadness「悲しみを癒すことはできない」とは書かれていない。(c)は pessimism about immortality が，第 2 段第 3 文（Those for whom …）の a new hope of immortality「不死という新たな希望」に矛盾。(d)では，「新しい宗教をもたらした」ものが Traditional Christianity となっているが，第 2 段第 2 文（For those who have lost …）では spiritualists が主語となっているので誤り。

▶19.「筆者の結論から読み取れないものは次のうちどれか」

(a)「降霊術を認めたり否定したりする行為には客観性が不足している」

(b)「降霊術の擁護派と否定派の両方が自身の考えに感情的に傾倒している」

(c)「降霊術は公平な評価を得ていない」

(d)「降霊術を証明したり反証したりするための証拠は発見できない」

正解は(d)。本文には記述の「ない」ものを選ぶ問題である点に注意。第 2 段最終文（But the strong involvement of …）では，降霊術の賛成派も否定派も感情的になりすぎていて，降霊術に関する証拠を公平に評価するのが難しいということが書かれている。the strong involvement of emotion in 〜 は「〜に対する強い感情の関与」という意味。(a)・(b)・(c)はすべてこの内容に一致している。(d)のような，「証拠は発見できない」という結論は，最終文のどこにも触れられていない。

◆(C)　▶20.「タンポポや虫は…」

(a)「人間や宇宙から来た異星人と同じように複雑なものである」

(b)「既知の宇宙のどこにでも見つけられる」

(c)「複雑なように見えるが，実際には岩や雲のように非常に単純なものである」

(d)「他の複雑な生き物とは区別して議論したり説明したりされるべきだ」

正解は(a)。第 1 段第 1 文（We animals are …）で，人間は「複雑なもの」

とされている。一方，第1段第8・9文（On the other hand, …）では，岩，雲，川，銀河，クォークといったものが「単純なもの」に入るとされ，それらは「物理学的なもの」に分類されている。問題のタンポポや虫については，第1段最終文（Chimps and dogs …）で「人間，虫，タンポポ，…宇宙人といったものは生物学で扱われるものである」とあり，人間と同列に扱われている。物理学的なものが単純なものなら，それと対比されている「生物学的なもの」は複雑なものと考えられるため，(a)が正しい。逆に(c)はタンポポや虫を「単純なもの」として扱っているので間違い。(b)・(d)は本文に記述なし。

▶21.「筆者の考えによれば，車やコンピューターのような複雑なものは…」

(a)「特定の目的のために設計されたものなので面白くない」

(b)「生きているわけではないが生物学の分野として議論されてもよいだろう」

(c)「実際には物理学の研究分野に属するものだ」

(d)「生物学の分野とは異なるものとして考慮されるべきだ」

正解は(b)。第2段最終文（In my view they …）の they が「コンピューターや車」を指していることがわかれば，同じ文中で「生物学的な対象物として…扱われるべきもの」とあるので，(b)は正しいと判断できる。computers and cars が登場するのは，この2つ前の文（At first sight, …）からで，以降 they でこれを表している。逆に，(c)・(d)では機械を「生物学的な対象物」として扱っていないので誤り。第2段第5文（They are complicated …）に「それら（＝コンピューターや車）は複雑で，明らかに目的を持って設計されている…」とあるので，(a)の前半部分は正しいが，最後の not of interest「面白くない」という記述はどこにもない。

▶22.「動物を専門に研究する科学者たちは…」

(a)「人間は魚に比べればロブスターの方により近い関係があると考えている」

(b)「ロブスターは昆虫の一種に分類されるべきだという点で合意した」

(c)「昆虫は決して動物とみなされるべきではないという認識を現在は持っている」

(d)「ロブスターが魚であると説明されることを受け入れないだろう」

正解は(d)。第3段第5文（Zoologists can become …）では，料理本でロブスターが魚に分類されていることについて，Zoologists can become quite upset about this「動物学者ならこの分類に憤慨するだろう」と述べているので，(d)は正しい。また，同文の後半（fish are far closer kin to humans than they are to lobsters「魚はロブスターと比べるとはるかに人間の方と近縁関係にある」）で，人間はロブスターよりも「魚に近い」と言っているが，(a)は逆に「ロブスターに近い」となっているので誤り。be（close）kin to ～で「～と親類〔近縁〕である」という意味。(b)・(c)は，第3段第7・8文（Zoologically speaking, …）の内容にそれぞれ矛盾している。

▶23.「筆者によれば，…」

(a)「言語や語彙は明確にどちらも生物学的な対象である」

(b)「弁護士や料理人は言葉を注意深く使わない職業の人たちの例である」

(c)「どんな言葉の意味も神聖なものであり，変更されるべきでない」

(d)「言葉は私たちの当座の目的に最もよく合うように変えることのできる道具として採用されるものだ」

正解は(d)。第3段第3文で，For different purposes we find it convenient to use words in different senses.「目的が違えば，私たちは都合に合わせて言葉を違った意味で使うものだ」と述べているので，(d)はこの内容に一致する。逆に，(c)の「言葉の意味は変更されるべきでない」というのは，この内容に反するため誤り。(a)は，「言語や語彙」が「生物学的な対象」の部類に入るという筆者による直接的な言及はどこにもないため誤り。第3段第10文（Cooks and lawyers need to …）では，弁護士や料理人が「言葉を専門的な意味で使用する」人々という説明はされているが，(b)のように「言葉を注意深く使わない」という記述はない。

▶24.「…という理由から，機械は生命の存在を判定する材料であると言われている」

(a)「他の惑星でいくつかの複雑な機械が見つかっている」

(b)「複雑な構造の機械があるためにはそれに先行して何らかの生命が必要である」

(c)「これらの複雑な機械類は将来生物学上の生命に取って代わるだろうと予想される」

(d)「機械は化石や骨や死体が存在しない場所で発見されることが多い」

正解は(b)。第3段最終2文（Machines are the direct products …）では，「機械は生物による直接的な生産物である。つまり，機械の複雑さや構造は生物に由来しているのであり，それらは惑星における生命の存在の判断材料（diagnostic）となる。それと同じことが化石や骨や死体についても言えるのだ」と述べられている。diagnostic「判断〔診断〕材料」の意味がわかるかが決め手。ある惑星にもし機械が存在していれば，それを作った生命体が存在しているはず，という論理であるから(b)が正しい。(a)・(c)・(d)はすべて，本文に記述されていない内容のため不適。

●語句・構文●

(A)（第1段） define *A* as *B*「*A* を *B* と定義する」 withdrawal「撤退」 portmanteau「かばん語，混成語」→本来は「旅行かばん」の意。compound noun「複合名詞」 fuse「(熱で) 溶ける，融合する」 coin「(貨幣や新しい言葉) を造り出す」 dispute「～について議論する」 exit「退去」

（第2段） definition「定義」 in terms of～「～の観点から言えば」 article「(協定書などの) 条項」 treaty「条約」 state「国家」 provide「～を規定する」 negotiation「交渉」 practical「実際的な」 implication「意味合い，影響」 be likely to *do*「～する可能性が高い」 unfold「(見えなかったものが) 姿を現す」 comprehensive「包括的な」 analysis「分析」

(B)（第1段） movement「活動」 depart「～を旅立つ」 soul「魂，霊魂」 interact with～「～と交流する」 seek to *do*「～しようと努力する」(→過去形は sought to *do*) initially「最初は〔に〕」 séance「降霊会」 gathering「集会」 be concerned with～「～に関係している」 demonstrate「～を実演〔実証〕する」 investigate「～を調査する」 phenomena「現象」(→ phenomenon の複数形) clairvoyance「透視〔予知〕能力」 telepathy「テレパシー」 reception「受け取ること」 claim to *do*「(～する) と主張する」 examine「～を調べる」 theoretical「論理に基づいた」 occur「起こる」 feature「～を（テーマなどに）取り上げる」 spectacular「目を見張らせる，壮観な」 physical「物理的な，身体の」 conduct「～を実施する」 arise「現れる」(→過去形は arose) specialize in ～「～を専門とする」 display「展示，誇示」 levitate「～を空中浮揚させる」 object「物体」 independently of ～「～とは無関係に」 materialize「～を実体化させる」

（第 2 段） practice「習慣的な活動」 be motivated by ～「～によって動機づけられている」 mere「単なる」 curiosity「好奇心」 fascination「魅力」 be driven by ～「～によって動機づけられている」 concern「関心事，懸念」 fate「宿命」 faith in ～「～に対する信頼」 Christianity「キリスト教（の信仰）」 religion「宗教」 ancient「古代の，古い」 apparently「一見したところ～のようだ，外見から判断して」 observe「～を観察する」 immortality「（不老）不死」 acceptance「受容，承諾」 rejection「拒絶」 appraise「～を評価する」 impartially「公平に」 for and against ～「～に賛成か反対の」

(C) （第 1 段） complicated「複雑な」 tiny「ごく小さな」 fragment「断片」 actual「現実の」 yet＋比較級「（比較級を強調して）いっそう～」 alter「～を変更する」 deserve「～に値する」 explanation「説明」 come into existence「出現する，誕生する」 broadly「広く，大まかに」 oak tree「オーク〔樫〕の木」 galaxy「銀河」 quark「クォーク（素粒子の構成要素）」 stuff「（特定することなく漠然とした）もの」 physics「物理学」 chimp「チンパンジー」 bat「コウモリ」 cockroach「ゴキブリ」 dandelion「タンポポ」 bacteria「バクテリア，細菌」 galactic「銀河系の」 biology「生物学」

（第 2 段） complexity「複雑さ」 give the appearance of ～「～に見える，～のように装う」 purpose「目的」 tempt A to *do*「A を～する気にさせる」 invoke「～を思い起こさせる，かき立てる」 artefact（＝artifact）「技能によって作り出したもの，人工物」 provide「～を提供する」 exception「例外」 obviously「明らかに」 be made of ～「（材料）からできている」 flesh and blood「血肉，生身の体」→ flesh は「（食用ではない）肉，身」の意。firmly「しっかりと，堅く」 treat A as B「A を B として扱う」

（第 3 段） servant「召使」 master「主人，支配者」 convenient「便利な」 sense「意味」 cookery「料理の」 class A as B「A を B に分類する」 zoologist「動物学者」 upset「憤慨した」 point out ～「～だと指

摘する」 with justice「公正に」 talking of～「～と言えば」 a court of law「裁判所」 insect「昆虫」 *A* bear upon *B*「*A* は *B* に関係する〔影響する〕」（→ bear の過去形は bore） boil *A* alive「*A* を生きたまま茹でる」 so are insects and so are we「昆虫もそうであるし，私たちもそうである」→ so V S という倒置の形で「S もそうだ」の意。get worked up（about～）「（～に関して）感情的になる〔興奮する〕」 The point is that S V「大事なのは～だ」 degree「程度」 hesitation「躊躇」→ have no hesitation in *doing*「ためらうことなく～する」 conclude「結論づける」 exist「存在する」 derive *A* from *B*「*B* から *A* を導き出す」 The same goes for～「同じことが～についても当てはまる」 fossil「化石」

III　解答

25―(d)　26―(a)　27―(h)　28―(f)　29―(e)　30―(g)
31―(b)

◆全　訳◆

≪中国における小麦麺の歴史≫

環境的にはヨーロッパ人の方が優位であったのだが，彼らがパスタ料理を発明したのは遅かった。対照的に，中国人はそれとは正反対の状況にあった。小麦から作られる麺の製造には決して向いていない農業環境であったにもかかわらず，彼らはヨーロッパ人よりもずっと前から小麦から作られる麺に精通していた。

多くの欧米人は，中国の麺製品はほとんどが米や緑豆でんぷんから作られたもので，つやのある白い米粉製の麺や透き通って見える春雨がこの分野における中国の偉業のすべてを象徴するものだと思い込んでいる。しかし，彼らは中華料理店で目にする，西洋人の好みに合わせて手が加えられた料理の並ぶ限られたメニューに欺かれている。実際には，地中海周辺と全く同じように，中国の麺製品の歴史は小麦で始まる，つまり小麦を使った麺で始まっているわけである。他の穀物から作られた麺はずっと後になってから登場する。しかしながら，中国と地中海沿岸との類似点はそれだけだ。漢王朝（紀元前206年～西暦220年）と古代ローマが互いを全く知らないわけではなく，間接的なつながりがあったとしても，穀物に関して言えば，両者の食文化はあらゆる点で実質的に正反対である。中国人，少なくともその富裕層はすでにラビオリに相当する「ラオワン」と呼ばれる料理を食して楽しんでいたが，ユーラシア大陸の向こう側で暮らす同時代の人々はパスタ生地で具材を包んだ料理をまだ知らなかった。

しかし，逆説的で興味深い点だが，中国北部は，先史，古代，その後の長期にわたって，そこに暮らすすべての人々が自給自足する主食であった2つの代表的雑穀の産地であり早期栽培の地であった一方で，小麦はあまり知られていない異国の植物であった。事実，それはあまりにも馴染みのないものであったので，昔の文献では小麦と大麦の区別がなされておらず，どちらの穀物も「マイ」という同じ言葉で表現されていた。さらに，中国文明のゆりかごと昔から考えられている地域である黄河の中流や下流域で，小麦の様々な成長段階を再構成するのは容易でない。紀元前3000年頃に小麦が甘粛省の北西部奥深くで確かに育てられていたということはわかっている。これは中国の辺境地域で，食材として利用されていたことを示すものはほぼないものの，一般的な小麦が人間によって利用されていた最古の証拠となっている。中国がはっきりとした原産地であり，とりわけ食用として簡単に利用できた雑穀と比べれば，小麦は当時まだ新しく入ってきたばかりのものであった。事実，小麦が西洋から到着した頃，それは様々な種類の雑穀に合流し，それらの雑穀は逆に西洋へ広がっていったのだ。

古代中国の農業形態や食習慣の両面から考えると，小麦の適応を有利にする要素は事実上一切なかったため，この新しい穀物の導入には中国において多大なる困難を伴ったことがあらゆる証拠からわかる。中国北部における環境および天候条件が穀物としての小麦に適していなかっただけでなく，雑穀の加工に適した技術的背景も同様に小麦との相性が良くなかった。中国の古代全体を通じて，中国人には穀類の加工に使える道具を1組しか持っておらず，それがすり鉢とすりこぎ棒であった。これは米を挽き，雑穀を脱穀するのに大変適した道具で，加工された米粉や雑穀はその後茹でられた。紀元前1300年頃，小麦と大麦が黄河の中流域でより知られるようになったとき，それらは雑穀用に開発された道具を使ってしか加工できなかった。このことは紀元前2世紀頃の中国農家が小麦の栽培に対して非常に消極的であった主な要因となり得る。というのも，より精製された状態が必要な調理用食材として使える小麦を生産することは明らかに彼らの能力を超えていたからだ。

地中海沿岸とおおよそ同時期の紀元前5，6世紀頃に回転式の石臼が登場すると，小麦をより早く大量に生産することが可能になり，文献にはかなり遅れて記録されていることだが，状況は急速に変化し始めた。キリスト紀元の幕開け前後の数世紀，農家の人々（彼らは穀物の王子という名と共に収穫物の主と神格化されていた雑穀が放つ威光には遠く及ばない穀物であった小麦が持つ利点をそれまで全く認識していなかった）は，小麦と水を混ぜ合わせることで得られる弾力のあるしなやかな生地の優れた可能性を理解した。中国人は，炊いた全粒穀物を食べるのに加えて，小麦麺や平たいパンや（ふくらみのある）パンを食するようにもなった。

◀解　説▶

空所の数が7つなのに対し，選択肢は8つある。各選択肢の意味は以下のとおりである。

(a)「しかし，彼らは中華料理店で目にする，西洋人の好みに合わせて手が加えられた料理の並ぶ限られたメニューに欺かれている」

(b)「中国人は，炊いた全粒穀物を食べるのに加えて，小麦麺や平たいパンや（ふくらみのある）パンを食するようにもなった」

(c)「しかし，ヨーロッパ人は中国人に様々な種類のパスタ製品の作り方を教えた」

(d)「対照的に，中国人はそれとは正反対の状況にあった」

(e)「それは，とりわけ中国がはっきりとした原産地であり，食用として簡単に利用できた雑穀と比べれば，小麦は当時まだ新しく入ってきたばかりのものであった」

(f)「事実，それはあまりにも馴染みのないものであったので，昔の文献では小麦と大麦の区別がされておらず，どちらの穀物も『マイ』という同じ言葉で表現されていた」

(g)「中国北部における環境および天候条件が穀物としての小麦に適していなかっただけでなく，雑穀の加工に適した技術的背景も同様に小麦との相性が良くなかった」

(h)「しかしながら，中国と地中海沿岸との類似点はそれだけだ」

▶25. 正解は(d)。(d)はIn contrast「対照的に」で始まっているので，その前後の内容が反対の関係となる。空所の前にある第1段第1文（Europeans invented pasta late, …）には，conditions favored them

「(パスタに必要な小麦を育てるための) 環境は彼ら (＝ヨーロッパ人) の方に味方した」がパスタ料理を発明したのは遅かったとある。また，空所の後で，中国では小麦を育てる環境は良くなかったが小麦を使った料理は早くからあった，と全く反対の内容が述べられている。この2つの内容を反対の関係でつなぐ文章としては，(d)の「中国人はそれとは正反対の状況にあった」が当てはまる。

▶26. 正解は(a)。空所直前の文 (Many Westerners believe that …) は，欧米人の多くが中国の麺製品は rice or the starch of the mung bean「米や緑豆でんぷん」から作られたものと信じている，という内容。空所直後の文 (In truth, in China, …) は，実際には中国では「小麦」を使った麺の歴史が古いことが述べられている。両者の間をつなぐ空所には，欧米人の誤った思い込みの原因として読むことのできる(a)が適切。(a)にある Chinese restaurants は「中国にある料理屋」ではなく，欧米人の好みに合わせた外国の「中華料理店」として捉えたい。deceive「～を欺く」 adapt「適応させる」

▶27. 正解は(h)。空所の2つ前の文 (In truth, in China, …) で，「地中海周辺と全く同じように，中国の麺製品の歴史は小麦で始まる…」とあるので，これが(h)の The similarities between China and the Mediterranean basin「中国と地中海沿岸との類似点」が指している箇所であるとわかる。また，(h)では，その類似点が end there「そこで終わっている」とあり，空所直後の文 (In terms of grains, …) を確認すると，確かにこと穀物については virtual opposites「正反対」と述べられるなど，両者の相違点が強調されている。したがって，(h)は空所前後の内容とつながっている。basin「流域，盆地」

▶28. 正解は(f)。(f)にある in fact「事実」は，前文の内容に対する具体例を述べる際に用いられる。具体例である(f)の内容は，空所直前の文と似た内容でなければならない。空所の直前文 (Yet, in an interesting paradox, …) の主節部分である wheat was a little-known foreign plant「小麦はあまり知られていない異国の植物であった」と，(f)の It was so unfamiliar「それ (＝小麦) はとても馴染みの薄いものであったので…」とが同様の内容と言える。(f)の that 以下の内容である，「小麦と大麦の区別がされていなかった」という点が具体的にどれほど「知られていない」

植物であったかを表している。

▶29. 正解は(e)。空所の直前文（This constitutes the earliest …）では the earliest evidence of human use of common wheat「一般的な小麦が人間によって利用されていた最古の証拠」とあり，中国における小麦の始まりに言及している。また，空所直後の文でも，Indeed, when wheat arrived from the West, …「事実，小麦が西洋から到着した頃，…」とあり，空所の前後がともに小麦が中国に到来した時期の内容となっている。したがって，(e)の It was a newcomer「それ（＝小麦）は当時まだ新しく入ってきたばかりのものであった」のように，小麦の到来した頃の様子を説明したものが正解。newcomer「新参者」 in comparison with ～「～と比べると」 of *one's* origin「～原産の」 readily「容易に」 usable「使用できる」

▶30. 正解は(g)。空所の直前文（All indications tell us …）には，practically no factors favored its adaptation とあるが，この中の its adaptation とは，「小麦の（新しい栽培地などへの）適応」のこと。したがって，その和訳は「小麦の適応を有利にする要素は事実上一切なかった」であり，その具体的な例として，(g)の the environmental and weather conditions … ill-suited to wheat as a crop「環境および天候条件が穀物としての小麦に適していなかった」と，the technical context suitable for the processing of millet … inhospitable「雑穀の加工に適した技術的背景は小麦との相性が良くなかった」の２点はまさに適切と言える。ill-suited「不向きな」 crop「農作物，収穫高」

▶31. 正解は(b)。第４段では，小麦が中国の土地で食材として定着する難しさから，まだ雑穀が主流であったことについて説明されている。しかし，空所がある第５段では，第１文（With the appearance of the rotary mill …）にある「回転式の石臼の登場」により，食材としての小麦栽培が加速し，状況が変化していったことが描かれている。(b)も同様に，中国人が全粒穀物を消費するのに加えて，製粉された小麦により作られる麺やパンの消費者にもなったという変化を表している。したがって，(b)は第５段の内容に沿っているので，同段の最後の位置にある空所に入るまとめとして適している。whole grain「全粒穀物」 flatbread「フラットブレッド（平たいパン生地の料理）」

●語句・構文●

（第1段） invent「～を発明する」 favor「～の方を好む，～に味方する」 despite＋名詞「～にもかかわらず」 agricultural「農業の」 anything but ～「決して～ではない」 wheat-based「小麦からできた」 be familiar with ～「～をよく知っている」

（第2段） pasta product「パスタ〔麺〕製品」 for the most part「ほとんどは」 starch「でんぷん」 mung bean「緑豆」 bright「輝く，明るい」 rice-flour「米粉の」 transparent「透明な」 appearance「外見」 bean-starch vermicelli「（料理の）春雨」 represent「～を象徴する」 the full extent of ～「～の範囲〔程度〕すべて」 accomplishment「達成，成果」 the Mediterranean「地中海（の）」 begin with ～「～で始まる〔始める〕」 be made from ～「（原料）からできている」 grain「穀物」 in terms of ～「～の観点から言えば」 civilization「文明」 virtual「事実上の，実質的な」 in every way「あらゆる点で」 the great Han Empire「（中国の）漢」 ancient「古代の」 not entirely ～「完全に～なわけではない」 be unaware of ～「～に気づいていない〔意識していない〕」 link「～を結びつける」 indirect「間接的な」 well-to-do「裕福な」 dine on ～「～を食事で食べる」 *one's* contemporaries「～と同時代のもの〔同世代の人〕」 the far end of ～「～の末端〔遠縁〕」 the Eurasian continent「ユーラシア大陸」 as yet「（否定文で）まだ」

be unacquainted with ～「～を知らない」 stuffed「（食べ物などを）詰め込まれた」

（第3段） paradox「逆説」 site「場所」 cultivation「栽培，開墾」 leading「主導的な，首位の」 species「（生物や植物の）種，種類」 millet「雑穀，キビ〔アワ〕」 constitute「～を構成する」 subsistence staple「自給自足の主食」 entire「すべての」 prehistory「先史時代」 antiquity「古代」 reconstruct「～を再現する」 phase「段階」 the Yellow River「黄河」 cradle「ゆりかご」 outlying region「辺境地域」 indication「兆候，しるし」 foodstuff「食材」 cross paths with ～「～と出会う」 in *one's* turn「今度は，逆に」

（第4段） considerable「かなりの」 practically「事実上」 dietary「食事の」 cereal「穀物」 mortar and pestle「すり鉢とすりこぎ」

instrument「道具，器具」 mill「～を（臼などで）粉にする」 shell「～の殻を取る〔脱穀する〕」 account for ～「～を説明する，～の主な原因となる」 minimal「最小の」 enthusiasm「熱狂，興味」 peasant「小作人，農夫」 flour for use in preparations「調理用の小麦」 refine「～を精製する」 beyond *one's* ability「～の能力を超えている，～にはできない」

(第5段) with the appearance of～「～の登場と共に」 rotary mill「回転式の臼」 quantity「量」 rapidly「急速に」 source「情報源」 document「～を（文書で）記録する」 with delay「遅れて」 turn「(歴史の）転換点」 the Christian Era「キリスト紀元」 previously「以前は」 prestige「威信，名声」 deify「～を神格化する」 grasp「～を把握する」 potential「潜在的な可能性」 elastic「弾力のある」 malleable「打ち延ばしのできる」 dough「生地」

Ⅳ **解答**

32―(k)　33―(b)　34―(d)　35―(h)　36―(c)　37―(g)　38―(a)

◆全　訳◆

≪引越準備中にいなくなった猫≫

アデレード：やっと全部運び出したわね！　あとは部屋を掃除して鍵を戻すだけだわ。

エドガー　：いつまでに退去しないといけないの？　午後5時？

アデレード：厳密には夜中12時までだけど，営業時間後にポストに鍵を入れておけばいいわ。誰もチェックしないわよ。

エドガー　：あぁ，ほっとした。

アデレード：友達が今少し用事でいないけれど，まもなく手伝いに来てくれるわ。それまで一息つきましょう。

エドガー　：あれ，ちょっと待って。しばらく猫を見かけてないよね？

アデレード：どこかに隠れているんでしょ。ティラミスちゃん？　どこにいるの？

エドガー　：おーい，ティラミス，どこだぁ？

―（30分後）

アデレード：いなくなっちゃったわ！　全部探したのに。引越業者がいる間に逃げ出したのかしら？
エドガー　：まさか！　だって，寝室に閉じ込めたはずだよ！
アデレード：業者の誰かがドアを開けたのかも…。
エドガー　：そんなことするはずないよ！
アデレード：ちょっとそう思っただけ…。台所の銀食器が入った引き出しの中は見てみた？
エドガー　：どうやって中に入るっていうんだよ？　しっかり閉まっているのに。でも見るだけ見てみようか…。あ，いたよ！　まさかこんな所に入り込むなんて思いもしなかったよ。いったいどうやって…？
アデレード：引き出しの奥の方は密閉状態ではないのよ。きっとそこから飛び上がって中に入ったのね。
エドガー　：ティラミス，このいたずらっ子め！　探していたときに返事してくれなきゃだめだろう！
アデレード：あなた自分が子猫に話しかけてるって本当にわかっているの？　…

◀解　説▶

▶32. 正解は(k)。technically は「厳密には」という意味の表現。直前のエドガーの質問にある clear out は「(部屋などから) 出て行く，立ち去る」という表現で，「いつまでに退去しないといけないの？　午後 5 時？」という意味。この質問に対して，アデレードは最初に「厳密な」退去時間を答えているところ。その後，but 以下で after hours (「営業時間後，閉店後」という意味の表現) でもよいだろうと伝えている。

▶33. 正解は(b)。That's a relief. で「(それを聞いて) ほっとした」という意味の会話表現。アパートを引き払う時間を心配していたエドガーが，アデレードに「営業時間後にポストに鍵を入れておけばいいわ」と言われて，安心した場面だと判断する。

▶34. 正解は(d)。run an errand〔run errands〕で「人の使いに行く，用事を済ませる」という表現。これを覚えていれば，空所直前の running some から判断できる。is running と現在進行形になっているので，「今は用事を済ませようとしている最中でここにはいないが…」という意味を含んでいる。

▶35. 正解は(h)。catch *one's* breath で「一休みする，一息つく」という意味。これは運動などの後，あるいは驚いた直後に，「乱れた呼吸を取り戻す」という意味が根底にある表現。日本語では「一息つく」と「ハッとして息をのむ」とでは全く違う表現だが，catch *one's* breath はこの両者に使える。

▶36. 正解は(c)。ここでは They wouldn't dare! で「(まさか) そんなことするはずないよ！」という意味。いなくなった猫を探しているときに，アデレードが「引越業者の誰かがドアを開けたのかも…」と発言したことに対してエドガーが言った言葉。省略を補うと They wouldn't dare (to open the door)! であり，直訳は「彼ら (＝引越業者) はあえてそんなことはしないだろう！」となる。dare は「あえて～する，挑む」という意味の動詞〔助動詞〕。You wouldn't dare (to *do*)!「まさか (～はしないだろう)！」は会話でよく使われる表現。

▶37. 正解は(g)。It won't hurt to *do*「～しても害はないだろう，～してみてもよいだろう」という表現で，ここでは won't の部分が wouldn't (仮定法過去形) になっている。直前でアデレードから「台所の銀食器が入った引き出しの中は見てみた？」と聞かれて，エドガーはそんな所に入れるわけがないと反応しているが，But に続けて空所直後では to look とあるので，念のため引き出しの中を見てみようとしていることがわかる。

▶38. 正解は(a)。never ～ in a million years で「絶対に～ない，100万年待ってもあり得ない」という強調表現。エドガーは最初，探している猫が台所の引き出しに入っているはずがないと思っていたが，念のため見てみるとそこにいたので驚いている場面。I never would have imagined in a million years の would have *done* は仮定法過去完了形。

●語句・構文●

move *A* out「*A* を運び出す」 All *one* have to do is (to) *do*「(人) がするべきことは～することだけだ，(人) は～しさえすればよい」 midnight「真夜中」 dropbox「ドロップボックス，郵便ポスト」 kitty「(子) 猫ちゃん」→猫に呼びかけるときの表現。disappear「消える，いなくなる」 escape「逃げる」 mover「引越業者」 No way!「まさか！」 *A* occur to *B*「*A* (考えなど) が *B* (人) に浮かぶ」 silverware「(ナイフやフォークなどの) 銀製食器」 drawer「引き出し」 get in「中に入る」 tightly「きつく，しっかりと」 I guess ～「～だと思う，～だろう」 not completely ～「完全に～なわけではない」 seal「～を封印する，密閉する」 must have *done*「～したに違いない」 You do know ～？「本当に～だとわかっているの？」

V 解答

〈解答例 1〉focus on non-profit aspects such as morality and health maintenance.（10 語）
〈解答例 2〉help amateurs become disciplined, stay healthy, and be culturally integrated.（10 語）

◆全 訳◆

≪英国のスポーツ文化の変遷≫

スポーツは長い間イギリス文化の中で突出した地位にあり，スポーツが変化してきた過程は，イギリスの社会的，文化的な生活における重要な変化の兆候として読み取ることができる。イギリスのスポーツ熱の起源は19 世紀のパブリックスクールにある。そこでは，新しく教育された上流階級や中流階級の男子学生に倫理観を伝える手段としてのスポーツが発達した。社会的に受容できる行動規範に従って生活し，期待される倫理観に応じた行動の取れる，規律ある人間を育ててくれる，という考えがスポーツに対して存在していた。20 世紀前半までには，健康的な環境で男らしく活発にスポーツをすることが病気の予防的治療となり，同時に，占領地に暮らす人々固有の文化的慣行を御するのに便利であるという理由から，このような考えは同時に普遍主義的，帝国主義的な枠組みでも捉えられるようになった。この伝統的なスポーツ文化に変化が起きたのは，とりわけ20 世紀半ば以降，マスメディアによってスポーツの注目度が高まった影響を受けてからであり，これと並行して一流のプロスポーツ文化を支える新しい形の財政や経済，そして新しいスポーツ観戦の形が到来した。テレビやスポンサー後援が文化的転換をもたらし，素人による，善意に満ちた温情主義的な従来のスポーツ組織形態は，経済的に困窮したスポーツ団体とその商用価値の可能性との間にある乖離が広がるにつれて，企業家による利害関係により圧力をかけられた。20 世紀末には，スポーツ熱の伝統的文化はとっくに失われてしまっていた。

◀解　説▶

与えられた書き出しに続く形で，4語〜10語で要約を完成させる英作文問題。ただし，連続する3つ以上の語句が本文と同じものにならないように，自分の言葉で書くように指示がある。与えられた書き出しは Consumerism and market forces increasingly determined the shape of sport, which, in Britain, used to …「かつて英国では…であったスポーツのあり方が，消費者主義と市場の力によりますます決定づけられた」

used to *do*「かつては〜であった」に続く部分を完成させればよいため，第5文の The transformation of this traditional sports culture was accomplished「この伝統的なスポーツ文化に変化が起きた」という，英国のスポーツのあり方の転換期に触れたこの部分より前（特に第2文以降）を要約すればよい。この「伝統的なスポーツ文化」に関する箇所には3つの特徴が挙げられている。語数制限があるため，この3つすべてに言及した要約をするのは難しいが，最後の2つの特徴は大きく捉えれば1つの特徴としても扱える。まず，1つ目の特徴は，（5〜6行目の）a vehicle for the transmission of moral values to newly educated generations of upper-class and middle-class males で，要はスポーツに「倫理教育」という側面があったという点。2つ目は，（10〜11行目の）manly vigorous play in healthy surroundings was the preventive treatment for ailments で，端的には「健康維持」という目的があったという点。3つ目は，（11〜13行目の）such beliefs were also framed in a universalist imperialist sense, being useful for the taming of the indigenous cultural practices of conquered native populations で，スポーツを「植民地の固有の文化習慣の制御」に活用すること。これについては，要約に入れるなら，〈解答例2〉のように be culturally integrated「文化的に統合された」などとすればよい。1つ目の特徴で使われている a vehicle は「手段」の意味であり，本文と同じ言葉をなるべく使わないために，a means と言い換えるなどして，たとえば，（… used to）a means to produce morally disciplined and healthy people とすれば，先述した特徴を含めた基本的な〈解答例〉ができる。さらには，第5文以降の情報になるが，（最後から6行目からの）the traditional, amateur, benevolent paternalism of sport's organisation「素人による，善意に満ちた温情主義的な従来のスポーツ組織」も，「伝統的なスポーツ文化」を端的に表現した箇所であるため参考になる。特に amateur「素人による」と benevolent「善意による」という表現はそれぞれ，第5文の the culture of elite professional sports「一流のプロスポーツ文化」，第6文の entrepreneurial interests「企業家による利害関係」という現在の英国のスポーツ観に見られる特徴と対照的であるため，〈解答例〉では amateurs〔non-professionals〕や non-profit といった語を盛り込んでいる。

●語句・構文●

have prominence in ～「～の中で目立っている」 symptomatic「兆候となる」 athleticism「スポーツ熱」 transmission「伝達」 moral values「倫理観」 generation「世代」 upper-class「上流階級の」 middle-class「中流階級の」 male「男性」 disciplined「規律のある」 acceptable「受容できる」 behavioural「行動に関する」 code「規範」 according to ～「～に従って」 desired「期待される」 manly「男らしい，勇ましい」 vigorous「精力的な」 preventive「予防的な」 treatment「治療」 ailment「(軽い慢性的な) 病気」 frame「～を構成する」 universalist「普遍主義者の」 imperialist「帝国主義者の」 tame「～を飼い慣らす〔制御する〕」 indigenous「土着の，先住の」 practice「習慣的な活動」 conquer「～を征服する」 native population「先住民」 transformation「変化」 accomplish「～を達成する」 mid-twentieth「20世紀半ば」 時代〔時期〕+onward(s)「～以降」 profile「注目度」 accompany「～を伴う」 underpin「～を支持する」 elite「一流の」 spectating「観戦」 sponsorship「スポンサーであること，経済支援」 whereby「それによって」 amateur「素人」 benevolent「善意ある，慈善の」 paternalism「家父長的態度，温情主義」 come under pressure「圧力をかけられる」 entrepreneurial「企業家的な」 contradiction「矛盾」 deprived「困窮した，貧しい」 commercial「商用の」 widen「広げる」

❖講 評

2020 年度も長文読解問題が 3 題，会話文問題が 1 題，要約英作文問題が 1 題の計 5 題の出題である。要約英作文問題は 2017 年度以降，あらかじめ与えられた書き出しに続けて 4 ～10 語の英語で書き加えさせる問題となっている。2020 年度は本文中の 2 語より多く連続した語句を使ってはいけないというきまりがあった。

Ⅰの(A)は「日本の英語教育の矛盾」，(B)は「二者択一的な答えの回避」をテーマにした長文読解問題。(A)も(B)も語句の空所補充のみという設問構成で，空所の数は例年それぞれ 7 つずつ。選択肢に与えられている語彙の難度は高いものが多いので，少しでも多くの語彙力を身につけて，消去したり絞り込んでいったりする必要がある。同時に，(B) 9 の inevitably と inviably など，見た目が似ている単語が並ぶ場合に見間違うことがないように注意も必要となる。

Ⅱの(A)はイギリスの EU 離脱である「Brexit（ブレグジット）の定義」，(B)は「降霊術（スピリチュアリズム）」，(C)は「生命に由来する複雑な構造」をテーマにした長文読解問題で，2020 年度はすべて内容説明となっている。例年(C)だけが長めの文章となっており，時間配分に注意が必要。(A)・(B)は短めの文章だが，高い語彙力が要求され，文中には見慣れない単語（たとえば，(A)では portmanteau，(B)では clairvoyance）もあるので，わかる範囲の情報を手がかりに，全体像を把握する力が同時に求められる。

Ⅲは「中国における小麦麺の歴史」というテーマの長文読解問題。設問は例年通り，文章の空所補充のみの構成。「穀物」に類する語をはじめとして，キーワードになりそうな語が文章全体にちりばめられていることが多く，空所前後に登場する単語のみを手がかりに選択肢を絞っていく，という解き方では対応できない。空所前後の英文を正確に内容把握していないと，適切な選択肢にたどりつけない問題となっている。1 つ間違えると，他の箇所に影響するため，空所に当てはめてみた選択肢の英文が，その前後と正しくつながっているのか確認する作業も重要となってくる。

Ⅳは会話文問題で，例年，一文中の一部が空所となっている形式。空所になっている箇所の表現は，比較的基本的なものが多く，ある程度推測で解けそうな問題もあった。空所以外の箇所に clear out や after hours など，あまり参考書などに載っていないような表現も見られた。空所の箇所に限らず，会話表現は知らないものに出会ったら 1 つでも多く覚えるように努めておくことが最善の対策だろう。

Vの英作文問題は，与えられた書き出しに続けて 4 ～10 語という少ない語数で問題文の要約を完成する形式。2020 年度は「英国のスポーツ文化の変遷」をテーマにした問題文。例年文章中に対比構造が見られることが多く，2020 年度もイギリスのスポーツのとらえ方が昔と今でどのように違うかを把握できることが前提となっている。そのうえで，情報量が多く感じられる文章をいかに端的に英訳できるかということが問われるため，その点ではかなり難しい問題となっていた。

日本史

I 解答

1－ア・ウ　2．錦織部　3．結城紬　4－オ　5－ウ　6－イ・オ　7．高機　8－エ　9．豊田佐吉　10－ア

◀解　説▶

≪日本における織物と織物業の歴史≫

▶1．ア・ウが正解。ア．竪穴住居は縄文時代から存在する。ウ．須恵器の生産技術は5世紀（古墳時代中期）に朝鮮から伝わった。

▶2．「絹織物の生産」がヒント。錦織部（にしごりべ）は高級織物の錦（主に絹）を生産した品部で，山背国・河内国・近江国などの畿内周辺に居住して朝廷に奉仕した。

▶3．「栃木県と茨城県」の「絹織物」がヒント。結城紬（ゆうきつむぎ）は主に茨城県結城地方を産地とする紬（絹織物の一種）の最高級品。紬は繭を引きのばして作った真綿から紡ぎだした絹糸を用いた織物。結城地方は古くからの養蚕地帯で，江戸時代に問屋制家内工業が発達して名産となった。

▶4．オが正解。難問。絁（あしぎぬ）とは悪い絹という意味。細い生糸で織った上質の絹に対し，太く粗い生糸で織った「粗末な絹織物」である。律令制では諸国で生産させ，庸や調として貢納させた。

▶5．ウ．誤文。やや難問。「日本人の居留は認められなかった」が誤り。富山浦・塩浦・乃而浦の三浦に倭館が置かれ，日本人の居留と様々な特権が認められていた。なお，その特権の縮小に反発して起こったのが三浦の乱（1510年）である。

▶6．イ・オが正解。イ．越後縮（ちぢみ）とオ．奈良晒（さらし）は麻織物である。

▶7．「西陣」「複雑な織物」がヒント。織物の多くは地方の伝統的な地機（じばた）（いざり機）を用いて作られた。高機（たかばた）は地機より高さがあり，職工は腰かけて操作する構造で，西陣織などに用いられた機織具である。

▶8．エが正解。「上野国」「西陣の技術が伝わり」がヒント。「上野国」が群馬県とわかれば桐生と判断できる。アの足利は下野国（栃木県）なので注意しよう。桐生と足利は関東の機業地として栄え，19世紀にはマニ

ュファクチュア（工場制手工業）が発達した。

▶ 9．豊田佐吉は1897年にわが国最初の木製動力力織機（国産力織機）を発明した。1926年に自動織機を完成させ，豊田自動織機製作所を創設した。ここから分離・独立したのがトヨタ自動車である。

▶10．アが正解。難問。千住製絨所（せんじゅせいじゅうしょ）は1879年東京千住に設置された羊毛を原料とする毛織物の官営模範工場である。軍服用の生地の厚い毛織物（ラシャ）などを製造したが，技術が乏しく粗悪品が多かったために不振となって，後に軍事工場となった。

Ⅱ

解答　1―ア・イ　2．陣　3―ウ　4．宮座　5―ウ・オ
6―エ・オ　7．側用人　8．参与　9―オ　10―エ

◀解　説▶

≪日本における「合議」の歴史≫

▶ 1．ア．誤文。「源満仲」が誤り。安和の変（969年）で失脚したのは源高明である。源満仲は源高明の謀叛を密告した人物で，源氏と摂関家が結ぶきっかけをつくった。

イ．誤文。「後三条」が誤り。正しくは後冷泉天皇である。

▶ 2．難問。陣定（じんのさだめ）は公卿会議のこと。最重要会議であったことから皇居警備にあたる左近衛府の陣座（じんのざ）（詰所）で行われたことに由来する。

▶ 3．ウが正解。北条時房は北条泰時の叔父。連署は執権を補佐して政務を行う役職。執権と連名で公文書に署名加判することから連署と呼ばれた。

▶ 4．「神社の祭祀組織」がヒント。宮座は惣村の氏神を祀る組織やその構成員のことで，惣村の精神的中核となった。

▶ 5．ウ・オ．正文。

ア．誤文。「細川氏」が結んでいたのは堺商人である。博多商人は大内氏と結んでいた。

イ．誤文。ガスパル＝ヴィレラがベニス市にたとえたのは「博多」ではなく，堺である。

エ．誤文。やや難問。今井宗久は「博多」ではなく堺の豪商である。茶人としても有名で，同じく堺の千利休（千宗易）・津田宗及とともに三宗匠と称された。

▶ 6．エ・オ．正文。

ア．誤文。「大老」は常置ではなく臨時の最高職。3代家光のころから始まり，幕末まで10万石以上の譜代大名である土井・酒井・井伊・堀田の4家から選出された。
イ．誤文。「10万石以上」が誤り。老中は2万5000石以上の譜代大名から選任された。「老中」ははじめ年寄と呼ばれていたことも覚えておこう。
ウ．誤文。「若年寄」が誤り。評定所は江戸幕府の最高裁決機関で老中と三奉行を中心に構成され，大目付や目付などが参列することもあった。
▶7．「柳沢吉保や間部詮房」がヒント。側用人は将軍の側近でその命を老中に伝達，老中の意見を上申する重職である。将軍の諮問を受けることも多く，綱吉時代の柳沢吉保など幕政の実権を担ったこともある。
▶8．参与は三職の一つ。公卿や薩摩・越前・土佐・尾張・安芸藩などの藩士などが任命され，様々な事務を分担した。政体書（1868年）で議政官の上局に属したが，1869年に廃止，職務は新たに置かれた参議に継承された。
▶9．オが正解。①集会条例と③国会期成同盟の結成が同年なので迷うが，民権運動の高揚に対して弾圧法令が出されるので，流れに沿って判断しよう。③国会期成同盟の結成は1880年3月である。この同盟による国会開設請願書を政府は受理せず，①集会条例を1880年4月に定めて，活動を制限しようとした。その後，開拓使官有物払い下げ事件（1881年）での政府批判の高まりの中，②国会開設の勅諭が出されたのは1881年10月である。
▶10．エが正解。
X．誤文。「優越した権限を持っていた」が誤り。貴族院と衆議院は対等であった。なお，衆議院は予算の先議権を持ったが，現在のように優越はなかった。
Y．正文。予算や法律は議会の承認なしには成立しないが，予算案が不成立の場合，政府は前年度予算を新年度予算とすることができた。
Z．正文。文武官の任免は議会が関与できない天皇大権の一つである。

Ⅲ　解答

1．壱岐（島）　2―ウ　3―ウ
4．北条実時（金沢実時）　5―エ　6．頼山陽
7―ア　8．中江兆民　9―イ・オ　10―ウ　11―エ　12―イ

◀解　説▶

≪日本における人間と猫との関係史≫

▶1．「一支（いき）国」「刀伊や元による襲撃」「平戸藩が支配」などがヒント。壱岐は長崎県に所属する。対馬と九州の間にある島で，原始の時代から対馬とともに朝鮮半島往来の要所であった。白村江の戦いの敗戦後に烽火や防人が置かれ，律令制度の時代は国の扱いを受けた。刀伊の入寇（1019年）や蒙古襲来（13 世紀後半）で被害を受け，江戸時代になって平戸藩松浦氏の領有となった。

▶2．ウ．正文。

ア．誤文。やや難問。「外戚」が誤り。「藤原基経」が関白になっているので間違いやすい。藤原基経は宇多天皇の「外戚」ではない。

イ．誤文。「菅原道真を左遷した」のは宇多天皇ではなく，次の醍醐天皇である。宇多天皇は菅原道真を重用し，その建議で遣唐使を廃止したことを覚えておこう。

エ．誤文。醍醐天皇の説明。

オ．誤文。やや難問。宇多天皇の子孫は源氏を称した。これを宇多源氏といい，皇子敦実（あつみ）親王の子が源姓を賜ったのに始まる。天皇から姓を賜って臣籍に降下したものを賜姓皇族というが，桓武平氏や清和源氏が有名で，源氏には他に嵯峨源氏・醍醐源氏・村上源氏・花山源氏などがある。ちなみに平氏には桓武・仁明・文徳・光孝の 4 流がある。

▶3．ウ．誤文。「果たせなかった」が誤り。藤原純友は伊予国（現在の愛媛県）の日振島（ひぶりしま）を拠点に瀬戸内海の海賊たちを率い，伊予の国府や大宰府を襲撃した。なお，ア・イ・エ・オはすべて正文。大宰府の長官を大宰帥（そち），代理を大宰権帥（ごんのそち）（左遷の意味で使用されるようになる）という。また次官は弐（に）といい，大宰大弐と大宰少弐と 2 つある。

▶4．「金沢文庫」がヒント。北条実時（金沢実時）は北条義時の孫にあたる。評定衆などを歴任にし，北条時頼・時宗を補佐した。学問を好み，領地のある武蔵国六浦（むつら）荘金沢に書庫を設けた。

▶5．エが正解。難問。鶴屋南北（四世）は 18 世紀後半から 19 世紀前半の化政文化期の歌舞伎脚本家（『東海道四谷怪談』が有名）である。エの太宰春台（代表的著書『経済録』）は 18 世紀前半の古文辞学者である。ちなみに，ア．谷文晁は文人画家，イ．大黒屋光太夫は 1792 年ラクスマンの来日に際して帰国した伊勢の船頭，ウ．酒井抱一は画家・俳人，オ．大槻玄沢（代表的著書『蘭学階梯』）は蘭学者で，いずれも化政文化期に活躍した。

▶6．やや難問。『日本外史』がヒント。頼山陽は18世紀末から19世紀前半に活躍した安芸（広島）出身の儒学者。『日本外史』は軍記物に基づき，源平両氏から徳川氏に至る武家の興亡を尊王思想で貫いた歴史書。幕末の尊王攘夷運動に影響を与えた。

▶7．アが正解。やや難問であるが消去法で対処できる。歌川国芳は江戸時代末期の浮世絵師。風刺画や戯画に傑作が多く，『朝比奈小人嶋遊（あさひなこびとしまあそび）』はその代表作である。剛勇伝説のある朝比奈三郎義秀が小さな大名行列を見下す様子を描いた戯画。なお，イ．『鷹見泉石像』は渡辺崋山，ウ．「神奈川沖浪裏」は『富嶽三十六景』の一つで葛飾北斎，エ．『雪松図屛風』は円山応挙，オ．『三代目大谷鬼次の奴江戸兵衛』は東洲斎写楽の作品である。

▶8．「フランスに留学」「自由党に参加」，議員を「辞職」などがヒント。中江兆民（土佐藩出身）は『民約訳解』でルソーの『社会契約論』を紹介，「東洋のルソー」と呼ばれて自由民権運動の理論的指導者として活躍した。第一議会において，自由党土佐派の裏切りに憤慨して議員を辞職した。

▶9．イ・オ．正文。やや難問。青木周蔵が外相のときイギリスと相互対等に条約改正交渉を進めたこと，また陸奥宗光外相のとき駐英公使として日英通商航海条約調印に尽力し，その内容が領事裁判権の撤廃と内地雑居を承認したことなどを思い出して判断しよう。

ア．誤文。主眼は「関税自主権回復」ではなく，領事裁判権の撤廃である。また内地雑居は承認する方針であった。

ウ．誤文。関税自主権回復を先決としたのは寺島宗則外務卿の交渉である。

エ．誤文。日英同盟の締結は1902年で外務大臣は小村寿太郎である。

▶10．ウ．誤文。難問。尾崎行雄は「立憲同志会に参加」していない。参加した政党は立憲改進党，進歩党，憲政党，立憲政友会，憲政会，革新俱楽部などである。

ア．正文。政党政治の擁護者として護憲運動や普選運動の先頭に立ち「憲政の神様」と呼ばれた。

イ．正文。憲政党の隈板内閣（第1次大隈重信内閣）のとき文部大臣であったが共和演説事件を起こした。

エ．正文。1903～1912年まで東京市長を務めた。

オ．正文。1890年第1回総選挙から戦後の1952年まで連続25回の当選記録を持つ。

▶11．エ．正文。やや難問。高度経済成長期は主に1955年から1973年までの期間である。原子力基本法の制定は1955年で，翌1956年茨城県東海村に原子力研究所が設立され，1963年に発電に成功した。

ア．誤文。高度経済成長期には水俣病などの四大公害問題があるが，「日本の歴史上初めて公害問題」は明治時代の足尾銅山鉱毒事件である。

イ．誤文。「高校進学率は高まらなかった」が誤り。中卒の「金の卵」と呼ばれた集団就職者も多かったが，一方で教育熱も高まり，高度経済成長期の1970年に高校進学率82.1%に達した。

ウ．誤文。『経済白書』が「もはや戦後ではない」と記したのは1956年，神武景気のときなので高度経済成長期の初期である。

オ．誤文。大衆消費社会が形成され，国民の大半が中層に位置しているという中流意識が広まった。

▶12．イが正解。

X．正文。高度経済成長期に自動車が普及し，交通手段の主流となった一方で，交通事故が急増し，毎年1万人前後の死者が出た。

Y．誤文。共働き世帯が増加し，家に誰もいない状態となった。そのため常に鍵を持ち歩いている「鍵っ子」が増加した。

Z．正文。核家族が増加したため，鉄筋コンクリート造りの集合住宅で狭い住居が増加，外国からは「兎小屋」と形容された。

Ⅳ 解答

1－イ　2－ウ　3．いもじ　4．車借　5－ア　6．脇街道（脇往還）　7．共同運輸　8．鉄道国有法　9－イ　10－オ　11－イ

◀解　説▶

≪交通・流通に関する歴史≫

▶1．イが誤り。中山道は江戸時代の五街道の一つである。古代の七道はア．山陰道，ウ．西海道，エ．北陸道，オ．山陽道のほか，東海道，東山道，南海道である。

▶ 2．ウ．誤文。難問。「伝馬（てんま）」が誤り。正しくは駅馬（えきば（はゆま））である。伝馬は郡家（郡衙）に設置された官吏が使用する公用の馬である。駅馬と区別して覚えておこう。

▶ 3．鋳物師は武器・農具・鍋・釜などの鋳物（いもの）を製造する金属加工業者のことで「いもじ」という。河内国丹南（たんなん）郡の鋳物師が有名。中世には蔵人所を本所に灯炉供御人（とうろくごにん）と称して座を結成し，朝廷の保護下に関税を免除され，鍋・釜などの日常品を各地に売り歩いた。

▶ 4．車借は鎌倉末期より現れた運送業者。京都近郊の交通の要地で活躍し，特に淀川水運の拠点であった鳥羽の車借が有名。馬借は馬の背を利用するが，車借は荷車を牛や馬にひかせて輸送し，年貢米・木材・石材など重量物を扱った。

▶ 5．ア．正文。

イ．誤文。「佐渡」が誤り。中山道は江戸から信濃木曽を経て近江草津で東海道と合流する街道。江戸板橋から近江守山までに 67 宿を置き，宿駅には 50 人，50 疋の人馬を常備した。なお，江戸と佐渡を結ぶのは北国街道（脇街道の一つ）である。中山道の信濃追分を経て越後直江津に至る道で，主に佐渡の鉱山から採れる金銀の輸送などに用いられた。

ウ．誤文。やや難問。「元禄年間」が誤り。日光道中は寛永年間に日光東照宮再建を機に整備された。江戸日本橋から宇都宮まで奥州道中と重複する。

エ．誤文。やや難問。「善光寺」が誤り。甲州道中は江戸から信濃下諏訪で中山道と合流するまでの街道。

オ．誤文。奥州道中は江戸日本橋から宇都宮まで日光道中と重複し，宇都宮から白河までの街道。北国路は古代の北陸道に相当し，中山道の関ヶ原から福井に至り，海路で北陸・出羽方面に至る道なので奥州道中と関連しない。

▶ 6．脇街道（脇往還）は五街道などからの延長や分岐の支街道で，北国街道・中国街道・伊勢街道・長崎街道などがある。

▶ 7．共同運輸会社は，1882 年郵便気船三菱会社の独占に対抗するため三井や政府の出資で設立された。しかし，激しい競争から共倒れが危惧され，政府の調停で 1885 年に合併して日本郵船会社となった。

▶ 8．鉄道国有法は，第 1 次西園寺公望内閣が 1906 年に公布した。主要幹線の私鉄 17 社を買収し，鉄道の 90％を国有化して統一的な路線網を確立した。

▶ 9．イが正解。やや難問。「箕面有馬電気軌道（のち阪神急行電鉄）」がヒント。小林一三は鉄道を中心に都市開発を手掛けた実業家。阪急電鉄の社長となって沿線住宅地の開発を進め，興行面では宝塚少女歌劇を創設した。また本格的ターミナルデパートの第 1 号として大阪に阪急百貨店をつくったことを覚えておこう。なお，ア．久原房之助は久原鉱業や日立製作所などを経営した実業家（のち政治家）。ウ．鮎川義介は日産コンツェルンを創設した実業家。エ．浅野総一郎は深川セメントを経営した実業家。オ．川崎正蔵は神戸川崎造船所を設立した実業家である。

▶10．オ．誤文。「カラーテレビ」が誤り。「三種の神器」（1960 年代）と呼ばれたのは白黒テレビ・冷蔵庫・洗濯機である。1960 年代後半からカラーテレビ・クーラー・自動車（カー）が「新三種の神器」（3C）と呼ばれて普及した。

▶11．イが正解。「東海道新幹線が開通した」のは 1964 年。大阪万博の開催は 1970 年である。なお，ア．中小企業基本法の公布は 1963 年。ウ．第五福龍丸事件は 1954 年。エ．民主社会党の結成は 1960 年。オ．農業基本法の公布は 1961 年。

❖講　評

Ⅰは織物業などをテーマにしたユニークな産業史の問題。記述式に難問はないが，2．錦織部，3．結城紬などを正答できるかがポイントである。誤文選択問題の 5 はやや難問である。選択式は，4．「絁（あしぎぬ）」の意味，10．千住製絨所は難問である。特産品や特産地を選ぶ 6・8 などを正答できれば高得点もねらえる。

Ⅱは「合議」をテーマにしたユニークな問題だが，古代から近代の政治史の内容で構成されている。記述式の 2．陣定は難問。誤文選択問題の 1，正文選択問題の 5・6 などを正答したいところ。ただ 6 のイ．「10 万石以上」の誤りを見抜くのは難しい。配列法の 9 は時期が近すぎるので判断が難しい。正誤法の 10 の「帝国議会」の問題を正答できるかがポイントである。

Ⅲは「猫」という非常に珍しいテーマでリード文が構成されている。

とはいえ，猫の問題が問われているわけではなく，教科書に準拠した基礎的な問題である。記述式は 1．壱岐，6．頼山陽，8．中江兆民などを正答できるかがポイント。正文選択問題の 2．藤原基経が宇多天皇の外戚でなかったことを知っているかがカギを握る。9 と 11 には判断し難い文章もあるが正答したいところ。誤文選択問題の 10．尾崎行雄に関する問題は難問である。選択式の 7．歌川国芳の作品は難問だが，消去法で正答したいところである。

Ⅳは古代～近現代の交通・流通史の問題である。全体的に基礎的内容で構成されている。記述式は 7．共同運輸会社をクリアして全問完答したい。2．駅家に関する誤文選択問題は難問。2017 年度に類似の問題が出題されている。5．五街道の正文選択問題もやや難問であろう。選択式の 9．小林一三，11．大阪万博の開催などが正答できれば高得点も期待できる。

例年どおり，Ⅰ～Ⅳの大問すべてがテーマ史で構成されている。全体的に記述式は基本的なものが多いのでミスなく正答しておきたい。正文・誤文選択問題で正答率を高めることがポイントである。近年難易度が上がっていたが，2019 年度に続き 2020 年度もやや平易となった。

世界史

I　解答

設問1．サヘラントロプス　設問2．ア
設問3．ネアンデルタール人　設問4．エ

◀解　説▶

≪先史時代≫

▶設問1．やや難。1992年に日本人を含む調査団がエチオピアで発見した約440万年前のラミダス猿人が最古とされていたが，2001年に中央アフリカのチャドで約700～600万年前の化石人骨が発見され，現在はこのサヘラントロプスが最古の人類（猿人）といわれる。

▶設問2．やや難。ジャワ島のトリニールでジャワ原人の化石人骨を発見したのはオランダ人のデュボワ。

▶設問3．ヨーロッパから中央アジア・西アジア一帯に居住した旧人はドイツで発見されたネアンデルタール人。旧人は剝片石器を使用し，埋葬の習慣もみられる。

▶設問4．エ．誤り。ハイデルベルク人は原人か，原人からやや進化した旧人と推定されている。新人は約20万年前にアフリカに出現し，5万年前以降ユーラシア各地に広がった。彼らは剝片石器に加え，骨角器を用い，洞穴壁画を残した。

II　解答

設問1．ナポリ　設問2．イ　設問3．エ
設問4．シュタウフェン朝　設問5．エ

◀解　説▶

≪南イタリアのギリシア人植民市≫

▶設問1．ネアポリスは現在のナポリでイタリア半島西岸に位置する。なお，タレントゥムは現在のタラント，シチリア島東岸のシラクサもギリシア人植民市。

▶設問2．イ．正文。ウェルギリウスは前1世紀のラテン文学黄金期に活躍した詩人で，彼の叙事詩『アエネイス』はラテン文学の最高傑作とされる。

ア．誤文。ラテン語はインド＝ヨーロッパ語族のイタリック語派に属する。
ウ．誤文。マルクス＝アウレリウス＝アントニヌスは『自省録』をギリシア語で著した。
エ．誤文。ラテン語は中世ヨーロッパにおいてカトリック教会の聖職者，および知識人の公用語であり，大学の授業もラテン語で行われた。
▶設問3．エ．誤文。ローマがタレントゥムを陥落させ，半島を統一したのは前272年である。この年，中国は戦国時代（前403～前221年）末期である。漢王朝の時期は前202～後220年（新8～23年）。
▶設問4．フリードリヒ2世（在位1215～50年）はシュタウフェン朝（1138～1208・1215～54年）の神聖ローマ皇帝でシチリア王を兼ねた。フリードリヒ2世は第5回十字軍を主導するが，戦うことなくアイユーブ朝スルタンとの交渉によって一時イェルサレムを回復するなど，合理的精神を持った皇帝であった。しかしイタリア支配をめぐって諸都市・教皇と対立，彼の死後まもなくシュタウフェン朝は滅亡し，ドイツは大空位時代（1256～73年）に入る。
▶設問5．エ．正文。
ア．誤文。カルタゴの将軍ハンニバルが活躍したのは第二次ポエニ戦争。
イ．誤文。ハンニバルはアルプスを越えて北イタリアに侵入，南イタリアのカンネーでローマ軍に大勝したが，最終的にカルタゴ南西でのザマの戦いでローマ軍に大敗した。
ウ．誤文。第二次ポエニ戦争でローマ軍は大打撃を受けたが，持久戦やゲリラ戦法で対抗し，ローマ市の占領は免れた。

Ⅲ 解答

設問1．イ　設問2．ア　設問3．アショーカ
設問4．ガンダーラ　設問5．エ

◀解　説▶

≪古代インドの諸王朝≫

▶設問1．イ．正文。
ア．誤文。シャープール1世はササン朝第2代の王で，ローマの軍人皇帝ウァレリアヌスを捕虜としたことで知られる。マニ教を保護し，創始者マニを重用したが，王の死後，マニは処刑された。
ウ．誤文。バフラーム2世はササン朝の王だが，この王を知らなくてもゾ

ロアスター教の国教化はササン朝時代であり，アケメネス朝の記述としては誤りと判別できる。

エ．誤文。ホスロー１世は６世紀，ササン朝最盛期の王で，突厥と結びエフタルを滅ぼした。

▶設問２．インド最初の統一王朝はＢ．マウリヤ朝。その衰退後，中央アジアから西北インドにＥ．クシャーナ朝，デカン高原を中心にサータヴァーハナ朝が興隆した。その後，４世紀にＦ．グプタ朝がおこり，北インドを統一した。

▶設問３．マウリヤ朝のアショーカ王は仏教に帰依し，不殺生や慈悲など人として守るべき規範であるダルマ（法）による統治を掲げ，その詔勅を磨崖や石柱に刻んで各地に建てた。

▶設問４．１世紀以降ガンダーラ地方でヘレニズム文化の影響を受け，仏像の制作が始まった。マトゥラーは北インド，ガンジス川の支流ヤムナー川南岸の都市で，赤砂岩を材料とする純インド的なグプタ様式の仏像制作地として知られる。

▶設問５．エ．誤文。『ギーターンジャリ』は 20 世紀のインドの詩人・思想家タゴールの詩集。タゴールはアジア人初のノーベル賞受賞者で，その思想はインドの民族運動にも大きな影響を与えた。

Ⅳ　解答

設問１．ア　設問２．ウ　設問３．カラ＝ハン朝
設問４．イ　設問５．イ

◀解　説▶

≪マムルークとトルコ系イスラーム王朝≫

▶設問１．ア．正文。

イ．誤文。イブン＝ルシュドはコルドバ生まれでムワッヒド朝に仕えた。サーマーン朝の都ブハラ近郊で生まれたのはイブン＝シーナーである。

ウ．誤文。サーマーン朝はアッバース朝の権威を認め，自らカリフを称してはいない。

エ．誤文。サーマーン朝のマムルークが 10 世紀後半，アフガニスタンに建てたのはガズナ朝である。

▶設問２．ウ．正文。ホラズム＝シャー朝（1077～1231 年）は，セルジューク朝のマムルーク出身者が建国，13 世紀初頭にはゴール朝からアフ

ガニスタンを奪い強勢となったが，チンギス＝ハンの遠征で衰退，滅亡した。

ア．誤文。トゥールーン朝（868～905年）の滅亡後まもなく，ファーティマ朝がチュニジアにおこり，969年にエジプトを征服した。

イ．誤文。奴隷王朝の創始者アイバクはゴール朝のマムルーク出身である。

エ．誤文。十字軍からイェルサレムを奪還したのは，アイユーブ朝を建てたサラディン（サラーフ＝アッディーン）。

▶設問3．サーマーン朝（875～999年）は10世紀末にカラ＝ハン朝に滅ぼされた。カラ＝ハン朝は10世紀半ばにおこった中央アジア初のトルコ系イスラーム王朝でスンナ派を受容した。

▶設問4．イ．誤文。マムルークはトルコ系軍人奴隷でイスラーム諸王朝の軍隊の中核となった。セルジューク朝も軍の主力はマムルークである。しかし，官僚には宰相ニザーム＝アルムルクにみられるようにイラン系の人々が登用された。

▶設問5．やや難。イ．ニコポリスの戦い（1396年）でバヤジット1世はハンガリー王ジギスムントを破り，ブルガリアを併合した。→しかし，ティムール軍にアンカラの戦い（1402年）で大敗し，バヤジット1世は捕虜となった。→チャルディラーンの戦い（1514年）はセリム1世時代で，オスマン帝国のイェニチェリが火器を用い，サファヴィー朝の騎馬軍団を撃破した。→プレヴェザの海戦（1538年）はスレイマン1世時代で，オスマン艦隊がスペイン・ヴェネツィア・ローマ教皇連合艦隊に勝利した海戦。

なお，コソヴォの戦いは1389年にオスマン軍がバルカン諸国軍に勝利した戦い。モハーチの戦い（1526年）はスレイマン1世時代で，ラヨシュ2世率いるハンガリー軍を破った戦いで，その結果，ハンガリーはオスマン帝国に征服された。レパントの海戦（1571年）はセリム2世時代で，オスマン艦隊がフェリペ2世治下のスペインとヴェネツィア・ローマ教皇連合艦隊に敗れた。

V　解答

設問1．ウ　設問2．ウ　設問3．マリア＝テレジア
設問4．ウ　設問5．ウ　設問6．シュレジエン

◀解　説▶

≪アーヘン条約≫

▶設問1．史料に「アーヘンにて締結されたる」，第21条に「亡き皇帝カール6世の全相続権を…その娘にして現ハンガリー，ベーメン女王たる皇后とその子孫に永久に認めている」とあることから，この条約は1748年のアーヘン条約とわかる。この条約締結でオーストリア継承戦争（1740～48年）が終結した。

▶設問2．1748年当時のイギリス国王はハノーヴァー朝のジョージ2世。フランス国王はルイ14世の曾孫ルイ15世（在位1715～74年）である。

▶設問3．ハンガリーは1699年のカルロヴィッツ条約で，オスマン帝国からオーストリアが獲得しており，「ハンガリー女王たる皇后」とはマリア＝テレジアである。

▶設問4．英仏は17世紀末から植民地争奪戦争を戦い，ヨーロッパでの戦争は植民地にも波及した。ルイ14世の侵略戦争であるファルツ戦争（1688～97年）でのウィリアム王戦争に始まり，スペイン継承戦争（1701～13（14）年）ではアン女王戦争が，オーストリア継承戦争ではジョージ王戦争が北米でおこり，七年戦争の際のフレンチ＝インディアン戦争でイギリスが北米での支配権を確立した。

▶設問5．マリア＝テレジアの一代あとの君主は息子のヨーゼフ2世。彼は啓蒙専制君主として宗教寛容令や農奴解放令を発布したが，保守派の反対や複合民族国家ゆえの統治の困難さもあり，改革は成功しなかった。

▶設問6．オーストリア継承戦争でプロイセンはオーストリアのシュレジエンを占領，七年戦争の結果，最終的に領土とした。

Ⅵ　解答

設問1．銀　設問2．ウ　設問3．ア　設問4．イ
設問5．開港場　設問6．イ

◀解　説▶

≪明清時代の海賊の活動≫

▶設問1．16世紀には日本の銀の生産が急増し，日本銀が中国物産と交換された。

▶設問2．ウ．正文。オランダ東インド会社は1602年に多数のアジア交易の会社が連合し設立された，世界初の株式会社である。交易の独占に加

え，条約の締結権や軍の保持の権限も認められていた。しかし，英仏の進出や内部の混乱もあり 1799 年に解散させられた。なお，「本国の政変」とはフランス革命軍の占領下におかれたことである。

ア．誤文。オランダ東インド会社は 1624 年に台湾を占領したが，1661 年に鄭成功に駆逐された。

イ．誤文。オランダ領東インド総督ファン＝デン＝ボスがジャワ島に強制栽培制度を導入したのは，ジャワ戦争によって悪化した財政再建のためで 1830 年のことである。

エ．誤文。セイロン島（スリランカ）は，16 世紀初頭からポルトガルが支配し，オランダ東インド会社が支配下においたのは 17 世紀半ばである。

▶設問 3．消去法で対応したい。オランダ東インド会社に 1784 年に首都リアウが制圧された王国はマレー半島最南部のジョホール王国。イ．チャンパー（2 世紀末～17 世紀）はベトナム中部の国で，オランダは進出していない。ウ．マタラム王国（1580 年代末頃～1755 年）はジャワ島中・東部のイスラーム王朝で 18 世紀半ば以降オランダの勢力下におかれた。エ．マラッカ王国は 1511 年にポルトガルに占領され，1641 年にはオランダが占領した。

▶設問 4．イ．正文。ベトナムの新王朝とは阮朝（1802～1945 年）のこと。阮福暎はフランス人宣教師ピニョーの援助を受けて西山政権を倒し，1802 年に阮朝を建てた。

ア．誤文。阮福暎は清に朝貢し，越南国王として冊封を受けた。

ウ．誤文。チュノム（字喃）は陳朝（1225～1400 年）時代に漢字の部首を基につくられたベトナム文字である。

エ．誤文。バオダイは阮朝最後の皇帝で 1945 年に退位し，阮朝は滅亡した。なお，バオダイは 1949 年にフランスが建てたベトナム国の元首に擁立された。

▶設問 5．リード文④の「1853 年に［ E ］の一つである［ F ］で起こった…」とあり，空欄Ｆが都市名であることから空欄Ｅは外国船に開かれた港，つまり開港場であると導くことができる。

▶設問 6．リード文④と設問 5 より空欄Ｆはイ．厦門か，エ．寧波のどちらかとなり，福建省に位置するのは厦門である。寧波は浙江省の都市。

Ⅶ 解答

設問 1．イ　設問 2．ウ　設問 3．ア　設問 4．エ
設問 5．トルーマン

◀解　説▶

≪トルーマン＝ドクトリン≫

▶設問 1．イ．正文。演説では 2 カ国への軍事・経済援助の必要性が述べられ，また，「ほとんど全ての国は二つの生活様式の中から一つを選ばなければならない」に続く内容から，演説の文章は 1947 年発表のトルーマン＝ドクトリンだとわかる。この演説が行われた年に「関税と貿易に関する一般協定」(GATT) は成立した。

ア．誤文。日ソ中立条約はソ連が独ソ戦に備え，日独との両面戦争を回避するため 1941 年 4 月に締結した。そしてほどなく 6 月に独ソ戦が始まった。

ウ．誤文。南アフリカではデクラーク大統領により 1991 年にアパルトヘイト関連諸法が撤廃され，1994 年にマンデラが大統領に就任した。

エ．誤文。朝鮮民主主義人民共和国で 1994 年の金日成の死去により後継者となったのは金正日。2011 年に金正日が死去し，彼の三男の金正恩が後継者となった。

▶設問 2．トルーマン＝ドクトリンで東欧やバルカン半島諸国での親ソ政権樹立に対抗し，内戦状態にあったギリシアへの軍事・経済支援が発表された。

▶設問 3．かつて東地中海沿岸地域に影響力を有したイギリスは，戦勝国とはいえ，経済的窮乏に陥り，他国への援助どころか自国の財政建て直しのためにも世界最大の経済大国アメリカに頼らざるをえない状況にあった。

▶設問 4．空欄 A の国はギリシアで，空欄 C はその東の隣国トルコである。合衆国はギリシア・トルコへの軍事・経済支援により，この両国への共産主義勢力の浸透を防ごうとしたのである。

▶設問 5．史料の演説はアメリカ大統領トルーマンが 1947 年 3 月に行い，6 月にはマーシャル＝プランが発表され，この「封じ込め政策」により冷戦が本格化した。

Ⅷ 解答

設問 1．マネ　設問 2．イ　設問 3．ア　設問 4．ウ
設問 5．ア　設問 6．ゲルニカ

◀解　説▶

≪19 世紀フランスの絵画≫

▶設問 1．参考図 X「草上の昼食」は近代絵画の父（印象派の父）と称されるフランスの画家マネの代表作。

▶設問 2．1863 年の官展（サロン）に落選した画家らの不満を耳にし，落選者展を思いついた当時の国家元首はナポレオン 3 世。マネの「草上の昼食」は風俗上の批判を受けた。

▶設問 3．カイユボットは印象主義の画家の一人である。イ．自然主義はミレーに代表される 19 世紀前半の潮流で，農村や自然の風景を題材とした。ウ．超現実主義（シュールレアリスム）は 20 世紀初頭におこった潜在意識や想像を描こうとした動きで，代表的な画家はスペインのダリ。エ．表現主義は 20 世紀初頭にドイツを中心としておこった芸術の潮流。

▶設問 4．ウが正しい。ベルは 19 世紀後半に磁石式電話機を発明したアメリカの発明家。ドビュッシーは 19 世紀末に管弦楽曲「牧神の午後への前奏曲」で印象派音楽を確立したフランスの作曲家である。

▶設問 5．均整のとれた人体の美しさや動きの表現は，ギリシア・ローマ美術の特徴である。

▶設問 6．参考図 Z はスペイン出身のピカソが，ドイツ・イタリアによるスペイン北部の都市ゲルニカへの無差別爆撃に抗議して描いた作品。

❖講　評

Ⅰは先史時代についての大問。設問 1 のサヘラントロプス，設問 2 のジャワ原人の発見者デュボワはやや難。

Ⅱは南イタリアのギリシア人植民市をテーマとした大問。設問 3 ではローマの半島統一の時期，設問 5 ではポエニ戦争の内容が正文選択形式で問われた。戦争は名称だけでなく，経緯や場所もおさえておきたい。

Ⅲは古代インドの諸王朝についての大問で，設問 1 と設問 5 の選択肢にはやや細かい用語が含まれるが，教科書学習で正解は判断できるだろう。

Ⅳはマムルークとトルコ系イスラーム王朝についての出題。設問 1 は消去法で正解を導きたい。設問 2・設問 4 の文章正誤選択問題も正解選択肢は教科書学習で判別できる。設問５のチャルディラーンの戦いはやや難。

Ⅴは「アーヘン条約」による史料問題。史料の条文内容からオーストリア継承戦争の講和条約であると判別できる。設問２のイギリス国王とフランス国王の組み合わせはやや難だが，他の設問は確実に得点しておきたい。

Ⅵは明清時代の海賊の活動をテーマとした大問。設問２・設問３はオランダ東インド会社について問われた。設問３は難問だが，1784 年に首都が制圧されたという時期とリード文の文脈に着目し，消去法で対処したい。設問５は迷ったかもしれないが，設問６がアヘン戦争で開港した場所の１つを問うていることから開港場を導きたい。

Ⅶは「トルーマン＝ドクトリン」の史料を用いた問題。設問内容が，史料が「トルーマン＝ドクトリン」であると導く手がかりになっている。設問１で演説が行われた年に起こった出来事が問われたが，正解選択肢以外は歴史的に誤った内容が述べられていることに気づきたい。

Ⅷは例年同様，視覚資料を用いた問題で，2020 年度は 19 世紀フランスの絵画について出題された。2019 年度も印象派の画家と作品が出題されており，19 世紀の美術の潮流は代表的な画家とその作品を資料集などで確認しておくことが不可欠である。

総じて，おおむね教科書学習で対応できる設問で，これらは確実に得点すること。近年は詳細な知識を問う出題もやや増える傾向があり，日頃から用語集も併用して学習しておきたい。また，例年出題される視覚資料に備え，美術史については，時代の特徴や美術様式の流れを芸術家・作品とともにおさえておこう。

❖講　評

　試験時間九〇分で大問三題という大枠は例年通り。ただ、記述式で内容説明問題が出題されているのは、二〇一九年度からの大きな変更点である。

　一の現代文は、二〇一九年度と同じく、現代の文章Aと、明治期の文章Bが並列された。どちらの文章も例年通り評論。Bの文章は二〇一九年度とは異なり、片仮名交じりの文章でないため、それほど読みづらくはなかったであろう。

　二の現代文は、二〇一九年度と同じく、現代の随筆だが、評論に近い、やや硬質の文章であった。条件の付与された八十字の記述問題があったので、ここで時間を要したかもしれない。

　三は、現代文・漢文・古文が並列された形式であった。甲の現代文は二〇一九年度と同様に評論で、分量も変化なし。多くの古文・漢文を引用しながら述べているため、口語訳しながら内容を読み取っていく必要がある。乙の漢文および丙の古文は、入試によく出題される出典であるが、どちらも正確な読解力が要求される文章である。

　本文の分量は現代文が増加した。一は約五五〇字増、二では約六〇〇字増である。相変わらず分量が多いので、時間配分に注意が必要である。

（＝共にもらい泣きして）」いる。これらの内容に当てはまる、ロが適当。

▼問二十　空欄bの後に「心に任せて打出して」とあるため、ここでは「打出の小槌」から出したい物が列挙されていると考えられる。したがって、空欄には、2の「よし」を入れ、居心地のよい家や使い勝手のよい従者という意味にするのがよいと推測できる。空欄aとbの間にある「おもはしからん妻」を手がかりにすると、「よし」の未然形「よから」に婉曲の助動詞「ん（む）」を接続し「よからん（む）」とするのが適当である。

▼問二十一　傍線部を現代語訳すると〝きっとつまらないことでございましょう〟となる。具体的には、傍線部直前の「めでたくてゐたる程に、広き野の中に只独、はだかにて居たらん（＝嬉しく愉快に（過ごして）いるうちに、広い野でただ一人、裸でいる）」ことがつまらないのである。この内容に当てはまる、へが適当。

▼問二十二　イ、「蓑の語源」を述べて「その中で」としている点が合致しない。空欄Ⅱの後の段落以降では「蓑」という字が冠せられた言葉について列挙されており、その中で最も重視しなければならないのが「蓑売りの市場」であると述べられている。

ロ、甲の第三段落の内容に合致している。

ハ、本文に根拠となる記述がないため、不適。

ニ、「蓑毛」については、甲の第八段落に「鷺の頸に垂れたる葦の如き毛」とあるが、「合戦が入り乱れるたとえ」としては用いられていない。

ホ、乙の第四段落の「賢者をして……常に之を守らんとす」に合致している。

へ、「龍樹菩薩」については、丙の五行目に記述があるが、「打出の小槌」の持ち主ではなく、的外れの内容であるため、不適。

求めることができようか（、いやできはしない）、しまいに皆がこれ（＝素戔嗚尊）を拒んだ〟のようになる。したがって、傍線部の意味する内容としては、イが適当である。

▼問十五　「むくめく」とは〝うごめく、もぞもぞと動く〟の意である。傍線部直前の「みのむしのやうにて」からも類推できる。したがって、ホが適当。

▼問十六　『枕草子』の引用の前には、「昔はいい例にはとられておらぬ」とあるが、空欄前の記述から、『信綱記』や『宝物集』では「隠蓑」を「重宝な宝物の意」で用いていることが読み取れる。ここから、ハが適当であると考えられる。へについては『信綱記』の引用部分の内容と一致するが、『宝物集』の「人の身には隠蓑と申す物こそよき宝にては侍りぬべけれ（＝人にとっては隠蓑と申す物こそがすばらしい宝でございましょう）」という内容に合わないため、不適。

▼問十七　a、『枕草子』は平安時代中期、b、『太平記』は南北朝時代、c、『狭衣物語』は平安時代後期、d、『後撰和歌集』は平安時代中期の成立である。aとdの順序でやや迷うが、『後撰和歌集』の選者の一人である藤原元輔が『枕草子』の作者、清少納言の父であるという知識があれば、d→aと判断できる。そもそも、三番目と四番目がc→bの順である選択肢はホしかないので、ここで正解を特定できる。

▼問十八　主語は「吾が君」である。「方」は「まさに」と読む。「将」は他の複数箇所と同様に再読文字であり、「まさに〜んとす」と読む。これらの条件から、ニとへに絞られる。へは、「蓑笠」という目的語からすぐ上の「被」に返っていない点が不適であるため、ニが適当。

▼問十九　「どのようなことを踏まえた言葉か」と問われているため、ここでは「君」の何が「不仁」で、「臣」の何が「諂諛」なのかを答える必要がある。「君」と「臣」とのやりとりが書かれているのは、第一、二段落である。第一段落で「君」は「若何ぞ滴滴として、此の国を去りて死せんや（＝どうして流浪して、この国を去って死ぬことができようか（、いやできない））」と述べている。また、第二段落で「臣」である「史孔・梁丘拠」は「皆従ひて泣きて

「そもそも人にとって、何が第一の宝でございましょうか」と言う者がいるので、本当に、何が宝であろうか、と思っているうちに、そばから（ある人が）出てきて、「人にとっては隠蓑と申す物こそがすばらしい宝でございましょう。食物や着物がほしければ、きっと心のままに手に入れることになろう。人が隠して言わないこともきっと聞けよう。また見たい人が隠れているのもきっと見えよう。だから、これほどの宝が（他に）あるだろうか（、いやない）」などと言うと、そばにいるものの声で、暗がりから申すには、「物を願おうとして、どうして人の物を取ろうと申してよいものか。（そんなことを）申せば盗人でございます。龍樹菩薩の隠形の法でさえも露顕したので、外法を捨てて、菩薩の行を志して、馬鳴の弟子になりなさった。だから、打出の小槌と申す物こそが、すばらしい宝でございます。広い野に出向いて、居心地のよい家や、好ましい妻や、使い勝手のよい従者・馬・車・食物・着物を心のままに打ち出しますのは、人の物も取らないで、すばらしいことでございましょう」と言うと、またそばにいるものが出てきて、「打出の小槌はきっとすばらしい宝ではございましょうが、残念なことが一つございます。あらゆる物を打ち出して、楽しくいるうちに、鐘の音を聞いたところ、打ち出した物が、こっそり消えてしまうことがございます。嬉しく愉快に（過ごして）いるうちに、広い野でただ一人、裸でいるのは、きっとつまらないことでございましょう。貧窮より衰えや苦しむことは耐えがたい。天人の五衰は地獄の苦にまさっているだろう」などと申しているようなので、無益でございます。昔から隠蓑や打出の小槌を持っているという人は聞きません。

◀解　説▶

▼問十三　空欄の直後に「ほとんどつきもの」とあるため、空欄には取り合わせのよいものの例として挙げられるものが入ると考えられる。ロの「魂」と「霊」は同義の語の組み合わせであり、対になっているとは言えない。したがって、ロが適当。

▼問十四　『日本書紀』からの故事を訳すと〝素戔嗚尊は青草を束ねたものを、笠と蓑として、神々に宿を願い求めた。神々が言うことには、おまえは行いが汚れと悪とに満ちていたから、追放された者なのだ。どうして我々に宿を願い

つまでも国を守ろうとしたでしょう。勇気のある人にずっと国を守らせることができるのであれば、荘公や霊公はいつまでも国を守ろうとしたでしょう。（このような）数人の主君がいつまでも国を守ろうとしたならば、我が君は必ずや蓑や笠を被って田畑の中に立ち、ただその（畑の）ことを心にかけていたでしょう。どうして死のことを思う暇がありましょうか（、いやありません）。そうすると我がどうして斉の主君の位を得て立ちましょうか（、いやそのようなことはありません）。かわるがわる主君となり、かわるがわる位を下りた結果、あなたに至ったのです。それなのにあなただけが死のことを思い涙を流すというのは、徳のないことです。徳のない君主を見て、（それに）こびへつらう家臣を見ました。私はこの二つのものを見たのですから、そのために私はひそかに笑ったのです」と。

読み

乙：斉の景公牛山に游び、北のかた其の国城に臨みて流涕して曰はく、美しきかな国や。鬱鬱芊芊たり。若何ぞ滴滴として、此の国を去りて死せんや。古より死者無からしめば、寡人将た斯を去りて何くにか之かんと。

史孔・梁丘拠、皆従ひて泣きて曰はく、臣は君の賜に頼る。疏食悪肉も、得て食ふべく、駑馬稜車も、得て乗るべくんば、且つ猶ほ死するを欲せず。而るを況んや吾が君をやと。

晏子独り旁に笑ふ。公涕を雪ぎて晏子を顧みて曰はく、寡人今日の游び悲し。孔と拠と、皆寡人に従ひて泣く。子の独り笑ふは、何ぞやと。

晏子対へて曰はく、賢者をして常に之を守らしめば、則ち太公・桓公将に常に之を守らんとす。勇有る者をして常に之を守らしめば、則ち荘公・霊公将に常に之を守らんとす。数君の者将に之を守らんとせば、吾が君は方に将に蓑笠を被りて畎畝の中に立ち、唯だ事を之れ恤へんとす。何ぞ死を念ふに假あらんや。則ち吾が君又安くんぞ此の位を得て立たん。其の迭に之に処り、迭に之を去るを以て、君に至れるなり。而るに独り之が為に流涕するは、是れ不仁なり。不仁の君を見、諂諛の臣を見たり。臣此の二者を見る、臣の為に独り竊かに笑ふ所なりと。

丙：『宝物集』

問二十一　へ

問二十二　ロ・ホ

◆要　旨◆

甲：蓑について書かれた、最も古い文献は『日本書紀』である。蓑と笠とを身につけた素戔嗚尊が神々に宿を求めるが拒まれるという記述がある。このように蓑と笠とは、古くからつきものとして描かれてきた。蓑の字を持つ生き物や植物も存在し、蓑のような姿を表現する「蓑毛」という言葉もある。「蓑代」や「蓑代衣」という、蓑の代わりの雨衣もあった。「隠蓑」は、『信綱記』や『宝物集』から「重宝な宝物」を意味していたことが分かる。「蓑売」や「蓑市」という言葉からは、昔は蓑の需要が多かったことが推測される。

◆全　訳◆

乙：『列子』

斉の景公は牛山に出かけ、北の方角の（自分が）住んでいる市街を見下ろして涙を流して言うことには、「なんと美しい国ではないか。（樹木が）盛んに茂っている。どうして流浪して、この国を去って死ぬことができようか（、いやできない）。最初から（この世に）死ぬ者がなければ、私はここを去ってどこに行こうか（、いや行くところなどどこにもない）」と。

史孔と梁丘拠は、共にもらい泣きして言うことには、「私たちは主君のおかげに頼って（生きて）います。粗末な食事でも、食べて生きていくことができ、足の遅い馬や粗末な車であっても、乗ることができさえすれば、それですらなお死にたくはありません。まして我らの（すばらしい）ご主君であれば言うまでもないことです」と。

（ところが）晏子は一人そばで笑っていた。（そこで）景公は涙をぬぐって晏子に向かって言うことには、「私は今日（ここに）出かけて心を動かされた。史孔と梁丘拠は、共に私につられて泣いた。あなた一人笑うのは、どうしてか」と。晏子が答えて言うことには、「賢い人に（死なずに）斉の国を守らせることができるのであれば、斉の太公や桓公はいしている。

ニ、第七段落に「それ自体で完結した虚構の理想的世界を構築するのとはちがって」とあるため、「音楽の理想的世界観を実現しようとしている」とは言えない。

▼問十二　第四段落で述べられている「音楽」は「時間芸術として定義されてきた」こと、「連詩」や「連句や連歌」は「言葉のつながりや流れを大切にすることから」「音楽の時間のみならず、空間性に対しても、新しい問題を提起してくれる要素が秘められている」という内容や、第五段落に「俳句にせよ……作者は全て一人である」とあり「私が音楽との関連で、連詩や連歌の世界に惹かれた理由は……複数の作家による共同制作の場合、予測不可能な他者の介入に伴う未知の世界を許容しなければ成立しえない」という内容をまとめる。

三

出典　甲：水尾比呂志編『柳宗悦　民藝紀行』〈蓑のこと〉（岩波文庫）
乙：『列子』〈力命篇　第十一章〉
丙：平康頼『宝物集』〈巻第一〉

解答　問十三　ロ
問十四　イ
問十五　ホ
問十六　ハ
問十七　ホ
問十八　ニ
問十九　ロ
問二十　よからん〔よからむ〕

に「芸術と日常の間に存在する境界線の意識が稀薄」、「相互に浸透し合ったりするもの」とある。この両方の内容に合致する、ハが適当。イは「それぞれ詠んだ句を披露し合う」だけでは「相互に」作用し合うとは言い難い。ロは「芸術と日常」が「相互に浸透し合」うという内容に合致しない。ニの「厳しいルールや作法」は、俳諧に存在するものではあるが、ここではそれに「開かれた精神交流の場としての性格を有していた」（第七段落）ことを評価しているため、不適。

▼問八　空欄直後の「そこに見出せる」の「そこ」とは「俳諧」のことである。「俳諧」の特徴については、問七で述べた通り「予測不可能な他者の介入に伴う未知の世界」であると筆者は述べており、空欄直前の「予測を超えた」という記述とも一致している。したがって、空欄には「予測不可能」に近い内容が入ると考えられるため、ロが適当。

▼問九　「縦の音の構成」とは、「同時に幾つかの音を発生させる和声的、集合音的」なものであり、これは「楽器の種類や性格を変えて」表現されるもの。これに対して「前の人が詠んだ……連歌の基本」は「楽器のさまざまな引き継ぎ方で、旋律や律動の流れ」として表現されるもの。ニではこれを「いわば横の構成」と表現している（西洋音楽の楽譜でいえば、五線譜の音符の左から右への流れが「横」、和音が「縦」と考えればわかりやすい）。ハは、「連歌の基本」を「縦」としている点で誤り。

▼問十一　イ、第三段落に「俳諧」が「普遍的とも言える内容は、言葉の領域にとどまらず……他の分野に対しても大きな影響を与えうる」とはあるが、「言葉の連なり」が「普遍性」を持つわけではなく、不適。

ロ、第五段落に「連詩や連歌の世界に惹かれた理由は、それが西欧の文明社会に於ける自己主張や、自己表現とは異質な表現形態である点である」とあるが、「近代西欧にとって未知の新たな自己主張の形を探っている」とは言えない。

ハ、第三段落の「俳諧」は「他の分野に対しても大きな影響を与えうる可能性をもっている」という内容や第九段落の「連歌の本質に触れられるような音楽のつくり方が出来れば……長大なものになってしまった」という内容に合致で指導的役割を果すことになるもの」について触れているが、彼らが「故郷に好印象を持つ」とは書かれていない。

ホ、Bの第三段落の「人の故郷を愛するは……気候の温和なるがためにあらず」に合致しない。

二

出典　一柳慧『一柳慧　現代音楽を超えて』（平凡社）

解答

問七　ハ

問八　ロ

問九　ニ

問十　1―イ　2―ホ

問十一　ハ

問十二　俳句の作者は一人だが俳諧には複数の作家による予測不可能な言葉のつながりや流れがあり、音楽の個人主義的な自己表現とは異なる空間性という要素を提示するから。（六十字以上八十字以内）

◆要　旨◆

言葉のつながりや流れを大切にする俳諧は、時間芸術として定義されてきた音楽の空間性に対しても、新しい問題を提起する要素を秘めている。俳諧の持つ、予測不可能な他者の介入に伴う創造性に、グラフィック・ノーテーションによる音楽に通じる要素を見出した。前の人が詠んだ言葉を受け継ぎ、自分の言葉を介して次の人の言葉へと受け渡すという連歌の基本は、音楽をつくるにあたっては、音色や種類の異なる楽器のさまざまな引き継ぎ方で表現することのできるオーケストラがもっとも適していると考える。

▲解　説▼

▼問七　前段落で「俳諧」について「予測不可能な他者の介入に伴う未知の世界」と述べられている。また、傍線部の後

▼問四　傍線部は、Bの第三段落「人の立つ所の位置によりて、見る所の眼孔によりて、故郷もまた一なる能はざる也」の内容と一致している。どちらも、その人の置かれた環境や状況によって、故郷のイメージも異なるということを述べている内容である。

▼問五　空欄Yは、直後の「ただその人の心に忘れんと欲して忘るゝ能はざる最初の感触の劇刻せられたる所、これを故郷といふのみ（＝ただその人の心に忘れようとしても忘れられない最初の感触を刻みつけられたところ、これを故郷というのだ）」という内容から、ハの「客観的」を入れ「客観的の土地にあらず」とするのが適当である。また、空欄Zについては、第三段落に「故郷は一種のインスピレーションなり」とあり、第四段落に「すべてこれらの事を回想し来らば、帰着する所は故郷にあるなり」とあることから、空欄を含む一文はこの内容をまとめたものであると考えられる。「過去の記憶」が「回想」と合致するため、空欄には「インスピレーション」に合致する「想像」が入ると考えられる。「幻想」とやや迷うが、「幻想」は〝根拠のない空想〟の意であるため、「過去の記憶」と並列として扱うのは不適。したがって、やはりハが適当である。

▼問六　イ、Bの第二段落の「虐待せらるるも尚故郷を愛するなり」という内容は、苦難も故郷のインスピレーションに作用すると述べているのであり「幼少時代の苦難が」という言い方とは合致しない。

ロ、Bには離郷の理由についての言及はなく、不適。

ハ、Aの第六段落に「離郷にはみずからの意志で行なわれるものと不本意ながら行なわれるものとがあった」とあるものの、その後、挙げられている例は「青雲の志を抱いて都会に出る」、「そのまま都会に留まり」など「個人の意志によって行なわれる離郷」が「中心」である。また、Bの第二段落で「基督」の「彼を厭ひ彼を棄てたる」「故郷」についての愛郷心にも触れていることから、どちらの内容にも合致している。

ニ、Aの第六段落では「都会に留まり、近代日本の各界における指導的人士になったもの」、「郷土出身の名士」について述べており、「名士になった帰郷者」について述べているわけではない。Aの第七段落では「故郷に帰り、そこ見方によって異なる。ただ、その人が忘れようとしても忘れられない最初の感触を刻みつけられたところを故郷というのだ。したがって、故郷とは過去の記憶と想像によって成り立っているといえる。だからこそ、強いられて故郷を離れることになった人も故郷を愛しているといえるのである。

◀解　説▶

▼問一　「故郷に錦を飾る」とは〝故郷を離れていた者が、出世して故郷へ帰ること〟を意味する。したがって、空欄には「錦」が入る。なお、大学から公開された解答には括弧をつけて「繍」も挙げられていたが、これは文章Bの冒頭で紹介されている『史記』の「富貴不帰故郷、如衣繍夜行」を踏まえたもので、一般的な表現ではないため、〔解答〕としては「錦」のみとり上げた。

▼問二　「つまり」とあるため、空欄直前の内容と同様のことを述べた一文であると考えられる。空欄bの直前を確認すると「故郷は農村である」、「離郷する先は……都市・都会である」とあり、この一文で述べられている内容と一致している。したがって、bが適当。

▼問三　イは、最終段落の「『ドミシード』には、直接〝イエ〟をつぶさずとも『祖先』の『意思』を忘却することも含まれる」という内容に一致している。ホは、最終段落の「『農戸の減少は少しも悲しむべきことに非ず』して、『悲しむべきは寧ろ其増加なり』」、「農民を農業だけで食える中農に養成することが肝要である」という内容に一致している。したがって、イ、ホが適当。ロは、「近代になると」が、第四段落の「日本では近代以前から都市はつねに農村から出てきた人によって形成されてきた」と合致しない。ハは、「イエ」が「故郷のなかで守られていくもの」という内容が本文に書かれておらず、むしろ「〝イエ〟が存在してはじめて故郷の維持も可能となる」（最終段落）と逆の内容。ニは、最終段落の「『次男三男などの予備の人間』以外の離郷はあくまで一時的なもので、いずれは故郷に帰らなければならない」、「中農に養成することが肝要である」という内容に一致するが、「中農に養成する」必要があるのは「日本農業を生業のレベルから職業あるいは企業に転換せしめ」るためであり、前半の内容とは繋がらない。

国語

一

出典　A：岩本由輝「故郷・離郷・異郷」（朝尾直弘ほか編『岩波講座　日本通史　第18巻　近代3』岩波書店）
B：徳富蘇峰「故郷」

解答

問一　錦
問二　b
問三　イ・ホ
問四　人の立つ所
問五　ハ
問六　ハ

◆要　旨◆

A：小学校唱歌の故郷の歌で描かれる農村のイメージによって、万人に共通するような故郷のイメージが生み出された。そこには、近代以降、鉄道の開通によって農村から都市への人口流出が盛んになったという時代背景が影響している。柳田国男は、田舎の若者の一時的な離郷は心配ないが、都会に移り住んでしまうと、祖先の意思を忘却し故郷の維持が難しくなるため、いずれは故郷に帰らなければならないと述べ、そのためにも農民を農業だけで食える中農に養成することが肝要であると主張した。

B：故郷を離れて出世した人はみな故郷に帰ろうとするものだが、人はそのような得意の時だけでなく、失意の時にも故郷を求める。故郷に捨てられた人もまた故郷を求めるのである。その故郷のイメージは、各々の置かれた環境やものの

//////////////////// ・memo・ ////////////////////

//////////////////// · memo · ////////////////////

/////////////////// · memo · ///////////////////

////////////////////// · memo · //////////////////////

////////////////// · memo · //////////////////

大学赤本シリーズ

早稲田大学

文化構想学部

別冊問題編

2025

矢印の方向に引くと
本体から取り外せます

教学社

目　次

問題編

2024年度

問題編

一般選抜・一般選抜（英語４技能テスト利用方式）・一般選抜（共通テスト利用方式）

問 題 編

〔一般選抜〕

▶試験科目・配点

教　科	科　　目	配　点
外国語	「コミュニケーション英語Ⅰ・Ⅱ・Ⅲ，英語表現Ⅰ・Ⅱ」，ドイツ語，フランス語，中国語，韓国語のうちから１科目選択	75 点
地　歴	日本史Ｂ，世界史Ｂのうちから１科目選択	50 点
国　語	国語総合，現代文Ｂ，古典Ｂ	75 点

▶備　考

外国語において，ドイツ語・フランス語・中国語・韓国語を選択する場合は，大学入学共通テストの当該科目〈省略〉を受験すること。共通テストの配点（200 点）を文化構想学部の配点（75 点）に調整して利用する。

〔一般選抜（英語４技能テスト利用方式）〕

▶試験科目・配点

教　科	科　　目	配　点
地　歴	日本史Ｂ，世界史Ｂのうちから１科目選択	50 点
国　語	国語総合，現代文Ｂ，古典Ｂ	75 点

▶合否判定

英語４技能テストのスコアが基準を満たしている者を対象として，上記２教科の合計点（配点 125 点）で合否を判定する。

〔一般選抜（共通テスト利用方式）〕

▶**試験科目・配点**

試験区分	教 科	科 目	配 点
大学入学共通テスト	地歴・公民または数学または理科	以下から１科目選択 地理Ｂ，現代社会，倫理，政治・経済，「倫理，政治・経済」，「数学Ⅰ・Ａ」，「数学Ⅱ・Ｂ」，物理，化学，生物，地学 または，以下から２科目選択 物理基礎，化学基礎，生物基礎，地学基礎	50点
個別試験	外国語	「コミュニケーション英語Ⅰ・Ⅱ・Ⅲ，英語表現Ⅰ・Ⅱ」，ドイツ語，フランス語，中国語，韓国語のうちから１科目選択	75点
	国 語	国語総合，現代文Ｂ，古典Ｂ	75点

▶**備 考**

- 共通テストはそれぞれ配点 100 点を 50 点に換算する。「世界史Ｂ」「日本史Ｂ」等は試験科目に含まれていないので，注意すること。
- 共通テストにおいて，上記指定科目の範囲内で２科目以上受験している場合は，最高得点の科目の成績を大学側で自動的に抽出し，合否判定に利用する。
- 共通テストの「地歴・公民」「理科（物理，化学，生物，地学）」において，２科目受験の場合は，第１解答科目の成績を合否判定に利用する。上記以外の科目を第１解答科目として選択した場合は，合否判定の対象外となる。
- 共通テストの「理科」において，基礎を付した科目（２科目）は１科目として数える。基礎を付した科目（２科目）と基礎を付していない科目（１科目）の両方を受験した場合は，得点の高い方の成績を大学側で自動的に抽出し，合否判定に利用する。
- 外国語において，ドイツ語・フランス語・中国語・韓国語を選択する場合は，共通テストの当該科目〈省略〉を受験すること。共通テストの配点（200 点）を文化構想学部の配点（75 点）に調整して利用する。

▶**合否判定**

共通テストの得点（配点 50 点）と個別試験の得点（配点 150 点）を合算して，合否を判定する。

英　語

(90 分)

I Read the following two passages and choose the most appropriate word or phrase for each item (1 ～14). Mark your choices (**a** ～ **d**) on the separate answer sheet.

(A) In the brief span between 1846 and 1867, two discoveries swept away the two quandaries that had haunted traditional surgery — the pain *during* surgery and the threat of infections *after* surgery —, thus (1) cancer surgeons to revisit the bold procedures that John Hunter, the father of modern surgery, had previously tried to perfect in London.

The first of these discoveries, anesthesia, was (2) demonstrated in 1846 in a packed surgical amphitheater at Massachusetts General Hospital, less than ten miles from where Sidney Farber's basement laboratory would be located a century later. At about ten o'clock on the morning of October 16, a group of doctors (3) in a pitlike room at the center of the hospital. A Boston dentist, William Morton, unveiled a small glass vaporizer, containing about a quart of ether, fitted with an inhaler. He opened the nozzle and asked the patient, Edward Abbott, to take a few whiffs of the vapor. As Abbott lolled into a deep sleep, a surgeon stepped into the center of the amphitheater and, with a few (4) strokes, deftly made a small incision in Abbott's neck and closed a swollen, malformed blood vessel with a quick stitch. When Abbott awoke a few minutes later, he said, "I did not (5) pain at any time, though I knew that the operation was proceeding."

Anesthesia — the (6) of pain from surgery — enabled surgeons to perform prolonged operations, often lasting several hours. But the hurdle of postsurgical infection remained. Until the mid-nineteenth century, such infections were common and universally (7), but their cause remained a mystery. "It must be some subtle principle contained in the wound," one surgeon concluded in 1819, "which eludes the sight."

(Adapted from Siddhartha Mukherjee, *The Emperor of All Maladies*)

1. (a) allowing (b) concerning (c) disturbing (d) preventing
2. (a) passively (b) portly (c) prematurely (d) publicly
3. (a) adjourned (b) adjudicated (c) gathered (d) granted
4. (a) blatant (b) blunt (c) brisk (d) brooding
5. (a) excite (b) exercise (c) experience (d) extract
6. (a) disagreement (b) disassociation (c) dissatisfaction (d) distraction

7. (a) legal (b) legitimate (c) lenient (d) lethal

(B) The concept of the "week" occupies an important place in our minds. The fact that, as children, we learn about "the weekend" long before we become acquainted with either "June" or "the 14th" indicates that the weekly organization of our environment may be far more (8) to us than either its annual or monthly structure. When making plans for a particular date, we usually first check on what day it (9). Much of our social environment is structured along weekly patterns. In order to navigate successfully within society, we require a sort of mental "(10) map" that informs us, for example, that the best day for spending a relaxing morning with our parents is Sunday, that museums are often closed on Mondays, and that there are reduced rates for long-distance telephone calls on weekends. (11) such a "map," we may avoid Saturday nights at movie theaters, Fridays at banks, and Saturday afternoons at supermarkets and department stores. Such a "map" also (12) to remind me that, if I wish to have a long telephone conversation with a particular friend, I should avoid calling him on Wednesday evenings, when he regularly watches his favorite television show.

Recalling what day of the week it is today is one of the first things we usually do upon waking, since it is indispensable for (13) our subjectivity and participating — at least mentally — in a social, rather than a merely personal, world. But with this comes well-justified anxiety about being (14) from full participation in our social environment. In other words, adhering to the week protects us from the dreadful prospect of practical exile from the social world.

(Adapted from Eviatar Zerubavel, *The Seven Day Circle*)

8. (a) ancient (b) patient (c) resilient (d) salient
9. (a) coincides (b) falls (c) locates (d) relates
10. (a) material (b) potential (c) spiral (d) temporal
11. (a) As a matter of (b) In addition to (c) On the basis of (d) Regardless of
12. (a) allows (b) gives (c) hosts (d) serves
13. (a) transcending (b) transcribing (c) transmitting (d) transporting
14. (a) barred (b) delivered (c) harbored (d) stranded

Ⅱ　Read the following three passages and mark the most appropriate choice（**a**～**d**）for each item（**15**～**24**）on the separate answer sheet.

（**A**）　The field of machine learning comprises three major areas: In unsupervised learning, a machine is simply given a heap of data and told to make sense of it, to find patterns, regularities, useful ways of condensing or representing or visualizing it. In supervised learning, the system is given a series of categorized or labeled examples and told to make predictions about new examples it hasn't seen yet, or for which the ground truth is not yet known. And in reinforcement learning, the system is placed into an environment with rewards and punishments and told to figure out the best way to minimize the punishments and maximize the rewards.

On all three fronts, there is a growing sense that more and more of the world is being turned over, in one way or another, to these mathematical and computational models. Though they range widely in complexity — from something that might fit on a spreadsheet on the one hand, to something that might credibly be called artificial intelligence on the other — they are steadily replacing both human judgment and explicitly programmed software of the more traditional variety.

(Adapted from Brian Christian, *The Alignment Problem*)

15. According to the text, the key feature of supervised machine learning is that
（**a**）a human observer is always involved in checking the system's understanding.
（**b**）it is the only one that can instill in the system a true sense of moral justice.
（**c**）the data used includes not only discrete items but a built-in system to classify them.
（**d**）through it the system is able to produce visualizations of the data it is fed.

16. According to the text, what is the current trend with these machine learning models?
（**a**）They are becoming simpler and less sophisticated with time, like a spreadsheet.
（**b**）They are evolving into a self-aware non-human intelligence with its own agenda.
（**c**）They are taking over a larger number of areas that humans used to manage.
（**d**）They are turning our understanding of the very concept of knowledge on its head.

（**B**）　Myanmar's Rohingya people experienced genocide gradually, then suddenly. Decades of increasing human rights restrictions came to global attention in 2017, with a brutal army-led "clearance operation" within Rohingya communities. Claiming to be searching for militants in the northern reaches of Rakhine state, the Myanmar military engaged in scorched-earth tactics that targeted civilian populations, razed hundreds of Rohingya villages with fire, murdered at least 9,000 Rohingya men, and unleashed a monstrous campaign of sexual violence against Rohingya women and girls. These atrocities precipitated the largest forced migration in the region since the Second World War, with more than 700,000 Rohingya fleeing Myanmar in terror for the relative safety of Bangladesh, which has welcomed them. Already extremely poor Rohingya refugees arrived in Bangladesh on foot carrying whatever possessions they could — cooking pots, sometimes rice, the occasional portable solar panel, and often infants and enfeebled elderly relatives. The Rohingya living outside of Myanmar and in refugee camps in Bangladesh are commonly undocumented, making it necessary to rely upon estimates when assessing the overall size of the diaspora population. They also came with blood-curdling accounts of the sexual violence unleashed by Myanmar's military, and of how army helicopters were used to spread fire through the Rohingya's largely bamboo villages.

Along Bangladesh's border with Myanmar, land that had been unoccupied in late August through October had become a cramped shanty city of bamboo, tarpaulin and mud that stretched into the horizon. These new camps, within weeks of being established, became home to more people than cities the size of Dublin or Washington, DC. Humanitarian agencies struggled to provide food, water and sanitation necessary for the rapidly growing and severely traumatized population.

(Adapted from Ronan Lee, *Myanmar's Rohingya Genocide*)

17. According to the text, which of the following is NOT true?
(a) Bangladesh has been the preferred destination for most asylum-seeking Rohingya people.
(b) Bangladesh has demonstrated remarkable generosity in sheltering Rohingya refugees.
(c) The reported number of Rohingya people living in Bangladesh camps is accurate.
(d) The Rohingya in Myanmar have been subjected to extreme persecution.

18. According to the text, which of the following is true?
(a) Bangladesh is struggling with unemployment and other economic and social issues.
(b) Government brutality has forced the Rohingya to return from Bangladesh.
(c) The Rohingya community in Myanmar and Bangladesh live in extremely difficult conditions.
(d) The situation of Rohingya people in Myanmar is better than that of Rohingya people in Bangladesh.

19. Which of the following would be the most appropriate title for the passage?
(a) Bamboo and Solar Panels: Sustainable Architecture
(b) Bamboo, Tarpaulin and Mud: A Persecuted Community
(c) Rohingya Roots in Ancient Bangladesh
(d) The Rohingya Genocide and International Politics

(C) Monsters draw our attention to place. From the geographies that produce monsters, to the public and private spaces that are breached by them, place is in large part what makes monsters scary. There are many reasons why we may be afraid of a monster — its monstrous body, the deepest fears it represents, the harm it wishes upon us — but our dread is greatly amplified when that monster is in the closet. Or under the bed. When it approaches the outskirts of town. Or lumbers down the street. Place and monsters — place and our sense of the monstrous — are inextricably intertwined. Teaching monsters thus requires the teaching of place.

In their book *Mapping American Culture*, Wayne Franklin and Michael Steiner write, "Place is a powerful though often unacknowledged condition of experience. Life does not exist in a vacuum: everything takes place, from sweeping historical events to the most private occurrences." In a similar vein, monsters "take place." On both macro and micro levels, whether they are destroying a city or lurking under the stairs of your home, monsters shape and are shaped by location. Studying monsters provides students with an opportunity to "acknowledge" place, and to explore the ways in which undifferentiated spaces become fearful places when endowed with monstrous qualities.

To study monsters is to study how monstrous identities are codified in certain spaces (Dracula and Transylvania, for instance, or the Creature from the Black Lagoon). It also compels analysis of the organization, construction, destruction, and representation of monstrous space — analysis of what happens to Tokyo when Godzilla rampages, for example, or to the shopping mall when overrun by zombies. In other words, studying monsters requires the mapping of social relations: discovering how identities, ideologies, and power dynamics are inscribed on the landscape and transformed by the presence of imaginary beasts. I suggest four ways we might conceptualize and map monstrous geographies when teaching monsters in the classroom: (1) monsters and the imagined community, (2) monsters and nature, (3) monsters and the built environment, (4) monsters and political geography.

I did not originally intend my "American Monsters" course to focus so much on space and place. Initially, my main goal was to create a seminar that gave advanced undergraduates and graduate students an opportunity to analyze monsters as windows onto particular historical moments, from the colonial era to the present, and to see how imaginary creatures resonated with social concerns in the past. However, as my inaugural semester proceeded, I quickly realized that the texts I assigned and the subsequent discussions we had about these narratives repeatedly converged on the theme of spatiality. Where these monsters came from, where they went, the landscapes they threatened and changed — time and again, these details mattered in uncovering what exactly made these monsters scary and what made them resonate in specific historical eras. Halfway through the semester, I decided to focus more intentionally on space and place in order to make "American Monsters" as much a primer on cultural geography as it was a primer on monsters and the monstrous.

(Adapted from Adam Golub, "Locating Monsters")

20. According to the text, monsters
(a) are less frightful if they are closely associated with a certain location.
(b) are more likely to appear in dark and quiet places.
(c) become more powerful when they are closely affiliated with magical space.
(d) can be even more fearsome when they appear in everyday, familiar places.

21. What does studying monsters teach us about places?
(a) It compels us to differentiate safe and fearful spaces.
(b) It enables us to examine the social relations of a location.
(c) It helps us create a better geographical world map that reflects monstrous space.
(d) It teaches us to form an organization that can deal with local disasters.

22. Dracula and the Creature from the Black Lagoon are mentioned here as examples of how
(a) a monster can change the way a certain space is perceived.
(b) a monster can have an impact on the mapping of power dynamics.
(c) famous places can create monsters that transcend their space.
(d) the connection between a monster and a space can often be random.

23. The "American Monsters" course that the author teaches
(a) asked students to analyze various texts in order to make a map of American monsters.
(b) changed its focus to space and place, because of students' strong interest in geography.
(c) made the author realize that space monsters have special relations with social concerns.
(d) originally focused more on historical social issues than cultural geography.

24. What is the central argument of the text?
(a) Locations can be an indispensable lens through which we can study monsters.
(b) Locations can provide clues for how to repel particular monsters.
(c) Monsters can appear in all kinds of spaces and locations at various historical points.
(d) Monsters can shape and reshape social identities in a reassuring way.

Ⅲ Choose the most appropriate sentence from the following list (**a**〜**h**) for each item (**25**〜**31**). Mark your choices on the separate answer sheet.

(**a**) A revised educational system enforced the Tokyo dialect as the *hyōjungo* or standard language of classroom and textbook.
(**b**) Air stewardess has been replaced by flight-attendant, *gaijin* has been replaced by *gaikokujin*, the kanji collocation is being replaced by the insertion of a neutralizing hiragana pronounced the same way.
(**c**) In nation-states of the world, the enforcement of linguistic conformity — proper language, standard language — continues to dominate educational and administrative policy.
(**d**) Since that time, a new but somewhat vague concept, *kyōtsū-go* or 'common language', has been introduced, which tries to take account of the fact that dialectal varieties exist and may not be such a bad thing.
(**e**) The implementation of a centralized bureaucracy was a paramount goal of the Meiji Government in its drive towards modernization.
(**f**) The term 'dialect complex' was introduced in sociolinguistics to describe a speaker's sense of inferiority regarding the regional dialect.
(**g**) There appears to be a clear link between the nationalism of Germany and the bureaucratic language policy making which was just starting in Meiji era Japan.
(**h**) Thus, every linguistic interaction is itself the reproduction of social structure.

Sociolinguistics is a disciplinary framework that examines the social and political conditions of situated encounters and exchange between agents who are endowed with social experience, socially structured resources and competencies that underpin language formation and use. (**25**) One set of structures involves public shame, offense, avoidance and prohibition. The role of sociolinguistics is to examine the stratification of language and the structure of linguistic prejudice as reflected in popular judgements; expressions are 'unacceptable' or 'rude' or 'beautiful'. Sociolinguistics must reconcile the essentially neutral or arbitrary nature of linguistic difference and of linguistic change, on the one hand, with the social stratification of language and levels of speech unmistakable in any complex community, on the other. (**26**) Landmarks in the history of language standardization are well known.

In the contemporary world, language hygiene has replaced official institutional mechanisms for language control. (**27**) Former language practices, now unacceptable, linger in the sociolinguistic memory.

The belief that language is in a critical state of decadence was an important factor in the pursuit of standardization. The use of a so-called 'language of high culture' created from a hegemonic single dialect of one city is characterized by a heightened grammatical and etymological consciousness, and submission to rule and authority. Thus, a 'language of high culture' can be contrasted with the concept of an 'uncivilized' one which, in the process of modernization, becomes cultivated or domesticated for the purpose of yielding return. The pursuit of a 'common language' reached its peak in the 19th-century nationalist ideologies which took shape in Japan's Meiji government, along with increasingly centralized national bureaucracies in Germany or France. To possess one common language became a crucial symbol in the establishment of nationalist ideologies. The philosophical and poetical pursuit of the Romantic belief in National Spirit climaxed in Fascist ascendancies in Germany, Italy and Japan. (**28**) The national language, as the identifying mark of a state and the mother of its people, must be respected and protected.

The establishment of Tokyo speech as a starting point for standardization by no means began with the Meiji period. The Meiji ruling elite created *hyōjungo* 'standard language' for the nation. They renamed Japanese language and Japanese literature as *kokugo* 'national language' and *kokubungaku* 'national literature' to symbolize uniformity in Japanese language and culture. (**29**) Thus, with the relocation of political and bureaucratic power to the new capital of Japan Edo the hegemony of the Tokyo dialect was complete. (**30**) The notorious *hōgen fuda* or 'dialect placard' was hung around students who used their regional dialect in school. The Meiji administration's design for a unified common language set the nation on a march towards homogeneity under the guise of national unity. The intensity of the national drive towards cultural and linguistic homogeneity continued up to the end of the war. This gave rise to dialect discrimination and over a period of almost 100 years, the Japanese people were told that dialects were bad and ugly and had to be eradicated, that good Japanese citizens should not use dialects under any circumstances and that the very existence of varying dialects around Japan was a shame to the sovereignty of the nation. (**31**) The notion gradually emerged that speakers of different dialects can communicate with each other by continuing to use versions of their dialects modified according to an 'ideal form' based in turn on the Tokyo dialect.

(Adapted from John C. Maher, *Metroethnicity, Naming and Mocknolect*)

Ⅳ Choose the most appropriate word or phrase from the list（a ～ m）for each item（32～38）. Mark your choices on the separate answer sheet.

Miles: Hey, what do you think about this whole AI thing?
Emma: Yeah, it seems like everyone's talking about it these days.
Miles: I know. It's everywhere!
Emma: I feel like I'm getting（ 32 ）. I know nothing about it.
Miles: You should, Emma. It can do some（ 33 ）stuff.
Emma: Such as?
Miles: Like, it can beat humans at chess and even make great art!
Emma: True, but don't you worry about it? I think it's（ 34 ）.
Miles: Haha,（ 35 ）! It's not all doom and gloom. AI can help doctors diagnose diseases and even make the perfect cup of coffee!
Emma: Coffee? Now you're talking! But（ 36 ）, what about job losses?
Miles: Good point. Some jobs might vanish, but we'll create new ones! Better ones.
Emma: Yeah, that may be so. But what if AI starts telling us what to do?
Miles: That's not（ 37 ）. It's here to make our lives easier, not weirder.
Emma: Fair（ 38 ）, I don't want my fridge telling me what to eat!

（a）allotted
（b）amazing
（c）calm down
（d）enough
（e）happening
（f）left behind
（g）partially
（h）right ahead
（i）scary
（j）seriously
（k）tense up
（l）true
（m）weather

PLEASE READ THE INSTRUCTIONS CAREFULLY.

V Read the following passage and complete the English summary in your own words in the space provided on the separate answer sheet. The beginning of the summary is provided; you must complete it in 4-10 words. Do not use three or more consecutive words from this page.

Those who possess a sense of values will esteem art, thought, and knowledge for their own sakes, not for their possible utility. When I say for their own sakes, I mean, of course, as direct means to good states of mind which alone are good as ends. No one now imagines that a work of art lying on an uninhabited island has absolute value, or doubts that its potential value lies in the fact that it can at any moment become a means to a state of mind of superlative excellence. Works of art being direct means to aesthetic ecstasy are direct means to good. And the disinterested pursuit and perception of scientific and philosophical truth, as they provoke analogous states of emotional intensity, may be assigned to the same class. Knowledge, however, is not, properly speaking, a direct means to good; its action is remote. Knowledge is a food of infinite potential value which must be assimilated by the intellect and imagination before it can become positively valuable. Only when it has been so assimilated does it become a direct means to good states of mind. It is the nourishing quality in knowledge that people with a sense of values most esteem. What is peculiar to civilized people is, in the first place, that they are capable of recognizing the value of knowledge as a means to exquisite spiritual states, and, in the second, that they esteem this value above any remote, utilitarian virtue.

(Adapted from Clive Bell, *Civilization*)

SUMMARY:
[*complete the summary on the separate answer sheet*]

The difference between art appreciation and knowledge is …

日本史

(60分)

〔I〕 日本史における「文と武」について述べた次の文章を読んで，問に答えなさい。

文武両道という語は，現代では勉強とスポーツの両方に優れているという意味で使われるが，もとは文事と武事，つまり学問など文化的な面と武芸など軍事的な面，その両者をおろそかにしない政治上の心構えのことをいった。また，文と武は，官人の中の文官と武官のことを指した。『養老令』公式令では，a五衛府や諸国の軍団に属す主に軍事・警察関係官庁の官人を武官と規定し，それ以外を文官とした。官位相当制における武官の最高位は衛門督の正五位上で，武官の位階は文官より低かった。b奈良時代に続いた政争への対応のため令外官の近衛府ができると，その長官の左右近衛大将は従三位とされ，武官の位階は向上した。平安時代以降，それらの高級武官は上級貴族の子弟が高級文官に昇進する前に就く栄職となった。

8世紀末，辺境を除いて軍団が廃止され，c郡司の一族や有力農民から採用した兵士に，60日交替で国府の警備や諸国内の治安維持にあたらせることになった。彼らは地域社会の武力の担い手となり，中には都へ上って下級の武官になる者もあった。また同じ頃，都の中下級貴族の中から，地方へ下向して土着し，地域社会の武力と結びついて，武士となる者があらわれた。10世紀の天慶の乱を鎮圧した平 A や源経基の活躍をみた朝廷は，d地方の武士の実力を活用し，都で下級武官として奉仕させるようになり，地方でも国司のもとに組織して，治安維持に当たらせるようになった。やがて，桓武平氏や清和源氏などの軍事貴族は有力な武士団を形成するようになり，ついには武士でありながら朝廷内の文官としての地位を向上させていった。

鎌倉時代は京都の公家の文と関東の武家の武が分かれ，別個に存在した時代であった。それは12世紀末，平氏や奥州藤原氏を滅ぼして武家の棟梁であった源頼朝が，鎌倉に根拠地を置きつつ，京都の朝廷から右近衛大将，征夷大将軍という高級武官に相次いで任じられたことによる。ただし，鎌倉幕府の運営に文官の力が必要だったことは確かで，e京下りの官人が，頼朝の側近として，その法律知識などをもって幕府の基礎固めに貢献した。政治の中心が再び京都へと移った室町時代になると，3代将軍だった足利義満が1394年，将軍を辞して B に就任したことに象徴されるように，公家と武家の一体化が進み，公武統一政権が生まれた。そして，その後の時代には，将軍に代表される武家が，文武の素養を兼ね備えるあり方を理想とするようになったのである。1615年に出されたf武家諸法度（元和令）の第1条に「一，文武弓馬ノ道，専ラ相嗜ムベキ事」とあるのはその表れといえる。

明治維新以後の近代国家建設のなかで，政府内の文官と武官との役割の分化が進んだ。明治政府は，文官の任用を試験で行うこととし，1893年には文官任用令を定めた。ただし各省次官などの高級官吏については自由任用とした。また武官は，陸海軍の下士官以上の軍人の呼称として用いた。武官の最高職である陸海軍大将は親任官として，総理大臣やg枢密院議長と同格とされ，武官の地位は高まった。初の政党内閣である C 内閣は，高級官吏として政党員を多く登用し，政党の影響力を強めようとした。それを問題視した次の D 内閣は文官任用令を改正し，自由任用を制限した。そして同じ D 内閣が，h軍部大臣現役武官制を定めたことも，その後に大きな影響を及ぼした。

戦後日本では，日本国憲法の平和主義の原則により武官は自衛官と言い換えられ，戦前の軍部独走の反省を活かして，i自衛隊の運用において，文官である防衛官僚が制服組を統制する体制が機能してきた。海外の大使館に派遣されて，各国軍と交流して情報収集を行う駐在武官のことも防衛駐在官とよび，大使の監督下でのみ活動することを規定している。しかし近年の防衛省では，事務を担う文官と隊務を担う自衛官の対等化が図られ，それぞれが防衛大臣を補佐する制度に改められて，議論を呼んでいる。

〔問〕

1　下線 a に関連して，諸国の軍団から選ばれて都へ上り，宮門の警備にあたった兵士を何というか。漢字２字で記述解答用紙の解答欄に記入しなさい。

2　下線 b に関連して説明した文として正しいものはどれか。１つ選び，マーク解答用紙の該当する記号をマークしなさい。

ア　天武天皇の孫の長屋王は，謀反の罪をきせられ，妻の吉備内親王とともに自殺に追い込まれた。

イ　藤原不比等の４人の子は，叔母の光明子を聖武天皇の皇后に立てて天皇家との結びつきを強めた。

ウ　藤原広嗣が政権をとると，唐から帰国した吉備真備や玄昉が聖武天皇に信任されて活躍した。

エ　橘諸兄政権が遷都を繰り返す中で，大仏造立の詔が出され，恭仁京で盧舎那仏の造立を始めた。

オ　聖武天皇に寵愛された僧の道鏡は，太政大臣禅師，さらには法皇となって権力を握った。

3　下線 c の制度を何というか。漢字２字で記述解答用紙の解答欄に記入しなさい。

4　空欄 **A** にあてはまる人名はどれか。１つ選び，マーク解答用紙の該当する記号をマークしなさい。

ア　将門　　イ　貞盛　　ウ　忠常　　エ　忠盛　　オ　宗盛

5　下線 d に関連して説明した文として誤っているものはどれか。１つ選び，マーク解答用紙の該当する記号をマークしなさい。

ア　滝口の武者は，内裏の滝口とよばれた場所に詰めて，内裏の警備を担った。

イ　源満仲とその子の頼光・頼信兄弟は摂関家に奉仕し，その身辺警護に当たった。

ウ　刀伊の入寇を撃退したのは，都から派遣された国の兵といわれる武士たちであった。

エ　受領の家子や郎党からなる受領直属の武士たちのことを，館侍という。

オ　盗賊追捕や内乱鎮圧のため臨時に任命されていた追捕使や押領使は，常置されるようになった。

6　下線 e に関して，次の組み合わせのなかで正しいものはどれか。１つ選び，マーク解答用紙の該当する記号をマークしなさい。

ア　侍所別当－大江広元　　イ　侍所別当－三善康信　　ウ　政所別当－中原親能

エ　問注所執事－大江広元　　オ　問注所執事－三善康信

7　空欄 **B** にあてはまる語はどれか。１つ選び，マーク解答用紙の該当する記号をマークしなさい。

ア　摂政　　イ　関白　　ウ　太政大臣　　エ　内大臣　　オ　右大臣

8　下線 f に関連して説明した文として誤っているものはどれか。１つ選び，マーク解答用紙の該当する記号をマークしなさい。

ア　徳川家康が南禅寺の金地院崇伝に起草させた。

イ　将軍であった徳川秀忠の名で発布された。

ウ　建武式目や分国法などをもとに作成された。

エ　元和令以降，将軍の代がわりに繰り返し発布された。

オ　元和令以降，条文の追加はあったが，既存の条文の文言が修正されることはなかった。

9　下線gに関連して説明した文として正しいものはどれか。1つ選び，マーク解答用紙の該当する記号をマークしなさい。

ア　枢密院は，大日本帝国憲法の第56条によって設置された。

イ　初代の枢密院議長は，伊藤博文であった。

ウ　枢密院は，天皇と内閣総理大臣の諮問に答える機関であった。

エ　枢密院は，ロンドン海軍軍縮条約を最後まで承認せず，条約批准を阻止した。

オ　枢密院議長が直後に内閣総理大臣になった例はない。

10　空欄C・Dにあてはまる語の組み合わせとして正しいものはどれか。1つ選び，マーク解答用紙の該当する記号をマークしなさい。

ア　C－第1次大隈重信　　D－第2次松方正義

イ　C－第1次大隈重信　　D－第2次山県有朋

ウ　C－第4次伊藤博文　　D－第1次桂太郎

エ　C－第2次伊藤博文　　D－第2次松方正義

オ　C－第2次山県有朋　　D－第4次伊藤博文

11　下線hを改正し，陸・海軍大臣の資格を予備役・後備役の大将・中将まで広げた時の首相は誰か。漢字で記述解答用紙の解答欄に記入しなさい。

12　下線iが1992年にＰＫＯのため海外派遣された場所として正しいものはどれか。1つ選び，マーク解答用紙の該当する記号をマークしなさい。

ア　東ティモール　　イ　ゴラン高原　　ウ　カンボジア　　エ　南スーダン　　オ　ザイール

〔Ⅱ〕 Aさんが岡山を旅行した時に書いた日記を読んで，問に答えなさい。

20××年8月17日

朝，岡山駅から吉備線に乗車し，備前一宮駅で下車する。駅の目の前には小高い丘陵が広がる。地図によれば中山と呼ばれ，中山茶臼山古墳という古墳[a]もあるようだ。まず，駅からすぐ，山の麓にある吉備津彦神社を参拝。ここは駅名にもある通り旧備前国の一宮とされる神社である。さきほど乗っていた吉備線の終点は総社駅だった。一宮も総社も古代の神社制度[b]に関係していたはずなので，今度図書館に行って調べてみよう。

神社の近くに中山の登山口があり，そこから山を登ることにする。頂上付近で一休みした後，山を下りる。中山茶臼山古墳の近くには埋蔵文化財[c]を調査している研究施設もあるようで，見学してみたい気持ちもあったが，電車の駅に行くには少し遠回りになるため，今回は別の道から山を下りることにする。麓近くまで下りたところに藤原成親の墓と伝えられている場所があった。いわゆる鹿ヶ谷事件[d]で配流された人物である。

山を下りて少し進むと，吉備津神社がある。こちらの神社は旧備中国の一宮である。いつの間にか，備前と備中の旧国境[e]を越えていたようだ。

吉備津神社を参拝してから吉備線の吉備津駅を目指す。途中，［　A　］生誕地の石碑があった。さきほど参拝した吉備津神社の神官の家に生まれたらしい。また，そのすぐ近くには，妹尾兼康の墓とされる石塔が建っていた。案内板の説明によれば，『平家物語』[f]などに登場する武士のようだ。

古墳や神社がある中山は，古代の吉備地方において聖地のような場所だったのではないかと感じた。この中山には1814年に備前で創始され，明治時代には教派神道の1つとして政府から公認された［　B　］の本部もある。時代を越えて信仰の対象になっているとも言えそうだ。

吉備津駅に着くころには夕暮れ時となっていた。再び吉備線に乗り，岡山駅に戻る。今日は古代や中世の史跡をめぐったので，明日は他の時代の史跡を見てみたくなった。午前中，岡山市内にある岡山城（g）を見学したら，午後はバスに乗り，近代の史跡として，［ C ］の生家や墓所を訪れてみようと思う。

〔問〕

1　下線aについて述べた次の文X・Y・Zの正誤の組み合わせのうち，正しいものはどれか。1つ選び，マーク解答用紙の該当する記号をマークしなさい。

X　古墳時代前期には，山間部に群集墳がつくられることが多い。
Y　古墳時代中期の前方後円墳のなかには，2～3重の周濠をもつものがある。
Z　古墳時代終末期になると，九州地方に大規模な前方後円墳が出現する。

ア　X－誤　Y－正　Z－正　イ　X－正　Y－誤　Z－正　ウ　X－正　Y－誤　Z－誤
エ　X－誤　Y－誤　Z－正　オ　X－誤　Y－正　Z－誤

2　下線bに関する文として正しいものはどれか。1つ選び，マーク解答用紙の該当する記号をマークしなさい。
ア　中臣鎌足は各国のなかで最も有力な神社を1つ選出し，名神の称号を与えた。
イ　聖武天皇は国ごとに国分寺・国分尼寺と並んで，一宮・二宮を設置した。
ウ　延久の荘園整理令に基づき，国司は管国内の神社を，国府に新設した総社に統合した。
エ　桓武天皇が平安京内にある主要な22の神社を特に重んじたことから，二十二社制が成立した。
オ　10世紀に編纂された『延喜式』神名帳に記載された神社が，式内社と呼ばれるようになった。

3　下線cに関する文として誤っているものはどれか。1つ選び，マーク解答用紙の該当する記号をマークしなさい。
ア　世界文化遺産に登録された三内丸山遺跡では，直径が1mほどある柱が発見されている。
イ　藤原京跡からは，古代の地方行政単位を「評」と表記する木簡が出土している。
ウ　北海道にある志苔館の付近からは，室町時代に埋められたと見られる大量の渡来銭が出土した。
エ　石見銀山遺跡は，17世紀の終わり頃に最盛期を迎えた世界的にも著名な銀山の跡地である。
オ　近年発見された高輪築堤は，1872年に新橋・横浜間で開業した鉄道を敷設するためにつくられたものである。

4　下線dについて，西光らとともにこの事件に関与したことから鬼界ヶ島に流された僧侶は誰か。漢字で記述解答用紙の解答欄に記入しなさい。

5　下線eに関する文として正しいものはどれか。2つ選び，マーク解答用紙の該当する記号をマークしなさい。
ア　月行事により自治的な運営が行われた中世都市の堺は，摂津・河内・和泉の国境に位置する。
イ　山城と摂津の国境にあたる山崎の妙喜庵には，豊臣秀吉が後陽成天皇を歓待した茶室がある。
ウ　関ヶ原の戦いは，近江と国境を接する美濃の，古代に東山道不破関が置かれていた辺りで起きた。
エ　江戸時代の五街道のうち中山道と甲州道中が，上野と信濃の国境にある碓氷峠で合流する。
オ　関東大震災では，武蔵と下総の旧国境にあたる東京両国の陸軍被服廠跡で多数の焼死者が出た。

6　空欄Aには，『興禅護国論』を著した人物の名が入る。この人物は誰か。漢字で記述解答用紙の解答欄に記入しなさい。

7　下線fについて述べた次の文X・Y・Zの正誤の組み合わせのうち，正しいものはどれか。1つ選び，マーク解答用紙の該当する記号をマークしなさい。

X　治承・寿永の乱を実際に戦った鎌倉幕府の御家人が，戦乱の経過を詳細に記録した歴史書である。
Y　朱子学の大義名分論に基づいて，平氏一門の栄枯盛衰が描かれている。
Z　江戸時代になると，歌舞伎や浄瑠璃の題材にも選ばれた。

ア　X－誤　Y－正　Z－正　**イ**　X－正　Y－誤　Z－正　**ウ**　X－正　Y－誤　Z－誤
エ　X－誤　Y－誤　Z－正　**オ**　X－誤　Y－正　Z－誤

8　空欄**B**に該当する語句は何か。漢字で記述解答用紙の解答欄に記入しなさい。

9　下線**g**に関連して，岡山藩主で閑谷学校を設けた人物は誰か。漢字で記述解答用紙の解答欄に記入しなさい。

10　空欄**C**には満州国の建国が宣言された時に首相を務めていた人物の名が入る。この人物は誰か。漢字で記述解答用紙の解答欄に記入しなさい。

〔Ⅲ〕　日本列島と海に関係する歴史について述べた次の文章を読んで，問に答えなさい。

海は陸上の生き物である人間を隔てるとともに，時としてつなぐ役割をはたしてきた。

スイス自然科学協会ルイ・アガシーの講演に端を発する氷河期の研究により，$_{\mathbf{a}}$約2万年前の全球的な海面は，現在よりも130メートル低かったことが明らかとなっている。最終氷期が終わり，完新世に入ると，いわゆる縄文海進といわれる時期を過ぎ，現在の日本列島の形が形成されていく。

律令国家が形成されると，海を通じた$_{\mathbf{b}}$多角的な国際関係が築かれた。国家間の関係のほかにも，次のような交流の痕跡もある。『延喜式』のなかには，「耽羅鰒（あわび）」という言葉が登場する。耽羅は，現在の韓国の済州島のことで，同地の製造法によるアワビが［ A ］として朝廷に貢進されたとみられている。公式な関係のほかに，記録に名を残さない人々による交流の証左であろう。$_{\mathbf{c}}$北方世界との関係に目を転じると，日本の勢力による統治が津軽海峡まで達したのは，延久蝦夷合戦の頃とする説がある。延久蝦夷合戦は，前九年合戦と後三年合戦の間におこなわれた戦争である。

鎌倉時代に入ると，仏教や商業の面での宋やモンゴル帝国との交流が盛んとなる反面，後者の侵攻を受けることもあった。この出来事を元［ B ］という。14世紀には前期倭$_{\mathbf{d}}$［ B ］が朝鮮半島を中心に活動した。16世紀には後期倭［ B ］が中国から東南アジアを中心に行動した。$_{\mathbf{e}}$火縄銃の技術が日本へ伝わったのはこの頃であるが，背景には倭［ B ］活動があったのである。

16世紀末には現在のアルゼンチンへ渡った日本人の存在が確認できるのであるが，$_{\mathbf{f}}$太平洋を横断した日本人の氏名が明確にわかるようになるのは江戸時代に入ってからである。19世紀になると英米の船が日本近海に出没するようになるが，そのなかには［ C ］を捕獲するための船も多かった。こうした動向が，日本側では開国へむかう契機となり，アメリカ側では作家ハーマン・メルヴィルなどに素材を提供することとなり，『白［ C ］』などの作品として結実した。$_{\mathbf{g}}$明治時代には，国策や民間企業の動きなどによって，日本列島と海をつなぐ航路は世界へと広がった。

日本列島と海との関わりを概観してきたが，近年の看過できない問題としては，$_{\mathbf{h}}$地球温暖化による海面上昇を挙げることができる。直近150年で温度は1度上昇し，海面は20センチ上昇したといわれている。人間を含む多くの生命をはぐくみ，日本を含む世界を結びつけてきた海の今後は，どのようなものになるだろうか。

〔問〕

1　下線**a**に関連して，更新世後期の日本列島に関する文のうち正しいものはどれか。1つ選び，マーク解答用紙の該当する記号をマークしなさい。

ア　アウストラロピテクスが，南方から日本列島へ渡来したとする説がある。

イ　本州と北海道のあいだは，この時期にも海で隔てられていたとする説がある。

ウ　下線 **a** の時期以前の遺跡，遺物は，日本列島ではみつかっていない。

エ　神奈川県で出土した港川人は，この時期の化石人骨である。

オ　ナウマンゾウの化石は，九州以南では出土していない。

2　下線 **b** に関連して，８世紀の状況について述べた文のうち，誤っているものはどれか。１つ選び，マーク解答用紙の該当する記号をマークしなさい。

ア　遣唐使は，ほぼ20年に１度の割合で派遣された。

イ　阿倍仲麻呂は，唐へ派遣され，帰国することなく客死した。

ウ　新羅からの使節の来日は，奈良時代には断絶していた。

エ　渤海との関係は，奈良時代には開始されていた。

オ　種子島や屋久島が行政区画化された。

3　空欄 **A** に入る言葉はどれか。１つ選び，マーク解答用紙の該当する記号をマークしなさい。

ア　租　　イ　調　　ウ　庸　　エ　雑徭　　オ　出挙

4　下線 **c** に関連して，次のい・ろ・は・にの出来事が起きた順番として正しいものはどれか。１つ選び，マーク解答用紙の該当する記号をマークしなさい。

い　物送り場遺跡などに代表される，アイヌの文化が成立した。

ろ　大陸起源と思われる装飾も多い，オホーツク文化が成立した。

は　延久蝦夷合戦が発生した。

に　漁労を中心とする，続縄文文化が成立した。

ア　ろ→に→い→は　　イ　ろ→に→は→い　　ウ　に→ろ→い→は

エ　に→ろ→は→い　　オ　に→は→ろ→い

5　空欄 **B** に入る漢字１字を記述解答用紙の解答欄に記入しなさい。

6　下線 **d** について述べた文のうち誤っているものはどれか。１つ選び，マーク解答用紙の該当する記号をマークしなさい。

ア　高麗の将軍李舜臣が撃退した。

イ　朝鮮は足利義満に禁止を求めた。

ウ　寧波の乱後も活動を継続した。

エ　戦闘の様子を描いた絵画作品がある。

オ　銀や生糸を商品とする交易もおこなった。

7　下線 **e** およびその頃の様子について述べた文のうち誤っているものはどれか。１つ選び，マーク解答用紙の該当する記号をマークしなさい。

ア　明は海禁政策をとり，私貿易を禁じていた。

イ　火縄銃を伝えた船は種子島へ到着した。

ウ 火縄銃を伝えた船にはポルトガル人が乗っていた。

エ ポルトガルはアジアでの拠点をマニラに築いていた。

オ 種子島時堯は，家臣に火縄銃の製造法を学ばせた。

8 下線 f について述べた文，X・Y・Zの正誤の組み合わせのうち，正しいものはどれか。1つ選び，マーク解答用紙の該当する記号をマークしなさい。

X 田中勝介は，太平洋を横断して現在のメキシコに至り，さらにマドリードへ渡った。

Y 伊東マンショは，太平洋を横断して現在のメキシコに至り，さらにリスボンへ渡った。

Z 支倉常長は，太平洋を横断して現在のメキシコに至り，さらにローマへ渡った。

ア X－正 Y－正 Z－正 **イ** X－正 Y－誤 Z－正 **ウ** X－誤 Y－誤 Z－正

エ X－誤 Y－正 Z－正 **オ** X－正 Y－誤 Z－誤

9 空欄**C**は，江戸時代の日本では紀伊・土佐・肥前・長門などにおいて網や銛を駆使した漁により捕獲された。その生き物は何か。漢字1字で記述解答用紙の解答欄に記入しなさい。

10 下線 g について述べた文のうち誤っているものはどれか。1つ選び，マーク解答用紙の該当する記号をマークしなさい。

ア 横浜正金銀行が，貿易の金融に当たった。

イ 三井物産会社などの商社が貿易に当たった。

ウ 日本郵船会社は，1893年にボンベイ（現在のムンバイ）航路を開いた。

エ 日本は世界3位の海運国となり，船成金が生まれた。

オ 政府は，1896年に造船奨励法と航海奨励法を公布した。

11 下線 h の解決にむけた国際的な取り組みに関係する事項として，もっともふさわしいものはどれか。1つ選び，マーク解答用紙の該当する記号をマークしなさい。

ア プラザ合意 **イ** ペレストロイカ **ウ** 新ガイドライン関連法

エ パリ協定 **オ** デタント

〔Ⅳ〕 日本における人間とウサギとの関係史に関する次の文章を読んで，問に答えなさい。

『古事記』に出てくる「因幡の白兎」(a)の話で，皮を剥がれたウサギに対して，ガマの花粉が効くと大国主命がアドバイスしたという記述は，日本最古の医療行為の記述だとされる。そのため例えばある国立大学の医学部附属病院のシンボルマークや，製薬会社のキャラクターに使われるなど，ウサギは現代でも医療や薬品のシンボルに用いられることが多い。美術品のなかでウサギが描かれることも多いが，［A］が所蔵する『天寿国繡帳』はその中でもかなり古い例である。このほか，(b)『鳥獣人物戯画』や，(c)円山応挙の『木賊(とくさ)兎図』や『百兎図』なども有名である。近代では泉鏡花がウサギの置物を多く集めており，現在それは［B］の図書館に所蔵されている。美術品のなかのウサギは上品に描かれたものが多いが，「因幡の白兎」のウサギのように他者を騙す知恵者のイメージもウサギには付与されることが多く，民話の「かちかち山」の話でも，ウサギは知恵でタヌキを騙す。この話は江戸時代から流布しており，［C］の『燕石雑志』などにその原型が収められている

明治初期には，(d)文明開化の風潮のなかで西洋産のウサギが流入するなど，愛玩用ウサギの人気が高まってバブル状態となり，秩禄奉還の法による一時金や，秩禄処分での［D］の交付で資金を得た華士族もそれを用いて投機したという。これに対して愛玩用ウサギは実用的ではないとして批判が相次ぎ，課税強化などの取り締まりも行われたが，その背景には，ウサギが食用・毛皮用などさまざまな形で消費されていたことがあった。(e)日清戦争や(f)日露戦争でもウサギの毛皮が軍用の防寒衣に使われたほか，肉も食用に供された。ウサギは動物実験でも多く使われるが，広島県大久野島には現在ウサギがたくさん住みつき，そのウサギ目当ての旅行客が集まる観光名所となっている。昭和期にはこの島にも日本の(g)毒ガス兵器開発のための工場が置かれており，毒ガスの試験のためにウサギが使われていたという。ただし，(h)第二次大戦後，食糧難のなかでこれらのウサギは食用にされて一旦いなくなり，現在島に住み着いているウサギは(i)高度成長期に持ち込まれ増えたのだという。

現代では，ウサギはかわいらしい動物として人気であり，ミッフィーやクロミなど，ウサギを元にした人気キャラクターも多い。他方で，現在でも動物実験で数多くのウサギが使われてもいる。人間に愛される一方で，さまざまに利用されてきた動物と人間の関係史を通して，人間社会の複雑さやその変化を考えてみることも有益であろう。

〔問〕

1　下線aに関して，律令制による因幡国は現在の何県に含まれるか。漢字で記述解答用紙の解答欄に記入しなさい。

2　空欄Aに当てはまる語句はなにか。漢字で記述解答用紙の解答欄に記入しなさい。

3　下線bの作品が作られた平安時代末期から鎌倉時代初期の出来事について述べた以下の文のうち，正しいものはどれか。1つ選び，マーク解答用紙の該当する記号をマークしなさい。

ア　日蓮宗が地方に多くの信徒を持つようになった。
イ　奥州藤原氏は大輪田泊から得た利益により平泉文化を開花させた。
ウ　平清盛は高倉天皇の外祖父となって権勢を誇った。
エ　源頼朝は寿永二年十月宣旨で全国の支配権を認められた。
オ　国地頭が停止されると，その権限の大部分は守護にひきつがれた。

4　下線cの人物と同時代を生きた人物の名として誤っているものはどれか。1つ選び，マーク解答用紙の該当する記号をマークしなさい。

ア　杉田玄白　イ　初代市川団十郎　ウ　本多利明　エ　田沼意次　オ　松平定信

5　空欄Bには，幕末期に洋学塾として設立され，現在も存続している大学の名前が入るが，それは以下のうちのどれか。1つ選び，マーク解答用紙の該当する記号をマークしなさい。

ア　慶応義塾大学　　イ　同志社大学　　ウ　早稲田大学　　エ　津田塾大学　　オ　東京大学

6　空欄Cには,『椿説弓張月』の著者として知られる人物の名前が入る。該当する人物はだれか。漢字4字で記述解答用紙の解答欄に記入しなさい。

7　下線dに関連して述べた文章として誤っているものはどれか。1つ選び,マーク解答用紙の該当する記号をマークしなさい。

ア　明治政府は多数のお雇い外国人を雇ったが,民間でも学校・会社などで多くの外国人が雇用された。
イ　明治政府は,それまでの月の満ち欠けなどに基づく暦を,太陽の運行にあわせた新暦に改めた。
ウ　農村においても,西洋化の風潮がすすみ,旧正月や五節句などの慣習はすたれた。
エ　日本初の日刊紙として『横浜毎日新聞』が創刊され,『郵便報知新聞』などの諸新聞が続いた。
オ　森有礼は西村茂樹らと相談して明六社を結成した。

8　空欄Dに当てはまる語句はなにか。漢字6字で記述解答用紙の解答欄に記入しなさい。

9　下線eに関して述べた文として正しいものはどれか。1つ選び,マーク解答用紙の該当する記号をマークしなさい。

ア　朝鮮の旧式軍隊の反乱に介入した日清両国軍が現地で衝突したことに端を発する。
イ　この戦争は沖縄の支配権をめぐっても争われた。
ウ　日本側全権伊藤博文と清国側全権袁世凱との間で講和条約が調印された。
エ　講和条約の調印後,ロシア・ドイツ・オーストリアの三国が,遼東半島の返還を日本に勧告した。
オ　この戦争の賠償金によって,日本はさらなる軍備拡張をなしとげた。

10　下線fに関連して述べた文として正しいものはどれか。1つ選び,マーク解答用紙の該当する記号をマークしなさい。

ア　陸戦における主戦場は中国東北地方であった。
イ　開戦後の連戦連勝の報に接しても,多額の戦費を確保するため,祝勝会や提灯行列などは自粛された。
ウ　当時の内閣は伊藤博文内閣であった。
エ　日本軍は青島を占領したが,その後返還した。
オ　アメリカのポーツマスで,日本全権陸奥宗光とロシア全権ウィッテとの間で講和条約が結ばれた。

11　下線gに関連して,毒ガスや細菌兵器について述べた文として誤っているものはどれか。1つ選び,マーク解答用紙の該当する記号をマークしなさい。

ア　毒ガスや細菌兵器の実験・研究施設がハルビンに置かれた。
イ　日本軍は毒ガスを実戦では使用しなかった。
ウ　日本軍は毒ガス戦や細菌戦の研究のため中国人やソ連人（ロシア人）を使って生体実験を行なった。
エ　日本軍は細菌戦を中国各地で実行した。
オ　731部隊と呼ばれる部隊が細菌兵器の実験・研究を行なった。

12　下線hに関して述べた次の文X・Y・Zの正誤の組み合わせのうち,正しいものはどれか。1つ選び,マーク解答用紙の該当する記号をマークしなさい。

X　台湾や朝鮮から米が入らず,天候不良や積年の肥料不足による凶作も起きたことなどが原因となった。
Y　終戦により日本列島の人口が急速に増え,失業者が増えたことも要因となった。

Z　物資の配給制度が終戦と同時に全廃されたことが一因となった。

ア　X－正　Y－正　Z－正　**イ**　X－正　Y－誤　Z－正　**ウ**　X－正　Y－正　Z－誤
エ　X－誤　Y－誤　Z－正　**オ**　X－誤　Y－正　Z－誤

13　下線ｉに関して述べた次の文のうち，誤っているものはどれか。１つ選び，マーク解答用紙の該当する記号をマークしなさい。

ア　池田内閣は全国総合開発計画を策定し，産業地域を太平洋ベルト地帯から全国に広げようとした。
イ　日本は国際通貨基金８条国に移行したことで，国際収支悪化を理由に対外支払い制限を行えるようになった。
ウ　この期間に日本の国民総生産（ＧＮＰ）は年平均約10パーセントの成長を記録した。
エ　民間企業の積極的な設備投資が成長を生み出す大きな要因となった。
オ　高度経済成長の一方で，農産物の輸入自由化がすすむなど農業経営は安定せず，農村の過疎化も進んだ。

世界史

（60分）

〔Ⅰ〕 次の文章を読み，**資料ⅰ～ⅳ**を参照して，**設問1～7**に答えなさい。

仏教は，キリスト教，イスラームと並ぶ世界宗教の一つであるが，典拠となる仏典や宗教的実践に大きな違いがみられ，大きく<u>パーリ語仏典を用いる南・東南アジア諸国</u>A，<u>漢訳仏典を基本とする東アジア諸国</u>B，<u>チベット語訳の仏典を用いる内陸アジア諸地域</u>C，を中心として数億人に信仰されている。

資料ⅰは，下線部Aの代表的な寺院群の一つであり，ここでは東南アジアでもっとも早くパーリ語仏典を用いる仏教が信仰されたが，これらを建立した王朝は，元の攻撃を受けて衰退し，13世紀末には滅亡した。**資料ⅱ**は，下線部Bの仏教を考える上で非常に重要な遺跡である。オアシスの道の要衝にあり，20世紀初頭に数万点におよぶ経巻・古写本などが発見された。**資料ⅲ**は，同じく下線部Bの仏教の広がりを考える上で重要な指標となる遺跡であり，［ D ］世紀から造営されたと考えられている。［ E ］様式の影響の残る像もみられる。**資料ⅳ**の建物は，下線部Cの地域で広く信仰される仏教指導者の住居として建造された。この仏教の一派であるサキャ派の高僧［ F ］のつくった文字は主として［ G ］語の表記に用いられた。

資料ⅰ

資料ⅱ

資料ⅲ

資料ⅳ

資料ⅰ～ⅳ：ユニフォトプレス提供
著作権の都合により，類似の写真と差し替えています。

設問1　下線部A，B，Cの地域で主流となった仏教の総称として最もふさわしい組み合わせを次の**ア〜エ**の中から一つ選び，**マーク解答用紙**の所定欄にマークしなさい。

ア　A　上座部仏教　B　大乗仏教　C　チベット仏教
イ　A　大乗仏教　B　密教　C　密教
ウ　A　大乗仏教　B　大乗仏教　C　密教
エ　A　上座部仏教　B　上座部仏教　C　チベット仏教

設問2　下線部Cの地域に関連する説明のうち，誤っているものを次の**ア〜エ**の中から二つ選び，**マーク解答用紙**の所定欄にマークしなさい。

ア　吐蕃では6世紀にチベット文字がつくられ，国字となった。
イ　8世紀後半，吐蕃と唐の争いに乗じて雲南で大理が勢力を広げた。
ウ　この地域で主流となった仏教は，清朝では手あつく保護された。
エ　この地域で主流となった仏教は，［　G　］人に大きな影響力をもった。

設問3　空欄Dに入る最も適切な数字はなにか，**マーク解答用紙**の所定欄にマークしなさい。

ア　2　**イ**　3　**ウ**　4　**エ**　5

設問4　空欄Eやマトゥラーでは，大乗仏教の成立とほぼ同時期に最初期の仏像が製作されはじめた。この時期に同地域を支配した王朝名と，その王朝と盛んに交易をした国名，およびその結果としてもたらされた産物の名称として最もふさわしい組み合わせを，次の**ア〜エ**の中から一つ選び，**マーク解答用紙**の所定欄にマークしなさい。

ア　グプタ，漢，陶磁器　**イ**　クシャーナ，ローマ，金
ウ　マウリヤ，漢，絹　**エ**　チョーラ，アルメニア，銀

設問5　空欄Fに当てはまる適切な人名を，**記述解答用紙**の所定欄に記しなさい。

設問6　空欄Gに当てはまる適切な語を，**記述解答用紙**の所定欄に記しなさい。

設問7　**資料ⅰ〜ⅳ**の建造物の所在地を南から順番に並べたさい，二番目の地域では，20世紀に反乱が起きている。この反乱を契機におきた二国間の大規模な武力衝突当時の両国の首相名を**記述解答用紙**の所定欄に記しなさい。

〔Ⅱ〕 世界史上の疫病について述べた次の文章ⅰとⅱを読み，**設問1～10**に答えなさい。

ⅰ 前430年，[A]戦争の只中にあったアテナイを疫病が襲った。市民の3人に1人が亡くなり，戦争を指導していたペリクレスもこの疫病にかかって死去したとされている。歴史家の$_{\text{B}}$トゥキディデスがこの疫病についての克明な記録を残したが，病名は未だ特定されていない。古代ローマで最も有名な疫病は，流行が始まった時の皇帝の名をとって$_{\text{C}}$「アントニヌスの疫病」と呼ばれているものである。この疫病は，パルティアに遠征していたローマ軍が持ち帰ったとされ，160年代半ばから流行した。疫病の正体は天然痘と見る説が有力である。3世紀には，さらに$_{\text{D}}$「キプリアヌスの疫病」も発生した。記録は少ないが，その被害は，アントニヌスの疫病を凌いだとされる。ビザンツ帝国も6世紀に深刻な疫病に見舞われた。この疫病も，流行が始まった時の皇帝[E]の名をとって呼ばれている。疫病は，ペストと推定され，541年から帝国内で流行し始め，コンスタンティノープルでは1日に1万人の死者が出たと伝えられている。

ⅱ 2020年1月30日，$_{\text{F}}$世界保健機関は，新型コロナウイルス感染症（Covid-19）に関する緊急事態宣言を発した。感染者数と死者数からみても，Covid-19の流行は未曽有の世界的危機であった。とはいえ，20世紀の終わりごろから21世紀にかけて，アフリカでは，エボラ出血熱などの新興感染症が幾度となく流行していた。人類は頻繁に感染症の脅威にさらされてきたのである。

感染症が世界的に流行した理由の1つに，人間の活動範囲の拡大が挙げられる。大航海時代のヨーロッパ人がアメリカ大陸に到達した結果，$_{\text{G}}$アメリカ大陸にはそれまで存在しなかった感染症が持ち込まれ，ヨーロッパ大陸にはトウモロコシやトマトなどがもたらされた。アメリカ大陸では，天然痘，$_{\text{H}}$コレラ，$_{\text{I}}$ペスト，マラリアなどの流行を通じて，先住民が大量に死亡した。「スペイン風邪」とも呼ばれた新型インフルエンザは第一次世界大戦を通じて大流行し，世界全体で推定約5億人が感染したと言われる。このとき，ドイツの社会学者[J]もこれに感染し，命を落とした。

設問1 空欄Aに当てはまる適切な語句を**記述解答用紙**の所定欄に記しなさい。

設問2 下線部Bに関連して，西洋古代の歴史家について述べた文として正しいものを次の**ア～エ**の中から一つ選び，**マーク解答用紙**の所定欄にマークしなさい。

ア ヘロドトスは，ササン朝ペルシアのギリシア侵攻の歴史について記述した。

イ トゥキディデスは，ヘロドトスの死後に生まれた。

ウ リウィウスは，タキトゥスの『年代記』を利用して，『ローマ建国史』を著した。

エ ポリビオスは，ローマを王政，貴族政，民主政の要素をあわせもつ混合政体の国家とみなした。

設問3 下線部Cの皇帝は，哲学者としても名高い。この皇帝が信奉した哲学の学派について述べた文として正しいものを次の**ア～エ**の中から一つ選び，**マーク解答用紙**の所定欄にマークしなさい。

ア ソクラテス，プラトン，アリストテレスもこの哲学の学派に属していた。

イ ヘラクレイトスは，この哲学の思想に基づき，「万物は流転する」と言った。

ウ この哲学の創始者は，キプロス島の出身で，前4世紀から前3世紀にかけての人だった。

エ 奴隷出身のエピクテトスもこの哲学の学派に属し，キケロに大きな影響を与えた。

設問4 下線部Dの人物は，カルタゴの司教を務めていた。この都市の歴史について述べた次の文**ア～エ**のうち，誤っているものを一つ選び，**マーク解答用紙**の所定欄にマークしなさい。

ア フェニキア人の植民市で，現在のチュニジアにあった。

イ この都市とローマとの戦争は，ポエニ戦争と呼ばれ，3回にわたった。

ウ　ザマの戦いの後，前146年に大スキピオによって征服された。

エ　5世紀には，ヴァンダル王国の都となった。

設問5　空欄**E**に当てはまる皇帝の名を**記述解答用紙**の所定欄に記しなさい。

設問6　下線部**F**は1940年代に設立されたが，同じ1940年代に設立された国際組織として誤っているものを，次の**ア**～**エ**の中から一つ選び，**マーク解答用紙**の所定欄にマークしなさい。

ア　国際連合教育科学文化機関　**イ**　国際通貨基金　**ウ**　世界貿易機関　**エ**　国際復興開発銀行

設問7　下線部**G**の事態は，アメリカ大陸に到達した航海者の名にちなみ，何と呼ばれるか，**記述解答用紙**の所定欄に記しなさい。

設問8　下線部**H**に関連して，コレラ菌や結核菌を発見したドイツの細菌学者の名として正しいものを，次の**ア**～**エ**の中から一つ選び，**マーク解答用紙**の所定欄にマークしなさい。

ア　マイヤー　**イ**　パストゥール　**ウ**　メンデル　**エ**　コッホ

設問9　下線部**I**の感染症は14世紀のヨーロッパでも大流行した。症状にちなんだこの感染症の呼び名を，**記述解答用紙**の所定欄に漢字で記しなさい。

設問10　空欄**J**の社会学者は，近代資本主義とプロテスタントの宗教倫理の関係性を検証する著作を残した。空欄**J**に当てはまる人物の名として正しいものを，次の**ア**～**エ**の中から一つ選び，**マーク解答用紙**の所定欄にマークしなさい。

ア　マックス＝ヴェーバー　**イ**　コント　**ウ**　マルクス　**エ**　レヴィ＝ストロース

〔Ⅲ〕 次の**史料**は，桑原隲蔵『考史遊記』（岩波書店，2001年。初版：弘文堂書房，1942年）の一部である。この**史料**を読み，**設問１～９**に答えなさい。

史料

〔八月十日〕素不敦廟の西南一里余にして新設の林西県衙門あり。……光緒三十四年の開設に係る。近年清国政府はしきりに東蒙古の開設に腐心し，光緒三十三年には開魯県を新設して，阿魯科爾沁・東西札魯特三旗の墾務を掌らしめ，また綏東県を試設して奈曼・小庫倫二旗の墾務を掌らしむ。三県皆潢水の北に在りて，承徳府の管下に属し，専ら漢人の移住開墾を奨む。東蒙古の牧場の化して耕地となる，遠き将来にあらざるを覚ゆ。……

〔八月十九日〕五時半出でて［ A ］の城墟を訪う。……もと開平という。蒙古の憲宗（B）の六年有名なる天文地理家劉秉忠に命じて城く所。地は桓州の東に当り，灤水を南にし，竜岡を北にす。元の世祖フビライ（C），実にこの城において皇帝の宝位に即く。ついで開平を以て［ A ］となす。爾来［ A ］開平は大都燕京（D）と併せて都会の所となり，当時称して両都という。……かくて［ A ］は元一代の間，繁盛を極めしが，順帝の至正十八年関先生［ A ］を陥れて宮闕を焚く。……幾ならずして順帝大都を追われて［ A ］に来り，ついで応昌に去る。明の洪武二年明将常遇春，開平を陥る。明初この地に開平衛を置き，北辺の重鎮となす。宣徳五年餽餉艱遠の故を以てこれを棄つ。これより開平の故城，遂に廃墟となる。……清の聖祖塞外に出で，厄魯特を親征す。時にヤソ教徒張誠（Gerbillon）（E）扈従の中に在りて途［ A ］を過ぐ。その記事彼の『韃靼行程』中に見ゆ。……

〔八月二十五日〕張家口は，庫倫・烏里雅蘇台・帰化城・豊鎮等の往来の要衝に当り，対蒙古及び露国の貿易場として，枢要の地を占む。商業は概ね［ F ］人の手に在り。外国人の商業は露人を除けば甚だ振わず。わが国人の商業を営むもの二。……露人は千八百六十年以来張家口に来住して，専ら茶業を営む（G）。支那茶は南支より海運により［ H ］に来り，［ H ］より白河を遡りて通州に来り，通州より駱駝もしくは騾馬によりて張家口に送る。張家口より庫倫にいたる約六百里の間は，大抵駱駝を使用し，時に牛車によりて運搬す。

設問１　空欄Aに当てはまる語を**記述解答用紙**の所定欄に記しなさい。

設問２　下線部Bの君主の治世の事績・出来事として正しいものを次の**ア～エ**の中から一つ選び，**マーク解答用紙**の所定欄にマークしなさい。

ア　開封を陥落させて金を滅ぼした。
イ　バトゥをヨーロッパ方面への遠征に派遣した。
ウ　フラグを西アジア方面への遠征に派遣した。
エ　モンゴル高原のカラコルムに都を建設した。

設問３　下線部Cによる侵攻を受けた高麗では，武臣と呼ばれる軍人たちが中心となって抵抗を続けた。それに関連する動きの説明として正しいものを次の**ア～エ**の中から一つ選び，**マーク解答用紙**の所定欄にマークしなさい。

ア　高麗王は，モンゴルの騎馬隊の攻撃を避けるため，都を漢城から江華島に移した。
イ　モンゴルの侵攻を受けた高麗軍の一部は，南下して倭寇の根拠地である対馬を攻撃した。
ウ　高麗がモンゴルに降伏した後も，高麗軍の一部であった三別抄は抵抗を続けたが，済州島で元・高麗連合軍に敗れた。
エ　モンゴルへの服属後，高麗では朱子学が官学となり，その中で高麗こそが中華文明を継承しているという「小中華意識」が広まった。

設問４　下線部Dの都市の歴史に関する説明として正しいものを次の**ア～エ**の中から一つ選び，**マーク解答用紙**の所定欄にマークしなさい。

ア　戦国時代には邯鄲と呼ばれ，燕の都が置かれていた。

イ　契丹が後晋から獲得した「燕雲十六州」に含まれており，契丹はここを南京と呼んだ。

ウ　朱元璋は，元が大都を放棄すると，ここを首都として北京と名づけた。

エ　蔣介石は，国民革命軍による「北伐」の後，ここを首都として国民政府を樹立した。

設問 5　下線部**E**に関連して，イエズス会宣教師が関係した次の**ア〜エ**の事柄を時代順にならべたとき，古いほうから二番目に来るものを選び，**マーク解答用紙**の所定欄にマークしなさい。

ア　ブーヴェらが測量に従事した『皇輿全覧図』が完成した。

イ　ジェルビヨンらがロシアとのネルチンスク条約締結の際に通訳を務めた。

ウ　カスティリオーネが設計に加わった西洋式宮殿が，北京郊外の円明園に建てられた。

エ　アダム＝シャールが暦を作成し，欽天監監正（天文台長）に就任した。

設問 6　空欄**F**に当てはまる中国（清）の省名を**記述解答用紙**の所定欄に記しなさい。

設問 7　下線部**G**の状況は，清とロシアの間のある条約に基づいて生じたものである。同じ条約で定められた事柄の説明として正しいものを次の**ア〜エ**の中から一つ選び，**マーク解答用紙**の所定欄にマークしなさい。

ア　ロシアは，旅順・大連を含む地域を清から租借した。

イ　ロシアは，中国東北を横断する鉄道（東清鉄道）の敷設権を獲得した。

ウ　ロシアは，占領していたイリ地方の大部分を清に返還した。

エ　ロシアは，ウスリー川以東の地域（沿海州）を自国領とした。

設問 8　空欄**H**には，**設問 7**の条約が締結された年に開港された都市名が入る。この都市名を**記述解答用紙**の所定欄に記しなさい。

設問 9　下線部**G**に関連する茶の貿易について，**史料**および次の**表 i 〜 iii**から得られる情報と矛盾しない記述を次の**ア〜カ**の中から二つ選び，**マーク解答用紙**の所定欄にマークしなさい。

ア　植民地向けの茶の販売権をイギリス東インド会社に独占させる茶法の制定により，イングランドの茶の輸入は大きく増加した。

イ　アメリカ独立戦争が終結した翌年にイギリス政府が茶に対する関税を大幅に引き下げたため，イングランドの茶の輸入は大きく増加した。

ウ　イギリス政府がイギリス東インド会社の中国貿易独占を廃止すると，イングランドの茶の輸入は大きく減少した。

エ　アッサム地方では，1840年代に茶の栽培が軌道に乗り，1880年の生産高は3,400万重量ポンドあまりに達した。

オ　スエズ運河の開通によって，茶はオデッサ（オデーサ）などを経由する海路でもロシアに輸入されるようになったが，統計に表れる茶の総輸入量はほとんど変化しなかった。

カ　**史料**で描かれている旅行が行われた時期において，ロシアが輸入する茶の大部分は中国産で，インド産のものは100万重量ポンド未満であった。

表 i　イングランドの茶輸入量（1,000重量ポンド）

年	総輸入量	年	総輸入量
1750	2,299	1800	24,077
1755	2,502	1805	22,140
1760	2,593	1810	21,617
1765	5,684	1815	26,110
1770	9,447	1820	23,750
1775	6,831	1825	31,682
1780	6,733	1830	30,514
1785	10,148	1835	44,360
1790	16,713	1840	28,021
1795	19,144	1845	51,056

出典：John MacGregor, *Commercial Statistics. A Digest of the Productive Resources, Commercial Legislation, Customs Tariffs, Navigation, Port, and Quarantine Laws, and Charges, Shipping, Imports and Exports, and the Monies, Weights, and Measures of All Nations*, Vol. 5, 1850: p. 58（データを一部省略）

※1,000ポンド未満の端数は切り捨てた。

表 ii　ロシアの茶輸入量（1,000重量ポンド）

年	総輸入量	年	総輸入量
1801	1,764	1850	11,412
1810	3,348	1860	16,632
1820	5,184	1870	38,520
1830	5,580	1880	78,444
1840	7,884	1890	69,012

出典：森永貴子「清の門戸開放後におけるロシアの茶貿易」『論集　北東アジアにおける近代的空間』明石書店, 2022年：p.577（データを一部省略）

※原表では茶の量はプード（ロシアの計量単位）で表記されているが，1プード＝36ポンドとして換算した。

表 iii　インド茶の各地への輸出量（1,000重量ポンド）

輸出先＼年	1880	1885	1895	1900	1905	1910
イギリス（連合王国）	45,416	66,640	123,947	166,171	166,591	182,935
オーストラリア	807	1,766	6,774	9,094	7,146	8,782
ロシア	–	–	486	772	9,988	31,121
トルコ	6	25	1,372	3,858	3,846	3,916
ペルシア	10	31	3,188	2,429	1,102	312
カナダ	–	–	407	1,724	15,018	8,444
アメリカ合衆国	68	98	581	1,765	2,174	2,343

出典：Bhubanes Misra, "Quality, Investment and International Competitiveness: Indian Tea Industry, 1880–1910", *Economic and Political Weekly*, Feb. 7, 1987, Vol. 22, No. 6, 1987: p. 231（データを一部省略）

※この表では，1880年とは1880年4月～1881年3月を意味する。他も同様。

〔Ⅳ〕　次の**史料**は，ある国が独立するとの宣言がなされた際の記者会見の記録である。これを読んで，**設問1～6**に答えなさい。

史料

〔質問〕　非常に重要な宣言がなされた今，［A］に対する姿勢，特に［A］との対決という背景をふまえての姿勢と，独立した主権国家として，将来［A］との関係をどのように扱っていかれるお考えなのか，我々外国人記者にお聞かせ下さい。

〔首相〕　……我々は［A］と友人でありたい。……［A］との間の問題や相違は全て解決したいと願っています。ただ，我々は生存しなくてはなりません。……それに，もうひとつ重要だと思っていることがあります。……今まで［B］との間にいろんな問題がおこりましたが……我々は［B］と最も公正かつ平等な形で協力していくことを望んでいます。……我々と［A］，［B］と［A］の関係を解決していきたいと望んでいます。

【中略】

〔首相〕　……我々としては，わが国に干渉しない国なら世界のいかなる国とも貿易を行うべきだと思います。……我々は反共産主義をとるつもりはありませんが，共産主義者が我々を打倒するのを許すつもりもありません。つまり，我々の国は民主主義国家であるということです。

【中略】

〔首相〕　……［C］を［B］から切り離した，この協定に調印したこの瞬間を振り返るたびに，我々は苦痛にさいなまれるでしょう。私にとっても，この瞬間は苦痛の瞬間です。なぜなら，私は……成人後の全生涯を通じて……これら二つの領域の合併と統一を信奉してきたのですから。

【中略】

〔首相〕　……最後に，我々は真の［C］人――私はもはや［B］人と称することはできません――になり，人種，言語，宗教，文化の違いにかかわりなく，一致団結していこうではありませんか。

（出典：『［C］の政治哲学』田中恭子訳より一部修正・割愛して抜粋。出典情報の一部も割愛。）

設問1　**史料**で言及されている宣言の約半世紀前に空欄**A**の地域にうまれ，一時は民族運動に重要な役割を果たした集団あるいは組織として最も適切なものを次の**ア～エ**の中から一つ選び，**マーク解答用紙**の所定欄にマークしなさい。

ア　ワッハーブ派　　**イ**　バーブ教徒　　**ウ**　全インド＝ムスリム連盟　　**エ**　イスラーム同盟

設問2　空欄**B**に当てはまる適切な語句を**記述解答用紙**の所定欄に記しなさい。

設問3　**史料**の記者会見では，空欄**C**の人口が約200万人として言及されている。空欄**C**に当てはまる適切な語句を**記述解答用紙**の所定欄に記しなさい。

設問4　**史料**で言及されている宣言が出された年の20年前，空欄**A**の地域でも独立が宣言された。そのさらに2年前の時点で，空欄**A**，空欄**B**，空欄**C**の地域を占領していた一つの国を**記述解答用紙**の所定欄に記しなさい。

設問5　**史料**で言及されている宣言が出された年の2年後，空欄**A**，空欄**B**，空欄**C**を含む国々が地域協力のために結成した国際機構は何か。適切な語句を**記述解答用紙**の所定欄に記しなさい。

設問6　次の**ア～エ**の出来事のうち，**史料**で言及されている宣言に最も近い時期に起きたものを一つ選び，**マーク解答用紙**の所定欄にマークしなさい。

ア　スエズ運河の国有化　　**イ**　第3次中東戦争の勃発

ウ　イラン＝イスラーム共和国の成立　　　エ　サウジアラビア王国の成立

〔V〕 次の文章を読み，**設問1～4**に答えなさい。

17世紀後半から19世紀初頭のヨーロッパでは，中国の陶磁(A)が人気を呼び，ドイツのシャルロッテンブルク宮殿などでは，磁器で壁面を装飾した部屋もつくられた。同時に，中国風の庭園，建築，絵柄，デザインも流行する。作品**B**はその代表的例である。こうした傾向を［ C ］という。

B　フランソワ・ブーシェ《中国の庭》

設問1　下線部**A**に関し，正しいものを次の**ア**～**エ**の中から一つ選び，**マーク解答用紙**の所定欄にマークしなさい。

ア　白い素地に透明の釉薬を施した白磁は，宋代に最も発達し，特に雲南の定窯は象牙のような色合いの高品質な製品で名高い。

イ　赤を主調に黄，緑，青，黒色などの上絵付を施した陶磁器を赤絵と呼ぶ。南宋時代に盛んになり，明時代の末頃からは量産されて海外に輸出された。

ウ　釉薬の鉄分が変化して青緑色を帯びた青磁は，特に北宋時代に現在の浙江省の竜泉窯や河南省の汝窯などですぐれたものが作られた。

エ　元代に確立された青花は染付とも呼ばれる。東南アジアで採掘されたコバルト顔料を絵付けに用い，安南，李氏朝鮮，日本，そしてヨーロッパの陶磁に大きな影響を与えた。

設問2　下線部**A**に関連して，ヨーロッパに輸出された中国陶磁の生産地のうち，明時代に官窯が置かれた中国随一の窯業都市の名前を，**記述解答用紙**の所定欄に漢字で記しなさい。

設問3　作品**B**に関し，最も適切な文章を次の**ア**～**エ**の中から一つ選び，**マーク解答用紙**の所定欄にマークしなさい。

ア　中国の服装を身に着けた貴族の華麗な姿を描いたバロック絵画である。

イ　中国的なイメージを繊細優美にアレンジしたロココの典型的作品である。

ウ　中国風人物を調和と秩序のうちに配した古典主義絵画である。

エ　中国の人々を幻想的に描写したロマン主義の作品である。

設問 4　空欄Cに当てはまる言葉を**記述解答用紙**の所定欄に記しなさい。

集って菩薩や聖衆のために互いに法を説き合い、南の懸樋からは西方浄土の晴れやかな様子をはるか彼方に見渡すことができた。

イ　十六夜日記　　ロ　十訓抄　　ハ　承久記
ニ　千載和歌集　　ホ　とはずがたり　　ヘ　増鏡

問二十四　本文の趣旨と合致するものを、次の中から二つ選び、解答欄にマークせよ。

イ　長明の旧居である広大な下鴨神社の南には水路をまたぐ橋があり、西は晴れの時には眺望がよく、春の藤棚からは強い香りが漂い、夏の郭公の声に涼しさを増し、秋の蝉の声は音楽のように美しく、冬の雪の白い色により罪障が消え去る。

ロ　自然が私たちを感動させるのは、詠んできた詩や、観てきた絵など、蓄積した芸術体験がもたらす効用にすぎないとされるが、鴨長明には四季の推移が多神教的な意味を持ち、風光明媚な巨椋池は仏神を仰ぐ修行に理想的な隠れ里である。

ハ　浦島太郎が竜宮城に行き戸を開けてみると四方に四季が同時に出現したというが、長明も白居易や慶滋保胤の先例にならい、方丈の庵に四季を見出そうと様々な工夫を加え、『源氏物語』の六条院のような広壮な屋敷を精神的模範とした。

ニ　家の作りにも四神相応が必要であり、東に流水があるのを青竜、西に大道があるのを白虎、南に池があるのを朱雀、北に丘があるのを玄武とするような地に居住することができれば、福徳長寿で高い官位を得ることができるとされていた。

ホ　白居易は江州に左遷され、廬山の草堂に閑居して詩文を作ったが、特に遺愛寺の鐘の音、香炉峰の雪、あるいは雨の廬山の草庵を詠んだ詩は、平安時代の殿上人や女房たちのあいだに広まることになり、教養が共有されることにもなった。

ヘ　『今昔物語集』に述べる維摩居士の方丈の石室には、狭い空間にもかかわらず、十方から三万二千もの諸仏がやかな充足感を得ていた。

ハ　鴨長明は、方丈の庵において、春は藤を、夏は郭公を、秋は蝉の声を、冬は雪を愛で、仏道の修行とは、距離を置いた生活をしていた。

ニ　白居易が失意のうちに設けた廬山草堂では、遺愛寺の鐘を聞き、香炉峰の雪を見るなど、信仰と心の休息地をようやく見いだしていた。

ホ　慶滋保胤は、ようやく得た池亭で、妻子とともに、書籍に囲まれ、菜園を耕し、池水には鯉を放つなど、小さな幸せを感じ取っていた。

ヘ　鴨長明は、広大な下鴨神社の社地を出て、後に鬱屈する外的事情の中で極小の庵を得たが、そこは心を休めることができる空間だった。

問二十二　傍線部**X**「めり」・**Y**「けれ」の説明の組み合わせとして、最も適切なものを次の中から一つ選び、解答欄にマークせよ。

イ　X：推量の助動詞　Y：過去の助動詞
ロ　X：推量の助動詞　Y：形容詞の活用語尾
ハ　X：動詞の活用語尾と完了・存続の助動詞　Y：詠嘆の助動詞
ニ　X：動詞の活用語尾と完了・存続の助動詞　Y：形容詞の活用語尾
ホ　X：推量の助動詞と完了・存続の助動詞　Y：過去の助動詞
ヘ　X：推量の助動詞と完了・存続の助動詞　Y：詠嘆の助動詞

問二十三　『方丈記』よりも前に成立したと考えられる作品を次の中から一つ選び、解答欄にマークせよ。

を次の中から一つ選び、解答欄にマークせよ。

イ　無常観に浸るための風情ある方丈の庵は、自分を取り囲む四季の推移とともに、宗教的な美しい言葉で枠取られている。

ロ　五行説に基づく四神相応の地にある住まいは、快適な生活を実現できるため、かえって家具などをそろえる必要はない。

ハ　住まいをいつでも移動できるため、四季折々に好ましい場所へ動かすことによって、宇宙精神を体感することができる。

ニ　心の隠喩、世界の譬喩としての住まいは、宇宙の集約としての心と一体化しているが、精神性の高まりに懸隔を感じる。

ホ　隠者の方丈の庵にはほぼ何もないにもかかわらず、世界の全てを包み込む、宇宙のような無限を感じ取ることができる。

ヘ　組立式の方丈の庵は、永遠の移動を本質とするため、極限まで小さな点となった家は、宇宙に向かって突き抜けている。

問二十一　白居易・慶滋保胤・鴨長明それぞれの住居をめぐる観念の説明の中で、**適切でない**ものを次の中から一つ選び、解答欄にマークせよ。

イ　白居易は、廬山草堂において、春は花を、夏は雲を、秋は月を、冬は雪を愛(め)で、千変万化する眺めに、表現できないほど感動していた。

ロ　慶滋保胤は、池亭において、春は柳を、夏は竹を、秋は月を、冬は日ざしを愛で、四季の暮らしぶりに、ささ

イ　自然が芸術を模倣するがゆえに、豊穣な貴族的教養の輻輳に思わず身を委ねられる。
ロ　幻想的な四季折々の情景の中に、西方浄土を願うための質素な什物が飾られていた。
ハ　白居易が都を偲ぶ風情は、潯陽江の琵琶の音を想い起こさせるような装置であった。
ニ　極小の閑居は、いつしか和漢の時空を往来する、豪奢な芸術空間へと変貌していく。
ホ　歌人ではなく楽人長明として、秘曲を演奏するための周到な準備が整えられていた。
ヘ　長明は方丈の庵を、伊勢の二見浦ではなく巨椋池のほとりに構えることを決意した。

問十八　空欄 Ⅱ に入る適切な語句を、本文から**十二字以内**で抜き出し、記述解答用紙の所定の欄に記せ。句読点がある場合は、一字と数える（楷書で丁寧に書くこと）。

問十九　傍線部**3**「若遠行客過故郷、恋恋不能去。」の返り点として、最も適切なものを次の中から一つ選び、解答欄にマークせよ。

イ　若遠行客レ過二故郷一、恋恋不レ能レ去。
ロ　若二遠行一客過二故郷一、恋レ恋不レ能レ去。
ハ　若三遠行客過二故郷一、恋レ恋不二能去一。
ニ　若遠行三客過二故郷一、恋恋不レ能レ去。
ホ　若下遠行客過二故郷一、恋レ恋不中能去上。
ヘ　若下遠行客過二故郷一、恋恋不上レ能レ去。

問二十　傍線部**4**「その無所有と引き換えに、四方四季の宇宙に包まれる」とあるが、その説明として最も適切なもの

ロ　郭公の声は、この世とあの世を隔てる三途の川を渡る時に聞こえるとされており、死後、西方浄土における救済が約束されるようだと安堵している。

ハ　方丈の庵の南の懸樋に岩を立て水をためているので、夏には郭公がよく訪れるが、その声は死への誘いのように聞こえるため恐怖をかきたてている。

ニ　春の藤は浪のように見え美しく、極楽往生する際に現れるという紫雲のようであるが、夏の郭公の声はそれと対照的に死後の恐怖を示すかのようだ。

ホ　夏には人が通れなくなるほど生い茂る音羽山のかずらに、郭公が降りて鳴く声はもの悲しげに聞こえて死への旅立ちを覚悟させるかのように思える。

ヘ　秋の蝉の声が世のはかなさを示し、冬の積雪は積もったり消えたりする罪科に喩えられるのと同様、夏の郭公の声は死に向かう恐れを示唆している。

問十六　傍線部**2**「読経まめならぬ時」の意味として最も適切なものを次の中から一つ選び、解答欄にマークせよ。

イ　体調悪化で読経できない時

ロ　読経をまじめにできない時

ハ　読経を夢中に行っている時

ニ　気合いを入れて読経する時

ホ　読経を声を出さずに行う時

ヘ　安易な気持ちで読経する時

問十七　空欄［　Ｉ　］に入る文章として最も適切なものを次の中から一つ選び、解答欄にマークせよ。

さな点となった家に、一体的に居住する長明の心。それは、求心的に内向しつつ、同時に、外へ向かって庵を突き抜け、果てしない宇宙と交感することだろう。心の隠喩としての住まい、世界の譬喩としての住まい、そして宇宙の集約としての我が心。そのように交叉する精神性こそ、長明にとって、方丈の庵のもっとも大事な要素であった。

注

江州……地名。現在の中国江西省一帯の地域。　潯陽江……河川名。長江（揚子江）の別名。
楓……紅葉する落葉高木。ここでは桂に同じ。　汚池……水たまりの池。
十之四……十分の四。　嫋娜……しなやかで美しい。
匡廬……山名。現在の中国江西省九江市にある廬山のこと。　元和十一年……西暦八一六年。
太原……地名。現在の中国山西省の省都。　牖……まど。
錦繡谷……渓谷名。廬山にある。　石門澗……渓谷名。廬山にある。
虎渓……渓谷名。廬山東林寺の前にある。　覼縷……事細かに。
慧遠……東晋代の僧侶。東林寺に住し念仏実践を行った。
蘭省……白居易が勤務していた長安の尚書省。
維摩詰……維摩居士。天竺の商人で、釈尊の在家の弟子。
玄奘……唐代の訳経僧。天竺に仏典を求めた。　王玄策……唐代の外交官。天竺に赴いた。

問十五　傍線部**1**「語らふごとに死出の山路をちぎる」とあるが、その説明として最も適切なものを次の中から一つ選び、解答欄にマークせよ。

イ　郭公の声は、死後に越えなければならない山に導くと言われているので、それを聞くたびに道案内をしてくれると約束をしているように感じている。

しかし長明は、鬱屈する外的事情の中で意志を固め、父方祖母の家を出て、河原近くに初めての庵を建てた。旧宅と比べて十分の一の小ささだという。そして「五十の春を迎へて、家を出て世を背けり」。その後「六十の露消えがたに及びて」、ついに極小の方丈の庵を構える。「かけがね」だけで造った家で、掘立の柱もない。「土居」という土台を組み、いつでも移動ができるようにしてある。旅人が一晩の宿を造り、歳をとった蚕が繭を作るようなものだ。最初の庵と比べても、百分の一にも及ばない、という。

そう自虐的に語りつつ、長明は、「いづれの所を占めて、いかなるわざをしてか、暫しも此の身を宿し、たまゆらも心をやすむべき」と真摯に問い、結句「広さはわづかに方丈、高さは七尺がうち也。所を思ひ定めざるが故に、地を占めてつくらず」と決め、方丈の庵に住む意義を述べる。

この「栖は、すなはち浄名居士の跡をけがせり」と、『方丈記』は、我が庵建立の意図を告白している。インドの浄名居士すなわち維摩詰が住んだ方丈がモデルだというのだ。『今昔物語集』巻三第一話の説明によれば、維摩の「居給へる室は、広さ方丈」に過ぎないが、この小さな部屋には、何人でも入ることができる。

其の室の内に十方の諸仏来り集まり給ひて、為に法を説き給へり、各無量無数の菩薩・聖衆を引具し給ひて、彼の方丈の室の内に各微妙に荘厳せる床を立てて、三万二千の仏、各其の床に坐し給ひて法を説き給ふ。無量無数の聖衆、各皆随へり。

仏は、この「室をば「十方の浄土に勝れたる甚深不思議の浄土也」と説き給ひけり」という。長明の憧れた「方丈」は、世界の全てを包み込む、宇宙のような無限であった。

維摩居士の方丈は、石室であったらしい。六世紀には、三蔵法師玄奘や王玄策によって、インドのヴァイシャリー国に残る維摩方丈の遺跡が発見されている。しかし長明の方丈の草庵は、その「浄名居士の跡」を承けながら、「跡」を遺さぬ組立式で、永遠の移動を本質とする。方丈の庵は、長明自身と、また彼の心と一体の空間であった。極限まで小逸話の出典は、白居易『白氏文集』巻十六の律詩「香炉峰ノ下、新タニ卜シ山居ヲ、草堂初メテ成リ、偶（たまたま）題ス東壁ニ」五首のうちの第四首である。白居易は、元和十年（八一五）三月に江州に左遷となり、失意の中で、慧遠（えおん）の浄土教で有名な、廬山の地を訪ねる。香炉峰は廬山の北峰で、遺愛寺は香炉峰の北側にある。白居易はその「香炉峰ノ北面、遺愛寺ノ西偏」（「香炉峰ノ下、新タニ置キ草堂ヲ、即チ事ニ詠ジ懐ヲ、題ス於石上ニ」、『白氏文集』巻七）に草堂を建てて愛し、多くの詩文を詠んだ。藤原公任は、『和漢朗詠集』下・山家（五五四・五五五）に、次のようにそれをまとめている。

遺愛寺ノ鐘ハ欹（そばだ）テテ枕ヲ聴キ　香炉峰ノ雪ハ撥（かか）ゲテ簾ヲ看ル　（五五四）

蘭省ノ花時錦帳ノ下　廬山ノ雨夜草庵ノ中　（五五五）

「蘭省ノ花時…」の方は『白氏文集』巻十七「廬山草堂ニ、夜雨独リ宿シ、寄ス牛二・李七・庾三十二員外ニ」からの採択で、『枕草子』「頭中将のすずろなるそら言を聞きて」に、この句と「草の庵」をめぐる、有名なエピソードがある。

白居易はこの「草堂」に、信仰と心の休息地を見出す。草堂の四方（「四傍」）には、四季の美が展開している。春は、錦繡の谷の花が咲き、夏は、石門澗の雲が湧く。秋は、虎渓の月。そして冬は、香炉峰の白雪が美しい。ただしこれは『作庭記』が記すような、我が家の庭ではない。いわば借景だ。しかし借り物であるがゆえに、無限の四方に広がりを有する。

小さな隠者の住まいは、4その無所有と引き換えに、四方四季の宇宙に包まれることができる。それが閑居の理想であった。

若き日の長明は、巨大な空間の中に住んでいた。下鴨神社の社地は広大だ。かつて長明の四神相応・四方四季は、社域内で完結しえたことだろう。たとえば『うつほ物語』の神南備種松（かんなびのたねまつ）の豪邸や『源氏物語』の六条院、あるいは藤原頼通の高陽院（かやのいん）のように。

背。

春は、東側に柳がさやさやとそよぎ、夏は、北戸に竹が生えていて、涼しい風が入ってくる。秋は、西の窓に月が照り、冬は、南の軒で日向ぼっこができる。この『池亭記』では、五行説とは南北が異なるが、保胤の「池亭」は、快適な四方の四季に囲まれていた。鴨長明は、この『池亭記』を徹底的に参照し依拠して、『方丈記』を書いた。

この『池亭記』にも典拠があった。全体としては『池上篇幷序』(『白氏文集』巻六十)という白居易の詩文をもとにしつつ、四季の風景は、白居易が自分の愛する草庵を描く『草堂記』(『白氏文集』巻二十六)の叙法に准拠している。

匡廬奇秀、甲天下山。山北峰曰香炉、峰北寺曰遺愛寺。介峰・寺間、其境勝絶、又甲廬山。元和十一年秋、太原人白楽天、見而愛之、3若遠行客過故郷、恋恋不能去。因面峰腋寺作為草堂。明年春、草堂成。三間両柱、二室四牖。(中略)春有錦繡谷花、夏有石門澗雲、秋有虎渓月、冬有炉峰雪。陰晴顕晦、昏旦含吐、千変万状、不可殫紀、覼縷而言。故云、甲廬山者。

清少納言『枕草子』が「香炉峰の雪いかならむ」と記した、あの香炉峰である。少し注釈しておけば、『枕草子』の四方四季については、三谷栄一『物語史の研究』に詳論があるが、たとえば御伽草子『浦島太郎』では、浦島が竜宮城へ行って戸を開けてみると、東には春の花が咲き、南は夏の景色がある。西は秋の紅葉が拡がり、北は雪が降っていた。家の四方に、四季が同時に現出する、ユートピアのイメージだ。「隠れ里」の昔話にも、そういう風景が出てくる。隠れ里とは言い得て妙だ。隠者の住まいには、四方四季への希求があった。本段の冒頭がまさにその証左である。

長明は、庵の南の懸樋から「その所のさま」を描き出し、四神相応の南の池のように「岩を立てて水をためたり」という。そして、音羽山山系にある庵の西側が、「大道」ならぬ、遠くを見渡せるロケーションにあることを叙述していた。西方浄土の極楽を願い、沈む夕日を観想する、日想（にっそう）の修行に適した場所だ、というのである。

そこには、幻想的に美しい四季折々の情景が拡がっていた。春は藤の花房が風に揺れ、夏はホトトギスと語らう。そして秋はヒグラシの声が響き、冬は雪。特徴的なのは、春の景色が東ではなく西にあり、「紫雲のごとくして西方に匂ふ」と仏教的世界観の中にあることだ。

この庵をめぐる四季の叙述には、典拠がある。慶滋保胤（よししげのやすたね）の『池亭記』という文章である。

就（キテハ）レ隆（たかキニ）為（つくリ）二小山ヲ一、遇（ヒテハ）レ窪ニ穿（ほル）二小池ヲ一。池ノ西ニ置キテ二小堂ヲ一安ズ二弥陀ヲ一。池ノ東ニ開キテ二小閣ヲ一納ム二書籍ヲ一。池ノ北ニ起（たテテ）二低屋ヲ一着ケリ二妻子ヲ一。凡ソ屋舎ハ十之四、池水ハ九之三、菜園ハ八之二、芹田（きんでん）ハ七之一ナリ。其ノ外緑松ノ島、白沙ノ汀（みぎは）、紅鯉白鷺、小橋小船、平生所レ好ム、尽ク在リ二於中ニ一。況（いはんや）乎春ハ有リ二東岸之柳一、細煙嫋娜（でうだ）タリ。夏ハ有リ二北戸之竹一、清風颯然（さつぜん）タリ。秋ハ有リ二西窓之月一、可シ二以テ披（ひらク）レ書ヲ一。冬ハ有リ二南簷（えん）之日一、可シ二以テ炙ルレこと。比叡山横川の恵心院から「水うみ（＝琵琶湖）を眺望」していると、舟が沖を通るのを見て、ある人が「［Ⅱ］」と詠じたのを聴く。源信は深く感銘を受け、和歌は仏道修行の助け（「観念の助縁」）になると悟り、以後、詠歌を嗜むようになったという（『袋草紙』）。巨椋池の「岡屋に行きかふ舟をながめて満沙弥が風情をぬすみ」と書く長明の念頭には、この逸話がある。

こうした連想から、宇治川が流れ込む、風光明媚な巨椋池が、長明にとって「水うみ」琵琶湖を連想させる景観だったこともわかる。しかしこの大池は、豊臣秀吉の改修を契機に環境が劣化。昭和に入って、戦前に干拓され、姿を消してしまった。

今はなき巨椋池は、平安京から南にあたる。南に池とは、都の四神相応にふさわしい光景であった。四神相応とは、「地相からみて、天の四神に応じた最良の土地柄」で、「左方（東）は青竜にふさわしい流水、右方（西）は白虎の大道、前方（南）は朱雀の汚池、後方（北）は玄武の丘陵を有すること。官位・福禄・無病・長寿を合わせ持つ地相で、日本の平安京の地勢はこれにあたるという。四地相応。」と『日本国語大辞典』第二版にも説明されている。

平安時代の『作庭記』は、「経云」として、家の作りにも四神相応が必要だと説く。

家より東に流水あるを青竜とす。もしその流水なければ、柳九本をうゑて青竜の代とす。西に大道あるを白虎とす。もしその大道なければ、楸七本をうゑて白虎の代とす。南前に池あるを朱雀とす。もしその池なければ、桂九本をうゑて朱雀の代とす。北後に岳あるを玄武とす。もしその岳なければ、檜三本をうゑて玄武の代とす。かくのごときして、四神相応の地となしてゐぬれば、官位福禄そなはりて、無病長寿なりといへり。

だから寝殿造には、南に池がある。この「四神相応は、五行説によれば、「青＝春、赤＝夏、白＝秋、黒＝冬」となり、四季の要素を併せもつ」。すなわち「四神相応の四方四季観」へとつながっていく（小林正明「蓬萊の島と六条院の庭園」）。

ぎゆく舟のあとの白波」（『拾遺集』他）の無常観に浸る。夕べは漢詩。白居易の『琵琶行』を想う。中国江州の潯陽江のほとり。夜、舟の客を送る時、楓が風に音を立て、どこからか、都を偲ぶ琵琶の音が聞こえてくる、との風情である。そして音楽へ。桂という詞から、琵琶桂流の祖とされる、桂大納言源経信を慕い、琵琶を奏でる。経信は、長明の和歌の師・俊恵の祖父で、詩・歌・管絃の三道を極める一級の教養人であった。

『方丈記』がこの直前に詳述する庵の内装を見ると、西面の北側には阿弥陀仏と普賢菩薩の像を掛け、その前に『法華経』を置く。立派な修行の場ではあるのだが、その西面の南側には、竹のつり棚をしつらえて、黒い皮籠が三つ置いてある。その中には、『往生要集』の他に、和歌の本、管絃の本という、それぞれの抜書が、軽重なく置かれていた。そしてその傍らには、琴と琵琶を一面ずつ立てている。［　I　］

歌人長明は、楽人でもあった。『文机談』（十三世紀後半成立）によると、琵琶の師中原有安は、長明には伝授を尽くさず没してしまった。しかし「すき物」長明は、管絃の名人たちを集め、「賀茂のおくなる所」で、「秘曲づくし」を開催する。秘曲は、師匠から免許を得て伝え授けられた弟子だけが演奏できる、秘伝の重要楽曲である。名人たちの演奏に興が乗った長明は、伝授を受けてもいないのに、琵琶の秘曲『啄木』を、皆の前で数回演奏してしまった、という。これを「もれ聞」いた琵琶の名人藤原孝道は、「おもき犯罪」だと後鳥羽院に告発した。そこまで咎めるべきことだろうか、との同情論もあったが、孝道は、「道の狼藉」だ、許すわけにはいかぬと「強く奏聞」を続けた。長明は「これにたへず」都を去り、「修行のみちにぞ思ひたちける」。そして「ふたみの浦といふ所に方丈の室をむすびてぞ、のこりのすくなき春秋をばおくりむかへける」という。ただし、これだと方丈の庵が伊勢の二見浦にあることになってしまう。長明が伊勢に旅行したことがあるのは史実だが、『文机談』の話の真偽には文献批判が必要だ。

ともあれ、老齢を自覚する『方丈記』の長明も、かつてのうっぷんを晴らすかのように、たった独りの閑居の地で『啄木』に次ぐ秘曲『流泉』を思いのままに弾じ、自足の境地を謳歌している。

意外なことだが、長明の大事な蔵書であった『往生要集』の著者・恵心僧都源信にも、和歌をめぐる因縁が伝わっている。源信はかつて、和歌は狂言綺語であり、修行の邪魔だと考えて、詠むことがなかった。ところが、ある日の曙の

（三）　次の文章は、荒木浩『京都古典文学めぐり——都人の四季と暮らし』（二〇二三年）の一節である。これを読んで、あとの問いに答えよ。問題文中の古文・漢文は、原文を読みやすく改めたり、返り点・送り仮名・読点などを省いたりした箇所がある。

その所のさまを言はば、南に懸樋（かけひ）あり。岩を立てて水をためたり。林の木ちかければ、爪木（つまぎ）を拾ふに乏（とも）しからず。名を音羽山といふ。まさきのかづら、跡うづ X めり。谷しげ Y けれど、西晴れたり。観念のたより、なきにしもあらず。春は、藤浪を見る。紫雲のごとくして西方に匂ふ。夏は、郭公（ほととぎす）を聞く。1 語らふごとに死出の山路をちぎる。秋は、蜩（ひぐらし）の声耳に満（み）てり。2 空蝉（うつせみ）の世をかなしむ楽（がく）と聞こゆ。冬は、雪をあはれぶ。積もり消ゆるさま罪障にたとへつべし。

もし念仏ものうく読経まめならぬ時は、みづから休み、みづから怠（おこた）る。さまたぐる人もなく、又、恥づべき人もなし。ことさらに無言をせざれども、独り居れば、口業（くごふ）を修めつべし。必ず禁戒をまもるとしもなくとも、境界なければ、何につけてか破らん。

もし跡（あと）の白波にこの身を寄する朝（あした）には、岡屋（をかのや）に行きかふ舟をながめて満沙弥が風情をぬすみ、もし桂の風葉を鳴らす夕（ゆふべ）には、潯陽（じんやう）の江を想ひやりて源都督の行ひをならふ。もし余興あれば、しばしば、松のひびきに秋風楽（しうふうらく）をたぐへ、水の音に流泉の曲をあやつる。

（『方丈記』）

自然は芸術を模倣する。自然が私たちを感動させるのは、読んできた詩や、観てきた絵など、蓄積した芸術体験がもたらす効用にすぎないと、オスカー・ワイルドの戯曲『嘘の衰退』はいう。この場面が、まさにそうだ。長明は、自分を取り囲む四季の推移を宗教的な美しい言葉で枠取り、和歌、漢詩文、音楽（管絃）という、貴族的教養の輻輳（ふくそう）に身を委ねながら、孤独で殺風景な山中の夜明けと夕べを、豊穣な文化的風景として彩っていく。

まずは朝。日野からは西南にあたる、巨椋（おぐら）池東端の岡屋を眺め、沙弥満誓（しゃみまんせい）の和歌「世の中を何に譬へむあさぼらけこ

ロ　②→①→③→④
ハ　③→②→①→④
ニ　④→②→①→③

問十三　本文の趣旨と**合致しない**ものを次の中から一つ選び、解答欄にマークせよ。

イ　沈黙は無言の対応という形で、人と人の間の交流のみならず、人間と人間以外のものとの間の言葉を超えた未知の出会いを表現することもできる。

ロ　沈黙とは、言語の限界を克服する雄弁な表現の方法であって、絵画や彫刻、音楽などの芸術においては、擬似的な文学表現を指向するものである。

ハ　筆者は沈黙という状態を、言語での意思疎通に反対する概念ではなく、表現の一形態と捉えて、言語と非言語の芸術の性格の違いを対比している。

ニ　筆者は自然における聞こえないものや見えないものを言語を介在させずに感じ取り、絵画や彫刻などの芸術作品によって表出したいと考えている。

問十四　傍線部**1**・**2**のカタカナの部分を漢字に直し、記述解答用紙の所定の欄に記せ（楷書で丁寧に書くこと）。

〔解答欄〕各2字分

ニ 言語にとっての沈黙は意思表示か拒否か不明な場合があるが、音楽や絵画は作品が伝えるものをそのまま享受すればよく、迷いがないから。

問十一 空欄 Ⅰ に入る語句として最も適切なものを次の中から一つ選び、解答欄にマークせよ。

イ 言語の抽象化
ロ 言語の芸術化
ハ 言語の理想化
ニ 言語の代用化

問十二 空欄 Ⅱ の段落は次の①から④の文章から構成されるが、その並べる順序として最も適切なものを次の中から一つ選び、解答欄にマークせよ。

① 私は、人間の言葉を拒むわけではないが、人間以外の音や声にも耳を傾けてみたい。
② それは作品が特定の素材や方法の駆使もさることながら、やはり発想の根幹が自然や外部との関わりにあるためであろう。
③ 私の作品にみられる沈黙の性格は、おそらく非 - 人間的だ。
④ それも耳に届いたり眼に映る音や色彩を越えて、広大な宇宙に満ちている鳴らぬ音、聴こえぬ言葉に出会いたいのだ。

イ ①→②→③→④

問九　傍線部B「究極的決定的瞬間に出会うと沈黙せざるを得ないが、その時、無限の暗示が広がる」とあるが、その説明として最も適切なものを次の中から一つ選び、解答欄にマークせよ。

イ　言葉で表し得ぬ出来事に直面したとき、それを表出し共有するには、言語以外の直接五感に訴える多様な方法の可能性がありうるということ。

ロ　反論のしようのない絶対的な現実に否応なく直面したとき、沈黙は無言の抗議にも、絶望の諦観にも、命がけの拒否にもなりうるということ。

ハ　一生に一度しかないという感動に出会ったとき、芸術家は沈黙しつつも、頭の中ではこの感動を表現する手段を必死で考えているということ。

ニ　これこそが芸術であるという自然の本質に触れたとき、文学は何の表現力も持ちえず、ただ沈黙して音楽や絵画に地位をゆずるしかないこと。

問十　傍線部C「言語で届かないものが、音律や絵づらでは直接に伝わったりもする」とあるが、その理由の説明として最も適切なものを次の中から一つ選び、解答欄にマークせよ。

イ　言語にとっての沈黙はコミュニケーションの拒否であるが、音楽や絵画は誰でも聞いたり見たりできて、作品の表現を受け止められるから。

ロ　言語にとっての沈黙は人と人との意思疎通を遮断するものだが、音楽や絵画では人の魂が直接共鳴する応答であって意志の隔絶がないから。

ハ　言語にとっての沈黙は表現の限界であるが、音楽や絵画においては言葉で表現し得ぬものとの未知の出会いや無言の応答を提供しうるから。

答をもよおしていることを表わしていよう。

Ⅱ

おそらく音楽家の究極の関心は、音の向こうにある。私の関心も似ている。絵画や彫刻において、語り出ぬもの見え得ぬものの次元を開いてみたい。私の作品の波状は、まだ人間の言葉の領域から遠くない。何処まで行けるか、沈黙の彼方は遠くて深い。

（李禹煥『両義の表現』による）

注　エル・グレコ……スペインの画家。（一五四一〜一六一四）
龔賢……明末清初の書画家。（?〜一六八九）
ルーチョ・フォンタナ……イタリアの彫刻家・画家。（一八九九〜一九六八）
マーク・ロスコ……アメリカの画家。（一九〇三〜一九七〇）

問八　傍線部**A**「沈黙の否定と肯定の両義性」とあるが、その説明として最も適切なものを次の中から一つ選び、解答欄にマークせよ。

イ　沈黙は音声や記号表示を否定しながら、言語を用いた意思表示を可能にしている。
ロ　沈黙は言語による表現を否定しながら、同時に言語とは別の表現の方法でもある。
ハ　沈黙は人の意思疎通を否定しながら、暗示による言語の伝達性は可能にしている。
ニ　沈黙は言葉の途絶えを否定しながら、言語を超越した高度な表現力の証でもある。

は当然異なる。言語に関わる沈黙は、言葉の途絶が特徴であるが、耳や眼差しのそれはむしろ言い得ぬものとの出会いであることが多い。C言語で届かないものが、音律や絵づらでは直接に伝わったりもする。バッハの平均律クラヴィーアの遠い宇宙から届くようなピアノの音律の流れは、ほとんど無人の空間の震えと言っていい。また、ベートーヴェンの交響曲第五番の冒頭は、沈黙が前提で、突然それを打ち破るところから始まる。そして最後は、激しい音律を断ち切るところで終わっている。私は思うに、そもそも音楽なるものは、沈黙をベースにしないと成立しない。エル・グレコの聖画には、青黒の荒っぽいタッチの不穏な空、そこに配された怯(おび)えるような人物の形象など、画面に異様な沈黙が漂う。また十七世紀、清の龔賢(ゴン・シエン)の山水画では、濃い墨彩の畳み重ねで、黒々と無人の山河が音を消したように粛々と広がっている。どちらも言葉が隠蔽されているか無音化されているのに、1エタイの知れない響き合いがじんと伝わってくるのだ。

ところで音楽や絵画の大半は、沈黙や無言であるどころか、むしろ文学的である。音律や絵づらがストーリーや状況を語るように仕組まれている。宗教的音楽、美術、または革命だの戦争だの、日常生活を描く作品などにも、擬似的言語表現に近いものが多い。しかし［　I　］を進めるほどに、音律や絵づらは、それら本来の表現力を弱めたり失って、つまらぬ説明ものとなる。やはり表現の媒体は、可能な限りそれ自体の性格を生かした展開である時、より強い力を発揮する。そしていよいよ音律や絵づらから言葉が遠ざかった時、そこに沈黙が現われる。

広いキャンバスに鋭い切り口を付けたルーチョ・フォンタナの絵画とか、赤茶または暗褐色を筆でこすったり塗りたくったりして、仄(ほの)暗く茫洋とした色面を広げたマーク・ロスコの絵画には、深い沈黙が漂う。絵画の沈黙は、言葉の途絶えと違って、眼差しの出会う未知のフィールドの広がりと言っていい。言い直せば、言葉の途絶えた沈黙があるかと思えば、言葉を越えたものとの眼差しの応答もあるということだ。

人は私の多くの作品に、沈黙を感じるという。2ドンジュウで幅広い鉄板を壁に立て掛け、その前に大きな自然石を置いた作品では、空間との響き合いに無言のこだまを見る。そして、大きなキャンバスに平筆で白から黒に広がるグラデーションのストロークを一つか二つ描いた画面は、緊張と解放のせめぎ合う空間となり、それが沈黙のバイブレーションとして迫ってくる。このことは、私の作品が言葉や音声の途絶えと共に、言い得ぬものとの出会い、そして無言の応眼前に信じがたい光景がもよおされ、言葉を失うこともあれば、意見の対立が深く激しくなり、ついに口がきけなくなったりもする。

釈迦が人々の前に黙って持ち上げた蓮の花に、弟子の迦葉(かしょう)が微笑みで応えた有名な対応は、言葉を越えた無言の交通を意味しよう。逆に、イエスは十字架に架けられ、天に向かって「父よ、私を見捨てるのですか」と問いかけ、神の沈黙に暗示を受け取る。また昔観た映画に、無実の罪で死刑宣告を受けながら、黙って死を選ばざるを得ないシーンを思い出す。つまり、言葉や弁明を断つ沈黙もある。無言で通じ合うこともあるが、沈黙が不明の対応であることもあり、拒否か、通じ合えぬ場合もある。

再言すれば、沈黙は一切の言語を否定するそれであることもあれば、沈黙という仕方で語ることもあるということだ。意思表示に沈黙の仕方があるということは、言語にとって脅威であろう。言語論者からすれば、沈黙は音声も記号表示もないゆえに、A言語でも表現でもないに違いない。しかし端的に言って、沈黙を非現実視したり無きものにしたりはできない。時として沈黙の否定と肯定の両義性は、いかなる言葉よりも高度な表現力の証であろう。「沈黙は金なり」という。

沈黙は、ロゴスと対比されることはあっても、言葉と反対概念ではない。沈黙も一つの態度、立場の表明であり、言葉と違う表現の方法である。言葉ばかりが意思表示でないのは言うまでもない。相手の言葉よりも、むしろその目つきや顔色または行動でより確かな判断を下すこともある。スポーツや踊り、音楽、美術、ジェスチュアなどが言葉でない表現であるばかりか、それらもまた言葉でないもっと雄弁な言葉であることは多言を要しまい。言葉を突き詰めていくと、ついに詰まってくる。言葉には限界があるということだ。言葉に詰まった時は沈黙せざるを得ない。ところで考え抜いた先には大抵言葉がない。そしてまた、B究極的決定的瞬間に出会うと沈黙せざるを得ないが、その時、無限の暗示が広がる。

私はアーティストとして沈黙のことを考えている。アートでは、通常の言葉とは異なる沈黙の在りように遭遇する。音楽は聴覚を媒介にするのに対し、絵画や彫刻は視覚を媒介にする。言語に関わる沈黙と非言語的な耳と眼差しの沈黙ロ　Aの文章によれば、社会主義者は、競争の果てに誰もが平等に暮らせる理想郷があるものと信じて、競争を否定すべきではないと考えていた。

ハ　Aの文章によれば、競争は近現代を生きていく以上回避できないものだが、経済競争のもたらす「発展」が永遠に続くかどうかは分からない。

ニ　Bの文章によれば、民選議院の開設や出版の自由などの議論は、必ずしも日本国に競争を奨励して自業自得を実現しようとするものではない。

ホ　Bの文章によれば、怨望は人の幸不幸を平均化しようとするが、そのやり方は、ただ他人を不幸に陥れて自らの不平を満足させるものである。

ヘ　Bの文章によれば、孔子が女子と小人をおとしめたのは、彼らが性別や階級の格差のために自由に振舞えないことを知っていたからでもある。

(二)　次の文章を読んで、あとの問いに答えよ。

沈黙とは一般的に口をきかず、黙り込んでいることを言う。口を閉じて言葉を交わさないこと、あるいは言葉と別次元に立たされ黙っていることなど、沈黙が指す内容はさまざまである。通常、ひとり静かにいる時のことを沈黙とは言わない。しかし深い瞑(めい)想の状態は沈黙に通じよう。

しばしば、二人以上の間の無言の持続に沈黙をみる。お互いに黙っている場合もあれば、片方の発言に無言で対応することもある。黙って何かを認め合うこともあれば、無言で拒絶を表現することもある。沈黙という言葉は、人間同士の間で起こることに限らない。人が、動物、植物または山や海、岩や大地、壁や空家などに向き合った時にも現われる事柄である。人間同士でも、敵対関係、友人関係、男女関係、見知らぬ間柄では、沈黙の度合いや色合いが違ってくる。

ハ　富国強兵論
ニ　競争歓迎論
ホ　殖産興業論

問五　Bの文章に、傍線部d「凡そ人間に不徳の箇条多しと雖も、其の交際に害あるものは怨望より大なるはなし」とあるが、「怨望」とその他の不徳が異なる理由として**適切でない**ものを次の中から一つ選び、解答欄にマークせよ。

イ　その他の不徳は、怨望から生れた結果だが、怨望は諸悪の根源であり、人の悪事はこれから生じたものである。
ロ　その他の不徳は、階級や性別などの社会的格差によってもたらされるが、怨望は人心の乱れが生むものである。
ハ　その他の不徳は、程度や方向により徳になることもあるが、怨望のみはいかなる場合も人を損じる不徳である。
ニ　その他の不徳は、その根本的な性質において悪いものではないが、怨望は世上の誰も幸福にしないものである。
ホ　その他の不徳は、必ずしも怨望の原因にはならないが、怨望はその他の不徳の原因となり暗殺や内乱が生じる。

問六　Bの文章に、傍線部e「自由に言はしめ、自由に働かしめ、富貴も貧賤も唯本人の自ら取るに任して、他より之を妨ぐ可からざるなり」とあるが、この考えを端的にあらわした漢字四字の熟語をAの文章の※以降から**二つ**抜き出して、記述解答用紙の所定の欄に記せ。

問七　A・Bそれぞれの文章の内容と合致するものを次の中から**二つ**選び、解答欄にマークせよ。

イ　Aの文章によれば、福沢諭吉は、「個人の利達」につながるがゆえに、「他人の利達」「世界一般の利益」をとがめてはならないと考えていた。

び、解答欄にマークせよ。

イ　身分制度が崩壊して実現した、近代国家の新しい原理

ロ　勤勉と節約が出世の秘訣となる国際社会の新しい原理

ハ　競争して私利を追求することが公益となる新しい原理

ニ　売手と買手双方の満足する商売が永続する新しい原理

ホ　立身出世の機会が増え、若者の立志を誘う新しい原理

問三　Aの文章に、傍線部c「抵抗も大きかった」とあるが、その理由の説明として**適切でない**ものを次の中から一つ選び、解答欄にマークせよ。

イ　各人が思いのままに利益を追求することで激しい混乱が起こっていたから。

ロ　法整備が遅れ、当時の市場は自由で公正な競争の場とは言い難かったから。

ハ　競争は当時の人の実感と距離があり、特権階級もそれを侮蔑していたから。

ニ　競争を肯定する感覚を持っていたのは町人身分出身の人々だけだったから。

ホ　従来の知的道徳的通念とも、文明開化期の知的伝統とも一致していたから。

問四　Aの文章の空欄 X に入る語句として最も適切なものを次の中から一つ選び、解答欄にマークせよ。

イ　自由民権論

ロ　自己本位論

相競ふの勇気を励まし、禍福毀誉悉く皆自力を以て之を取り、満天下の人をして自業自得ならしめんとするの趣意なる可し。

右の次第を以て考ふれば、言路を塞ぎ業作を妨ぐるの事は、独り政府のみの病に非ず、全国人民の間に流行するものにて、学者と雖も或いは之を免れ難し。人生活発の気力は、物に接せざれば生じ難し。e自由に言はしめ、自由に働かしめ、富貴も貧賤も唯本人の自ら取るに任して、他より之を妨ぐ可からざるなり。

（福沢諭吉「学問のすゝめ」による）

注　貪吝……財をむさぼって出し惜しみすること。　奢侈……必要な程度や身分を越えたぜいたく。
　　誹謗……他人を悪く言うこと。　固陋……頑固で視野が狭い様子。

問一　**A**の文章に、傍線部**a**「「怨望」、則ち成功者に対する妬み・そねみは慎まなければならない」とあるが、「怨望」の原因（源因）について**B**の文章ではどのように述べているか。その説明として最も適切なものを次の中から一つ選び、解答欄にマークせよ。

イ　人の自由な言論や活動の妨げられていることが「怨望」をもたらしている。
ロ　果てしない欲望が人々の不平をかき立てて「怨望」の引き金となっている。
ハ　経済的格差の拡がりが人々の不満を増大させて「怨望」を生み出している。
ニ　社会的問題によい政策を打ち出せないことが「怨望」の要因となっている。
ホ　人々が自由競争に駆り立てられていることが「怨望」の母体となっている。

問二　**A**の文章に、傍線部**b**「新しい「文明」の原理」とあるが、その説明として最も適切なものを次の中から一つ選府に非ず、貧賤は不平の源に非ざるなり。

是に由りて考ふれば、怨望は貧賤に由りて生ずるものに非ず。唯人類天然の働きを塞ぎて、禍福の来去、皆偶然に係る可き地位に於いて、甚だしく流行するのみ。昔孔子が、女子と小人は近づけ難し、扨々困り入りたる事哉とて歎息したることあり。今を以て考ふるに是夫子自ら事を起こして、自ら其の弊害を述べたるものと云ふ可し。人の心の性は、男子も女子も異なるの理なし。又、小人とは下人と云ふことならんか。下人の腹から出でたる者は必ず下人と定まりたるに非ず。下人も貴人も、生まれ落ちたる時の性に異同あらざるは固より論をまたず。然るに、此の女子と下人とに限りて取り扱ひに困るとは何故ぞ。平生卑屈の旨を以て周ねく人民に教へ、小弱なる婦人下人の輩を束縛して、其の働きに毫も自由を得せしめざるがために、遂に怨望の気風を醸成し、其の極度に至りて、流石に孔子様も歎息せられたることなり。元来人の性情に於いて、働きに自由を得ざれば、其の勢ひ必ず他を怨望せざるを得ず。因果応報の明らかなるは、麦を蒔きて麦の生ずるが如し。聖人の名を得たる孔夫子が、此の理を知らず、別に工夫もなくして、徒らに愚痴をこぼすとは、余り頼母しからぬ話なり。

又近く一例を挙げて示さんに、怨望の流行して交際を害したるものは、我が封建の時代に沢山なる大名の御殿女中を以て最とす。其の一例を見ても、大抵世の中の有様は推して知る可し。

人間最大の禍は怨望に在りて、怨望の源は窮より生ずるものなれば、人の言路は開かざる可からず、人の業作は妨ぐ可からず。試みに英亜諸国の有様と我が日本の有様とを比較して、其の人間の交際に於いて孰れかよく彼の御殿の趣を脱したるやと問ふ者あらば、余輩は今の日本を目して全く御殿に異ならずと云ふには非ざれども、其の境界を去るの遠近を論ずれば、日本は尚これに近く、英亜諸国は之を去ること遠しと云はざるを得ず。英亜の人民、貪吝驕奢ならざるに非ず、粗野乱暴ならざるに非ず、或いは詐る者あり、或いは欺く者ありて、其の風俗決して善美ならずと雖も、唯怨望隠伏の一事に至りては、必ず我が国と趣を異にする所ある可し。今、世の識者に民選議院の説あり、又出版自由の論あり。其の得失は姑く擱き、元と此の論説の起こる由縁を尋ぬるに、識者の所見は、蓋し今の日本国中をして古の御殿の如くならしめず、今の人民をして古の御殿女中の如くならしめず、怨望に易ふるに活動を以てし、嫉妬の念を絶ちて右の外、驕傲と勇敢と、粗野と率直と、固陋と実着と、浮薄と穎敏と、相対するが如く、何れも皆働きの場所と、強弱の度と、向かふ所の方角とに由りて、或いは不徳とも為る可く、或いは徳とも為る可きのみ。独り働きの素質に於いて全く不徳の一方に偏し、場所にも方向にも拘はらずして、不善の不善なる者は怨望の一箇条なり。怨望は働きの陰なるものにて、進んで取ることなく、他の有様に由りて我に不平を抱き、我を顧みずして他人に多を求め、其の不平を満足せしむるの術は、我を益するに非ずして他人を損ずるに在り。譬へば他人の幸と我の不幸とを比較して、我に不足する所あれば、我が有様を進めて満足するの法を求めずして、却つて他人を不幸に陥れ、他人の有様を下して、以て彼我の平均を為さんと欲するが如し。所謂これを悪んで其の死を欲するとは此の事なり。故に此の輩の不幸を満足せしむれば、世上一般の幸福をば損ずるのみにて、少しも益する所ある可からず。

或る人云はく、欺詐虚言の悪事も其の実質に於いて悪なるものなれば、之を怨望に比して孰れか軽重の別ある可からずと。答へて云はく、誠に然るが如しと雖も、事の源因と事の結果とを区別すれば、自づから軽重の別なしと云ふ可からず。欺詐虚言は固より大悪事たりと雖も、必ずしも怨望を生ずるの源因には非ずして、多くは怨望に由りて生じたる結果なり。怨望は恰も衆悪の母の如く、人間の悪事、これに由りて生ず可からざるものなし。疑猜、嫉妬、恐怖、卑怯の類は、皆怨望より生ずるものにて、其の内形に見はるる所は、私語、密話、内談、秘計、其の外形に破裂する所は、徒党、暗殺、一揆、内乱、秋毫も国に益することなくして、禍の全国に波及するに至りては、主客共に免るることを得ず。所謂公利の費を以て私を逞しうする者と云ふ可し。

怨望の人間交際に害あること斯くの如し。今其の源因を尋ぬるに、唯窮の一事に在り。但し其の窮とは、困窮、貧窮等の窮に非ず。人の言路を塞ぎ人の業作を妨ぐる等の如く、人類天然の働きを窮せしむることなり。貧窮、困窮を以て怨望の源とせば、天下の貧民は悉皆不平を訴へ、富貴は恰も怨みの府にして、人間の交際は一日も保つ可からざる筈なれども、事実に於いて決して然らず、如何に貧賤なる者にても、其の貧にして賤しき所以の源因を知り、其の源因の己が身より生じたることを了解すれば、決して妄りに他人を怨望するものに非ず。其の証拠は故さらに掲示するに及ばず、今日世界中に貧富貴賤の差ありて、よく人間の交際を保つを見て、明らかに之を知る可し。故に云はく、富貴は怨みのを卑屈に、あるいはシニカルにするだけなのか。そして、「負け」続けた人々は、どうすればよいのか。「負け」続けた人々が、「怨望」とルサンチマンを蓄積し、「自由な競争」の仕組み自体を憎み、さらには「自由」そのものを敵視することにならないのか。もしも積もり積もった「怨望」が爆発し、社会的・経済的・政治的な「自由な競争」の仕組み自体を破壊したならば、その後に、いったい何が残るのか。また、資源・環境は有限であっても、経済競争が否応なくもたらす「発展」を永遠に続けるのか。

これらの競争をめぐる問題は、消滅したわけではない。むしろ、ますます深刻になっているようである。「門閥制度」を憎み、その廃止を歓迎した福沢のいう「自業自得」が、もしも「近代」の原理そのものであるとするならば、それらは、少なくとも「近代文明」の続く限り、人類を、それ以前にも増して、絶え間なくさいなむことであろう。

（渡辺浩『明治革命・性・文明』による）

注

ゼロ・サム・ゲーム……利益と損失の総和がゼロになるというゲーム。経済理論の一つ。

スマイルズ……サミュエル・スマイルズ。イギリスの作家・医者。（一八一二〜一九〇四）

二宮尊徳……江戸時代の経世家、農政家、思想家。（一七八七〜一八五六）

ルサンチマン……怨恨、憎悪、嫉妬などの感情。

城多虎雄……明治時代の新聞人。（一八五六〜一八八七）

奸猾……悪賢いこと、またその人。　諂佞……人にこびへつらうこと、またその人。

B

d 凡(およ)そ人間に不徳の箇条多しと雖(いへど)も、其の交際に害あるものは怨望より大なるはなし。貪吝(たんりん)、奢侈(しゃし)、誹謗(ひばう)の類は、何(いづ)れも不徳の著しきものなれども、よく之を吟味すれば、其の働きの素質に於いて不善なるにあらず。これを施す可き場所柄と、其の強弱の度と、其の向かふ所の方角とに由(よ)りて、不徳の名を免るることあり。

が、露骨な競い合いを避けなければ、村請制度からして必須の村の平和は維持できない）。それも、より安定した状況での長期取引を想定していた。その上、「市場道徳」論は、もともと、権威ある学者の意見ではなかった。

かくして、翻訳による［ X ］は、旧来の知的道徳的通念のみならず、当時の多くの人の実感とも距離があったのである。「人生は競争だ。目上への奉仕と依存や、仲間内の和合と平穏よりも、毅然（きぜん）とした自己利益の追求が重要だ。それでこそ、世のため、御国のためにもなるのだ」という論理は、「忠孝」の教えに馴染んだ頭にも、激変への対応に苦しむ心にも、ともかく波風を立てず、誰からも反感を買わないように小心翼々と生きる多くの庶民男女の情にも、容易に浸透しなかった（日本の農民は、大農場を持つ独立自営農民ではない。寒冷な「蝦夷地」を除き、いざとなれば容易に移住できる広大な西部のフロンティアもなかったのである）。そして、勿論（もちろん）、かねて特権を有する人々は、齷齪（あくせく）と競争すること自体を、高踏的に侮蔑していた。

他方、早くも、社会主義が紹介され始めた。例えば、一八八二年、城多虎雄は、「私産ノ制」「競争ノ法」を批判した。彼によれば、「富貴」の多くは「素性ト僥倖（げうかう）」によるに過ぎない。しかも、その手段は、往々、「邪悪奸猾（かんくわつ）、詐欺諂佞（てんねい）」である。たまたま幸運に生まれ育ち、幸運に恵まれた者が、悪辣（あくらつ）な手段によって富貴を獲得するという仕組み自体が、おかしいというのである。彼が「利ハ利ト相争ヒ、欲ハ欲ト相制ス。是（ここ）ヲ以テ、嫉妬、猜疑、憎忌の悪徳、争ウテ生ズ」る「今ノ社会」に対置したのは、老子の理想郷だった（『論欧州社会党』）。

こうして、自由競争論は、古い思想に加え、（古い思想と結合した）別の新しい輸入思想にも攻められ、挟撃されたのである。

競争は、経済・社会 政治・教育・国際関係等、あらゆる分野に関係する。また、競争は、倫理・自由・正義にもかかわる。とりわけ近現代を生きていく以上、おそらく完全に逃れることも、無視することもできないのであろう。

結局、競争というものをどう理解し、どう評価するのが正しいのだろうか。そもそも競争は、ある方がよいのか、無い方がよいのか。良い競争と悪い競争があるのか。それとも、分野や程度によるのか。競争は、結局、多くの人を幸福にするのか。また、人を育て、鍛え、立派にするのか。それとも、ただ勝者を傲慢に、あるいは偽善的に、そして敗者他に害を与えるような商売は続かない。「永き間に平均して利益を永続するが如き私利」は、「自ら益し世を益し、期せずして暗に公益と符合する」のである（「私の利を営む可き事」一八七七年）。

この議論には、義と利との弁別に厳しい朱子学者などは、眉をひそめるであろう。しかし、売り手と買い手の双方が満足する商売は永続して、結局、大きな利益になるという考えは、維新前にもあった（市場の一面についての、一種の経験則であろう）。ただ、それが当然に「公益」にもなるという新しい主張を、福沢は付加したのである。

これらの主張に呼応するような知的伝統は、日本にも確かにあった。したがって、信奉者も、当然いた。しかし、c抵抗も大きかった。

※　第一に、当時は、政治・社会・経済の激変期である。貨幣制度も変動し、景気も激変した。それらは、突然の「立身」「出世」の機会を増し、野心的な若者の「立志」を誘いもした。しかし、それらを利用するというよりはそれらに翻弄される多くの人々にとって、「自由競争」はすばらしいとは思い難かったであろう。以前の職業への規制が緩和され、各人が思いのままに利益を追求する結果、激しい混乱が起きていたのである。

そのような中、往々何人もの「権妻（ごんさい）」を持ち、得意顔で浪費する「成金」「俄分限（にわかぶげん）」を見るとき、「富は、ただ道徳的な人間にのみもたらされる」とは信じ難かったであろう。明治の通俗小説において、「アイス」（貸金業者。高利貸し〈氷菓子〉の洒落（しゃれ））は、常に憎むべき冷酷漢として描かれる。冷酷だから金融業で成功しているのだという常識である。「紳商」「奸商」「姦商」への（嫉妬を交えた）反感は、消えることが無かった。

第二に、次々と、しかも往々場当たり的に打ち出される政府の「殖産興業」策に左右される当時の市場は、自由で公正な競争の場とは言い難かった。商法・会社法等の法的整備は大幅に遅れた（一部施行が一八九三年）。政府高官に取り入った「政商」「官商」が大儲け（おおもう）けする有様では、自由経済市場を守り、支えるために政府があるのだ、などという実感は持ち得なかったであろう。しかも、当時はナショナリズムの勃興期である。「立志伝中の人となる」成功者が仰がれるのも、「国」への貢献ゆえであった。成功自体が有徳であることの証しだからではなかった。

第三に、従来、それなりに「競争」を肯定する感覚があったのは、概ね町人身分だけだった（村の中にも競争はあるそして、翌年、明治新政権が成立した。身分制度が崩壊し、突然、「文明開化」**civilization**が流行語となった。文明開化派の知識人たちは、「外国に競うて文明を争ふ」（福沢諭吉『学問のすゝめ』五編、一八七四年刊）ことを急務と考えた。スマイルズの*Self-Help*（一八五九年刊）は『西国立志編　原名自助論』と訳されて（一八七一年）、大いに読まれた。日本が対峙（たいじ）している「文明国」の人が説く、勤勉と節約が出世の秘訣（ひけつ）だという（実は、庶民向け教訓書や二宮尊徳の教えでかねて馴染みの）議論は、大いに説得力があった。

福沢諭吉は、「文明開化は即（すなは）ち競争の間に進歩する」「現時の社会は即ち競争の一大劇場」（『国会論』一八七九年）と確信し、堂々たる競争への参加を呼びかけた。

彼は、彼の憎む「門閥制度」の破壊によって「自由」をもたらしてくれた明治の世において、各人に「自由に言はしめ、自由に働かしめ、富貴も貧賤（ひんせん）も唯（ただ）本人の自ら取るに任して他より之（これ）を妨」げないことを望む。そのような場では、a「怨望」、則ち成功者に対する妬み・そねみは慎まなければならない。成功者を妬んでその足を引っ張り、自分並みに引きずり下ろそうとしても、結局、誰のためにもならない。「怨望」は、競争者としての市民において、最低の「不徳」である。嫉妬してはならない。ルサンチマンなど、持ってはならない。自分も、あのようになろうと努力すれば良いのである。「怨望に易（か）ふるに活動を以てし、嫉妬の念を絶ちて相競ふの勇気を励まし、禍福毀誉（きよ）悉（ことごと）く皆自力を以て之を取り、満天下の人をして自業自得ならしめんとす」べきなのである（『学問のすゝめ』一三編、一八七四年刊）。

「自業自得」は、現代日本語では、普通、悪事の報いについて言う。良い語感ではない。しかし、福沢においては、正々堂々と競い、「自業自得」となるべきなのである。つまり、自己決定し、自分で努力し、その結果をみずから引き受ける、人々がそのように競うのが（現段階での）「文明」社会なのである。「自助」と「自己責任」！　すばらしい「自業自得」の社会！　そこでの悪徳は、激しい競争心ではない。よき競争者でないことである。儒学者が普通信じる「文明」とは異なる、b新しい「文明」の原理であった。

福沢によれば、「私利」の追求も、恥ずべきことではない。「私利は公益の基にして、公益は能（よ）く私利を営むものあるに依つて起こる可きもの」である。現に、自他双方のためになることは、「其利永続」するが、自分のみに利益になり、

国語

（九〇分）

（一）次のA・Bの文章を読んで、あとの問いに答えよ。

A

福沢諭吉は、慶応三年（一八六七）、『政治経済学教本』等を抄訳して刊行した（『西洋事情外編』）。その第六章 Society: a Competitive System は、「世人相励み相競ふ事」と題されている（「争い」という字は避けたのである）。そして、同章をほぼ忠実に訳して、こう述べている。

> 草昧不文の世に在りては、人を害せざれば自ら利すること能はず。故に心身活発にして、事を成す者は常に盗賊なり。文明の世に於いては然らず。富貴利達を致す者は常に他人の利益を成したる者なり。
>
> 文明の教へ漸く行はれ、人々徳行を修め智識を研くに至りて（中略）人自ら利達を求むれば、共に他人の利達を致し、人自ら富福を求むれば、自己の力を用ゐて他人の物を貪ることなし。

要するに、「人生は互ひに害を為さずして各々其の富貴青雲の志を達すべく、加之互ひに相励み相競ひて却つて世間の利益を致す可し。故に家族の間、親愛慈情を主として相競ふの心なきは、老幼小弱を助けしめんが為なり。世上の交際に於いて互ひに先を争ひ互ひに利達を求めて其の弊なきは、世界一般の利益を為さしめんが為なり。」というわけである。このように、「文明」の世では、競争はゼロ・サム・ゲームではなく、個人の「利達」の追求がおのずから「他人の利達」にもなると観念できるのであれば、競争を拒否する理由はかなり弱まろう。

////////////////// · memo · //////////////////

/////////////////// · memo · ///////////////////

/////////////////// · memo · //////////////////

/////////////////// · memo · ///////////////////

/////////////////// · memo · //////////////////

2023年度

問題編

■一般選抜・一般選抜（英語4技能テスト利用方式）・一般選抜（共通テスト利用方式）

問題編

〔一般選抜〕

▶試験科目・配点

教　科	科　　　目	配　点
外国語	「コミュニケーション英語Ⅰ・Ⅱ・Ⅲ，英語表現Ⅰ・Ⅱ」，ドイツ語，フランス語，中国語，韓国語のうちから１科目選択	75点
地　歴	日本史B，世界史Bのうちから１科目選択	50点
国　語	国語総合，現代文B，古典B	75点

▶備　考

外国語において，ドイツ語・フランス語・中国語・韓国語を選択する場合は，大学入学共通テストの当該科目〈省略〉を受験すること。共通テストの配点（200点）を文化構想学部の配点（75点）に調整して利用する。

〔一般選抜（英語4技能テスト利用方式）〕

▶試験科目・配点

教　科	科　　　目	配　点
地　歴	日本史B，世界史Bのうちから１科目選択	50点
国　語	国語総合，現代文B，古典B	75点

▶合否判定

英語4技能テストのスコアが基準を満たしている者を対象として，上記2教科の合計点（配点125点）で合否を判定する。

〔一般選抜（共通テスト利用方式）〕

▶試験科目・配点

試験区分	教　科	科　　　目	配　点
大学入学共通テスト	地歴・公民または数学または理科	以下から1科目選択 地理B，現代社会，倫理，政治・経済，「倫理，政治・経済」，「数学Ⅰ・A」，「数学Ⅱ・B」，物理，化学，生物，地学 または，以下から2科目選択 物理基礎，化学基礎，生物基礎，地学基礎	50点
個別試験	外国語	「コミュニケーション英語Ⅰ・Ⅱ・Ⅲ，英語表現Ⅰ・Ⅱ」，ドイツ語，フランス語，中国語，韓国語のうちから1科目選択	75点
	国　語	国語総合，現代文B，古典B	75点

▶備　考

- 共通テストはそれぞれ配点100点を50点に換算する。「世界史B」「日本史B」等は試験科目に含まれていないので，注意すること。
- 共通テストにおいて，上記指定科目の範囲内で2科目以上受験している場合は，最高得点の科目の成績を大学側で自動的に抽出し，合否判定に利用する。
- 共通テストの「地歴・公民」「理科（物理，化学，生物，地学）」において，2科目受験の場合は，第1解答科目の成績を合否判定に利用する。上記以外の科目を第1解答科目として選択した場合は，合否判定の対象外となる。
- 共通テストの「理科」において，基礎を付した科目（2科目）は1科目として数える。基礎を付した科目（2科目）と基礎を付していない科目（1科目）の両方を受験した場合は，得点の高い方の成績を大学側で自動的に抽出し，合否判定に利用する。
- 外国語において，ドイツ語・フランス語・中国語・韓国語を選択する場合は，共通テストの当該科目〈省略〉を受験すること。共通テストの配点（200点）を文化構想学部の配点（75点）に調整して利用する。

▶合否判定

共通テストの得点（配点50点）と個別試験の得点（配点150点）を合算して，合否を判定する。

英語

（90 分）

I　Read the following two passages and choose the most appropriate word or phrase for each item（1～14). Mark your choices（a～d）on the separate answer sheet.

（A）　Through theoretical physics, I have sought to answer some of the great questions. At one point, I thought I would see the end of physics as we know it, but now I think the（　1　）of discovery will continue long after I am gone. We are close to some of these answers, but we are not there yet. The problem is, most people believe that real science is too difficult and complicated for them to understand. But I don't think this is the case. To do research on the（　2　）laws that govern the universe would require a commitment of time that most people don't have. But most people can understand and（　3　）the basic ideas if they are presented in a clear way without equations, which I believe is possible and which is something I have enjoyed trying to do throughout my life.

It has been a glorious time to be alive and doing research in theoretical physics. Our picture of the universe has changed a great deal in the last fifty years. One of the great revelations of the space age has been the perspective it has given humanity on ourselves. When we see the Earth from space, we see ourselves as a whole. We see the（　4　）, and not the divisions. It is such a simple image with a（　5　）message; one planet, one human race. I want to add my voice to those who demand（　6　）action on the key challenges for our global community. I hope that going forward, people with power can show creativity, courage and leadership. Let them rise（　7　）the challenge of the sustainable development goals, and act, not out of self-interest, but out of common interest.

（Adapted from Stephen Hawking, *Brief Answers to the Big Questions*）

1.（a）elimination　（b）origin　（c）wonder　（d）year
2.（a）fabricated　（b）forbidden　（c）fragmented　（d）fundamental
3.（a）accentuate　（b）aggregate　（c）animate　（d）appreciate
4.（a）entity　（b）infinity　（c）reality　（d）unity
5.（a）baffling　（b）compelling　（c）falsifying　（d）painstaking
6.（a）immediate　（b）merciless　（c）nuanced　（d）rhetorical
7.（a）at　（b）from　（c）to　（d）without

(B) Homeopathy is a medical system devised by the German physician Samuel Hahnemann (1755-1843), who first proposed it at the end of the 18th century and (8) it in 1810 in the first edition of his book, *Organon*. It arose during the transition period from the ancient teachings and the beginning of the Scientific Age, and it has survived until this day. One of the reasons for its (9) is the fact that homeopathy was much less intrusive and harsh and did not harm patients as other drastic cures of that time did.

As a result of its survival, homeopathy has repeatedly come (10) conflict with science and modern medicine. By the criteria of modern, evidence-based medicine, it is not efficient at all and should not be practiced. However, its adherents and practitioners insist that homeopathy is effective, using different, often contradictory arguments to try to demonstrate its (11). On the one hand, they interpret studies in a way that suggests homeopathy does have an impact beyond the placebo effect and clamor for its recognition by the scientific and medical community. On the other hand, adherents of Hahnemann's method are quick to (12) science and evidence-based medicine altogether as being insufficient to explain its effect. This is not just an example of several cognitive biases, but it has real and serious consequences. If patients or their parents refuse medical treatment in lieu of homeopathy, it can (13) sickness and suffering and even cause death. It wastes valuable healthcare resources that are lacking elsewhere, and by (14) science and the scientific method, it feeds the dangerous rise of post-science, post-truth attitudes that slowly degrade trust in scientific institutions and science itself.

(Adapted from Natalie Grams, "Homeopathy — Where Is the Science?")

8.	(a) dedicated	(b) formalized	(c) operated	(d) testified
9.	(a) compliance	(b) essence	(c) insistence	(d) persistence
10.	(a) by	(b) into	(c) out	(d) up
11.	(a) affinity	(b) immunity	(c) mobility	(d) validity
12.	(a) confuse	(b) dismiss	(c) locate	(d) misuse
13.	(a) proclaim	(b) progress	(c) prolong	(d) propose
14.	(a) adverting	(b) introverting	(c) reverting	(d) subverting

Ⅱ Read the following three passages and mark the most appropriate choice（**a**～**d**）for each item（**15**～**24**）on the separate answer sheet.

（A） Seeing comes before words. The child looks and recognizes before it can speak.

But there is also another sense in which seeing comes before words. It is seeing which establishes our place in the surrounding world; we explain that world with words, but words can never undo the fact that we are surrounded by it. The relation between what we see and what we know is never settled. Each evening we *see* the sun set. We *know* that the earth is turning away from it. Yet the knowledge, the explanation, never quite fits the sight.

Yet this seeing which comes before words, and can never be quite covered by them, is not a question of mechanically reacting to stimuli. We only see what we look at. To look is an act of choice. As a result of this act, what we see is brought within our reach. To touch something is to situate oneself in relation to it. We never look at just one thing; we are always looking at the relation between things and ourselves.

（Adapted from John Berger, *Ways of Seeing*）

15. According to the text,
（**a**）our knowledge of the world is not always equivalent to our perception of it.
（**b**）seeing happens prior to language and therefore we cannot speak well if we cannot see.
（**c**）understanding the relation of the earth to the sun matches our experience of a sunset.
（**d**）we cannot explain what we see until we have full knowledge of what we are looking at.

16. According to the text,
（**a**）how our eyes react to light helps explain the relationship between vision and language.
（**b**）perception involves the process of coordinating our connection to what is around us.
（**c**）the difference between seeing and looking is related to the words we choose.
（**d**）touching an object helps us find the right words to describe and better understand it.

（B） Prior to the 1980s, U.S. presidents rarely used the word "smart," and when they did, it was typically in the traditional sense of "intelligent."（"The American people are smart."）Bush Senior began using the word in its new, digital-age sense during the early 1990s. He spoke of "smart cars," "smart freeways," "smart weapons," "smart schools." Later, the use of "smart" in presidential rhetoric exploded with Clinton and Bush Junior, each of whom used it more than 450 times. Obama used it more than 900 times.

The same trend can be seen in general parlance. In books, the use of "smart" climbed steadily from 1975 to 2008, increasing nearly threefold; the use of "stupid" increased twofold. In *The New York Times*, the appearance of "smart" increased fourfold from 1980 to

2000, and by 2018 had nearly doubled again.

As a measure of meritocracy's hold on the public mind, the growing frequency of "smart" is less revealing than its changing meaning. Not only did "smart" refer to digital systems and devices; it increasingly became a general term of praise, and a way of arguing for one policy rather than another. As an evaluative contrast, "smart versus dumb" began to displace ethical or ideological contrasts, such as "just versus unjust" or "right versus wrong." Both Clinton and Obama frequently argued that their favored policy was "not just the right thing to do; it's the smart thing to do." This rhetorical tick suggested that, in a meritocratic age, being smart carried more persuasive heft than being right.

(Adapted from Michael Sandel, *The Tyranny of Merit*)

17. According to the text, which of the following is true?
(a) In books from the mid-1970s to the 2000s, the use of the word "stupid" doubled, while that of "smart" almost tripled.
(b) Presidents have consistently used the words "smart" and "stupid" to describe governmental policies proposed by them or their opponents.
(c) The increasing frequency of the word "smart" most represents the spirit of our age of computing sciences.
(d) The turning point in the frequency of the word "smart" by presidents began well before Clinton and Bush Junior.

18. According to the text, in what way did the word "smart" change in meaning?
(a) It began to describe a desirable quality comparable to moral superiority.
(b) It came to be used to describe worldly wisdom.
(c) It increasingly began to describe an attractive and slim style.
(d) It rapidly changed in meaning to describe compact and fast things.

19. Which of the following would be the most appropriate title for the passage?
(a) For and Against Smart Meritocracy
(b) How Smart Took Over from Just
(c) Smart Cars, Freeways, Weapons, and Schools
(d) The Smart Words of American Presidents

(C) The less you know about a subject, the less you believe there is to know in total. Only once you have some experience do you start to recognize the breadth and depth you have yet to plunder. This is the Dunning-Kruger effect, and it's a basic element of human nature.

The actual research that coined the term was performed by Justin Kruger and David

Dunning in experiments at Cornell around 1999. They had students take humor and logic tests and then report how well they thought they had scored. Some people accurately predicted their own skill levels, but overall the study showed you are not very good at estimating your own competence.

More recent studies have attempted to refute the absolute black-and-white predictions of Dunning-Kruger — that the unskilled are the least aware of it. Our current understanding is closer to this: The more skilled you are, the more practice you've put in, the more experience you have, the better you can compare yourself to others. As you strive to improve, you begin to better understand where you need work. You start to see the complexity and nuance; you discover masters of your craft and compare yourself to them and see where you are lacking. On the other hand, the less skilled you are, the less practice you've put in, and the fewer experiences you have, the worse you are at comparing yourself to others on certain tasks. Your peers don't call you out because they know as little as you do, or they don't want to hurt your feelings. Your narrow advantage over novices leads you to think you are the best. Whether it's playing guitar or writing short stories or telling jokes or taking photos — whatever — amateurs are far more likely to think they are experts than actual experts are. Education is as much about learning what you don't know as it is about adding to what you do.

As someone moves from novice to amateur to expert to master, the lines between each stage are difficult to recognize. The farther ahead you get, the longer it takes to progress. Yet the time it takes to go from novice to amateur feels rapid, and that's where the Dunning-Kruger effect strikes. You think the same amount of practice will move you from amateur to expert, but it won't.

Everyone experiences the Dunning-Kruger effect from time to time. Being honest with yourself and recognizing all your faults and weaknesses is not a pleasant way to live. Feeling inadequate or incompetent is paralyzing — you have to plow through those emotions to get out of bed. Seen along a spectrum, Dunning-Kruger is on the opposite end from depression with its crippling insecurity.

Don't let the Dunning-Kruger effect cast its shadow over you. If you want to be great at something, you have to practice, and then you have to sample the work of people who have been doing it for their whole lives. Compare and contrast and eat some humble pie.

(Adapted from David McRaney, *You Are Not So Smart*)

20. What is the most accurate description of the Dunning-Kruger effect, according to the text?

(**a**) Having deep and broad knowledge of a subject does not necessarily make you the best person to teach it to those who don't.

(**b**) If you know little about a subject, you will feel easily overwhelmed by all the things you don't understand.

(**c**) Those who are less knowledgeable about something also think there isn't much to learn about it.

(d) When you believe you know less than others about a subject, it is basic human nature to seek others' advice and guidance.

21. What did the test subjects have to do in the experiment that originated the term "Dunning-Kruger effect"?

(a) They were asked to provide accurate and logical definitions of the concept of "humor" according to their own thought.

(b) They were required to differentiate accurately between humorous and logical statements in a report.

(c) They were shown a performance from a TV show, and had to explain logically how humorous it was.

(d) They were tested on humor and logic, and then had to guess how good their results were.

22. According to the text, which of the following phenomena does NOT occur in the early stages of learning a skill?

(a) By comparing yourself only to other beginners like you, you may develop a false sense of mastery.

(b) It is difficult to get appropriate feedback, because your peers usually know as little as you do.

(c) You are more likely to be laughed at by others because of your incompetence or funny mistakes.

(d) Your lack of experience makes it difficult for you to accurately assess your skill in relation to others.

23. According to the text, what happens as you develop your expertise in a particular task?

(a) You can rapidly improve from novice to amateur by following the Dunning-Kruger effect.

(b) You need more and more time to reach the next recognizable stage of development.

(c) You practice less but can learn more than others who are not as skilled as you.

(d) You stop comparing yourself to others, and become more confident in your abilities.

24. Why does the author recommend us to "eat some humble pie" at the end of the passage?

(a) Because a balanced diet is key to our ability to develop skills and learn new concepts.

(b) Because even if you are the best, boasting about it will make others resent you.

(c) Because not being sufficiently ambitious may limit your potential for greatness.

(d) Because to improve, we must always be aware of our limitations, even if that is painful.

Ⅲ Choose the most appropriate sentence from the following list (**a** ～ **h**) for each item (25～31). Mark your choices on the separate answer sheet.

(**a**) At the same time, it vigorously resisted the charge that its 'core' rituals and customs were superstitious, and even rehabilitated some practices that had been cast into doubt in previous centuries.

(**b**) Heresy was the worship of the true God, but according to beliefs that contradicted received authority, formed by personal choice rather than community consensus.

(**c**) However it is used, the term has the effect of driving sharp distinctions, where the need may be more for subtle shades than hard lines.

(**d**) It could also be opposed to putatively 'right' or valid religion, to terms such as 'piety', 'true religion', 'orthodoxy', or 'reasoned faith'.

(**e**) Nearly all the major movements in ideas in this period somehow or other impacted on this issue.

(**f**) Otherwise, it served to address particular physical and existential needs and concerns, rather than giving an overall transcendent interpretation to the meaning of existence.

(**g**) Such traditions made claims about access to and use of an invisible reality, whose existence was assumed rather than theorized in a structured way.

(**h**) The changing shape of the controversies which they evoked forms a powerful document in the history of European culture.

Probably for as long as human beings have engaged in religious activities, there have been disputes about the right and wrong ways to practise one's beliefs. Early in Christian history, various contemptuous terms were coined to classify the 'wrong' ways to conduct divine worship. Idolatry was the worship of the wrong god, or whatever was not God. (25) Superstition came to mean the worship of the true God by inappropriate and unacceptable means. All of these were labelling expressions: none had a secure frame of reference apart from the values, presuppositions, and preferences of those who used them. However, the way that they were used tells us a great deal about the dynamics of power and authority in the history of religion. (26)

The term 'superstition' derived from classical antiquity, and nearly always contained a pejorative sense — it implied 'bad' as opposed to 'good' or 'correct' belief or practice in the realm of religion. Though its etymology was never clear, it always presupposed an opposite, or even a cluster of opposites. In the late Roman Empire pagans described Christianity as superstition in one sense; Christians described paganism as superstition in another. In general, 'superstition' could be opposed to other forms of supposedly 'wrong' religion, such as idolatry, heresy, or fanaticism. (27) Finally, it could be used as it is typically used in modern secular society: as a pejorative term to describe *any* belief system that falls short of the speaker's chosen standard of 'rationality'. At the high water-mark of modern confidence in scientific rationalism, 'superstition' has become the preferred term of abuse used by any secular atheist to describe religion of any kind. The resurgence of religion as a factor in world politics, and postmodern aversion to the condescending attitudes of Western rationality towards the rest of humanity, have made such aggressive uses of the term rarer; but the connotations persist. (28)

Superstition is a flexible designation, and can be aimed at a range of targets at different times and by different people. In the most general sense, it has commonly been used to refer to a fairly disorganized bundle of beliefs and practices rooted in tradition: attempts to *discern* the unknown through *divination*, and to *control* it, or at least protect against it, through simple use of *charms*. (29) These beliefs privileged experience over analysis. They located spiritual power, causality, and meaning arbitrarily and conventionally in particular things, places, peoples, times, and circumstances.

Between the thirteenth and the eighteenth centuries, the debate over 'superstition' grew more intense than at almost any time before or since. (30) The fragmentation of medieval academic theology entailed a diversity of views over how to distinguish religion and superstition. The Christian humanism of the European Renaissance built itself on an explicit critique of the allegedly 'superstitious' quality of everyday Christianity as practised by the uneducated. The sixteenth-century Reformation adapted, distorted, and transformed the late medieval rhetoric over 'superstitions' with its charge that Catholicism was itself *inherently* — and not just accidentally, or when misunderstood — a particularly pernicious form of superstition. Roman Catholicism, as it defined its 'reformed' identity in the latter part of the sixteenth century, resolved to disown those parts of its own heritage that seemed unsuitable in the eyes of its own leadership. (31) In the era of confessional orthodoxy from the late sixteenth to the end of the seventeenth century, the rhetoric that had traditionally condemned superstition and magic in the eyes of the devout became a crucial part of the intellectual armour used to prosecute sorcerers, magicians, and witches. Then, in the early Enlightenment, 'superstition' took centre stage in religious discussions. 'Superstition' and 'reason' became the poles around which the religious and ethical theorists of the early Enlightenment debated the proper claims of religion on the human mind.

(Adapted from Euan Cameron, *Enchanted Europe: Superstition, Reason, and Religion*)

Ⅳ　Choose the most appropriate word or phrase from the list (**a**～**m**) for each item (**32**～**38**). Mark your choices on the separate answer sheet.

Newscaster: G'morning, y'all. It's going to be dangerously hot today, so be careful out there. Now let's hear from our chief (**32**) expert, Windy Brees.

Weatherperson: Good morning, Gayle. I'm afraid I have some bad news: it's going to be hotter today than it was yesterday. In fact, it will be the hottest day (**33**) within this region.

Newscaster: Windy, what's causing all this hot weather these days? It seems like it (**34**) getting hotter and hotter every year. I might have to move to Antarctica!

Weatherperson: [Laughing…] Well, Gayle, there's a high-pressure system that's moved into the area and just won't seem to go away, causing our current heatwave.

Newscaster: Is it related to climate change? Are humans causing this trend? Some folks deny humans affect long-term weather patterns, despite what most (**35**) scientists seem to claim.

Weatherperson: The data do seem to point to excessive use of fossil fuels, deforestation, (**36**) livestock, and other things humans do as part of the problem. But then climate change (**37**) say, "Last winter was so cold! How can there be global warming?"

Newscaster: And of course that one politician is saying it's all a big hoax created by rival governments, or that people used to talk about global freezing in the 1920s.

Weatherperson: It (**38**) you wonder. Those are the type who will say anything to get elected.

Newscaster: Okay, thanks Windy. I hope we get some of that global freezing soon!

(**a**) cosmological
(**b**) creates
(**c**) deniers
(**d**) for time
(**e**) keeps
(**f**) makes
(**g**) manufacturing
(**h**) meteorological
(**i**) on record
(**j**) raising
(**k**) reputable
(**l**) supporters
(**m**) theoretical

PLEASE READ THE INSTRUCTIONS CAREFULLY.

V Read the following passage and complete the English summary in your own words in the space provided on the separate answer sheet. The beginning of the summary is provided; you must complete it in 4-10 words. Do not use three or more consecutive words from this page.

Once the public has decided to accept something as an interesting fact, it becomes almost impossible to get the acceptance rescinded. The persistent interestingness and symbolic usefulness overrides any lack of factuality. It is in the scholarly community that we ought to find a certain immunity, or at least resistance, to uncritical acceptance of myths, fables, and misinformation. But sadly, the academic profession shows a strong tendency to create stable and self-sustaining but completely false legends of its own. There are thousands of examples, both within and without academia.

In the study of language, one case surpassing all others in its degree of ubiquity is the notion that Eskimos* have bucketloads of different words for snow. Most linguistics departments have an introduction-to-language course in which students can be exposed to at least something of the mysteries of language and communication: signing apes and dancing bees; Jabberwocky and colorless green ideas; and of course, without fail, the multiple words for snow used by Eskimos — or more accurately, the speakers of Inuit and Yupik families of related languages spoken from Siberia to Greenland. But the truth is that the Eskimos do not have lots of different words for snow, and no one who knows anything about these languages has ever said they do. Anyone who insists on simply checking their primary sources will find that they are quite unable to document the alleged facts about snow vocabulary. But nobody ever checks, because the truth might not be what the reading public wants to hear.

(Adapted from Geoffrey K. Pullum, *The Great Eskimo Vocabulary Hoax*)

*Author's original wording

SUMMARY:
[*complete the summary on the separate answer sheet*]

The common belief that Eskimos have many words for snow shows that …

出典追記：Topic...Comment, Natural Language & Linguistic Theory volume 7 May 1989, issue 2 by Geoffrey K. Pullum

日本史

（60分）

〔Ⅰ〕 琉球列島の歴史に関する次の文章を読んで，問に答えなさい。

サンフランシスコ平和条約発効後もアメリカの施政権下におかれていた沖縄は，1972年５月，日本に復帰した[a]。しかし基地問題など様々な課題を抱えての復帰で，その多くが今も未解決のままである。そこには，近代以降の歴史だけでは捉えきれない，難しい問題も内包されている。ここで，沖縄地域の歴史について少し振り返ってみることにしよう。

琉球列島の人々は，日本の弥生時代や古墳時代，九州島の人々と貝交易などを通じて盛んに交流を行っていた[b]。けれども日本の史料において，倭国中枢部と琉球列島の交流が伝えられるのは推古天皇の時代以降である。そこには，６世紀後半から７世紀前半頃の緊迫化した東アジア情勢[c]をうけて，倭国が列島周辺部への関心を高めていたことが影響しているだろう。その後，律令国家の時代になると，この地域は「南島」と総称され，日本王権に朝貢すべき版図外の地域として位置付けられていく。奈良時代後半には，南島人の来朝記事が史料から見えなくなるが，その後も大宰府[d]などを介し，交易関係は維持されていたとみられる。ただし，その実態を伝える文字資料は乏しい。

一方，近年の考古学研究によれば，琉球列島では11世紀以降，須恵器に似た土器の生産や流通がみられるなど，新たな動きがあった。やがて按司と呼ばれた各地の首長たちがグスクを拠点に勢力を広げ，これらは沖縄本島において，山北（北山）・中山・山南（南山）の３つの勢力（三山）に統合されていく。また三山の王は，相次いで中国と外交関係を結んだ[e]。その後，1420年代に中山王の［ A ］が三山を統一し，琉球王国が成立した。

琉球王国は，広い海域で貿易活動を行い栄えた[f]。しかしほどなくして，ポルトガル人のアジア貿易への進出など，あいつぐ競争相手の登場により，16世紀にはその活動が後退する。さらに1609年，琉球は薩摩の島津氏によって征服され，薩摩藩の支配下に入る[g]。

その後，明治になると，政府は，島津氏と中国に「両属」する琉球王国を近代国家に編入していく[h]。ただし，土地・租税・地方制度は旧制度が温存され，参政権の付与も遅れた。このため，沖縄県最初の学士となった［ B ］らによる改革を求める運動も起こされた。その後も沖縄は，日本と国際社会の狭間で揺れ動き続けることとなる。

〔問〕

1　下線 a に関して述べた文のうち誤っているものはどれか。１つ選び，マーク解答用紙の該当する記号をマークしなさい。

ア　奄美諸島は，沖縄返還より前にアメリカから日本に返還された。

イ　小笠原諸島は，沖縄返還より前にアメリカから日本に返還された。

ウ　沖縄県祖国復帰協議会が，復帰運動を推進した。

エ　佐藤栄作首相・ケネディ大統領の会談で，1972年の沖縄返還が合意された。

オ　沖縄返還協定において，沖縄の軍事基地をアメリカが使用することが認められた。

2　下線 b の時代の琉球列島の様子について述べた文のうち正しいものはどれか。１つ選び，マーク解答用紙の該当する記号をマークしなさい。

ア　狩猟採集に基礎をおく続縄文文化が広がっていた。

イ　日本の古墳時代の後期には，前方後円墳を築く有力者もあらわれた。

ウ　狩猟採集を中心としつつ，水稲稲作も取り入れた文化が広がっていた。
エ　貝塚文化と呼ばれる漁労を中心とした文化であった。
オ　擦文土器と呼ばれる土器が使われていた。

3　下線cに関して述べた文のうち正しいものはどれか。1つ選び，マーク解答用紙の該当する記号をマークしなさい。
ア　領土拡大のため南下する高句麗が，新羅と連携し，百済や加耶諸国，倭国と戦った。
イ　中国の置いた楽浪郡や帯方郡が，朝鮮半島や日本列島に大きな影響を及ぼしていた。
ウ　隋と高句麗との間で，軍事的緊張が高まっていた。
エ　高句麗が，隋を滅ぼした唐と連携して，勢力の拡大をはかっていた。
オ　新たに勃興した渤海が，唐や新羅に対抗した。

4　下線dに関して述べた文のうち誤っているものはどれか。1つ選び，マーク解答用紙の該当する記号をマークしなさい。
ア　長官は帥で，次官には大弐と少弐があった。
イ　西海道諸国を統轄した。
ウ　対外的な業務にあたった。
エ　防人司が属していた。
オ　政庁は筑後国に置かれた。

5　下線eに関して述べた文のうち正しいものはどれか。1つ選び，マーク解答用紙の該当する記号をマークしなさい。
ア　中山王は，元から「琉球国中山王」として冊封されていた。
イ　13世紀に明が成立すると，中山王に入貢を促した。
ウ　中山王が明に入貢し，山北・山南の王もこれにつづいた。
エ　南山王は，今帰仁城（グスク）を拠点に中国と交流を行った。
オ　中山王は，宋にも朝貢していた。

6　空欄Aに該当する人物は何か。漢字で記述解答用紙の解答欄に記入しなさい。

7　下線fに関して述べた文のうち誤っているものはどれか。1つ選び，マーク解答用紙の該当する記号をマークしなさい。
ア　琉球王国は，諸国間をつなぐ中継貿易をおこなっていた。
イ　琉球王国は，東南アジア諸国とも貿易関係を結んだ。
ウ　琉球王国は，朝鮮とも通交関係を結んだ。
エ　中国人に貿易や海外渡航を広く奨励する明の政策が，琉球王国の貿易活動を支えた。
オ　明から渡来した中国人が，琉球王国の外交活動を支えた。

8　下線gに関して述べた文のうち正しいものはどれか。1つ選び，マーク解答用紙の該当する記号をマークしなさい。
ア　薩摩藩主の島津斉彬が，琉球に軍を派遣した。
イ　薩摩藩は，琉球で検地をおこなった。
ウ　薩摩藩の支配下にあっても，通商交易権は全面的に琉球王国にあった。
エ　薩摩藩は，琉球王国と中国との関係には全く関与できなかった。
オ　薩摩藩の琉球侵攻は，幕府の同意を得ぬまま実行された。

9　下線hに関して述べた文のうち正しいものはどれか。1つ選び，マーク解答用紙の該当する記号をマークしなさい。

ア　琉球王国を琉球藩にあらためた後，武力を背景にこれを廃して沖縄県を設置した。

イ　琉球王国を琉球藩にあらためると，清国もこれをただちに支持した。

ウ　武力を背景に琉球藩をあらたに設置すると，中央から役人を藩王として送り込んだ。

エ　沖縄県をあらたに設置すると，琉球の旧王族を県知事に任命することにした。

オ　全国で廃藩置県が断行される直前に，琉球王国は琉球藩にあらためられた。

10　空欄Bに該当する人物は誰か。漢字で記述解答用紙の解答欄に記入しなさい。

〔Ⅱ〕 日本における歴史の編纂や叙述に関する次の文章を読んで，問に答えなさい。

古代における律令国家の成立は，そこへ至る歴史に対する関心をよびおこした。こうして，はじめての正史である$_a$『日本書紀』が編纂された。平安時代になると，$_b$虚構をまじえた歴史物語や合戦の経緯を描いた軍記物語なども登場し，その後，多彩な歴史叙述が展開していった。軍記物語では，平氏の栄華から滅亡を描いた『平家物語』が特に有名で，それは琵琶法師が［A］として語り，多くの人びとに受け入れられたことによるところが大きかった。『平家物語』は史料として活用されることも多く，現代の人びとの歴史観にも大きな影響を与えている。

中世で歴史観・歴史理論に関する著作としては，$_c$慈円の『愚管抄』，北畠親房の『神皇正統記』がよく知られている。著者の出自や政治的立場に規定されている観は否めないが，個人の歴史観・歴史理論が発揮されていること自体は注目すべきであろう。このほか，$_d$鎌倉～南北朝時代には特色ある歴史編纂・叙述が，さまざまに行われた。これと比較すると室町～戦国時代はやや見劣りがするようにも思えるが，もちろん異なる見方もあるところであろう。

近世になると江戸幕府は林羅山・鵞峰父子に国史編纂を命じた。これによって成ったのが『［B］』である。また，水戸藩では$_e$『大日本史』の編纂がおこなわれた。歴史叙述では新井白石なども独自の歴史観を展開し，近世後期には頼山陽が『［C］』などで尊王論を説いた。

近世には幕府・諸藩で古文書の収集・編纂がしばしばみられたが，これもみずからの歴史に対する関心の高まり，それに基づく歴史編纂・叙述の準備と捉えられよう。近代には東京帝国大学の史料編纂掛で，収集した膨大な史料を用い，『［D］』『大日本古文書』などの編纂が進められた。民間では［E］が『日本開化小史』を著し，歴史の編纂や叙述は担い手も著作数も増加していったが，そのようななか政治的な問題もしばしば生じることとなった。

〔問〕

1　下線aに関して述べた文のうち正しいものはどれか。1つ選び，マーク解答用紙の該当する記号をマークしなさい。

ア　太安万侶（安麻呂）が中心となって編纂された。

イ　推古天皇からの歴史が記された。

ウ　「帝紀」「旧辞」をもとにした記述はない。

エ　完成後，朝廷は『風土記』の編纂を諸国に命じた。

オ　長屋王の変については記されていない。

2　下線bに関して述べた文のうち正しいものはどれか。1つ選び，マーク解答用紙の該当する記号をマークしなさい。

ア　『将門記』は軍記物語の先駆的なものである。

イ　『栄華物語』は藤原道長をたたえ，道長に献上された。

ウ　『大鏡』は漢文体で書かれた。

エ　『陸奥話記』には後三年合戦の経緯が書かれた。

オ　『今鏡』は藤原通憲の著作である。

3　空欄Aに該当する語句は何か。漢字2字で記述解答用紙の解答欄に記入しなさい。

4　下線cに関連して述べた文①～④のうち正しいもの2つの組み合わせはどれか。1つ選び，マーク解答用紙の該当する記号をマークしなさい。

①　慈円は藤原兼実の弟である。
②　慈円は天台座主をつとめた。
③　北畠親房は『建武年中行事』も著した。
④　北畠親房は唯一神道の理論により『神皇正統記』を著した。

ア　①と②　　イ　①と③　　ウ　①と④　　エ　②と③　　オ　②と④

5　下線dに関して述べた文のうち正しいものはどれか。2つ選び，マーク解答用紙の該当する記号をマークしなさい。
ア　『吾妻鏡』は鎌倉幕府の滅亡までが記されている。
イ　虎関師錬は日本の仏教の歴史を『元亨釈書』で著した。
ウ　『増鏡』は源平争乱以後の歴史を武家の視点で記した。
エ　『梅松論』は武家の立場から南北朝合一までをえがいた。
オ　軍記物語である『太平記』はのちに広く普及した。

6　空欄Bに該当する語句はどれか。1つ選び，マーク解答用紙の該当する記号をマークしなさい。
ア　中朝事実　　イ　武家事紀　　ウ　本朝通鑑　　エ　古史通　　オ　藩翰譜

7　下線eに関して述べた次の文X・Y・Zの正誤の組合せのうち，正しいものはどれか。1つ選び，マーク解答用紙の該当する記号をマークしなさい。

X　徳川光圀が完成させた。
Y　彰考館で編纂が行われた。
Z　編纂事業のなかから水戸学がおこった。

ア　X－正　Y－正　Z－正　　イ　X－正　Y－正　Z－誤　　ウ　X－正　Y－誤　Z－正
エ　X－誤　Y－正　Z－正　　オ　X－誤　Y－正　Z－誤

8　空欄Cに該当する語句はどれか。1つ選び，マーク解答用紙の該当する記号をマークしなさい。
ア　自然真営道　　イ　日本外史　　ウ　慎機論　　エ　新論　　オ　戊戌夢物語

9　空欄Dに該当する語句は何か。漢字5字で記述解答用紙の解答欄に記入しなさい。

10　空欄Eに該当する人物はどれか。1つ選び，マーク解答用紙の該当する記号をマークしなさい。
ア　久米邦武　　イ　高山樗牛　　ウ　田口卯吉　　エ　徳富蘇峰　　オ　福沢諭吉

〔Ⅲ〕 日本における寄付の歴史について述べた次の文章を読んで，問に答えなさい。

「勧進」という言葉がある。古くは慶滋保胤の［ A ］のなかにも登場するのだが，ここでは金銭的，物質的な寄付を含意することなく，［ B ］の布教を意味していた。その一方で，布教に従事した僧たちの多くは，安定した経済的基盤をもたず，民衆の支援を必要とした。ここに「勧進」の言葉と寄付が結びついた。11世紀後半以降，寄付をともなう勧進や，勧進聖とよばれる僧が散見するようになる。<u>東大寺大勧進職として，その復興に従事した重源の活動</u>(a)は，その延長線上に位置づけられる。鎌倉時代後期から南北朝時代にかけて，法隆寺や東寺なども大勧進職を置き，<u>律宗の僧</u>(b)をその任に当て，土木事業の組織化を進めていった。<u>15世紀に朝鮮へ派遣された使者たち</u>(c)は，天龍寺や興福寺などへの勧進のために，朝鮮に対して大蔵経を求めることもあった。歌舞伎の人気演目のひとつに，勧進帳があるが，「勧進帳」とは，以上のような場合に社寺造立などの趣旨を記して寄付を募集するための文書を意味する。

鎌倉時代末期になると，勧進興行といわれる活動がみられるようになる。勧進興行とは，芸能の興行をおこなうことで観客を動員し，彼らから入場料を徴収して，寄付として社寺の経営に充てる営みである。その初見は，1317年におこなわれた<u>勧進猿楽</u>(d)だとされ，とりわけ15世紀から16世紀にかけて，京都で多くの勧進猿楽がおこなわれたことが知られている。応仁の乱以後，足利将軍家の弱体化や，町衆の台頭により猿楽における勧進の性格は薄らいでいった。古来から存在した相撲は，<u>17世紀後半</u>(e)以降，勧進相撲として公的な許可を得て興行されるようになった。

相撲会場のひとつにもなった両国の回向院では，他方で出開帳といわれる催しが頻繁におこなわれた。出開帳とは，寺院が秘蔵する仏像・霊宝などを繁華街にもちだして公開し，人々から賽銭・寄付を集める行為である。江戸では，信濃善光寺・身延山［ C ］寺・成田山新勝寺・清凉寺の出開帳が人気だった。

近代化の動きは，勧進にも影響を与えずにはおかなかった。<u>神仏分離令</u>(f)が出されたことは，寺院はもとより神社のあり方にも変革をもたらした。神社は，崇敬講社や保存会を設立して寄付の獲得にいそしむこととなった。<u>日清戦争から日露戦争にかけての時期</u>(g)には，ビジネスとしての巡礼を強化しようとする神社も現れた。

このように，日本における寄付の歴史は，時として宗教性が希薄になることが指摘されつつも，基本的には社寺と結びついて展開し，そのあり方も多様に広がっていったことがわかる。

〔問〕

1　空欄Aに該当する書名はどれか。1つ選び，マーク解答用紙の該当する記号をマークしなさい。

ア『往生要集』　イ『性霊集』　ウ『過去現在絵因果経』　エ『日本往生極楽記』　オ『日本霊異記』

2　空欄Bには，10世紀なかばから11世紀なかばにかけてとくに流行した，阿弥陀仏を信仰することで来世において悟りを得ることを説く教えの名が入る。この時期にこの教えを広めた僧の名前はどれか。1つ選び，マーク解答用紙の該当する記号をマークしなさい。

ア　空也　イ　鑑真　ウ　景戒　エ　玄昉　オ　円仁

3　下線aに関連して，重源が活動したころの東大寺について述べた文のうち誤っているものはどれか。1つ選び，マーク解答用紙の該当する記号をマークしなさい。

ア　再建には陳和卿が協力した。
イ　造仏には運慶らが協力した。
ウ　豪放な力強さを特色とした大仏様とよばれる建築様式を採用した。
エ　現存する大仏殿はこの時の建築である。
オ　現存する南大門はこの時の建築である。

4　下線bに関連して，鎌倉時代の律宗について述べた文のうち正しいものはどれか。1つ選び，マーク解答用紙の該当する記号をマークしなさい。

ア　明恵は戒律を尊重し，清浄光寺を創建した。
イ　道元は坐禅を尊重し，『喫茶養生記』を記した。
ウ　忍性は戒律を尊重し，病人の救済施設を建てた。
エ　栄西は坐禅を尊重し，永平寺を創建した。
オ　良観は戒律を尊重し，独自の生活歌を詠んだ。

5　下線cに関連して，15世紀の日朝関係について述べた文のうち誤っているものはどれか。1つ選び，マーク解答用紙の該当する記号をマークしなさい。
ア　朝鮮は，対馬を倭寇の拠点とみなして攻撃した。
イ　対馬の宗氏は，通交制度を定めるなど，重要な役割を果たした。
ウ　朝鮮半島の3つの港で日本人が暴動をおこした。
エ　幕府だけでなく，守護・国人・商人なども関与できた。
オ　朝鮮半島には，李成桂が建てた王朝があった。

6　下線dに関連して，猿楽（能）について述べた文のうち正しいものはどれか。1つ選び，マーク解答用紙の該当する記号をマークしなさい。
ア　宗祇は，その作品を『新撰菟玖波集』にまとめた。
イ　観阿弥は，能の真髄を『申楽談儀』にまとめた。
ウ　金春座出身の観阿弥・世阿弥父子が，猿楽能を完成させた。
エ　観阿弥・世阿弥父子は，足利尊氏の保護のもとに，芸能の水準を高めた。
オ　『洛中洛外図屏風』には，能舞台の様子がみえる。

7　下線eに関連して，17世紀後半の出来事について述べた文のうち誤っているものはどれか。1つ選び，マーク解答用紙の該当する記号をマークしなさい。
ア　井原西鶴が『世間胸算用』を著した。
イ　慶長小判を改鋳し，金の比率が低い小判を発行した。
ウ　生類憐みの令により，殺生を禁じた。
エ　蛮書和解御用が設置された。
オ　宮崎友禅が友禅染めをはじめた。

8　空欄Cには，鎌倉時代に『立正安国論』を記した僧が開いた宗派の中心寺院の名が入る。該当する言葉を記述解答用紙の解答欄に漢字2字で記入しなさい。

9　下線fについて述べた文のうち正しいものはどれか。2つ選び，マーク解答用紙の該当する記号をマークしなさい。
ア　1868年に出された。
イ　キリスト教信仰が解禁された。
ウ　神祇省の設置を決めた。
エ　神道国教化政策の一環として出された。
オ　紀元節を制定した。

10　下線gに関連して，19世紀末の出来事について述べた文のうち正しいものはどれか。1つ選び，マーク解答用紙の該当する記号をマークしなさい。
ア　ラジオ放送が開始された。

イ　日産や日窒などの新興財閥が台頭した。

ウ　私鉄を母体に，ターミナルデパートが登場した。

エ　日本鉄道会社が，上野・青森間などの鉄道網を整備した。

オ　工業人口が，農業人口を上まわった。

〔Ⅳ〕　日本における地誌・紀行文について述べた次の文章を読んで，問に答えなさい。

地方の特色を記すことは，日本の歴史において古代以来，くりかえし行われてきた事項のひとつである。風土記(a)が編纂されたのは8世紀前半のこととされるが，いずれもそれぞれの地方における伝承，地名の由来，特産物などの情報を丹念に記載している。それらは地方の習俗が持つ個性を知る上で貴重な資料となっている。

中世に入って，幕府の置かれた鎌倉と京都の間の行き来が頻繁になってくると，東海道に関わる風物が紀行文の中に書かれるようになった。13世紀に成立した『十六夜日記』(b)『東関紀行』『海道記』などをみても，いずれも京都から鎌倉に下る道中の見聞，景勝が描かれており，地誌の内容を兼ねた側面がある。中世後期に入ると武士が次第に農村から離れて都市に暮らし始め，さらに16世紀末にすすめられた兵農分離や商農分離など身分にかかわる政策(c)によって，武士は城下町で生活を送り，農民は農村に暮らすことが基本となった。また，武士の都市生活と関連して商人・職人も城下町で町人の階層を形成してゆき，武士とともに，農村の生活習俗について観察することが多くなった。

近世も後期になると，地方には都会では衰微した習俗が残っていることを指摘し，それらの収集を説く学者，文人が目に付くようになる。たとえば，国学者(d)・本居宣長はその著『玉勝間』(e)の中で「詞のみにもあらず，よろづのしわざにも，かたゐなかには，いにしへざまの，みやびたることの，のこれるたぐひ多し」と，様々な生活上の営みは文字に限らないとしており，その資料的な価値を認めている。紀行文では，『［A］遊覧記』が東北地方を中心に民間習俗を自筆の挿絵とともに採集しており，今日でも当時の生活資料を知る上で参照されることが多い。また，『北越雪譜』(f)は雪の観察から雪国の習俗や伝承を記録しており，優れた地誌としての性格を持っている。これに加えて神社仏閣や名所，街道・宿場などの案内記として多くの［B］が刊行され，当該地の年中行事や習俗的な内容を含んでいるものも少なくなかった。このほか，17世紀以降にあらわれた多くの農書(g)は，種々の農具や農法とともに，地方の儀礼についても紹介している。

近代に入って，地誌は客観的な記述だけでなく，同時代の思想的な色彩を帯びることもあった。その一例として1894年，政教社(h)から刊行された志賀重昂の『日本風景論』は明治中期の国粋主義を背景としながら，特定の地域に止まらず，日本各地の自然，名勝，風景の持つ美質を称揚し，その後も長きにわたって版を重ねた。また，1889年に東陽堂から創刊された『［C］』は，日本最初のグラフ雑誌とも呼ばれているが，懐古趣味という側面から地方の民間習俗や年中行事などの地誌的情報も掲載した。急速な近代化の中で，失われつつある儀礼，習慣は地誌という形で顧みられることが多くなってゆく。

〔問〕

1　下線aに相当する以下の資料のうち，ほぼ完全な形で残っているとされるものはどれか。1つ選び，マーク解答用紙の該当する記号をマークしなさい。

ア『常陸国風土記』　イ『播磨国風土記』　ウ『出雲国風土記』

エ『豊後国風土記』　オ『肥前国風土記』

2　下線bの作者は誰か。漢字で記述解答用紙の解答欄に記入しなさい。

3　下線cに関連して述べた文のうち，誤っているのはどれか。1つ選び，マーク解答用紙の該当する記号をマークしなさい。

ア　刀狩令では，百姓は農具を持って耕作に専念すれば，子々孫々まで幸福であることが説かれた。

イ　太閤検地によって，村ごとに田畑・屋敷地の面積や等級が調査され，石高が定められた。

ウ　太閤検地によって，検地帳に実際に耕作を行っている農民の田畑・屋敷地が登録された。

エ　太閤検地によって，それまでまちまちだった枡の容量を京枡に統一することが定められた。

オ　太閤検地によって，土地の大きさを表示する際の基準が町，段，升，歩に統一された。

4　下線**d**に関連して述べた文のうち，誤っているのはどれか。1つ選び，マーク解答用紙の該当する記号をマークしなさい。

ア　賀茂真淵はその著『国意考』において，儒教・仏教の影響を受けない日本の固有信仰を論じた。

イ　本居宣長はその著『古事記伝』において「漢意」を排し，日本古来の精神「真心」に戻ることを説いた。

ウ　平田篤胤は復古神道の大成者として知られ，その思想は平田派国学としてのちの尊王攘夷運動にも影響を及ぼした。

エ　生田万は天保の飢饉による貧民救済を大坂町奉行に訴えたが容れられず，同志と乱を起したが，短期間で鎮圧された。

オ　伴信友は本居宣長没後の門人であり，考証的随筆『比古婆衣』によって知られる。

5　下線**e**の読みは何か。平仮名で記述解答用紙の解答欄に記入しなさい。

6　空欄**A**にあてはまる人名は何か。記述解答用紙の解答欄に記入しなさい。

7　下線**f**の著者は次のうちのどれか。1つ選び，マーク解答用紙の該当する記号をマークしなさい。

ア　鈴木牧之　　イ　山東京伝　　ウ　大田南畝　　エ　上田秋成　　オ　柳亭種彦

8　空欄**B**にあてはまる語句は何か。漢字4字で記述解答用紙の解答欄に記入しなさい。

9　下線**g**に関連して，次の著作が成立した年代を時代順に記したものとして，正しいものはどれか。1つ選び，マーク解答用紙の該当する記号をマークしなさい。

ア　『農業全書』→『農具便利論』→『会津農書』

イ　『会津農書』→『農業全書』→『広益国産考』

ウ　『農具便利論』→『農業全書』→『会津農書』

エ　『広益国産考』→『農具便利論』→『農業全書』

オ　『農具便利論』→『広益国産考』→『農業全書』

10　下線**h**の結社の機関誌は次のうちのどれか。1つ選び，マーク解答用紙の該当する記号をマークしなさい。

ア　『国民之友』　　イ　『反省会雑誌』　　ウ　『解放』　　エ　『日本人』　　オ　『東洋経済新報』

11　空欄**C**にあてはまる語句は何か。漢字4字で記述解答用紙の解答欄に記入しなさい。

世界史

（60 分）

〔Ⅰ〕 次の**資料A～D**に関連して，**設問1～5**に答えなさい。

資料A

資料B

資料C

資料D

設問1　**資料A**の遺跡を築いた帝国を滅ぼした征服者の名前を**記述解答用紙**の所定欄に記しなさい。

設問2　**資料B**の遺跡に関連して，誤っている記述を次の**ア～エ**の中から二つ選び，**マーク解答用紙**の所定欄にマークしなさい。

ア　これが描かれた頃の人類は，アメリカ大陸やポリネシアを含むほぼ全世界に住み着いていた。
イ　周口店上洞人と同じ新人による洞穴絵画である。
ウ　これが描かれた頃の人類は，剝片石器，石臼，骨角器などをつくり出す技術をもっていた。
エ　生産経済ではなく，獲得経済にたよっていた人類による洞穴絵画である。

設問3　**資料C**の遺跡に関連して，誤っている記述を次の**ア～エ**の中から二つ選び，**マーク解答用紙**の所定欄にマークしなさい。

ア　これを造営した王朝では，ゾロアスター教・仏教・キリスト教が融合したマニ教がおこった。
イ　これが所在する現在の国は，1980～88年まで隣国と戦争をおこなった。
ウ　これを造営した王朝の最大の領域は，西はエーゲ海北岸から東はガンジス川にいたる広大なものであった。

エ　これを造営した王朝は，前5世紀前半にギリシアと戦って敗れた。

設問4　**資料D**の遺跡に関連して，誤っている記述を次の**ア〜エ**の中から二つ選び，**マーク解答用紙**の所定欄にマークしなさい。

ア　これを造営した王朝の中国での呼称は真臘である。
イ　これを造営した王は，唐に朝貢していた。
ウ　これを造営した王朝は，メコン川流域におこった。
エ　ヒンドゥー教の寺院であるが，もともとは上座部仏教の寺院として造営された。

設問5　**資料A〜D**を北から順番に並べたさい，三番目に位置する遺跡が所在する国では，1970年代にクーデタが起きている。このクーデタで失脚した当時の国家元首の名を**記述解答用紙**の所定欄に記しなさい。

〔Ⅱ〕　ヨーロッパ史上の政治指導者について述べた次の文章1と2を読み，**設問1〜9**に答えなさい。

1.　キリスト教(A)を公認したことで知られるコンスタンティヌス帝は，政治的主導権を常に握りつつ，長期にわたった権力闘争を勝ち抜き，その過程で後期ローマ帝国の体制を確立させていった皇帝であった。

コンスタンティヌス帝は，272年頃に後の西方正帝コンスタンティウス1世の息子として生まれた。母親はヘレナと言い，熱心なキリスト教徒で聖地巡礼(B)をおこなったとされている。父親の死後，コンスタンティヌス帝はブリテン島(C)で軍によって皇帝に擁立されたが，これは［　D　］が創始した四帝分治制に反する行為であった。312年には，対立する皇帝マクセンティウスの領土に軍を進め，これを倒して帝国西部を統一した。キリスト教が公認されたのは，この翌年のことである。一方で，帝国東部を支配していたリキニウス帝に対しても，二度にわたって攻勢をかけて，324年に帝国の統一を果たした。この間，コンスタンティヌス帝は，機動軍と辺境防衛軍から構成される後期ローマ帝国の軍事制度を整備している。ビザンティウムをコンスタンティノープル(E)と改称したのは，リキニウス帝に対する勝利を記念してのことであったとされている。

2.　近現代ヨーロッパの政治的リーダーには，強烈な個性によって国民の戦意を高揚し国家を戦勝に導いた者が少なくない。フランス革命期ナポレオンを厳しく非難し，対仏大同盟の結成を訴えたイギリス首相ピット（在任1783〜1801年，1804〜1806年）(F)もまたカリスマ性を有する政治家であった。さらにロイド=ジョージは蔵相時代の1911年［　G　］を提案し社会保障制度の基礎を築くとともに，首相としては協商国（同盟国）の盟主として第一次世界大戦を勝利に導いた。第二次世界大戦期のチャーチル(H)は，大戦の期間の大半で戦時宰相を務めナチスの打倒に尽くし，戦後(I)は反共主義的な傾向を強めた。

設問1　下線部**A**の宗教の創始者に関連して述べた文として，誤っているものを次の**ア〜エ**の中から一つ選び，**マーク解答用紙**の所定欄にマークしなさい。

ア　イエスは，律法の順守を重視するユダヤ教の一派パリサイ派を批判した。
イ　イエスの言行を記録した「福音書」は，ギリシア語で書かれた。
ウ　イエスは，ティベリウス帝の治世に総督ピラトの命によって処刑された。
エ　イエスの弟子であったペテロは，ネルウァ帝の治世にローマ市で殉教した。

設問2　下線部**B**に関連して，十字軍について述べた文として誤っているものを次の**ア〜エ**の中から一つ選び，**マーク解答用紙**の所定欄にマークしなさい。

ア　第1回十字軍は，1099年にイェルサレムを占領した。
イ　第3回十字軍には，ノルマン朝のウィリアム1世が参加した。
ウ　第4回十字軍は，1204年にコンスタンティノープルを占領した。
エ　第7回十字軍を主導したのは，カペー朝のルイ9世である。

設問3　下線部Cの島にあった七王国を9世紀前半に統一した王の名を**記述解答用紙**の所定欄に記しなさい。

設問4　空欄Dの皇帝について述べた文として正しいものを次の**ア～エ**の中から一つ選び，**マーク解答用紙**の所定欄にマークしなさい。

ア　この皇帝は，元老院を廃止して，専制君主として帝国を統治した。
イ　この皇帝の治下で，ローマ帝国の領土は最大となった。
ウ　軍隊によって擁立されたこの皇帝の治世から軍人皇帝時代が始まった。
エ　この皇帝は，303年にキリスト教徒の大迫害を始めた。

設問5　下線部Eの都市を都とした帝国の皇帝について述べた文として正しいものを次の**ア～エ**の中から一つ選び，**マーク解答用紙**の所定欄にマークしなさい。

ア　ユスティニアヌス大帝は，ヴァンダル王国と西ゴート王国を滅ぼした。
イ　ヘラクレイオス1世は，パルティアからシリアとエジプトを奪回した。
ウ　レオン3世は，726年に聖像禁止令を出した。
エ　マケドニア朝のバシレイオス2世は，第2次ブルガリア帝国を征服した。

設問6　下線部Fに関して，ピットの首相在任期間中にイギリスで起こった事件はどれか。次の**ア～エ**の中から一つ選び，**マーク解答用紙**の所定欄にマークしなさい。

ア　団結禁止法が制定された。
イ　スティーヴンソンの蒸気機関車が，初めてストックトン—ダーリントン間を結んだ。
ウ　アメリカ＝イギリス（米英）戦争が勃発した。
エ　カトリック教徒解放法が制定された。

設問7　空欄Gに当てはまる語を**記述解答用紙**の所定欄に記しなさい。

設問8　下線部Hに関して，第二次世界大戦前，及び戦中のチャーチルの行動について正しい説明はどれか。次の**ア～エ**の中から一つ選び，**マーク解答用紙**の所定欄にマークしなさい。

ア　チャーチルはミュンヘン会談に参加し，宥和政策を支持した。
イ　首相として英ソ軍事同盟を締結したが，ソ連の協力は得られなかった。
ウ　日本の対米宣戦布告を受けて，アメリカ大統領フランクリン＝ローズヴェルトと「大西洋憲章」を発表し戦後の構想を明らかにした。
エ　フランクリン＝ローズヴェルト，蔣介石とともにカイロ会談を開き，対日戦争協力，戦後処理構想を発表した。

設問9　下線部Iに関して，第二次世界大戦後のチャーチルの事績について正しい説明はどれか。次の**ア～エ**の中から一つ選び，**マーク解答用紙**の所定欄にマークしなさい。

ア　1946年，ベルリンにおいて「鉄のカーテン」演説を行った。
イ　1951年の総選挙に勝利し，イーデンに代わって首相の座についた。
ウ　1952年に即位した女王エリザベス2世を首相として支えた。
エ　1953年，ノーベル平和賞を受賞した。

〔Ⅲ〕 次の文章を読み，**設問1～7**に答えなさい。

春秋戦国時代には多様な形状をもつ青銅貨幣が鋳造され，黄金や布帛などとともに流通した。なかでも，秦で鋳造された方孔円銭は，秦の天下統一に伴って全国に普及した。方孔円銭は中国銭の統一規格として長く継承され，唐の高祖のときに鋳造された［　A　］も方孔円銭である。このほかに，魏晋南北朝時代にはシルクロード交易を通じて，［　B　］の銀貨や，ビザンツ帝国の金貨が北中国に流入し始めた。

13世紀初頭に大モンゴル国が台頭し，中国へと支配の手を及ぼすと，14世紀には金属貨幣による裏づけのない紙幣の発行が試みられ，激しいインフレーションにつながった。こうした［　C　］紙幣の起源がどこまで遡るかは依然論争があるが，$_{\text{D}}$20世紀～21世紀における通貨制度の変遷の問題を考えるうえでも，モンゴルの失敗例は参考になる。

続く明王朝は，しばらく紙幣の発行を控えていたものの，その後，銅銭と紙幣による財政運営を試みるようになる。しかし，$_{\text{E}}$北方や東南沿海部での戦乱にともなう軍事費の増大，紙幣政策の失敗，そして銅銭の不足に悩まされ，次第に銀を必要とするようになっていった。おりしも16世紀には，$_{\text{F}}$新大陸アメリカや日本で銀の採掘が盛んになり，それらの銀の一部は明に流入した。そこで明は，両税と付加税を整理統合し，一括して銀で納める［　G　］を実施した。銀による税制は清にも継承された。ただし，明・清両王朝では，規格化された銀貨はほとんど鋳造されず，さまざまな形・大きさに成形された銀塊や外国の銀貨などが，銀の重さに応じた価値をもつ秤量貨幣として使われていた。19世紀末に，清もようやく銀貨を発行したが，広く流通することはなかった。しかし1935年，国民政府は，特定の銀行が発行する［　C　］紙幣のみを法定通貨（法幣）と定めて銀の行使を禁止し，銀が主要な通貨として用いられる体制は終わりを告げた。

設問1　空欄Aに入る適切な語を次の**ア～エ**の中から一つ選び，**マーク解答用紙**の所定欄にマークしなさい。

ア　至正宝鈔　　**イ**　半両銭　　**ウ**　開元通宝　　**エ**　五銖銭

設問2　空欄Bに関する次の**ア～エ**の記述を時代順に並べ替え，古いほうから三番目にくるものを**マーク解答用紙**の所定欄にマークしなさい。

ア　ローマ帝国と争い，皇帝ウァレリアヌスを捕虜にした。

イ　ホスロー1世のときに，突厥と結んでエフタルを滅ぼした。

ウ　ニハーヴァンドの戦いでイスラーム勢力に大敗した。

エ　アルダシール1世がゾロアスター教を国教に定めた。

設問3　空欄Cに当てはまる語を，**記述解答用紙**の所定欄に漢字で記しなさい。

設問4　下線部Dに関連する次の**ア～エ**の記述を時代順に並べ替え，古いほうから三番目にくるものを**マーク解答用紙**の所定欄にマークしなさい。

ア　プラザ合意によって中曽根政権下の日本は急激な円高に見舞われた。

イ　タイや韓国の通貨価値が大幅に下落した。このアジア通貨危機を受けて，IMFなどが大規模な融資をおこなった。

ウ　ブレトン＝ウッズ国際経済体制が崩壊し，変動相場制へ切り替わった。

エ　ニクソン大統領が米ドルと金との兌換停止を発表した。

設問5　下線部Eに関して，誤っている記述を次の**ア～エ**の中から一つ選び，**マーク解答用紙**の所定欄にマークしなさい。

ア　15世紀半ばに明の正統帝はオイラトのエセン＝ハンに大敗して捕えられた。

イ　15世紀後半にアルタン＝ハンが北京を包囲した後，明はモンゴルと講和して長城付近に交易場を設けた。

ウ　16世紀に中国東南部の沿岸で密貿易や掠奪をおこなった人々の中には，ポルトガル人も含まれていた。

エ　16世紀後半，明は倭寇への対応として海禁政策を緩和し，民間商船の海外への渡航を認めた。

設問 6　下線部Fに関して，誤っている記述を次のア～エの中から一つ選び，**マーク解答用紙**の所定欄にマークしなさい。

ア　明に流入した銀の主な産地は，現ボリビアに位置するポトシ銀山，現メキシコに位置するサカテカス銀山，日本の石見銀山などであった。

イ　ポルトガル商人は，マカオを根拠地として日本の長崎港などと往来し，中国生糸と日本銀の交易を中継して巨利をあげた。

ウ　オランダは，台湾南部にゼーランディア城を築き，中国東南部の鄭成功と連携して貿易網を確立していった。

エ　メキシコからルソン島に運ばれた銀は，そこで絹・陶磁器などの中国商品と交換された。

設問 7　空欄Gに当てはまる語を，**記述解答用紙**の所定欄に漢字で記しなさい。

〔Ⅳ〕次の文章を読み，**設問 1 ～ 7** に答えなさい。

インド洋では古くから季節風を利用した海上交易が発達した(A)。7～8世紀にかけてアラブの大征服が進み，東はインダス川下流域から西はイベリア半島まで広大な領域がイスラーム政権の支配下に入ると，アラブ系やペルシア系のムスリム商人がインド洋交易に進出していった。ムスリム商人は8世紀には東アフリカ沿岸部，インドの西海岸，さらにはマラッカ海峡を越えて広州や泉州にも来航した(B)。

香辛料に代表されるインド洋海域世界の特産品は，主に西アジアのイスラーム政権の支配領域を通って地中海へ運ばれ，ヨーロッパへともたらされた。アッバース朝の都バグダードはティグリス川・ユーフラテス川を介して上流ではシリア・パレスティナを経て地中海と，下流では［ C ］を経てインド洋と連結し，国際商業の中心地として栄えた。10世紀後半にアッバース朝が衰退し，ファーティマ朝のもとでエジプトのカイロが繁栄を見せると，主要航路は［ C ］ルートから紅海ルートに移った。インド西海岸から西に向かってアラビア半島の南を抜けた商船は，紅海沿岸の港に商品を陸あげした。これらの商品は陸路とナイル川を用いてカイロ，さらにアレクサンドリアへと運ばれ，ヨーロッパ商人の手に渡った。

15世紀末になると，ポルトガルがインド洋に進出した(D)。ポルトガルは香辛料貿易の独占をもくろみ，ムスリム商船を襲撃したり紅海の封鎖を試みるなどしたため，インド洋の海上交易は混乱した。それまで紅海ルートを掌握して海上交易から利益を得ていた［ E ］は，ポルトガルに対抗するためスエズ(F)で艦隊を建造し，インド洋へ派遣したが，1509年ディウ沖の海戦で敗れた。その後オスマン朝(G)がエジプトとイラクを征服し，紅海と［ C ］に進出した。オスマン朝はこの二つの海域への進出を図るポルトガルと争い，数度にわたってインド洋に艦隊を派遣した。

設問 1　下線部Aに関連して，インド洋沿岸の諸都市や交易品について詳しく記録している，1世紀ごろエジプトで書かれた地理・物産の書の名前を，**記述解答用紙**の所定欄に記しなさい。

設問 2　下線部Bに関連して，中国の海上交易に関する説明として誤っているものを，次の**ア～エ**の中から一つ選び，**マーク解答用紙**の所定欄にマークしなさい。

ア　広州には唐代に海上交易を管理するために市舶司が置かれた。

イ　黄巣の乱によって広州が破壊されると，広州まで来航していたムスリム商人はマラッカ海峡まで後退し，中国商人が南シナ海にさかんに進出するようになった。

ウ　泉州には宋代に市舶司が置かれ，その元代における繁栄についてはマルコ＝ポーロやイブン＝バットゥータの旅行記でも言及されている。

エ　12世紀には中国商人は南インドまで進出していたが，明の海禁政策によって撤退し，南インドのムスリム王朝のヴィジャヤナガル王国がムスリム商人との結びつきを強めて繁栄した。

設問3　空欄**C**に当てはまる語を**記述解答用紙**の所定欄に記しなさい。

設問4　下線部**D**に関連して，ポルトガルの海洋進出の説明として誤っているものを，次の**ア**～**エ**の中から一つ選び，**マーク解答用紙**の所定欄にマークしなさい。

ア　1488年にバルトロメウ＝ディアスが喜望峰に到達した。

イ　1498年にヴァスコ＝ダ＝ガマがインド西岸のカリカットに到着した。

ウ　1500年にカブラルが太平洋を経てブラジルに到達した。

エ　1511年にポルトガルはマラッカを征服した。

設問5　空欄**E**に当てはまる王朝名を**記述解答用紙**の所定欄に記しなさい。

設問6　下線部**F**に関連して，次の**ア**～**エ**の記述の中から最も適切なものを一つ選び，**マーク解答用紙**の所定欄にマークしなさい。

ア　1859年，スエズ運河はフランス人レセップスの指導で着工されたが，運河が開通する頃には，工事の経費のためにエジプトの財政は破綻した。

イ　1875年，エジプトは，みずからが所有するスエズ運河会社の株式をアメリカの大統領セオドア＝ローズヴェルトに売却した。

ウ　1903年，イギリスのヴィクトリア女王は，スエズ運河会社の株式を購入した。

エ　1956年，ナセルがスエズ運河会社の国有化を宣言すると，これに反発したイギリスとアメリカはイスラエルと共同で軍事介入し，スエズ戦争が勃発した。

設問7　下線部**G**の王朝に関する説明として正しいものを，次の**ア**～**エ**の中から一つ選び，**マーク解答用紙**の所定欄にマークしなさい。

ア　1453年にコンスタンティノープルを征服したメフメト２世は，1475年にヒヴァ＝ハン国を服属させて黒海一帯を支配下に置いた。

イ　セリム１世は，1538年にスペイン・ヴェネツィアの連合艦隊をプレヴェザの海戦で破り，東地中海の制海権を握った。

ウ　1571年，オスマン朝はヴェネツィア・スペインの連合艦隊をレパントの海戦で破り，キプロス島を征服した。

エ　オスマン朝はイギリス・フランス・ロシアの連合艦隊にナヴァリノの海戦で敗れ，最終的にギリシアの独立を認めた。

〔V〕次の**図A～C**を見て，**設問1～5**に答えなさい。

図A《理性の眠りは怪物を生む》

図B《希望》

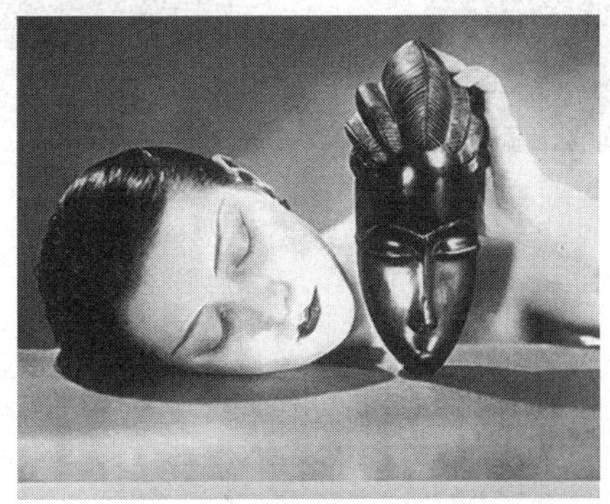

図C《黒と白》

設問1　**図A**は1799年に刊行されたスペインの画家による版画集『ロス＝カプリチョス（気まぐれ）』に収められた1点である。ここでは，眠る人間の背後にコウモリやフクロウが飛び立ち，理性が働かないところで「怪物」が生まれてくる様子が表現されている。この版画の作者はのちに，<u>《1808年5月3日》</u>など多くの作品で，戦争や侵略の惨禍を描くことになる。下線部の絵はどれか，次の**ア～エ**の中から一つ選び，**マーク解答用紙**の所定欄にマークしなさい。

ア

イ

ウ

エ

設問2　**図A**の作者名を**記述解答用紙**の所定欄に記しなさい。

設問3　**図B**は，フランスの画家ピュヴィ＝ド＝シャヴァンヌが1871年から1872年にかけて「希望」をテーマに制作した作品の１点である。ここでは，白いドレスを着た女性が平和を意味する小枝を持ち座っているが，その背景には荒涼とした風景が広がり，墓地や十字架が見え戦争の痕跡がうかがえる。この絵の構想の着想源となった，制作時期にもっとも近い年代におこなわれた戦争は何か。次の**ア**～**エ**の中から一つ選び，**マーク解答用紙**の所定欄にマークしなさい。

ア　ライプツィヒの戦い　　**イ**　アロー戦争　　**ウ**　プロイセン＝フランス戦争　　**エ**　クリミア戦争

設問4　**図B**について適切に説明している文章を，次の**ア**～**エ**の中から一つ選び，**マーク解答用紙**の所定欄にマークしなさい。

ア　白いドレスの女性が平和や希望といった抽象的概念を表わしていると考えられ，象徴派の絵といえる。

イ　戸外に座る女性や自然の描写に見られる特徴に，モネやルノワールと共通する印象派の手法が見出せる。

ウ　優美な女性像を軽やかなタッチで捉えた作風は，ロココ美術の典型を示している。

エ　女性が心のうちに戦争の悲劇を秘めた描写は，感情を重視したロマン主義の表現となっている。

設問5　**図C**はマン＝レイの写真作品で，モデルが手にする仮面は，20世紀初頭の芸術でしばしば見られたアフリカ芸術への関心を示すものである。マン＝レイはブルトンやデュシャンらとともに，第一次世界大戦をもたらした西洋文明に対する強い不信から，西洋の伝統や既成の価値観の破壊を目指す芸術運動を担った。のちにシュルレアリスム運動へと展開し，20世紀の芸術や思想に大きな影響を与えることになるこの運動を何というか。**記述解答用紙**の所定欄に記しなさい。

ハ　死の瞬間に、素晴らしい香りに満たされる者がまれに出現するが、これはマナスが体内を動き回ることによって発せられる芳香であり、聖者が悟りを開いた証拠としてたいへん尊崇された。

ニ　求那跋摩は臨終の後も、縄床に足を組んで座っていたが、龍蛇のようなものが屍体の側から突然出現して天を衝いて上昇したため、人々は阿羅漢果に到達できなかったことを悟り悲しんだ。

ホ　藤原道長は、病に苦しみながら臨終を迎えたが、僧たちの読経の効験によっていったん蘇生して、安らかに念仏を称（とな）えながら世を去ったため、周囲の人物は極楽に往生した証拠だと喜んだ。

へ　藤原道長の棺は生前に用意してあり、死の三日後に鳥辺野に葬送すると定めて、雪の中に車は出発したが、その葬列は釈迦の入滅の際に九万二千人が集まったことに匹敵するほどであった。

ホ　X―d・Y―e・Z―f　　へ　X―e・Y―a・Z―c

問二十三　**乙**の文章がその死を描く藤原道長は、康保三年（九六六）に生まれ、万寿四年（一〇二八）に逝去した。次の**イ**から**ヘ**の作品の説明の中から、その成立時期もしくは内容が、道長の生存期間に合致・該当**しないもの**を一つ選び、解答欄にマークせよ。

イ　鏡物といわれるジャンルの嚆矢で紀伝体による歴史物語。
ロ　歌人の娘で中宮に仕えた女性によって書き綴られた冊子。
ハ　作り物語の最高峰として後代に大きな影響を与えた物語。
ニ　天皇の命令を受け四人の撰者が編集した二十巻の和歌集。
ホ　節を付け歌うための漢詩句や和歌を分類編集した朗詠集。
ヘ　最も高名な物語作家が出仕の生活などを書き綴った日記。

※問二十三については、設問の記述に不十分な部分があり、適切な解答に至らないおそれがあることから、受験生全員に得点を与える措置が取られたことが大学から公表されている。

問二十四　**甲**・**乙**の**いずれか**の文章の趣旨と合致するものを、次の中から**二つ**選び、解答欄にマークせよ。

イ　人が死ぬ瞬間に、識が足先から抜けると地獄などの悪趣に堕ち、臍から抜けると人に生まれ変わり、頭から抜けると天に生まれ変わり、心臓から抜けると解脱して悟りを得ることができる。
ロ　宝瓊は臨終後の二日間、頭頂が暖かで三本の指を曲げていたが、慧曠は頭頂が暖かかったものの、指を二本しか曲げていなかったので、死後に良い世界に生まれ変わることができなかった。

イ　仏はまず天上界にお生まれになった後、この世に降り人々と楽しく交わり、最期は涅槃山の奥深くで人知れずお亡くなりになられた。
ロ　仏は母を済度するため忉利天において説法していたが、人間界に戻ってただちに涅槃に入り、仏教の教えをインド全土に広められた。
ハ　仏がこの世に出現なさり、世の人々を済度した後、涅槃を得て去っていかれたように、藤原道長様もお亡くなりになってしまわれた。
ニ　釈迦は人々の間に入って積極的に交際を深めておられたが、ついには人里離れた山の奥で修行し、お悟りになった内容を広められた。
ホ　釈迦はこの世に人としてお生まれになり、インド全土を広くめぐり渡りながら、涅槃山に隠棲して一人で静かにお過ごしになられた。
ヘ　釈迦が人としてインドに出現なさったように、藤原道長様もその化身の聖者として日本に誕生され、浄土のような世界を実現された。

問二十二　乙の文章の傍線部**X**・**Y**・**Z**の敬語は、次の**a**から**f**の誰を、それぞれ敬意の対象としているか。その答えの組み合わせとして、最も適切なものを次の中から一つ選び、解答欄にマークせよ。

a　藤原道長　　b　女院・中宮・上の御前　　c　関白殿
d　僧たち　　e　内・東宮　　f　釈迦

イ　X－a・Y－a・Z－a　　ロ　X－b・Y－a・Z－f
ハ　X－b・Y－c・Z－d　　ニ　X－c・Y－c・Z－a

イ　慧因の死を悲しみながら整列をしないで行進する
ロ　猿が木によじのぼるように見物人が道にあふれる
ハ　車に登ったり穀物をばらまきながら行列に加わる
ニ　力任せに車を引くものや車を押す者があらわれる
ホ　葬送の車に大ぜいでとりすがったり引いたりする
ヘ　激しい喜怒哀楽の表現を行いながら葬列を見送る

問十九　乙の文章における傍線部**イ**から**ヘ**のうち、藤原道長の「聖者性」を示すものを**すべて**選び、解答欄にマークせよ。

問二十　乙の文章における傍線部**4**「おこたらせたまひつ」とあるが、この意味として最も適切なものを次の中から一つ選び、解答欄にマークせよ。

イ　お祈りの効験もあらわれなかった
ロ　起き上がることもなさらなかった
ハ　お伝えするのを失念してしまった
ニ　心配事もみな解消されてしまった
ホ　念仏をついつい怠けてしまわれた
ヘ　病状が少しだけ快方にむかわれた

問二十一　乙の文章における傍線部**5**「仏の世に出でたまひて、世をわたしたまへる、涅槃の山に隠れたまひぬ」の説明として、最も適切なものを次の中から一つ選び、解答欄にマークせよ。

ホ　大乗仏教では、アートマンは心臓にとどまるのではなく、体中を自由に動き回ると解したため、婆羅門教との間に矛盾が生じたから。

へ　五臓六腑にアートマンが存在するという婆羅門教の考えと、マナスに相当する心の働きを軽視する大乗仏教の考えが衝突したから。

問十六　**甲**の文章における傍線部**2**「善修三業無令一生空過。」の読み下し文として、最も適切なものを次の中から一つ選び、解答欄にマークせよ。

イ　善修の三業は、一生の空過にしくはなし。

ロ　善く三業を修するに令なく、一生を空しく過ぐさしめん。

ハ　善く三業を修し、一生をして空しく過ぐさしむることなかれ。

ニ　善く三業を修すれば、一生を空しく過ぐすことなからしめん。

ホ　善を修さば、三業に令することなく、一生を空しく過ぐさん。

へ　善をして三業を修さしめ、一生をして空しく過ぐすことなからしめん。

問十七　**甲**の文章における空欄 I に入る漢字一字を、**甲**の文章の漢文の引用部分から選び、記述解答用紙の所定の欄に記せ（楷書で丁寧に書くこと）。

問十八　**甲**の文章における傍線部**3**「攀轅扶轂」の意味として、最も適切なものを次の中から一つ選び、解答欄にマークせよ。

も着て、雪消えあへず降りかかりたるも、さまざまにあはれに悲し。「よろづ事削(そ)ぎて、ただ形(かた)のやうに」と仰せられけれど、事かぎりありて、人の続きたちたるほど、十二十町ばかりありぬべし。今は**Z**出でさせたまふ。無量寿院の南の門の脇の御門より出でさせたまふ。かの釈迦入滅の時、かの拘尸那城(くしなじゃう)の東門より出でさせたまひけんに違ひたることなし、九万二千集まりたりけんにも劣らず、あはれなり。

注　ついたち四日……上旬の四日。十二月四日のこと。
鳥辺野……平安京の葬送地。東山にある。
無量寿院……藤原道長によって創建された法成寺の阿弥陀堂。鴨川の西岸にあった。
拘尸那城……釈迦の入滅地。

問十五　**甲**の文章における傍線部**1**「大乗仏教徒が小乗の修行をしていたかの如き、紛らわしい書きぶり」と、なぜ述べるのか。その説明として、最も適切なものを次の中から一つ選び、解答欄にマークせよ。

イ　僧伝に見られる頂暖や屈指の奇瑞は、アビダルマ教理学の考えに基づいたもので、大乗仏教徒の修行の階梯とは異なるものだから。

ロ　大乗を信奉する仏教徒が、小乗の修行を行う仏教徒と対立したとき、自らの存在意義を示すため、わざと難解な議論を行ったから。

ハ　婆羅門教においてアートマンがすべての精神活動を司ると考えられたが、大乗仏教ではその存在を肯定するため齟齬が生じたから。

ニ　アビダルマ教理学において「頂暖」の理論が発達したが、それを大乗仏教に取り入れることによって議論が飛躍的に発展したから。

乙［次の文章は、『栄花物語』巻三十「つるのはやし」の一節である。『栄花物語』では、藤原道長の超越性を讃える傾向が強い。甲の文章のような考え方は、中国・日本で撰述された高僧伝・往生伝を通じて、平安時代の僧俗に影響を与えたと考えられている。以下の一節は、道長の臨終前後の描写であるが、その「聖者性」が特に際立つ場面である。］

十二月二日、イ常よりもいと苦しうせさせたまへば、女院、中宮、上の御前も、いとゆゆしう思ひたてまつらせたまひて、X関白殿にせちに申させたまへば、人々出(いだ)して見たてまつらせたまふに、あはれに悲しういみじうて、ほとほと御声たてさせたまひつべし。さて帰らせたまひぬれば、僧たち近うさぶらひて、御念仏をして聞かせたてまつる。されど、その日4おこたらせたまひつ。このほど、内、東宮より御使(つかひ)いみじかりつ。今になほ弱げにおはしませど、ただこの御念仏のおこたらせたまはぬにのみ、おはします定(ぢやう)にてあるなり。またの日も、今や今やと見えさせたまへれど、ことなくて過ぎさせたまひぬ。

ついたち四日、巳の時ばかりにぞ、うせさせたまひぬるやうなる。されどロ御胸より上(かみ)は、まだ同じやうに温(あたた)かにおはします。ハなほ御口動かせたまふは、御念仏せさせたまふと見えたり。そこらの僧涙を流して、御念仏の声惜しまずY仕(つか)うまつりたまふ。「臨終のをりは、風火まづ去る。かるが故に、動熱(どうねち)して苦多かり。善根の人は地水まづ去るが故に、緩慢(くわんまん)して苦しみなし」とこそはあんめれ。されば善根者(ぜんこんしや)と見えさせたまふ。あはれに、内、東宮の御使ぞ隙(ひま)なき。日ごろいみじう忍びさせたまへる殿ばら、御前たち、声も惜しませたまはず、げにいみじや。御堂の内のあやしの法師ばらのもの思ひなげなりつるが、庭のままに臥(ふ)しまろぶ、げにいみじ。世界の尊き尼法師さへ集まりて、5「仏の世に出でたまひて、世をわたしたまへる、涅槃の山に隠れたまひぬ。われらがごときいかに惑はんとすらん」など、言ひつづけ泣くも、いみじう悲し。ニ夜半(よなか)過ぎてぞ冷え果てさせたまひける。御棺は悩みそめさせたまひし日より造らせたまへれば、やがて入棺したてまつりつ。ホいみじう御声どもまさなきまでおはしまさふ。またの日、陰陽師召して問はせたまふに、「七日の夜せさせたまふべし、所は鳥辺野」と定めまうしてまかでぬ。

七日になりぬれば、つとめてよりいそぎせさせたまふ。例の事ども推しはかるべし。日暮れぬれば、御車に舁(か)き乗せたてまつりておはしますに、へその日つとめてより夜まで雪いみじう降る。さるべき人々、例の装束の上にあやしの物ど

人送リテ至ル二城南一ニ、又聞ク二天楽ノ鳴ルヲ一レ空ニ。弟子等為ニ建テ二支（し）提（だい）塼（せん）塔（とう）一ヲ、
勒シテレ銘ヲ封樹シ、蘭陵ノ蕭鈞製スレ文ヲ。

ここには、尊敬を一身にあつめた僧について、生前には周囲の弟子たちも「莫測其位」―その悟りの境地が誰にも分からなかったこと―と、逝去の際に「異香満室」―素晴らしい芳香に満たされたこと―と、「天楽鳴空」―不思議な音楽が上空に鳴り響いたこと―とを伝える。没後に塔を立てたことは、周囲の人々が慧因を聖者とみなしたことを示す。こうした話の流れのなかで、生前は到達階位不明だった慧因を人々が聖者と認めるに至った契機こそ「異香満室」と「天楽鳴空」という超常現象だった。臨終で「異香」に言及する場合、それは当人の聖者性を象徴的に表している。

注　アビダルマ……仏教教理の理論。経・律・論の三蔵のうちの論蔵。

般涅槃……入滅し、完全な悟りの世界に入ること。

釈迦牟尼……約二千五百年ほど前にインドに出現した聖人。釈迦。仏陀。

信宿……二晩。

初夜・後夜……一日を六時に分けて勤行するうちの、夜のはじめと、明け方の時間帯。

小乗……大乗（大きな乗り物）に対する、小さな乗り物の意。大乗教徒側からの貶称（へんしょう）であるため、この語は現在の仏教では一般に使用しない。

貞観元年……唐の年号。西暦六二七年。

支提塼塔……火葬した遺骨を納めるため瓦で造った塔。

蘭陵……地名。現在の中国山東省臨沂市。　蕭鈞……人名。

が逝去するに当たって、「異香」すなわち素晴らしい香りが立ち込めたという記録である。「異香」という語の「異」は通常でない、並々ならぬ、素晴らしいの意である。したがって異香は、変な臭い strange smell や奇妙奇天烈な臭いでなく、並外れた芳香 extraordinary fragrance やこの世のものと思えない素晴らしい香りを意味する言葉である。

異香に特別な意義を見出そうとする研究をわたくしは寡聞にして知らないが、聖者性を検討するとき、是非とも留意すべき事柄である。例えば『高僧伝』巻三の求那跋摩(ぐなばつま)伝によれば、彼は二果の証得を自覚した僧だったことをこう描写している。

既終之後、即扶坐縄床、顔貌不異、似若入定。道俗赴者千有余人、並聞香気芬烈、咸見一物状若龍蛇、可長一匹許、起於屍側、直上衝天、莫能詔者。

同様に、『続高僧伝』巻十三の慧因(えいん)伝はこう言う。

因、定・慧両明、空・有兼照。弘法四代、常顕一乗、而莫競物情、喜怒無色。故遊其道者、莫測其位。以貞観元年二月十二日、卒于大荘厳寺。春秋八十有九。未終初夜、告弟子法仁曰、「各如法住、2善修三業無令一生空過。当順仏語、勿変服揚哀。随吾喪後事不可矣」。乃整容如常、潜思入定、於後夜分、正坐而終。咸［ I ］異香満室。遂遷坐于南山至相寺。于時3攀轅扶轂、道俗千余

であると考えた。その結果、「識」が足先や臍や頭頂など体のどの部位にも到達可能であるから、死ぬ瞬間にその特定部位から体外に離脱するという理論を生み出した、と推測できる。

　臨終の際、僧が「手屈〜指」などと、手の指を何本か曲げていたことを記す文献もある。その際、曲げた指の数が最終的に彼の到達した修行の階位を示していると信じられた。ただし階位は大乗仏教の十地ではなく、『宋高僧伝』巻二十九に、

凡諸入滅挙二其指一者、蓋示下其得二四沙門果一之数上也。

とあるように、初果から阿羅漢果にいたる声聞乗系の階位を示すと考えられた。それらのいくつかは、指を曲げる（「屈」）のではなく、伸ばすことで同じ事柄を象徴する。

　さらにまた、この表現を「頂暖」とともに用いる場合もある。例えば『続高僧伝』巻七の宝瓊伝は、臨終の様子を次のように記す。

未二仍入一レ道、奄至二無常一。頂暖信宿、手屈二三指一。

　また、『続高僧伝』巻十の慧曠伝によれば、慧曠は隋の大業九年（六一三）に八十歳で逝去した。その時の様子は次のようであった。

頂煖淹レ時、手屈二二指一。斯又上生得道之符也。

　このように僧伝には臨終の姿が到達階位や来世の様を告げる表現がある。漢人僧は大乗仏教徒であると自覚し、小乗を軽んずる傾向があるにもかかわらず、臨終の様子を描写する際には、小乗特有の修行である初果・二果・三果・阿羅漢果の四果を用いて死に行く様を記録するのである。1大乗仏教徒が小乗の修行をしていたかの如き、紛らわしい書きぶりをする理由はどこにあったか。私見によれば、こうした描写には、阿羅漢を始めとする厳しい修行とその成果に価値を認めようとする意図が働き、そのためこのような小乗の援用には象徴的な意味合いが濃厚であって、現実性という点からは少々問題があると言わねばならない。

　これら来世の行き先を象徴する表現とならんで是非注目したい点がもう一つある。それは、周囲の尊敬をあつめる僧

に一般的な説である。ただし頭と心臓の意味付けを逆転させる解釈もある。

ともかくここから、中国の僧伝において「頂暖」は良い往生を暗示することが分かるであろう。例えば、智儼（ちごん）（六〇二〜六六八）の『華厳経内章門等雑孔目章』巻四の「寿命品内明往生義」に、

臨終之時、頭頂暖（あたたカナル）者ハ、験ス二得往生ヲ一。

とあるのは大きな参考資料となる。

ここで付言しておくが、仏教アビダルマにおいて、「識」は「心」や「意」と同義であるとみなすのが一般的である。その場合、識つまり心が足や臍から抜けるのは奇妙であると感じる人がきっといるだろう。現代人の感覚からすれば、その人の魂が足や臍から体外に離脱するなど考えられない。このような奇妙な説は、インド文化の「常識」を背景としている。仏教が始まる以前のインドでは、婆羅門教（ばらもんきょう）（**Brahmanism** ブラフマニズム、後のヒンドゥー教の母体となった教え）の人々は、体内にはアートマンという人格主体が存し、それがすべての精神活動を司っていたと考えていた。アートマンは心臓のなかにいて、心臓から飛び出すことはないと考えられた。そして視覚や聴覚や触覚など心臓から離れた認識活動は、アートマンと直接繋がらない替わりに、アートマンの使者としてマナスという心的感覚器官が体の隅々にまで動き回り、個別の感覚や認識と統括者のアートマンとを繋いでいたと信じた。

しかし釈迦牟尼が世に現れ、仏教を弘めたとき、釈迦はアートマンの存在を完全に否定した。アートマンなどどこにも存在しない。だから人間その他の生命体を構成する諸要素をリストアップすれば、色（しき）・受・想・行・識の五蘊（ごうん）のみであるし、別の列挙をするならば視覚・聴覚・嗅覚・味覚・触覚・意識の六種についてそれぞれその認識の主体・器官・対象の三種を挙げ、全部で十八種の構成要素に分類したりする。しかしどのように分析しても、アートマンの存在など、どこにも見当たらないと、アートマンを否定した。つまり心臓のなかに永住する精神主体はないことを看破した。しかしマナスに相当する、体の隅々を動き回る心の働きは、アートマンとは別の存在であるため、否定しなかった。こうした理由により、仏教では、ある種の精神活動が体中を動き回って作動するという考えをアビダルマで理論的に構築した。そのため、アートマンに支配されない「識」すなわち「心」すなわち「意（マナス）」は、体内を自由に動き回るもの

（三）次の甲・乙の文章を読んで、あとの問いに答えよ。

甲 ［次の文章は、船山徹著『仏教の聖者―史実と願望の記録』（二〇一九年）の一節である。漢文中には、返り点・送り仮名・読点を省いた箇所がある。］

無限にも等しい時間にわたる修行の理論に立つとき、現世において修行を積んだにもかかわらず、もしも悟りの自覚や体験をできなかったとしたら、人は絶望するしかないのだろうか。来世への確かな期待はもてないのだろうか。あるいは、周囲の人々にそう思われながら逝去するのだろうか。

この問いに答えるための手がかりとして、死後の「頂暖」すなわち頭頂が最後まで冷たくならなかったという記録が時々僧伝に見出せることに、まず注目したい。これは、本人が生前に自らの宗教的境地を口に出して語らずとも、臨終の姿がそれを如実に物語っていることを示す定型表現である。玄奘（六〇二～六六四）についてもそれが言われる（『大慈恩寺三蔵法師伝』巻十）。さらにこの表現は以下の諸伝に現れる。

道宣『続高僧伝』巻七の慧勇伝・巻七の宝瓊伝・巻八の浄影寺慧遠伝・巻十の智聚伝・巻十七の慧思伝・巻二十の静琳伝・巻二十二の慧満伝・巻三十の真観伝・灌頂『隋天台智者大師別伝』

死後の「頂暖」を示す文献は、管見の限りインド仏教には見当たらない如くであるが、ただ、その理論的根拠に限って言えば、インド仏教のうち、とりわけアビダルマ教理学に「頂暖」の意味を解説する文言を見出すことができる。アビダルマ仏教文献の漢訳中、「頂暖」につながる理論を記す文献とはすなわち、

前秦の僧伽跋澄訳『鞞婆沙論』巻十四・北涼の浮陀跋摩、道泰等訳『阿毘曇毘婆沙論』巻三十六・玄奘訳『阿毘達磨大毘婆沙論』巻六十九・玄奘訳『阿毘達磨倶舎論』巻十

などである。これらの説明によると、人が死ぬ瞬間、その人の識が足先から抜けると悪趣（地獄・餓鬼・畜生・阿修羅）に生まれ、臍から抜けると人に生まれるという。そして識が頭から抜ける―そのため頭が最後まで冷たくならずに温度を保つ―場合は天（神々の世界）に生まれる。そして心臓から抜ける場合には般涅槃する。以上がアビダルマ文献

問十二　傍線部**B**「普通に言葉を使うときは話し手と聞き手しかいませんので事は比較的簡単です」とあるが、そう述べる理由として最も適切なものを次の中から一つ選び、解答欄にマークせよ。

イ　話の理解には話し手と聞き手の相性が重要だから。
ロ　言語の理解は話し手の説明する力に依存するから。
ハ　明快であるには聞き手の十分な理解が必要だから。
ニ　不可解なのは言語の働きそのものだけであるから。
ホ　文の不可解は言葉の文脈だけに起因しているから。

問十三　傍線部**C**「翻訳にまつわる考え方を支配しようとしています」というのはどういうことか。その説明として最も適切なものを次の中から一つ選び、解答欄にマークせよ。

イ　比喩によるイメージによって、翻訳という行為を理解したつもりにさせられること。
ロ　優れた翻訳を達成するため、正しい翻訳の実態を理解することが強制されること。
ハ　翻訳という行為のイメージは多様なのに、その一つを正しいとせざるをえないこと。
ニ　翻訳を行うために、翻訳者は原文の意味やニュアンスに支配されざるをえないこと。
ホ　翻訳者であろうとする自覚が、却って翻訳という行為の正しい理解を妨げること。

問十四　傍線部**1**・**2**のカタカナの部分を漢字に直し、記述解答用紙の所定の欄に記せ（楷書で丁寧に書くこと）。

問十　傍線部A「言語と翻訳の場合でも、同じことが起きています」とあるが、そう述べる理由として最も適切なものを次の中から一つ選び、解答欄にマークせよ。

イ　言語と翻訳についても、考えても仕方のない比喩についてあれこれと思いを巡らし、納得したつもりになるから。

ロ　言語と翻訳についても、空間にまつわる比喩を使って、不可解なところをごまかし、理解したつもりになるから。

ハ　言語と翻訳についても、意味が通じることばかりを考えて、どのような比喩を使うかについては吟味しないから。

ニ　言語と翻訳についても、聞き手が関心を示す比喩を選択することに集中し、言語の本質を十分に理解しないから。

ホ　言語と翻訳についても、比喩表現の理論化に気がとられ、感情的な問題を重視せずにないがしろにしているから。

問十一　空欄 Ⅱ に入る語句として最も適切なものを次の中から一つ選び、解答欄にマークせよ。

イ　推測

ロ　変質

ハ　逆転

ニ　敷衍（ふえん）

ホ　欺瞞（ぎまん）

間に立つ翻訳者」と私は何気なく言いましたが、これも比喩です。先ほど「人間がある言語から別の言語に移るときにどのように意味を持ち越すか」という表現も使いました。考えてみれば、「異言語間・異文化間のコミュニケーション」という言い方も、言語と文化を、いわば空間的な領域として把握した上で成り立っている比喩的な表現です。これらの表現も、微妙な形で翻訳者という存在の2リンカクを、比喩的に形づくっています。異言語間・異文化間のコミュニケーションといったら、当然ながらそれぞれの言語・文化は別々の領域として存在していることになり、異なるふたつの領域は「間」と言えるものを挟んでいることになります。そして、翻訳者はその「間」に陣取って、翻訳を行うイメージが浮かんできます。

(マイケル・エメリック『てんてこまい 文学は日暮れて道遠し』による)

問八 次の文は本文中に入るべきものである。本文中の〔**イ**〕~〔**ホ**〕から最も適切な箇所を一つ選び、解答欄にマークせよ。

もちろん、それは違います。

問九 空欄 I に入る最も適切なものを次の中から一つ選び、解答欄にマークせよ。

イ 印象的な表現を駆使すること
ロ 比喩の巧い使い方がすべてだ
ハ 別の言語に置き換えるだけだ
ニ 効率的な文章で構成すること
ホ 翻訳者の好みに翻訳するだけ

A言語と翻訳の場合でも、同じことが起きています。たとえば「意味が通じる」と言うでしょう。「通じる」の意味を『日本国語大辞典』で引くと、「道路などがある地点まで達する。道筋がつながって、ある地点まで行けるようになる。また、交通機関が通る。とどく、つながる。」とある。「意味が通じる」という言い方は、この空間的な意味の[Ⅱ]にほかなりません。話し手から聞き手に意味が「通じた」と言えば、電話が通じたときと同様のことが起きているように聞こえます。電話線の代わりに、目に見えないくらい細い「意味線」とやらが張ってあって、話し手の言おうとしていることがその線をさっと伝わっていく。また、意味を伝えるために私たちは言葉を使うのですが、言葉は「意味をもつ」と言います。郵便配達員が手紙を持ってきてくれるように、言葉は意味をもってきてくれます。ピンポン。「はい？」「あ、すみません、言葉です。意味を届けに参りました」「そうですか、すみませんが、縁側の方に持ってきていただけますか」――というのは大げさかもしれませんが、言語の不可解さを1カイヒするために私たちが用いる空間的な比喩の作用を突き詰めていくと、結局はそのようなことになるかと思います。〔ニ〕

英語でも事情はほぼ同じです。言語の基本的な機能を端的に表している communicate は、もともとふたつの部屋などが隣り合っていて、ひとつめの部屋から直接、次の部屋に行けるという意味をもっています。英語の communicate は、日本語の「通じる」と通じるところがあるわけです。

翻訳も「コミュニケーション」の変種として捉えられがちです。翻訳は異言語間・異文化間のコミュニケーションであるという言い方をよく耳にします。「こんな翻訳じゃ、意味がぜんぜん通じないじゃないか」とか、「ニュアンスが細部まで伝わる名訳」というように、言語の不可解さを紛らわすために愛用される比喩をそのまま翻訳に当てはめたりもします。〔ホ〕

B普通に言葉を使うときは話し手と聞き手しかいませんので事は比較的簡単です。その一方で、翻訳では、不可解なものがもうひとつ加わってしまうのです。ほかならぬ、翻訳者です。翻訳のことを考える場合、話し手と聞き手だけではなく、その間に立つ翻訳者もいます。Cある翻訳で「意味が通じた」場合、翻訳者を通して通じたということです。もう既に比喩が現れ、私たちの翻訳にまつわる考え方を支配しようとしていますね。「話し手と聞き手だけではなく、その

（二） 次の文章を読んで、あとの問いに答えよ。

翻訳者を中心に捉えて翻訳という行為を考えると、何が見えてくるのでしょうか。ひとつとても重要なのは、翻訳という行為をどのような比喩をもってイメージするか、ということではないかと思います。アメリカでは、ほとんどの人が翻訳を単純な作業と考えています。翻訳者が原文を見て、そこに出ている言葉を、［ I ］、と思っているようです。たとえば、日本語の「すみません」を英訳するとします。『新和英大辞典』を引けば「すみません」の項目に「I'm sorry」が出ているので、簡単な作業ですよね。ほかに「excuse me」「forgive me」「Hello!」「thank you」など、色々なオプションが出ています。さらに「Yes, sir」「Is anyone there?」など、辞書には載っていないが文脈によって適切と思われる選択肢がいくつもあります。翻訳者は文脈から判断して、もっともふさわしい言葉を選択するだけですから、そんなに難しくないでしょう、と思われているわけです。〔イ〕

ここで問題になるのは、「すみません」のような単純きわまりない事例の場合でも、言葉の意味を理解し、その意味に当たる英語の表現を選択するときに、翻訳者の頭のなかでいったい何が起きているのか、まったくわからないことです。人間がある言語から別の言語に移るときにどのように意味を持ち越すか、そもそもどのように言葉を理解するかは、非常にベーシックなことでありながら、全然わからないわけです。言語というのはまったくのミステリーです。〔ロ〕

こういうミステリーを、人間はごまかしてやりすごします。わからないから、比喩に頼ってわかったつもりになるのです。よくあることです。たとえば、人間は死ぬとどうなるかわかりません。「幽霊になる」とよく言われます。でも幽霊になるのは、具体的にはどのようなプロセスなのか。頭の天辺から始まるのか、まず足が消えるのか、心臓から何やら幽霊に育つ分泌物が滲み出るのか。それとも、体のどこかに隠れていた魂が、息絶える寸前の人間の体格とかどんな洋服を着ていたかなどを事細かく研究して、何らかのメカニズムでそれをコピーするのか——そんなことを考えても始まりません。というよりも、人間が亡くなるとどうなるかという考えてもしようがないことを考えないで済むように、幽霊という比喩が作り出されたわけです。〔ハ〕

ホ　若い人たちにとっての貴重な時間を浪費することを避けるため。

問七　**A**・**B**の文章の内容に合致しているものを次の中から**二つ**選び、解答欄にマークせよ。

イ　**A**の文章は、言語の本体はオトであって文字ではないとされているにも関わらず、どのような文字を採用するかの問題に人々が情熱を傾け感情的にもなる理由について、文字がなければ言語表現が不可能だからだとしている。

ロ　**A**の文章は、話し手が言語をどのように思い浮かべるかを意味する「規範」について、音声による言葉しか存在しない段階ではその概念が生じ得ず、言葉が文字化されることで初めて思い浮かべられるものだと考えている。

ハ　**A**の文章は、言語学者が唱える言語の「体系」すなわち「なにが実現されるべきではないか」にあたるものとして、**B**の文章においては漢字漢文で文章を書いていくことが挙げられていると考えている。

ニ　**A**の文章は、**B**の文章の主張を近代的な言語道具観から来るものと捉えており、その一面的な価値観で西洋文明を重んじ東洋文明を軽んじたことに対し、当時の時代背景をふまえてもやはり短絡的であったと評価している。

ホ　**B**の文章は、十五代将軍徳川慶喜へ漢字の廃止を上申するにあたり、実現の不可能性や効果の低さの観点から、意見が受け入れられないかもしれないことを想定しつつも、その重要性を主張する態度をとっている。

ヘ　**B**の文章は、日本語が西洋諸国の言語に劣ることを懸念しており、その原因をこれまで日本が強く影響を受けてきた中国文化によるものと断罪した上で、中国文化の影響を受けていない仮名文字の使用を推奨している。

イ　「コト」ではなく「オト」
ロ　「オト」ではなく「コトバ」
ハ　「コトバ」ではなく「モノ」
ニ　「モノ」ではなく「ココロ」
ホ　「ココロ」ではなく「モジ」

問三　**A**の文章には次の一文が脱落している。入るべき最も適切な箇所を**A**の文章中の〔**イ**〕～〔**ホ**〕から一つ選び、解答欄にマークせよ。

ただし、前島は漢字廃止を提言したからといって、漢語まで廃止しようとはしなかった。

問四　**A**の文章の傍線部**a**「第二の意味での規範、言語の表象を生み出す規範をつくりだす」ためにすべきこととして、**B**の文章が考える内容を最も端的に示している一文を**B**の文章中から抜き出し、**始めの五文字**を記述解答用紙の所定の欄に記せ。句読点も字数に数える。振仮名がある場合は省略すること。

問五　**B**の文章の傍線部**イ**～**ニ**の「文字」のうち、「漢字」を**指していない**ものを一つ選び、解答欄にマークせよ。

問六　**B**の文章が漢字の廃止を主張する理由として、**正しくない**ものを次の中から一つ選び、解答欄にマークせよ。

イ　社会階級によらず国民全体に教育を行き渡らせるようにするため。
ロ　さまざまな領域の知識を速やかに習得できるようにするため。
ハ　中国の漢字文化に影響される前の固有の日本語を復元するため。
ニ　日本を世界的に有力な他国と肩を並べられるような国にするため。

返すも悲痛の至に存じ奉り候ふ。抑御国に於ては毫も西洋諸国に譲らざる固有の言辞ありて、之を書するに五十音の符字（仮名字）これ有り。一の漢字を用ゐること無くして世界無量の事物を解釈書写するに何の故障もこれ無く、誠に簡易を極むべきに、中古人の無見識なる彼国の文物を輸入すると同じく、此の不便無益なる形象文字をも輸入して、竟に国字と倣して常用するに至りたるは、実に痛嘆の至に御座候ふ。恐れ多くも御国人の知識此の如くに下劣にして、御国力の此の如くに不振に至りたるは、遠く其の原因を推せば其の素の毒を茲に発したるなりと、痛憤に堪へず存じ奉り候ふ。

漢字を御廃止あひ成り候ふとて、漢語即ち彼国より輸入し来れる言辞をも併せて御廃止あひ成る儀には御座無く、只彼の文字を用ゐず仮名字を以て其の言辞を其の儘に書記するは、猶英国等の羅甸語等を其の儘入れて其の国語となし、其の国の文字綴を以て書記すると同般にするの謂に御座候ふ。

（前島密「漢字御廃止之議」による）

注　廟議……朝廷の評議。

問一　Aの文章の空欄［Ｉ］［Ⅱ］［Ⅲ］に入る語の組み合わせとして最も適切なものを次の中から一つ選び、解答欄にマークせよ。

イ　Ｉ　積極的　Ⅱ　消極的　Ⅲ　消極的
ロ　Ｉ　積極的　Ⅱ　積極的　Ⅲ　消極的
ハ　Ｉ　消極的　Ⅱ　積極的　Ⅲ　消極的
ニ　Ｉ　消極的　Ⅱ　積極的　Ⅲ　積極的
ホ　Ｉ　消極的　Ⅱ　消極的　Ⅲ　積極的

問二　Aの文章の空欄［Ｘ］に入る語句として最も適切なものを次の中から一つ選び、解答欄にマークせよ。

ソシュール……スイスの言語学者。（一八五七～一九一三）
オング……アメリカの哲学者。（一九一二～二〇〇三）
深邃高尚……奥深いこと。
艱渋迂遠……物事が困難で遠回りであること。

B

国家の大本は国民の教育にして、其の教育は士民を論ぜず、国民に普からしめ、之を普からしめんには成るべく簡易なるイ文字文章を用ゐざるべからず。其の深邃高尚なる百科の学に於けるも、ロ文字を知り得て後に其の事を知る如き艱渋迂遠なる教授法を取らず、渾て学とは其の事理を解知するに在りとせざるべからずと存じ奉り候ふ。果して然らば、御国に於ても西洋諸国の如く音符字（仮名字）を用ゐて教育を布かれ、漢字は用ゐられず、終には日常公私の文に漢字の用を御廃止あひ成り候ふ様にと存じ奉り候ふ。漢字御廃止と申し候ふ儀は古来の習用を一変するのみならず、学問とは漢字を記し漢文を裁するを以て主と心得居り候ふ一般の情態なるに、之を全く不用に帰せしむると申すは容易の事にはこれ無く候へども、能く国家の大本如何を審明し、御廟議を熟せられ、而して広く諸藩にも御諮詢遊ばされ候はば、其の大利益たること判明せられ、存外難事に非ずして御施行あひ成り得べきやと存じ奉り候ふ。目下御国事御多端にして、人々競ひて救急策を講ずるの際、此の如き議を言上仕り候はば、甚だ迂遠に似て、御傾聴下し置かれ候ふ程も如何御座あるかと憚り入り存じ奉り候へども、御国をして他の列強と併立せしめられ候ふは、是より重且大なるはこれ無きやに存じ奉り候ふにつき、恐懼を顧みず敢て言上奉り候ふ。学事を簡にし普通教育を施すは、国人の知識を開導し、精神を発達し、道理芸術百般に於ける初歩の門にして、国家富強を為すの礎地に御座候へば、成るべく簡易に成るべく広く、且成るべく速に行き届き候ふ様、御世話御座ありたき事に存じ奉り候ふ。然るに、此の教育に漢字を用ゐるときは、其の字形と音訓を学習し候ふため長日月を費し、成業の期を遅緩ならしめ、又其の学び難く習ひ易からざるを以て、就学する者甚だ希少の割合にあひ成り候ふ。稀に就学勉励仕り候ふ者も、惜むべき少年活発の長時間を費して、只僅かにハ文字の形象呼音を習知するのみにて、事物の道理は多く暗昧に附し去る次第に御座候ふ。実に少年の時間こそ事物の道理を講明するの最も好時節なるに、此の形象文字の無益の古学のために之を費し、其の精神知識を頓挫せしむる事、返すれば、文字はできるだけ忠実に音声に対応するべきであり、文字言語は「万人一目一定音を発する利」をそなえていなければならない。真の知識は［ X ］のなかにあるという実学思想が、前島の漢字反対論の核をなしていた。こうした立場から前島は、漢字という文字が近代的知識の獲得と伝達にはなはだそぐわないものであると考えたのである。

〔ハ〕さらにここに、漢字反対論を生み出したひとつの重要な要因として、中国文明からの離脱の意志と西洋文明への志向を指摘することができる。前島は、音声文字と形象文字の対立が西洋文明と東洋文明との対立を凝縮してあらわしているとみなしたのである。

〔ニ〕前島によれば、日本が政治的にも文化的にも停滞した根本の原因は、「無見識なる彼国〔中国〕の文物を輸入すると同じく、此の不便無益なる形象文字をも輸入して、竟に国字と倣して常用するに至」ったことにある。しかし幸いにも、日本は日本独自のものでありながら西洋とあい通じるものをもっている。それが「音符字」の仮名文字である。前島は「御国に於ては毫も西洋諸国に譲らざる固有の言辞ありて、之を書するに五十音の符字〔仮名字〕」があるという。日本に仮名文字という音表文字があるということにこそ、中国がおちいっているような危機から日本を救いだし、近代化へとふみだすための可能性があると前島は考えたのだろう。

〔ホ〕「只彼の文字を用ゐず仮名字を以て其の言辞を其の儘に書記するは、猶英国等の羅甸語等を其の儘入れて其の国語となし、其の国の文字綴を以て書記すると同般」であるという。つまり、近代ヨーロッパの俗語がラテン語からの遺産を滋養としながら、その支配から脱けだして近代国民国家の言語となっていった過程は、日本語が漢語漢文にたいしてとるべき道をはっきりと指し示していると前島はとらえていた。前島が最終的に目ざしたのは、まさに漢字廃止による文章の簡略化とそれにもとづく普通教育の実施によって、近代国民国家の基礎となるべき〈国民〉を創り出すことであった。

（イ・ヨンスク『「国語」という思想』による）

注　アカデミー・フランセーズ……フランスの国立学術団体の一つ。フランス語の基準を作ることをその役割としている。

コセリウ……ルーマニア生まれの言語学者。（一九二一～二〇〇二）

つくりだし強化していく力をもつのである。

しかし、a第二の意味での規範、言語の表象を生み出す規範をつくりだすにあたって「書くこと」がいかに重要であるかは、しばしば見すごされがちである。この意味での「規範」の重要性が増大したのは、ひとえに「文字＝書くこと」が出現し、言語を「書かれたもの」のすがたで表象できるようになったときからであろう。いったい文字のない時代に、ある言語の「全体」が表象できただろうか。オングのいうように、声の文化におけることばとは、一瞬のうちに生まれては消え去る出来事の流れなのであって、声に出されずにどこかに潜在的に存在しているはずの言語の「全体」などという抽象的観念は生じるはずはなかったにちがいない。

したがって、どのような文字で書くか、また、その文字でどのように書くかという文字の問題は、たんなる表記法の技術の問題をはるかにこえて、言語がどのような姿で表象されるべきかという言語の規範的表象の成立の問題に深くかかわっているのである。

明治以来、日本がたえず悩みつづけてきたいわゆる「国字問題」は、こうした視点からとらえねばならない。日本語をいかなる文字で書くかという問題は、「日本語」をどのように表象し価値づけるかという問題と密接にかかわっているのである。

〔イ〕よく知られているように、近代日本の国語国字問題は、一八六六年（慶応二）、当時の幕府開成所反訳方であった前島密が、十五代将軍徳川慶喜へ上申した建白書「漢字御廃止之議」によってその幕をあける。まず、その建白書の趣旨を要約しているともいえる冒頭部分を見てみよう。

「国家の大本は国民の教育にして、其の教育は士民を論ぜず、国民に普からしめ、之を普からしめんには成るべく簡易なる文字文章を用ゐざるべからず。其の深邃高尚なる百科の学に於けるも、文字を知り得て後に其の事を知る如き艱渋迂遠なる教授法を取らず、渾て学とは其の事理を解知するに在りとせざるべからずと存じ奉り候ふ。果して然らば、御国に於ても西洋諸国の如く音符字（仮名字）を用ゐて教育を布かれ、漢字は用ゐられず、終には日常公私の文に漢字の用を御廃止あひ成り候ふ様にと存じ奉り候ふ。」

〔ロ〕前島の議論をささえているのは、言語さらにはその音声の記号である文字は、けっして真の知識の対象ではなく、その知識を伝達するためのたんなる道具にすぎないという功利主義的な言語道具観である。このような観点からす文字の問題に熱狂するのは、プロの言語学者でも同様である。一例を出すと、韓国でハングルだけを使うか、それとも漢字を入れるかをめぐって激論になり、とうとう椅子を投げるほどの肉弾戦にまでいたったこともある)。

ここでまず、言語の本質は、ほんとうに言語学がいうような意味での「構造」もしくは「体系」にあるのかどうかを検討してみよう。

言語学者コセリウは、ソシュールによるラング／パロール、つまり体系と実現体の二分法にかえて、体系／規範／実現体という三分法をとるべきだという。構造言語学が厳密な意味でいう「体系（Sistema）」とは、 Ⅰ で弁別的な単位がたがいにつくりだす相互関係の網であるかぎり、それは「なにを実現すべきか」ではなく、「なにが実現されるべきではないか」を定めるのみである。だから、その意味で体系は、言語の可能性の領域を限定するだけだという。しかも、「体系」は言語学が学問的関心から構築する抽象的形式であり、それがすぐさま言語の現実態を決定するわけでもない。

それにたいして「規範（Norma）」は、なんらかの実現体の Ⅱ な類型をつくりだす。だからといって、規範は個々の発話の実現体そのものでもなければ、それらのたんなる総和でもない。規範の役割とは、あくまで体系のさしだす潜在的な可能性を Ⅲ な現実性に変換することにある。

ただし、コセリウのいう「規範」は、少なくともふたつのことなるレベルでとらえなければならない。ひとつは具体的な言語行為が実際にしたがわねばならないパターンとしての規範であり、もうひとつは話し手が言語にたいしてあてがう価値づけの総体としての規範である。いいかえれば、前者の規範は現実の発話がしたがうべき「型」であり、後者の規範は話し手が言語をどのように思い浮かべるか、つまりは言語の「表象」であるといえる。そして、話し手が日常的に「〇〇語」という姿で言語を思い浮かべるとき、ひとびとはまさにこの言語の表象としての規範を思い浮かべているのである。

文字の問題の多くは、この「規範」の領域に属する。第一の意味での規範、つまり「型」やパターンとしての「規範」が、「書く」という活動を支配していることはいうまでもない。オングがいうように、無意識に「話す」ことはありえても、無意識に「書く」ことはありえない。「書く」ことは、書き手の意識をできるかぎり統御することを要求する。「書くこと」はあらゆる点で規範に支配される活動であるからこそ、そこから生まれた「書かれたもの」は規範を

国語

（九〇分）

（一）次のA・Bの文章を読んで、あとの問いに答えよ。なお、Bの文章はAの文章中に引用されている「漢字御廃止之議」である。

A

言語の本体はあくまでオトであるという近代言語学の認識からすれば、たしかに文字は言語にとってたんなる外皮にすぎない。化粧や衣装をいくら奮発してみても人間の体にはなんらの影響も及ぼさないのと同様に、言語をどのような文字で表記するかは、言語の本質にはかかわりのない「外的な」事実となる。したがって、言語学がその研究対象とすべきはオトの研究である。より具体的にいえば、単位としてのオトが音素、形態素、統辞などのそれぞれのレベルで、たがいに関係をとりむすぶやりかたが、その研究領域となるだろう。

しかしそれにもかかわらず、どのような文字表記を採用するかの問題に、どうして人々はあれほど情熱をかたむけることができるのだろうか。また、ほんとうに文字の問題が言語にとって付随的なことであるなら、フランスのアカデミー・フランセーズ、日本の国語審議会、韓国の国語研究所やハングル学会などは、どうでもいい仕事にかかわって莫大な労力を無駄についやす滑稽でおろかな団体ということになってしまう。

文字の問題になると、人々があまりにも感情的になりすぎて、根拠のない同志意識や敵対意識を深くいだくのは、巷（ちまた）の人々が言語学を知らない素人だからではない。ことばを話しているのは巷の素人たちであり、言語の真髄も言語学者が独占すべきではなく、この素人たちの話すこと、そしてことばに対する意識のなかにこそあるはずである（じつは、

2022
年度

問題編

■一般選抜・一般選抜（英語 4 技能テスト利用方式）・一般選抜（共通テスト利用方式）

問題編

〔一般選抜〕

▶試験科目・配点

教　科	科　　目	配　点
外国語	「コミュニケーション英語Ⅰ・Ⅱ・Ⅲ，英語表現Ⅰ・Ⅱ」，ドイツ語，フランス語，中国語，韓国語のうちから１科目選択	75 点
地　歴	日本史Ｂ，世界史Ｂのうちから１科目選択	50 点
国　語	国語総合，現代文Ｂ，古典Ｂ	75 点

▶備　考

ドイツ語・フランス語・中国語・韓国語を選択する場合は，大学入学共通テストの当該科目〈省略〉を受験すること。共通テスト外国語得点（配点 200 点）を一般選抜外国語得点（配点 75 点）に調整して利用する。

〔一般選抜（英語 4 技能テスト利用方式）〕

▶試験科目・配点

教　科	科　　目	配　点
地　歴	日本史Ｂ，世界史Ｂのうちから１科目選択	50 点
国　語	国語総合，現代文Ｂ，古典Ｂ	75 点

▶合否判定

英語 4 技能テストのスコアが基準を満たしているものを対象として，一般選抜の 2 教科の合計点（配点 125 点）で合否を判定する。

〔一般選抜（共通テスト利用方式）〕

▶試験科目・配点

試験区分	教　科	科　　　目	配　点
大学入学共通テスト	地歴・公民または数学または理科	以下から１科目選択 地理Ｂ，現代社会，倫理，「政治・経済」，「倫理，政治・経済」，「数学Ⅰ・Ａ」，「数学Ⅱ・Ｂ」，物理，化学，生物，地学 または，以下から２科目選択 物理基礎，化学基礎，生物基礎，地学基礎	50 点
学部独自試験	外国語	「コミュニケーション英語Ⅰ・Ⅱ・Ⅲ，英語表現Ⅰ・Ⅱ」，ドイツ語，フランス語，中国語，韓国語のうちから１科目選択	75 点
	国　語	国語総合，現代文Ｂ，古典Ｂ	75 点

▶備　考

- 共通テストの得点（配点 100 点）を 50 点に換算する。「世界史Ｂ」「日本史Ｂ」等は試験科目に含まれていないので，注意すること。
- 共通テストの「理科」において，基礎を付した科目（２科目）と基礎を付していない科目（１科目）の両方を受験した場合は，得点の高い方の成績を大学側で自動的に抽出し，合否判定に利用する。
- 共通テストにおいて，上記指定科目の範囲内で２科目以上を受験している場合は，最高得点の科目の成績を大学側で自動的に抽出し，合否判定に利用する。
- 共通テストの「地歴・公民」「理科（物理，化学，生物，地学）」において２科目受験の場合は，第１解答科目の成績を合否判定に利用する。上記以外の科目を第１解答科目として選択した場合は，合否判定の対象外となる。
- ドイツ語・フランス語・中国語・韓国語を選択する場合は，共通テストの当該科目〈省略〉を受験すること。共通テスト外国語得点（配点 200 点）を学部独自試験の外国語得点（配点 75 点）に調整して利用する。

▶合否判定

共通テストの得点（配点 50 点）と学部独自試験の得点（配点 150 点）を合算して，合否を判定する。

英語

（90 分）

I Read the following two passages and choose the most appropriate word or phrase for each item（1 ～14）. Mark your choices（**a** ～ **d**）on the separate answer sheet.

(**A**) Charles Darwin, in an 1881 book on earthworms, wanted "to learn how far the worms acted consciously and how much mental power they displayed." Studying their feeding behaviors, Darwin concluded that there was no absolute（ 1 ）between complex and simple animals that assigned higher mental powers to one but not to the other. No one has discovered a Rubicon that separates sentient from nonsentient creatures.

Of course, the richness and diversity of animal consciousness will（ 2 ）as their nervous system becomes simpler and more primitive, ultimately turning into a（ 3 ）organized neural net. As the pace of the underlying assemblies becomes more sluggish, the（ 4 ）of the organisms' experiences will slow down as well.

Does experience even require a nervous system? We don't know. It has been asserted that trees, members of the kingdom of plants, can communicate with each other in unexpected ways, and that they adapt and learn. Of course, all of that can happen without experience. So I would say the evidence is interesting but very（ 5 ）. As we step down the ladder of complexity rung by rung, how far down do we go before there is not even an inkling of（ 6 ）? Again, we don't know. We have reached the limits of drawing conclusions based on similarity with the only subject we have direct acquaintance with —（ 7 ）.

(Adapted from Christof Koch, "Is Consciousness Everywhere?")

1.	(a) dimension		(b) foothold
	(c) interaction		(d) threshold
2.	(a) delude		(b) diminish
	(c) dominate		(d) duplicate
3.	(a) densely		(b) loosely
	(c) mutually		(d) recklessly
4.	(a) amount		(b) dynamics
	(c) quality		(d) transition
5.	(a) experimental		(b) fundamental
	(c) preliminary		(d) systematic
6.	(a) adaptation		(b) ambition
	(c) appearance		(d) awareness
7.	(a) mammals		(b) nature
	(c) ourselves		(d) reason

(B) "Science" was originally a very general word, (8) from Latin *scientia*, "knowledge," but at least since the nineteenth century it has had a better-defined, more specific application. The (9) of the sciences is that they propose general theories which make themselves vulnerable to refutation, by yielding testable predictions about empirical observations which anyone is free to make. A scientific theory cannot be proved true, but it can be disproved if some of its predictions are falsified. In other words, a true science draws a boundary (10) some set of imaginable future observations, and says, "You may observe things falling within this boundary, but you will never observe anything outside it. If you do, the theory is wrong and must be given up." The narrower the boundary, relative to the total universe of imaginable possibilities, the more (11) the theory. A good theory is highly "falsifiable." To be falsifiable sounds like a bad thing, but in science it is a good thing: a theory which is potentially falsifiable (but which has not been falsified) tells us something, an unfalsifiable theory is empty. Thus, a theory of (12

) which predicted, "An object released near the Earth will fall towards its centre," would be an acceptable scientific theory, though a fairly weak one: it rules (13) the possibility of the object hanging motionless in mid-air, or moving in some other direction. A theory which predicted, "An object released near the Earth will fall towards its centre at a constant positive rate of acceleration," would be better: it excludes everything excluded by the earlier theory, and also excludes downward motion at a fixed speed, or at a speed which changes (14).

(Adapted from Geoffrey Sampson, *The Linguistics Delusion*)

8. (a) deriving　(b) exposing
 (c) reminding　(d) surviving
9. (a) birthmark　(b) hallmark
 (c) landmark　(d) watermark
10. (a) beyond　(b) round
 (c) under　(d) without
11. (a) common　(b) improbable
 (c) robust　(d) unreliable
12. (a) communication　(b) evolution
 (c) gravity　(d) relativity
13. (a) off　(b) on
 (c) out　(d) over
14. (a) directly　(b) horizontally
 (c) irregularly　(d) vertically

II

Read the following three passages and mark the most appropriate choice (**a** ～ **d**) for each item (15～24) on the separate answer sheet.

(A) Researchers have observed a class of behaviors that they call "universals," found in every human society if not in every individual, like the universal that people "use narrative to explain how things came to be and to tell stories." In fact, the narrative is a uniquely human phenomenon, not shared by any other species.

Other species have culture, but narratives do not transmit that culture. How is it that other animals learn fundamental survival skills, such as fearing specific predators? Experiments have shown that monkeys and birds acquire fear when they observe others attack their own species. They also acquire fear when they observe circumstances that arouse fear among others in their group even if no attack occurs. But that mechanism of cultural transmission is imperfect, and the ability to transfer stories with language is uniquely human. Human narratives' power in inspiring fear lies in the fact that the information can be transmitted without any observation of the fear-inducing stimulus. If the narrative is strong enough to generate a salient emotional response, it can produce a strong reaction, such as an instinctual fight-or-flight response.

(Adapted from Robert J. Shiller, *Narrative Economics*)

15. According to the author, what is the relationship between narratives and culture?
   (**a**) As the sole species that composes narratives, only humans possess a culture.
   (**b**) Monkeys and birds have their own cultures, but they cannot turn them into narratives.
   (**c**) Narrative is an imperfect medium to transmit culture.
   (**d**) Using narratives to transmit culture is universal across the animal world.

16. According to the text, which of the following is true?
   (**a**) A narrative heard from different animals will always be unintelligible to us human beings.
   (**b**) Hearing a narrative of an event and actually experiencing it can produce a similar reaction in a human.

(c) Narratives can never produce the same amount of fear as the experience of observing others being attacked.

(d) We must develop better mechanisms of cultural transmission that do not rely on narrative.

(B) Writing, like dancing, is one of the arts available to people who have nothing. "For ten and sixpence", advises Virginia Woolf, "one can buy paper enough to write all the plays of Shakespeare". The only absolutely necessary equipment in dance is your own body. Some of the greatest dancers have come from the lowliest backgrounds. With many black dancers this has come with the complication of "representing your race". You are on a stage, in front of your people and other people. What face will you show them? Will you be your self? Your "best self"? A representation? A symbol?

The Nicholas brothers were not street kids — they were the children of college-educated musicians — but they were never formally trained in dance. They learned by watching their parents and their parents' colleagues performing in black vaudeville shows. Later, when they entered the movies, their performances were usually filmed in such a way as to be non-essential to the story, so that when these films played in the racially-segregated South their spectacular sequences could be cut out without doing any harm to the integrity of the plot. Genius contained, genius ring-fenced. But also genius undeniable.

It is something of an article of faith within the kinds of families who have few other assets. A mother tells her children to be "twice as good", she tells them to be "undeniable". My Jamaican mother used to say something like it to me. And when I watch the Nicholas brothers I think of that stressful instruction: be twice as good.

(Adapted from Zadie Smith, *Feel Free*)

17. Which of the following is true, according to the passage?
 (a) Black dancers often faced the pressure of becoming a symbol for their race.
 (b) College education was an unofficial requirement for black vaudeville shows.
 (c) Dance became a tool for racial integration in the American South.
 (d) You should always show your "best self" when you are on stage.

18. The author introduces the example of the Nicholas brothers to show that
 (a) one must come from the lowliest backgrounds to achieve great success in dance.
 (b) race was a complicated factor in their success as performers.
 (c) their spectacular performance was the highlight of the movies that featured them.
 (d) you need to work twice as hard to succeed in show business.

19. Which of the following would be the most appropriate title for the passage?
 (a) Considering Race in the History of Dance
 (b) Discrimination against Dance in Film
 (c) Nicholas Brothers, Modern-Day Shakespearean Dancers
 (d) To Succeed as a Dancer, Be Your Undeniable Self

(C) Gender stereotypes are, and always have been, all over the advertising world. Some of these are obvious to those of us who have seen a television commercial or a magazine ad. A thin, bronzed White woman lying on a beach to advertise something totally unrelated, like beer. Young boys playing with Hot Wheels cars. Men driving sports cars. Women cleaning. Men ogling women. Buff men. Homemaker women. White people.

We recognize the overt ways that advertisements throw gender in our faces, but there are so many subliminal ways that ads can enforce roles of femininity and masculinity. They tell us that if we buy the right things, we'll be thinner, stronger, more beautiful, more handsome, richer, sexier, and smarter. We'll fit in with our own gender and/or be more attractive to the opposite gender. They perpetuate unhealthy gender norms and can have huge, lasting effects on how we view gender roles.

In 1911, the world came to the understanding that "sex sells." In a printed ad for Woodbury Soap Company, an image of a woman being held by a man with the slogan "A Skin You Love to Touch" was published as the first major advertisement to objectify a woman. (What a milestone.) This ad implies that a woman's skin is primarily for a man's enjoyment, and only secondarily for her own enjoyment, and that she is meant to mold to his desires.

Seeing oneself portrayed as an object in mass media leads one to believe they are an object. All genders and body types can experience self-objectification, but it primarily affects women, who see themselves portrayed in media as unrealistic, dehumanized bodies used for a man's pleasure.

Bodies are used all the time in advertising to send specific, if subtle, messages to audiences. Even though objectifying women doesn't work very well when trying to sell products to women, it is effective in perpetuating gendered beauty standards. Similarly, handsome, muscular men in ads enforce the idea that in order to be manly or masculine, one must have a body that would require spending eight hours a day at the gym. Ads with larger body types in them are usually laced with shame and blame, causing internalized social discrimination against overweight people.

Non-binary models are still few and far between, and many of the opportunities to fill that androgynous niche are being filled by people who identify within the male-female binary paradigm. Similar to how cisgender* actors are hired for transgender roles in TV or movies, cisgender models are hired to play with androgyny, a job that should be given to non-binary models. Despite this state of affairs, slowly but surely, non-binary actors and models are pushing the boundaries of gender-variant people in the spotlight.

In 2017, Britain banned advertisements that promote harmful gender stereotypes. This includes objectifying or sexualizing women and girls, encouraging unhealthily thin bodies, or supporting a culture that mocks gender non-conforming people. There is still a lot of work to do in breaking advertisement stereotypes of bodies, race, and gender, but we can all work to be less influenced by what advertisers tell us we should be.

*cisgender: a person whose gender identity matches the sex assigned to them at birth.

(Adapted from Iris Gottlieb, *Seeing Gender*)

20. According to the author, advertisements
   (a) are most effective when featuring traditional roles of femininity and masculinity.
   (b) can only be successful when showing images directly connected to the product they are selling.
   (c) featuring gender stereotypes are necessary in showing us how best to behave in society.
   (d) often have unconscious effects on our psyche to perpetuate gender norms.

21. Which of the following is NOT implied in the passage?
   (a) Advertisements targeted to women also employ damaging gender stereotypes.
   (b) Beauty standards have negative effects on women, as well as on men.
   (c) Famous actors should play non-binary roles to give visibility to transgender people.
   (d) Self-objectification is one of the primary effects of

advertisements.

22. The author is concerned about gender stereotypes in advertisements because
   (a) a thin, bronzed White woman should not be used to advertise beer.
   (b) they are not effective in making sure products reach all types of people.
   (c) they set impossible standards for our bodies, making us feel ashamed.
   (d) we cannot be more beautiful or attractive simply by purchasing products.
23. According to the passage, Britain's restrictions on advertisements in 2017 aim to
   (a) achieve gender equality by objectifying men and boys, not only women and girls.
   (b) ensure people become healthy by exercising, not by purchasing products.
   (c) make society more sensitive to those who do not fit into prevailing norms.
   (d) promote correct gender stereotypes that align with British traditions and morals.
24. Which of the following would be the best title for the passage?
   (a) Buff Men and Homemaker Women: The Toxic Effects of Gender Stereotypes
   (b) Few and Far Between: Erasing Conforming Bodies in Advertisements
   (c) Richer, Sexier, Smarter: The Benefits of Self-Objectification in Media
   (d) Sex Sells: The Advertising History of the Woodbury Soap Company

III Choose the most appropriate sentence from the following list (**a**～**h**) for each item (25～31). Mark your choices on the separate answer sheet.

(**a**) Bernard of Chartres is one of those great ancestors.

(**b**) Edmund Burke, a political philosopher of the 18th century, gave this concept of willing obligation to the dead, the living, and those yet unborn its most moving expression.

(**c**) Edmund Burke, though the most prophetic man of his age, never thought himself taller than the giants from whom came his strength.

(**d**) In a number of respects, the living generation knows more than did its grandparents' or great-grandparents' generation.

(**e**) No man has a right to abandon that contract at will.

(**f**) They are ungrateful; and ingratitude brings on ignorance.

(**g**) We owe these dead an immense debt, and their votes deserve to be counted.

(**h**) We see so far only because of the tremendous stature of those giants, our ancestors, upon whose shoulders we stand.

"We are dwarfs mounted upon the shoulders of giants," Bernard of Chartres told his scholars in the twelfth century. The great Schoolman meant that we modern folk — and the people of the twelfth century thought themselves quite as modern as we do — incline toward the opinion that wisdom was born with our generation. (25) The folk of Bernard's generation knew more about the principles of architecture, for instance, than the folk of the eleventh century had known. We people of the twentieth century, in our turn, know more about physics or chemistry, for example, than did the finest scholars at the Cathedral School of Chartres.

But for all that, Bernard argued, we are no better than dwarfs mounted upon the shoulders of giants. (26) Gothic architecture in the twelfth century could not have existed without its foundations in the tenth and eleventh centuries — or, for that matter, in the architecture of ancient Syria. Atomic physics in our sense could not have come into being without the speculative spirit of the seventeenth century — or, for that matter, without the intuitions of the pre-Socratic Greeks. Our civilization is an immense continuity and essence. If we ignore or disdain those ancestral giants who uphold us in our modern vainglory, we tumble down into the ditch of unreason.

So if it is true that even our scientific knowledge, in considerable part, is a legacy from our forbears, it is still more certain that our moral, our social, and our artistic knowledge form a patrimony from men long dead. G. K. Chesterton coined the phrase "the democracy of the dead." In deciding any important moral or political question, Chesterton writes, we have the obligation to consult the considered opinions of the wise men who have preceded us in time. (27) Thus we have no right simply to decide any question by what the momentary advantage may be to us privately: we have the duty of respecting the wisdom of our ancestors; and also we have the duty of respecting the rights of posterity, the generations that are to come after us. A French philosopher of our time, Gabriel Marcel, writes that the only healthy society is the society which respects tradition. We ought to live, Marcel says, in an atmosphere of "diffused gratitude" — of sympathy for the hopes and achievements of our ancestors, from whom we derive our life and our culture, and which we are morally obliged to pass on undiminished, if not enhanced, to our descendants. We are grateful to the giants upon whose shoulders we stand. This feeling or atmosphere of diffused veneration is weakened in our modern age, for many people live only for themselves, ignoring the debt they owe to the past and the responsibility they owe to the future. (28)

Normative knowledge, then, is no burden, but instead a rich

patrimony. Those who refuse it must be taught by personal experience — a hard master, though fools will have no other. (29) We all are subject, he wrote, to “the contract of eternal society.” This immortal contract is made between God and mankind, and between the generations that have perished from the earth, and the generation that is living now, and the generations that are yet to come. It is a covenant binding upon us all. (30) If we do break it, we suffer personally and all society suffers; and we are cast out of this civil social order (built by the giants) into an “antagonist world” of total disorder.

We moderns, Burke continued, tend to be puffed up with a little petty private rationality, thinking ourselves wiser than the dead giants, and are disposed to trade upon the trifling bank and capital of our private intelligence. But the moral precepts and the social conventions which we obey represent the considered judgments and filtered experience of many generations of prudent and dutiful human beings. Therefore it is folly to ignore this inherited wisdom in favor of our own arrogant little notions of right and wrong, of profit and loss, of justice and injustice. (31)

(Adapted from Russell Kirk, *Enemies of the Permanent Things*)

IV

Choose the most appropriate word or phrase from the list (**a**～**m**) for each item (32～38). Mark your choices on the separate answer sheet.

Boyfriend: Hey, the weather is awful today. Let's stay in and stream a movie. Anything you feel like (32)?

Girlfriend: I don't know if that's a good idea. Last time we did that, we had a big (33) because I wanted to see a musical and you were so (34) by the idea that you sat there making a pouty face throughout the whole movie.

Boyfriend: It's not so much because it was a musical, but because it was about French history, and you made me sit there and watch *Les Misérables* for almost three hours. I am actually really (35) musicals.

Girlfriend: Oh, really? So, do you think we could watch *Hamilton* tonight, then?

Boyfriend: What? *Hamilton*? Like the guy on the $10 bill? What is that (36)?

Girlfriend: It tells the story of Alexander Hamilton, one of the American Founding Fathers, but it's a musical, so all the characters speak in hip-hop rhymes. There are also rap and R&B songs in it. The cast is also very (37) and diverse.

Boyfriend: Oh, yeah, that sounds interesting. I know a little bit about American history, so at least it will be more interesting than *Les Misérables*.

Girlfriend: Are you sure you're not being (38) about this?

Boyfriend: No, not in the least. Let's watch *Hamilton*, and next time let's watch an action movie. I know you also love those.

(a) about　　(b) aggressive
(c) argument　　(d) checking out
(e) homogeneous　　(f) into
(g) multiracial　　(h) pizza
(i) pointing out　　(j) put off
(k) sarcastic　　(l) set on
(m) upon

PLEASE READ THE INSTRUCTIONS CAREFULLY.

V Read the following passage and complete the English summary in your own words in the space provided on the separate answer sheet. The beginning of the summary is provided; you must complete it in 4-10 words. Do not use three or more consecutive words from this page.

We now live in hyperreality, a concept first coined by French sociologist Jean Baudrillard in his book *Simulacra and Simulation*. Baudrillard defined hyperreality as "the generation by models of a real without origin." When Baudrillard first proposed the theory of hyperreality in 1981, it was seen as a highly provocative and controversial idea. Today, hyperreality is a permanent fixture of modern life.

In many ways, the current lockdown is the largest social and psychological experiment ever conducted. At the height of the pandemic, more than half of the world's population — 4.2 billion people — were subject to a partial or complete lockdown. Our way of life has been upended. Human interaction has been replaced by digital pixels beamed across the internet each day. Predictably, people have been spending a record amount of time online. Zoom now has 300 million daily participants, compared to just 10 million in December 2019. Twitch has seen viewership increase by 56% per quarter. And Amazon's profits have tripled as the pandemic accelerates the shift to e-commerce.

Perhaps more importantly, digital platforms like Zoom, Twitch and Amazon have been around for years. The technology hasn't changed, but rather our relationship with technology. Clearly, the global lockdown has been a catalyst for the mass adoption of e-commerce, online payments and video conferencing. For the first time in history, we have managed to move society, or at least a large chunk of it, online. Many people have established new-found habits built around the digital world.

(Adapted from Kian Bakhtiari, "Welcome To Hyperreality")

SUMMARY:

[*complete the summary on the separate answer sheet*]

Under current conditions, the digital world has begun to ...

日本史

（60分）

I　日本における治水と灌漑の歴史について述べた次の文章を読んで，問に答えなさい。

農耕が始まって以来，生産に直接関わる治水と灌漑は為政者の重要な政策の1つであった。洪水の被害をできる限り少なくし，稲作などの農業生産に水を有効に利用するため，古代から人びとは河川や湖沼を整備する営みを続けてきたのである。養老令は「凡そ大水に近くして堤防有らんところは，国郡司時をもって検行せよ。若(も)し修理すべくは，秋収(と)り訖(おわ)らん毎に功の多少を量りて近きより遠きに及ぼせ。人夫を差して修理せよ」と記し，また「山川藪沢(そうたく)の利は公私ともにせよ」とするとともに，「凡そ水を取りて田漑(まか)せむには皆下(しも)より始めよ」，「即ち渠堰(みぞせき)を修治すべくは先ず用水の家を役せよ」と定めている。[a]ここから律令国家の治水と灌漑に取り組む姿勢をうかがうことができるが，一方奈良時代には，国家の弾圧を受けながら民衆のために用水施設をつくった［　A　］の社会事業も注目される。

中世の荘園制[b]の下では，荘園領主ごとの個別分散的な支配のなかで，律令国家のような大規模な治水や灌漑は行われなくなった。それぞれ自然堤防などを利用した部分堤を築いて洪水を防ぎ，溜池の築造や小河川からの取水によって用水の確保につとめた。14世紀以降，各地で惣村が形成されると用水を村が管理するようになり，やがて荘園の領域や領主の違いをこえて，水系ごとに連携して治水や灌漑に取り組むこともあった。16世紀の戦国大名による大規模な治水工事[c]は，土木技術の発達という条件以外に，このような社会状況を背景として実施されたと考えられる。

近世に入り，江戸幕府は，江戸を水害から守るとともに，江戸を中心とする水運網を創出するため，江戸湾に向けて流れていた［　B　］の本流を東に付け替えて太平洋に注ぐようにした。このように大規模な治水工事を実施できる強大な権力をもった幕府や大名は，それまで用水に恵まれなかった台地上についても，河川上流部から長大な用水路を分水するなどして灌漑を可能としていく。[d]都市の商人が資本を投じて新田開発を請け負うことも多かった。また，近世には[e]御手伝普請による治水工事も盛んに行われた。宝暦期の薩摩藩による濃尾三川の治水工事はその代表例だが，その難工事は莫大な出費と多数の死者を出した責任を負い，工事責任者の家老の自刃という事件にまで発展する。大河川のもつ強大な自然の力を統御するためには，技術の面でまだまだ未熟であった。

濃尾三川の分離事業は明治以降も続き，[f]お雇い外国人として来日したオランダ人技師ヨハネス・デ・レーケは，政府の求めに応じてこの難工事の調査を行った。その他にも近代には欧米の治水技術が導入され，完全堤防によって河道を固定することが一般的になる。しかし，その後も水害は減らず，[g]敗戦直後に広島などを襲った枕崎台風や，河川の洪水と高潮が重なって 5098 人もの死者・行方不明者を出した 1959 年の伊勢湾台風など，戦後まで大きな被害は続いた。高度成長期の積極的な河川改修の結果，洪水はようやく減少し，人びとの水害への危機感は薄れつつあるが，近年も台風や集中豪雨によってたびたび大きな災害が発生している。また，近代の農業用水の灌漑は，工業社会化に伴う工業用水や[h]電力用水との競合という問題を抱えることとなった。現代では，水田面積の減少によって用水の問題は顕在化しないが，逆に水田には一時的に雨水をためて洪水を防ぐ機能があることが見直され，また灌漑用水が時間をかけて河川に流れることによって河川の流量が安定し，下流地域の都市用水に利用できるようになる点が注目されるなど，治水と灌漑はいまだ現代的課題である。

〔問〕

1　下線 **a** について述べた文のうち，誤っているものはどれか。1 つ選び，マーク解答用紙の該当する記号をマークしなさい。

ア　堤防の修理が必要な場合は，秋の収穫が終わるごとに行うように定めている。

イ　堤防の修理は，工事の規模によって堤防付近に住む人から遠くに住む人の順で動員することを定めている。

ウ　人々の生産活動のためにとくに重要な用水については，例外的に私有を認めている。

エ　下流から順に田に水を引くように指示している。

オ　用水路や堰の修理には，その用水を利用している家からまず動員するように指示している。

2　空欄Aに該当する人物は，のちに大僧正に任じられ，大仏造立に協力したことでも知られる。その人物は誰か。漢字で記述解答用紙の解答欄に記入しなさい。

3　下線**b**に関連して述べた文のうち，正しいものはどれか。1つ選び，マーク解答用紙の該当する記号をマークしなさい。

ア　9世紀前半，開発領主が自らの所領を中央の貴族や寺社に寄進し，荘園が成立した。

イ　11世紀，貴族や有力寺社の権威を背景に，不輸を承認してもらう荘園は次第に増えた。

ウ　不入の特権をもつ荘園でも，国衙の使者である検田使の立ち入りは受け入れた。

エ　延喜の荘園整理令では，記録荘園券契所を設置して審査し，摂関家領などの荘園を停止した。

オ　延久の荘園整理令の後，貴族や寺社による荘園支配は急速に衰退した。

4　下線**c**に関連して，富士川上流の釜無川に築かれた霞堤（不連続堤）をふつう何と呼ぶか。漢字3字で記述解答用紙の解答欄に記入しなさい。

5　空欄Bに該当する語は何か。漢字で記述解答用紙の解答欄に記入しなさい。

6　下線**d**の事例にあてはまらないものは，次のうちどれか。2つ選び，マーク解答用紙の該当する記号をマークしなさい。

ア　摂津川口新田　　イ　紫雲寺潟新田　　ウ　飯沼新田

エ　鴻池新田　　オ　五郎兵衛新田

7　下線**e**に関連して述べた文のうち，誤っているものはどれか。2つ選び，マーク解答用紙の該当する記号をマークしなさい。

ア　豊臣秀吉は，聚楽第や大坂城の建設を諸大名に命じることはなかった。

イ　普請を命じる江戸幕府と，資材や人足を負担する諸大名との主従関係を確立する意味があった。

ウ　彦根城，名古屋城，駿府城，高田城などの普請に諸大名が動員された。

エ　江戸城と江戸の城下町については，軍事上の理由から譜代大名のみが普請に動員された。

オ　のちに金納化するが，諸大名の経済的な負担は重く，財政難の一因となった。

8　下線 **f** に関連して述べた次の文，X・Y・Zの正誤の組み合わせのうち，正しいものはどれか。1つ選び，マーク解答用紙の該当する記号をマークしなさい。

X　地質学者のナウマンは，本州中部をほぼ南北に横切る構造帯をフォッサマグナと命名した。

Y　画家のフェノロサは，工部美術学校で浅井忠などに油絵を教え，明治洋画の基礎を築いた。

Z　医師のベルツは，東京医学校で教え，日本の風土病を研究し，また，温泉の効用を認めた。

ア　X―正　Y―正　Z―誤　　イ　X―正　Y―誤　Z―正
ウ　X―正　Y―誤　Z―誤　　エ　X―誤　Y―正　Z―誤
オ　X―誤　Y―誤　Z―正

9　下線 **g** に関連して，1945 年から 1959 年までの出来事ではないものは，次のうちどれか。1つ選び，マーク解答用紙の該当する記号をマークしなさい。

ア　日韓基本条約の調印　　イ　日米行政協定の締結
ウ　MSA 協定の締結　　エ　日ソ共同宣言の調印
オ　サンフランシスコ平和条約の調印

10　下線 **h** に関連して，1915 年に日本初の本格的な長距離高圧送電を開始した水力発電所が用水源としたのは，次のうちどれか。1つ選び，マーク解答用紙の該当する記号をマークしなさい。

ア　琵琶湖　　イ　河口湖　　ウ　猪苗代湖
エ　黒部川　　オ　木曽川

II

日本における印刷文化について述べた次の文章を読んで，問に答えなさい。

日本における印刷文化の歴史は長い。年代が確かで，現存する印刷物のなかでは世界最古といわれるのが，称徳天皇（孝謙太上天皇が重祚）[a]の発願により印刷された百万塔陀羅尼である。恵美押勝の乱が平定されたあと，木製三重の小塔百万基の中に納められた。平安・鎌倉時代には，宋代に刊行された書籍を商人や学問僧などが日本にもたらした。1167年に入宋した重源は宋版大蔵経を日本に持ち帰ったが，当時は保元・平治の乱で平清盛[b]の力が急速に高まっていた。

鎌倉時代から室町時代にかけて活発な印刷活動を行ったのは寺院だった。法隆寺版には，聖徳太子が撰述したといわれる三経義疏[c]もみられる。南北朝時代から室町時代にかけては，京都五山[d]や鎌倉五山の禅僧関係者が出版した五山版が広まり，仏教書のほか経書，史書，詩文集，国書などが刊行された。戦国時代には戦国大名による開版もあった。大内義隆は勘合貿易で富を蓄え，公卿や僧侶を招いて京文化を移入し，城下町［　A　］は西の京と呼ばれた。その大内氏のもとで刊行された書籍は大内版と呼ばれる。

16世紀末から17世紀前半に活字版が登場する。キリシタン版のほか文禄の役の際，朝鮮から活字印刷術が輸入され，［　B　］天皇は木活字を使った慶長勅版を出版した。徳川家康はその影響を受け，兵学書や『貞観政要』などを刊行している。これら伏見版といわれる書籍の中には，関ヶ原の戦いの年に出版されたものもあった。そのほか角倉素庵らが出版した嵯峨本もある。活字印刷術が輸入されたのにもかかわらず，寛永期（1624～1644）から一枚板の木版印刷が増えていくのは，アルファベットと異なり日本語の活字数が多く，活字を組む手間がかかるためだろう。その点，木版印刷は版木をとっておけるため，再版にも便利だった。

寺院が中心に行っていた書籍の印刷・出版は，京都の版元を中心に行われるようになった。元禄期には大坂での出版が盛んになり，同時期からは江戸出身の版元も登場するようになる。享保の改革[e]では，キリスト教関係以外の漢訳洋書については輸入の制限を緩和した。寛政異学の禁[f]を実施した松平定信は，出版統制令を出して政治への批判や風俗の乱れを取り締まり，林子平の『海国兵談』は版木を没収されている。一方，諸藩の中には儒学関連の書物を印刷・出版する藩校もあった。

幕末期から活版印刷に取り組んでいた本木昌造は金属活字の本格的な鋳造に成功し，明治前期の活版印刷術の先駆者となった。1870年創刊の日本最初の日刊新聞『横浜毎日新聞』は，本木の鉛製活字を用いたものである。版籍奉還を経て廃藩置県が断行されると，新政府の布告・布達を伝える必要から，各地で活版印刷が取り入れられた。

また錦絵も人々へ情報を伝達するのに活躍した。18世紀後半に多色刷木版画の錦絵が誕生し，名所巡りや歌舞伎などの需要に応え，19世紀前半には庶民へ浸透していた。開港した横浜や鹿鳴館などの異国情緒あふれる様子が錦絵に描かれ，政治的・文化的出来事も画題となった。明治政府は紙幣や切手などを印刷するにあたり，文様や図柄が木版よりも精密に描ける銅版を採用した。その後，石版印刷によるポスターの誕生が商業美術の分野を開くことになる。

〔問〕

1　下線aについて述べた文のうち，誤っているものはどれか。1つ選び，マーク解答用紙の該当する記号をマークしなさい。

ア　孝謙天皇は聖武天皇の娘である。

イ　孝謙天皇の時に東大寺の大仏の開眼供養が行われた。

ウ　孝謙天皇は国分寺建立の詔を出した。

エ　孝謙太上天皇は自分の病気治療にあたった道鏡を寵愛した。

オ　称徳天皇の死後，天智天皇の孫である光仁天皇があとを継いだ。

2　下線bについて述べた次の文，X・Y・Zを年代順に並べた組合せのうち，正しいものはどれか。1つ選び，マーク解答用紙の該当する記号をマークしなさい。

X　後白河法皇を幽閉した。

Y　平重衡に命じ，南都焼打ちを行った。

Z　太政大臣となった。

ア　X→Y→Z　　イ　X→Z→Y　　ウ　Y→X→Z

エ　Y→Z→X　　オ　Z→X→Y

3　下線cは3つの経典の注釈書である。その三経に含まれるものは次のうちどれか。1つ選び，マーク解答用紙の該当する記号をマークしなさい。

ア　法華経　　イ　阿弥陀経　　ウ　金光明最勝王経

エ　仁王経　　オ　大般若経

4　下線dに含まれない寺はどれか。1つ選び，マーク解答用紙の該当する記号をマークしなさい。

ア 建仁寺 イ 東福寺 ウ 相国寺

エ 寿福寺 オ 天龍寺

5 空欄Aに該当する語は何か。漢字2字で記述解答用紙の解答欄に記入しなさい。

6 空欄Bに該当する語は何か。漢字3字で記述解答用紙の解答欄に記入しなさい。

7 下線**e**について述べた文のうち，正しいものはどれか。2つ選び，マーク解答用紙の該当する記号をマークしなさい。

ア 江戸の定火消を大名に担当させた。

イ 評定所門前に目安箱をおいた。

ウ 幕領では豊凶に関係なく，一定の税率で年貢を徴収する検見法を採用した。

エ 延焼防止のため火除地を設けた。

オ 幕府は上げ米を大名に与え，参勤交代の在府期間を短縮した。

8 下線**f**に関連して述べた文のうち，誤っているものはどれか。1つ選び，マーク解答用紙の該当する記号をマークしなさい。

ア 柴野栗山は寛政異学の禁を推進した1人である。

イ 寛政異学の禁は，儒学の中で朱子学を正学としたものである。

ウ 寛政の三博士の1人に山片蟠桃がいる。

エ 湯島聖堂の学問所は，当初上野忍ヶ岡の林家の家塾であった。

オ 湯島聖堂の学問所はその後，幕府直轄の昌平坂学問所となった。

9 下線**g**に関連して述べた文のうち，正しいものはどれか。2つ選び，マーク解答用紙の該当する記号をマークしなさい。

ア 版籍奉還により，知藩事の家禄と藩財政が分離された。

イ 版籍奉還により，諸藩主は領地・領民を天皇に返還し，東京居住を義務づけられた。

ウ 版籍奉還により，正院・左院・右院の三院がもうけられた。

エ 廃藩置県により，地方行政組織は府・県・開拓使の3つになった。

オ 廃藩置県を目前にひかえ，不平等条約改正の予備交渉のため岩倉使節団が米欧へ出発した。

10 下線**h**の画題となった出来事，X・Y・Zを年代順に並べた組合せのうち，正しいものはどれか。１つ選び，マーク解答用紙の該当する記号をマークしなさい。

X　第１回帝国議会開会

Y　第１回内国勧業博覧会開催

Z　枢密院の設置

ア　X→Y→Z　　イ　X→Z→Y　　ウ　Y→X→Z

エ　Y→Z→X　　オ　Z→X→Y

III

次の文章は，日本におけるジェンダーの歴史に関する展示を観た大学生ＳさんとＴさんの会話である。この文章を読んで，問に答えなさい。

S：古代の女性の政治参加について展示されていたけど，知らないことばかりだったな。

T：うん。古代に女性の天皇がいたことは知っていたけど，推古から称徳まで８代６人の女性が天皇になった[a]とは，意外だったよ。

S：そうだね。あと，律令制度の本格的な導入が始まった[b]ことで国家体制が変わり，政治における男女の役割が変化したとも書いてあった。

T：平安時代の宮中には，［ A ］っていう女性が仕えていたけど，どんな役割だったんだろう。

S：いろいろあったけど，天皇と［ B ］の間をつなぐ役割も果たしていたみたいだね。

T：［ B ］は天皇の側近で秘書官みたいな働きをする令外官だったから，その間を取り次ぐとなると，重要だな。

S：女性の労働についての展示もあったよね。中世の女性[c]は，商業でも活躍していたんだね。

T：うん。江戸時代の労働については，髪結の説明があったな。男性の髪結は，幕府から仲間[d]を作ることが認められていたけど，女性の髪結はそもそも営業を認められていなかったって。

S：大奥で働いていた奥女中についての説明もあった。奥女中のなかには農家の女子もいて，彼女たちにとっては身分[e]を超えた昇進や出世につながりえたとか。

T：近代については，遊郭に関する史料が展示されていたよね。江戸時代にも遊郭があったけど，それと同じものが近代でも続いていたわけじゃなかったんだね。

S：明治期に芸娼妓解放令が出たからってこと？

T：それだけじゃなくて，列強諸国の制度を参考に，国家管理が行われるようになったからだよ。f警察に娼妓を登録する制度が作られたり，娼妓の性病検査が義務化されたり。

S：「同じものが続いていたわけじゃない」って，そういうことか。言葉は一緒でも，背景や制度が違うんだね。g女性をめぐる明治以降の変化って大きかったんだろうな。

T：さまざまな点で，戦前の女性は男性に比べて権利が保障されていなかったしね。hGHQの占領政策によって，その状況が大きく変わったんじゃないかな。

S：だけど，i戦前にも女性運動があったし，女性は抑圧されていただけってわけでもない気がする。

T：そっか。だとすると，女性にとって近代はどういう時代だったんだろう。解放だったのか，抑圧だったのか。

S・T：うーん。

〔問〕

1　下線aに該当する天皇として，正しいものはどれか。1つ選び，マーク解答用紙の該当する記号をマークしなさい。

ア　用明天皇　　イ　舒明天皇　　ウ　孝徳天皇
エ　文武天皇　　オ　元正天皇

2　下線bの時期として，正しいものはどれか。1つ選び，マーク解答用紙の該当する記号をマークしなさい。

ア　5世紀後半～6世紀前半　　イ　6世紀後半～7世紀前半
ウ　7世紀後半～8世紀前半　　エ　8世紀後半～9世紀前半
オ　9世紀後半～10世紀前半

3　空欄A・Bに該当する語句の組み合わせのうち，正しいものはどれか。1つ選び，マーク解答用紙の該当する記号をマークしなさい。

ア　A―舎人　B―蔵人　　イ　A―舎人　B―中務卿
ウ　A―女房　B―少納言　　エ　A―女房　B―蔵人

オ　A－女房　　B－中務卿

4　下線 **c** に関連して述べた次の文，X・Y・Zの正誤の組み合わせのうち，正しいものはどれか。1つ選び，マーク解答用紙の該当する記号をマークしなさい。

X　行商人のなかには，おもに炭・薪を売る桂女がいた。

Y　足利義視の妻であった日野富子は，将軍家の家督争いに関与した。

Z　御家人の所領が細分化すると，女性への相続は一期分になることがあった。

ア　X－正　Y－正　Z－誤　　イ　X－正　Y－誤　Z－正

ウ　X－誤　Y－正　Z－正　　エ　X－誤　Y－正　Z－誤

オ　X－誤　Y－誤　Z－正

5　下線 **d** について述べた文として，誤っているものはどれか。2つ選び，マーク解答用紙の該当する記号をマークしなさい。

ア　職人・商人が結成した団体で，組合とも呼ばれた。

イ　幕府によって統制され，独自の掟をつくることは禁じられた。

ウ　生産者や小売業者の間で作られ，仲買の仲間は作られなかった。

エ　業者が仲間をつくる目的の1つは，営業権の独占であった。

オ　幕府が仲間を公認した目的には，商品の供給の安定と品質の管理があった。

6　下線 **e** に関連して，近世の身分について述べた次の文，X・Y・Zの正誤の組み合わせのうち，正しいものはどれか。1つ選び，マーク解答用紙の該当する記号をマークしなさい。

X　僧侶・神職などの宗教者は，身分制度に組み込まれていなかった。

Y　武士は軍役を負担し，苗字・帯刀，切捨御免の特権を持っていた。

Z　えたや非人は，居住地や服装などで他の身分と区別され，賤視された。

ア　X－正　Y－正　Z－誤　　イ　X－正　Y－誤　Z－正

ウ　X－誤　Y－正　Z－正　　エ　X－誤　Y－正　Z－誤

オ　X－誤　Y－誤　Z－正

7　下線 **f** の行政を管轄する機関として，1873 年に設置された中央官庁は何か。漢字3字で記述解答用紙の解答欄に記入しなさい。

8　下線 **g** に関連して，明治期の出来事について述べた文として，正しいものはどれか。1つ選び，マーク解答用紙の該当する記号をマークしなさい。

ア　女性の就労時間を制限する工場法が施行された。

イ　女性雑誌の1つである『主婦之友』が創刊された。

ウ　与謝野晶子らが母性保護論争を展開した。

エ　津田梅子が女子英学塾を設立した。

オ　奥むめおが自由民権運動家として活躍した。

9　下線**h**に関連して，占領期の出来事について述べた文として，誤っているものはどれか。2つ選び，マーク解答用紙の該当する記号をマークしなさい。

ア　女性の政治演説会への参加が初めて認められた。

イ　女性が衆議院議員選挙に立候補できるようになった。

ウ　男女共学を原則とする教育基本法が制定された。

エ　ボアソナードの起草した民法が廃止された。

オ　姦通罪が廃止された。

10　下線**i**に関連して，大正期に社会主義の立場から女性団体を結成し，戦後に労働省婦人少年局の初代局長になった人物は誰か。漢字で記述解答用紙の解答欄に記入しなさい。

Ⅳ

日本における鉄の歴史について述べた次の文章を読んで，問に答えなさい。

鉄の生産は，社会のあり方とともに技術発展してきた。日本で鉄の生産が始まった(a)時期については諸説あるが，6世紀以降の製鉄遺跡が各地で確認されている。初期には鉄鉱石を原料として用いたようだが，やがて砂鉄も利用されるようになった。

製鉄炉で生産された鉄は炭素量を整え，不純物を除くために精錬鍛冶を行う必要があった。鍛冶や鋳物の技術は次第に進歩し，技術者は鍛冶師，鋳物師と呼ばれた。ポルトガル人を乗せた船が種子島に漂着すると，島主の種子島時堯は鉄砲を買い求め，家臣に使用法と製造法を学ばせた。鉄砲は大量生産されるようになり，戦国大名(b)の間に急激に普及し，1575年の長篠合戦(c)では鉄砲が大量に用いられた。

鉄の需要が高まると(d)，中国地方を中心に，足踏み式の送風装置のある炉を用いた，砂鉄・木炭を原料とするたたら製鉄が発達した。さらに，天秤ふいごの発明により炉の温度を上げることが可能となり，純度の高い玉鋼を生産することが可能となった。幕末には大船や砲台を建築するために大量の鉄が必要となり，大砲鋳造用の［A］が佐賀藩に築造され，ついで鹿児島藩にも築造された。

明治になると，たたら製鉄は鉄の需要拡大に対して十分な量を供給することができず，西洋技術による製鉄が必要となった。1901年には銑鋼一貫の官営八幡製鉄所(e)が操業を開始し，初期には技術的な困難があったが，日露戦争頃には生産が軌道に乗るようになった。第一次世界大戦が勃発すると鉄の需要が増大し，鉄鋼業の急激な拡大にともない工場労働者が増加した。労働組合期成会に参加した人々のうち，砲兵工廠や鉄道工場などで働く，旋盤工・仕上工などの人々が，労働組合を組織した(f)。一方，1915年には日本鉄鋼協会が創立され，1917年には［B］がKS磁石鋼を発明し，1919年には東北帝国大学に鉄鋼研究所が創立され，優れた研究がなされた。

第二次世界大戦後の日本の鉄鋼業は，石炭不足などを原因に停滞したが，1946年12月の閣議で，資材と資金を石炭や鉄鋼などの重要産業部門に重点的に投入する計画が決定された(g)。1949年にジョセフ・M・ドッジが特別公使として日本に派遣され，1ドル＝360円の単一為替レートによって日本経済を国際経済に結びつけることがめざされると，日本の鉄鋼業は，合理化によるコスト切り下げの努力をする必要に迫られた。海外からの技術導入や，設備投資などが行われ，1964年に，日本はアメリカ・ソ連につぐ世界第3位の製鉄国となった(h)。しかし，2度のオイルショックを契機に省エネルギーが追求されるようになると(i)，鉄鋼などの資源多消費型産業は停滞した。現在，日本の鉄鋼業は，優れた品質の鉄鋼を生産する一方で，環境に配慮した製鋼プロセスが検討され，AI（人工知能）を活用した高炉も建設されている。

〔問〕

1　下線**a**に関連して，大阪府高槻市にある弥生時代後期の高地性環濠集落で，鉄斧や鉄鎌なども出土した遺跡はどれか。1つ選び，マーク解答用紙の該当する記号をマークしなさい。

ア　板付遺跡　　イ　三内丸山遺跡　　ウ　古曽部・芝谷遺跡
エ　菜畑遺跡　　オ　登呂遺跡

2　下線 **b** に関連して，戦国時代の城郭には，内部の襖・壁・屏風に，金箔地に青・緑を彩色する豪華な障壁画が描かれることがあったが，この障壁画を何というか。漢字２字で記述解答用紙の解答欄に記入しなさい。

3　下線 **c** の戦いに関する説明として，正しいものはどれか。２つ選び，マーク解答用紙の該当する記号をマークしなさい。

ア　織田・徳川の連合軍は浅井・朝倉の連合軍を敗北させた。
イ　織田・徳川の連合軍は武田勝頼軍に大勝した。
ウ　織田軍は今川軍を急襲し，今川義元は討死した。
エ　織田信長は，この戦いの翌年に安土城を築き始めた。
オ　織田信長はこの戦いに勝つと，美濃を掌握した。

4　下線 **d** に関連して，鉄製の農具を用いることにより，農業技術が向上した。江戸時代に普及した農具の名称と使用方法について，X・Y・Z の正誤の組み合わせのうち，正しいものはどれか。１つ選び，マーク解答用紙の該当する記号をマークしなさい。

X　備中鍬―浅耕用
Y　唐箕―灌漑用
Z　千石簁―選別用

ア　X―正　Y―正　Z―誤　　イ　X―正　Y―誤　Z―正
ウ　X―正　Y―誤　Z―誤　　エ　X―誤　Y―正　Z―正
オ　X―誤　Y―誤　Z―正

5　空欄Ａにあてはまる語句は何か。漢字３字で記述解答用紙の解答欄に記入しなさい。

6　下線 **e** に関する説明として，誤っているものはどれか。１つ選び，マーク解答用紙の該当する記号をマークしなさい。

ア　建設資金の一部には日清戦争の賠償金があてられた。
イ　大冶鉄山の鉄鉱石を主に用いた。
ウ　製鉄所の建設中には，伊藤博文が視察に訪れた。
エ　イギリスの製鉄技術を導入した。
オ　筑豊炭田の石炭を用い，のちには撫順炭田の石炭も用いた。

7　下線 **f** について，この組合を何というか。漢字４字で記述解答用紙の解答欄に記入しなさい。

8　空欄Bにあてはまる人物は誰か。漢字で記述解答用紙の解答欄に記入しなさい。

9　下線**g**について，この方針は何と呼ばれたか。漢字6字で記述解答用紙の解答欄に記入しなさい。

10　下線**h**に関連して，第1次～第3次池田勇人内閣の時期に行われたこととして正しいものはどれか。2つ選び，マーク解答用紙の該当する記号をマークしなさい。

ア　「所得倍増」をスローガンに経済政策が展開された。

イ　日米相互協力及び安全保障条約（新安保条約）が調印された。

ウ　新産業都市建設促進法が公布された。

エ　『経済白書』に「もはや戦後ではない」と記された。

オ　公害対策基本法が公布された。

11　下線**i**に関連して，次の表は日本のエネルギー需給の推移（割合）で上位3つである。空欄X・Y・Zに入るものとして，正しい組み合わせはどれか。1つ選び，マーク解答用紙の該当する記号をマークしなさい。

	1955年	1975年	2005年
1位	X（47.2%）	Z（73.4%）	Z（48.6%）
2位	Y（27.2%）	X（16.4%）	X（20.3%）
3位	Z（17.6%）	Y（5.3%）	天然ガス（13.8%）

出典：『総合エネルギー統計』平成15年度版，資源エネルギー庁HP「総合エネルギー統計簡易表2005年度」修正版。

ア　X－水力　Y－石油　Z－石炭

イ　X－水力　Y－石炭　Z－石油

ウ　X－石炭　Y－石油　Z－水力

エ　X－石炭　Y－水力　Z－石油

オ　X－石油　Y－水力　Z－石炭

世界史

（60分）

I 以下の資料A～Dに関連して，設問1～4に答えなさい。

資料A

資料B

資料C

資料D

設問1　資料Aについての説明として正しいものを次のア～エから一つ選び，マーク解答用紙の所定欄にマークしなさい。

ア　資料Aは20世紀初頭，フランスの調査隊によってイランのスサで発見された。その後の解読の結果，刑法，商法，民法などに関する法規を定めたものであることが明らかになった。

イ　資料Aには「目には目を，歯には歯を」の文言で知られる復讐法が成文化されており，刑罰は身分に関わらず平等に適用された。

ウ　資料A上部には輪と杖をもち玉座に座る王の前に太陽神が降臨した場面が表現されている。

エ　資料Aに定められた法規はその後発展を遂げ，ウルナンム法典などに継承され，メソポタミア世界支配の上で重要な役割を果たした。

設問2　資料Bは，古代エジプトにおいて多神教から一神教への宗教改革を断行したアメンホテプ4世の妃の胸像である。写実性の高いアマルナ美術を代表するものであるが，この妃の名を記述解答用紙の所定欄に記しなさい。

設問3　資料Cは中国四川盆地にあった新石器文化の所産である青銅製の仮面である。この独特な縦目仮面に代表される文化の名称を記述解答用紙の所定欄に記しなさい。

設問4　資料Dは中央アメリカに栄えた古代文明遺跡で発見された碑文が刻まれた祭壇である。この古代文明に関する説明として正しいものを次のア～エから一つ選び，マーク解答用紙の所定欄にマークしなさい。

ア　紀元前2000年頃，ジャガイモの栽培化に成功し，安定した食料供給が可能になったことから，長距離交換ネットワークを伴う都市国家が発展した。

イ　ゼロの概念を伴う二十進法による数学や天文観察に基づく精緻な暦法，「絵文字」などを用いて，王の事績などを記録した。

ウ　高低差が大きい地形的制約のため，神殿建設用の石材運搬に河川を利用することができず，代わりに大型の家畜が盛んに用いられた。

エ　1519年，エルナン・コルテスの侵攻を受けたため，都市国家間で同盟を強化して抵抗したが，1521年ついに滅亡した。

Ⅱ　次の文章を読み，設問1～5に答えなさい。

ローマ帝国を防衛したのは，常備軍(A)であった。この常備軍は，初代皇帝アウグストゥス(B)によって創設された。常備軍最大の単位は，レギオーと呼ばれた軍団であり，一個軍団は5200名ほどの規模であった。アウグストゥスが死去した紀元後14年(C)の段階では，25個の軍団が存在していた。

軍団は，外敵に面した辺境の属州に主に配備されていた。このことは，見方を変えれば，内地にはほとんど軍事力が存在しなかったことを意味する。外敵は辺境で撃退することがローマ帝国の防衛の基本方針であったのである。このような防衛体制は，「ローマの平和」の期間には有効に機能したが，ゲルマン民族(D)やササン朝ペルシア(E)の侵入によって防衛線がしばしば突破されるようになると，十分に機能しなくなった。このため，ローマ帝国の防衛体制は次第に大きな変容を余儀なくされた。

設問1　下線部Aに関連して，共和政期のローマの軍隊について述べた文として正しいものを下記の文ア～エのうちから一つ選び，マーク解答用紙の所定欄にマークしなさい。

ア　軍隊の主力は，大規模な重装騎兵部隊にあった。

イ　軍隊は，護民官によって指揮された。

ウ　グラックス兄弟の兵制改革によって，軍隊は私兵化した。

エ　第一次ポエニ戦争の際には，海軍が活躍した。

設問2　下線部Bの人物は，アクティウムの海戦でアントニウスとクレオパトラの連合軍を破った。この海戦が行われたのは，現在のどこの国においてであったか。その国名を記述解答用紙の所定欄に記しなさい。

設問3　下線部Cの年に在位していた中国の皇帝の名を記述解答用紙の所定欄に記しなさい。

設問4　下線部Dの民族について述べた文として誤っているものを下記の文ア～エから一つ選び，マーク解答用紙の所定欄にマークしなさい。

ア　カエサルは，ガリアに遠征した際，この民族とも戦った。

イ　タキトゥスは，3世紀に『ゲルマニア』を著し，この民族の危険性を訴えた。

ウ　この民族の一派である西ゴート人は，410年にローマ市を略奪した。

エ　この民族の一派であるヴァンダル人は，5 世紀前半に北アフリカに王国を建てた。

設問 5　下線部Eの王朝について述べた文として正しいものを下記の文ア～エのうちから一つ選び，マーク解答用紙の所定欄にマークしなさい。

ア　アルダシール 1 世によって 2 世紀後半に建国された。

イ　シャープール 2 世は，3 世紀後半にローマ皇帝ウァレリアヌスを捕虜とした。

ウ　ホスロー 1 世は，柔然と結んで，6 世紀にエフタルを滅ぼした。

エ　7 世紀前半に，ニハーヴァンドの戦いでイスラーム勢力に敗れた。

III　次の文章を読み，設問 1 ～ 5 に答えなさい。

東南アジアは広大な世界であり，その歴史的展開は一様ではない。例えば，紀元後数世紀までには，A「インド化」の影響を受けた国家が多くの地域で成立するが，紅河デルタ周辺は 10 世紀までは中国の歴代王朝の支配下にあり，独立後も他の地域と違って，中国に由来する宗教，制度，文字などが見られる。また，Bおおよそ 13 世紀を境に，諸島部ではイスラームの影響が，大陸部では上座部仏教の影響が色濃い国家が主流となるが，フィリピン諸島の多くでは 15 世紀になっても国家と見なせるような政治形態は出現しなかった。

このように，歴史のモザイクとも言える東南アジアだが，C19 世紀以降はその全域が植民地主義という共通の歴史的体験を持つようになる。当時，唯一植民地化を免れたDタイ（シャム）でさえ，植民地主義とその経済から無関係ではいられなかった。

第二次世界大戦後の脱植民地化のあり方も一様ではなく，［　E　］のように旧植民地宗主国との戦争経験を持つ国家もあれば，大戦前からの自治政府の延長上にあって独立戦争を経験しなかった国家もある。また王が主導する形で独立政権に移行した例もある。

設問 1　下線部Aに関して，誤っている記述を次のア～エの中から二つ選び，マーク解答用紙の所定欄にマークしなさい。

ア「インド化」が生じた地域ではサンスクリット語やヒンドゥー教，

大乗仏教などが受け入れられた。

イ　武帝は南越を滅ぼし，紅河デルタ周辺までを漢の支配下に入れた。

ウ　世界遺産プランバナンに代表されるように，13 世紀までの諸島部ではヒンドゥー教が優越し，仏教は比較的低調であった。

エ　李朝はチャンパーを滅ぼし，メコンデルタ周辺まで版図を拡大した。

設問 2　下線部Bに関して，正しい記述を次のア～エの中から二つ選び，マーク解答用紙の所定欄にマークしなさい。

ア　フィリピン諸島にはイスラームの影響がみられず，全域でカトリックが定着した。

イ　東南アジアにおけるイスラーム化が大きく進展したのは，インドのデリー＝スルタン朝成立以降の出来事である。

ウ　例外的にパガンでは，上座部仏教が 13 世紀以前に広がっていた。

エ　14 世紀の鄭和の遠征時には，マラッカの王はイスラーム教徒であった。

設問 3　下線部Cに先立って東南アジアに進出したヨーロッパの 2 国によって 1494 年に締結され，植民地分界線を修正した条約名を記述解答用紙の所定欄に記しなさい。

設問 4　下線部Dに関して，誤っている記述を次のア～エの中から一つ選び，マーク解答用紙の所定欄にマークしなさい。

ア　ラタナコーシン朝は，19 世紀前半にヨーロッパ勢力に対して閉鎖的な政策をとっていた。

イ　タイはイギリスとフランスの緩衝地帯となり，1907 年にはそれまで領有していた 3 州をフランス領インドシナへ割譲した。

ウ　若くして王となったチュラロンコンは王室の貿易独占を解除し，行政・司法組織の改革を行うとともに外国への留学を奨励した。

エ　タイはバウリング条約締結の後，フランス・アメリカと不平等条約を結んだ。

設問 5　空欄Eに入る適切な国名を次のア～エの中から一つ選び，マーク解答用紙の所定欄にマークしなさい。

ア　ブルネイ　　イ　ビルマ

ウ　カンボジア　　エ　インドネシア

Ⅳ　次の文章を読み，設問1～6に答えなさい。

東アジアでは漢代以降，中国皇帝と周辺諸民族の首長もしくは国王との間に官爵を媒介とする政治的な関係が結ばれた。その始まりは紀元前2世紀にベトナム北部地方に勢力をもった［ A ］が南越王に冊封されたことや，燕より亡命し朝鮮半島北部で建国した［ B ］が朝鮮王に冊封されたことに始まるといわれる。こうした政治的な関係は，曲折を経ながらも清朝末期まで継続し，朝鮮王朝（李氏朝鮮），ベトナムの阮朝，琉球などは，各々清朝から朝鮮国王，越南国王，琉球国王に冊封されている。ただし，琉球は17世紀以来，清朝と薩摩の島津氏とに両属していた。朝鮮王朝にとって清朝の冊封は圧迫と受け取られることはあっても，琉球との関係は儀礼的，経済的側面が主であったといわれ，$_C$<u>ベトナムの場合は境界を維持する機能があったといわれている</u>。注目されるのは，こうした政治的な関係は周辺諸国でも内面化されたことである。たとえば，$_D$<u>日本政府は1872年に琉球王を琉球藩王に冊封し，それまで島津藩が管轄していた琉球を外務省に移管した</u>。続いて1879年に沖縄県を設置することによって琉球王国は滅びた。また，日本政府は韓国（大韓帝国）を併合する際に国際条約とは別に，韓国皇帝を李王に冊封している。こうした2000年以上にわたる東アジア前近代の政治構造は，$_E$<u>1911年</u>に起きた［ F ］によって完全に終焉を迎えた。

設問1　空欄Aにあてはまる人名を，記述解答用紙の所定欄に記しなさい。

設問2　空欄Bにあてはまる人名を，記述解答用紙の所定欄に記しなさい。

設問3　下線部Cに関連して，清国とベトナムの阮朝との関係はフランスのベトナムへの侵攻によって大きく変化するが，その過程について，イ～ホを年代順にならべると2番目と4番目はどれか。マーク解答用紙の所定欄にマークしなさい。

イ　清朝は天津条約でフランスのベトナムへの保護権を承認した。

ロ　清朝はベトナムの宗主権を主張して派兵し，清仏戦争が起きた。

ハ　フランスはカトリック教徒への迫害を理由にベトナムに軍事的介入を始めた。

ニ　フランスはユエ条約によりベトナムの外交関係をフランスが掌握す

ることを規定し，ベトナムを保護国化した。

ホ　清朝からベトナムに亡命した劉永福は黒旗軍を組織してベトナム北部で抵抗運動を始めた。

設問4　下線部Dを前後して，琉球民が台湾に漂流し殺害される事件が発端となり，日本は台湾に出兵した。この台湾出兵について次のイ～ニの中から誤っているものを一つ選び，マーク解答用紙の所定欄にマークしなさい。

イ　日本は台湾出兵を清朝内に権益をもつ列強に通達した。

ロ　この事件を契機に，台湾先住民は清朝の支配のもとにあるのかが日清間で問題となった。

ハ　この事件の翌年に，日本政府は琉球に清朝との冊封朝貢関係の廃止を命じた。

ニ　この事件を契機に，琉球民は日本に帰属するか否かが日清間で問題となった。

設問5　下線部Eの前年に日本は韓国を併合したが，その説明として誤っているものを次のイ～ニの中から一つ選び，マーク解答用紙の所定欄にマークしなさい。

イ　第二次日韓協約で日本は韓国を保護国化した。

ロ　日中韓による東洋平和論を訴えていた安重根がハルビンで伊藤博文を暗殺した。

ハ　韓国皇帝の純宗はハーグの万国平和会議に密使を送って国際世論に訴えようとした。

ニ　第三次日韓協約で日本は統監による支配権を確立した。

設問6　空欄Fにあてはまる語句を記述解答用紙の所定欄に記しなさい。

V　次の文章を読み，設問1～5に答えなさい。

アフリカ大陸へのイスラームの伝播は，正統カリフ時代のエジプト征服に始まる。ビザンツ帝国からエジプトを奪ったアラブ軍は，支配の拠点として現在のカイロの近くに新都フスタートを建設した（A）。エジプト以西への進出は当初順調には進まなかったが，ウマイヤ朝時代になってモロッコまでの北アフリカ一帯（B）を征服し，さらに海を渡ってイベリア半島に進出した。

西アフリカのサハラ砂漠南縁に成立したガーナ王国は，ラクダを用いたサハラ砂漠を縦断する貿易(C)によって栄えていたが，8世紀以後，この貿易をムスリム商人が担うようになった。11世紀後半に，ムラービト朝(D)の攻撃によってガーナ王国が衰退すると，西アフリカのイスラーム化が進んだ。イスラーム教徒の支配者が治めるマリ王国(E)，次いでソンガイ王国が繁栄し，両王国のもとで栄えたニジェール川中流の交易都市トンブクトゥは，西アフリカにおけるイスラームの学問の中心地として発展した。

設問1　下線部Aのように，正統カリフ時代からウマイヤ朝時代にかけてのアラブ＝ムスリムの大征服において，征服地の軍事・政治拠点として各地に建設された軍営都市を何と呼ぶか，記述解答用紙の所定欄に記しなさい。

設問2　下線部Bの地域で19～20世紀に起きた出来事の説明として誤っているものを，次のア～エの中から一つ選び，マーク解答用紙の所定欄にマークしなさい。

ア　アルジェリアは1830年のフランスの軍事進出を契機として，その植民地とされた。

イ　チュニジアは近代化政策を進め，1861年には憲法を制定し立憲国家を目指したが，1881年にフランスによって保護国とされた。

ウ　フランスのモロッコ支配に反対したドイツは，1905年と1911年の二度にわたって直接介入を企て，モロッコ事件を引き起こした。

エ　チュニジア，アルジェリア，モロッコの三カ国はいずれも1956年に共和国として独立を果たした。

設問3　下線部Cの貿易で，北側から南側へ輸出された主要な交易品として最も適切なものを，次のア～エの中から一つ選び，マーク解答用紙の所定欄にマークしなさい。

ア　金　　　イ　奴　隷

ウ　香辛料　　　エ　岩　塩

設問4　下線部Dの王朝について，次のア～エの中から正しいものを一つ選び，マーク解答用紙の所定欄にマークしなさい。

ア　この王朝は，トルコ人が建てた。

イ　この王朝は，スンナ派の宗教運動を背景として成立した。

ウ　この王朝はイベリア半島に進出し，後ウマイヤ朝を滅ぼした。

エ　歴史家イブン＝ハルドゥーンは，この王朝に仕えた。

設問5　下線部Eを治めたある王は，1324年に大勢の従者を引き連れてメッカ巡礼を行い，その帰途にエジプトやモロッコから著名な学者や建築家を招くなどして，西アフリカにイスラーム文化を広めるのに貢献した。この王の名前を，記述解答用紙の所定欄に記しなさい。

Ⅵ

同じ年に，以下の順に作成された次の2つの史料を読み，設問1～7に答えなさい。

1．国民の声によって招かれたこの位を，A余は孫のBパリ伯に譲るものである。いまパリ伯の上に生じた大きな任務の，上首尾ならんことを。

2．C反動的な寡頭政府は，パリ人民の英雄的行動によってうち倒された。…しかし今度こそはこの痛ましい血は裏切られないであろう。それは国民の政府，人民の政府をかちとったが，この政府は偉大にして勇敢な人民の権利と進歩と意思とに結びつくものである。…2月24日の議会で生まれた臨時政府は，国民の勝利を確保し組織する役目を一時的に与えられた。臨時政府は，デュポン，ラマルティーヌ，クレミュー，アラゴ(D学士院会員)，ルドリュ＝ロラン，ガルニエ＝パジュス，マリの各氏からなり，また政府はアルマン・マラスト，[　E　]，…の諸氏を秘書とする。…臨時政府が宣言する人民政府のもとにあっては，全市民が長官である。臨時政府はF共和政を望む。それはまだ人民の承認を得ていないがただちに相談されるであろう。すなわち，これからは市民の全階級から形成される国民の統一体であり，国民自身による国民の政府である。

(出典：『西洋史料集成』平凡社，1992年，山上正太郎 訳より，一部修正・割愛して抜粋)

設問1　下線部Aの君主の名を記述解答用紙の所定欄に記しなさい。

設問2　下線部Bの人物について述べた文として正しいものを，次のア～エの中から一つ選び，マーク解答用紙の所定欄にマークしなさい。

ア　反動政治を強化し，七月王令を発した。

イ　有産階級の支持を得て即位し，共和派の改革要求に反対した。

ウ　軍事的な成果を追求したが，普仏戦争で捕虜となった。

エ　母を摂政とする即位が模索されたが，実現せず亡命した。

設問 3　史料 2 の名称として正しいものを，次のア～エの中から一つ選び，マーク解答用紙の所定欄にマークしなさい。

ア　臨時政府のフランス人民への布告

イ　1830 年憲章

ウ　第二共和政憲法（1848 年憲法）

エ　パリ＝コミューンの成立宣言

設問 4　下線部Cに該当する呼称として適切なものを，次のア～エの中から一つ選び，マーク解答用紙の所定欄にマークしなさい。

ア　第一帝政　　イ　ブルボン復古王政

ウ　七月王政　　エ　第二帝政

設問 5　下線部Dに関連して，アカデミー＝フランセーズを創設した人物の名として正しいものを，次のア～エの中から一つ選び，マーク解答用紙の所定欄にマークしなさい。

ア　リシュリュー　　イ　ルイ 16 世

ウ　ロベスピエール　　エ　ナポレオン 1 世

設問 6　臨時政府に入閣する前年に改革宴会を組織し，入閣後は労働委員会を組織した，空欄Eに当てはまる人物の名を記述解答用紙の所定欄に記しなさい。

設問 7　下線部Fに関連して，近世に共和国を名乗ったことがあるヨーロッパの国あるいは都市の名として誤っているものを，次のア～エのなかから一つ選び，マーク解答用紙の所定欄にマークしなさい。

ア　イングランド　　イ　オーストリア

ウ　ポーランド＝リトアニア　　エ　フィレンツェ

Ⅶ

ある地域について言及し，古いものから時代順に並べられた次の史料①～③を読んで，設問 1 ～ 5 に答えなさい。

史料①

非協力国民が寄せていた信頼は［　A　］政府によって裏切られ，［　A　］の人々は，今や，［　B　］を打ち建てんと決意するに至った。今年開かれた会議派の特別集会以前に試みられた方法は人々の権利と自由を十分に確保することができなかったし，多々の深刻な不正…を正すには至らなかった。

史料②

ムスリムは，通常認識されているような意味で，マイノリティーであるわけではない。現状をよく見渡していただきたい。現在でも，[C]領[A]のなかで，11州中4州ではムスリムが実質的に優勢であり，会議派…の執行部が[C]への非協力を宣言し…ているさなかにも，正常に機能しているのだ。国民というものをどのように定義付けるにしても，われわれムスリムは国民であり，故地，領域，国家をもたねばならない。

史料③

[A]政府と[D]政府は，今後両国が，その持てる資源と労力を両国民の福祉の向上という急務の遂行に捧げるため，これまで両国の関係を阻害してきた紛争と対立を終わらせ，友好，調和関係を促進…することを決意する。

（出典：歴史学研究会編『世界史史料』岩波書店より一部修正・割愛して抜粋）

設問1　史料①は，ある団体が行った決議の一部である。この決議が行われた年に起こった出来事として最も適切なものを次のア～エの中から一つ選び，マーク解答用紙の所定欄にマークしなさい。

ア　アメリカのレーガン政権との対立を深めたソ連がアフガニスタンの社会主義政権を救援するために軍事侵攻した。

イ　オスマン帝国は，セーヴル条約によってアラブ地域を喪失した。

ウ　旧宗主国としての立場を強化することを狙ったフランスの主導により，アフリカ統一機構が結成された。

エ　スエズ戦争の勝利で支持層を拡大したナセル大統領がエジプト革命を起こした。

設問2　空欄Aにあてはまる適切な語句を記述解答用紙の所定欄に記しなさい。

設問3　空欄Bにあてはまる語句の意味として最も適切なものを次のア～エの中から一つ選び，マーク解答用紙の所定欄にマークしなさい。

ア　法学者の統治　　イ　マレー人優遇政策

ウ　共和政　　エ　自　治

設問4　空欄Cにあてはまる適切な語句を記述解答用紙の所定欄に記しな

さい。

設問５ 史料②の主張をした人物は，史料③の空欄Ｄにあてはまる国が独立した際に主導的な役割を担った。その後，空欄Ｄにあてはまる国から分離し，別の独立国として国際連合に加盟した国の名称を記述解答用紙の所定欄に記しなさい。

Ⅷ

次の文章を読み，図Ａ～Ｃを見て，設問１～５に答えなさい。

男女平等をめざす［ a ］運動と連動して，アメリカの美術史家リンダ＝ノックリンが 1971 年に『なぜ偉大な女性アーティストはいなかったか』という論文を発表して以来，女性アーティストへの関心が高まり，1980 年代にかけてその存在が歴史のなかから発掘された。最近では #MeToo 運動の高まりのなかで，ふたたび女性アーティストに注目が集まっている。以下はこうした動きのなかで取り上げられてきた画家たちの作品である。

図A

図B

図C

設問1　空欄aにあてはまる言葉を記述解答用紙の所定欄に記しなさい。

設問2　図Aは17世紀オランダで活動したユディト＝レイステルの作品である。長い間その名前すら忘却されていたが，市民の日常生活を描いた作品は，同時期の男性画家と同様の主題や作風を示している。この絵にもっとも近い時代に描かれ，似た作風をみせる絵はどれか。次のア～エから一つ選び，マーク解答用紙の所定欄にマークし，その作者の名前を記述解答用紙の所定欄に記しなさい。

ア　イ　ウ　エ

設問3　図Bの作者エリザベート・ルイーズ＝ヴィジェ・ルブランは，王立アカデミーに所属する550人の会員中たった14人しかいなかった女性画家の1人だった。ルイ16世の王妃を描いた本作は，麦わら帽子やカジュアルな服装が王族を描くには不適切なものとされ展覧会から撤去された。この絵に描かれている人物は誰か。次のア～エから一つ選び，マーク解答用紙の所定欄にマークしなさい。

ア　マリア＝テレジア

イ　マリ＝アントワネット

ウ　ジョゼフィーヌ

エ　ポンパドゥール夫人（ジャンヌ・アントワネット＝ポワソン）

設問 4　図Bの作者が活躍した同時期，同じような作風で描いた画家は誰か。ア～エから一つ選び，マーク解答用紙の所定欄にマークしなさい。

ア　ダヴィド　　イ　ルノワール

ウ　ファン＝ダイク　　エ　クールベ

設問 5　図Cは 19 世紀フランスの画家ベルト＝モリゾが描いた自画像である。共に絵を学んだ姉 2 人は結婚後に絵をやめてしまうが，彼女は理解ある夫の助けを受け，娘を育てながら生涯制作を続け，プロの画家として活動をした。本作について述べた説明文のうち，ア～エから正しいものを一つ選び，マーク解答用紙の所定欄にマークしなさい。

ア　激しいタッチを特徴とする画風は，フォーヴィズムと言われるものである。

イ　印象を素早いタッチでとらえる描き方はモネと共通している。

ウ　人物の特徴を誇張し，輪郭線を用い平面的に描く表現はロートレックに近い。

エ　対象を幾何学的に抽象化して描いており，ピカソとの接点を示している。

問二十三　丙の文章における傍線部5「讐子」とは、どのような者のことをいうのか、最も適切なものを次の中から一つ選び、解答欄にマークせよ。

イ　秀郷の子　　ロ　射人の子
ハ　百足の子　　ニ　竜神の子
ホ　白蛇の子　　ヘ　黄蛇の子

問二十四　甲・乙・丙のいずれかの文章の趣旨と合致するものを、次の中から二つ選び、解答欄にマークせよ。

イ　仏教の世界観では、竜宮に無限の宝物があると考えられ、七宝で光り輝く宮殿や宝石によって飾り立てられた室内調度品があると考えられていた。

ロ　異郷とは、この世界と似て非なる空間であるが、迷い込んで食事したり結婚したりすると、もとの世界に戻ったとしても、悲劇的な結末に終わる。

ハ　秀郷が琵琶湖水中の楼門に入ったところ、怪しげな男は宮殿内に入り、瞬時のうちに正装姿となり、夜半まで秀郷を酒宴の賓客としてもてなした。

ニ　比良山の上から、明かりが二列になって二三千ほど降りてくるのが見えたが、よく見ると左右の手に松明（たいまつ）を持ち整然と隊列を組んだ軍勢であった。

ホ　臨海の山中に、黄色の衣に白の帯を着けた男が現れ、北と南の両方向からやってくる者の敵味方の区別が付きにくいので、気をつけるよう伝えた。

ヘ　射人に迫る三人の黒衣の巨人は、狩り場を荒らす者を警告する役割であったが、射人が恐れて逃げたため、大きな口に飲み込んで殺してしまった。

ハ　マ行下二段活用他動詞連用形と接続助詞
ニ　マ行四段活用他動詞の未然形と接続助詞
ホ　マ行四段活用自動詞の未然形と接続助詞
ヘ　マ行下二段活用自動詞未然形と接続助詞

問二十一　乙の文章における傍線部3「御辺の門葉に必ず将軍になる人多かるべし」とあるが、竜神はどうしてこのようなことを言ったのか、最も適切なものを次の中から一つ選び、解答欄にマークせよ。

イ　秀郷の怪力により考えられないほど強い矢を放ったために、将軍が子孫に代々の警護を命じたから。
ロ　秀郷は人間界とは異なる世界である竜宮を訪れ活躍したことによって、超人的能力を獲得したから。
ハ　秀郷の智略と勇気によって百足を退治したため、竜神が感謝して子孫を守護することを誓ったから。
ニ　秀郷は物が尽きることのない俵を竜から得たため、次々と将軍を輩出する家柄なのだと考えたから。
ホ　秀郷の武人としての資質を竜神は看破し、この能力は子孫にも受け継がれるだろうと見抜いたから。
ヘ　秀郷は白蛇の化身を助けたため、竜神はその報償として代々将軍となることを約束させられたから。

問二十二　丙の文章における傍線部4「我語君勿復更来、不能見用。」の返り点として、最も適切なものを次の中から一つ選び、解答欄にマークせよ。

イ　我語君勿二復更来一、不レ能見レ用。
ロ　我語下君勿二復更来一、不上レ能二見用一。
ハ　我語三君勿二復更来一、不レ能レ見レ用。
ニ　我語レ君勿下復二更来一、不二能見一用上。
ホ　我語君勿二復更来一、不二能見一レ用。
ヘ　我語レ君勿二復更来一、不レ能二見用一。

と）。

問十八　甲の文章における空欄 Ⅲ に入る最も適切なものを次の中から一つ選び、解答欄にマークせよ。

イ　富を得るが、明年以降はここに来てはいけないという戒めを破った
ロ　弓矢に唾を吐きかけたが、その毒によって自ら病となってしまった
ハ　家に巨富を得るに至ったが、それにより驕（おご）り高ぶる気持ちが昂（こう）じた
ニ　白蛇の精と結婚したものの、他の魅力的な女性と交わった裏切りの
ホ　もともと敵であった黄蛇の子孫と組んで、白蛇を殺害しようとした
ヘ　数年間山中の小屋に留まり獲物を捕ったが、八尺の大男に襲われた

問十九　甲の文章に引用される『今昔物語集』以前に成立したと考えられる作品の説明として、最も適切なものを次の中から一つ選び、解答欄にマークせよ。

イ　日常的な話題や瘤（こぶ）取りじいさん・舌切り雀など著名な話を収める説話集。
ロ　慶滋保胤『池亭記』の影響を受け、和漢混淆文で書かれた鴨長明の著作。
ハ　後一条天皇から高倉天皇にいたるまでの歴史を紀伝体で記した歴史物語。
ニ　神武天皇から平安時代の仁明天皇までの歴史を編年体で記した歴史物語。
ホ　藤原定家が、奈良時代から鎌倉時代初期の歌人の歌を百首撰んだ秀歌撰。
ヘ　承平・天慶の乱における平将門の乱の有様を変体漢文で描いた軍記物語。

問二十　乙の文章における傍線部２「たばさうで」の文法的な説明として、最も適切なものを次の中から一つ選び、解答欄にマークせよ。

イ　マ行四段活用自動詞の連用形と接続助詞
ロ　マ行四段活用他動詞の連用形と接続助詞

所獲甚多、家至巨富。

数年後、忽憶先所獲多、乃忘前言、復更往猟。見先白帯人、告曰、4我語君勿復更来、5不能見用。讐子已大、今必報君。非我所知。射人聞之、甚怖、便欲走。乃見三烏衣人、皆長八尺、倶張口向之。射人即死。

注　臨海……中国浙江省の地名。　剋……きめる。
弩……ばね仕掛けで射る弓。　辞謝……感謝を述べる。

問十五　甲の文章における空欄 Ⅰ にあてはまるものを次の中から一つ選び、解答欄にマークせよ。

イ　秩序に支配される　　ロ　武力に優れている　　ハ　魚類と交信できる
ニ　異境から選ばれた　　ホ　慈悲に溢れている　　ヘ　類型性が見られる

問十六　甲の文章における空欄 ア には漢字二字の同じ語が入るが、筆者はこれを傍線部1「古い農耕神」ではないかと考えている。その説明として、最も適切なものを次の中から一つ選び、解答欄にマークせよ。

イ　生命力の強い蛇に象徴される、傷病を治療する「医神」
ロ　警戒心の強い猫に象徴される、孤島を守護する「福神」
ハ　足の多い百足に象徴される、戦闘能力に優れた「雷神」
ニ　儒教伝来以前からあった、子孫繁栄をもたらす「女神」
ホ　仏教伝来以前からあった、豊年満作をもたらす「水神」
ヘ　道教伝来以前からあった、不老長寿をもたらす「火神」

問十七　甲の文章における空欄 Ⅱ に入る漢字二字の語を、記述解答用紙の所定の欄に記せ（楷書で丁寧に書くこり。竜神はこれを悦（よろこ）んで、秀郷を様々にもてなしけるに、巻絹一疋・鎧一領・頸結（くびゆひ）俵一つ・赤銅の撞鐘（つきがね）一つとを与へて、[3]「御辺（ごへん）の門葉に必ず将軍になる人多かるべし」とぞ示しける。秀郷都に帰つて後、この絹を切つて使ふに、尽くる事なく、俵は中なる納物（いれもの）を、取れども取れども尽きざりける間、財宝も倉に満ちて、衣裳身に余れり。故にその名を俵藤太とはいひけるなり。

注 繽紛……みだれ散る。 五人張……四人で弓を曲げ、残る一人が弦をかけた弓。強弓。
関弦……漆を塗るなどして強固にした弓弦。
十五束三伏……拳十五個と指三本分の長さ。遠距離を射るための大矢。
中子……鏃（やじり）の根もと。箆（の）（矢の竹の部分。矢柄）の中に入る部分。
筈本……矢筈（矢の末端の、弦を受ける部分）の根もと。
羽ぶくら責めて……矢羽のつけぎわまで入るほど、矢を射込んで。

丙 ［次の文章は、甲に引用される『捜神後記』巻十の一節である。文中には、返り点・送り仮名を省いた箇所がある。］

呉末、臨海人入山射猟、為舍住。夜中、有一人、長一丈、著黄衣・白帯。径来謂射人曰、我有讐、剋明日当戦。君可見助、当厚相報。射人曰、自可助君耳。何用謝為。答曰、明日食時、君可出渓辺。敵従北来、我南往応。白帯者我、黄帯者彼。射人許之。

明出、果聞岸北有声。状如風雨、草木四靡。視南亦爾。惟見二大蛇。長十余丈、於渓中相遇、便相盤繞。白蛇勢弱、射人因引弩射之。黄蛇即死。日将暮、復見昨人来。辞謝云、住此一年猟、明年以去、慎勿復来。来必為禍。射人曰、善。遂停一年猟、

ける類話が多種にわたることから推し量ることができよう。

注　施入……寄進する。

乙［次の文章は、甲に引用される『太平記』巻十五の一節である。］

湖水の浪を分けて水中に入る事五十余町、ここに一つの楼門あり。開いて内へ入るに、瑠璃の沙（いさご）厚く、玉の甃（いしだたみ）暖かにして、落花自（おの）づから繽紛（ひんぷん）たり。朱楼・紫殿、玉の欄干、金を鐺（こじり）にし、銀を柱とせり。その壮観、奇麗、いまだ曽（か）つて目にも見ず、耳にもきかざりし所なり。この怪しげなる男、まづ内へ入つて須臾（しゅゆ）の間に衣冠正しくして、秀郷を客位に請ず。左右の侍衛の官、前後繁花の粧ひ、善を尽くし美を尽くす。酒宴数尅（すこく）に及んで、夜すでに深ければ、敵の寄すべき程になりぬと周章（あわて）騒ぐ。秀郷は、一生涯が間、身を放たで持ちたりける弓は、五人張に関弦（せきづる）かけてくひしめし、矢は十五束三伏に拵（こしら）へて、鏃（やじり）の中子（なかご）を筈本（はずもと）まで打透（うちとほし）にしたる箭（や）、[2]ただ三筋をたばさうで、今や今やとぞ待つたりける。夜半過ぐる程に、雨風一通り過ぎて、電（いなびかり）の激する事ひまなし。しばらくあつて、比良（ひら）の高峰の方より、続松（たいまつ）二、三千が程二行にとぼして、中に島の如くなる物、竜宮城をさしてぞ近付きける。事の体をよくよく見るに、二行にとぼしたる続松は、皆己が左右の手にとぼしたりと覚えたり。あつぱれこれは蚣の化けたる物よと心得て、矢比（やごろ）近くなりければ、件（くだん）の五人張に十五束三伏の矢を打ち番（つが）ひて引きしぼり、忘るるばかり堅めて、眉間（みけん）の真只中（まただなか）をぞ射たりける。その手答（てごたへ）鉄（くろがね）を射る様に聞えて、筈を返してぞ立たざりける。秀郷（ひでさと）一の矢を射損（いそん）じて安からず思ひければ、二の矢を番ひて一分も違へず、わざと前の矢所をぞ射たりける。この矢も先の如く跳（をど）り返りて、少しも身には立たざりけり。秀郷二つの矢をも皆射損じて、憑（たの）むところは矢一筋なり。何（いか）がはせんと思ひけるが、きつと案じ出だしたる事あつて、この度射んとしける矢さきに、玉沫（つばき）を吐き懸けて、また同じ矢所をぞ射たりける。この矢に毒を塗りたる故にやよりけん、また同じ矢坪を三度まで射たる故にやよりけん、この矢眉間の只中を通りて、喉の中まで羽ぶくら責めてぞ立つたりける。二、三千見えつる続松も光忽（たちま）ちに消えて、島の如くに見えつる物の、倒るる音大地を響かせり。立ち寄りてこれを見るに、果して百足（ひやくそく）の蚣なりけから推し量れるように、この蛇は　ア　であったとみてよい。　ア　とはつまり竜神ということになるが、中国的な竜の観念あるいは「竜」という文字やその観念が日本に持ち込まれる以前の古い農耕神[1]の姿を留めているのではなかろうか。

それは、秀郷が竜宮から持ち帰った俵とも通う。俵は通常稲藁(わら)で編まれ、またその中に入れるものといえば、一般的には　Ⅱ　であろう。御伽草子の『俵藤太物語』には、その俵から「よねを取りいだすに、是(これ)もつひにつきせず」と明瞭に記す。加賀の島に住みついた者たちも、秀郷も等しく　ア　(竜神)の霊力を分かち与えられ、その保護を受け続けることになったとみてよい。

竜の危難を救ってやり竜宮に招かれ、宝物を得て帰る説話といえば、前に挙げた『今昔物語集』「観音に仕る人、竜宮に行きて富を得る語」もそうであった。この説話の主人公は、小蛇実は竜王の姫を助けるという慈悲の行いによって竜宮に招かれ歓待され、打ち欠いても打ち欠いても減ることのない金の塊を得て帰ってきた。これに酷似する説話が、『諸経要集』巻六および『法苑珠林(ほうおんじゅりん)』巻九十一に載る。『今昔物語集』は、これを源流とし日本に舞台を移して翻案した伝承を拾い上げたとみてよい。

宿敵と争う竜に助力し、その恩に報いられる説話は中国にもあった。『捜神後記』巻十に載るもので、山中の小屋に猟師が泊まっているところへ、黄衣白帯を着けた長身の人が訪れる。それは実は白蛇で、明日黄蛇と戦うことになっていると告げ、助けを求める。翌日人蛇同士が激しく争うのを見て、猟師は黄蛇の方を弓矢で倒した。白蛇は一年間多くの獲物を約束し、その通りとなって、猟師は　Ⅲ　ために命を落とすこととなった。

類話が『今昔物語集』巻十第三十八「海の中にして二つの竜戦ひ、猟師一つの竜を射殺して玉を得る語」として載る。相争うのは青と赤の竜であって、猟師は青竜に味方して、赤竜を弓で射る。猟師は青竜から玉を得て、大いに富み栄えたとされる。『今昔物語集』の説話が右の『捜神後記』に淵源することは疑いないが、直接依拠したとは認められない。この事例が単純に中国の文献から日本の文献への引用、あるいは机上の翻案という関係とも見なしがたいことは、日本にお微妙く荘り造れる門に至れり。（中略）重々に微妙の宮殿共有て、皆七宝を以て造れり。光り耀く事無限し。既に行畢て、中殿と思しき所を見れば、色々の玉を以て荘りて、微妙の帳・床を立てて耀き合へり。

この描写は、『太平記』巻十五、藤原秀郷が訪れたという琵琶湖底の竜宮もほぼ同趣である。このように類型性が見られる背景には、『海竜王経』などの仏典の表現の影響があろう。

異境を訪れる人間は、偶然そこに足を踏み入れるのではなくて、特別の資質を具えて、［ I ］存在であった。『太平記』巻十五によれば、俵藤太こと藤原秀郷が竜宮に招かれたのは、人に抜きんでた剛胆ゆえであったと語られる。藤太は、勢多の橋の上に横たわる大蛇の背を怖れることなく踏んで通った。その後、怪しげな小男が現れて、年来の自分の敵を討って欲しいと助力を乞う。秀郷は、琵琶湖の中の竜宮城に案内され、そこに攻め寄せてきた百足を弓矢で倒し、後に三井寺に施入されることになる鐘、武具など多くの宝物を与えられて帰還する。

無限の富を蔵する世界、それが竜宮であった。そのような竜宮は、『法華経』提婆達多品十二、娑竭羅竜王の娘が三千大千世界にも値するという如意法珠を釈迦に捧げることからも知られるように、比類のない宝物があると考えられていた。したがって、秀郷が、その呼称「田原」ともかかわるところの、中に納めた物の尽きることのない「俵」を竜から得たと語られているのも自然のことといえよう。

類話のいま一つは、『今昔物語集』巻二十六第九「加賀国の蛇と蚣と諍ふ島に行きたる人、蛇を助けて島に住む語」で、英雄が竜宮に赴き異類を助ける説話の古いかたちを示すもののようである。霊蛇に助力するのは加賀国の漁師たちで、不思議な風に引き寄せられて上陸した島で、沖の島から攻め寄せて来る百足を退治するのである。その島は無人であって、蛇の勧めにより漁師たちは家族を引き連れて島に渡り、そこに住みついたという。島の主の本体は蛇とされているが、霊力をそなえた存在であることは、人の姿になることができ、風を支配する力を持つところに明らかである。ではこの大蛇の霊力の中核となっているものは何であろうか。それは、人間に富をもたらすところにあろう。その島には滝があり、大蛇は「田可作所多かり」と言って、漁師たちに、後に猫ノ島と呼ばれることになるその島への移住を勧める。この言葉な意志の伝達形式があったことを肯定している。

ロ　筆者は「新しい日常」や「新しい生活」という語で強調される先進性が戦時中にもあり、コロナ禍での使い方は戦時の翼賛体制の二番煎じにすぎないことを批判している。

ハ　筆者はファシズムというものの本当の恐ろしさが、強権的な国民の抑圧ではなく、一見我々に身近な日常の暮らしの中から国民を自発的に誘導するものであると指摘している。

ニ　筆者はコロナ禍で提唱された言葉に不快感を覚えているが、それは戦時下と同じく、牧歌的な生活共同体が余りにも政治的に洗脳されやすい危険性があるためだと不安視している。

ホ　筆者は戦時中のスローガンのうちにコロナ禍で提唱された標語に繋がるものを認め、当時の勇ましい戦争賛美の語彙は現代社会でも若者にファシズムを刷り込む力があると警戒している。

問十四　傍線部1・2のカタカナの部分を漢字に直し、記述解答用紙の所定の欄に記せ（楷書で丁寧に書くこと）。

三

次の甲・乙・丙の文章を読んで、あとの問いに答えよ。

甲　〔次の文章は、森正人著『龍蛇と菩薩　伝承文学論』（二〇一九年）の一節である。〕

竜宮は異境の一つである。したがって、竜宮に関する伝承はほとんど例外なく異境訪問譚（たん）として語られることになる。異境は人間界とは異なり、その世界独特の秩序によって支配され、この世と正反対の、あるいは一見この世に似ていても何か重大な相違のある空間として形象される。特に竜宮は豪華絢爛（けんらん）たる宮殿をそなえ、人間界にない貴重な宝物に満たされた世界であった。

たとえば、『今昔物語集』巻十六第十五「観音に仕る人、竜宮に行きて富を得る語（こと）」は竜宮という空間の景観を具体的に描写する日本の文献としては古いものの一つであろう。

ハ　③→④→①→②
ニ　④→③→②→①

問十　傍線部B「内面の動員」の説明として最も適切なものを次の中から一つ選び、解答欄にマークせよ。

イ　文化芸術や科学技術の発展を掲げ、国民に生活の向上を期待させることで労働力を獲得する。
ロ　日々の暮らしのすみずみまで監視と密告の制度を行きわたらせ、国民の抵抗の芽を摘み取る。
ハ　新しい生活様式への関心を高め、国民におのおのが生活を刷新しようとする自覚を持たせる。
ニ　国民の暮らしに禁止や抑圧を加え、生活から夢や希望を奪い去って強制的に政策に従わせる。

問十一　空欄 Ⅱ に入る語句として最も適切なものを次の中から一つ選び、解答欄にマークせよ。

イ　反転した造語
ロ　迎合した造語
ハ　混乱した造語
ニ　矛盾した造語

問十二　傍線部C「フィードバック可能な参加型の組織」の本文における説明として、最も適切なものを次の中から一つ選び、解答欄にマークせよ。

イ　国民が積極的に政策を提言し、社会体制に反映することが可能な組織
ロ　国民が上からの政策に対し、協力的に実践で応じることが可能な組織
ハ　国民が政策を自由に検討し、批判や要望を提出することが可能な組織
ニ　国民が任意に加入し、行政と対等に政策を実践することが可能な組織

問十三　本文の趣旨と合致するものとして、最も適切なものを次の中から一つ選び、解答欄にマークせよ。

イ　筆者は第二次近衛内閣の政策を検討し、国民の積極的な参加を受け入れる当時の翼賛的な組織化に柔軟な双方向的

（大塚英志『「暮し」のファシズム』より）

注 肝……物事の要点。

問八 傍線部A「どうにも不快な既視感があった」とあるが、その理由の説明として最も適切なものを次の中から一つ選び、解答欄にマークせよ。

イ 新型コロナウィルスに対する防御姿勢が、戦時下での国防体制の構築方法に似ているから。
ロ 現在のコロナ禍で提唱される方針が、戦時下で国民に対して推奨された標語と似ているから。
ハ 新型コロナウィルスに対する不安や心配が、戦時下での生活の不安や日常の不快さを連想させるから。
ニ 現在のコロナ禍で提唱される標語は「生活」や「日常」に制限を加えるのに、そのように響かないから。

問九 空欄 Ⅰ の段落は次の①から④の文章から構成されるが、その並べる順序として最も適切なものを次の中から一つ選び、解答欄にマークせよ。

① つまり「新しい日常」や「新しい生活」はかつてこの国が戦争に向かい、行う中で推進された国策だったということだ。
② その様はより具体的に言えば、近衛新体制で提唱された「新生活体制」を想起させる。
③ それだけではない。「新しい生活様式」や「新しい日常」などと、日々の暮らしのあり方について為政者が「新しさ」を求め、社会全体がそれに積極的に従う様が、かつての戦時下を彷彿（ほうふつ）とさせるのだ。
④ ぼくは以前から「日常」とか「生活」という全く政治的に見えないことばが一番、政治的に厄介だよという話をよくしてきた。何故なら、それらの語は近衛新体制の時代、「戦時下」用語として機能した歴史があるからだ。

イ ①→④→②→③
ロ ②→③→①→④

もので、その組織は文化・経済などの「各領域」に広く樹立されるべきだと説くくだりでなされる。それは具体的には、別の章で検証する住民組織「隣組」に加え、この先推進される文化芸術などの分野ごとの統一団体や産業報国会など、「職域」ごとの組織化を想定している。その各領域の組織と「国民生活」の関わりをこう説く。

国民をして国家の経済及文化政策の樹立に内面より参与せしむるものであり、同時にその樹立されたる政策をあらゆる国民生活の末梢（まっしょう）に至るまで行亙（わた）らせるものなのである、かかる組織の下に於いて初めて、下意上達、上意下達、国民の総力が政治の上に集結される。（同）

「内面の参与」というのは、つまり「新体制」の究極の目的が、国民の内面の動員（B）にある、ということだ。ここは重要である。そして職場・職業ごと・地域ごとの組織化が必要を介してなされるのが、「上意下達」と併記される「下意上達」という、下からの参与である。この「下意上達」という［Ⅱ］もまた新体制用語としてよく用いられるものだ。ここから、近衛新体制が制度上は「参加型ファシズム」を目論むものであることがうかがえる。

これを受けて、新体制準備会が作成した新体制綱領では「国内新体制」として「新経済体制」「新産業労働体制」「新共時体制」「新文化体制」「新生活体制」「婦人並に青少年問題に於ける新体制」が改めて項目立てられる。一見「新生活体制」の位置付けは後退したかに見えるが、「声明」で「国民生活」と国家運営の双方向性が唱われたように、新体制の肝は「新生活体制」にある。しかも「国民」は「新体制」組織の最末端に配置された「隣組」と、これと同義の「隣保班」によって統治される仕組みである。「隣組」は、当時の文献では「細胞」とも表現される翼賛会という政治組織の最小単位で、決して牧歌的な隣近所ではないのである。

このように、新体制下では、国民は「国家」だけではなく、ナチスやファシスト党に模した一党独裁組織・翼賛会の下に位置付けられているのが特徴だ。しかも、それはすでに見たように、「下」つまり「国民」は「末梢」として「上」にただ従うのでなく、フィードバック可能な参加型の組織（C）であり、翼賛会は目論み通りに必ずしも機能しなかったとはいえ、この組織形態は、「国民生活」を更新するために、相応に機能していくのである。

の総辞職を受けてである。

発足直後、まず閣議決定された「基本国策要綱」は、「日満支の強固なる結合を根幹とする大東亜の新秩序建設」、いわゆる大東亜共栄圏として、東アジア世界の社会システムの書き換えを目論むものとしてあった。「新」という語は、まず東アジア全体の作りかえを意味する語であったことは忘れてはいけない。

この時点では「生活」の位置付けは小さかった。「要綱」に示された、五項目からなる「国家態勢の刷新」を確認すると、一つめの国民道徳の確立と科学的精神の[1]シンコウ（「科学」も戦時下国策用語であることに注意を促しておく）という精神面、二つめの国政の統合的統一という大政翼賛会発足を想定した政治システム更新の次に来る、三つめの、経済の統制、自給・合理化を説く国防経済の確立の項で「生活」に言及される。この項は、さらに小項目九つからなり、その五番めにようやく「国民生活必需物特に主要食糧の自給方策の確立」とある。「生活」はこの時点では、食糧自給の文脈で言及されるに過ぎなかった。

しかしそれが近衛首相の声明（八月二八日）では大きく変わる。

高度国防国家の体制を整へねばならぬ、而して高度国防国家の基礎は強力なる国内体制にあるのであって、ここに政治、経済、教育、文化等あらゆる国家国民生活の領域に於ける新体制確立の要請があるのである。

（『東京朝日新聞』夕刊一九四〇年八月二九日）

改めて「新体制」という文脈で「生活」という語が位置付けられたのである。

ここから「新体制」とは「高度国防国家」、つまり全面戦争に対応しうる国家体制構築のための、「国民生活」の全面的な更新を目論むものだとわかる。文字通り「新体制」は、「国家国民生活の領域」全てに及ぶのである。また、「政治、経済、教育、文化」も全て「国民生活の領域」に[2]ホウセツされていることに注意したい。つまり、近衛新体制とは「生活の更新」という具体的手段による「国家体制の更新」なのだと説明されるのだ。

第二の「国民生活」への言及は、大政翼賛会を意味する「国民組織」とは「国民が日常生活に於いて国家に奉公する」

り、ある。その不快さは、かつての「戦時下」を想起させるからでもある。むろん、戦後生まれのぼくは満州事変から日中戦争、太平洋戦争と拡大した十五年戦争（この期間を本書では戦時下と呼ぶ）を生きてはいない。歴史の中の時間に過ぎない。しかし、その現実の戦争を当事者として経験し得なかった者の目から戦時資料を読んでいくと、それはそれでいくつかの発見がある。

その一つが、今のＳＮＳで弄ばれる勇ましい戦時下の語彙とは違う戦時下のことばがある、ということだ。

Ⅰ

その過程を少し、具体的に確認しておこう。

戦時下の日本で、近衛文麿（このえふみまろ）が第二次世界大戦への日本の参画を睨み（にらみ）その準備のため、大政翼賛会を発足させたのが一九四〇（昭和一五）年である。それを「新体制運動」ともいい、その実現のために発足した大政翼賛会が主導したので「翼賛体制」ともいう。

そして、第二次近衛内閣が「新体制運動」を開始した際、その「新体制」は経済、産業のみならず、教育、文化、そして何より「日常」「生活」に及んだのである。その事実は大政翼賛会の理論的基礎を作った昭和研究会の示した新体制建設綱領には「新生活体制」の項があり、こう説かれることでも明らかだ。

内外の非常時局を突破し、日本の歴史的使命たる東亜自立体制建設のため、全体的協同的原理の上に国民生活を一新し、国民に犠牲と忍耐と共に新たなる希望と向上とを齎す（もたらす）べき新生活体制の確立を期すること。

（下中彌三郎編『翼賛国民運動史』一九五四年、翼賛運動史刊行会）

何故、「国民生活」を一新しなくてはいけないのかといえば、それは大政翼賛運動の「実践場」が「日常生活」（「大政翼賛会会報」第二号）であるからだ。つまり国を挙げて「国民」たちに「日常生活」を「一新せよ」と迫ったのがかつての戦時下における翼賛体制だったのである。

第二次近衛内閣は、一九四〇年七月二二日、大東亜新秩序建設を掲げ、発足した。前内閣を率いた海軍出身の米内光政（よないみつまさ）

イ　自分は造化派の詩人に叙情派の詩人ほど多大な技量を求めていない。
ロ　自分は叙情派の詩人に造化派の詩人ほど多大な技量を求めていない。
ハ　自分は造化派の詩人に叙情派の詩人ほど多大な技量をもってほしくない。
ニ　自分は造化派の詩人に叙情派の詩人と技量の多大さを比較することを求めてはいない。
ホ　自分が叙情派の詩人に求める技量は造化派の詩人に求めるものと多大さにおいて違いはない。

問六　Bの文章の空欄 3 には、中西梅花に対する逍遙の判断が入る。最も適切な表現を考え、自分の言葉で二十字以上二十五字以内で記述解答用紙の所定の欄に記せ。ただし句読点も一字と数え、「叙情派」「造化派」「詩人」の語句を必ず用いて、末尾を「〜こと」という形でまとめること。

問七　Aの文章は、Bの逍遙の文章についてどのように評価しているか。次の中から最も適切なものを一つ選び、解答欄にマークせよ。

イ　逍遙は独自の認識法によって叙情詩人・世相詩人を分けているが、その分類には成功していない。
ロ　逍遙の言うドラマとしての詩歌論の本質には、我の解脱が存在するが、その達成は困難なものではない。
ハ　逍遙は理想詩人や理想詩として伝統的詩歌を挙げて、主情主観そのものを美として位置づけている。
ニ　逍遙の文学批評の基準は詩歌のようなジャンルに合わないため、彼による和歌批判には無理がある。
ホ　逍遙による中西梅花詩集への批判は、結局のところ自己矛盾を生じ、当を得たものとなっていない。

二

次の文章を読んで、あとの問いに答えよ。

コロナ禍の中、滔々(とう)と説かれる「新しい生活様式」なる語の響きにどうにも不快な既視感があった。(A)「新しい日常」という言い方もあった。それは当然だが、政治が人々の「生活」や「日常」という私権に介入することの不快さとして何よよ。

いずれにしろ世相詩人の評価は変わらないのである。

問二　Aの文章の空欄 1 に入る適切な語句を、Bの文章の段落Ⅰより十五字以内で抜き出し、冒頭の五字を記述解答用紙の所定の欄に記せ。句読点も含み、振り仮名がある場合は省略してよい。

問三　Aの文章の空欄 a ～ e には、「理想」「世相」のいずれかが入る。その組み合わせとして最も適切なものを一つ選び、解答欄にマークせよ。

イ　a 理想　b 世相　c 世相　d 理想　e 世相
ロ　a 世相　b 理想　c 理想　d 理想　e 世相
ハ　a 理想　b 世相　c 世相　d 世相　e 世相
ニ　a 世相　b 理想　c 世相　d 世相　e 理想
ホ　a 理想　b 世相　c 理想　d 世相　e 理想

問四　Bの文章の段落Ⅰ～Ⅴにそれぞれ小見出しを付けるとすると、次のイ～ホのどれに当たるか。適切なものを一つずつ選び、解答欄にマークせよ。ただし同じ記号を二度以上用いてはならない。

イ　日本の伝統詩歌への批判
ロ　中西梅花への批判
ハ　中西梅花への評価
ニ　叙情詩人と世相詩人の違い
ホ　叙情詩人と世相詩人の技量

問五　Bの文章に傍線部2「予が叙情派の詩人に向ひて望む所の技量は他の造化派の詩人に向ひて望む所のもの程には多大ならんことを要せず」とあるが、その意味として最も適切なものを一つ選び、解答欄にマークせよ。

Ⅲ　爰に我友梅花道人といふ斯道の道士あり、此のたび新体詩建立の大誓願を発起して「梅花詩集」一巻をあらはされき。予承けて之を読むに、道人の観念する所頗る彼の仏家若くは蕉門の詩人に似て、をさをさ形而下の物象を解脱し造化を釈せんと試みたるが如き跡あるは、先づよろこぶべき道人の特色なりけり。

Ⅳ　予は敢て観念のみを崇めてそを歌詩なりといふものにあらず、技術と観念とを兼具して始めて詩人あるを知れるものなり。併しながら2予が叙情派の詩人に向ひて望む所の技量は他の造化派の詩人に向ひて望む所のもの程には多大ならんことを要せず。さるは彼れ造化派の詩人には常に全く自我を脱して各種の性情を霊写すべき至難の大任の在るが故に多般の大技量を要すべきなれども、此れは懐抱の主観相（観念）を取りて之を有形にし之を総合し之を霊活に描写し得て他を感孚すれば足れるが故に、技能比較的に単純にして強ち偉大なるを要せざるなり。

Ⅴ　今や梅花道人は前派に属せずして後派に属す。熟々道人の作を検するに、其「九十九の媼」や其「静御前」や之を写性情の韻文としても多少の趣味なきにあらねど、其宗とする所を叩かば彼等が本来の性情にあらで寧ろ作者が之を仮りて理想を歌ひたる所にあるものの如し。予は道人が叙情に巧にして理想を描叙するに妙なるを認むると共に、他（即ち人間の性情）を霊写することに短なるを認め、[3]を爰に批難するを憚らざるなり。是予が道人を許するに其想に重きを置き其想を批判せんとする第一の理由なり。

（坪内逍遙「梅花詩集を読みて」による）

注　マアロウ……イギリスの劇詩人マーロー。
ウヲーヅヲース……イギリスの詩人ワーズワース。
ホーマル……古代ギリシアの詩人ホメロス。
ギョーテ……ドイツの詩人・作家・劇作家ゲーテ。
感孚……まごころに感じること。まごころが通じあうこと。

問一　Aの文章には次の一文が脱落している。入るべき最も適切な箇所を〔イ〕～〔ホ〕から一つ選び、解答欄にマークせ

B

Ⅰ　詩人の筆に上る世界二ツあり、心の世界と物の世界となり。甲は虚の世界にして理想なり、乙は実の世界にして自然なり。理想を宗とする者は我を尺度として世間を度り、自然を宗とする者は我を解脱して世間相を写す。前者は総称して叙情詩人といふべく、後者は総称して世相詩人といふべし。前者能く大なることを得ば、或は天命を釈し得て一世の予言者たらん。後者能く大ならば、或は造化を壺中に縮めて長永に不言の救世主たらん。理想家の作の大なるには作者著大にして乾坤を呑み、造化派の作の大なるには造化活動して作者其間に消滅す。されば叙情詩人には理想の高大円満ならんことを望むべく、世相詩人には理想の全く影を蔵して単に世態の著しからんことを望むべし。又太だ小ならば二者共に現在を離れ得ずして、叙情家は一身の哀歓を歌ひ世相派は管見の小世態を描かん。今大小を混じて例を挙げば、前者はダンテの如くマアロウの如くミルトンの如くカーライルの如くバイロンの如くウヲーヅヲースの如くブラウニングの如く、後者はホーマルの如くシェークスピヤの如くギョーテの如くスコットの如くエリオットの如し。要するに理想派の諸作には作者の極致とする所躍然として毎に飛動し、造化派の傑作には作者の影全く空し。叙情詩人の大なるは猶雲に冲る高岳のごとく弥々高うして弥々著しく、世相詩人の大なるは猶辺無き蒼海のごとく弥々大にして弥々茫々たり。前者は猶万里の長堤のごとし、遠うして更に遠しといふとも詮ずるに踏破しがたきにあらず。後者は猶底知らぬ湖の如し、深うして更に深く終に其底を究む可らず。是を二者相異の要点とす。

Ⅱ　倩ら皇国の節奏文を案ずるに、上は短歌長歌より下は連歌俳諧謡曲浄瑠璃に至るまで（浄瑠璃の或部分を除く外は）おほむね理想詩の門に属し、就中和歌と称せられたる限は叙情詩のいと小なるものにて、大かたは一身の哀歓（神祇釈教恋無常の感）を詠ずるに止まり未だ嘗て現実を解脱せるはあらず。試みに想へ、古来億万の歌集の中風情を現実の外に馳せて彼の形而上の人間を詠じ、若くは形而上の造化を歌へるもの、そも果して幾ばく首かあるべき。予は元より或る論者の如く其短きに過たるをもて和歌の失とはせず、又其叙情に偏れるを憾とはせず、只其現実象に拘々として大虚象を知らざるものの如きを惜しむのみ。

になってしまう。なぜなら、逍遙の認識では、主観が客観と一致するのは主観が客観に埋没するないしは主観が拡大されて客観を包みこむ場合である。とすれば、理想詩も世相詩もその極致は同じものであるということになるからである。いずれにしろ、主観をそのまま歌う詩歌は逍遙には認められないことになる。詩歌がその主観をそのまま歌うのはいわば常識であるが、逍遙はこのような詩歌は差別相のみをもち平等相をもたないゆえをもって斥(しりぞ)けるのである。いわゆる没理想論が、たとえば鷗外のハルトマンのような美学に対する場合、いかにも不可解なものとなるのは、主情主観そのものを美として位置づける論理をもたないからである。文学の中で美学の対象になり易(やす)いのは詩歌であるが、逍遙の論理は詩歌の籠絡に関してはかなり微力である。このような詩歌における没理想の観点から、日本の伝統的和歌は差別相のみをもつものとして、一方、中西梅花は平等相のみをもつものとしていずれも批判される。〔ニ〕

それによると、和歌は「一身の哀歓（神祇(じんぎ)釈教恋無常の感）」を詠(うた)うにとどまり、「現実を解脱」して「形而上(けいじじょう)の人間・造化」を詠うに至っていない（其現実象に拘々として大虚象を知らざる）と批判される。このような和歌批判は無茶といえばこれほどの無茶なものもないだろうが、このような批判となったのは文学の理想形態であるドラマによって和歌を批評しようとしたからである。ドラマというものが主観を客観に没することによって普遍性を得ようとするものであるので、詩歌のような主観的主情的なジャンルに対してはそのジャンルの特性自体を否定するものともなりかねないのである。〔ホ〕

（石田忠彦『坪内逍遙研究』による）

注 没理想論……明治中期に森鷗外との間で行われた論争で、坪内逍遙が文学の没理想性と記述による帰納的批評を説いたことを踏まえている。

ホーマー……古代ギリシアの詩人ホメロス。

ハルトマン……鷗外が没理想論争で援用したドイツの哲学者。

この意味で「造化派（ナチユラリスト）」である。そのため世相詩人には「理想の全く影を蔵（かく）して単（ひとへ）に世態の著しからんこと」を望み、その作品には「作者の影全く空し」いことを望むべきであるという。この「世相詩人（ドラマチスト）」の概念は、近松論の世話物、小説論の人間派とほぼ同じものである。それにドラマの内実が明確に没理想論でうめられていきつつあることも知られる。〔イ〕

中西梅花は［a］詩人とされるので、［b］詩人についてはこれ以上詳述はされないが、その両者の作詩法を比較して、前者は「単純にして強（あなが）ち偉大なるを要せざる」とし、後者は「多般の大技量を要すべき」であるとしているところに、逍遙の力点が［c］詩人にあることが知られる。このように作詩法に難易があるのは、叙情詩人は「懐抱の主観相（観念）を―有形にして―霊活に描写」すれば足りるが、［d］詩人は「全く自我を脱して各種の性情（カラクタル）を霊写」しないといけないからであるという。逍遙のいう作詩法の難易は必ずしも的確な把握とはいいがたいが、これはやはり［e］詩人の我の解脱の困難性を強調したいからであろう。我の解脱というものが、ドラマの本質であり、没理想論を支えている論理であるからである。ところで以上の分類には、演劇論と小説論とは明らかに異なる点があり、時代物・固有派に該当するものが設けられていないのである。〔ロ〕

もし詩歌において、時代物・固有派に当たるものを探すとなるとそれはいわゆる叙事詩である。しかし逍遙は叙事詩は韻律のある小説として詩歌には入れない。そのため二派のみとなり、理想詩人にあたるのが小説の折衷派であり、世相詩人が人間派である。詩歌が主観に基づくものという前提があればこの二派で充分なのであろう。しかし、世相詩人の具体的存在として、ホーマー（ゲーテ、シェークスピアなどと共に）があげられているところをみると、いわゆる叙事詩の分類は曖昧さを残すといえるが、これはジャンルでは考えず、逍遙がドラマの概念で考えるからである。〔ハ〕

逍遙がドラマの詩歌（世相詩人）として日本の具体的な作品を挙げないのは勿論それが存在しないからであるが、それでは理想詩は存在するのかというとこれも理想詩人ないしは理想詩の形態は存在するが具体的な作品は存在しないと考えている。理想詩の理想的な作品は前述のごとく、乾坤を呑むほどの高大円満なる理想があらわされているものであるが、もし乾坤を呑むほどの理想詩があれば、それは理想が全く作品中に消滅して造化及び世間相を写す「世相詩」と同じもの

国語

（九〇分）

一　次のA・Bの文章を読んで、あとの問いに答えよ。

A

坪内逍遙は、小説を書くに際して必ず自己の小説理論に従って書こうとした。これは、批評にあたっても同様で、必ず自己の批評の基準を示してから行う。「梅花詩集を読みて」は中西梅花の『新体梅花詩集』（明治二十四年三月）の批評であることは勿論（もちろん）だが、そこには逍遙の詩歌批評の基準が示されており、それが詩歌における没理想論すなわちドラマとしての詩歌論でもあるわけである。それではドラマとしての詩歌とはどういうものであろうか。それをみるためにはここでも逍遙の認識法における最大の武器である分類に煩雑ではあるがとりあえずは従わざるをえない。詩歌を次のように分類する。

詩人の歌う世界は「心の世界」（虚の世界・理想（アイデヤ））と「物の世界」（実の世界・自然（ネチユーア））とである。前者は「叙情詩人（リリカルポエト）」、「理想家（アイデヤリスト）」であり、後者は「世相詩人（ドラマチスト）」、「造化派（ナチユラリスト）」である。叙情詩人は「我を尺度（ものさし）として世間を度（はか）」るものであるので、その作がすぐれたものであれば「作者著大にして乾坤（あめつち）を呑（の）」むほどのものとなる。そのため、叙情詩人には「理想の高大円満」であることを望み、その作には「作者の極致（アイデヤル）とする所」が常に躍然と飛動することを望むべきである。一方、世相詩人は「［　1　］」ものであるので、その作がすぐれていれば「造化活動して作者其間（その）に消滅す」るものである。

2021年度

問題編

■一般選抜・一般選抜（英語 4 技能テスト利用方式）・一般選抜（共通テスト利用方式）

〔一般選抜〕

▶試験科目・配点

教　科	科　　　目	配　点
外国語	「コミュニケーション英語Ⅰ・Ⅱ・Ⅲ，英語表現Ⅰ・Ⅱ」，ドイツ語，フランス語，中国語，韓国語のうちから１科目選択	75 点
地　歴	日本史Ｂ，世界史Ｂのうちから１科目選択	50 点
国　語	国語総合，現代文Ｂ，古典Ｂ	75 点

▶備　考

ドイツ語・フランス語・中国語・韓国語を選択する場合は，大学入学共通テストの当該科目〈省略〉を受験すること。共通テスト外国語得点（配点 200 点）を一般選抜外国語得点（配点 75 点）に調整して利用する。

〔一般選抜（英語 4 技能テスト利用方式）〕

▶試験科目・配点

教　科	科　　　目	配　点
地　歴	日本史Ｂ，世界史Ｂのうちから１科目選択	50 点
国　語	国語総合，現代文Ｂ，古典Ｂ	75 点

▶合否判定

英語 4 技能テストのスコアが基準を満たしているものを対象として，一般選抜の 2 教科の合計点（配点 125 点）で合否を判定する。

〔一般選抜（共通テスト利用方式）〕

▶試験科目・配点

試験区分	教科	科目	配点
大学入学共通テスト	地歴・公民または数学または理科	以下から1科目選択 地理B，現代社会，倫理，「政治・経済」，「倫理，政治・経済」，「数学Ⅰ・A」，「数学Ⅱ・B」，物理，化学，生物，地学 または，以下から2科目選択 物理基礎，化学基礎，生物基礎，地学基礎	50点
学部独自試験	外国語	「コミュニケーション英語Ⅰ・Ⅱ・Ⅲ，英語表現Ⅰ・Ⅱ」，ドイツ語，フランス語，中国語，韓国語のうちから1科目選択	75点
	国語	国語総合，現代文B，古典B	75点

▶備　考

- 共通テストの得点（配点100点）を50点に換算する。「世界史B」「日本史B」等は試験科目に含まれていないので，注意すること。
- 共通テストの「理科」において，基礎を付した科目（2科目）と基礎を付していない科目（1科目）の両方を受験した場合は，得点の高い方の成績を大学側で自動的に抽出し，合否判定に利用する。
- 共通テストにおいて，上記科目の範囲内で，複数の科目を受験した場合は，最高得点の科目の成績を大学側で抽出し，合否判定に利用する。ただし「地歴・公民」「理科（物理，化学，生物，地学）」において2科目受験の場合は，それぞれの第1解答科目のみを合否判定に利用する。2科目受験で上記以外の科目を第1解答科目として選択した場合は，当該教科の科目は合否判定の対象外となる。
- ドイツ語・フランス語・中国語・韓国語を選択する場合は，共通テストの当該科目〈省略〉を受験すること。共通テスト外国語得点（配点200点）を学部独自試験の外国語得点（配点75点）に換算する。

▶合否判定

共通テストの得点（配点50点）と学部独自試験の得点（配点150点）を合算して，合否を判定する。

英語

（90 分）

I Read the following two passages and choose the most appropriate word or phrase for each item（1 ～14）. Mark your choices（**a** ～ **d**）on the separate answer sheet.

(**A**) The founding of the earliest agrarian societies and states in Mesopotamia occurred in the latest five percent of our history as a species on the planet. And by that metric, the fossil fuel era, beginning at the end of the eighteenth century, represents（　1　）the last quarter of a percent of the history of our species. For reasons that are alarmingly（　2　）, we are increasingly preoccupied by our footprint on the earth's environment in this last era. Just how massive that impact has become is captured in the lively debate swirling around the term "Anthropocene,"（　3　）to name a new geological epoch during which the activities of humans became decisive in affecting the world's ecosystems and atmosphere.

While there is no doubt about the decisive contemporary impact of human activity on the ecosphere, the question of when it became decisive is in dispute. Some propose（　4　）it from the first nuclear tests, which deposited a permanent and detectable layer of radioactivity worldwide. Others propose starting the Anthropocene clock with the Industrial Revolution and the（　5　）use of fossil fuels. A（　6　）could also be made for starting the clock when industrial society acquired the tools — for example, dynamite, bulldozers, reinforced concrete (especially for dams) — to radically alter the landscape. Of these three（　7　）, the Industrial Revolution is a mere two centuries old and the other two are still virtually within living memory. Measured by the roughly 200,000-year span of our species, then, the Anthropocene began only a few minutes ago.

(Adapted from James C. Scott, *Against the Grain.*)

1. (a) merely (b) personally
   (c) strongly (d) visually
2. (a) enriched (b) honest
   (c) obvious (d) understood
3. (a) allowed (b) called
   (c) coined (d) restricted
4. (a) arguing (b) dating
   (c) imagining (d) naming
5. (a) massive (b) mutual
   (c) selected (d) subliminal
6. (a) case (b) problem
   (c) question (d) request
7. (a) candidates (b) decisions
   (c) issues (d) responses

(B) In Palolo Valley on the island of Oahu, Hawaii, where I lived as a child, my neighbors had names like Hamamoto, Kauhane, Wong, and Camara. (8), across the stream where we caught crayfish and roasted them over an open fire, there were Filipino and Puerto Rican families. Behind my house, Mrs. Alice Liu and her friends played mah-jongg late into the night, the clicking of the tiles (9) me to sleep. Next door to us the Miuras flew billowing and colorful carp kites on Japanese boys' day. I heard voices with different accents, different languages, and saw children of different colors. Together we went (10) to school and played games like baseball and *jan ken po*. We spoke pidgin English. "Hey, da kind tako ono, you know," we would say, combining English, Japanese, and Hawaiian: "This octopus is delicious." As I grew up, I did not know why families representing such an (11) of nationalities from different shores were living together and sharing their cultures and a common language. My teachers and textbooks did not explain the diversity of our community or the sources of our (12). After graduation from high school, I attended a college in a midwestern town where I found myself invited to "dinners for foreign students" (13) by local churches and clubs like the Rotary. I politely tried to explain to my kind hosts that I was not a "foreign student." My fellow students and even my professors would ask me how long I had been in America and where I had learned to speak English. "In this country," I would reply. And sometimes I would add: "I was born in America, and my family has been here for three (14)."

(Adapted from Ronald Takaki, *Strangers from a Different Shore.*)

8. (a) Certainly (b) Nearby
(c) Properly (d) Truly

9. (a) lulling (b) mocking
(c) ticking (d) tucking

10. (a) already (b) barefoot
(c) separately (d) underhand

11. (a) array (b) instance
(c) interest (d) order

12. (a) actuality (b) frustration
(c) simulation (d) unity

13. (a) called (b) collected
(c) sponsored (d) spurred

14. (a) cycles (b) generations
(c) relatives (d) years

II Read the following three passages and mark the most appropriate choice (**a** ～ **d**) for each item (15～24) on the separate answer sheet.

(A) Morality and imagination have something to do with each other, and both have something to do with the human power of sympathy. Probably most people would grant that much. The difficulty comes when we try to decide how and where to bring morality and imagination together. From the seventeenth century onward, morals denotes the realm of duties and obligations, of compulsory and optional approvals and regrets, the rewards and sanctions properly affixed to human action. Imagination applies to things or people as they are not now, or are not yet, or are not any more, or to a state of the world as it never could have been but is interesting to reflect on. Morality, we say, is concerned with the real and its objects are actual. Imagination conjures up fictions and its objects are, at most, probable: we could believe them to be real in a world that otherwise resembled our own. The sense that morality and imagination are closely allied — that they might not belong to separate categories — is initially as puzzling as the idea of "moral imagination" that is my subject.

(Adapted from David Bromwich, *Moral Imagination.*)

15. According to the passage, with which one of the following statements would most people agree?
   (a) Imagination and morality originate in sympathy.
   (b) Imagination is not wholly disconnected from morality.
   (c) Morality and imagination are entirely separate categories.
   (d) Sympathy is secondary to imagination and morality.
16. According to the author, which of the following is true?
   (a) Human actions have made the world a more moral and imaginative place.
   (b) It is common for people to create stories that break modern moral codes.

(c) Many of today's moral obligations would not have been understood in the seventeenth century.

(d) The fictions of the imagination may be connected to actual moral issues.

(B) The buildings that are most consistently associated with virtue and high-mindedness in the Western tradition are the buildings of ancient Greece, especially the Parthenon in Athens, which has always been seen as a high point of artistic accomplishment. One of the things that marks out Athens culturally is that a great many ideas were developed there that are with us still — ideas such as democracy and philosophy. The monuments that were built at the time of the golden age of Athens, in the 5th century BC, are associated with the foundations of Western society, and because of that association have unmatched authority. This was the case even during periods of time when the actual form of the buildings was not widely known, such as in the 18th century, when the ancient sanctuary of the Parthenon was used for military purposes by the Turks — and casual visitors have never been welcomed into military bases. Also, by then, the form of the ancient buildings was not altogether clear, because there had been an accumulation of various additions — towers and fortifications. Back in ancient times, classical architecture had been adopted by the Romans, and their versions of it spread throughout their vast empire — across Europe, and into Africa and the Middle East. There have been many versions of this 'classical' architecture over the centuries, and it has been understood in different ways. We find it adopted for its democratic and philosophical overtones by Thomas Jefferson when he laid out the university campus at Virginia, inspired by the ideals that launched the constitution of the newly independent USA, while the architect Albert Speer played up its capacity for imperial pomp in his designs for Hitler's Berlin.

(Adapted from Andrew Ballantyne, *Architecture*.)

17. According to the author, ancient Greek architecture
 (a) has been used exclusively for military purposes throughout history.
 (b) is superior to that of other classical traditions.
 (c) is universal and eternal in its artistic and cultural influence around the world.
 (d) represents ideas that have been passed down in Western civilization.

18. In the 18th century, the original layout of the Parthenon was largely unknown because
 (a) many of its towers had been destroyed by the Turks.
 (b) the foundations of the building had been buried since the 5th century BC.
 (c) the Romans scattered parts of the building throughout their empire.
 (d) Turkish forces had modified it for military use.

19. Thomas Jefferson introduced the classical style in the university campus at Virginia because
 (a) ancient Greek ideas like democracy strongly influenced the foundation of his new country.
 (b) he believed, like Albert Speer, that the USA could possibly become an empire like Rome.
 (c) the university was trying to stand out from its counterparts in the European continent.
 (d) the USA wanted to establish supremacy in the Western world as ancient Greece had done.

(C) The speed and scale with which Covid-19 has spread over the course of just a few months are reconfiguring the way we understand and utilize technology to tackle grand challenges in times of crisis. Since being forced to move our lives indoors and online, we have become dependent on technological devices to conduct human-to-human interactions beyond the confines of our homes. In addition to elevating technology's mediating role, the coronavirus has opened the door to new technological actors, such as robots and artificial intelligence (AI), visibly bringing to life contested scenarios of automated futures that we had only been able to imagine before.

Since the outbreak of the Covid-19 disease, robots of different shapes and forms have been summoned to deliver medicines and goods, help doctors treat patients, clean, patrol, and entertain. AI has also been in the spotlight in the fight against Covid-19 for its ability to absorb and quickly analyze large amounts of data. AI is being lauded for providing early warnings about the outbreak and generating insights into the virus' nature, treatment and evolution. Considering the coronavirus' fast progression around the world and the importance of informed and timely public healthcare interventions, it is not surprising that AI techniques are being widely employed to generate models that predict the pandemic's magnitude and duration.

The case may be that the technically easiest, though most controversial, use of robots and AI against Covid-19 is for surveillance and social control. Since quarantines have been determined to be the most effective measure to minimize the virus' spread, public authorities have employed tools such as 'coronavirus spy drones' to ensure that people stay home. Coupled with facial recognition (that works even when wearing surgical masks) and other biometric and tracking technologies, there is little about personal privacy that remains intact. Even though these measures and current technological experiments may be deemed necessary in a 'state of emergency,' we still don't understand enough about their broader and enduring societal consequences.

The work of French philosopher and social theorist Michel Foucault has shown that state responses to epidemics at different moments in history represent distinct approaches to population management. While isolation and exclusion were regarded as effective measures to contain leprosy, implementing extreme quarantine measures against the plague signaled the emergence of disciplinary power based on panopticism. Foucault emphasizes that the Panopticon represents the perfect form for the exercise of control because it "automatizes and deindividualizes power" while becoming a laboratory, "a machine to carry out experiments, to alter behavior, to train or correct individuals."

Without a doubt, the measures implemented due to the present pandemic's exceptional circumstances signal emergent 'arts of government' that are capable of becoming more automated and deindividualized than ever, and, at the same time, incredibly personalized. And the effects of these measures will surely have a different set of implications for different countries and populations. Amidst the quest for techno-scientific solutions to Covid-19, it is important to remember the close relationship between technoscience and society, and grapple with questions of gender, inequality and democracy. Explanation and transparency have been shown to encourage people to abide by policy measures. The best decisions are made when different kinds of knowledge are meaningfully brought together.

(Adapted from Kyriaki Papageorgiou's article in *Forbes,* issued June 10, 2020.)

20. According to the author, Covid-19
 (a) brought automation to our lives much later than we had imagined.
 (b) changed our conception of how technology can be used in an emergency.
 (c) destroyed human activity and society to a large extent.
 (d) hindered the development of robots and AI in our current society.

21. According to the passage, what is NOT included in the current functions of AI?
(a) Containing the virus by commanding robots efficiently
(b) Providing pre-emptive notification of a disaster
(c) Rapidly processing an enormous volume of data
(d) Suggesting the best possible solution for future survival

22. The author is concerned about life with the support of robots and AI, because
(a) people's over-reliance on the new technology may demoralize them.
(b) such technological tools are far from perfect and therefore may destroy society.
(c) the most important thing is not a machine-oriented but a human-oriented society.
(d) they may be used by governments to infringe upon people's rights to privacy.

23. The so-called 'Panopticon' seems to be a device which
(a) effectively protects human beings from the plague.
(b) encourages individuals to act more freely inside.
(c) helps the state control its subjects efficiently.
(d) imprisons people if they do not follow the rules.

24. Which of the following would be the best title for the passage?
(a) How the State Can Reasonably Care for Its Citizens During Covid-19
(b) How to Tackle and Coexist with the Current Covid-19 Crisis
(c) Pros and Cons of AI Solutions to the Covid-19 Pandemic
(d) Recognizing the Contributions of Technology in the Time of Covid-19

III

Choose the most appropriate sentence from the following list (**a**〜**h**) for each item (25〜31). Mark your choices on the separate answer sheet.

(a) And then it fades away.

(b) As long as the student doesn't give up, we're supposed to nod our approval.

(c) Because continuing to do what one has been doing often represents the path of least resistance, it can take guts to cut one's losses.

(d) But a funny thing has happened to the message since then.

(e) However, I think there are several reasons why the idea merits our skepticism.

(f) The amorality of a concept enables the immorality of individuals who exemplify it.

(g) To discipline children is to compel them to do what we want.

(h) When you're in one, stop digging.

A new idea is hatched; it begins to spread; it catches on; it inspires a flurry of books and articles, conferences and seminars. (25) In the last couple of decades, this cycle has played out many times. Yet no matter how many iterations we witness, it can be hard to recognize that the pattern applies to whatever idea is currently stirring up excitement — or to understand the limits of that idea.

Consider the current buzz about teaching students to exercise self-discipline and self-control, to defer gratification and acquire "grit." (26) But because we can't always be there to hand out rewards or punishments as their behavior merits, some people dream of figuring out a way to equip each child with a "built-in supervisor" so he or she will follow the rules and keep working even when we're not around. The most effective arrangement for us, the people with the power, is to get children to discipline themselves — in other words, to be self-disciplined.

Cognitive ability isn't the only factor that determines how children will fare in school, and early discussions of this idea focused on the importance of self-awareness, altruism, personal motivation, empathy, and the ability to love and be loved. (27) When you hear about the limits of IQ these days, it's usually in the context of a conservative narrative that emphasizes not altruism or empathy but a recycled version of the Protestant work ethic. The goal is to make sure kids will resist temptation, override their unconstructive impulses, put off doing what they enjoy in order to grind through whatever they've been told to do — and keep at it for as long as it takes.

"Grit" — the sort of self-discipline that's required to make people persist at something over a long period of time — has met with popular, and mostly uncritical acclaim, in educational circles. In fact, it's treated as a fresh insight even though basically the same message has been drummed into us by Aesop's fables, Benjamin Franklin's aphorisms, and Christian denunciations of sloth.

(28). First, while we're encouraged to see grit as desirable, not everything is worth doing, let alone doing for extended periods. This would be a better world if people who were up to no good had less grit. To that extent, persistence is really just one of many attributes that can be useful for reaching a (good or bad) outcome, so it's the choice of goal that ought to come first and count more.

Second, as with self-control more generally, grit can sometimes be inappropriate and unhealthy — even if the activity isn't morally objectionable. I'm not denying that it sometimes pays to stick with something over the long haul; few of us want to see our students throw in the towel at the first sign of difficulty. But there are many occasions on which it doesn't make sense to persist with a problem that resists solution, to continue at a task that no longer provides satisfaction. When people do keep going under these conditions, they may be displaying a refusal to disengage that's both counterproductive (in terms of outcome) and pathological (in terms of motivation).

Anyone who talks about grit as an absolute good may need to be reminded of the Law of Holes: (29) Gritty people sometimes exhibit "nonproductive persistence"; they try, try again even though the result may be unremitting failure, and if they eventually succeed, there are times when another approach may have been more appropriate. Knowing when not to persist can bring its own rewards.

Just as the effects of displaying unqualified grit may not always be optimal, the motives for doing so raise important psychological questions. Someone who is focused only on measurable behaviors won't bother to ask whether a student who persists does so because she loves what she's doing or because of a desperate need to prove her competence. (30) (Interestingly, people who are passionate about what they're doing tend to need a lot less self-discipline to stick with it.)

To know when to pull the plug requires the capacity to adopt a long-term perspective as well as a measure of determination. And that's as important a message to teach our students as the usefulness of perseverance. (31) Or, to put it differently, what counts is the capacity to decide whether and when to persevere — or to exercise self-control. That's very different from the message that perseverance is valuable in itself.

(Adapted from Alfie Kohn, *The Myth of the Spoiled Child.*)

IV Choose the most appropriate word or phrase from the list (**a**～**m**) for each item (32～38). Mark your choices on the separate answer sheet.

Husband: Hey, let's go out to eat tonight. What do you (32)?

Wife: I'm totally (33) out, but okay, that sounds good.

Husband: Why are you so tired? Was everything okay at work?

Wife: Yeah, but I had a lot of boring meetings to attend. I could hardly stay awake (34) most of them. In one, the boss kept (35) on and on like a college professor. In another, the marketing team presented a stupid pitch for a new deodorant. Then, my department had to meet with people from the accounting department, etc., etc., etc.

Husband: Yikes! I'm tired just hearing about it. Maybe eating something good will help.

Wife: How about Mexican?

Husband: Hmmm, I was thinking more like Chinese.

Wife: We always eat the same things: Chinese, Italian, Thai, Indian …. Why don't we try something new?

Husband: How about Ethiopian? I heard there's a new place not far away. I've never had it before, but you get a big piece of flatbread with different types of food on top. Then, you (36) some of the bread and use it to pick up the food. Sounds fun to eat with your hands.

Wife: Okay, I'm always (37) for something new. Should we make a reservation or just go?

Husband: It's on the early (38), so let's risk it.

Wife: Sounds good, let's go!

(a) bake off　(b) droning
(c) exhausted　(d) know
(e) point　(f) say
(g) side　(h) sounding
(i) tear off　(j) through
(k) up　(l) wiped
(m) within

PLEASE READ THE INSTRUCTIONS CAREFULLY.

V Read the following passage and complete the English summary <u>in your own words</u> in the space provided on the separate answer sheet. The beginning of the summary is provided; you must complete it in 4-10 words. Do not use three or more consecutive words from this page.

An important part of our communication with others is in performing our various social roles. Our performances change depending on both the role we are playing and the audience we are addressing. How I act around my students may be different from how I act around my kids, which may be different from how I act around my friends. All of these performances are sincere versions of me, but just different aspects of who I am and the various social roles and identities I perform.

We post photos of the people in our lives because it is part of our relational identity performances. For example, when I post a picture of my son wishing him a Happy Birthday, it may seem that I am just communicating with him through Facebook, but he actually does not have a Facebook account. The meaning of such messages cannot be understood through a transmission model of communication (e.g., sender → message → receiver) because the targets of such messages are not there to receive them. Nevertheless, my presumed audience of friends, colleagues, and other family members are in mind as I post. Therefore, such posts must be understood through a ritual model of communication: posting such messages is part of the performance of my role as a mother that reinforces the broader social structure of the family. The role of mother is not mine to make up, but to enact and model based on my own experiences of others' performances within the social world.

(Adapted from Lee Humphreys, *The Qualified Self.*)

SUMMARY:

[*complete the summary on the separate answer sheet*]

Human communication is not limited to conveying a message to a specific audience, but ...

日本史

(60 分)

I　日本における城郭の歴史について述べた次の文章を読んで，問に答えなさい。

私たちが日本の城郭として最初に思い浮かべるのは，1993 年に日本で初めてユネスコの世界文化遺産に登録された［ A ］城のように，重層の天守と白い漆喰の城壁，そして堅牢な石垣をもつ近世の城郭であろう。しかし，もちろん城郭の歴史は古代までさかのぼる。665 年に築かれた大野城には，百済から伝わった山城築造技術の影響がみられる[a]。また，奈良時代の国際情勢の変化を受けて，大宰大弐だった吉備真備[b]は，朝鮮式山城とは異なる構造の怡土城を築き，新羅との戦争に備えた。このように古代の城郭は，対外戦争への備えとしての機能を有した。多賀城や胆沢城[c]など，朝廷と蝦夷との戦いのなかで東北の各地に築かれた城柵も，その一例である。

中世に入ると大小さまざまな武家領主が，自らの居館を領域支配の拠点として城郭化するようになった。鎌倉時代には，『一遍上人絵伝』[d]にみえる筑前国の武士の居館のように，周囲に堀と土塁を巡らし，板塀や矢倉門を構える平地の城郭が各地に築かれたと考えられる。また，居館の背後の山上に戦時に詰める要害としての山城をもつ場合もあった。内乱状況が恒常化した戦国時代には，山城に多数の兵が長期間立てこもる必要が生じ，城郭は拡張され居住機能を増した。平山城や平城が多くなり，軍事施設としてだけでなく政庁としても機能するようになった大名居城の周辺には城下町[e]が形成された。

冒頭に触れたような近世の城郭建築の始まりに位置づけられるのは，初めて天主（天守）を築いた織田信長による安土城である。豊臣秀吉が壮大な大坂城を築くなど，桃山文化の時代に城郭建築は最盛期を迎えた[f]が，大坂の陣のあと幕府は一国一城令を出し，同年の武家諸法度では，無断での居城の修理や新規の築城を禁じた[g]。この大名統制策は江戸時代を通じて続く。幕末になってから，北辺防備のためにフランス式築城法による［　B　］が箱館に建設された。明治以降，府県庁所在地の旧城郭は政府によって接収され，陸軍の鎮台本営（のちの師団司令部）が置かれるなど，改めて軍事施設として利用されることになるのである。

〔問〕

1　空欄Aに該当する語は何か。漢字で記述解答用紙の解答欄に記入しなさい。

2　下線**a**に関連して述べた文のうち，誤っているものはどれか。1つ選び，マーク解答用紙の該当する記号をマークしなさい。

ア　大野城築城の背景には，白村江の戦いにおける大敗があった。

イ　大野城は，水城や基肄城とともに大宰府防衛のために築かれた。

ウ　大野城は，新羅が朝鮮半島を統一した情勢をうけて築かれた。

エ　同時期の古代朝鮮式山城は，対馬から大和にかけて築かれた。

オ　同時期の対馬・壱岐などには，防人と烽がおかれた。

3　下線**b**について述べた次の文，X・Y・Zの正誤の組み合わせのうち，正しいものはどれか。1つ選び，マーク解答用紙の該当する記号をマークしなさい。

X　唐への留学から帰国し，聖武天皇に信任されて活躍した。

Y　藤原広嗣の乱によって，政権から排除されて失脚した。

Z　恵美押勝の乱では，乱の鎮圧に大きな役割を果たした。

ア　X―正　Y―正　Z―誤　　イ　X―正　Y―誤　Z―正

ウ　X―誤　Y―正　Z―正　　エ　X―誤　Y―正　Z―誤

オ　X―誤　Y―誤　Z―正

4　下線**c**に関する文のうち，正しいものはどれか。1つ選び，マーク解答用紙の該当する記号をマークしなさい。

ア　坂上田村麻呂が，蝦夷の阿弖流為を降伏させたのと同じ年に築いた。

イ　嵯峨天皇の時に文室綿麻呂が築き，以後蝦夷との戦いはなくなった。

ウ　阿倍比羅夫が出羽国の拠点として築き，日本海側からの進出の拠点とした。

エ　築城後に陸奥国府が移され，朝廷の東北支配の拠点となった。

オ　伊治呰麻呂の乱の時には，一時攻め落とされて放火された。

5　下線 **d** と同時代の作品ではないものはどれか。1つ選び，マーク解答用紙の該当する記号をマークしなさい。

ア　『男衾三郎絵巻』　　　　　イ　『法然上人絵伝』

ウ　『春日権現験記』　　　　　エ　『蒙古襲来絵詞』

オ　『信貴山縁起絵巻』

6　下線 **e** に関連して，戦国大名朝倉氏の居館を中心に成立した城下町を何というか。漢字で記述解答用紙の解答欄に記入しなさい。

7　下線 **f** に関連して述べた文のうち，誤っているものはどれか。1つ選び，マーク解答用紙の該当する記号をマークしなさい。

ア　秀吉は朝鮮侵略の出兵拠点として，肥前に大坂城に次ぐ規模の巨大な名護屋城を築いた。

イ　都久夫須麻神社の本殿は，秀吉が晩年に築いた伏見城の遺構と考えられている。

ウ　秀吉の死後に家康が居館とした伏見城の跡には桃が植えられ，桃山と呼ばれた。

エ　秀吉の上洛時の居館として築かれた二条城の二の丸御殿は，桃山文化の代表的な遺構である。

オ　城郭の内部を飾る障壁画や屏風絵では，狩野永徳やその門人の狩野山楽が活躍した。

8　下線 **g** に違反したとして 1619 年に改易された人物は誰か。1つ選び，マーク解答用紙の該当する記号をマークしなさい。

ア　加藤忠広　　　　イ　本多正純　　　　ウ　福島正則

エ　松平忠直　　　　オ　豊臣秀頼

9　空欄Ｂに該当する語は何か。漢字で記述解答用紙の解答欄に記入しなさい。

10　下線 **h** に関して，1873 年に全国を 6 の軍管区に区分して置いた鎮台の所在地ではない都市はどれか。1つ選び，マーク解答用紙の該当する記号をマークしなさい。

ア　仙　台　　　　イ　金　沢　　　　ウ　大　阪

エ　広　島　　　　オ　熊　本

II

日本の文化や政治に関する明子さんと晴夫さんの会話を読んで，問に答えなさい。

晴夫：何の本を読んでいるの？

明子：陰陽師の本だよ。

晴夫：何となく聞いたことがある言葉だけど，どういう人たちなの？

明子：今で言えば，占い師とか魔術師みたいな存在かな。地震とか疫病とか，昔はメカニズムが解明されていなかったでしょ。だから，占いや祈りによって原因を調べたり，対策を講じたりしていたの。

晴夫：ということは，見方によっては，a昔の人たちにとっての科学や技術と言えるかもしれないね。

明子：まさしくその通り！

晴夫：いつ頃からいた人たちなの？

明子：b古代律令国家の官制では，陰陽寮という役所が置かれ，天体の観測や暦の作成などが行われていた。この陰陽寮で働いている役人の知識や技能が，平安時代になって宗教色を強めながら独特の発展をとげ，陰陽師と呼ばれる専門職が確立したんだ。［ A ］が書いた日記である『御堂関白記』にも登場するよ。

晴夫：有名な陰陽師っているの？

明子：たくさんいるけど，うーん，個人的に好きなのは安倍泰親かな。c平安時代後期から鎌倉時代前期にかけて活躍した人で，九条兼実の日記である『［ B ］』などに登場するんだけど，『平家物語』では占いがよく当たるというので「指すの神子」と称されているよ。

晴夫：へー，おもしろい。でも中世になると，武士の時代だから，陰陽師の活躍の場はなくなりそうだね。

明子：そんなことはないよ。泰親の子孫にあたる安倍有世は，足利義満にも仕えて出世し，陰陽師では初めて位階が三位を超えたの。武士も占いや祈りを必要としていたんだね。

晴夫：言われてみれば，室町幕府は禅宗を保護したし，d武士の政治も思想や宗教とは切り離せないものだよな。でも，戦国時代には戦乱で京都も荒廃したと思うんだけど，陰陽師は大丈夫だったの？

明子：受難の時代だね。京都での生活が成り立たず，地方に下った陰陽師もいたみたい。だけど，江戸時代に入ってe1683年には，安倍有世の子孫である土御門家が，地方で活動する民間の陰陽師を監督する権限を朝廷や幕府から認められたの。

晴夫：陰陽師の家元みたいな存在になったんだね。これで土御門家も安泰というわけかな。

明子：土御門家の権限が明確になったのは確かなのだけれど，江戸時代になると西洋の学問や技術も伝来したでしょ。[f]特に幕府は洋学を導入し，民間の学者も登用したから，陰陽師の存在感は薄れざるをえなくなった。

晴夫：でも，幕府が滅びると朝廷の政治が復活したから，新政府のもとで陰陽師はまた活躍したりしたとか？

明子：必ずしもそうではないよ。新政府は[g]文明開化を掲げ，欧米の文化や科学技術を重視したでしょ。陰陽師の技能は「文明」ではなく，昔ながらの迷信や俗信と見なされたこともあって，公的には廃止されてしまったんだ。

晴夫：なるほどね。とはいえ，新政府は祭政一致を掲げ，神道の国教化を目指したりしたから，一口に文明開化とはいっても，[h]近代国家の道のりはなかなか複雑だよなぁ。それにしても，神社や寺院にお参りする人は今も多いけど，陰陽師なんてよく知らなかったよ。

明子：確かに，知っている人はそこまで多くはないかもね。でも，1980 年代に陰陽師を題材にした小説の連載が始まり，実は少しずつ人気が出てきたんだ。1993 年には漫画化され，2001 年には映画やテレビドラマにもなって，ブームを巻き起こしたんだよ。

晴夫：これだけ科学技術が進歩した時代に，陰陽師の人気が高まったというのは面白いね。[i]1990 年代には里山ブームも起きたし，みんな「文明」に疲れちゃったのかなぁ。

〔問〕

1　下線 **a** に関連して，古墳時代におこなわれた，熱湯に手を入れ火傷の具合で真偽を判定する神判は何か。漢字で記述解答用紙の解答欄に記入しなさい。

2　下線 **b** に関する文として正しいものはどれか。1つ選び，マーク解答用紙の該当する記号をマークしなさい。

ア　式部省は宮中の警護を担当した。

イ　衛門府は地方の治安維持を担当した。

ウ　神祇官は神職や僧侶の活動を監視した。

エ　左右弁官局は太政官の事務を担当した。

オ　大納言のもとに左大臣と右大臣が置かれた。

3　空欄A・Bに該当する語句の組合せとして正しいものはどれか。1つ選び，マーク解答用紙の該当する記号をマークしなさい。

ア　A―藤原頼通　B―玉葉　　イ　A―藤原頼長　B―台記

ウ　A―藤原頼長　B―小右記　　エ　A―藤原道長　B―台記

オ　A―藤原道長　B―玉葉

4　下線**c**の時期の文化について述べた次の文，X・Y・Zの正誤の組み合わせのうち，正しいものはどれか。1つ選び，マーク解答用紙の該当する記号をマークしなさい。

X　後白河法皇は貴族社会で流行していた漢詩文を集めて『梁塵秘抄』を編んだ。

Y　重源は宋出身の技術者とともに，平氏の焼き打ちにより焼失した東大寺の再建に尽力した。

Z　文章を用いず絵だけで物語を表現する絵巻物が発達し，『伴大納言絵巻』などが制作された。

ア　X―正　Y―誤　Z―誤　　イ　X―誤　Y―正　Z―誤

ウ　X―誤　Y―誤　Z―正　　エ　X―正　Y―正　Z―誤

オ　X―誤　Y―正　Z―正

5　下線**d**に関連して述べた文のうち誤っているものはどれか。2つ選び，マーク解答用紙の該当する記号をマークしなさい。

ア　平清盛は安芸の厳島神社を信仰し，美麗な装飾経を奉納した。

イ　鎌倉幕府に重用された栄西は，密教の僧侶としても活動した。

ウ　室町幕府が禅宗寺院に出版させた御伽草子は，五山版と呼ばれた。

エ　徳川家康は死没後，東照宮にまつられ，神格化された。

オ　明から渡来し黄檗宗の開祖となった隠元は，江戸幕府から布教を禁じられた。

6　下線**e**に関連して，この年の7月，幕府は綱吉の将軍就任を受けて武家諸法度の改正を行った。この時の改正内容について述べた文として正しいものはどれか。1つ選び，マーク解答用紙の該当する記号をマークしなさい。

ア　武家伝奏の制度が新たに加えられた。

イ　参勤交代の制度が新たに加えられた。

ウ　殉死の禁止が新たに定められた。

エ　大名の第一に励むべき内容が「忠孝礼法」から「学問芸能」へと変わった。

オ　大名の第一に励むべき内容が「文武弓馬」から「文武忠孝」へと変わった。

7　下線**f**に関して，1811 年に幕府が設置した洋書などを翻訳する組織は何か。漢字6字で記述解答用紙の解答欄に記入しなさい。

8　下線**g**に関する文として正しいものはどれか。2つ選び，マーク解答用紙の該当する記号をマークしなさい。

ア　暦を太陽暦に改め，1週間を7日と定めた。

イ　五榜の掲示を定め，キリスト教の布教を容認した。

ウ　東京や横浜で，鉄筋コンクリート造りの洋館が建てられた。

エ　天賦人権思想が紹介され，自由民権運動に影響を与えた。

オ　教部省を設置し，アメリカにならった学校制度を導入した。

9　下線**h**に関連して，『憲法講話』を著し有力な憲法学説を唱えたものの，国体明徴声明によって学説を否定された学者は誰か。漢字で記述解答用紙の解答欄に記入しなさい。

10　下線**i**に関して，1990 年代に起きた出来事を述べた文として誤っているものはどれか。1つ選び，マーク解答用紙の該当する記号をマークしなさい。

ア　自衛隊が初めて海外へ派遣された。

イ　阪神・淡路大震災が発生した。

ウ　オウム真理教による地下鉄サリン事件が発生した。

エ　消費税が導入された。

オ　バブル経済が崩壊し，金融機関の破綻が続いた。

III

日本における都市の歴史について述べた次の文章を読んで，問に答えなさい。

古代の都市は，宮都にみられるように，中国にならった都城であり，政治都市の性格を強くもっていた。これに対し中世には，商業・手工業の発展によって，定期市が開かれ，また，常設の小売店[a]が出現するようになった。京都・鎌倉のほかに，各地に行政都市（国府・城下町），宗教都市（門前町・寺内町），交易都市（港町）[b]など，多様な都市が生まれていった。

近世には，全国各地に武士層が集住する城下町がつくられ，商工業者もここに集められた。とくに江戸は政治・経済・文化が集中する巨大都市となった。享保期には都市政策として防火・消火体制[c]が整備され，また，貧民救済のための医療施設として［　A　］が設置された。

しかし，次第に商品経済が発展すると，農村内部に変化が生まれ，土地を失った農民は，都市や農村で賃稼ぎをして生計をたてざるを得なくなった。都市での商品需要の増大は，物価の上昇をまねき，幕府や藩の財政を悪化させた。[d]飢饉や米価高騰による生活難から，都市では下層民が打ちこわしをおこすなどした。18 世紀後半（寛政期）には，関東の農村の階層分化や飢饉により，多くの農民が耕作を放棄して江戸に流入した。このため幕府は農村の復興と江戸の都市政策に取り組まざるを得なかった[e]。天保期にも，気候不順による不作で全国的に飢饉となり，各地で一揆や打ちこわしが発生した。幕府は農村の復興と江戸の治安維持をねらって，農民が村を離れて江戸の人別にはいることを禁止し，江戸に流入した貧民に帰郷などを命じる［　B　］の法を出した。

近現代の都市の多くは，中世・近世の都市を前提として成立した。明治維新によって家臣団が解体され，城下町は一時衰退したが，県庁などが置かれたことから，各地域の政治的な拠点となった。1880 年代以降，松方デフレのもとで，土地を失った農民などが大都市に流入し，社会問題[f]として取り上げられるようになった。

産業革命による産業化の進展によって，都市の人口は急増した。急速な都市化は，土地・交通・環境などの都市問題を引き起こした。人口の密集は，火災・水害・地震などの災害や，疫病の蔓延などの危険性を増大させた。災害に弱い都市を大地震[g]が襲った。その後，総力戦体制が強まるなか，都市住民は労働力の徴発に駆り立てられ，やがて全国の多くの都市は，空襲[h]によって壊滅的な打撃をこうむることとなった。

戦後，焦土のなかで都市の復興がはかられ，高度経済成長期には，大都市圏に人口が集中して，東京への一極集中が加速されていった。

〔問〕

1　下線 **a** に該当する語句は何か。漢字３字で記述解答用紙の解答欄に記入しなさい。

2　下線 **b** に関して述べた文章のうち，誤っているものはどれか。２つ選び，マーク解答用紙の該当する記号をマークしなさい。

ア　博多と堺は日明貿易の拠点として栄え，商人たちは南蛮貿易にも進出していった。

イ　堺商人と結んだ細川氏と，博多商人と結んだ大内氏は，明の寧波で衝突した。

ウ　博多の市政は，会合衆と呼ばれる豪商の合議によって運営されていた。

エ　堺は海と堀に囲まれた安全な都市として，ヨーロッパにも知られていた。

オ　博多の武野紹鷗，堺の千利休らの商人たちによって侘茶が確立されていった。

3　下線 **c** に関して述べた文章のうち，正しいものはどれか。１つ選び，マーク解答用紙の該当する記号をマークしなさい。

ア　江戸は特に宝暦の大火以後，繰り返し大火に見舞われていた。

イ　町奉行の遠山景元（金四郎）が中心となって推進した。

ウ　消火組織として新たに定火消と町火消を組織した。

エ　町火消は町奉行の支配から独立した自主的な組織であった。

オ　町火消は町々を「い」「ろ」「は」などに組み分けて編成された。

4　空欄Ａに該当する語句は何か。漢字６字で記述解答用紙の解答欄に記入しなさい。

5　下線 **d** に関連して述べた文章のうち，正しいものはどれか。１つ選び，マーク解答用紙の該当する記号をマークしなさい。

ア　享保の改革後，享保の飢饉がおこり，江戸では米問屋が打ちこわしにあった。

イ　天明の飢饉では，富士山の大噴火と冷害などにより大飢饉がひろがった。

ウ　天明の飢饉で一揆や打ちこわしが頻発するなか，田沼時代は終わりを告げた。

エ　天保の改革後，飢饉で一揆・打ちこわしが続発するなか，大塩の乱がおこった。

オ　幕末，開国にともなう物価上昇に飢饉が加わって，都市では世直し一揆が頻発した。

6　下線**e**に関して述べた文章のうち，誤っているものはどれか。1つ選び，マーク解答用紙の該当する記号をマークしなさい。

ア　社倉とあわせて実施された義倉の制度自体は，古代にもあった。

イ　大名に1万石につき50石の米穀を蓄える囲米を実施させた。

ウ　江戸に流入した没落農民の帰村や帰農を奨励した。

エ　江戸の石川島に人足寄場をつくって無宿人を収容した。

オ　七分金積立の法を設けたが，運用をみることなく打ち切られた。

7　空欄Bに該当する語句は何か。3字で記述解答用紙の解答欄に記入しなさい。

8　下線**f**に関し，横山源之助が著した著書の名は何か。漢字7字で記述解答用紙の解答欄に記入しなさい。

9　下線**g**に関連して述べた文章のうち，誤っているものはどれか。2つ選び，マーク解答用紙の該当する記号をマークしなさい。

ア　家屋倒壊を中心とする地震被害で，東京・横浜は壊滅的な打撃を受けた。

イ　大震災の際，労働運動家や無政府主義者らが殺害される事件が発生した。

ウ　大震災の際，戒厳令下で発生した虎の門事件により山本権兵衛内閣は総辞職した。

エ　大震災後，震災恐慌がおこり，これが金融恐慌へとつながっていった。

オ　当初の震災復興計画は，財政難などを理由として大幅に縮小された。

10　下線**h**に関連して述べた文章のうち，正しいものはどれか。1つ選び，マーク解答用紙の該当する記号をマークしなさい。

ア　航空機は第二次世界大戦で初めて戦争に登場した。

イ　日本は日中戦争時，中国の重慶などに対して空襲を繰り返した。

ウ　アメリカ軍は開戦当初から B29 による日本本土への空襲を繰り返した。

エ　アメリカ軍は空襲の目的を軍事施設や工業施設の破壊に限定していた。

オ　大都市部では空襲の被害を避けるため小学生が集団で地方に疎開した。

Ⅳ

日本における貿易の歴史について述べた次の文章を読んで，問に答えなさい。

貿易は，その時々の世界の動向や物品などによってあり方を変えてきた。7 世紀に唐がおこると，倭は[a]遣唐使を派遣した。9 世紀には唐の商人も来航し，書籍や陶磁器などの工芸品をもたらした。宋の時代になると，平忠盛は日宋貿易に着手し，その息子は摂津の［　A　］を修築して貿易を振興し，自らの政権の経済的基盤とした。

宋の滅亡後，元との間では私的な貿易が継続していたが，[b]足利尊氏・直義は，後醍醐天皇の冥福を祈るため，天龍寺建立を計画し，その造営費調達を目的として元に天龍寺船を派遣した。[c]室町幕府の 3 代将軍足利義満は，僧の祖阿と博多商人の肥富を明に派遣し，国交を開いた。朝貢形式の日明貿易は，日本側に利益が大きかった。

16 世紀にポルトガル人が種子島に漂着したことを契機に，ポルトガルやスペインとの貿易が行われるようになった。ポルトガル商人はマカオを拠点として，生糸（白糸）を長崎に運び暴利を得ていたため，[d]幕府は特定の商人たちに仲間をつくらせ，輸入生糸を一括購入して販売させ，利益を仲間で分配させた。やがて幕府は，キリスト教の禁教の徹底と，貿易や出入国の管理・統制をするようになった。輸入品への支払いにより，国内の金・銀が流出したため，[e]1715 年，幕府は清船・オランダ船の年間の貿易額を制限した。

1853 年，アメリカからペリーが来航したことを発端として，幕府はアメリカなどに対して開港した。[f]幕末から明治前期の貿易は，居留地において，外国人商人と日本人商人の売込商・引取商とのあいだで行われるものであった。生糸は日本の主要輸出品であり，明治政府は生糸の生産に力を入れ，[g]フランスから技術を導入して群馬県に官営の工場を設立した。第一次世界大戦が起きると，欧米の商船は軍事輸送に使われ，世界的に船舶が不足した。日本の商船が世界の商品を運び，h海運業・造船業は活況を呈した。

第二次世界大戦の終戦直後，日本は工業生産が低下し，貿易も停滞した。米ソの冷戦体制の中で，アメリカはアメリカ主導の自由貿易体制をつくりあげようとした。i日本は国際機関に加盟し，資本主義をとる国際経済秩序に組み込まれ，鉄鋼，自動車などの輸出をのばしていった。一方，アメリカはベトナム戦争にともなう軍事支出などにより国際収支を悪化させ，jアメリカのドルへの信頼はゆらぎ始めた。日本の輸出増加は他国との貿易摩擦の原因ともなり，食料輸入は食料自給率の低下の一因となった。近年では，貿易は物品の輸出入だけでなく，運送，通信，金融，娯楽などのサービス貿易も増え，大きな転換期を迎えている。

〔問〕

1　下線**a**に関連して，804年に唐に渡り，帰国後に『顕戒論』を著し，南都の諸宗に反論した人物は誰か。1つ選び，マーク解答用紙の該当する記号をマークしなさい。

ア　空　海　　イ　最　澄　　ウ　円　珍
エ　円　仁　　オ　玄　昉

2　空欄Aに該当する地名は何か。漢字で記述解答用紙の解答欄に記入しなさい。

3　下線**b**に関して，この計画を足利尊氏に勧めた人物で，西芳寺庭園の作庭でも知られる人物は誰か。漢字4字で記述解答用紙の解答欄に記入しなさい。

4　下線**c**に関連して，管領に任じられた氏はどれか。2つ選び，マーク解答用紙の該当する記号をマークしなさい。

ア　斯波氏　　イ　大内氏　　ウ　赤松氏
エ　畠山氏　　オ　山名氏

5　下線**d**について，この制度を何というか。漢字で記述解答用紙の解答欄に記入しなさい。

6　下線**e**に関連して，7代将軍徳川家継の時に，この制限令を発することを建議した人物が著した書物ではないものはどれか。2つ選び，マーク解答用紙の該当する記号をマークしなさい。

ア　『折たく柴の記』　イ　『政談』　ウ　『古史通』

エ　『采覧異言』　オ　『西域物語』

7　下線 **f** に関連して，次の表は，1865 年と 1897 年の日本の輸入品と輸出品の割合（金額）で上位 3 つである。空欄 X・Y・Z に入る品目として，正しい組み合わせはどれか。1 つ選び，マーク解答用紙の該当する記号をマークしなさい。

	1865 年		1897 年	
	輸入品	輸出品	輸入品	輸出品
1 位	毛織物	生糸	Y	生糸
2 位	X	茶	米	Z
3 位	武器	蚕卵紙	砂糖	石炭

出典：石井孝『幕末貿易史の研究』，東洋経済新報社編『日本貿易精覧』より作成。

ア　X―綿糸　Y―綿花　Z―綿織物

イ　X―綿糸　Y―綿織物　Z―綿花

ウ　X―綿織物　Y―綿花　Z―綿糸

エ　X―綿織物　Y―綿糸　Z―綿花

オ　X―綿花　Y―綿織物　Z―綿糸

8　下線 **g** について，この工場の名前を，漢字 5 字で記述解答用紙の解答欄に記入しなさい。

9　下線 **h** に関して，この時期に主に海運業・造船業で巨利を得て蓄財した人を，将棋の駒の動きにたとえて何といったか。漢字 3 字で記述解答用紙の解答欄に記入しなさい。

10　下線 **i** に関連して述べた次の文，X・Y・Z の正誤の組み合わせのうち，正しいものはどれか。1 つ選び，マーク解答用紙の該当する記号をマークしなさい。

X　為替レートの安定と国際決済の円滑化を目的に発足した IMF に，日本は 1952 年に加盟した。

Y　自由貿易の拡大と関税引き下げを目的に発足した OECD に，日本は 1952 年に加盟した。

Z　加盟国の復興・開発を目的に発足したGATTに，日本は1957年に加盟した。

ア　X－正　Y－正　Z－誤　　イ　X－正　Y－誤　Z－正

ウ　X－正　Y－誤　Z－誤　　エ　X－誤　Y－正　Z－正

オ　X－誤　Y－誤　Z－正

11　下線**j**に関連して，次のい・ろ・は・にの出来事が起きた順番として，正しいものはどれか。1つ選び，マーク解答用紙の該当する記号をマークしなさい。

い　イラン革命が起こり，アラブの産油国は原油価格を3倍に引き上げた。

ろ　第4次中東戦争が勃発し，アラブ石油輸出国機構（OAPEC）は，欧米や日本への石油輸出を制限し，原油価格を4倍に引き上げた。

は　ニクソン大統領は日本へ円の大幅な為替レートの切り上げを要求した。

に　5か国の蔵相・中央銀行総裁が，ニューヨークのホテルでドル高の是正に合意した。

ア　い→ろ→に→は　　イ　ろ→い→は→に　　ウ　ろ→に→は→い

エ　は→ろ→い→に　　オ　は→い→に→ろ

世界史

（60分）

I　次の文章を読んで設問1～5に答えなさい。

古代オリエントの統一を果たしたのはアッシリアであった。アッシリアは紀元前2000年紀に興り，アナトリアとメソポタミアを結ぶ交易により繁栄した。一時期，ミタンニ王国に従うことになったが，鉄製の武器(A)や戦車，騎馬隊を組織し，紀元前9～8世紀にかけて，西アジア全域に進出した。紀元前7世紀前半，［　B　］の治世下で最大版図におよび，さまざまな民族を支配する最初の世界帝国となった。しかし，アッシリアの最盛期は続かず，紀元前612年に新バビロニアとメディアによって，その都ニネヴェ(C)を攻略され滅亡するに至った。

アッシリア滅亡後は，エジプト，リディア，新バビロニア，メディアの四王国分立時代を迎えるが，アケメネス朝ペルシア(D)の台頭により，再びオリエントが統一されることとなった。その第三代王ダレイオス1世(E)の時代にはエーゲ海沿岸，エジプトからインダス川流域に至る広大な領土を支配したが，ペルシア戦争を経て，紀元前330年マケドニアのアレクサンドロス大王に敗れ，滅亡した。

アッシリアやアケメネス朝の盛衰は，広大な版図のうちに，政治的統一性と文化的多様性を内包する帝国を維持することの困難さを物語っている。

設問1　下線部Aについて，もっとも早く鉄器を使用したものを次のア～エから一つ選び，マーク解答用紙の所定欄にマークしなさい。

ア　フェニキア人　　　イ　ヒッタイト人

ウ　アッカド人　　　エ　シュメール人

設問2　空欄Bにあてはまる人名を記述解答用紙の所定欄に記しなさい。

設問3　下線部Cの宮殿跡で発見された施設から見つかった資料の研究が進んだ結果，古代オリエント研究の基礎が築かれた。この施設はどのような機能をもつものであったと考えられているか。次のア～エから一つ選び，マーク解答用紙の所定欄にマークしなさい。

ア 図書館　　イ 天文台

ウ 造幣所　　エ 公衆浴場

設問 4 下線部Dの王朝による統治形態の説明として誤っているものを次のア～エから一つ選び，マーク解答用紙の所定欄にマークしなさい。

ア 新たに支配下に加えた地域には重税を課し，強制移住など圧政をもって服従を強いた。

イ 全土を 20 余りの州に分け，各州にサトラップをおき，治安維持，徴税などにあたらせ，広大な領土の統治を進めた。

ウ 王直轄の「王の目」「王の耳」と呼ばれる監察官を巡回させ，サトラップの動向を監視した。

エ スサからサルデスに至る道をはじめとした「王の道」をつくり，沿道には宿駅を設け駅伝制を整備した。

設問 5 下線部Eの人物の記念碑であるベヒストゥーン碑文に関する説明としてふさわしいものを次のア～エから一つ選び，マーク解答用紙の所定欄にマークしなさい。

ア 19 世紀初頭，デンマークの探検隊が王都ペルセポリスの中心部で発見した玄武岩製の記念碑である。

イ 碑文はローリンソンが解読の端緒を発見し，その研究を発展させたヴェントリスによってその内容の大部分が明らかになった。

ウ 王が各地で起きた反乱を鎮圧したことなどがペルシア語，エラム語，バビロニア語で記されている。

エ ゾロアスター教の悪神アーリマンを王が打ち負かす場面が刻まれ，王は善神アフラ＝マズダの化身であることが示されている。

Ⅱ 次の文章を読み，設問 1 ～ 5 に答えなさい。

ローマの建国神話は，$\underset{A}{\underline{\text{ホメロス}}}$によって歌われたトロイア戦争から始まる。トロイア戦争は，ギリシア連合軍と$\underset{B}{\underline{\text{トロイア}}}$との戦いであったが，この戦いに敗れたトロイア方の将軍$\underset{C}{\underline{\text{アエネアス}}}$がローマ建国の遠祖となるのである。アエネアスは，焼け落ちるトロイアを脱出すると，トロイアを再建する場所を探して地中海各地を放浪する。最終的にアエネアスが辿り着いたのがイタリア半島(D)であり，アエネアスは，ここにラウィニウムという町を建てた。アエネアスの息子アスカニウスは，のちにラウィニウムを去ってアルバ=ロンガの王となった。このアスカニウスから数えて14代目のアルバ=ロンガの王の娘と軍神マルス(E)との間に生まれたのがロムルスであり，ロムルスがローマを建国したのであった。

設問1　下線部Aの人物，あるいはその作品について述べた文として正しいものを下記のア～エから一つ選び，マーク解答用紙の所定欄にマークしなさい。

ア　ホメロスは，サッフォーと同時代の人である。

イ　『オデュッセイア』は，トロイア方の英雄オデュッセウスの物語である。

ウ　ホメロスの叙事詩では，神々は登場せず，人間の活動だけが描かれた。

エ　『イリアス』と『オデュッセイア』は，ともに古代ギリシア語で書かれている。

設問2　下線部Bの都市の遺跡が面する海峡の歴史について述べた文として誤っているものを下記のア～エから一つ選び，マーク解答用紙の所定欄にマークしなさい。

ア　第3回ペルシア戦争の時，ペルシア軍はこの海峡を渡った。

イ　東方遠征の時，アレクサンドロス大王はこの海峡を渡った。

ウ　ビザンツ帝国の都コンスタンティノープルはこの海峡の東岸にあった。

エ　第一次世界大戦の激戦地ガリポリはこの海峡の西岸にあった。

設問3　下線部Cの人物の事績を歌った『アエネイス』の作者が生きていた時代のローマ皇帝の名を記述解答用紙の所定欄に記しなさい。

設問4　下線部Dの半島には，5世紀に東ゴート王国が建てられたが，この王国の都が置かれていた都市の名を記述解答用紙の所定欄に記しなさい。

設問5　下線部Eに関連して，ギリシア・ローマの神々について述べた文として正しいものを下記のア～エから一つ選び，マーク解答用紙の所定欄にマークしなさい。

ア アポロンは，ローマではマルスと同一視されていた。

イ アフロディテは，ローマではウェヌスと同一視されていた。

ウ アテナは，狩りと農業を司る女神とされていた。

エ ウラノスは，オリンポス12神の一神に数えられていた。

III 次の文章を読み，設問1～5に答えなさい。

7世紀後半に百済，高句麗が唐と新羅の連合軍に滅ぼされると，新羅は百済の旧領域や高句麗の旧領域の一部を統合して，朝鮮半島に実質的な統一国家を成立させた。半島北部では，7世紀末に高句麗遺民の［ A ］が中心となり渤海を建国した。一方，日本列島では，この頃に日本国号を称するようになり，8世紀初頭には大宝律令を制定した。$_{B}$東アジアには唐の制度を模倣した律令国家がほぼ同時期に成立した。これらの国々は唐との間に頻繁な交流を続け，その地域は$_{C}$東アジア文化圏とも呼ばれる。

10世紀初頭に唐が滅びると，渤海が契丹によって滅ぼされた。新羅でも国内が分裂し，やがて［ D ］の地から頭角を現した［ E ］によって高麗王朝が建国され，［ D ］に都が置かれた。中国北方でもウイグルの衰退とともに契丹が力を強め，中国北方に強力な国家を建設して，やがて遼を名乗るようになった。この時期を境にして中国周辺諸国，諸民族がそれまでの$_{F}$中国文化の基礎の上に独自の文化を展開するようになった。

設問1 空欄Aにあてはまる人名を記述解答用紙の所定欄に記しなさい。

設問2 下線部Bに関連して，誤っている記述を次のア～エの中から一つ選び，マーク解答用紙の所定欄にマークしなさい。

ア 渤海の都が置かれた上京龍泉府は，唐の都城制に倣った構造をしている。

イ 新羅の社会的な基盤には骨品制と呼ばれる身分制があったため，唐の官僚制を導入するには一定の限界があった。

ウ 日本は遣唐使を通して，僧や留学生を唐に送り，中国文化の受容に努めた。

エ 渤海，新羅，日本は，各々唐の皇帝から爵位や官職を授けられ，唐を中心とする冊封体制のもとで外交秩序を形成していた。

設問3　下線部Cに関連して，東アジア文化圏の指標は，漢字，儒教，律令の他に，さらに加えるとすれば何か，記述解答用紙の所定欄に記しなさい。

設問4　空欄D，Eに入る適切な語の組み合わせを次のア～エの中から一つ選び，マーク解答用紙の所定欄にマークしなさい。

ア　D　平　壌　　E　王　建
イ　D　開　城　　E　王　建
ウ　D　平　壌　　E　太　宗
エ　D　開　城　　E　太　宗

設問5　下線部Fに関連して，正しい記述を次のア～エの中から一つ選び，マーク解答用紙の所定欄にマークしなさい。

ア　契丹文字は漢字を基本に，アラビア文字の影響を受けてつくられた。
イ　西夏では，漢字の影響を受けた西夏文字を用いて仏典を翻訳した。
ウ　金の女真文字は漢字と西夏文字の影響を受けてつくられた。
エ　日本では，漢字から仮名文字が考案され，8世紀になると仮名文学が発達した。

IV　次の文章を読み，設問1～7に答えなさい。

ササン朝を滅ぼしてイランを支配したイスラーム勢力は，その後さらに勢力を伸ばし，ウマイヤ朝(A)時代にはインダス川下流域にまで進出した。この地域に拠点を得たムスリム商人はインド洋での交易活動を活発化させ(B)，インド西海岸の諸地域にはムスリム商人の居留地がうまれた。インド内陸部へのイスラーム勢力の進出は，[　C　]から独立して成立したガズナ朝のもとで本格化した。ガズナ朝はアフガニスタンからパンジャーブ地方に進出し，北インド各地への侵略を繰り返した。その後ゴール朝がガズナ朝を滅ぼし北インドへ進出するが，ゴール朝の将軍アイバク(D)がデリーで自立してスルタンを称し，インドに最初のイスラーム王朝となる奴隷王朝を建てた。奴隷王朝と，その後続いたデリーを拠点とする4つのイスラーム王朝は，総称してデリー＝スルタン朝(E)と呼ばれる。ティムールの子孫でカーブルを拠点にしていた[　F　]は，デリー＝スルタン朝最後の[　G　]を倒し，ムガル帝国の基礎を築いた。
　　　H

設問1　下線部Aの王朝の説明として正しいものを，次のア～エの中から一つ選び，マーク解答用紙の所定欄にマークしなさい。

ア　アナトリアに進出し，ビザンツ帝国を滅ぼした。

イ　イベリア半島に進出し，西ゴート王国を滅ぼした。

ウ　トゥール・ポワティエ間の戦いでフランク王国を打ち破った。

エ　中央アジアに進出し，タラス河畔の戦いで唐を打ち破った。

設問2　下線部Bに関連して，ムスリム商人の交易活動についての説明として正しいものを，次のア～エの中から一つ選び，マーク解答用紙の所定欄にマークしなさい。

ア　ムスリム商人がインド洋交易で用いた三角帆の木造船は，ガレオン船と呼ばれた。

イ　カーリミー商人と呼ばれるムスリム商人団が，ウマイヤ朝の保護のもと，インド洋交易で活躍した。

ウ　ムスリム商人たちは，8世紀ごろからインド東岸部に到来し，そこにキルワ，モンバサ，マリンディなどの港市を建設した。

エ　インド洋と地中海をむすぶ交易ルートは，10世紀後半になると，アッバース朝の首都バグダードを経由するペルシア湾ルートが衰え，紅海ルートが重要となった。

設問3　空欄CとGに当てはまる王朝名の組み合わせとして正しいものを，次のア～エの中から一つ選び，マーク解答用紙の所定欄にマークしなさい。

ア	C	カラ＝ハン朝	G	サイイド朝
イ	C	セルジューク朝	G	トゥグルク朝
ウ	C	サーマーン朝	G	ロディー朝
エ	C	ホラズム＝シャー朝	G	ハルジー朝

設問4　下線部Dの人物が建設を開始した，デリー南方にあるインド最古の大モスクの塔の名前を，記述解答用紙の所定欄に記しなさい。

設問5　下線部Eの時期のインドについての記述として誤っているものを，次のア～エの中から一つ選び，マーク解答用紙の所定欄にマークしなさい。

ア　大旅行家イブン＝バットゥータが訪れ，デリーに滞在した。

イ　ティムールが侵攻し，デリーを攻略した。

ウ　インド航路を開拓したポルトガルがゴアを占領した。

エ　ヒンドゥー国家の建設を目指しマラーター王国が成立した。

設問 6　空欄Ｆの人物が，自らの活動をチャガタイ＝トルコ語で著した回想録の名前を，記述解答用紙の所定欄に記しなさい。

設問 7　下線部Ｈの王朝についての記述として正しいものを，次のア〜エの中から一つ選び，マーク解答用紙の所定欄にマークしなさい。

ア　アクバルは，マンサブダール制を整えた。

イ　シャー＝ジャハーンは，デリーにタージ＝マハルを造営した。

ウ　アウラングゼーブは，ヒンドゥー教徒に対する人頭税を廃止した。

エ　インド大反乱で蜂起したシパーヒーにデリーで皇帝が殺害され，滅亡した。

V　次の史料を読み，設問 1 〜 7 に答えなさい。

1．ロシアの側からみてこの戦争は，[　A　] 派のもとでは，この政府の資本家的性格のゆえに，無条件に侵略的な帝国主義戦争のままであり，この戦争に対するわれわれの態度については，「革命的祖国防衛主義」にいささかの譲歩も許されない。

2．ロシアにおける現在の情勢の特徴は，プロレタリアートの意識と組織が不十分なために，権力をブルジョアジーに渡してしまった革命の第一段階から，プロレタリアートと貧農[B]層に権力を渡さなければならない革命の第二段階[C]に移行しつつあるという点にある。

4．わが党[D]が多くの労働者 [　E　] のなかで少数派であり，しかも今のところ非常な少数派であるという事実を認めること。労働者 [　E　] が，革命政府の唯一の可能な形態であるということを，大衆に説明すること。

5．議会制共和国ではなく――労働者 [　E　] から議会制共和国への復帰は一歩後退である――全国に，下から上までの労働者・雇農・農民代表 [　E　] 共和国。警察と軍隊[F]と官僚制の廃止。

8．われわれの直接の任務は，社会主義の実施ではなく，社会的生産と生産物の分配を労働者代表 [　E　] の管理に，いますぐ移行することだけである。

（出典：『西洋史料集成』平凡社，1990年，米川哲夫訳より一部修正・割愛して抜粋）

設問1　本史料の名称を記述解答用紙の所定欄に記しなさい。

設問2　空欄Aに当てはまる語句として正しいものを，次のア～エの中から一つ選び，マーク解答用紙の所定欄にマークしなさい。

ア　リヴォフ　　イ　ケレンスキー

ウ　トロツキー　　エ　レーニン

設問3　下線部Bに関連して，1861年の農奴解放令について述べた文として明白に誤っているものを，次のア～エの中から一つ選び，マーク解答用紙の所定欄にマークしなさい。

ア　領主が保有していた農奴に対して，人格的自由が認められた。

イ　領主は，自らに属していた土地すべての所有権を喪失した。

ウ　農奴が耕作していた土地の所有権は，有償で与えられることになった。

エ　農奴に与えられる土地の多くは，買取金の完済までミールの管理下に置かれた。

設問4　下線部Cにおいて新政権の成立を宣言した会議の名称を，記述解答用紙の所定欄に記しなさい。

設問5　下線部Dに該当する党派の名称として正しいものを，次のア～エの中から一つ選び，マーク解答用紙の所定欄にマークしなさい。

ア　社会革命党　　イ　立憲民主党

ウ　ボリシェヴィキ　　エ　メンシェヴィキ

設問6　空欄Eに当てはまる語句を記述解答用紙の所定欄に記しなさい。

設問7　下線部Fに関連して，ロシア皇帝の軍事上の事績の組み合わせとして正しいものを，次のア～エの中から一つ選び，マーク解答用紙の所定欄にマークしなさい。

ア　アレクサンドル1世：アゾフ海の制海権の喪失
　　— パーヴェル1世：第2回対仏大同盟への参加

イ　ピョートル1世：バルト海の覇権の獲得
　　— ピョートル3世：プロイセンとの同盟の締結

ウ　エカチェリーナ2世：オーストリア継承戦争への参加

— エリザヴェータ：七年戦争への参加

エ　エカチェリーナ２世：クリミア半島への進出

— パーヴェル１世：デカブリストの乱の鎮圧

VI　次の文章①～③は，それぞれアジアの一つの国または地域に関する記述である。これらを読んで，設問１～４に答えなさい。

①　辛亥革命後，中華民国・[A]・現地政府の代表が参加した交渉の場で，中国の宗主権のもとで自治を行うという条約案が提示されたが，境界画定などの問題が決着せず，中国代表は調印しなかった。1962 年，[B] との間で国境をめぐって大規模な武力衝突が発生し，現在は中国と [B] がそれぞれ係争地の一部を実効支配している。

②　[C] による植民地化の動きに対して，宗主権を主張する清朝は反発し，[C] との戦争に踏み切ったが，戦後の講和条約によって宗主権を放棄した。1940 年代には現地で独立運動が高まったが，[C] がこれを弾圧したため，戦争に発展した。

③　辛亥革命に際して，現地の指導者たちは [D] と連絡をとりつつ独立を宣言したが，中華民国・[D]・現地政府代表の三者間で結ばれた条約により，中国の宗主権のもとで自治を行うことになった。1946 年，住民投票の結果を受けて中国は独立を認めた。1961 年には国際連合に加盟した。

設問１　空欄Ａ～Ｄにあてはまる国名を，記述解答用紙の所定欄に記しなさい。

設問２　①の国または地域に関する記述として，もっとも適切なものを次のア～エから一つ選び，マーク解答用紙の所定欄にマークしなさい。

ア　1860 年代，現地のイスラーム教徒は清朝に対する大規模な反乱を起こした。

イ　1911 年に設立されたイスラーム教徒の相互扶助組織は，後に独立運動も行うようになった。

ウ　1932 年，無血革命により，憲法制定・国会開設が行われて立憲君主制に移行した。

エ　1959 年，中国の支配に反発する蜂起が弾圧されたことから，現地の指導者は［　B　］に亡命した。

設問3　②の国または地域に関する記述として，もっとも適切なものを次のア～エから一つ選び，マーク解答用紙の所定欄にマークしなさい。

ア　1637 年，清朝の侵攻を受けて屈服し，朝貢国となった。

イ　1905 年，日露戦争に刺激されて，日本への留学によって学問・技術の習得をめざす運動が起こった。

ウ　1930 年，［　C　］が行っていた塩の専売政策などに抗議する大衆運動が起こった。

エ　1948 年，南部と北部に二つの政権が相次いで成立したが，1950 年に両者の間で武力衝突が起き，他国も介入して大規模な戦争となった。

設問4　③の国または地域に関する記述として，もっとも適切なものを次のア～エから一つ選び，マーク解答用紙の所定欄にマークしなさい。

ア　1750 年代，清朝によるジュンガル征服にともなって，清朝の統治下に組み込まれた。

イ　1900 年，義和団戦争の際に，全域が［　D　］によって軍事占領された。

ウ　1939 年，日本の影響下にある隣接地域との間での国境紛争が，大規模な武力衝突に発展した。

エ　1962 年，クーデタが起こって軍事政権が成立し，社会主義路線をとって産業の国有化などを進めた。

Ⅶ

次の図Ａ～Ｄを見，文章を読んで，設問１～６に答えなさい。

図Ａフリードリヒ《雲海を見下ろす散策者》

図Ｂプッサン《夏》

図Cルソー《フォンテーヌブローの森のはずれ，夕日》

図Dモリス《アカンサス》

地球の温暖化，自然災害の増加，森林の減少など，環境にかかわる問題は現代の私たちにとってもっとも身近で深刻な問題となっているが，周辺の環境や自然に対する人々の特別な関心は，古くから美術作品の中にも見出すことができる。

設問 1　図Aはドイツの画家フリードリヒの代表的作品で，壮大な自然を眼下に，たたずむ人物が描かれている。この画家が確立した崇高な自然を賞賛する画風は，ハイネの文学と同様に［ a ］主義と呼ばれる。空欄aにあてはまる言葉を記述解答用紙の所定欄に記しなさい。

設問 2　図Bは，フランスの画家プッサンが，旧約聖書のルツ記を主題に描いたものである。前景に物語の一場面を表わしているが，人物の大きさは控えめで，むしろ背景の自然が大きく捉えられ，自然描写への関心が読み取れる。この絵は，フランス学士院を設立するなど文化政策を進めたことで知られるルイ 13 世の宰相により注文され描かれた。この宰相とは誰か。次のア～エから一つ選び，マーク解答用紙の所定欄にマークしなさい。

ア　リシュリュー　　イ　マザラン
ウ　コルベール　　エ　ミラボー

設問 3　プッサンと同時代に活躍した画家を，次のア～エから一つ選び，マーク解答用紙の所定欄にマークしなさい。

ア　デューラー　　イ　ベラスケス
ウ　ワトー　　エ　ダヴィド

設問 4　図Cの作者テオドール＝ルソーは，パリ近郊のフォンテーヌブローの森の自然を主題に数多くの作品を描いた。この森は王室が古くから狩猟地としてきた所で，16 世紀にはイタリアから新しい美術を取りいれ豪華な宮殿が建てられた。この新しい美術とは何か。次のア～エから一つ選び，マーク解答用紙の所定欄にマークしなさい。

ア　ビザンティン美術　　　イ　ゴシック美術
ウ　ロココ美術　　　エ　ルネサンス美術

設問 5　フォンテーヌブローの森にはルソーだけではなく，ほかにも多くの画家たちが訪れ，森の端にあるバルビゾン村に滞在した。当時パリで流行していたコレラから逃れてきた［ b ］は，豊かな自然のなかで暮らす農民たちの日々の生活を捉えたことで知られる。［ c ］もまたしばしばこの地を訪れては自然をよく観察して描き，のちに印象派を確立した。空欄 b，c に当てはまる画家の名前は何か。組み合わせとして正しいものを次のア～エから一つ選び，マーク解答用紙の所定欄にマークしなさい。

ア　b　ミレー　　　c　モ　ネ
イ　b　ピサロ　　　c　ミレー
ウ　b　クールベ　　　c　ゴーギャン
エ　b　ゴッホ　　　c　セザンヌ

設問 6　図 D は，イギリスのデザイナー，モリスによる壁紙のデザインで，アカンサスの葉をアレンジしたものである。工業化が進む中，自然に注目し，植物や動物，昆虫等に着想を得たこのようなデザインは，イギリスだけではなく，ベルギーやフランスなど大陸でも 19 世紀末にかけて流行した。自然界に見出せる曲線や有機的な形態を取り入れたこの様式を何と呼ぶか。記述解答用紙の所定欄に記しなさい。

ヘ　華美な生活を抑えることによって、競って愛情や正義の心を伸ばして、むさぼりの心を絶つことができるから。

問二十四　甲・乙のいずれかの文章の趣旨と合致するものを次の中から二つ選び、解答欄にマークせよ。

イ　毎朝大根を食べていた筑紫の国の押領使は、敵に襲われた際、命がけで戦ってくれた大根の精霊に助けられた。

ロ　因幡国の入道の娘は栗しか食べない変わり者だったが、気だての良い女性だったので多くの人から求婚された。

ハ　病気で鬼のように恐ろしい顔になった行雅僧正を恐れ、人々は上人と会わないために部屋に籠もってしまった。

ニ　兼好が現実世界を合理的に捉えられた理由は、貴族の有職故実を体得し物事を論理的に考えられたからである。

ホ　しっかりとした農業ができる環境を作る政治を行い、食料が満ち足りれば、人は儀法をわきまえるようになる。

ヘ　人間にとって最も重要な食料を作る農業を守れる政治を行うよう、帝王と人は協力しあっていかねばならない。

ヘ　社会制度が変わり貴族政治が崩壊することとなった南北朝の乱が起こることを兼好が予測したから。

問二十一　甲の文章の空欄 B に入る文として最も適切なものを次の中から一つ選び、解答欄にマークせよ。

イ　すべて美しきこととなりにけり
ロ　暫くはあたにならずと覚ゆ
ハ　ゆかしきことになりたり
ニ　さはいたづらにならむや
ホ　かくゆゆしくなりぬべし
ヘ　漸くおろかなるに似たり

問二十二　乙の文章における空欄 C ・ D ・ E に入る語として、a～fを組み合わせた場合に、最も適切なものを次の中から一つ選び、解答欄にマークせよ。

a　農桑　b　豊厚　c　剛柔　d　寒温　e　賞罰　f　礼節

イ　a・b・e　ロ　b・e・f　ハ　c・f・d
ニ　d・a・c　ホ　e・c・b　ヘ　f・d・a

問二十三　乙の文章における傍線部5「此務﹂農之本也」は、この部分の結論であるが、そう述べる理由として最も適切なものを次の中から一つ選び、解答欄にマークせよ。

イ　食糧は人を支配する天のようなものであり、国家には常時一年分の蓄えがそなわっていなければならないから。
ロ　天子は郊外で農耕の儀式を厳密に行い、率先して農事に携わることによって、暦を作成することができるから。
ハ　農業の発展のためには、家畜を養うだけでなく、農民が自ら外敵に向かうために武装しなければならないから。
ニ　農業は一人が耕せば、それだけで百人分の食料を確保することができるため、農民の数は多くなくてよいから。
ホ　害虫や干ばつの発生により大きな打撃を受けても、畜産に励んでいればなんとか生き延びることができるから。

ニ 約五十年間にも及ぶ南北朝の動乱を描いた軍記物語。
ホ 真名序と仮名序を持つ源通具らが撰者の勅撰和歌集。
へ 天竺・震旦・本朝の説話を収めた日本最大の説話集。

問十八 甲の文章の傍線部3「書写の上人の六根清浄説話に転形」とあるが、その変化した内容について説明した文として最も適切なものを次の中から一つ選び、解答欄にマークせよ。

イ 「七歩の詩」では豆の豆殻への恨み言だけが語られているが、『徒然草』では豆殻の弁明までも語られている。
ロ 「七歩の詩」では豆は恨みを述べているだけだが、『徒然草』では法華経の教えを取り込みながら怒っている。
ハ 「七歩の詩」では豆と豆殻は肉親の関係とされているが、『徒然草』では仲の良い友人関係に変えられている。
ニ 「七歩の詩」では豆と豆殻は対立する兄弟を象徴しているが、『徒然草』ではいがみ合う親子を象徴している。
ホ 「七歩の詩」では豆が強火であっという間に煎られているが、『徒然草』では弱火でじっくりと煮られている。
へ 「七歩の詩」では豆と豆殻は同じ釜で煎られているが、『徒然草』では豆殻が豆を煮る物語に変えられている。

問十九 甲の文章の空欄 A に入る語として最も適切なものを次の中から一つ選び、解答欄にマークせよ。

イ 寓話　ロ 実録　ハ 武勇伝　ニ 聞き書き　ホ 暴露話　へ 書き付け

問二十 甲の文章の傍線部4「かつては否定した現世的な生活に役立つ有用性を率直に認めはじめている」とあるが、なぜ兼好は「認めはじめ」たのか、最も適切なものを次の中から一つ選び、解答欄にマークせよ。

イ 鋭い知性に基づいて時代状況を分析し、新しい時代が来ることを兼好が予見することができたから。
ロ それまで支配し続けていた貴族的な考え方に対して、仏教界に身を置く兼好が批判的になったから。
ハ 社会が大きく変わり、伝統的な貴族の世界が崩れた元弘の乱後の現実を兼好が実際に目にしたから。
ニ 『徒然草』を執筆していた数年の間に、多様な生活を送る人々に出会い兼好が考え方を改めたから。
ホ 世俗的な実利を重んじる生活を送る人々を見て、時代が変わるであろうことを兼好が予見したから。

ークせよ。

イ 兼好は、出家していたので、たとえ非合理的な話であったとしても、仏教に関する話は否定できなかったから。
ロ 兼好は、仏道修行を通して、人間世界では非合理とされる事象も切り捨てられないと考えるようになったから。
ハ 兼好は、人間生活の実像を合理的に考えるためには、限りある人間の知恵だけでは不足すると考えていたから。
ニ 兼好は、人間の知恵は絶対ではないので、常識的な論理や道理では捉えきれない世界もあると考えていたから。
ホ 兼好は、不可思議な現象や物語も好きだったので、宗教的奇跡も否定するわけにはいかないと考えていたから。
ヘ 兼好は、人間の知恵は有限だと知っていたので、宗教的奇跡を排除したら悟りをひらけないと考えていたから。

問十六 甲の文章の二重傍線部X「朝ごとに」・Y「不思議に」・Z「土大根らに」の「に」の説明の組み合わせとして最も適切なものを次の中から一つ選び、解答欄にマークせよ。

イ X：形容動詞の活用語尾　Y：副詞の一部　Z：格助詞
ロ X：格助詞　Y：形容動詞の活用語尾　Z：断定の助動詞
ハ X：副詞の一部　Y：格助詞　Z：完了の助動詞
ニ X：完了の助動詞　Y：副詞の一部　Z：完了の助動詞
ホ X：格助詞　Y：完了の助動詞　Z：断定の助動詞
ヘ X：副詞の一部　Y：形容動詞の活用語尾　Z：格助詞

問十七 甲の文章の傍線部2『十訓抄』と最も近い時期に成立した作品の説明として最も適切なものを次の中から一つ選び、解答欄にマークせよ。

イ 因果応報を説く説話を数多く収めた景戒編の説話集。
ロ 主人公世之介の一代記の体裁をとっている浮世草子。
ハ 「鏡物」の先駆作品として位置付けられる歴史物語。

想の展開が見えてくるはずである。

注　六根浄にかなへる人……修行により心身ともに仏に近い能力を身につけた人。
第一期時代……筆者は『徒然草』は第三十段あたりまでが最初に書かれたと考えている。その時期のこと。
元徳・元弘……元徳（一三二九～一三三一年）・元弘（一三三一～一三三四年）。
橘学説……『徒然草』は元徳二年から翌元弘元年までの約一年の間に成立したとする橘純一の学説。

乙　〔次の文章は、甲に言及される『帝範』「務農篇」の一節による。文中には、返り点・送り仮名を省いた箇所がある。〕

夫食為人天。農為政本。倉廩実、則知［C］、衣食乏、則忘廉恥。故躬耕東郊、敬授民時。国無九歳之儲、不足備水旱。家無一年之服、不足禦［D］。然而莫不帯犢佩牛、棄堅就偽、求伎巧之利、廃［E］之基。以一人耕、而百人食、其為害也、甚於秋螟。莫若禁絶浮華、勧課耕織、使民還其本、俗反其真、則競懐仁義之心、永絶貪残之路。此務農之本也。

注　倉廩……穀物の貯蔵庫。　水旱……大水とひでり。
授民時……人々に農業の種まき、取り入れを示す暦を授ける。
帯犢佩牛……子牛や牛を腰の刀剣として帯びる。『漢書』循吏伝に基づく、人々に農耕を勧めるたとえ。
螟……稲の茎を食う害虫。　浮華……上辺だけ華やかで実質の乏しいこと。
耕織……田を耕し、機を織ること。

問十五　甲の文章の傍線部1「兼好には、「合理」の世界を超える宗教的奇跡が、必ずしも否定しがたい世界として見えていた」とあるが、兼好にはなぜそのように「見えていた」のか、最も適切なものを次の中から一つ選び、解答欄にマ

もの、生活の基本であることを述べただけでなく、そこから一転して、

　よく味（あぢはひ）を調へ知れる人、大きなる徳とすべし。次に細工、万（よろづ）に要おほし。

とまで説き進んでいるのは、もはや原典の抽象的な政治論から、具体的な日常世界へと下降し、調理やはかない手細工に象徴されるような世俗的な実利の生活を積極的に評価し、4かつては否定した現世的な生活に役立つ有用性を率直に認めはじめているからにほかならない。

　こうした現実を確認しながら兼好はさらに、

　この外の事ども、多能は君子の恥づる処なり。詩歌（しいか）に巧みに、糸竹（しちく）に妙（たへ）なるは、幽玄の道、君臣これを重くすといへども、今の世にはこれをもちて世を治むる事、B。金（こがね）はすぐれたれども、鉄（くろがね）の益（やく）多きに及（し）かざるがごとし。

と説いて、この一章を結んでいるのであるが、ここでは古代王朝社会において、君臣ともに尊重してきた「幽玄」の道も、「今の世」では、「B」と断言するようになっている。

　本来、「幽玄の道」は王朝貴族社会の価値の象徴であり、『徒然草』の世界をも貫通する基本的な精神であった。しかし、この価値を至上のものとしてきた兼好も、いまでは、「幽玄の道」が時代の要求に適応できなくなり、「鉄の道」つまり、実益を優先する現実的な政治に及ばなくなってきたことを、ついに確認するにいたったのである。これこそ王朝文化の、そうしてまた、かつての兼好自身が存立の拠りどころとしてきたところの、ほかならぬ貴族的な価値の基本に対する、根源的な批判の地点にまで兼好の眼が届きはじめたことにほかなるまい。

　従来、この段に見られるような現実的な思想の展開は、まだ元弘の乱に突入していない時期に、兼好が新しい時代を予感し、早くも貴族政治の没落を先取りしていたのによるかのように考えられてきたのであったが、これも『徒然草』の執筆年代を元徳・元弘間の一年たらずの間に限定した橘学説に緊縛されたためで、この学説から解放されて本文の語るところを読み返してみれば、『徒然草』の表現は、兼好がすでに貴族世界の崩壊する諸相をまのあたり見ていたことを語っており、そこには南北朝の内乱という未曾有の変革に遭遇しつつあった貴族社会の、切迫した危機に当面しての飛躍的な思

という、五穀の類を全く口にせず、栗だけ食べて生きていた不思議な美女と、その女に言い寄ってくる求婚者たちを拒否しつづけた親についての［A］が、作者の何の限定もなく記されていたり、また第四十二段の、

> 唐橋中将といふ人の子に、行雅僧都とて、教相の人の師とする僧ありけり。気の上る病ありて、年のやうやうたくるほどに、鼻の中ふたがりて、息も出でがたかりければ、さまざまにつくろひけれど、わづらはしくなりて、目・眉・額なども腫れまどひて、うちおほひければ、物も見えず、二の舞の面のやうに見えけるが、ただ恐ろしく、鬼の顔になりて、目は頂の方につき、額のほど鼻に成りなどして、後は坊の内の人にも見えずこもりゐて、年久しくありて、なほわづらはしくなりて死ににけり。かかる病もある事にこそありけれ。

と記しているような、世にも不思議な奇病にとりつかれた行雅僧都についての［A］なども収められている。この、「かかる病もある事にこそありけれ」という表現には、常人の理解を超える奇怪な事態を、眼を見張るような驚きの心でもって記し留めながら、しかもそれなりに現世の犯しがたい事実として、そのままこれを受けとめようとする兼好の態度が見えるのである。

およそ不可思議な現実の諸相を視野に入れながら、しかも多様な現象世界の海に流されることなく、しだいに理性的に実像を把えるようになった兼好は、現世の生きかたにおいても、第一期時代のそれを超えてしまうのであって、かつて第一段では、人間として望ましく願わしいことどもを、あれこれと掲げ示して、

> ありたき事は、まことしき文の道、作文、和歌、管絃の道、また有職に公事の方、人の鏡ならんこそいみじかるべけれ。手など拙からず走りがき……。

などと記していた彼が、第百二十二段では、それらの道みちが、貴族社会に生きて行こうとする者にとって、必須の教養であることを説くところまでは、第一段の主旨と、さして変るところはないが、つづいて、

> 次に、食は人の天なり。

と、『帝範』の「務農」篇や『史記』の「酈食其伝」等に見える典拠をふまえて、民にとって、食物は天のごとく至高の

書写の上人は、法華読誦の功積りて、六根浄にかなへる人なりけり。旅の仮屋に立ち入られけるに、豆の殻を焚きて豆を煮ける音の、つぶつぶと鳴るを聞き給ひければ、「疎からぬおのれらしも、恨めしく我をば煮て、辛き目を見するものかな」と言ひけり。焚かるる豆殻の、はらはらと鳴る音は、「我が心よりすることかは。焼かるるはいかばかり堪へがたけれども、力なき事なり。かくな恨み給ひそ」とぞ聞こえける。

という、法華読誦の聖人たる書写上人の功徳譚を採りあげている。

この説話は、もともと中国は魏の文帝に、七歩のうちに作詩せよとの難題を課せられて、弟の曹植が作った詩の、「萁在釜下燃、豆在釜中泣。本是同根生。相煎何太急」（『世説新語』「文学」・『蒙求』「陳思七歩」等）にもとづくことは、古注以来指摘されているが、七歩の詩は国内でも、『懐風藻』その他に採りあげられるなど、早くから知られており、その後、この説話が土着しつつ一般に流布したであろうことは、[3]『徒然草』に先立つ[2]『十訓抄』（巻六）などにも、骨肉間の争いを述べて、この詩を引用しているとおりで、兼好の時代には書写の上人の六根清浄説話に転形していたらしい、この奇跡譚をも、『徒然草』はそのまま敬虔に記しとどめているのである。

限りある人間の智恵には、当然及びがたい世界のあることを知っていた兼好は、また凡慮には測りがたい宗教的な奇跡をはじめとする非合理の世界を、有限の「合理」によって安易に否定し、あるいは逆に何の保留もなく、これを全面的に信仰してしまうことが、いかに人間の可能性を阻害するかを見とおすこともできたのであって、こうした観点に立てば、仏神の世界の奇跡だけでなく、人間の世界にしばしば現前する不可思議についても、一概にこれを否定せず、現象世界の一つの相として、その存在を認める道がひらけ、そこに測りがたい人間生活の実像を見届けようとする意識も芽生えるであろう。だから『徒然草』の中には、古注以来その真意を捕捉しかねてきた諸段、たとえば、

因幡国に、何の入道とかやいふ者の娘、かたちよしと聞きて、人あまたいひわたりけれども、この娘、ただ栗をのみ食ひて、更に米のたぐひを食はざりければ、「かかる異様のもの、人に見ゆべきにあらず」とて、親ゆるさざりけり（第四十段）。

ハ　著者はテレビで放映された岸壁のくぼみに残る掌の痕に、指の欠けたものを認めて記号になりきらない生身の反応を見ようとしている。

ニ　著者はテレビで放映された岸壁のくぼみに残る掌の痕に、人類が言語を使いこなす以前の体をつきあげてくる衝動を見ようとしている。

問十四　傍線部1・2のカタカナの部分を漢字に直し、記述解答用紙の所定の欄に記せ（楷書で丁寧に書くこと）。

三　次の甲・乙の文章を読んで、あとの問いに答えよ。

甲［次の文章は、永積安明『徒然草を読む』（一九八二年刊）の一節による。］

[1]兼好には、「合理」の世界を超える宗教的奇跡が、必ずしも否定しがたい世界として見えていたのであって、たとえば第六十八段には、

筑紫に、なにがしの押領使（あふりやうし）などいふやうなる者のありけるが、土大根（つちおほね）を万（よろづ）にいみじき薬とて、[X]朝ごとに二つづつ焼きて食ひける事、年久しくなりぬ。或時、館（たち）の内に人もなかりける暇（ひま）をはかりて、敵（かたき）襲ひ来りて囲み攻めけるに、館のうちに兵（つはもの）二人出で来て、命を惜（を）しまず戦ひて、皆追ひかへしてげり。いと[Y]不思議に覚えて、「日比（ひごろ）ここにものし給ふとも見ぬ人々の、かく戦ひし給ふは、いかなる人ぞ」と問ひければ、「年来（としごろ）たのみて、朝な朝な召しつる[Z]土大根らにさうらふ」といひて失せにけり。

という、筑紫の国に伝わる、大根の精霊についての奇跡的な説話をとりあげているだけでなく、この辺境地帯における素朴な庶民信仰の説話を、

深く信を致しぬれば、かかる徳もありけるにこそ。

と肯定的に受けとめており、またつづく第六十九段にも、

死期を予感する動物たちもいるかもしれない。

問十一　傍線部C「考えたい誘惑をおさえ難い」とあるが、筆者がこのように述べるのはなぜか。その理由として最も適切なものを次の中から一つ選び、解答欄にマークせよ。

イ　著者は、旧人ネアンデルタール人に葬送儀礼の始まりを認めたいと考えているのに、死の意識化をめぐって最新の人類考古学の情報と矛盾することに気づいたから。

ロ　著者は、断崖のくぼみに残る掌の痕を意識の原光景とみなしているので、それを葬送儀礼のはじまりとみなすとき、実際以上に宗教化してしまうことに気づいたから。

ハ　著者は、断崖のくぼみに残る掌の痕は記号ではないと主張しているのに、それを死の意識化のはじまりとみなすとき、自らの主張が矛盾をきたすことに気づいたから。

ニ　著者は、旧人ネアンデルタール人が死を意識化し始めたと考えているので、掌の残る断崖の壁を死の記号化の現場とみなすとき、自説の同語反復に気づいたから。

問十二　空欄 Ｉ に入る語句として最も適切なものを次の中から一つ選び、解答欄にマークせよ。

イ　実存の言葉

ロ　意識の言葉

ハ　生活の言葉

ニ　事実の言葉

問十三　本文の趣旨と合致しないものを次の中から一つ選び、解答欄にマークせよ。

イ　著者はテレビで放映された岸壁のくぼみに残る掌の痕に、人類が死をはじめて意識化した兆しを見ようとしている。

ロ　著者はテレビで放映された岸壁のくぼみに残る掌の痕に、人類がはじめてコミュニケーションを意識化して行った痕跡を見ようとしている。

注　スンダランド……現在のタイのチャオプラヤ川の流域からタイランド湾、南シナ海を含む一帯に、氷河期に存在した陸地。

問八　傍線部Ａ「これには私の意識はほとんど感応しなかった」とあるが、その理由の説明として最も適切なものを次の中から一つ選び、解答欄にマークせよ。

イ　その岩絵よりもずっと精巧な形象がオーストラリアやヨーロッパやアフリカの洞窟の壁に描かれているから。

ロ　その岩絵が白抜きの掌の痕よりかなり後の時代のものと思われ、考古学的にみて貴重さの度合いが劣るから。

ハ　その岩絵は円や舟や人間の形象を稚拙に描いていて、心が深く揺り動かされるほどの美意識に欠けていたから。

ニ　その岩絵は記号として描かれていて、生身の人間の意識の奥からつきあげてくるような反応が感じられないから。

問九　傍線部Ｂ「これは記号ではない」とあるが、その説明として最も適切なものを次の中から一つ選び、解答欄にマークせよ。

イ　著者は、断崖のくぼみにある指のない掌の痕が、愛する肉親の死に対する言語化できない哀悼を表現するために残されたと考えているから。

ロ　著者は、断崖のくぼみにある指のない掌の痕が、意識化の過程や抽象的思考を経た記号の出現ではないと考えているから。

ハ　著者は、断崖のくぼみにある指のない掌の痕が、死という観念や死後の霊魂といった新しい次元を予感させると考えているから。

ニ　著者は、断崖のくぼみにある指のない掌の痕が、言語をまだ持たない人間の死者に対するコミュニケーションの現れと考えているから。

問十　次の文は本文中に入るべきものである。空欄［イ］～［ホ］から最も適切な箇所を一つ選び、解答欄にマークせよ。

イリアン・ジャヤ南西海岸に残った掌の形が三万年ほど前のものらしい、というテレビの説明を、私が聞き違えたのでなければ（その可能性もなくはない）、あの断崖のくぼみは、人間が死を強く意識し始めてそれほどたっていない時代のものである。

現在までその子孫たちが残っている彼らは、約十万年前ごろから世界各地に広まったわれわれ現存人類の古型だ。一万一千年前に氷河期が終るまで東南アジアにあったふたつの陸地のうち、五万年前ごろ西方の「スンダランド」から「サフルランド（現在のオーストラリア大陸とニューギニア島がつながったもの）」に渡った集団の一部と考えられるが、この遺跡は人類が死を自覚的に意識し始めた時期の、最も鮮烈で最も美しく怖ろしい体験のひとつと思えてならない。

死んだら魂はどうなるか、死後の世界があるのか、といったもろもろの宗教的、神話的思考がつくり出されるより前、死という観念、死という言葉が、この世界に滲み出てきた現場のように見える。いや言葉そのものがこのようにして、葬送儀礼の始まりと時期を同じくして、つまり死の意識化とともに生まれたのではないか、と C 考えたい誘惑をおさえ難い。

記号やシンボリックな形象がその後世界じゅうで墓地内部を飾ることになるが、記号やシンボルは描かれる前にすでに意識化されたものである。形あるもの、意味あるものだが、その前に死という不可解な事実を自分自身のこととして自覚し始めたときの、身をよじって嘆き、指を切り落とすというような直接的な反応しかできなかった段階があったのだろう。その肉体的な、意識の奥からつきあげてくる恐怖と嘆きの、言い難い衝動。どうしてこの世界に死というものがあるのか、親しいものたちとの無慈悲な別れが避けられないのか、その答えは言い難く答え難い。言い難いからこそ言わねばならない。何か形をつけねばならない。

これはコミュニケーションの手段としての言葉と次元を異にするいわば［　I　］である。動物たちも声をつかってコミュニケーションする。身振り、表情その他のコミュニケーションと同じ次元で、動物たちは言葉がないから意思疎通に困るだろう、というようなことはない。彼らはそれぞれの生活圏の中でお互い同士、十分にコミュニケートしている。

（日野啓三「断崖にゆらめく白い掌の群」による）

同じ断崖の一部だったか少し離れた場所だったか、掌のそよぐ墓地よりかなり後の時代と思われる岩絵の紹介もあったが、[A]これには私の意識はほとんど感応しなかった。それは円や同心円や舟や人間の形を稚拙な記号として描いたもので、そのような記号化された古代の岩絵や洞窟画なら、私たちはオーストラリアやヨーロッパやアフリカで驚くべく巧みなものを、数多くすでに見ている。

白抜きに残された掌の形の中には、指が欠けているものがある。二本も三本も指の根もとから切断されているのだ。これを断崖に残した人たちの子孫と推定される採集民の部族が密林の奥で生活しているのだが、その中には同じように指をつめた人たちがいまもいる。愛する肉親が死ぬと指をつめるのだという。その人たちの指の欠けた掌は、断崖のくぼみに残る掌の群の中の、指のない掌の形と、ほとんど重なり合う。

[B]これは記号ではない。［イ］死という不可解で絶対的な事実に対する、生身の人間の直接の反応、形にならぬ、言葉にさえならぬ深層の震えが、そのままそこに出現したのだと私は思った。

人類が死を意識した（死体を認知するだけでなく）のは、旧人ネアンデルタール人のあと新人ホモ・サピエンス・サピエンスつまりわれわれ現存人類の段階になってからだとされている。［ロ］ネアンデルタール人たちにも、西方に向かって並べられた頭骨の列とか、赤土をふんだんに使い、花をばらまいた花粉が残っている墓地など、葬送を意識した遺跡があるとよく言われていたが、最新の人類考古学の[2]チケンは否定的である。［ハ］

約五十万年前の北京原人の遺跡からは、脳や骨髄をすすって食べたらしいあとの人骨が、動物たちの骨と一緒に捨てられている。［ニ］東アフリカに現在棲息（せいそく）するヒヒたちの母親は、赤ん坊が何かの原因で死んでも胸に抱き続けて、死体が解体しはじめると急に異物だと気づいて、何の未練もなくほうり捨ててしまう、という動物学者の報告を読んだことがある。

他の生物が死んでいる事実なら、ほとんどの生物が認知するだろう。［ホ］だが自分自身も含めて死が全生物の逃れられぬ事実だとおびえ恐れ、死についてさまざまに考え始めたのは、わずか数万年前からのことと思われる。

あるかのように、身近なものとして、直接のものとして、現にいま刻々の私自身の出来事としてさえ感じられる。この世の約束の時間で計れば、何万年という遥かな過去の出来事にもかかわらず。

高さ百メートルを越える切り立った崖が、海岸に沿って蜿々と連なっている。海は明るく穏やかだ。断崖の上は深い熱帯の密林がひろがっている。

暗灰色の断崖の表面に、海面と並行して白っぽい横縞が走っている。縞の幅は十メートルぐらいだろうか、その灰白色の縞の一部が幾分くぼんでいる。洞穴というほど深くはない。暗くもない。かつての共同墓地ないし遺体を安置する聖所の跡のようである。いまも遺骨が散乱している。海は青く、骨は乾いて白い。

その骨のちらばるくぼみの岩壁に、それがあった。数十にのぼる人間の掌の形が、いまもくっきりと残っているのである。掌の形を描いた絵ではない。それなら別に驚くことはない。掌を岩壁の表面にぴたりと押し当てて、そのまわりに赤茶色の1ガンリョウを丹念に吹きつけたものである。つまり掌の形が灰白色の岩の表面に、いわば白抜きに浮かび出しているのだ。

白骨の重なる断崖のくぼみの岩の表面に、そんな白抜きの無数の掌の痕。しかもそれぞれの掌の一本一本の指の形まで、くっきりといまも鮮やかだ。掌の痕というより、生きた掌の群がゆらゆらと、あるいはひらひらと、音もなく重なり合って揺れて、そよいでいるように見える。

テレビの説明では、三万年ほど昔のものらしいと私は聞いたつもりだが、その光景の鮮やかさは、ついこの間のことのようだ。いや白い掌の群のゆらめきは、いまの私自身の意識の奥の光景であるかのようになまなましい。異様になまなましい。

一九九一年初め、どのテレビも連夜、ペルシア湾岸戦争の映像と解説を流し続けていた時期に、TBSが放映したイリアン・ジャヤ（ニューギニア島西半部）のルポルタージュの一場面である。女性ディレクターが取材制作した真に記録的な、とは安易な物語性に流れないすぐれた記録作品だった。

問七　A・Bそれぞれの文章の内容に合致しないものを次の中から二つ選び、解答欄にマークせよ。

イ　Aの文章の著者は、武内義雄の『老子原始』にみられる文献学的方法に、大阪の町人学者であった富永仲基からの方法的示唆をみとめている。

ロ　Aの文章の著者は、神話的虚構である老子五千言から実証的推理によって〈確かなテクスト〉を求める新たな古代文献学を批判的にみている。

ハ　Aの文章の著者は、今本老子と法家の老子経文に大差ないことから、それらは韓非後学が伝承された老子経文を改編したものと主張している。

ニ　Bの文章の著者は、老子五千言が一書の形をなすのは、秦漢の時代になってからであり、そのはじめは口誦されて伝わったものと考えている。

ホ　Bの文章の著者は、老子の後学が道家を標榜して儒墨に対抗する必要から、その権威付けのために黄帝四経などを取り除いたと推定している。

ヘ　Bの文章の著者は、老子本来の学説を知るには、今に伝わる老子五千言の中から、道家以外の諸家の思想を取り除く必要があると述べている。

二

次の文章を読んで、あとの問いに答えよ。

ひとつの光景が頭を離れない。正確には、ひとつの映像あるいはひとつの画面と言うべきだろう。私自身がそこに立ち会ったのではなくて、テレビの記録番組の一場面なのだから。

にもかかわらず、私にとってその場面は、自分がそこに現に居合わせたかのようなふしぎな現実感を、日ましに濃くしてゆく。テレビの記録映像ではなく、ひとつの現実として、いや〝あらゆる現実の現実性〟の根拠ないし始原の光景でも

ロ　純粋老子に文章や修辞の不統一は確かにみとめられるが、それは歴史の過程で重みを加えてきたものであり、たとえ古代文献学の方法をもってしても腑分けなどできるはずがない。

ハ　所与のテクストから、付加された剰余の言説的残滓を取り除いて〈純粋テクスト〉を求めるにしても、それを〈確かなテクスト〉と判定する目的が曖昧であることは否定できない。

ニ　老子五千言の中には各派所伝の老聃の言が混入しており、いかに合理的視点による実証的推理にもとづいてそれらを取り入れるとはいえ、〈純粋老子〉が得られるという保証はない。

ホ　老聃伝説と老子道徳経という虚構は、古代に行われた文献批判学の前には解体されるべきものとして存在するのであって、実証的推理によって解明されるとは決して期待できない。

ヘ　近代の文献批判は、現前の〈不確かなテクスト〉から〈確かなテクスト〉を取り出せるという前提のもとに成り立っているものであるが、この前提は必ずしも確実なことではない。

問五　Bの文章に傍線部4「古聖往哲」とあるが、ここでそれとされる人物を次の中から一人選び、解答欄にマークせよ。

イ　老子　　ロ　荘子　　ハ　韓非　　ニ　楊朱　　ホ　関尹　　ヘ　黄帝

問六　Bの文章の空欄 a ～ e には、それぞれ「有韻」「無韻」いずれかのことばが入る。その組み合わせとして最も適切なものを次の中から一つ選び、解答欄にマークせよ。

イ　a 有韻　b 有韻　c 無韻　d 有韻　e 有韻

ロ　a 有韻　b 無韻　c 無韻　d 無韻　e 有韻

ハ　a 有韻　b 有韻　c 無韻　d 有韻　e 無韻

ニ　a 無韻　b 無韻　c 有韻　d 無韻　e 無韻

ホ　a 無韻　b 有韻　c 有韻　d 有韻　e 無韻

ヘ　a 無韻　b 無韻　c 有韻　d 無韻　e 有韻

（武内義雄「老子原始」による）

注　胠篋篇……『荘子』外篇のなかの一篇の名。
楊朱・関尹……いずれも老子と直接会って、その教えを受け継いだとされる人物。
孔・墨……孔子（中国春秋時代、紀元前六世紀から五世紀ころの思想家。儒家の祖）と墨子（中国戦国時代、紀元前五世紀から四世紀ころの思想家。墨家の祖）のこと。
堯・舜・周文・夏禹……儒家が理想の君主とした堯帝と舜帝、周の文王、夏の禹王。
黄帝四経……漢代の書目に載せられている道家の教典とされるものの名。黄帝は中国の神話、伝説上の皇帝の名。道家では、のちに黄帝を始祖とし、老子を大成者とするようになった。
縦横家……中国戦国時代に合縦または連衡の策を諸侯に説いた外交政略家。
附益……付け加えること。

問一　Aの文章に傍線部1「実証的推理」とあるが、これとほとんど同じことをあらわす語句を、Aの文章中から五字で抜き出し、記述解答用紙の所定の欄に記せ（句読点が含まれる場合は、それも一字とする）。

問二　Aの文章の空欄 X に入る語句として最も適切なものを次の中から一つ選び、解答欄にマークせよ。

イ　異辞同意　ロ　各派所伝　ハ　韓非後学　ニ　神仙家言　ホ　伝聞佚事　ヘ　老子伝説

問三　Aの文章に傍線部2「『荀子』『荘子』などに老子言説の特質としてのべられていることば」とあるが、それに相当する箇所をBの文章中から十字以上十五字以内で抜き出し、記述解答用紙の所定の欄に記せ（句読点が含まれる場合は、それも一字とする）。

問四　Aの文章に傍線部3「〈純粋老子〉をいうこと自体が、近代の文献批判学者の「一家の言」でしかない」とあるが、その説明として最も適切なものを次の中から一つ選び、解答欄にマークせよ。

イ　近代の文献批判学者は、江戸時代の学者富永仲基から方法的示唆を受け取っているが、その方法論は近代科学的検証を経ていないので、ひとりよがりの域を出ない学説でしかない。

説は、最初その祖述者の楊朱・関尹らの間に誦伝せられて未だ竹帛に上らざりしものの如し。今老子の語中最も古しと思はるる部分が、皆有韻の文なるは、もと口誦に便にせしによるものにして、偶々以て其の書の由来を暗示するものといふべし。然り而して老子の出世は孔・墨に後る。故に其の後学が道家を標榜して儒墨に対抗するには、道家経典の編纂を必要とせしなるべく、単に経典の編纂を必要とせしのみならず、これを4古聖往哲の言に託して儒墨の堯・舜・周文・夏禹に拮抗するを要せしなるべし。而して此の必要にせまられて集成せられたるもの、即ち黄帝四経なるべし。

老子五千文中、法家言・縦横家言・兵家言を存して、黄帝書と類似せるもの多きは、老子の編纂がこれら諸書の後にあることを暗示するものにして、その中、韻文と散文とが錯雑するは、口誦によりて伝はれる資料と文献によりて伝へられたる材料とが混在せるによるなるべし。

老子五千言の集成が、秦漢の際にありて、其の中、法家言・兵家言・縦横家言等を混ぜること上述の如しとすれば、老子本来の学説を知るには、将に今本老子中より、道家以外の学派の思想を除去すべきは自明の理なり。然れどもこれを刪除して純粋に帰せしむるには、先づその方針を定めざるべからず。余は、次の三項に留意してこれを削定すれば、略ぼ大過なかるべしと思惟するものなり。

(一)五千言中に説ける内容を精査して、これを先秦学術変遷の大勢に照し、苟くも老子以外の諸子の中心思想と符合するものあればこれを刪除すること。

(二)其の文体の異同を明かにして、新しき部分を去りて古き部分のみを存すること。これを機械的に行ふには、五千言中の押韻を考究して、[a]の部分を除き、[b]の部分を存し、又[c]の部分中に於ても、韻を転ずる処に留意して後人の附益と思はるるものを去れば大過なかるべし。蓋し[d]の部分は口誦によりて伝へられし古き道家言多く、[e]の文中には後人の敷衍に係るもの多ければなり。

(三)右の二方針によりて刪除し、残されたる部分を、先秦古典中、老子を評論せる語に照して一致するや否やを検し、その一致するもののみを取りて老聃の言に擬定すること。

老子だ〉とするのも、『荀子』『荘子』における〈これが老子だ〉とする発言に頼ってでしかない。どこまでいっても存在するのは〈老子〉をめぐる言説だということではないか。あるいは[3]〈純粋老子〉をいうこと自体が、近代の文献批判学者の「一家の言」でしかないというべきではないか。

（子安宣邦「近代知と中国認識」による）

注　内藤湖南……東洋史学者、京都帝国大学教授。（一八六六～一九三四）
富永仲基……江戸時代、大阪の市井の儒学者、思想史家。（一七一五～一七四六）
武内義雄……中国古代史研究に文献批判の方法を導入。東北帝国大学教授。（一八八六～一九六六）
テクスト・クリティーク……文献学の一分野。諸伝本を比較考証して吟味すること。また、その研究。原典批判、本文批判、文献批判ともいう。
篋底……ものを入れておく小箱の底。
『老子』……中国古代の思想家老子（老聃）があらわしたとされる書。『道徳経』とも。五千余字から成ることから「五千言」「五千文」と称される。老子は、中国戦国時代の諸子百家の一つである道家の祖とされる。
辞賦、箴銘……それぞれ中国の文体。
会萃……ひとつに集めること。集めてあわせること。
法家、兵家、神仙家……それぞれ中国春秋戦国時代の学者や思想家の学派の名。
『韓非子』……中国戦国時代（紀元前三世紀ころ）、韓非の思想を説いた書。韓非らの学派を法家という。
晋・宋……紀元三世紀から五世紀ころの、中国の王朝の名。
神仙の譎詞……不老不死の仙人にかかわる奇怪な伝説。
化胡の虚伝……老子がインドに渡って釈迦となったなどという偽りの伝説。
删除……削り取ること。
『荀子』……中国戦国時代（紀元前三世紀ころ）、荀子の思想を説いた書。
『荘子』……中国戦国時代（紀元前四世紀から三世紀ころ）、老子とともに道家の思想を説いた荘子の書。

B

老子五千言が書を成せるは、荘子胠篋（きよけふ）篇の後、韓非子解老及び喩老の前にありて、秦漢の際に当るべし。蓋（けだ）し老聃の言もちろん武内のするテクストの分析ははるかに精細である。しかしここでは武内が「老子五千言」を構成する諸家の言説をいかに弁別し、いかに〈老子テクスト〉を腑分けするかを、そしてその手続きがいかなるものであるかを見れば十分である。この武内のするテクスト批判のあり方に、仲基からの方法的示唆を読み取ることは容易である。しかし仲基からの示唆を受けてする武内の〈老子テクスト〉の批判は、いったい何に因由し、何を目指そうとするのだろうか。

だがこうした問いに武内はすでに答え、私もまた予め答えてしまっている。冒頭に引いた武内の「老子五千言」に寄せる視線が、すでにそうした問いへの答えを語っていた。繰り返していえば、彼に新たなテクスト・クリティークを要請しているのは「老子五千言」というテクストの不確かさ、信用のなさであった。しかもそのテクストの不確かさに老子伝をめぐるいかがわしさがつきまとっている。「晋・宋以後、老子の事跡を記するもの、多くは神仙の譎詞を混へ、化胡の虚伝を襲ひて軽信すべからず」と、武内は老子伝説のいかがわしさをのべることばをもって「老子原始」を始めるのである。こうしたことばをもって始まる「老子原始」とは、すでにのべたように、老聃の存在と『老子道徳経』を神話的虚構の集成物とみなす合理的視点が、テクストの解体的探査の過程を新たな学として披瀝したものであることが知れよう。ここではテクストの精細な解体的探査の過程こそが重要なのである。その過程の詳述こそが近代の学術的言説、すなわち古代文献学なのである。

さて「老子五千言」の解体的探査のはてに何が残るのか。それは〈純粋老子テクスト〉である。「老子本来の学説を知るには、将に今本老子中より、道家以外の学派の思想を除去すべきは自明の理なり。然れどもこれを刪除して純粋に帰せしむるには、先づその方針を定めざるべからず」と武内は、テクストから付加された剰余の言説的残滓を取り除いて、テクストを「純粋」に帰せしむるべき判定の規準を列挙する。その規準とは『荀子』『荘子』などに老子言説の特質としてのべられていることばである。それらの標準に照らして武内は〈純粋老子テクスト〉を推定しようとする。しかし危ういかな、この作業は。最後に求められる〈純粋テクスト〉とは、歴史的構成物である眼前のテクストから剰余の付加的言説を弁別し、取り除く合理的な方法的意識の相関物でしかないことを明らかにしているではないか。しかも最後に〈これがえるものとして歴史の過程で重みを加えてきた経文「老子五千言」は、今、武内の分析的なまなざしのもとで腑分けさるべきテクストとなる。彼がまずテクスト上に見出すのは文章、修辞の不統一であり、多様な思想の混在である。要するに経文「老子五千言」の不確かさ、信用のなさである。

いわゆる「老子五千言」とは、信じられてきたように老子一人の手になる著述ではない。神話的老聃の存在とともに『老子道徳経』は、まさしく神話的な虚構とみなされる。それを虚構とみなす合理的視点がその1実証的推理の過程を学として披瀝するのが、新たな古代文献学である。そして虚構性の実証的な推理のはてに、古代文献学者が虚構として取除いた言説的残骸の底に見出そうとするのが〈確かなテクスト〉である。〈不確かなテクスト〉を前にして古代文献学は形成され、古代文献学によってはじめて〈確かなテクスト〉が与えられるのだ。

武内がまず「老子五千言」の虚構性をいうのは修辞上の視点からである。「老子五千言」と称されるテクストには多くの X の繰り返しが見られ、また文体、語法に明白な不統一がある。それは一時代の一人の手になるものでは決してない。さらに「五千言」を具に見れば、それが決して「純乎たる道家言」ではなく、そこには「法家言に類するものあり、兵家言に似たるあり、神仙家言と思しき」ものもあって、まさしく『老子』というテクストが老聃に仮託して語られた多様な言説の虚構の集成体であることがわかる。したがって、「老子五千言」というテクストは種々の材料を「会萃」してなったものだと武内はいうのである。

今、武内のするテクスト分析の一例をあげよう。『韓非子』に「解老」「喩老」の二篇がある。「解老」は老子の言を解釈したもの、「喩老」は古い伝聞佚事を引証して老子の言を説明したものである。その二篇は現存する最古の老子伝説であり、その二篇は古い老子伝説の残闕とみなされる。そしてそこに引かれている老子の言を見れば、これらの篇の作者が依拠せる「老子経文」は「今本老子」と大差ないものと推定される。そこからすると韓非学派が伝えてきた「老子経文」というテクストがあり、その伝承されたテクストにもとづいて韓非後学が「章次を改め、文字を校改せるもの」が「今本老子」であろうと推理される。しかもこの韓非後学をめぐる推定は、「今本老子中に法家言の存する所以」をも説明する。

国語

（九〇分）

一 次のA・Bの文章を読んで、あとの問いに答えよ。

A

内藤湖南の講演（「大阪の町人学者富永仲基」一九二一）を深い感銘をもって聞いた武内義雄は、仲基からテクスト・クリティーク上の強い方法的示唆を受取りながら、やがて論文「老子原始」を執筆する。この論文を収めた同名の著書『老子原始』は大正十五年（一九二六）に弘文堂から出版される。その書の序に「篋底に秘めたる老子原始一綴とりいでて巻首に冠らせ」とあるから、論文「老子原始」の執筆は当然大正十五年に先立つ時期、湖南の講演を聞いた後であることになる。

さて武内は論文「老子原始」においてどのように『老子』に立向かうのか。

「今老子五千文を熟読するに、其の中異辞同意の言重複するもの甚だ多く、其の文亦た一律ならず。或いは辞賦に似たるあり、箴銘に類するあり、有韻の章あり、無韻の文ありて、其の説くところ時に矛盾するもの少からず。是れ豈一人一時の作ならむや。惟ふにこれ後の道家者流が分れて数派となれる後、各派所伝の老聃の言を会萃して一書となせるなるべし。」

ここで武内が向かっているのは「老子五千文（言）」と称される〈不確かなテクスト〉である。道家の祖老子の言を伝

2020年度

問題編

■一般入試・一般入試（英語4技能テスト利用型）・センター利用入試

問題編

〔一般入試〕

▶試験科目・配点

教　科	科　　　目	配　点
外国語	「コミュニケーション英語Ⅰ・Ⅱ・Ⅲ，英語表現Ⅰ・Ⅱ」，ドイツ語，フランス語，中国語，韓国語のうちから１科目選択	75点
地　歴	日本史Ｂ，世界史Ｂのうちから１科目選択	50点
国　語	国語総合，現代文Ｂ，古典Ｂ	75点

▶備　考

ドイツ語・フランス語・中国語・韓国語を選択する場合は，大学入試センター試験の当該科目〈省略〉を受験すること。センター試験外国語得点（配点200点）を一般入試外国語得点（配点75点）に調整して利用する。

〔一般入試（英語4技能テスト利用型）〕

▶試験科目・配点

教　科	科　　　目	配　点
地　歴	日本史Ｂ，世界史Ｂのうちから１科目選択	50点
国　語	国語総合，現代文Ｂ，古典Ｂ	75点

▶備　考

地歴・国語それぞれに合格基準点を設ける。それぞれ基準点に満たない場合は不合格となる。

▶合否判定

英語4技能テストのスコアが基準を満たしているものを対象として，一般入試の２教科の得点で合否を判定する。

〔センター利用入試：センター＋一般方式〕

▶1次試験（大学入試センター試験　以下より1教科1科目選択）

教　科	科　　　目	配　点
地歴・公　民	①地理B　②現代社会　③倫理　④政治・経済 ⑤倫理，政治・経済	50点
数　学	①数学Ⅰ・数学A　②数学Ⅱ・数学B	
理　科	①物理基礎　②化学基礎　③生物基礎　④地学基礎から2科目 または⑤物理　⑥化学　⑦生物　⑧地学から1科目	

※センター試験科目得点（配点100点）を50点に換算する。「世界史B」「日本史B」等は試験科目に含まれていないので，注意すること。

※上記科目の範囲内で複数の科目を受験した場合，最高得点の科目の成績を合否判定に利用する。ただし「地歴・公民」「理科（⑤～⑧）」において2科目受験の場合は，それぞれの第1解答科目のみを合否判定に利用する。2科目受験で上記以外の科目を第1解答科目として選択した場合，当該教科の科目は合否判定の対象外となる。

▶合否判定

1次試験（センター試験）の得点と2次試験（文化構想学部一般入試「外国語」および「国語」）の得点を合算して合否を判定する。

英語

（90分）

I Read the following two passages and choose the most appropriate word or phrase for each item（1～14). Mark your choices（**a**～**d**）on the separate answer sheet.

(**A**) It is often believed that Japan is a monolingual and（ 1 ）society. However, this myth of（ 2 ）is called into question by the existence of residents from diverse linguistic and ethnic backgrounds, including indigenous peoples (i.e., the Ainu and the Okinawans); multigenerational ethnic minorities of Korean and Chinese descent who came during the era of Japanese colonialism; repatriates from China, including Japanese war orphans (*zanryū koji*), remaining women (*zanryū fujin*), and their family members; "*nikkei*" (Japanese-descent) ethnic return migrants from South America and their families (e.g., Brazilians, Peruvians, Bolivians); guest workers from Asian nations and other parts of the world; and international students predominantly from Asian countries, to（ 3 ）a few.

Despite such diversity, foreign language instruction in schools and universities is dominated by English — an international language par excellence deemed to be critical for work and study in the（ 4 ）society. Underlying this dominance is the assumption that English links all people from diverse first-language backgrounds across the world. However, the linguistic and ethnic diversity described earlier implies that non-Japanese residents in Japan are not（ 5 ）English speakers and that Japanese, rather than English, functions as a lingua franca in most communicative contexts in Japan. If not to communicate with local non-Japanese residents in Japan, could the purpose of learning English be to interact with people outside of Japan? Does English (6) function as an international lingua franca in such situations? If not, what should be taught in English-as-a-foreign-language classrooms? These questions require scholars, educators, and policy makers to rethink the fundamental purpose and ultimate goal of learning a foreign language as part of school or university curricula and as (7) learning in the workplace.

(Adapted from Ryūko Kubota, "Paradoxes of Learning English in Multilingual Japan.")

1. (a) monochromatic (b) monocultural
   (c) monosyllabic (d) monotonous
2. (a) complexity (b) homogeneity
   (c) monogamy (d) multiplicity
3. (a) age (b) date
   (c) name (d) title
4. (a) centralized (b) globalized
   (c) marginalized (d) rationalized
5. (a) arbitrarily (b) fundamentally
   (c) necessarily (d) ultimately
6. (a) frankly (b) ostentatiously
   (c) thoughtfully (d) universally
7. (a) compulsive (b) lifelong
   (c) lively (d) partial

(B) When presented with what looks, for all the (8), like a closed question, for example, one which allows for two possible answers — either yes or no — the most common response is, naturally enough, to choose one of these two answers. When asked, for example, whether one believes in truth, or justice, or God, or whatever the subject happens to be, one almost (9) feels compelled to answer either in the affirmative or in the negative. This attitude (10) a lot of unpleasant conversations — not to mention a great deal of messy thinking. The problem, I am quite certain, is not so much in the answer as in the question. More often than that, and perhaps *always* in the case of such (11) subjects as, say, justice and God, one cannot — nay, should not — expect a simple yes or no answer. To assume, in relation to belief or opinion, that there are but two states of mind, namely, belief or disbelief, is a mistake one must (12) most zealously to rectify, at least in one's own thinking. There is a third state of mind: suspension of belief or opinion. When next you are asked whether or not you believe in ghosts or gods, in miracles or monsters, remember that, if so inclined, you may forestall pronouncing judgment on such topics, either indefinitely or (13) such a time as you feel certain one way or the other. I dare say, the more seriously you take yourself, the more carefully you strive to clarify your own thoughts and (14), the more you shall come to find that suspension of belief is closer to the truth than a simple yes or no.

8. (a) aspects　(b) time
   (c) way　(d) world
9. (a) inevitably　(b) insurmountably
   (c) invectively　(d) inviably
10. (a) leads to　(b) plays out
   (c) resorts to　(d) tries out
11. (a) laborious　(b) languid
   (c) lofty　(d) luxurious
12. (a) effuse　(b) endeavor
   (c) enterprise　(d) entrench
13. (a) around　(b) before
   (c) beyond　(d) until
14. (a) confections　(b) contortions
   (c) convections　(d) convictions

II

Read the following three passages and mark the most appropriate choice (**a** ～ **d**) for each item (15～24) on the separate answer sheet.

(**A**) In 2016, 'Brexit' was included for the first time in the *Oxford English Dictionary* (*OED*), which defined it as 'The withdrawal of the United Kingdom from the European Union [EU]'. The word is an example of a portmanteau, a type of compound noun formed by fusing together two words. Who actually coined the word is disputed, but most date its first use to 2012 and connect it to the then-popular use of the word 'Grexit', to mean Greek exit from the Eurozone.

However, the definition in the *OED* has no specific time frame or focus in terms of policy or explanation for why Brexit happened. While Article 50 — the article of the EU's treaties that sets out how a member state can leave — provides a two-year time frame for exit negotiations, the full range of negotiations and the practical implications of Brexit are likely to take much longer to unfold, and require a longer-term comprehensive analysis to fully understand and explain.

(Adapted from Tim Oliver, *Understanding Brexit.*)

15. According to the passage, which of the following is true?
   (**a**) 'Brexit', or British exit, is a coinage with no similar precedent.
   (**b**) It is relatively clear when and how the term Brexit began to be used.
   (**c**) The *OED* is the first dictionary to include the word Brexit.
   (**d**) What resulted from Brexit is defined in the *OED*.
16. The author suggests that
   (**a**) Article 50 is the main cause which triggered Brexit.
   (**b**) other EU member states might follow Britain to leave.
   (**c**) the full range of exit negotiations is shown in Article 50.

(d) we spend sufficient time grasping the meaning of Brexit.

(B) Spiritualism is a movement based on the belief that departed souls can interact with the living. Spiritualists sought to make contact with the dead, usually through the assistance of a medium, a person believed to have the ability to contact spirits directly. Initially, séances, or gatherings for spirit communication, were concerned with demonstrating and investigating mental phenomena such as clairvoyance, telepathy, and the reception of messages from spirits. The messages that mediums claimed to receive were examined in order to build theoretical constructs for explaining how spirit contact could occur. Very early in the movement, however, séances featuring more spectacular physical phenomena were conducted and mediums arose who specialized in such displays. Spirits were said to have the power to levitate objects, to speak independently of the medium, to leave pictures on photographic plates, and to materialize objects, including themselves.

While spiritualist practices have been motivated by mere curiosity and fascination with the supernatural, they have also been driven by more serious concerns about the fate of the human soul. For those who have lost their faith in traditional Christianity, spiritualists have offered a new religion based not on an ancient tradition but on facts that apparently can be observed by anyone. Those for whom materialistic ways of thinking have precluded belief in a life after death have been given a new hope of immortality. Those suffering from grief after the death of loved ones have been offered the possibility of communicating with them. But the strong involvement of emotion in both the acceptance and the rejection of spiritualism has made it difficult to appraise impartially the evidence for and against it.

(Adapted from John Gordon Melton, "Spiritualism.")

17. Which of the following is true, according to the passage?
 (a) Receiving messages from spirits was considered to be ultimately theoretically inexplicable.
 (b) Spirits were said to be able to appear in bodily form at séances.
 (c) Spiritualists are those who can allegedly speak to dead people.
 (d) Spiritualists used such mediums as displays, pictures, and photographic plates.

18. Which of the following is true, according to the passage?
 (a) Even spiritualism cannot heal the sadness brought about by the death of one's dearest persons.
 (b) Materialism has compelled some people to disbelieve in a life after death.
 (c) Spiritualism consists of inquisitiveness and pessimism about immortality.
 (d) Traditional Christianity has provided spiritualists with a renewed form of religion.

19. Which of the following is NOT implied in the author's conclusion?
 (a) Accepting or rejecting spiritualism falls short of objectivity.
 (b) Both advocates and opponents of spiritualism have a passionate commitment.
 (c) Spiritualism has not received a disinterested evaluation.
 (d) The evidence to prove or disprove spiritualism cannot be discovered.

(C) We animals are the most complicated things in the known universe. The universe that we know, of course, is a tiny fragment of the actual universe. There may be yet more complicated objects than us on other planets, and some of them may already know about us. But this doesn't alter the point that I want to make. Complicated things, everywhere, deserve a very special kind of explanation. We want to know how they came into existence and why they are so complicated. The explanation, as I shall argue, is likely to be broadly the same for complicated things everywhere in the universe; the same for us, for chimpanzees, worms, oak trees and monsters from outer space. On the other hand, it will not be the same for what I shall call 'simple' things, such as rocks, clouds, rivers, galaxies and quarks. These are the stuff of physics. Chimps and dogs and bats and cockroaches and people and worms and dandelions and bacteria and galactic aliens are the stuff of biology.

The difference is one of complexity of design. Biology is the study of complicated things that give the appearance of having been designed for a purpose. Physics is the study of simple things that do not tempt us to invoke design. At first sight, man-made artefacts like computers and cars will seem to provide exceptions. They are complicated and obviously designed for a purpose, yet they are not alive, and they are made of metal and plastic rather than of flesh and blood. In my view they should be firmly treated as biological objects.

The reader's reaction to this may be to ask, 'Yes, but are they *really* biological objects?' Words are our servants, not our masters. For different purposes we find it convenient to use words in different senses. Most cookery books class lobsters as fish. Zoologists can become quite upset about this, pointing out that lobsters could with greater justice call humans fish, since fish are far closer kin to humans than they are to lobsters. And, talking of justice and lobsters, I understand that a court of law recently had to decide whether lobsters were insects or 'animals' (it bore upon whether people should be allowed to boil them alive). Zoologically speaking, lobsters are certainly not insects. They are animals, but then so are insects and so are we. There is little point in getting worked up about the way different people use words (although in my nonprofessional life I am quite prepared to get worked up about people who boil lobsters alive). Cooks and lawyers need to use words in their own special ways. Never mind whether cars and computers are 'really' biological objects. The point is that if anything of that degree of complexity were found on a planet, we should have no hesitation in concluding that life existed, or had once existed, on that planet. Machines are the direct products of living objects; they derive their complexity and design from living objects, and they are diagnostic of the existence of life on a planet. The same goes for fossils, skeletons and dead bodies.

(Adapted from Richard Dawkins, *The Blind Watchmaker.*)

20. Dandelions and worms
  (a) are complicated in the same way as humans or even aliens from outer space are.
  (b) can be found all across the known universe.
  (c) may appear to be complicated but in fact they are very simple, like rocks and clouds.
  (d) need to be discussed and explained separately from other complex living things.

21. It is the author's belief that complicated things, such as cars or computers,
  (a) are not of interest because they were designed for a specific purpose.
  (b) may be discussed as being a part of biology even though they are not alive.
  (c) really belong to the study of physics.
  (d) should be considered as distinct from the study of biology.

22. Scientists who specialise in the study of animals
  (a) believe that humans are more closely related to lobsters than they are to fish.
  (b) have reached a consensus that lobsters should be classified as a type of insect.
  (c) now understand that insects must never be considered as

animals.

(d) would not accept lobsters being described as fish.

23. According to the author,

(a) language and vocabulary are clearly both biological objects.

(b) lawyers and cooks are examples of professionals who do not use words carefully.

(c) the meaning of any word is sacred and should never be altered.

(d) words are tools that we can adapt to best suit our immediate purpose.

24. Machines are said to be an indication of the existence of life because

(a) several complex machines have been found on other planets.

(b) some form of life would be necessary to initiate the complex design of a machine.

(c) these complex mechanical objects are predicted to replace biological life in the future.

(d) they are often found in places where there are no fossils, skeletons, or dead bodies.

III

Choose the most appropriate sentence from the following list (**a**～**h**) for each item (25～31). Mark your choices on the separate answer sheet.

(a) But they have been deceived by the limited menus, heavily adapted to Western tastes, they find in Chinese restaurants.

(b) From consumers of boiled whole grains, the Chinese also became eaters of pasta, flatbreads, and bread.

(c) However, the Europeans taught the Chinese how to make pasta products in a variety of forms.

(d) In contrast, the Chinese found themselves in a totally opposite situation.

(e) It was a newcomer, especially in comparison with millet, a grain clearly of Chinese origin and readily usable as food.

(f) It was so unfamiliar, in fact, that the earliest sources do not distinguish between wheat and barley; both grains were described with the same term, *mai*.

(g) Not only were the environmental and weather conditions of northern China ill-suited to wheat as a crop, the technical context suitable for the processing of millet was equally inhospitable.

(h) The similarities between China and the Mediterranean basin end there, however.

Europeans invented pasta late, even though conditions favored them. (25) Despite an agricultural environment that was anything but favorable to the manufacture of wheat-based pasta, they were familiar with wheat-based pasta long before the Europeans.

Many Westerners believe that Chinese pasta products are for the most part based on rice or the starch of the mung bean and that the bright white color of rice-flour noodles and the transparent appearance of bean-starch vermicelli represent the full extent of Chinese accomplishment in this area. (26) In truth, in China, just as around the Mediterranean, the history of pasta products begins with wheat and therefore with wheat pasta. Pasta made from other grains comes only much later. (27) In terms of grains, the two civilizations of food are virtual opposites in every way, even if the great Han Empire (206 B.C.–A.D. 220) and ancient Rome were not entirely unaware of each other and were linked by indirect relations. The Chinese, or at least the more well-to-do Chinese, already enjoyed dining on *laowan,* ravioli, when their contemporaries on the far end of the Eurasian continent were as yet unacquainted with stuffed pasta.

Yet, in an interesting paradox, while northern China was the birthplace and site of the early cultivation of the two leading species of millet, which constituted the subsistence staple of the entire population through prehistory, antiquity, and for a long time thereafter, wheat was a little-known foreign plant. (28) Furthermore, it is difficult to reconstruct the various phases of the development of wheat along the middle and lower course of the Yellow River, a region long considered as the cradle of Chinese civilization. We do know that around 3000 B.C. wheat was certainly grown in the far northwestern part of Gansu. This constitutes the earliest evidence of human use of common wheat in an outlying region of the Chinese world, though there is almost no indication of its use as a foodstuff. (29) Indeed, when wheat arrived from the West, it crossed paths with various types of millet, which were in their turn spreading westward.

All indications tell us that the introduction of the new grain occurred with considerable difficulty in the Chinese region, as practically no factors favored its adaptation, in terms of both the ancient Chinese agricultural system and dietary customs. (30) Throughout antiquity, the Chinese had only one tool available for the processing of cereals: the mortar and pestle, an instrument that was perfectly suited to milling rice and shelling millet, both of which were then boiled. When wheat and barley became more familiar in the Central Basin of the Yellow River, around 1300 B.C., they could only be processed with the tools developed for millet. This might account for the minimal enthusiasm among Chinese peasants for the cultivation of wheat around the second century B. C., since the production of flour for use in preparations that were considered to be more refined was certainly beyond their abilities.

With the appearance of the rotary mill around the fifth or sixth century B.C., about the same time as in the Mediterranean basin, it became possible to produce flour more quickly and in greater quantities, and the situation rapidly began to change, even though sources document those changes only with considerable delay. Over a period of several centuries, before and after the turn of the Christian Era, this population of farmers — previously entirely unaware of the advantages of wheat, a cereal that had none of the prestige of millet, which was deified as the Lord of the Harvests with the name of Prince Millet — grasped the remarkable potential of the elastic and malleable dough that could be created by mixing wheat flour and water. (31)

(Adapted from Silvano Serventi and Françoise Sabban, *Pasta: The Story of a Universal Food.*)

IV

Choose the most appropriate word or phrase from the list (**a**～**m**) for each item (32～38). Mark your choices on the separate answer sheet.

Adelaide: Everything's moved out! All we have to do is clean the apartment and return the keys.

Edgar: When do we have to clear out by? 5 pm?

Adelaide: By midnight, (32), but we can put the keys in the dropbox after hours. Nobody'll check.

Edgar: Oh, that's (33).

Adelaide: My friend's running some (34) now, but she'll help us soon. Let's catch (35) till then.

Edgar: Oh wait ... Have we seen the cat recently?

Adelaide: She must be hiding somewhere. *Tiramisu kitty? Where are you?*

Edgar: *Tiramisu? Tiramisu?*

— 30 minutes later

Adelaide: She disappeared! We looked everywhere. Did she escape while the movers were here?

Edgar: No way! We locked her inside the bedroom!

Adelaide: Maybe one of the movers opened the door ...

Edgar: They wouldn't (36)!

Adelaide: It just occurred to me ... Have you looked inside the kitchen silverware drawer?

Edgar: How could she get in? It's closed so tightly. But I guess it wouldn't (37) to look ... Oh, she's here! I never would have imagined in (38) she could get in there. How did she ... ?

Adelaide: The back of the drawer's not completely sealed. She must have jumped up from the back.

Edgar: *Tiramisu, you little troublemaker! You should have answered when we called you!*

Adelaide: You do know you're talking to a kitty? ...

(a) a million years (b) a relief
(c) dare (d) errands
(e) exercise (f) here
(g) hurt (h) our breath
(i) retrospect (j) stress
(k) technically (l) the cat
(m) work

PLEASE READ THE INSTRUCTIONS CAREFULLY.

V Read the following passage and complete the English summary <u>in your own words</u> in the space provided on the separate answer sheet. The beginning of the summary is provided; you must complete it in 4–10 words. Do not use more than two consecutive words from this page.

Sport has long had prominence in British culture, and the ways in which it has changed can be read as symptomatic of key changes in the social and cultural life of Britain. The roots of athleticism in Britain were planted in nineteenth-century public schools, which developed sport as a vehicle for the transmission of moral values to newly educated generations of upper-class and middle-class males. There were certain beliefs in sport, producing a disciplined individual living by a socially acceptable behavioural code and acting according to a desired set of moral values. By the first half of the twentieth century, manly vigorous play in healthy surroundings was the preventive treatment for ailments, and such beliefs were also framed in a universalist imperialist sense, being useful for the taming of the indigenous cultural practices of conquered native populations. The transformation of this traditional sports culture was accomplished, particularly from the mid-twentieth century onwards, under the influence of the expanding media profile of sport, accompanying new forms of finance and economy underpinning the culture of elite professional sports, and new forms of spectating. Television and sponsorship have produced a cultural transformation whereby the traditional, amateur, benevolent paternalism of sport's organisation came under pressure from entrepreneurial interests as the contradiction between sport's financially deprived organisations and its commercial potential widened. By the last years of the twentieth century the traditional culture of athleticism was long gone.

(Adapted from Alan Tomlinson, "Sport, Leisure, and Style.")

SUMMARY:

[*complete the summary on the separate answer sheet*]

Consumerism and market forces increasingly determined the shape of sport, which, in Britain, used to ...

日本史

（60分）

I 日本における織物と織物業の歴史について述べた次の文章を読んで，問に答えなさい。

私たちの生活に身近な衣食住のうち，衣料に関わる機織りの技術は弥生時代に大陸から伝えられた[a]。さらに4世紀後半から5世紀にかけて，多くの渡来人が海をわたって，日本列島により高度な織物の技術をもたらした。ヤマト政権はこうした渡来人の技術者集団を，絹織物の生産に従事する［ A ］などに組織して奉仕させた。一方で6世紀後半に築造された栃木県の甲塚古墳[b]から機織形埴輪が出土しており，機織りは列島各地に広まっていたことがわかる。また8世紀の養老令では，各地方で生産した絹・絁[c]・糸・布を，調や庸として中央政府に貢納することが民衆の負担として定められている。それらのことから，古代の織物の普及を知ることができる。

中世から近世にかけて織物におきた大きな変化は，木綿の普及と国産化であろう。15世紀の日朝貿易[d]では重要な輸入品で，貴族や武士の奢侈的衣料だった木綿は，戦国時代になると帆布や兵衣，あるいは火縄の素材として普及し，国産化が進んだ。江戸時代以降，木綿は庶民の代表的な衣料素材となり，各地方で地域の特産物となった[e]。

近世の絹織物で全国的にその名が知られていたのは京都の西陣織で，金襴・緞子などの高級品を高度な技術[f]で生産していた。一方で絹や紬は農村部でも多くつくられており，18世紀中頃には上野国の［ B ］などに西陣の技術が伝わり，各地で高級品も生産されるようになった。

近代の日本では綿糸を生産する紡績業が発展し，産業革命を牽引する産業となった。綿糸は生糸とともに日本の主要な輸出品であり，その加工品としての綿布の生産・輸出も急速に伸びた。輸入された大型力織機での綿織物生産もさかんであったが，一方で小型の国産力織機[g]を導入した小工場も綿布生産を支えた。またそれまで日本では発展しなかった毛織物業で，軍服材料の国産化をめざし，政府主導で官営の［ C ］製絨所が設立されたが，やがて陸軍省に移管されて軍事工場となった。

〔問〕

1　下線**a**に関連して，弥生時代に大陸から伝えられた新しい文化や技術にあてはまらないものを2つ選び，マーク解答用紙の該当する記号をマークしなさい。

ア　竪穴住居　　イ　鉄　器

ウ　須恵器の生産技術　　エ　石包丁などの磨製石器

オ　青銅器

2　空欄Aに該当する語は何か。漢字3字で記述解答用紙の解答欄に記入しなさい。

3　下線**b**の所在地を含む，栃木県と茨城県の鬼怒川沿いの地域は，2010年にユネスコの無形文化遺産にも指定された絹織物の産地である。その絹織物を何というか。漢字で記述解答用紙の解答欄に記入しなさい。

4　下線**c**は何のことか。1つ選び，マーク解答用紙の該当する記号をマークしなさい。

ア　上質の麻布　　イ　苧麻の織物　　ウ　染　物

エ　蝦夷錦　　オ　粗末な絹織物

5　下線**d**について説明した文として誤っているものはどれか。1つ選び，マーク解答用紙の該当する記号をマークしなさい。

ア　朝鮮を建国した李成桂は，足利義満に貿易の開始と倭寇の禁圧を求めた。

イ　通交者は，朝鮮から与えられた図書を捺した書面と，対馬宗氏の発行した文引を持って渡航した。

ウ　富山浦など3つの浦に限定された交易港には倭館が置かれたが，日本人の居留は認められなかった。

エ　日本からは，銅や硫黄のほか，琉球を通じて得た香辛料や蘇芳など東南アジアの産物が輸出された。

オ　朝鮮から，高麗版の大蔵経が将軍や各地の武士・寺院の求めで多数もたらされた。

6　下線**e**に該当しないものはどれか。2つ選び，マーク解答用紙の該当する記号をマークしなさい。

ア 久留米絣　　イ 越後縮　　ウ 小倉織
エ 有松絞　　オ 奈良晒

7 下線 **f** に関して，それまで西陣の特権的な織屋によって技術が独占されていた，複雑な織物を織ることができる織機具を何というか。漢字で記述解答用紙の解答欄に記入しなさい。

8 空欄Bにあてはまる地名はどれか。1つ選び，マーク解答用紙の該当する記号をマークしなさい。

ア 足 利　　イ 伊 丹　　ウ 銚 子
エ 桐 生　　オ 小千谷

9 下線 **g** に関連して，明治中期に国産力織機を発明し，特許を得た代表的な人物は誰か。漢字で記述解答用紙の解答欄に記入しなさい。

10 空欄Cにあてはまる地名はどれか。1つ選び，マーク解答用紙の該当する記号をマークしなさい。

ア 千 住　　イ 三 田　　ウ 深 川
エ 品 川　　オ 石川島

Ⅱ

日本における「合議」に関する次の文章を読んで，問に答えなさい。

日本において物事を決める「合議」やその場に関して考えてみよう。平安時代の摂関政治(a)は，摂関家が権勢を振るっていたのは間違いない。ただ，まったくの専制かといえば，重要案件については，内裏の［ A ］で行われた会議で，公卿たちの意見が求められた。この会議は行われた場所から［ A ］定などと呼ばれる。

中世になり，鎌倉幕府では北条泰時が執権の時期，執権政治といわれる政治形態がとられた。名称からは執権の専制を連想してしまいそうだが，実際は執権とそれを補佐する連署(b)，有力御家人らで構成される評定衆の合議によって政治が行われていた。

中世後期には惣村が発達するが，神社の祭祀組織である［ B ］を結合の中心とし，百姓たちの合議で運営された。都市でも有力商人を中心として自治的な運営がみられた(c)。

江戸幕府は，体制が確立すると，はじめ年寄と呼ばれていた重臣が，老(d)

中として政務の中心を担った。だが，その後も将軍との関係によって取り立てられ，将軍・老中間の連絡を行う職である［ C ］の柳沢吉保や間部詮房などが権力を握ることがあり，合議と専制との緊張関係はしばしば現れた。

王政復古の大号令によって新政府がたちあがると，天皇のもとに総裁・議定・［ D ］の三職が置かれ，［ D ］には有力諸藩の藩士を入れて雄藩連合のかたちをとった。その後，戊辰戦争を経て政府の組織は整えられたが，それは藩閥政治として進行した。藩閥の一部有力者たちによる専制的側面が強い政治状況に対し，合議の場としての国会開設を求める声が高まった(e)のは当然といえよう。

紆余曲折の末，1889 年，大日本帝国憲法が発布され，1890 年，衆議院議員総選挙が行われ，第 1 回帝国議会(f)が開会された。

〔問〕

1　下線 **a** に関連して述べた文のうち誤っているものはどれか。2 つ選び，マーク解答用紙の該当する記号をマークしなさい。

ア　安和の変で源満仲が失脚した。

イ　後一条・後朱雀・後三条の 3 天皇は，藤原道長の外孫だった。

ウ　藤原兼通・兼家兄弟は，摂政・関白の地位をめぐって争った。

エ　摂政・関白は藤原氏の氏長者を兼ねた。

オ　摂政・関白は官吏の人事権を掌握していた。

2　空欄 A に該当する語は何か。記述解答用紙の解答欄に記入しなさい。

3　下線 **b** にはじめて任命された人物はどれか。1 人選び，マーク解答用紙の該当する記号をマークしなさい。

ア　北条義時　　イ　北条重時　　ウ　北条時房

エ　北条長時　　オ　北条守時

4　空欄 B に該当する語句は何か。漢字 2 字で記述解答用紙の解答欄に記入しなさい。

5　下線 **c** に関連して述べた文のうち正しいものはどれか。2 つ選び，マーク解答用紙の該当する記号をマークしなさい。

ア　博多の商人は細川氏と結んでいた。

イ　博多はガスパル＝ヴィレラによってベニス市にたとえられた。

ウ　博多は年行司の合議で市政が運営された。

エ　博多の豪商として今井宗久などが知られる。

オ　博多は日明貿易の根拠地として繁栄した。

6　下線**d**に関連して江戸幕府の職制に関して述べた文のうち正しいものはどれか。2つ選び，マーク解答用紙の該当する記号をマークしなさい。

ア　最高職の大老が常置されていた。

イ　老中は10万石以上の譜代大名からの選任と規定された。

ウ　評定所での合議は老中と若年寄によって行われた。

エ　目付は若年寄の支配下にあった。

オ　京都所司代は朝廷を監視した。

7　空欄Cに該当する職名は何か。記述解答用紙の解答欄に記入しなさい。

8　空欄Dに該当する職名は何か。記述解答用紙の解答欄に記入しなさい。

9　下線**e**に関連した出来事を起きた順に並べたとき，正しいものはどれか。1つ選び，マーク解答用紙の該当する記号をマークしなさい。

①　集会条例が定められた。

②　国会開設の勅諭が出された。

③　国会期成同盟が結成された。

ア　①→②→③　　イ　①→③→②　　ウ　②→①→③

エ　②→③→①　　オ　③→①→②

10　下線**f**について述べた次の文X・Y・Zの正誤の組合せのうち，正しいものはどれか。1つ選び，マーク解答用紙の該当する記号をマークしなさい。

X　貴族院は衆議院に優越した権限を持っていた。

Y　議会が予算案を否決しても，政府は前年度予算を新年度予算として実施できた。

Z　文武官の任免は議会の権限ではなかった。

ア　X一正　Y一正　Z一正　　イ　X一正　Y一正　Z一誤

ウ　X一正　Y一誤　Z一正　　エ　X一誤　Y一正　Z一正

オ　X一誤　Y一正　Z一誤

III 日本における人間と猫との関係に関する次の文章を読んで，問に答えなさい。

日本列島に猫が最初に渡ってきたのは奈良時代だと言われていたが，近年 [A] の弥生時代後期のカラカミ遺跡で猫の骨が発見され，その時期は大幅に前倒しされるに至った。しかし猫が文献に記されるようになるのは平安時代以降のことである。特に宇多天皇(a)の日記に，父光孝天皇からもらった黒猫を優れた猫だとして慈しむ記述が残されていることはよく知られている。この黒猫は，大宰大弐(b)であった源精が献上したものであったが，この頃の日本にはまだ猫が少なく，中国から「唐猫」と呼ばれる猫が度々持ち込まれた。[B] が設けた金沢文庫でも典籍を鼠害から守るために猫が一緒に持ち込まれ，のちに繁殖して「金沢猫」と呼ばれるようになったという伝承が残っている。

室町時代までは希少性もあり紐で繋がれて飼われることが多かった猫は，江戸時代以降放し飼いされるようになり，数も増えた。江戸時代の猫は「化け猫」のイメージで著述や芝居に描かれることが多く，特に鶴屋南北（四世）(c)の「独道中五十三駅」の「岡崎猫」や，鍋島騒動が脚色された「鍋島化け猫騒動」などが著名である。これらの影響もあり，猫を二面性のある動物として嫌う人も多かった。例えば『日本外史』の著者 [C] は「猫狗説」という文章で，忠義な狗（犬）が家の外に置かれ，表裏のある猫が家の中で眠ることが許されることを，人間の世界で媚び諂う狡い者ばかりが主君の側近く用いられることと重ね合わせ批判的に論じている。このように当時は猫に良くないイメージを抱く人も多かったが，他方で猫の浮世絵を多く残した歌川国芳(d)のように深く猫を愛する人もいた。

明治期の猫のイメージも江戸とあまり変わらないが，やはり猫を愛する人も少なくなかった。たとえば [D] はネグロという名の黒猫を可愛がり，わざと卓上の食べ物などを盗ませて喜んでいたという。また家で新しく２匹の猫を飼う際にそれぞれ「コレラ」「チョウチブス」と名付けようとして周囲を驚かせた。青木周蔵(e)の愛猫ピータは，外交官である主人に付きしたがって太平洋を６回も横断した。尾崎行雄(f)は犬・猫両方とも好きだったようだが，着物にいつも猫の毛がついていると明治期の新聞に書かれている。

猫と人間のあり方が日本の歴史上最も大きく変わったのは，高度経済成(g)

長期以後のことである。これ以降鼠捕りを目的に猫を飼う人はいなくなっていく。猫の食事も人間の残り物からペットフードへと変わり，また猫を外に出さず室内でのみ飼う人が少しずつ増えていく（h）など，猫の生活は大きく変わっていった。最近は，ネット上に猫の画像が溢れ，猫の飼育頭数が犬のそれを超えたと報じられるなど，確実に猫の人気が高まってきているように思える。猫好きが増えたことの背景に，社会のどのような変化があるのかを考えてみるのも面白いであろう。

〔問〕

1　空欄Ａには，中国の史書に書かれている「一支国」の位置に比定され，のち刀伊や元による襲撃を受け，江戸時代には平戸藩が支配した島の名前が入る。この島の名を漢字で記述解答用紙の解答欄に記入しなさい。

2　下線 **a** に関する文のうち正しいものはどれか。１つ選び，マーク解答用紙の該当する記号をマークしなさい。

ア　外戚の藤原基経に擁されて即位した。
イ　藤原時平による讒言を信じ菅原道真を左遷した。
ウ　橘広相が起草し藤原基経に出した勅書を撤回した。
エ　「延喜の治」と呼ばれる天皇親政を行った。
オ　子孫が平氏を称した。

3　下線 **b** に関連して述べた文のうち誤っているものはどれか。１つ選び，マーク解答用紙の該当する記号をマークしなさい。

ア　大宰大弐とは大宰府の次官にあたる役職である。
イ　大宰府の長官は大宰帥である。
ウ　藤原純友は大宰府を襲撃しようとしたが果たせなかった。
エ　藤原広嗣は反乱を起こしたとき大宰少弐であった。
オ　大宰府は外国使臣の接待などを業務とした。

4　空欄Ｂに該当する人物はだれか。漢字で記述解答用紙の解答欄に記入しなさい。

5　下線 **c** の人物と同じ時期に生きた人物の名として誤っているものはどれか。１つ選び，マーク解答用紙の該当する記号をマークしなさい。

ア　谷文晁　　イ　大黒屋光太夫　　ウ　酒井抱一
エ　太宰春台　　オ　大槻玄沢

6　空欄Cに該当する人物はだれか。漢字で記述解答用紙の解答欄に記入しなさい。

7　下線dの人物の作品として正しいものはどれか。1つ選び，マーク解答用紙の該当する記号をマークしなさい。

ア　朝比奈小人嶋遊　イ　鷹見泉石像　ウ　神奈川沖浪裏

エ　雪松図屏風　オ　三代目大谷鬼次の奴江戸兵衛

8　空欄Dは，フランスに留学して帰国後仏学塾を主宰し，その後自由党に参加，最初の総選挙で衆議院議員となったが，議員の政府との妥協を「無血虫の陳列場」と批判し辞職した人物である。その人物はだれか。漢字で記述解答用紙の解答欄に記入しなさい。

9　下線eの人物の外務大臣時代の事績を述べた文として正しいものはどれか。2つ選び，マーク解答用紙の該当する記号をマークしなさい。

ア　関税自主権回復の条件として内地雑居を許すことに反対した。

イ　領事裁判権を撤廃し内地雑居を許すことを主張した。

ウ　関税自主権の回復が領事裁判権撤廃よりも先決であると主張した。

エ　日英同盟を締結した。

オ　条約改正に際して片務的な特権を相手に与えず対等条件での合意をすべきだと主張した。

10　下線fに関する文として誤っているものはどれか。1つ選び，マーク解答用紙の該当する記号をマークしなさい。

ア　「憲政の神様」と呼ばれた。

イ　隈板内閣で文部大臣となった。

ウ　立憲同志会に参加した。

エ　東京市長を務めた。

オ　第二次大戦後も衆議院議員を務めた。

11　下線gに関する文として正しいものはどれか。1つ選び，マーク解答用紙の該当する記号をマークしなさい。

ア　高度経済成長のなかで日本の歴史上初めて公害問題が大きな社会問題となった。

イ　中卒の「金の卵」の就職先が豊富であったため，高校進学率は高まらなかった。

ウ　高度経済成長期の終盤，『経済白書』は「もはや戦後ではない」と記した。

エ 原子力基本法で定められた方針に基づき，日本最初の原子力発電所がつくられた。

オ 国民の貧富の差がひろまり，国民の自己意識が「上流」と「下層」とに大きくわかれた。

12 下線 **h** の事象の背後にある，この時期の人々の生活環境の変化について述べた次の文Ｘ・Ｙ・Ｚの正誤の組合せのうち，正しいものはどれか。１つ選び，マーク解答用紙の該当する記号をマークしなさい。

Ｘ 一般道路の舗装が進んだため，交通事故が増えた。

Ｙ 生活が豊かになったため共働き世帯が減り，常に家に人がいるようになった。

Ｚ 西洋風の家屋や集合住宅が増え，開放的なつくりの日本家屋が減った。

ア Ｘ－正 Ｙ－正 Ｚ－正　　イ Ｘ－正 Ｙ－誤 Ｚ－正

ウ Ｘ－誤 Ｙ－正 Ｚ－誤　　エ Ｘ－誤 Ｙ－誤 Ｚ－正

オ Ｘ－正 Ｙ－誤 Ｚ－誤

Ⅳ 交通・流通に関する次の文章を読んで，問に答えなさい。

山がちでしかも海岸線の多い日本の地形で道を整備する時，外縁は海岸に沿って，内陸部は渓谷に沿って作る形式がほとんどであり，これは近世まで踏襲された。古代の律令国家において形成された五畿七道[a]は，現代の幹線道路の基となったともいわれており，この基盤の上に駅制が敷かれ，諸国府に向けて駅路が整備されていった[b]。

中世に入ると，日本列島内外の海上交通の活発化に伴い，海上・水上の交通が幹線として体系付けられていく。また，流通網の拡大を背景に，鍛冶や鋳物師[c]など，金属を素材とする物つくりの手工業者の集団も活動を広げた。中世後期になると，瀬戸内海や北陸などの幹線道路に位置する主要な港湾を中心に，遠隔地間の商業活動が活発になったほか，京都に到る輸送網においては，馬借・［ A ］などの運送業者が流通を担った。

戦国時代においては，諸大名によって各地で独自の交通政策が展開されていたが，豊臣政権下で行われた陸上交通の整備が，江戸幕府による各地の城下町を結ぶ街道の全国的な展開の基礎となった。さらに幹線道路にあたる五街道$_d$は幕府の直轄下に置かれたほか，それにつながる伊勢街道，中国街道，長崎街道など，［　B　］と呼ばれる道路も整備された。

近代に入って，移動・輸送は政府による産業育成の一環として発展した。1872年，工部省の主導で新橋・横浜間，さらに関西でも神戸・大阪・京都間に鉄道が敷設された。また，近距離では人力車，荷車，馬車などの交通機関を広げるため，道路の整備改修が奨励された。海運業では，1885年に三菱会社と［　C　］会社が合併して設立された日本郵船会社が海外に向けていくつもの航路を開いた。

鉄道に眼を転じると，1889年，官営の東海道線が東京・神戸間で全通したほか，その後も日本鉄道会社が1891年に上野・青森間を全線開通させ，山陽鉄道，九州鉄道などの民営鉄道も各地で幹線の建設を進めた。日露戦争後の1906年，第1次西園寺内閣は軍事・産業上の理由もあり，［　D　］を公布し，主要幹線の民営鉄道会社17社が買収された。また，交通をめぐる新しい現象として，第一次大戦後の都市化・工業化を受け，箕面有馬電気軌道（のち阪神急行電鉄）が利用客の増加を企図して沿線で住宅開発を行い，要所に行楽地や娯楽施設を置くという経営戦略$_e$をとり，大きな成功を収めた。

さらに第二次大戦後，昭和30年代から40年代にかけて$_f$経済の飛躍的な発展を背景に，東京・大阪間に東海道新幹線が開通$_g$したことによって，関東と関西の移動時間は一気に短縮されることとなった。

〔問〕

1　下線**a**に関して，七道にあてはまらないものはどれか。1つ選び，マーク解答用紙の該当する記号をマークしなさい。

ア　山陰道　　イ　中山道　　ウ　西海道

エ　北陸道　　オ　山陽道

2　下線**b**に関する記述として誤っているものはどれか。1つ選び，マーク解答用紙の該当する記号をマークしなさい。

ア　駅路の存在が推定される地域では，側溝を備え一定の道幅で直線的に延びる官道の遺跡が発見されている。

イ　原則として約16キロごとに駅家が設けられた。

ウ　駅家には駅使が乗用する馬が一定数置かれており，これを伝馬といった。

エ　駅家には駅務を担当する駅子が配置されていた。

オ　駅路とは別に，郡家などを結ぶ伝路などの存在が想定されている。

3　下線 **c** の読み方を平仮名 3 字で記述解答用紙の解答欄に記入しなさい。

4　空欄Ａに該当する語句を漢字 2 字で記述解答用紙の解答欄に記入しなさい。

5　下線 **d** にかかわる記述として正しいものはどれか。1 つ選び，マーク解答用紙の該当する記号をマークしなさい。

ア　東海道は，江戸と京都の間に 53 の宿を置き，各々百人，百疋の人馬を配した。

イ　中山道は，江戸と佐渡とを結び，正徳期以降は中仙道と記された。

ウ　日光道中は，元禄年間に日光東照宮の再建を機に整備された。

エ　甲州道中は，江戸と善光寺の間に 45 宿を置いた。

オ　奥州道中は，一部，日光道中と重複し，北陸・出羽方面に到る道は北国路と呼ばれた。

6　空欄Ｂに該当する語句を漢字 3 字で記述解答用紙の解答欄に記入しなさい。

7　空欄Ｃに該当する語句を漢字 4 字で記述解答用紙の解答欄に記入しなさい。

8　空欄Ｄに該当する語句を漢字 5 字で記述解答用紙の解答欄に記入しなさい。

9　下線 **e** の経営戦略を着想実施した人物は，次のうちのどれか。1 つ選び，マーク解答用紙の該当する記号をマークしなさい。

ア　久原房之助　　イ　小林一三　　ウ　鮎川義介

エ　浅野総一郎　　オ　川崎正蔵

10　下線 **f** の時期における出来事として誤っているものはどれか。1 つ選び，マーク解答用紙の該当する記号をマークしなさい。

ア　小牧・西宮の間をつなぐ名神高速道路が開通した。

イ　幅広い商品を廉価で売るスーパーマーケットの進出がみられた。

ウ　自動車の生産台数が飛躍的に向上し，アメリカなどへの輸出拡大も行われた。

エ　東京オリンピックの基盤整備として都心部に首都高速道路が作られた。

オ　カラーテレビ，電気洗濯機，電気冷蔵庫の「三種の神器」が普及した。

11　下線**g**以後に起こった出来事は，下記のうちのどれか。1つ選び，マーク解答用紙の該当する記号をマークしなさい。

ア　中小企業基本法の公布　　イ　大阪万博の開催

ウ　第五福龍丸事件　　エ　民主社会党の結成

オ　農業基本法の公布

世界史

（60分）

I　次の文章を読み，設問1～4に答えなさい。

化石人骨の新発見により，人類の起源はかつて考えられていたよりも遡ることがわかってきた。現在，最古とされる化石人骨はアフリカのチャドで発見された［A］で，約700万年～600万年前のものである。［A］や南・東アフリカの各地に約420万年～200万年前に生息したアウストラロピテクスなどは猿人と呼ばれ，脳容積は小さいものの，直立二足歩行をし，原始的な打製石器を用いた。次の段階として，ホモ＝エレクトゥスと呼ばれる原人が現れ，<u>アフリカ大陸の外へと拡散した</u>(B)。この原人段階では火の使用も確認されており，居住環境や食糧資源利用の点で大きな進歩を遂げたと言えるだろう。約60万年前になるとさらに進化した旧人が出現した。特にヨーロッパや中央アジア，西アジアなどで発見された［C］は，近年のヒトゲノム解析の結果，現代の私たちにつながる<u>新人</u>(D)との交雑の問題なども指摘されており，人類の進化とその系譜については新たな知見がもたらされている。

設問1　空欄Aにあてはまる語句を記述解答用紙の所定欄に記しなさい。

設問2　下線部Bに関連し，19世紀にジャワ島トリニールで化石人骨を発見した人物は誰か。次のア～エの中から一つ選び，マーク解答用紙の所定欄にマークしなさい。

ア　デュボワ　　　イ　シーボルト
ウ　ヘッケル　　　エ　シュレーゲル

設問3　空欄Cにあてはまる語句を記述解答用紙の所定欄に記しなさい。

設問4　下線部Dに該当しないものはどれか。次のア～エの中から一つ選び，マーク解答用紙の所定欄にマークしなさい。

ア　クロマニョン人　　　イ　グリマルディ人

ウ　周口店上洞人　　　　エ　ハイデルベルク人

Ⅱ　次の文章を読み，設問1～5に答えなさい。

前8世紀半ばからギリシア人は，黒海や地中海の沿岸各地に積極的な植民活動を行った。中でも，南イタリアには，タレントゥム，シュバリス，クロトン，エレア，ネアポリス(A)など数多くの植民市が建てられた。これらの植民市が建てられた南イタリアは，ラテン語(B)ではマグナ＝グラエキア（大ギリシア）と呼ばれる。マグナ＝グラエキアは，経済的に繁栄するだけでなく，文化的にもピタゴラス派やエレア派の哲学者たちが活躍するなど独特の様相を呈したが，政治的な紛争が絶えず，最終的にはローマの支配下に入った。最後までローマに抵抗したのはタレントゥムであり，この都市を落とすことでローマはイタリア半島の統一を成し遂げた(C)。マグナ＝グラエキアには，同じくギリシア人が多く植民したシチリア島(D)を含める場合もある。シチリア島は，ポエニ戦争(E)の結果，ローマの属州となった。

設問1　下線部Aの都市は現在のどの都市にあたるか，その都市名を記述解答用紙の所定欄に記しなさい。

設問2　下線部Bの言語について述べた文として正しいものを下記の文ア～エのうちから一つ選び，マーク解答用紙の所定欄にマークしなさい。

ア　ヘブライ語と同じく，セム語派に属する。

イ　ウェルギリウスは，この言葉で『アエネイス』を著した。

ウ　マルクス＝アウレリウス＝アントニヌスは，この言葉で『自省録』を著した。

エ　中世ヨーロッパにおいては，俗人のみがこの言葉を用いた。

設問3　下線部Cの出来事が起こった年における各地の状況を説明した文として明白に誤っているものを下記の文ア～エから一つ選び，マーク解答用紙の所定欄にマークしなさい。

ア　エジプトは，プトレマイオス朝によって支配されていた。

イ　シリアは，セレウコス朝によって支配されていた。

ウ　インドの大部分は，マウリヤ朝によって支配されていた。

エ　中国は，漢王朝によって支配されていた。

設問 4　下線部Dの島を 13 世紀に支配したフリードリヒ 2 世の属した神聖ローマ帝国の王朝の名を記述解答用紙の所定欄に記しなさい。

設問 5　下線部Eの戦争について述べた文として正しいものを下記の文ア～エのうちから一つ選び，マーク解答用紙の所定欄にマークしなさい。

ア　第一次ポエニ戦争では，ハンニバルが活躍した。

イ　ハンニバルは，ザマの戦いでローマ軍に勝利した。

ウ　第二次ポエニ戦争では，ローマ市が一時カルタゴ軍に占領された。

エ　カンネー（カンナエ）の戦いは，南イタリアで行われた。

III　次の文章を読み，設問 1 ～ 5 に答えなさい。

マケドニアのアレクサンドロス大王はアケメネス朝ペルシア(A)を滅ぼし，北西インドにまで進出した。その後，インド最初の統一王朝である［　B　］朝が誕生する。最盛期の［　C　］王は仏教に帰依し，その思想に基づくダルマによる統治を目指した。また彼は仏典の結集や布教を推進したが，この頃はまだ仏像をつくる(D)という事はなかった。

［　B　］朝の衰退後，［　E　］朝，サータヴァーハナ朝が台頭し，4 世紀に興った［　F　］朝のもとでインドの古典文化は黄金期を迎える(G)。仏教・ジャイナ教が盛んになるだけではなく，ヒンドゥー教も社会に定着し，現在にいたるインド世界の基盤を準備した。またこの時代には法典や叙事詩が現在伝えられるような形で完成した。

設問 1　下線部Aの説明として，正しい記述を次のア～エの中から一つ選び，マーク解答用紙の所定欄にマークしなさい。

ア　シャープール 1 世のもとで新興のマニ教は急速に発展した。

イ　ダレイオス 1 世の時代にはエジプトからインダス川流域までを領土とした。

ウ　バフラーム 2 世の時代にはすべての異教が禁止され，ゾロアスター教の国教化が完成した。

エ　ホスロー 1 世の時代に最盛期を迎え，エフタルを滅ぼした。

設問 2　空欄B・E・Fに入る適切な語の組み合わせを次のア～エの中か

ら一つ選び，マーク解答用紙の所定欄にマークしなさい。

ア　B：マウリヤ　　　E：クシャーナ　　　F：グプタ

イ　B：クシャーナ　　E：マウリヤ　　　　F：グプタ

ウ　B：グプタ　　　　E：クシャーナ　　　F：マウリヤ

エ　B：マウリヤ　　　E：グプタ　　　　　F：クシャーナ

設問 3　空欄Cにあてはまる語を記述解答用紙の所定欄に記しなさい。

設問 4　下線部Dに関して，マトゥラーとならんで石仏がつくられはじめた地域の名称を記述解答用紙の所定欄に記しなさい。

設問 5　下線部Gに関して，誤っている記述を次のア〜エの中から一つ選び，マーク解答用紙の所定欄にマークしなさい。

ア　天文学・数学が発達し，ゼロの概念が生み出された。

イ　『マヌ法典』は人間の始祖が述べたものとされ，各ヴァルナが遵守すべき規範について定めている。

ウ　カーリダーサにより戯曲『シャクンタラー』がつくられた。

エ　『マハーバーラタ』『ギーターンジャリ』『ラーマーヤナ』などの叙事詩は，東南アジアにも影響を与えた。

Ⅳ　次の文章を読み，設問 1 〜 5 に答えなさい。

9 世紀にウイグル王国が崩壊すると，トルコ系遊牧民の西方移動が本格化し，中央アジアのトルコ化とトルコ人のイスラーム世界への流入が進んだ。マムルークと呼ばれるトルコ人の軍事奴隷は，9 世紀初め頃からアッバース朝カリフの親衛隊として用いられた。9 世紀後半に西トルキスタンに成立したイラン系のイスラーム王朝であるサーマーン朝$_{\text{A}}$は，多くのトルコ人奴隷を獲得して西アジアにもたらすとともに，自らもマムルーク軍団を組織した。マムルークはイスラーム世界の諸王朝のもとで軍人として用いられ，$_{\text{B}}$マムルーク出身の軍人が王朝を建設することも起こった。

10 世紀に最初のトルコ系のイスラーム王朝である［　C　］がサーマーン朝を滅ぼし，東・西トルキスタンを支配下に置くと，トルコ人のイスラーム化はさらに進展した。イスラーム化したトルコ人の一部は西方に移動し，$_{\text{D}}$セルジューク朝を建てた。

13 世紀後半になると，アナトリア各地にトルコ系の諸勢力が分立した。

その中で，アナトリア西北部に興ったオスマン朝は勢力を拡大し，その後ヨーロッパ・アジア・アフリカにまたがる大帝国へと発展した。(下線部E)

設問1　下線部Aの王朝について，次のア～エの中から正しいものを一つ選び，マーク解答用紙の所定欄にマークしなさい。

ア　この王朝下では，アラビア文字を用いたペルシア語が行政や文学の言葉として用いられた。

イ　医学者・哲学者のイブン＝ルシュドは，この王朝の都であるブハラ近郊に生まれ，この王朝にも仕えた。

ウ　この王朝はアッバース朝カリフの権威を認めず，自らカリフを称して独立した。

エ　この王朝のマムルークがアフガニスタンで自立し，ゴール朝を建てた。

設問2　下線部Bに関連して，トルコ系軍人が建設した王朝の説明として正しいものを次のア～エの中から一つ選び，マーク解答用紙の所定欄にマークしなさい。

ア　トゥールーン朝は，ファーティマ朝のエジプト進出に対抗したが敗北し，滅亡した。

イ　ガズナ朝のマムルーク出身の武将アイバクは，デリーで独立し，インド最初のイスラーム王朝である奴隷王朝を建てた。

ウ　ホラズム＝シャー朝は，イラン高原からアフガニスタンまで支配を広げたが，モンゴル軍の侵攻を受けて敗れ，その後滅亡した。

エ　マムルーク朝は，十字軍からイェルサレムを奪還した。

設問3　空欄Cにあてはまる王朝名を，記述解答用紙の所定欄に記しなさい。

設問4　下線部Dの王朝の説明として誤っているものを次のア～エの中から一つ選び，マーク解答用紙の所定欄にマークしなさい。

ア　王朝の創始者トゥグリル＝ベクは，ブワイフ朝を追ってバグダードに入城し，アッバース朝カリフからスルタンの称号を公式に与えられた。

イ　セルジューク朝は軍隊にイラン系のマムルークを採用し，官僚には主にトルコ人を登用した。

ウ セルジューク朝の宰相ニザーム＝アルムルクは，王朝支配下の主要都市にニザーミーヤ学院を設立し，スンナ派の学問の振興に努めた。

エ セルジューク朝はビザンツ帝国支配下のアナトリアに進出し，その一派が建てたルーム＝セルジューク朝のもとでアナトリアのトルコ化とイスラーム化が進んだ。

設問 5 下線部Eに関連して，オスマン朝と諸勢力との戦いを起こった順に並べたものとして，正しいものを次のア～エの中から一つ選び，マーク解答用紙の所定欄にマークしなさい。

ア チャルディラーンの戦い→モハーチの戦い→アンカラの戦い→レパントの海戦

イ ニコポリスの戦い→アンカラの戦い→チャルディラーンの戦い→プレヴェザの海戦

ウ プレヴェザの海戦→コソヴォの戦い→アンカラの戦い→レパントの海戦

エ ニコポリスの戦い→アンカラの戦い→モハーチの戦い→チャルディラーンの戦い

V 次の史料を読み，設問 1 ～ 6 に答えなさい。

アーヘンにて締結されたるイギリス国王，フランス国王（A），オランダ共和国連邦議会間の最終的平和友好条約。ハンガリー女王たる皇后（B），スペイン国王，サルデーニャ国王，モデナ公，ジェノヴァ共和国がこれに加盟する。

第 5 条

この戦争が始まって以来，あるいは，去る 4 月 30 日に調印された予備条項締結以後に獲得された征服地は，ヨーロッパ，東西インド，あるいは世界中いずこ（C）においてであれすべて例外なく返還すべきであること。

第 21 条

この条約にかかわる全列強は，1713 年 4 月 19 日の国事詔書を保証するものであり，亡き皇帝カール 6 世の全相続権をこの国事詔書で確立された順位に従い，その娘にして現ハンガリー，ベーメン女王たる皇后とその子孫（D）に永久に認めているが，これを可能な限り最良の方法で更新する。

第 22 条

プロイセン国王が現在保有している ［ E ］ 公領，グラーツ伯領は，この条約にかかわる全列強，関係者，締結者によってこの王に保証される。

(出典：歴史学研究会編『世界史史料』岩波書店，2007 年より一部修正・割愛して抜粋)

設問 1　本条約によって終結した戦争の名として正しいものを，次のア〜エのなかから一つ選び，マーク解答用紙の所定欄にマークしなさい。

ア　スペイン継承戦争　　イ　七年戦争

ウ　オーストリア継承戦争　　エ　オランダ独立戦争

設問 2　下線部Aのイギリス国王とフランス国王の組み合わせとして正しいものを，次のア〜エのなかから一つ選び，マーク解答用紙の所定欄にマークしなさい。

ア　アン女王　　　— ルイ 13 世

イ　アン女王　　　— ルイ 14 世

ウ　ジョージ 2 世 — ルイ 15 世

エ　ジョージ 2 世 — ルイ 16 世

設問 3　下線部Bの人物の名を，記述解答用紙の所定欄に記しなさい。

設問 4　下線部Cに関連して，本条約によって終結した戦争のさなかに北アメリカでおこった戦争の名として正しいものを，次のア〜エのなかから一つ選び，マーク解答用紙の所定欄にマークしなさい。

ア　フレンチ＝インディアン戦争　　イ　アン女王戦争

ウ　ジョージ王戦争　　エ　アメリカ独立戦争

設問 5　下線部Dに関連して，下線部Bの一代あとの君主が行った政策として正しいものを，次のア〜エのなかから一つ選び，マーク解答用紙の所定欄にマークしなさい。

ア　男子普通選挙の実施　　イ　農奴制の強化

ウ　宗教寛容令の発布　　エ　第 1 回対仏大同盟への参加

設問 6　空欄Eにあてはまる語句を，記述解答用紙の所定欄に記しなさい。

Ⅵ　次の文章①〜④を読み，設問 1 〜 6 に答えなさい。

①　1550 年代以降，江蘇から広東にかけての沿岸で「倭寇」の活動が激

化したが，その実態は，海禁を破って密貿易を行っていた商人たちが，(A)取り締まりに抵抗して海賊化したもので，中国人が多数を占めていたとされる。彼らはしばしば港市や沿岸村落を襲撃して掠奪をはたらいた。

② (B)オランダ東インド会社が1784年に［ C ］王国の首都リアウを制圧すると，王族や有力者たちは，マレー半島南方のリンガ諸島や，スマトラ島，ボルネオ島などに根拠地を移し，付近を航行する船舶に対して海賊行為をはたらくようになった。特に，スマトラ島南端のランプンから東インド会社が積み出す胡椒は大きな被害を受けた。

③ 1780年代から浙江～福建の沿岸で海賊の活動が活発化したが，彼らの一部はベトナムを根拠地としており，清は十分な対応ができなかった。ベトナムでの(D)新王朝成立後，多くの海賊は広東に根拠地を移し，イギリス東インド会社やマカオの貿易活動にも影響を及ぼしたため，1809年，マカオ当局は清と共同で討伐を行った。

④ アヘン戦争後に福建～広東の沿岸で海賊の活動が活発化し，イギリス船も被害を受けたため，1847年にイギリス海軍は大規模な討伐に乗り出した。この時期に海賊が勃興した背景には，それまでこの一帯で沿岸貿易に従事していた商人や船員が，ヨーロッパ船の貿易参入や［ E ］の発展によって失業したことがあるとされる。1853年に［ E ］の一つである［ F ］で起こった小刀会の蜂起も，こうした海賊集団と連携したものであった。

設問1　下線部Aで中国物産と交換された主要な物品を，記述解答用紙の所定欄に記しなさい。

設問2　18世紀後半の下線部Bに関する説明として適切なものを次のア～エから一つ選び，マーク解答用紙の所定欄にマークしなさい。

ア　台湾に拠点を確保し，そこを中継地として日本・中国との貿易を行った。

イ　ジャワ島でサトウキビ・コーヒーなどの強制栽培制度を導入した。

ウ　経営の悪化や本国の政変にともなって，会社は解散した。

エ　セイロン島をあらたな根拠地として獲得した。

設問3　空欄Cにあてはまる語を次のア～エから選び，マーク解答用紙の所定欄にマークしなさい。

ア ジョホール　　　イ チャンパー
ウ マタラム　　　エ マラッカ

設問4 下線部Dに関する記述として適切なものを次のア〜エから一つ選び，マーク解答用紙の所定欄にマークしなさい。

ア 歴代の君主は，清に朝貢することを拒否し，皇帝を称した。

イ 初代皇帝の阮福暎（嘉隆帝）は，建国に際してフランス人宣教師の援助を受けた。

ウ 第二代の明命帝は，科挙の廃止，チュノム（字喃）の創製などの改革を行った。

エ 1884年に保大（バオダイ）帝が退位し，フランスの保護国となった。

設問5 空欄Eにあてはまる語を，記述解答用紙の所定欄に記しなさい。

設問6 空欄Fにあてはまる福建省の地名を次のア〜エから選び，マーク解答用紙の所定欄にマークしなさい。

ア 澳 門　　　イ 厦 門
ウ 泉 州　　　エ 寧 波

VII

次の文章は，アメリカ合衆国の議会で行われた演説である。この文章を読んで，設問1〜5に答えなさい。

私が議会の合同会議に出席するのは今日の世界が深刻な状況に直面しているためである。

アメリカ合衆国は，［ A ］政府から財政的経済的援助を得たいという差し迫った要請を受け取った。［ A ］の国家としての存立そのものが，今日，数千の武装した分子のテロ活動によって脅かされている。これまで［ A ］を支援してきた［ B ］政府は，もはや財政的経済的援助を与えることができない。

［ A ］の隣国である［ C ］もまた，われわれが注意を向けるに値する。独立した，健全な経済をもつ国家として，［ C ］の将来は，自由を愛する世界の諸国民にとって，［ A ］の将来に劣らず重要である。

アメリカの外交政策の主要目標の一つは，われわれと他の諸国民が圧政に脅かされることなく生活を営むことのできる状況を創り出すことにある。世界史の現時点において，ほとんど全ての国は二つの生活様式の中から一つを選ばなければならない。

第一の生活様式は，多数者の意思に基づき，自由な諸制度，代議政体，自由な選挙，個人的自由の保障，言論と宗教の自由，そして政治的抑圧からの自由によって特徴づけられている。

第二の生活様式は，多数者を力で強制する少数者の意思に基づいている。それはテロと抑圧，統制された出版と放送，形ばかりの選挙，そして個人の自由を押さえつけることなどによって成り立っている。

もし［　A　］が武装した少数者の支配に陥ればその隣国の［　C　］に及ぼす影響は直接的で，混乱と無秩序がこの地域全体に広がるであろう。さらにまたヨーロッパの国々にも深刻な影響を与えるであろう。

（出典：歴史学研究会編『世界史史料』，岩波書店，2018年より一部修正・割愛して抜粋）

設問1　この演説が行われた年に起こった出来事の説明として最も適切なものを次のうちから一つ選び，マーク解答用紙の所定欄にマークしなさい。

ア　ヒトラー率いるドイツの奇襲を受けて劣勢に陥ったソ連は，日本との間に日ソ中立条約を結ぶことで戦局の立て直しをはかった。

イ　多国間の貿易を促進することを目指して，「関税と貿易に関する一般協定」が結ばれた。

ウ　南アフリカでは，マンデラが大統領に当選し，人種隔離諸法を撤廃することをパン＝アフリカ会議で訴えた。

エ　朝鮮民主主義人民共和国では，金日成が死亡し，その三男の金正恩が後継者となった。

設問2　空欄Aの国名を次のうちから一つ選び，マーク解答用紙の所定欄にマークしなさい。

ア　チェコスロヴァキア　　イ　中華民国

ウ　ギリシア　　エ　イスラエル

設問3　空欄Bの国名を次のうちから一つ選び，マーク解答用紙の所定欄にマークしなさい。

ア　イギリス　　イ　フランス

ウ　イラン　　エ　ロシア

設問 4　空欄Cの国名を次のうちから一つ選び，マーク解答用紙の所定欄にマークしなさい。

ア　モンゴル　　イ　エジプト
ウ　ポーランド　　エ　トルコ

設問 5　この演説を行った国家元首の名前を記述解答用紙の所定欄に記しなさい。

VIII

次の文章を読み，図A～Dおよび参考図X～Zを見て，設問 1～6に答えなさい。

19 世紀フランスでは，市民社会の発展にともない，人びとが経済的に豊かになるにつれて，スポーツやレジャーを積極的に楽しむようになった。その様子は，新しい社会を表す主題として絵画においても多く描かれている。

図A《クロッケー》

図B《ボートを漕ぐ人びと》

図C《シンプソンのチェーン》

図D《フットボールをする人びと》

設問 1　図Aはクロッケーと呼ばれるスポーツに興じる人びとを描いた作品である。クロッケーは木槌で玉を打って門の間を通す競技で，19 世紀に人気を呼び，1900 年パリで開催されたオリンピックでも行われた。画面では，クロッケーをする男女が躍動感のあるタッチで描写されているが，女性の一人は，この画家の代表作《草上の昼食》（参考図Ｘ）でもモデルを務めていた。これらの絵の作者は誰か。記述解答用紙の所定欄に記しなさい。

設問２　《草上の昼食》（参考図Ｘ）は，官展（サロン）に落選し，1863 年，落選者ばかりを集めて開かれた「落選者展」に出展され，なかでもとくに非難を浴びた。この「落選者展」を発案した当時の国家元首は誰か。次のア〜エから一つ選び，マーク解答用紙の所定欄にマークしなさい。

ア　ナポレオン１世　　イ　ナポレオン３世
ウ　ティエール　　エ　マクマオン

設問３　図Ｂでは，ペリソワールと呼ばれる一人用の小舟を漕ぐ人びとが描かれている。作者のカイユボットは，自らボートを楽しんだだけではなく，舟の設計や製作も行った。この作品では，舟上の人物がオールをたくみに操り，舟が水面を滑る瞬間の様子がよくとらえられている。新しい美術様式の展開を担ったこの画家の作風は何か。次のア〜エから一つ選び，マーク解答用紙の所定欄にマークしなさい。

ア　印象主義　　イ　自然主義
ウ　超現実主義　　エ　表現主義

設問４　図Ｃは，シンプソン社製自転車チェーンの広告ポスターである。このポスターを制作したトゥールーズ＝ロートレックはパリで人気を呼んだ画家で，ここでは自転車自体はあまり細密に描写していないものの，自転車を漕ぐ選手の姿をよくとらえることで，その性能を表わしている。自転車は 19 世紀末，ダンロップによるゴム製空気入りタイヤの実用化により一段と普及したが，同時代の発明家または科学者と，この頃パリで活躍した芸術家または思想家との組み合わせとして正しいものを，次のア〜エから一つ選び，マーク解答用紙の所定欄にマークしなさい。

ア　ラヴォワジェ　— バルザック
イ　ワット　— サン＝シモン
ウ　ベ　ル　— ドビュッシー
エ　アインシュタイン — サルトル

設問５　図Ｄはフットボールをする人びとをアンリ＝ルソーが描いた作品である。ここに描かれた人物たちは，［　a　］美術（参考図Ｙ）にみられるような，スポーツをする人の身体のしなやかな動きを理想的にとらえた表現とは異なり，硬直した不自然な動きをみせている。そのため当初認められなかったものの，今日では“素朴派”としてむしろ伝統を逸脱した表現が評価されるようになった。空欄ａに当てはまる言葉を次のア〜エから一つ選び，マーク解答用紙の所定欄にマークしなさい。

ア　ギリシア・ローマ　　　イ　ロマネスク

ウ　バロック　　　エ　ロマン主義

設問６　図Ｄの作者アンリ＝ルソーを最初に認めた画家の一人は，参考図Ｚを描いたことで知られる。参考図Ｚの題名は何か。記述解答用紙の所定欄に記しなさい。

参考図

X

Y

Z

Ｙは，著作権の都合上，類似の写真と差し替えています。（編集部注）

写真提供：ユニフォトプレス

と、野原で裸同然に暮らしていた生活には戻れないから。

ホ　人のための第一の宝として有名な隠蓑と打出の小槌を得て、思い通りの生活をしていたが、それがすべて盗品だったと知られ、恥ずかしい思いをしたから。

ヘ　打出の小槌から出した家屋や財宝に囲まれて楽しく過ごしていたが、鐘の音とともにすべて消え去り、野原にひとり裸で取り残された心情が思い測られたから。

問二十二　甲・乙・丙のいずれかの文章の趣旨と合致するものを次の中から二つ選び、解答欄にマークせよ。

イ　蓑の語源は、身に担うという意味で、身近な道具だっただけにさまざまな表記・発音があることに留意すべきであるが、その中で最も重視しなければならないのは、蓑売りの市場における祭礼である。

ロ　蓑は、『三才図会』によれば雨の時に着用する衣で、漁師や農民が雨をふせぐために用いるとされ、その起原は中国古代にさかのぼり、日本古代においてもさかんに用いられた。

ハ　蓑と笠は、表裏一体で互いに支え合うたとえとして機能したが、時には勝手にものごとを動かし、あるいは身寄りがなくさびしいなどの、否定的な言葉としても用いられた。

ニ　蓑の語は、さまざまな生き物や植物と結びつき、例えば「蓑亀」は長寿がめでたいたとえに用いられたり、「蓑毛」は鷺の頸の毛のように合戦が入り乱れるたとえに用いられたりした。

ホ　晏子は、賢者に斉の国を守らせたなら、いつまでも保ち続けられたはずだし、勇者に国を守らせても、ずっと保ち続けられたはずだと、景公をいさめた。

ヘ　龍樹菩薩は、隠蓑と同じような身を隠す特別な法を使って身を隠したが、打出の小槌の技の方が実用的だと考え、馬鳴の弟子となり何年も修行してその技を習得した。

ハ　牛山における、景公と史孔・梁丘拠の感動的なやり取りを、晏子が傍らで笑ったため、景公は人の道にはずれていると強く非難し、晏子に死罪を命じている。

ニ　晏子は、太公望・桓公のような賢者や、荘公・霊公のような武勇の君主が、斉をいつまでも支配し続けるなら、景公や臣下の史孔・梁丘拠には存在理由がないとしている。

ホ　景公が、蓑や笠をつけて田畑に立ち、ただ農事のことにのみ心を砕いていたならば、国に平和が訪れ人々も豊かになったであろうにと、晏子は嘆いている。

ヘ　史孔・梁丘拠が、粗末な食事や痛んだ肉を食べ、足の遅い馬やみすぼらしい車に乗ったとしても、景公にどこまでも従うと表明したことに、晏子は感動している。

問二十　丙の文章における空欄 a ・ b には共通する語が入る。その語を1〜6の中から一つ選び、助動詞を加えて活用させ、本文に適合するように記述解答用紙の所定の欄に記せ。

1　とし　　2　よし　　3　あし　　4　なし　　5　なめし　　6　うれし

問二十一　丙の文章における傍線部5「あやなく侍りぬべけれ」は、なぜそのように述べるのか、最も適切なものを次の中から一つ選び、解答欄にマークせよ。

イ　龍樹菩薩の隠形の法によって得た打出の小槌の霊力により、従者にかしずかれて暮らしていたが、突然鐘の音が鳴ると消失したため、呆然としてしまったから。

ロ　美しい妻や従者にかしずかれた生活であったが、打出の小槌を盗まれて突然貧乏になったため、これからどうしてよいかとまどうことが可哀想に思われたから。

ハ　隠蓑と打出の小槌を比較すると、望んだ食べ物や着物が得られる点で共通しているが、隠蓑では盗みを働かなければならない点で、倫理的に劣っていると感じられたから。

ニ　打出の小槌の優れた点は、望んだどのようなものでも打ち出せることであるが、いったんその生活に慣れてしまう

ホ　隠蓑などあるはずもなく馬鹿げた話である

ヘ　隠蓑は打出の小槌とともに鬼の宝であった

問十七　甲の文章における波線部a〜dの作品を、時代の古い順にならべた場合、正しいものを次の中から一つ選び、解答欄にマークせよ。

イ　acbd　ロ　bcda　ハ　cadb

ニ　cdba　ホ　dacb　ヘ　dbac

問十八　乙の文章における傍線部3「吾君方将被蓑笠而立乎畎畝之中、唯事之恤」の訓読として最も適切なものを次の中から一つ選び、解答欄にマークせよ。

イ　吾が君方の将は畎畝(けんぽ)の中に立ちて蓑笠を被(き)て、唯だ事の恤(うれ)ひをみる

ロ　吾が君は畎畝の中に蓑笠を被(かぶ)りて立つ方将を、唯だ事の恤(あは)れみとす

ハ　吾が君方は将た蓑笠を被て而立して畎畝の中にあるは、唯事の恤(うれ)ひなり

ニ　吾が君は方に将に蓑笠を被りて畎畝の中に立ち、唯だ事を之れ恤(うれ)へんとす

ホ　吾が君の方将は蓑笠を被て畎畝の中に立たんをや、唯だ事を恤(あは)れまんとせん

ヘ　吾が君は方に将に蓑笠して立ち畎畝の中に被るに、唯だ之の事を恤(うれ)へんとす

問十九　乙の文章における傍線部4「見㆓不仁之君㆒、見㆓諂諛之臣㆒」とはどのようなことを踏まえた言葉か、最も適切なものを次の中から一つ選び、解答欄にマークせよ。

イ　景公が、牛山から都城を見渡し、この国を離れては死にたくないと述べたが、史孔・梁丘拠が道にはずれていると反対したため、晏子は仲裁に乗り出している。

ロ　景公が、牛山から都城を見渡し、この国を離れては死にたくないと述べ、史孔・梁丘拠がそれに追従したことは、ともに人の道にはずれていると、晏子が論難している。

注　龍樹・馬鳴……ともにインドの僧の名。　天人の五衰……天人の死の際にあらわれる五つのきざし。

問十三　甲の文章における空欄 Ⅰ にあてはまらない成語を次の中から一つ選び、解答欄にマークせよ。

イ　柳に燕　　ロ　魂に霊　　ハ　竹に虎

ニ　梅に鶯　　ホ　紅葉に鹿　　ヘ　唐獅子に牡丹

問十四　甲の文章における傍線部1「蓑笠を著て人の家に入らぬもの」は、第四段落の『日本書紀』の故事を踏まえているが、空欄 Ⅱ にあてはまる意味として最も適切なものを次の中から一つ選び、解答欄にマークせよ。

イ　物事を断られる　　ロ　雨風を防げない

ハ　人に尊敬される　　ニ　神の祟り(たた)を受ける

ホ　青草を蓑にしない　　ヘ　盗賊に間違えられる

問十五　甲の文章における傍線部2「むくめき参らん」の意味として最も適切なものを次の中から一つ選び、解答欄にマークせよ。

イ　ひっそり進むでしょう　　ロ　かぶって参りましょう

ハ　向かって参りましょう　　ニ　頭角をあらわすでしょう

ホ　うごめいて参りましょう　　ヘ　気持ちがたかぶるでしょう

問十六　甲の文章における空欄 Ⅲ に入る最も適切なものを次の中から一つ選び、解答欄にマークせよ。

イ　蓑に隠れいとしい人に近づきたいものだ

ロ　蓑に隠れ食べ物を取れるはずもなかろう

ハ　蓑もとんでもない出世をしたものである

ニ　隠蓑を持つと鬼につけねらわれたのである

恤。何暇レ念レ死乎。則吾君又安得二此位一而立焉。以二其迭処レ之、迭去レ之、至二於君一也。而独為レ之流涕、是不仁也。4見二不仁之君一、見二諂諛之臣一。臣見二此二者一、臣之所二為独竊笑一也。

注　牛山……斉の都の臨淄近くの山。　鬱鬱芊芊……草木が緑に茂り盛んなさま。
　　滴滴……流浪すること。　疏食悪肉……粗末な食事。　駑馬稜車……劣った馬と粗末な車。

丙　［次の文章は、甲に引用される『宝物集』の一節による。］

抑人の為には、何か第一の宝にては侍る、と云ふ者あんなれば、まことに、何か宝にてあらん、とおもふ程に、そばよりさし出でて、人の身には隠蓑と申す物こそよき宝にては侍りぬべけれ。食物・着物ほしくは、心に任せて取りてんず。人のかくしていはん事をも聞きてんず。又ゆかしからん人のかくれんをも見てんず。されば、かばかりの宝やはあるべき、と云ふめれば、そばなるものの声にて、暗がりより申すやう、物をねがはんには、いかでか人の物をとらんとは申すべき。申さば盗人にこそ侍るなれ。龍樹菩薩の隠形の法すら顕れにければ、外法をば捨てて、菩提の行に趣きて、馬鳴の弟子に成り給ひにき。されば、打出の小槌と申す物こそ、よき宝にては侍りぬれ。ひろからん野にまかりて、居［a］家や、おもはしからん妻や、つかひ［b］従者・馬・車・食物・着物心に任せて打出して侍らんは、人の物もとらで、よく侍るべし、といへば、又そばなるものさし出でて、打出の小槌はめでたき宝にては侍りぬべけれども、口惜しき事の一侍るなり。万の物ども打出して、たのしく居たる程に、鐘の声を聞きつれば、打出したる物、こそこそと失することの侍るなり。めでたくてゐたる程に、広き野の中に只独、はだかにて居たらんこそ、5あやなく侍りぬべけれ。貧窮よりは衰苦はたへがたし。天人の五衰は地獄の苦にはまさるらん、と申したれば、無益にぞ侍る。昔より隠蓑・打出の小槌持ちたると云ふ人聞え侍らず。

ここでは重宝な宝物の意である。『宝物集』に「抑人の為には、何か第一の宝にては侍る、（中略）人の身には隠蓑と申す物こそよき宝にては侍りぬべけれ。食物・着物ほしくは、心に任せて取りてんず。人のかくしていはん事をも聞きてんず。又ゆかしからん人のかくれんをも見てんず。されば、かばかりの宝やはあるべき」云々。［Ⅲ］。

だがこれらの言葉よりも大事なのは「蓑売」とか「蓑市」とかいう言葉である。今も田舎の市日に逢えば、蓑売が何枚かの品を列べて鬻ぐのを見かけることがある。昔は需要が多かったからこのために市日が立って盛んであったようである。蓑市で最も有名なのは江戸の浅草であった。『東名物鹿子』に、「弥生の中の八日、近郷より蓑を持ち寄りて浅草寺の門前に商ふ。是を浅草のみのいちといふ。蓑市や桜曇りの染め手本」。だがこの蓑市は『東都歳時記』などには春三月十九日、冬十二月十九日と記す。いずれも浅草雷門前で市が立った。隔年に祭礼が行われない年は、十八日に変わったという。

乙　［次の文章は、甲に引用される『列子』力命篇の一節による。文中には、返り点・送り仮名を省いた箇所がある。］

斉景公游於牛山、北臨其国城而流涕曰、美哉国乎。鬱鬱芊芊。若何滴滴去此国而死乎。使古無死者、寡人将去斯而之何。史孔・梁丘拠、皆従而泣曰、臣頼君之賜。疏食悪肉、可得而食、駑馬稜車、可得而乗也、且猶不欲死。而況吾君乎。

晏子独笑於旁。公雪涕而顧晏子曰、寡人今日之游悲。孔与拠、皆従寡人而泣。子之独笑、何也。

晏子対曰、使賢者常守之、則太公・桓公将常守之矣。使有勇者而常守之、則荘公・霊公将常守之矣。数君者将守之、3吾君方将被蓑笠而立乎畎畝之中、唯事之

　蓑に因んだ幾つかの言葉も此処に添えておこう。前に記した如く、よく用いられるのは「蓑笠」の言葉で、もとより蓑と笠と二つのものを示した言葉だが、いつも共に用いてつきものである。「蓑になり笠になり」などという諺もある。表になり裏になって庇う意味である。「蓑笠はてんで持ち」の句は必要なものは各自で有てとの心。「蓑造る人は笠を着る」といえば互いに寄り合う暮らしのこと。[1]「蓑笠を著て人の家に入らぬもの」と訓したのは、素戔嗚尊の故事により、［Ⅱ］意に用いる。この蓑笠は『万葉集』の古歌にも見えることは前に引いた歌の例でも分かる。

　活物にこの字を冠らせたもので誰でも思い起こすのは「蓑虫」である。蓑を着た如き様からかく呼んだのはいうまでもない。この頃は利用の道も立ってその繭が役立つが、昔はいい例にはとられておらぬ。[a]『枕草子』には「みのむし、いとあはれなり」と記し、『宇津保物語』には「乱れ足は、動かれず侍り。左、右にかづき賜はる物は、みのむしのやうにてや、[2]むくめき参らん」などと書いてある。次には「蓑亀」、これは蓑の如く苔がはえた亀の義で、賀慶の徴になって目出たい。続いては「蓑貝」「蓑螺」「蓑五位」などを挙げることが出来よう。いずれも形の連想からつけた名である。植物では「蓑草」の一字かと思う。『三才図会』に、「香茅、俗云、太末保、又云、蓑草、云云、農家用レ之作二雨衣一」と記してある。『赤染衛門集』に「三笠山麓の露の露けさに　かり試みし野辺のみの草」とある。

　次には「蓑毛」という言葉。これには三つの意味があるという。一つは蓑の乱れたる如き様。[b]『太平記』には「雨の降るが如くに射ける矢、二人の者共が鎧に、蓑毛の如くにぞ立たりける」。一つは鷺の頸に垂れたる蓑の如き毛のこと。『拾玉集』に「すごきかな加茂の川原の河風に　みのげ乱れて鷺立るめり」。為家の歌に「ゐる鷺のおのが蓑毛も片よりに岸の柳を春風ぞふく」。また別の意味には筆の穂に用いる馬の毛を蓑毛とも呼ぶ。

　またしばしば用いられたのは「蓑代」とか「蓑代衣」とかいう言葉であって、「代」は代用の意であるから、蓑の代わりをして雨を凌ぐ雨衣のことである。[c]『狭衣物語』に「みのしろもわれ脱ぎ着せん返しつと　思ひなわびそ天の羽衣」。[d]『後撰和歌集』に「降る雪のみのしろ衣打着つつ　春来にけりと驚かれぬる」。

　「隠蓑」なる言葉は『信綱記』にもいう如く、「鬼之持たる宝は、かくれ蓑、かくれ笠、打出の小槌、延命小袋」など、が艸を加えて「蓑」となしたのだという。

昔から「みの」は「にの」とも発音された。出雲国飯石郡では今もこれが通音である。『天治字鑑』十二に「蓑　弥乃」。『万葉集』十二に「久方の雨のふる日を我が門に　にの笠きずてきたる人や誰れ」とある。富山県では「みのご」という言葉を用いる。これは女用の蓑でやや小型である。

蓑とは「雨衣」を意味すると『和名類聚抄』などに記してある。または「草雨衣」とか「御雨草衣」などとも昔から説いた。その作り方、材料などについては『三才図会』の述べる所が最も要を得ているから引用しよう。

按、蓑雨衣也。用レ茅打柔編為レ之。漁人行人以禦レ雨。或以レ藁為二密薦一上施レ菅作レ之。農人為二雨衣一。

蓑の元来の用途はこのように雨衣である。雨衣には昔は「油衣」があり、「合羽」があったが、起原はもとより草で編んだ蓑の方がずっと古い。雨の時にも雪の時にも用い、また野に働く時、旅に出る時、誰も便利を感じた用具である。上公家より下農夫に至るまで、誰にも用いられた。

古書を繙けば蓑に関する文献は様々あるが、中で最も古いのは『日本書紀』と思える。「素戔嗚尊結二束青草一、以為二笠蓑一、而乞二宿於衆神一。衆神曰、汝是躬行濁悪、而見二逐謫一者。如何乞二宿於我一、遂同距レ之」と同書一神代巻に記してある。だから草を結んで蓑を作った歴史は甚だ古い。だが蓑は日本で生まれたものか、これも必定中国から教わった技であったと考えられる。今日台湾で使う蓑を見たが、日本のそれが由来した跡が想像出来る。中国の文献は『日本書紀』よりもっと古い。『列子』を開くと次の文字が出てくる。「吾君方将被蓑笠而立乎畎畝之中、唯事之恤」。これで見れば歴史は遠い。「蓑笠」という対句は、丁度「Ⅰ」の如くほとんどつきものとして日本ではしばしば歌にさえよまれたが、この言葉も既に早く中国にあったことが分かる。古詩に「何レ蓑何レ笠」などという句もある。「何」は荷うの意である。江為の詩に「何時洞庭上　春雨満二蓑衣一」とあるから、中国では「蓑衣」なる言葉も用いた。

蓑が元来雨衣であることは今記した通りであるが、暑い地方ではこれを日除けにも用いた。薩摩地方の「ひみの」の如きいい例である。もとより「日蓑」の義であって、夏の日除けである。

イ　作曲家である筆者は、音の有機的関係から生まれるドラマ性とは異なる言葉の連なりの持つ普遍性を連詩や俳諧に感じ、自らの作曲に活かそうとしている。

ロ　作曲家である筆者は、音楽という個人主義に根ざした芸術活動を行っている以上、連歌や俳諧のうちに近代西欧にとって未知の新たな自己主張の形を探っている。

ハ　作曲家である筆者は、ヨーロッパで個人主義的な自己表現として育まれてきた音楽とは別の可能性を連歌や俳諧に感じ、自己の作曲にとり入れようとしている。

ニ　作曲家である筆者は、連詩や俳諧の持つ空間性を時間芸術である音楽に取り入れ、音楽の理想的世界観を実現しようとしている。

問十二　筆者は本文で俳諧と俳句を別のものと考えているが、まず、どのようにこの二つを異なっていると見なしているか、次に、そのことを踏まえ、作曲家である筆者が音楽とはジャンルの異なる連歌や俳諧に興味をそそられた理由はどこにあるか、記述解答用紙の所定の欄に六十字以上八十字以内で記せ。冒頭を一字下げにする必要はない。なお、句読点や符号等も一字とし、それらが行頭行末にきても、必ず一つのマス目内に記すこと。また、末尾は必ず句点で閉じること。

三

次の甲・乙・丙の文章を読んで、あとの問いに答えよ。

甲　〔次の文章は、『柳宗悦　民藝紀行』「蓑のこと」（一九三七年初出）の一節による。文中には、返り点・送り仮名を省いた箇所がある。〕

『和訓栞（わくんのしおり）』に依（よ）れば蓑（みの）の語源は「身荷（みに）の義なるべし」とある。身に担うの意に基づいたのか。この外に異説の文献は見当たらぬ。蓑を「簑」とも書くが正しくない。『和漢三才図会（ずえ）』は一説を立て、元来は「衰」という字であったのを後人

ニ　Ⅰ　即興　Ⅱ　一回　Ⅲ　視覚

ホ　Ⅰ　表現　Ⅱ　他者　Ⅲ　複数

問九　傍線部Ｂ「縦の音の構成」の説明として最も適切なものを次の中から一つ選び、解答欄にマークせよ。

イ　縦の音の構成とは、個人主義に基づく表現である西欧音楽に対し、共同制作の形をとる連歌のように予測不可能な他者性をとり入れた音の構成法である。

ロ　縦の音の構成とは、時間芸術として意識されてきたヨーロッパ的な音の展開に対し、連歌のように空間的な流れをとり入れた音の構成法である。

ハ　縦の音の構成とは、複数の人間によって制作される連歌の基本と同じように、オーケストラがさまざまな楽器による異なる音を集団的に響かせる工夫である。

ニ　縦の音の構成とは、連歌のように、音を受け継ぎ引き渡すいわば横の構成方法に対し、同時にいくつもの音を響かせるときの工夫である。

問十　傍線部１・２のカタカナに用いられるのと同じ漢字をカタカナ部分に含むものをそれぞれ次の中から一つ選び、解答欄にマークせよ。

１　イ　カン急をつける　ロ　対象そのものをカン照する

ハ　カン大な処置で済ます　ニ　超過分をカン付する

ホ　カン満の差が大きい

２　イ　このようなシ儀に立ち至る　ロ　能力を問うシ金石

ハ　解決法をシ唆する　ニ　判断をシ直の手に委ねる

ホ　シ野を広く持つ

問十一　本文の趣旨と合致する最も適切なものを次の中から一つ選び、解答欄にマークせよ。

前に述べたように、オーケストラに於いても、連詩のもつさまざまな要素が、音楽的シ軸[2]からとり入れられている。そこでは、ヨーロッパ的な音を展開する秩序構成の代わりに、音の重層化と、私なりの言葉で言えば、音を転じるという音の扱い方で、モチーフやフレーズを受け渡しながら、前の音を移し変えてゆく方式をとった。

（一柳慧『一柳慧　現代音楽を超えて』による）

問七　傍線部A「歌仙を巻く」とあるが、筆者がこのことに注目している理由の説明として最も適切なものを次の中から一つ選び、解答欄にマークせよ。

イ　歌仙を巻くとは、何人かが集まり、食事や飲酒をともにしながら、それぞれ詠んだ句を披露し合うことだが、そこに筆者は西欧の個人主義にはないものを見出したから。

ロ　歌仙を巻くとは、何人かが集まり、ともに食事や酒をたしなみながら順番に句を詠み合うことだが、そこに筆者は日常性が芸術そのものに昇華する可能性を感じたから。

ハ　歌仙を巻くとは、何人かが集まり、一定の規則に従い長句と短句を付け合わせていくことだが、そこに筆者は複数の人間による予測できない創造性を見出したから。

ニ　歌仙を巻くとは、何人かが集まり、一定の規則に従い長句と短句を連ねていくことだが、そこに筆者は厳しいルールや作法に貫かれた芸術性を認め、評価したから。

問八　空欄 Ⅰ ・ Ⅱ ・ Ⅲ に入る語句の組み合わせとして最も適切なものを次の中から一つ選び、解答欄にマークせよ。

イ　Ⅰ　非日常　　Ⅱ　芸術　　Ⅲ　共同

ロ　Ⅰ　不確定　　Ⅱ　偶然　　Ⅲ　即興

ハ　Ⅰ　精神　　Ⅱ　表現　　Ⅲ　未完結

イック・ノーテーション（図形楽譜を用いた記譜法）による音楽の一回毎に異なる演出やパフォーマンスの予測を超えた［Ⅰ］性や［Ⅱ］性や［Ⅲ］性とも通じる要素を、そこに見出せる思いがしたことであった。

私は以前に、できれば音楽家同士、作曲家同士で、俳諧の連衆に相当するグループをつくって、複数による共同制作の作曲が出来ないか、とひそかに仲間を探していたことがあった。だがこれは叶うことなく、実現を見ないまま時が過ぎていった。そこで私は一大決心をして、一人で複数の役割をしてその発想や考え方を生かす方法で作曲出来ないかと、折にふれ構想を練っていった。俳諧の形式や在り方をなぞる真似事ではなく、連歌の本質に触れられるような音楽のつくり方が出来れば、と思っているうちに構想はどんどん膨らんで、結局私が書いたオーケストラの曲では、それまでもっとも長大なものになってしまった。と言っても四五分から四八分くらいの長さであるが、この三分くらいの違いは、時間が厳しく決められていない、いわば非西欧的な時間感覚や音の扱いによるもので、指揮者や演奏家の「間（ま）」のとり方や、速度感の違いによって生じる差である。

音楽を司る要素としては、音の高低があり、音の長短があり、音の強弱があり、また音色などがある。また、音の時間的流れを構成する有機的な関係で言えば、メロディーがあり、ハーモニーがあり、そしてリズムがある。詩の言葉や、その言葉が写し出す情景やイメージから醸し出される雰囲気を音に移し変えるのには、木管、金管、打、鍵盤、弦など多くの楽器の種類や性格や個性の違いが、言葉を反映する要素として不可欠であり、それにはオーケストラが、もっとも適していると考えた。前の人が詠んだ言葉を受け継ぎ、自分の言葉を介して次の人の言葉へと受け渡すという連歌の基本は、音色や種類の異なる楽器のさまざまな引き継ぎ方で、旋律や律動の流れを、同時に幾つかの音を発生させる和声的、集合音的など[B]縦の音の構成では、楽器の種類や性格を変えて、強弱による響きの違いによって音の厚さや重量感を演出した。

このような考えをもとに作曲したのが「交響曲ベルリン連詩」で、この曲には大岡信さんが選んだ二人のドイツの詩人、カリン・キヴスとグントラム・フェスパーによる連詩と、日本の大岡信と川崎洋の連詩が、日本語とドイツ語によって組み合わされている。「ベルリン連詩」には、ソプラノと、バリトンテノールによって歌われるうたのパートのみならず、葉のつながりや流れを大切にすることから、時間と同時に、いやむしろそれ以上に、空間的イメージが充分に考慮され、活かされなければならないことは言うまでもない。その点で、音楽の時間のみならず、空間性に対しても、新しい問題を提起してくれる要素が秘められていると言ってよいだろう。

　では、その根底を司っている価値観とは何なのか、ということであるが、それは俳諧が何よりも複数の人々によって営まれ、創られる詩であることに尽きると言えるだろう。通常、俳句にせよ、和歌にせよ、或いは西欧や近代の詩に於いても、作者は全て一人である。私が音楽との関連で、連詩や連歌の世界に惹かれた理由は、それが西欧の文明社会に於ける自己主張や、自己表現とは異質な表現形態である点である。それはたとえば、オリジナリティの問題ともかかわってくる。複数の作家による共同制作の場合、予測不可能な他者の介入に伴う未知の世界を許容しなければ成立しえない。そこでは当然のことながら、オリジナリティの概念は、近代西欧が培ってきた個人主義に根ざした自己表現とは違った内容になってくる。俳諧はまた、芸術と日常性という点でも、完結した作品を至上のものとしてきた西欧的な在り方とは異なる。

　芭蕉や芭蕉の弟子たちによって書き残された紀行文などを読むと、彼らは旅の先々や、訪問し合った先で、多くの歌仙を巻いていたことがわかる。何人か集まれば、すぐA歌仙を巻くという姿勢から考えられるのは、俳諧はその成り立ちからして、それは食事をしたり、お酒を飲んだり、旅をしたりすることに通じる日常的な要素をもっていたのではないか、ということである。つまり今日的に言えば、芸術的行為の中に日常性をとり込んでいるその在り方には、芸術をそれ自体独立した特別なものとするのではなく、芸術と日常の間に存在する境界線の意識が稀薄であり、芸術と日常をつなげたり、相互に浸透し合ったりするものとして認識していたと理解できるのである。

　もちろん俳諧には歌仙のつくり方や、進行のさせ方、或いは特定のテーマの設定など、厳しいルールや作法が存在する。また、高い境地の文学性や芸術性が要求されるわけであるが、それは西欧のようにそれ自体で完結した虚構の理想的世界を構築するのとはちがって、開かれた精神交流の場としての性格を有していたのではないだろうか。

　私にとって、特に興味をそそられたのは、私が一九五〇年代後半から六〇年代にかけて作曲する際採用していたグラフ理想郷として描いている。

二　次の文章を読んで、あとの問いに答えよ。

二〇世紀後半の芸術界は、第二次世界大戦が終結した後、多様なモダニズムによる新しい流派が次々と誕生し、またそれらが重複し合って、極めて活性化した状況を呈していた。

それは、ナチズムやファシズムなど、平常ではとても考えられないような、世界の多くの国を巻き込んだ苛酷な戦争を起こしたことへの深い反省と共に、強い平和への希求、そして文化や文明や芸術への渇望がもたらした精神性に支えられていたと言えるだろう。しかし、その創作性に溢れていた時代感覚は、二〇世紀の終わりへと向かう時間の推移と共に次第に衰退し、核となる中心的思考が失われた今、私たちはポスト・モダンと呼ばれる弛カン[1]した状況の渦中に置かれている。

私が行っている音楽は、言うまでもなく、言葉中心の芸術ではない。あくまでも、音が主役である。これまで言葉は、歌詞として用いたことは再々あったが、それは音楽の考え方や構造にまでかかわって影響を及ぼす素材とは異なっていた。芭蕉によって完成された俳諧は、もちろん今は古典として存在している。だが、その普遍的とも言える内容は、言葉の領域にとどまらず、時代さえも超越して、他の分野に対しても大きな影響を与えうる可能性をもっていることを、私は連詩を通して知ることになった。連詩は詩人の大岡信さんが、連句や連歌をベースにしながら、現代の俳諧として蘇らせた分野である。そして彼は、この日本の古典に立脚した独特の詩を、しばしば国際的な場に於いて、何ヶ国もの外国人を引き込んで、国際語の詩として世に問うてきた。

よく音楽は、基本的には言葉を用いない芸術であるので、世界中のあらゆる人と、言葉の障害を抜きに、容易にコミュニケートできる分野として語られる。また音楽は、その内容自体に、音の有機的関係から育まれるドラマ性を有している故に、特にヨーロッパでは時間芸術として定義されてきた。だが連詩も、そしてもちろん連句や連歌も、イメージや、言問四　Aの文章の傍線部1「それぞれの境遇からさまざまな故郷のイメージをつくり出す」とほぼ同様の内容を述べた一文を、Bの文章中から三十五字以上四十字以内で求め、その最初の五文字を抜き出して、記述解答用紙の所定の欄に記せ（句読点等が含まれる場合は、それらも一字とする）。

問五　Bの文章の空欄 Y ・ Z に入る語の組み合わせとして最も適切なものを次の中から一つ選び、解答欄にマークせよ。

イ　Y　現実的　　Z　幻想
ロ　Y　排他的　　Z　美化
ハ　Y　客観的　　Z　想像
ニ　Y　相対的　　Z　憧憬
ホ　Y　空想的　　Z　回想

問六　AおよびBの文章の趣旨と合致する最も適切なものを次の中から一つ選び、解答欄にマークせよ。

イ　Aの文章では小学唱歌が故郷のイメージをつくり出すと指摘しているが、Bの文章では幼少時代の苦難が故郷のインスピレーションに作用すると述べている。
ロ　Aの文章では離郷にも階層による条件があったと述べているが、Bの文章では離郷を促すものがもっぱら万人に共通する青雲の志であると指摘している。
ハ　Aの文章では個人の意志によって行なわれる離郷を中心に論じているが、Bの文章では強いられて故郷を離れることになった場合の愛郷心についても検討している。
ニ　Aの文章では名士になった帰郷者の多くが故郷に好印象を持つと述べているが、Bの文章では迫害を受けた偉人たちの故郷への愛憎の思いが提示されている。
ホ　Aの文章では人口流出によって深刻な田舎の荒廃が生じたことを指摘しているが、Bの文章では故郷を風光明媚な

（8）　劖刻……けずり、きざみつけること。
（9）　古人の詩……賈島の「桑乾を渡る」。詩句中の「并州」は、北京近郊の桑乾河の南にある土地。
（10）　騣馳……駆け回ること。　（11）　老杜……中国唐代の詩人杜甫の尊称。
（12）　バイロン……イギリスの詩人（一七八八～一八二四）。
（13）　遺山……中国金末期の詩人元好問（一一九〇～一二五七）。
（14）　五丈原頭師を出すの日も……蜀の諸葛孔明の逸話をさす。

問一　Aの文章の空欄 X に入る漢字一字を、記述解答用紙の所定の欄に記せ。

問二　次の文は、Aの本文中に入るべきものである。空欄 a ～ e の中から最も適切な箇所を一つ選び、解答欄にマークせよ。

つまり、農村が故郷で、都市は異郷ということが前提になっている。

問三　Aの文章中にある柳田国男の故郷に対する考えを説明した文として適切なものを次の中から二つ選び、解答欄にマークせよ。

イ　家殺しを意味する「ドミシード」は、祖先の意思をないがしろにするなどの間接的なものを含む。
ロ　日本では、近代になると農村出身者が都市部へ移住するようになり、その人々によって都市が形成されてきた。
ハ　イエは、個人が祖先とのつながりを保つことで受け継がれていく機構であり、故郷のなかで守られていくものである。
ニ　農村出身の長男が都市へ移住する場合は、一定期間を経て帰郷すべきではあるが、中農が養成されるのであればその限りではない。
ホ　日本の農業は、単独で生計が立てられる職業として発展させるべきであり、そのためには農家の数が増えることは好ましくない。

人は過去、現在、未来の三世に住す。三世中最も短きは現在なり。最も明白なるは過去なり、最も測り知る可からざるは未来なり。吾は一なれども、時によりて異なるなり。過去の吾は現在の吾にあらず、現在の吾は未来の吾にあらず。何が故に現在は最も短しとするか。一秒時間前は過去なり、一秒時間後は未来なり、然らば現在の吾とは、ただ一秒時間の吾にあらずや。あたかも垣柵中を走る馬の如く、後蹄は既に過去の領分たらんとし、前蹄は将に未来の領分たらんとす。現今の吾は閃電ただならざる寸刻にあるのみ。故に人一生の間、その過半は過去と未来の為に支配せらる。しかしてかの故郷なる者は、過去の標幟にして、千回万転思ふて過去に到れば、遂に故郷に帰着せずんば休せざるなり。身世遭遇幾多の快楽ありしか、幾多の苦痛ありしか、また幾百の戦争を経たりしや、すべてこれらの事を回想し来らば、帰着する所は故郷にあるなり。老杜(11)のいわゆる「魂招不レ来帰二故郷一」とは、このことなり。

故郷はすなはち過去の記憶と Z とを以て、建立したる神聖なる殿堂なり。東流の水の海に注ぐが如く、人の想念はこの殿堂に向て注ぐなり。英国の詞宗バイロン(12)の如き、郷国に容れられず、憤慨のあまり、郷国に向て最後の告別をなして曰く、余は巌根より漂ひたる葦の如く、波瀾の湧く所、風濤の呼吸する所、泛々として行く所に任(まか)すべしと。然れども彼また曰く、余は異郷の灰となるも、余の魂はなほ故郷を愛するなりと。遺山(13)曰く、「眼中正有二家山在一、一片傷心画不レ成」と。彼故郷と交りを絶ちたるバイロンにしてかくの如し。彼亡国の遺臣たる元遺山にしてかくの如し。之を思へばかの大人君子、英雄豪傑が故郷に恋々たるも、また決して異とするに足らず。風雲の気、児女の情、豈に必らずしも相(あ)(14)ひ衝突するものならんや。否、彼等は最も多血多涙の熱腸なるにあらずや。身を先帝に致し、五丈原頭師を出すの日も、なほ南陽の旧草廬を忘るゝ能はざるにあらずや。

（徳富蘇峰「故郷」〈一八九〇年〉による）

注
（1）チエル……フランスの初代大統領、アドルフ・ティエール（一七九七～一八七七）のこと。
（2）韓信……紀元前の中国秦末の武将。　（3）蘇秦……紀元前の中国戦国時代の政治家。
（4）紝……機織りの糸をさす。　（5）漢高……紀元前の中国漢の初代皇帝となった武将劉邦のこと。
（6）豊沛……現在の中国江蘇省徐州市の沛県。　（7）南洲……西郷隆盛（一八二八～一八七七）。

妹等は我が儕（ともがら）とともに在るにあらずや、彼如何（いか）なる奇才異能あるやと、彼を厭ひ彼を棄てたるにかかはらず、彼はしばしばその故郷なるベツレヘムに還へりしにあらずや。彼は曰く、預言者はその故郷に尊ばれずと。彼之を知る、然れどもなほその故郷に恋々たりしは何ぞや。

何をか故郷といふ。その出産したる地方なるか、その成長したる地方なるか。その故郷の区域は、面積幾方里なるか。その出産成長したる村落を以て故郷といふか、郡を以て故郷といふか、県を以て故郷といふか、もしくは更に大なる地方を以て故郷といふか。人の立つ所の位置によりて、見る所の眼孔によりて、故郷もまた一なる能はざる也。一村落よりすれば、その三五の近隣は故郷なり。一郡よりすれば、その一村落は故郷なり。一県よりすれば、その一郡は故郷なり。一地方よりすれば、その一県は故郷なり。一国よりすれば、その一地方は故郷なり。世界よりすれば、一国は故郷なり。宇宙よりすれば、すべて吾人々類の棲息する地球は故郷なり。然れどもこれ未だ以て故郷の真意を説明するに足らず。故郷は必ずしも［Y］の土地にあらず、ただその人の心に忘れんと欲して忘るゝ能はざる最初の感触の鏨刻（さんこく）(8)せられたる所、これを故郷といふのみ。古人の詩に曰く、(9)「客舎并州已十霜、帰心日夜憶二咸陽一、無レ端更渡二桑乾水一、却望二并州一是故郷」と、この時においては、并州却て故郷の感あるなり。然れども愛郷の念最も深きは、その感触の最も深き所にあり、感触の最も深きは、最も神聖なる連感の之に伴ふにあり。ただこれ一片の青山のみ、然れども吾人父祖の骨を埋めたる所と思へば、風に臨んで涙流るゝなり。ただこれ茫々たる原野のみ、然れども吾人の先祖が忠義の為に、千兵万馬の間を驟馳（しゅうち）(10)し、その碧血を野草に染めなしたりと思へば、懐旧の感勃々として来るなり。ただこれ一株の栗樹のみ、然れども吾人が少年の時に、兄弟姉妹とその下に戯れ遊びたるを思へば、あたかも昔日の吾、昔日の兄弟姉妹、昔日の我家の境遇、恍然として眼中に入るなり。人の故郷を愛するは、必ずしも山水の絶佳なるがためにあらず、風土の秀麗なるがためにあらず、気候の温和なるがためにあらず。故郷は一種のインスピレーションなり。思ふて故郷に到れば、無言の青山は、なほこれ千万丈の記念碑の如く、茫々たる原野も、なほこれ旧時の血歴史かと思はる。一木一草の微といへども、なほ千糸万縷の情こまやかにして、傍人の得て知る所にあらず。それかくの如き所以のものは何ぞや。

B

　富貴にして故郷に帰らざるは、繍を着て夜行くが如し、誰か之を知る者ぞ。とは沐猴冠者(もっこうかじゃ)の語なれども、実に不朽の真理を蘊(つつ)みたるものといふべし。業成り名遂げたる者、誰か故郷に帰るを欲せざる者あらんや。見よ笈を負ふて東都に出で、一片の卒業証書を懐にすれば、忽ち帰心矢の如く、之を故郷の父老親近に示さんと欲するにあらずや、彼らなんすれぞ故郷に恋々たるや。チエル(1)が大宰相となるや、帰りてその郷先生を訪ふ。先生曰く、君は何の職業をなせしや。チエル答て曰く、余はミニスターたり。先生色を変じて曰く、君はカトリック宗の信者にあらずや、豈(あ)に改宗して新教に入りたるか、なんぞミニスターとなりしか。曰く、余が所謂ミニスターは伝教師の謂にあらずして、宰相の謂なりと。先生笑て曰く、戯言するなかれ、君いずくんぞ大宰相たるを得ん。曰く先生疑ふなかれ、もし余が言を信ぜずんば、先生望む所を陳べよ、余必ず先生の為めに之を遂げ得させんと。先生曰く、余や他に望む所なし、余の郷校をつかさどる十数年、しかして未だ教員恩給俸にあづかるを得ず、君もし宰相たらば、請ふ余が為にこれを弁ぜよと。幾(いくばく)もなくして郷先生恩給令下れり。韓信(2)が楚王となるや、かつて己を辱めたる悪少年を封じて都尉となし、一飯の徳ある漂母に向て千金を施したり。蘇秦(3)が累々たる六国の相印を帯ぶるや、まづその故郷に帰り、己れがために炊(かし)がざりし嫂、紝(じん)(4)を下らざりし妻をして蛇行匍匐(ほふく)四拝、三十里外に郊迎せしめたり。漢高(5)の天下を平定するや、豊沛(6)の父老を訪へり。太閤の小田原陣よりかへるや、まづ銀杏村に入れり。華聖頓(ワシントン)の退休するや、依然たるマオント・ウオーノンの一農夫と成れり。彼等が爛焉たる偉勲は、天下万人の仰ぐ所なり、なんぞそれ草沢山野二三の父老の憐を乞ふを要せんや。しかして彼等が天下に向て、不世出の勲業を建つるや、あたかも小学校生徒が進級証を懐にして、まづその父母に示すが如く、故郷の父老に示す所以のものは何ぞや。

　独り是に止まらざるなり。彼等は得意の時のみ故郷を求めざるなり、失意の時にも求むるなり。見よ南洲(7)はその死せんとする時に際しても、なほ「秋風埋レ骨故郷山」と言ひしにあらずや。彼等は故郷より好遇せらるるが為に故郷を愛するにあらず、虐待せらるるも尚故郷を愛するなり。孔子魯を去る、遅々として行きしにあらずや。基督(キリスト)の如きは、その郷人より彼は大工の子にあらずや、その母はマリアにあらずや、その兄弟はヤコブ、ヨセフ、シモン、ユダにあらずや、そのとして、そうした社会的地位が与えられるのである。柳田が田舎の若者が都会に出ることとそれ自体を心配する必要がないとしたのは、このような故郷回帰が予定されたからである。そのさい、柳田が若者の離郷自体に心配はいらないとしながら、離郷が「家道の零落」や「祭祀の滅絶」につながることだけは避けなければならないと考えていたことに注目する必要がある。なぜなら、そこには離郷の階層性の反映がみられるからである。［ e ］柳田は、〃イエ〃を、「祖先」が「繁栄せしめんと欲した意思」を代々の「子孫が行ふ」機構であり、「各人」が「其祖先」と「連絡」を持つということで「家の存在」を「自覚」することが「個人と国家との連鎖」としての役割を果すものとみなし、そのような社会的意味を有する〃イエ〃を代々の「子孫」である個人がつぶすことを、「ドミシード即ち家殺し」と呼び、それは「仮令(たとい)現在の家族に一人の反対が無くとも」許されるものではないと考えていた。柳田は、この「ドミシード」には、直接〃イエ〃をつぶさずとも「祖先」の「意思」を忘却することも含まれるとして、「都会」に移ってしまった人間には「祖先子孫といふ思想が微弱にな」り、「家の永続を軽んずるといふ」風潮が生ずることを憂うるからこそ、「次男三男などの予備の人間」以外の離郷はあくまで一時的なもので、いずれは故郷に帰らなければならないと主張したのである。このような〃イエ〃が存在してはじめて故郷の維持も可能となると考える柳田は、中農養成の必要性を説き、「我国農戸の全部をして少くも二町歩以上の田畑を持たしめ」ることを当面の目標とし、究極においてこうした規模の中農が「終(つい)には普通のものとなる」ことを理想とするのである。そして、そのためには、「耕地の面積が非常なる制限を被(こう)ぶれる我国の如きに在りて」は、「農戸の減少は必しも悲しむべきことに非ず」して、「悲しむべきは寧ろ其増加なり」と柳田は断言するのである。したがって、農戸の減少のためには、むしろ一定の階層以下の農民の離郷は歓迎さるべきことですらあったのであるが、そこには「自給を以て生産の標準とする旧来の細農制を改めて、農を以て一の独立の生産職業と為し、分業の理法に従ひ専門的に其生産方法の発達を計らしむる」こと、すなわち日本農業を生業のレベルから職業あるいは企業に転換せしめ、農民を農業だけで食える中農に養成することが肝要であるとする柳田の政策的主張がうかがえるのである。

（岩本由輝「故郷・離郷・異郷」による）

理法」であり、「心理上経済上極めて自然なる趨勢である」といって横井の主張を批判し、「かくの如き人口の移動」は「田舎に余つて居る労力を都会に供給し、都会に余つて居る資本を田舎に持つて行」くという「経済政策の極意」を「不十分ながら天然に為し遂げる」ものであると評価するが、そこには柳田が都会に出てきた「田舎の若者」の多くは「或年まで働い」て「相応に金が溜ればすなわち田舎に帰る」と考えていたことを反映している。 c 小学唱歌「故郷」の「こころざしをはたして、いつの日にか帰らん」というのがこれにあてはまるものであろうが、果して実態はどうであったろうか。

離郷にはみずからの意志で行なわれるものと不本意ながら行なわれるものとがあった。そして、その間には明らかに階層性というものが認められる。青雲の志を抱いて都会に出るとか、笈（きゅう）を負うて遊学の途に就くということばがあるが、これは経済的にある程度恵まれた中農以上の子弟にとって可能であったものである。 d そして、彼らのなかには、そのまま都会に留まり、近代日本の各界における指導的人士になったものも少なくない。文字どおりの出世であるが、各界の指導的人士にはこうした地方からの出身者が多いのは事実である。故郷に X を飾る存在というのがこれである。もちろん、貧農の出身でもこうしたことがまったく不可能であったわけではないが、その場合は苦学を必要としたであろう。立志伝中の人物といわれるもののなかには、そのような経歴の人がみられるが、そういわれるだけに決して数は多くなかったのである。これらの人々はいずれにせよ郷土出身の名士として讃えられ、生涯を通じて故郷に好ましい印象を持ち続けるのが大部分であったし、また、故郷の側でも何かの折に寄付などを要請することもあり、それに快く応ずることによって名士としての名をいっそう高めることにもなった。さらに、郷党の先輩として、新たに離郷してきた後輩の面倒をみることもあった。そうしたことを組織的に進める団体として「同郷会」や「郷友会」といったものが結成されるとき、中心となるのはこのような人々であった。

ところで、都会に遊学した人々のうちには学業を終えると、故郷に帰り、そこで指導的役割を果すことになるものもいた。村長や村農会長などにはそのような経歴のものが多くみられる。世間をみてきたということで、彼らに、村の新知識そこでは、「故郷の空」「故郷の野辺」「わが父母」「わが兄弟」がスコットランド民謡 "Comin' Through the Rye" の曲を編曲したものにあわせて唄われるのである。そして、一九〇七年刊行の『中学教育唱歌集』には犬童球渓の「旅愁」と「故郷の廃家」が載る。前者ではオードウェイ作曲の "Dreaming of Home and Mother" の曲にあわせて「恋しやふるさと、なつかし父母、夢路にたどるは、故郷の家路」と唄われ、後者ではヘイス作曲の "My dear old Sunny Home" の曲にあわせて離郷後久しいのちに訪れた故郷で、「あれたる我家」をみ、「さびしき故郷」を実感することが唄われている。また、一九一三年刊行の『新作唱歌（五）』に載った吉丸一昌の「故郷を離るる歌」では、ドイツ民謡の曲にあわせて、「さらば故郷、さらば故郷、故郷さらば」と離郷が唄いあげられる。そして、この離郷の歌を承けるような形で、一九一四年刊行の『尋常小学唱歌（六）』所載の高野辰之作詞・岡野貞一作曲の「故郷」では、「故郷」の山川を唄い、「父母」や「友がき」の健康を気遣ったあと、「こころざしをはたして、いつの日にか帰らん」と帰郷を誓うことになっている。

これらの小学校唱歌に描かれている故郷は農村である。あるいは田舎といってもよいが、そこにはもちろん山村も漁村も含まれる。そして、離郷する先は具体的に歌詞には現われないが、都市・都会である。 b 都市が故郷で、農村が異郷である人もいるし、都市から都市へ、農村から農村への移動もあるわけであるが、それではさまにならないようである。また、事実としても農村から都市への人口流出が最も多かったのである。柳田国男は、「日本の都市が、もと農民の従兄弟に由つて、作られた」として、日本では近代以前から都市はつねに農村から出てきた人によって形成されてきたことを強調し、それが近代以降になってさらに強まってきたことを明らかにする。

農村から都市への人口流出という形で離郷を促進したものに鉄道の開通がある。新渡戸稲造は、その結果として生ずる「人口の都会に漸殖して田舎に漸減する事実の影響は単に農業にのみ止まらで、全国の経済的生活にも種々の関係を醸成す」といっている。そして、横井時敬は農村から都市への人口流出を「都会熱」と名づけ、「あたかも一種の伝染の病」とみなし、農村を滅亡させる原因になると警鐘を鳴らし、健康・健全な田舎から不健康・不健全な都会に出ることを堕落ときめつける。これに対して、柳田は「元来人口の都会集中、即ち今時田舎の若者が都会へ出たがる傾きは、人類発展の

国語

（九〇分）

一

次のA・Bの文章を読んで、あとの問いに答えよ。

A

故郷といっても別に決まった概念があるわけではない。離郷した1人間がそれぞれの境遇からさまざまな故郷のイメージをつくり出す。ひたすら懐しい故郷もあったであろうし、悲しく思わなければならない故郷もあった。いつでも喜んで迎えてくれる人たちのいる故郷もあったろうし、帰りたくても帰ることのできない故郷もあった。しかし、いずれにせよそれぞれの有するイメージが増幅されるなかで、あたかも万人に共通するような故郷ができあがる。［ａ］それは幻想であったかも知れないが、そのような幻想を生み出していったものとして、いわゆる小学唱歌の故郷を唄った歌を挙げることができるのではなかろうか。義務教育の課程で、児童たちは故郷の地で、将来、離郷するしないにかかわらず、故郷の歌を唄い、歌詞を記憶することになるのである。

近代を迎え、農村から都市への人口流出が盛んになるが、その流れは二〇世紀を迎える前後において急になる。小学唱歌として故郷の歌がとりあげられるようになるのは、そのような時代的背景があってのことであり、その歌詞にみられる情景に共感を抱く人たちが増えてくるのである。

一八八八年刊行の『明治唱歌（一）』に載った大和田建樹（おおわだたけき）作詞の「故郷の空」は、その最も早いものの一つであろう。

教学社 刊行一覧

2025年版 大学赤本シリーズ

国公立大学（都道府県順）

374大学556点
全都道府県を網羅

全国の書店で取り扱っています。店頭にない場合は，お取り寄せができます。

1 北海道大学(文系−前期日程)
2 北海道大学(理系−前期日程) 医
3 北海道大学(後期日程)
4 旭川医科大学(医学部〈医学科〉) 医
5 小樽商科大学
6 帯広畜産大学
7 北海道教育大学
8 室蘭工業大学／北見工業大学
9 釧路公立大学
10 公立千歳科学技術大学
11 公立はこだて未来大学 総推
12 札幌医科大学(医学部) 医
13 弘前大学 医
14 岩手大学
15 岩手県立大学・盛岡短期大学部・宮古短期大学部
16 東北大学(文系−前期日程)
17 東北大学(理系−前期日程) 医
18 東北大学(後期日程)
19 宮城教育大学
20 宮城大学
21 秋田大学 医
22 秋田県立大学
23 国際教養大学 総推
24 山形大学 医
25 福島大学
26 会津大学
27 福島県立医科大学(医・保健科学部) 医
28 茨城大学(文系)
29 茨城大学(理系)
30 筑波大学(推薦入試) 医 総推
31 筑波大学(文系−前期日程)
32 筑波大学(理系−前期日程) 医
33 筑波大学(後期日程)
34 宇都宮大学
35 群馬大学 医
36 群馬県立女子大学
37 高崎経済大学
38 前橋工科大学
39 埼玉大学(文系)
40 埼玉大学(理系)
41 千葉大学(文系−前期日程)
42 千葉大学(理系−前期日程) 医
43 千葉大学(後期日程) 医
44 東京大学(文科) DL
45 東京大学(理科) DL 医
46 お茶の水女子大学
47 電気通信大学
48 東京外国語大学 DL
49 東京海洋大学
50 東京科学大学(旧 東京工業大学)
51 東京科学大学(旧 東京医科歯科大学) 医
52 東京学芸大学
53 東京藝術大学
54 東京農工大学
55 一橋大学(前期日程)
56 一橋大学(後期日程)
57 東京都立大学(文系)
58 東京都立大学(理系)
59 横浜国立大学(文系)
60 横浜国立大学(理系)
61 横浜市立大学(国際教養・国際商・理・データサイエンス・医〈看護〉学部)
62 横浜市立大学(医学部〈医学科〉) 医
63 新潟大学(人文・教育〈文系〉・法・経済科・医〈看護〉・創生学部)
64 新潟大学(教育〈理系〉・理・医〈看護を除く〉・歯・工・農学部) 医
65 新潟県立大学
66 富山大学(文系)
67 富山大学(理系) 医
68 富山県立大学
69 金沢大学(文系)
70 金沢大学(理系) 医
71 福井大学(教育・医〈看護〉・工・国際地域学部)
72 福井大学(医学部〈医学科〉) 医
73 福井県立大学
74 山梨大学(教育・医〈看護〉・工・生命環境学部)
75 山梨大学(医学部〈医学科〉) 医
76 都留文科大学
77 信州大学(文系−前期日程)
78 信州大学(理系−前期日程) 医
79 信州大学(後期日程)
80 公立諏訪東京理科大学 総推
81 岐阜大学(前期日程) 医
82 岐阜大学(後期日程)
83 岐阜薬科大学
84 静岡大学(前期日程)
85 静岡大学(後期日程)
86 浜松医科大学(医学部〈医学科〉) 医
87 静岡県立大学
88 静岡文化芸術大学
89 名古屋大学(文系)
90 名古屋大学(理系) 医
91 愛知教育大学
92 名古屋工業大学
93 愛知県立大学
94 名古屋市立大学(経済・人文社会・芸術工・看護・総合生命理・データサイエンス学部)
95 名古屋市立大学(医学部〈医学科〉) 医
96 名古屋市立大学(薬学部)
97 三重大学(人文・教育・医〈看護〉学部)
98 三重大学(医〈医〉・工・生物資源学部) 医
99 滋賀大学
100 滋賀医科大学(医学部〈医学科〉) 医
101 滋賀県立大学
102 京都大学(文系)
103 京都大学(理系) 医
104 京都教育大学
105 京都工芸繊維大学
106 京都府立大学
107 京都府立医科大学(医学部〈医学科〉) 医
108 大阪大学(文系) DL
109 大阪大学(理系) 医
110 大阪教育大学
111 大阪公立大学(現代システム科学域〈文系〉・文・法・経済・商・看護・生活科〈居住環境・人間福祉〉学部−前期日程)
112 大阪公立大学(現代システム科学域〈理系〉・理・工・農・獣医・医・生活科〈食栄養〉学部−前期日程) 医
113 大阪公立大学(中期日程)
114 大阪公立大学(後期日程)
115 神戸大学(文系−前期日程)
116 神戸大学(理系−前期日程) 医
117 神戸大学(後期日程)
118 神戸市外国語大学 DL
119 兵庫県立大学(国際商経・社会情報科・看護学部)
120 兵庫県立大学(工・理・環境人間学部)
121 奈良教育大学／奈良県立大学
122 奈良女子大学
123 奈良県立医科大学(医学部〈医学科〉) 医
124 和歌山大学
125 和歌山県立医科大学(医・薬学部) 医
126 鳥取大学 医
127 公立鳥取環境大学
128 島根大学 医
129 岡山大学(文系)
130 岡山大学(理系) 医
131 岡山県立大学
132 広島大学(文系−前期日程)
133 広島大学(理系−前期日程) 医
134 広島大学(後期日程)
135 尾道市立大学 総推
136 県立広島大学
137 広島市立大学
138 福山市立大学 総推
139 山口大学(人文・教育〈文系〉・経済・医〈看護〉・国際総合科学部)
140 山口大学(教育〈理系〉・理・医〈看護を除く〉・工・農・共同獣医学部) 医
141 山陽小野田市立山口東京理科大学 総推
142 下関市立大学／山口県立大学
143 周南公立大学 新 総推
144 徳島大学 医
145 香川大学 医
146 愛媛大学 医
147 高知大学 医
148 高知工科大学
149 九州大学(文系−前期日程)
150 九州大学(理系−前期日程) 医
151 九州大学(後期日程)
152 九州工業大学
153 福岡教育大学
154 北九州市立大学
155 九州歯科大学
156 福岡県立大学／福岡女子大学
157 佐賀大学 医
158 長崎大学(多文化社会・教育〈文系〉・経済・医〈保健〉・環境科〈文系〉学部)
159 長崎大学(教育〈理系〉・医〈医〉・歯・薬・情報データ科・工・環境科〈理系〉・水産学部) 医
160 長崎県立大学 総推
161 熊本大学(文・教育・法・医〈看護〉学部・情報融合学環〈文系型〉)
162 熊本大学(理・医〈看護を除く〉・薬・工学部・情報融合学環〈理系型〉) 医
163 熊本県立大学
164 大分大学(教育・経済・医〈看護〉・理工・福祉健康科学部)
165 大分大学(医学部〈医・先進医療科学科〉) 医
166 宮崎大学(教育・医〈看護〉・工・農・地域資源創成学部)
167 宮崎大学(医学部〈医学科〉) 医
168 鹿児島大学(文系)
169 鹿児島大学(理系) 医
170 琉球大学 医

2025年版　大学赤本シリーズ

国公立大学 その他

171 〔国公立大〕医学部医学科 総合型選抜・学校推薦型選抜※ 医 総推
172 看護・医療系大学〈国公立 東日本〉※
173 看護・医療系大学〈国公立 中日本〉※
174 看護・医療系大学〈国公立 西日本〉※
175 海上保安大学校／気象大学校
176 航空保安大学校
177 国立看護大学校
178 防衛大学校 総推
179 防衛医科大学校(医学科) 医
180 防衛医科大学校(看護学科)

※No.171～174の収載大学は赤本ウェブサイト(http://akahon.net/)でご確認ください。

私立大学①

北海道の大学(50音順)

201 札幌大学
202 札幌学院大学
203 北星学園大学
204 北海学園大学
205 北海道医療大学
206 北海道科学大学
207 北海道武蔵女子大学・短期大学
208 酪農学園大学(獣医学群〈獣医学類〉)

東北の大学(50音順)

209 岩手医科大学(医・歯・薬学部) 医
210 仙台大学 総推
211 東北医科薬科大学(医・薬学部) 医
212 東北学院大学
213 東北工業大学
214 東北福祉大学
215 宮城学院女子大学 総推

関東の大学(50音順)

あ行(関東の大学)

216 青山学院大学(法・国際政治経済学部ー個別学部日程)
217 青山学院大学(経済学部ー個別学部日程)
218 青山学院大学(経営学部ー個別学部日程)
219 青山学院大学(文・教育人間科学部ー個別学部日程)
220 青山学院大学(総合文化政策・社会情報・地球社会共生・コミュニティ人間科学部ー個別学部日程)
221 青山学院大学(理工学部ー個別学部日程)
222 青山学院大学(全学部日程)
223 麻布大学(獣医、生命・環境科学部)
224 亜細亜大学
226 桜美林大学
227 大妻女子大学・短期大学部

か行(関東の大学)

228 学習院大学(法学部ーコア試験)
229 学習院大学(経済学部ーコア試験)
230 学習院大学(文学部ーコア試験)
231 学習院大学(国際社会科学部ーコア試験)
232 学習院大学(理学部ーコア試験)
233 学習院女子大学
234 神奈川大学(給費生試験)
235 神奈川大学(一般入試)
236 神奈川工科大学
237 鎌倉女子大学・短期大学部
238 川村学園女子大学
239 神田外語大学
240 関東学院大学
241 北里大学(理学部)
242 北里大学(医学部) 医
243 北里大学(薬学部)
244 北里大学(看護・医療衛生学部)
245 北里大学(未来工・獣医・海洋生命科学部)
246 共立女子大学・短期大学
247 杏林大学(医学部) 医
248 杏林大学(保健学部)
249 群馬医療福祉大学・短期大学部
250 群馬パース大学 総推
251 慶應義塾大学(法学部)
252 慶應義塾大学(経済学部)
253 慶應義塾大学(商学部)
254 慶應義塾大学(文学部) 総推
255 慶應義塾大学(総合政策学部)
256 慶應義塾大学(環境情報学部)
257 慶應義塾大学(理工学部)
258 慶應義塾大学(医学部) 医
259 慶應義塾大学(薬学部)
260 慶應義塾大学(看護医療学部)
261 工学院大学
262 國學院大學
263 国際医療福祉大学 医
264 国際基督教大学
265 国士舘大学
266 駒澤大学(一般選抜T方式・S方式)
267 駒澤大学(全学部統一日程選抜)

さ行(関東の大学)

268 埼玉医科大学(医学部) 医
269 相模女子大学・短期大学部
270 産業能率大学
271 自治医科大学(医学部) 医
272 自治医科大学(看護学部)／東京慈恵会医科大学(医学部〈看護学科〉)
273 実践女子大学 総推
274 芝浦工業大学(前期日程)
275 芝浦工業大学(全学統一日程・後期日程)
276 十文字学園女子大学
277 淑徳大学
278 順天堂大学(医学部) 医
279 順天堂大学(スポーツ健康科・医療看護・保健看護・国際教養・保健医療・医療科・健康データサイエンス・薬学部) 総推
280 上智大学(神・文・総合人間科学部)
281 上智大学(法・経済学部)
282 上智大学(外国語・総合グローバル学部)
283 上智大学(理工学部)
284 上智大学(TEAPスコア利用方式)
285 湘南工科大学
286 昭和大学(医学部) 医
287 昭和大学(歯・薬・保健医療学部)
288 昭和女子大学
289 昭和薬科大学
290 女子栄養大学・短期大学部 総推
291 白百合女子大学
292 成蹊大学(法学部ーA方式)
293 成蹊大学(経済・経営学部ーA方式)
294 成蹊大学(文学部ーA方式)
295 成蹊大学(理工学部ーA方式)
296 成蹊大学(E方式・G方式・P方式)
297 成城大学(経済・社会イノベーション学部ーA方式)
298 成城大学(文芸・法学部ーA方式)
299 成城大学(S方式〈全学部統一選抜〉)
300 聖心女子大学
301 清泉女子大学
303 聖マリアンナ医科大学 医
304 聖路加国際大学(看護学部)
305 専修大学(スカラシップ・全国入試)
306 専修大学(前期入試〈学部個別入試〉)
307 専修大学(前期入試〈全学部入試・スカラシップ入試〉)

た行(関東の大学)

308 大正大学
309 大東文化大学
310 高崎健康福祉大学
311 拓殖大学
312 玉川大学
313 多摩美術大学
314 千葉工業大学
315 中央大学(法学部ー学部別選抜)
316 中央大学(経済学部ー学部別選抜)
317 中央大学(商学部ー学部別選抜)
318 中央大学(文学部ー学部別選抜)
319 中央大学(総合政策学部ー学部別選抜)
320 中央大学(国際経営・国際情報学部ー学部別選抜)
321 中央大学(理工学部ー学部別選抜)
322 中央大学(5学部共通選抜)
323 中央学院大学
324 津田塾大学
325 帝京大学(薬・経済・法・文・外国語・教育・理工・医療技術・福岡医療技術学部)
326 帝京大学(医学部) 医
327 帝京科学大学 総推
328 帝京平成大学 総推
329 東海大学(医〈医〉学部を除くー一般選抜)
330 東海大学(文系・理系学部統一選抜)
331 東海大学(医学部〈医学科〉) 医
332 東京医科大学(医学部〈医学科〉) 医
333 東京家政大学・短期大学部 総推
334 東京経済大学
335 東京工科大学
336 東京工芸大学
337 東京国際大学
338 東京歯科大学
339 東京慈恵会医科大学(医学部〈医学科〉) 医
340 東京情報大学
341 東京女子大学
342 東京女子医科大学(医学部) 医
343 東京電機大学
344 東京都市大学
345 東京農業大学
346 東京薬科大学(薬学部) 総推
347 東京薬科大学(生命科学部) 総推
348 東京理科大学(理学部〈第一部〉ーB方式)
349 東京理科大学(創域理工学部ーB方式・S方式)
350 東京理科大学(工学部ーB方式)
351 東京理科大学(先進工学部ーB方式)
352 東京理科大学(薬学部ーB方式)
353 東京理科大学(経営学部ーB方式)
354 東京理科大学(C方式、グローバル方式、理学部〈第二部〉ーB方式)
355 東邦大学(医学部) 医
356 東邦大学(薬学部)

2025年版　大学赤本シリーズ

私立大学②

357 東邦大学(理・看護・健康科学部)
358 東洋大学(文・経済・経営・法・社会・国際・国際観光学部)
359 東洋大学(情報連携・福祉社会デザイン・健康スポーツ科・理工・総合情報・生命科・食環境科学部)
360 東洋大学(英語〈3日程×3カ年〉)
361 東洋大学(国語〈3日程×3カ年〉)
362 東洋大学(日本史・世界史〈2日程×3カ年〉)
363 東洋英和女学院大学
364 常磐大学・短期大学 総推
365 獨協大学
366 獨協医科大学(医学部) 医

な行(関東の大学)

367 二松学舎大学
368 日本大学(法学部)
369 日本大学(経済学部)
370 日本大学(商学部)
371 日本大学(文理学部〈文系〉)
372 日本大学(文理学部〈理系〉)
373 日本大学(芸術学部〈専門試験併用型〉)
374 日本大学(国際関係学部)
375 日本大学(危機管理・スポーツ科学部)
376 日本大学(理工学部)
377 日本大学(生産工・工学部)
378 日本大学(生物資源科学部)
379 日本大学(医学部) 医
380 日本大学(歯・松戸歯学部)
381 日本大学(薬学部)
382 日本大学(N全学統一方式－医・芸術〈専門試験併用型〉学部を除く)
383 日本医科大学 医
384 日本工業大学
385 日本歯科大学
386 日本社会事業大学 総推
387 日本獣医生命科学大学
388 日本女子大学
389 日本体育大学

は行(関東の大学)

390 白鷗大学(学業特待選抜・一般選抜)
391 フェリス女学院大学
392 文教大学
393 法政大学(法〈Ⅰ日程〉・文〈Ⅱ日程〉・経営〈Ⅱ日程〉学部－A方式)
394 法政大学(法〈Ⅱ日程〉・国際文化・キャリアデザイン学部－A方式)
395 法政大学(文〈Ⅰ日程〉・経営〈Ⅰ日程〉・人間環境・グローバル教養学部－A方式)
396 法政大学(経済〈Ⅰ日程〉・社会〈Ⅰ日程〉・現代福祉学部－A方式)
397 法政大学(経済〈Ⅱ日程〉・社会〈Ⅱ日程〉・スポーツ健康学部－A方式)
398 法政大学(情報科・デザイン工・理工・生命科学部－A方式)
399 法政大学(T日程〈統一日程〉・英語外部試験利用入試)
400 星薬科大学 総推

ま行(関東の大学)

401 武蔵大学
402 武蔵野大学
403 武蔵野美術大学
404 明海大学
405 明治大学(法学部－学部別入試)
406 明治大学(政治経済学部－学部別入試)
407 明治大学(商学部－学部別入試)
408 明治大学(経営学部－学部別入試)
409 明治大学(文学部－学部別入試)
410 明治大学(国際日本学部－学部別入試)
411 明治大学(情報コミュニケーション学部－学部別入試)
412 明治大学(理工学部－学部別入試)
413 明治大学(総合数理学部－学部別入試)
414 明治大学(農学部－学部別入試)
415 明治大学(全学部統一入試)
416 明治学院大学(A日程)
417 明治学院大学(全学部日程)
418 明治薬科大学 総推
419 明星大学
420 目白大学・短期大学部

ら・わ行(関東の大学)

421 立教大学(文系学部－一般入試〈大学独自の英語を課さない日程〉)
422 立教大学(国語〈3日程×3カ年〉)
423 立教大学(日本史・世界史〈2日程×3カ年〉)
424 立教大学(文学部－一般入試〈大学独自の英語を課す日程〉)
425 立教大学(理学部－一般入試)
426 立正大学
427 早稲田大学(法学部)
428 早稲田大学(政治経済学部)
429 早稲田大学(商学部)
430 早稲田大学(社会科学部)
431 早稲田大学(文学部)
432 早稲田大学(文化構想学部)
433 早稲田大学(教育学部〈文科系〉)
434 早稲田大学(教育学部〈理科系〉)
435 早稲田大学(人間科・スポーツ科学部)
436 早稲田大学(国際教養学部)
437 早稲田大学(基幹理工・創造理工・先進理工学部)
438 和洋女子大学 総推

中部の大学(50音順)

439 愛知大学
440 愛知医科大学(医学部) 医
441 愛知学院大学・短期大学部
442 愛知工業大学 総推
443 愛知淑徳大学
444 朝日大学 総推
445 金沢医科大学(医学部) 医
446 金沢工業大学
447 岐阜聖徳学園大学 総推
448 金城学院大学
449 至学館大学 総推
450 静岡理工科大学
451 椙山女学園大学
452 大同大学
453 中京大学
454 中部大学
455 名古屋外国語大学 総推
456 名古屋学院大学 総推
457 名古屋学芸大学 総推
458 名古屋女子大学 総推
459 南山大学(外国語〈英米〉・法・総合政策・国際教養学部)
460 南山大学(人文・外国語〈英米を除く〉・経済・経営・理工学部)
461 新潟国際情報大学
462 日本福祉大学
463 福井工業大学
464 藤田医科大学(医学部) 医
465 藤田医科大学(医療科・保健衛生学部)
466 名城大学(法・経営・経済・外国語・人間・都市情報学部)
467 名城大学(情報工・理工・農・薬学部)
468 山梨学院大学

近畿の大学(50音順)

469 追手門学院大学 総推
470 大阪医科薬科大学(医学部) 医
471 大阪医科薬科大学(薬学部) 総推
472 大阪学院大学 総推
473 大阪経済大学 総推
474 大阪経済法科大学 総推
475 大阪工業大学 総推
476 大阪国際大学・短期大学部 総推
477 大阪産業大学 総推
478 大阪歯科大学(歯学部)
479 大阪商業大学 総推
480 大阪成蹊大学・短期大学 総推
481 大谷大学 総推
482 大手前大学・短期大学 総推
483 関西大学(文系)
484 関西大学(理系)
485 関西大学(英語〈3日程×3カ年〉)
486 関西大学(国語〈3日程×3カ年〉)
487 関西大学(日本史・世界史・文系数学〈3日程×3カ年〉)
488 関西医科大学(医学部) 医
489 関西医療大学 総推
490 関西外国語大学・短期大学部 総推
491 関西学院大学(文・法・商・人間福祉・総合政策学部－学部個別日程)
492 関西学院大学(神・社会・経済・国際・教育学部－学部個別日程)
493 関西学院大学(全学部日程〈文系型〉)
494 関西学院大学(全学部日程〈理系型〉)
495 関西学院大学(共通テスト併用日程〈数学〉・英数日程)
496 関西学院大学(英語〈3日程×3カ年〉) 新
497 関西学院大学(国語〈3日程×3カ年〉) 新
498 関西学院大学(日本史・世界史・文系数学〈3日程×3カ年〉) 新
499 畿央大学 総推
500 京都外国語大学・短期大学 総推
502 京都産業大学(公募推薦入試) 総推
503 京都産業大学(一般選抜入試〈前期日程〉)
504 京都女子大学 総推
505 京都先端科学大学 総推
506 京都橘大学 総推
507 京都ノートルダム女子大学 総推
508 京都薬科大学 総推
509 近畿大学・短期大学部(医学部を除く－推薦入試) 総推
510 近畿大学・短期大学部(医学部を除く－一般入試前期)
511 近畿大学(英語〈医学部を除く3日程×3カ年〉)
512 近畿大学(理系数学〈医学部を除く3日程×3カ年〉)
513 近畿大学(国語〈医学部を除く3日程×3カ年〉)
514 近畿大学(医学部－推薦入試・一般入試前期) 医 総推
515 近畿大学・短期大学部(一般入試後期) 医
516 皇學館大学 総推
517 甲南大学 総推
518 甲南女子大学(学校推薦型選抜) 新 総推
519 神戸学院大学 総推
520 神戸国際大学 総推
521 神戸女学院大学 総推
522 神戸女子大学・短期大学 総推
523 神戸薬科大学 総推
524 四天王寺大学・短期大学部 総推
525 摂南大学(公募制推薦入試) 総推
526 摂南大学(一般選抜前期日程)
527 帝塚山学院大学 総推
528 同志社大学(法、グローバル・コミュニケーション学部－学部個別日程)